Curso de Derecho Procesal Penal

Segunda edición actualizada

EDICIONES UNIVERSIDAD CATÓLICA DE CHILE
Vicerrectoría de Comunicaciones
Av. Libertador Bernardo O'Higgins 390, Santiago, Chile

lea.uc.cl

Curso de Derecho Procesal Penal
Segunda edición actualizada

Ignacio Ried Undurraga

ISBN N° 978-956-14-3554-4
ISBN digital N° 978-956-14-3555-1

Diseño:
Francisca Galilea R.

Impresor:
Equipo Gráfico Impresores Spa.

CIP-Pontificia Universidad Católica de Chile

Nombres: Ried Undurraga, Ignacio, autor.
Título: Curso de derecho procesal penal / Ignacio Ried.
Descripción: Segunda edición. | Santiago, Chile:
Ediciones UC | Incluye bibliografía.
Materias: CCAB: Derecho procesal penal - Chile -
Manuales. | Procedimiento penal - Chile.
Clasificación: DDC 345.8305--dc23

FACULTAD DE DERECHO

Curso de Derecho Procesal Penal

Segunda edición actualizada

Ignacio Ried Undurraga

EDICIONES UC

CONTENIDO

PRESENTACIÓN A LA SEGUNDA EDICIÓN

En julio de 2025 se puso a disposición del público, por Ediciones UC, la primera edición de mi *Curso de Derecho Procesal Penal*, que correspondía al texto en el que estuve trabajando e investigando desde 2021, año en que comencé a impartir el curso *Procedimientos Penales* en la Facultad de Derecho de la Pontificia Universidad Católica de Chile.

El libro se agotó rápidamente y en los primeros días de 2026 surgió la idea de preparar una segunda edición. Hoy me toca presentarla.

Esta segunda edición recoge las investigaciones que estuve desarrollando durante el año 2025 incorporando las reformas legislativas que inciden en la regulación del proceso penal chileno, las recientes tendencias jurisprudenciales y las distintas monografías que se han publicado a propósito de las múltiples reformas que ha tenido esta rama del derecho, sobre todo desde el año 2023 a la fecha. También aproveché de corregir, complementar y revisar el texto completo publicado en la primera edición.

El libro que el lector tiene en sus manos ahora es, por lo mismo, una versión actualizada, corregida y aumentada de la primera edición. Mencionaré a continuación las principales novedades que se encuentran en esta obra.

Respecto de las novedades legislativas, se incorporaron las referencias a la Ley 21.730 de abril de 2025 que crea el Ministerio de Seguridad Pública; la Ley 21.771 de septiembre de 2025 que crea la Fiscalía Supraterritorial; la Ley 21.732 de febrero de 2025 que determina las conductas terroristas y fija su penalidad, y que derogó la anterior Ley 18.314; y la Ley 21.780 de noviembre de 2025 que crea el Servicio Nacional de Acceso a la Justicia y la Defensoría de las Víctimas.

Respecto de las nuevas tendencias jurisprudenciales, se hizo un desarrollo exhaustivo del verdadero *boom* que ha tenido el amparo del artículo 21 de la Constitución Política de la República, abordando una serie de aspectos que no estaban tratados en la primera edición, complementando los distintos capítulos de esta obra con la jurisprudencia de los últimos años de nuestras Cortes superiores que han utilizado esta vía procesal para resguardar los derechos de los imputados.

Asimismo, se incorporaron referencias pertinentes respecto de casos de 2025 que han concitado la atención pública y académica, como son el veredicto absolutorio del llamado "Caso SQM" (RIT 90-2022 del Tercer Tribunal de Juicio Oral en lo Penal de Santiago) a propósito de la apreciación de la prueba de testigos y peritos; la formalización de investigación en la llamada "trama bielorrusa" (RUC 240176776-4 de la Fiscalía Regional de Los Lagos); y el amparo constitucional acogido a propósito de las escuchas telefónicas en el llamado "caso Procultura" (rol 18.430-2025 de la Corte Suprema).

Este texto incorpora, también, el desarrollo de una serie de asuntos a partir de los trabajos monográficos de distintos autores que durante 2025 han abordado en profundidad aspectos tan relevantes como las nuevas técnicas de investigación para el combate de la criminalidad organizada a partir de la entrada en vigencia de la Ley 21.577 de 2023; la llamada tergiversación probatoria como fundamento del recurso de nulidad; y la prueba obtenida con infracción de garantías fundamentales.

He aprovechado esta segunda edición para desarrollar algunos temas que estaban mencionados o esbozados en la primera edición, y también para incorporar temas nuevos. Respecto de los asuntos nuevos que he abordado en esta obra están, entre otros: las implicancias y recusaciones de los jueces con competencia penal; los acuerdos reparatorios en materia de violencia intrafamiliar al aplicarse el Convenio 169 de la Organización Internacional del Trabajo; la incautación de especies que son objeto del delito de contrabando; la apreciación de la declaración de la víctima en casos de violencia de género; la prescripción de la pena; la ley penal posterior más favorable al reo; e incluso la importancia del diseño arquitectónico de los edificios que se emplean como tribunales de justicia penal.

Entre los asuntos que estaban tratados en la primera edición, y a los que he dedicado un mayor desarrollo están los siguientes: el análisis de los estándares de la sana crítica como límite para la valoración libre de la prueba; el deber de fundamentación de la sentencia definitiva; la reformalización de la investigación; la congruencia entre la querella y la formalización; la obligación de denuncia por parte de los funcionarios públicos; la medicación como una forma de acuerdo reparatorio en la Ley de Responsabilidad Penal de los Adolescentes; las costas; y la libertad condicional.

En suma, he pretendido poner a disposición de mis alumnos, la academia, los operadores jurídicos y el público en general un texto mucho más completo que la primera edición, y actualizado a las novedades legislativas y jurisprudenciales.

El autor

PRÓLOGO

No sé si se puede decir que esto es un prólogo, pero disfruté mucho, profundamente, con la lectura de este manual. Me imaginaba a mis alumnos estudiando con él y sentí una gran satisfacción de estar prologando una obra tan completa y actual que pudiera llegar a sus manos y acompañar su estudio. De hecho, me pareció una estupenda idea la de establecer una hoja de ruta del proceso, que sirviera para seguir el avance en el manual.

Permítanme, entonces, una confidencia: aunque tenemos algunos puntos en los que no hay coincidencia, que no es necesario destacar acá, es un manual que me hubiera gustado mucho escribir yo misma.

Este manual, además de haberse estructurado y escrito sin omitir ninguna materia propia del sistema procesal penal, tiene una serie de características que lo hacen especialmente destacable y que lo diferencian de otros manuales de derecho procesal penal en Chile, aportando una visión original y actualizada sobre la materia.

En primer lugar, y probablemente como uno de sus aspectos más destacados, su enfoque está centrado en el imputado y en las garantías procesales. Si bien todos los manuales deben abordar el respeto a los derechos fundamentales del imputado, este texto enfatiza de manera transversal la importancia de las garantías procesales, analizando el impacto real del proceso penal en la vida de las personas investigadas. El autor plantea que el sistema debe ser comprendido "desde el condenado hacia atrás", lo que refleja una perspectiva más crítica y centrada en el individuo sometido a juicio, lo que incluso podría implicar una apertura a enfoques diferenciados según el impacto del proceso en cada persona.

Este enfoque refuerza el carácter garantista del proceso penal y resalta la importancia del debido proceso, la presunción de inocencia y la protección de los derechos fundamentales, sin temor a que estos conceptos, tan vilipendiados en los últimos lustros, sean malinterpretados. Al contrario, al centrar la atención en el imputado, el manual reconoce la vulnerabilidad en la que este se encuentra frente al poder punitivo del Estado y destaca la necesidad de que las garantías procesales no sean meros principios abstractos, sino protecciones efectivas. Y para reforzar su planteamiento de que el sistema de justicia penal en una democracia debe asumir el riesgo de absolver a un culpable antes que condenar a un inocente, nos recuerda la célebre máxima atribuida a Jeremy Bentham: "es preferible que mil culpables queden libres a que se condene injustamente a un inocente".

Porque el proceso penal no sólo es una cuestión técnica, sino que afecta profundamente la vida de las personas investigadas y sus familias, como nos recuerda Ried Undurraga. Desde la formalización hasta una eventual condena o absolución, cada decisión procesal puede tener consecuencias devastadoras para estas personas, en términos de estigmatización social y laboral; abuso de uso de prisión preventiva o nefastas consecuencias económicas y emocionales.

Pero al mismo tiempo, el enfoque centrado en el acusado permite contrarrestar con argumentos de peso la tendencia al populismo penal que se da por la presión social y mediática, que favorece la "criminalización express" de los imputados, y que no considera que no todas las personas sometidas a un proceso son culpables. Este manual alerta sobre los riesgos del populismo penal y el uso excesivo de medidas como la prisión preventiva, recordando que el derecho penal debe ser la última *ratio* (última opción y no la primera respuesta del Estado).

El manual analiza, con cuidado, la importancia de los medios de comunicación y su impacto en el proceso penal, cómo sus enfoques pueden influir en la percepción de las investigaciones penales, convirtiéndolos en espectáculos donde el imputado es presentado como "culpable" antes del juicio. Se advierte, entonces, sobre el peligro de que los juicios sean manipulados para satisfacer la opinión pública en vez de respetar el debido proceso.

Finalmente, este enfoque favorece un análisis más crítico del sistema procesal penal, lo que el autor desarrolla en aspectos como el uso de pruebas obtenidas con vulneración de derechos, la arbitrariedad en la formalización o la falta de control sobre las actuaciones del Ministerio Público.

En segundo lugar, el autor realiza un análisis exhaustivo y actualizado de reformas recientes, lo que ciertamente le da un valor adicional, especialmente si consideramos que incorpora modificaciones como la Ley 21.675 sobre violencia de género y la Ley 21.694 sobre reincidencia, ambas de 2024, cambios legislativos que aún están en proceso de interpretación doctrinal y jurisprudencial y que ya son incorporados en el análisis del texto.

El estudio integral de las leyes que el autor denomina "extravagantes", y su impacto en el proceso penal, es una tercera característica que distingue a esta obra, y que supone una preocupación por integrar el análisis de múltiples leyes especiales que afectan el proceso penal, como aquellas sobre delitos económicos, responsabilidad penal de personas jurídicas, lavado de activos y tráfico de drogas. Esto permite una visión más amplia y aplicada del derecho procesal penal chileno.

Creo que en un cuarto lugar debiera destacarse el abordaje de temas poco explorados en otros manuales, materias que frecuentemente se omiten o se analizan de manera superficial. Ejemplos de esta "exquisita excentricidad", y que debieran ser la regla general en los manuales y obras del área, son la inclusión de la etapa de ejecución de las penas y medidas de seguridad, incluyendo el derecho al olvido y la eliminación de antecedentes penales. El autor incluso identifica y desarrolla "tres problemas de gravedad que han sido detectados por la doctrina y los tribunales desde hace ya bastante tiempo: la ausencia de un tribunal especializado e imparcial; la ausencia de un procedimiento *ad-hoc* ante un tribunal especializado para el control de la ejecución; y una regulación dada por un decreto dictado por el Poder Ejecutivo, que no tiene rango legal.".

También aplica en esta categoría el tratamiento que el autor realiza a los juicios penales con perspectiva de género, lo que refleja un enfoque contemporáneo en la aplicación del derecho penal. El abordaje de la perspectiva de género en el manual, se enfoca principalmente desde el punto de vista de las víctimas, por lo que creo que para futuras ediciones constituiría un valor adicional que se considerara la situación de la mujer imputada, acusada o condenada con mayor profundidad, especialmente en lo que dice relación con las estrategias de defensa con enfoque de género para garantizar que no haya discriminación en el proceso penal. Si bien el enfoque en la víctima es crucial, una perspectiva de género integral en el derecho procesal penal debe considerar tanto a las víctimas como a las imputadas, para garantizar un sistema de justicia equitativo en todos los sentidos, lo que en todo caso el autor no desconoce ni descuida.

Se puede incluir también en esta categoría "excéntrica" el tratamiento crítico que realiza el autor al procedimiento abreviado y al rol de la cooperación eficaz, temas que muchas veces se analizan desde una perspectiva exclusivamente práctica, sin cuestionar sus efectos sobre el sistema de justicia. Por su parte, el uso de la inteligencia artificial en la función judicial, como una cuestión emergente con impactos eventuales y relevantes en la administración de justicia también ocupa la atención de Ried Undurraga, con un análisis que sugiere una postura crítica y cautelosa respecto al uso de la inteligencia artificial en este ámbito, reconociendo su potencial, pero también sus riesgos en términos de equidad, transparencia y debido proceso. Resulta muy interesante reseñar que, en su análisis, el autor menciona el uso de inteligencia artificial en sistemas judiciales extranjeros, como en Estados Unidos, donde el software COMPAS ha sido utilizado para evaluar el riesgo de reincidencia de imputados. Y si bien destaca su potencial como herramienta auxiliar en la labor jurisdiccional, también señala las controversias asociadas, como la falta de transparencia del algoritmo y los sesgos discriminatorios que se han detectado en su aplicación, especialmente contra ciertos grupos raciales, precisamente en la línea de advertencia que resaltamos. Además, el autor menciona que existen herramientas de inteligencia artificial, como STEVIE, ECHO, PEIRCE-IGT y ALIBI, que permiten a la defensa organizar evidencia y diseñar estrategias procesales en función de la prueba disponible. Plantea que estas herramientas pueden ser útiles para explorar hipótesis alternativas y evaluar distintas líneas de argumentación, lo que resulta novedoso e interesante, un aporte.

En general, el enfoque del manual es práctico y pedagógico, con un lenguaje claro, simple y directo, que sin embargo no pierde precisión. Pido permiso nuevamente para una confesión personal, mis muchos años trabajando con el gran jurista Luis Bates Hidalgo, un entusiasta/obsesionado por la comprensión pública del derecho, en el fomento y la educación en el uso del lenguaje jurídico justamente en los términos que se eligen en este manual, hicieron que su lectura me resultara especialmente placentera, lo que agradezco muy profundamente a su autor, como un homenaje tácito a mi maestro.

El manual incorpora, además, ejemplos de audiencias que ilustran el funcionamiento práctico del proceso penal, algo poco común en la literatura procesal penal chilena. Y al mismo tiempo integra las principales tendencias jurisprudenciales, especialmente de los tribunales superiores, sin recargar el texto con citas, como una elección del autor para permitir una lectura más fluida sin perder rigurosidad en el análisis.

En estos tiempos convulsos para la justicia, especialmente en nuestra área, es refrescante acceder a un material que ciertamente contribuye al ejercicio ético de la profesión de abogada/o en materia penal de varias maneras fundamentales: por su enfoque garantista y respetuoso del debido proceso, centrando su análisis en la figura del imputado; porque concientiza sobre el papel del abogado o abogada penalista en la defensa de garantías como la presunción de inocencia, el derecho a una defensa efectiva, la necesidad de control de las actuaciones del Ministerio Público y de las policías o la prohibición de pruebas ilícitas y vulneraciones a derechos fundamentales; y asimismo, porque crítica las prácticas abusivas dentro del sistema penal, advirtiendo sobre prácticas procesales que pueden derivar en arbitrariedades, como las filtraciones de información a la prensa, que afectan la imparcialidad del proceso; el uso abusivo de la prisión preventiva, convirtiéndola en un "castigo anticipado"; las defensas ineficaces o deficientes, que dejan a los imputados en situación de indefensión o la falta de control judicial sobre decisiones del Ministerio Público, como la negativa a investigar ciertos hechos.

Huelga decir que me siento honradísima y muy pero muy agradecida de que Ignacio me haya pedido prologar su estupendo manual, aunque no sé realmente por qué me lo pidió a mí, y me porté pésimo porque me demoré mucho en entregarlo. Y ustedes dirán, ¿qué me importan estos datos tan personales? pues debe importarles y mucho, porque les estoy haciendo un favor al insistir en que no cometan mi mismo error y corran a leerlo.

Paula Vial Reynal
Abogada y Profesora Derecho UC

Capítulo I

Aspectos generales

ASPECTOS GENERALES

1. Referencia histórica

El derecho procesal penal es la rama del derecho que estudia los principios y reglas que rigen la investigación, persecución y juzgamiento de los hechos constitutivos de delito tipificados en la ley penal sustantiva; asimismo, es labor del derecho procesal penal el estudio acerca de la ejecución de las sentencias de condena que impongan castigos penales.

Como veremos más adelante, existe un grave vacío en nuestro derecho procesal penal respecto del estudio de la ejecución de las penas. De hecho, aún existe la controversia acerca de si la ejecución de las penas debiera ser abordada por el derecho procesal penal, o más bien corresponde a un asunto meramente administrativo que debiera regirse por las reglas del derecho administrativo.

Nuestra posición es que el derecho procesal penal no solo debiera abordar el estudio de la ejecución de las penas, sino que es absolutamente esencial que lo haga, desde que la ejecución de la pena misma es sin duda uno de los aspectos más sensibles del proceso penal, que además resulta en un particular sufrimiento para el condenado.

En los estudios de derecho procesal penal confluyen no solo asuntos propios del derecho procesal y del derecho penal, sino también importantes asuntos que son propiamente constitucionales. En este sentido, el derecho procesal penal no es un "simple derecho procesal", como sí lo es el estudio aséptico de reglas adjetivas para la sustanciación de una investigación y un juicio. Sobre esto nos explayaremos más adelante. Ahora, haremos un breve repaso histórico para explicar cómo llegamos adonde estamos ahora.

La investigación, persecución y juzgamiento de los hechos constitutivos de delito en Chile se rigen primordialmente por el Código Procesal Penal (CPP), vigente desde el año 2000 para algunas regiones de nuestro país, y que desde el mes de junio del 2005 comenzó a aplicarse a nivel nacional. Es una legislación relativamente joven, que vino a saldar una deuda pendiente por casi dos siglos de vida republicana, con el objetivo de actualizar nuestros procedimientos a las corrientes plenamente garantistas, liberales y respetuosas del debido proceso; pero, sobre todo, dejó atrás el modelo inquisitivo, que concentraba las funciones de investigados, acusador y juzgador en el antiguo juez del crimen. Así, el CPP instauró un modelo con un marcado carácter acusatorio.

La entrada en vigencia del Código Procesal Penal inició una ola virtuosa de sucesivas reformas procedimentales que impregnó la legislación laboral y de familia —y una del procedimiento civil, aun en proyecto— con ideas en ese momento revolucionarias, como la preponderancia de la oralidad y la inmediación de la prueba. De la noche a la mañana se dejaron los expedientes escritos de lado, el juez comenzó a estar presente en las audiencias, recibiendo directamente la prueba en juicios orales y, al menos en un comienzo, se redujeron sustancialmente los plazos de los procesos. Hoy nos parece "parte del paisaje" que se celebren audiencias orales ante un juez para que se debatan y resuelvan distintos asuntos en un proceso jurisdiccional, pero no hay que olvidar que este estándar fue instaurado en su momento por el CPP, cuando en Chile la justicia se hacía —literalmente— por funcionarios subalternos de los juzgados, en expedientes escritos y secretos.

Antes de la entrada en vigencia del CPP en el año 2000, estuvo vigente por casi cien años el Código de Procedimiento Penal de 1906 (CdPP), cuerpo legal que ya nació desactualizado para la época, y que en la práctica regulaba un sistema de corte inquisitivo, que concentraba las funciones de investigador, acusador y juzgador en un solo actor, que era el juez del crimen. Como diremos más adelante, el CdPP en rigor sigue vigente para el enjuiciamiento de los delitos cometidos antes de la entrada en vigencia del CPP en el año 2000, y por lo mismo, no ha sido formalmente derogado.

Además de este carácter inquisitivo, el Código de Procedimiento Penal establecía un sistema de expedientes escritos y secretos, en que la investigación sumaria tenía un peso desmesurado respecto del juicio propiamente tal (o plenario). Este juicio plenario ciertamente no era oral, sino escrito, y en la práctica correspondía a una mera reiteración de la evidencia recogida durante el sumario. A todo lo anterior se sumaba un muy engorroso sistema recursivo respecto de las sentencias definitivas y otros actos importantes del proceso. A lo largo de este libro nos explayaremos sobre estos aspectos.

El CPP instauró, en contraste, un sistema acusatorio, en que existirían los siguientes actores fundamentales:

- El acusador: encarnado en el Ministerio Público y, eventualmente, por el querellante.
- El juez de garantía: que no participaría de la indagatoria y cuyo rol sería, entre otros, el de controlar que durante la investigación se respetara la legalidad y las garantías fundamentales del imputado.

- El acusado o imputado: que sería un sujeto procesal cuyos derechos estarían claramente asegurados.
- El juez: que resolverá el fondo del asunto, eventualmente en el tribunal de juicio oral en lo penal, o como el juez de garantía.

Además de estos actores esenciales, el CPP le reconoce el estatus de interviniente a la víctima, la que además puede convertirse en querellante si deduce una acción penal. Valga decir, que la víctima era un interviniente prácticamente ausente en el CdPP de 1906.

El nuevo sistema procesal penal se estructuraría sobre la base de investigaciones que no serían secretas, sino que la defensa tendría acceso a ella. Asimismo, la evidencia recogida en la indagatoria no serviría como prueba salvo que se rindiera en un juicio oral y público ante los jueces.

Como puede deducirse de las fechas que hemos señalado un poco más arriba, la regulación de los delitos en Chile, y las formas de su persecución, llegaron en forma muy tardía a nuestra vida de país independiente, que principia en 1818. Entre ese año y 1874, en que entró en vigencia el Código Penal, en Chile se siguió aplicando la legislación colonial indiana en lo que respectaba a los delitos penales. Y durante casi noventa años, entre 1818 y 1906, año de entrada en vigencia del CdPP, se siguió aplicando la legislación heredada de España en lo que al proceso penal se refería. Es decir, hasta el año 1906 en Chile se siguieron aplicando Las Siete Partidas de San Alfonso X de 1263, la Novísima Recopilación de 1800 y la Instrucción para la Sustanciación de las Causas Criminales, dada por la Real Audiencia de 1757, por sorprendente que parezca.

La entrada en vigencia del Código de Procedimiento Penal de 1906 tampoco fue un gran salto hacia adelante en la modernización en la persecución de los delitos. En rigor, este cuerpo legal, cuyo proyecto fue elaborado por el conocido jurista Manuel Egidio Ballesteros, se basó en la Ley de Enjuiciamiento Criminal Española (LECrim) de 1852, con un corte marcadamente inquisitivo, la que en su país de origen fue superada por la LECrim de 1882, que establecía un sistema mixto o inquisitivo reformado, la que sigue vigente —con bastantes modificaciones— hasta hoy.

Es decir, la ley procesal penal chilena de 1906 se basó en una ley española que ya estaba desactualizada a mediados del siglo XIX, y que paradójicamente se mantuvo vigente hasta el año 2000. A su turno, la LECrim de 1852, en que se basó el CdPP de 1906, había tomado como fuente, en gran medida, a Las Siete Partidas de Alfonso X de 1263. Esta última norma, hay que decirlo, fue un avance frente al sistema de ordalías anterior, pero establecía un sistema de enjuiciamiento inquisitivo, es decir, de concentración de las funciones de investigador, acusador y juzgador a cargo de un juez inquisidor, encargado de averiguar "la verdad", con lo que se legitimaba, por lo mismo, cualquier método para obtenerla, incluida la tortura al imputado para lograr "la reina de las pruebas", esto es, la confesión del inculpado.

Los sistemas procedimentales son también el origen y la consecuencia de cierta cultura, en este caso, preliberal, en lo que respecta a la investigación, persecución y juzgamiento de los delitos penales. Durante toda la colonia, y en el periodo de Chile como país independiente entre 1818 y 2000, puede decirse que estos aspectos tan sensibles estuvieron regidos por reglas inquisitoriales medievales, que no eran propias de una república liberal. La Reforma Procesal Penal del año 2000 significó un cambio radical en este sentido.

Baste leer el Mensaje de dicho cuerpo legal para notar la desazón y el conformismo del legislador de entonces por adoptar un sistema inquisitivo ya anticuado para la época:

> *Tres sistemas diversos se presentaban desde luego para servir de base al nuevo procedimiento que se intentaba establecer. El primero era el del juicio por jurados, establecido en todos los países de Europa, con excepción de la Holanda, y que es considerado como el más perfecto de los que se conocen. El segundo, llamado juicio oral, fue aceptado por varios países como un medio de transición del antiguo sistema inquisitivo con jueces de derecho, al juzgamiento por jurados. Este sistema subsiste hasta ahora en Holanda y ha regido en España hasta 1889, en que se puso en planta la ley de 20 de abril de 1888 que sometió también al jurado el conocimiento de los delitos de mayor gravedad, reservando el de los demás a los tribunales establecidos. El tercer sistema, que es el de la prueba escrita, está en uso en aquellos países que por razón de sus costumbres, de la poca densidad de su población o de la escasez de sus recursos, no han podido adoptar algunos de los primeros. [...] Se comprende fácilmente que el sistema puede ser establecido en países ricos y poblados. En Chile parece que no ha llegado aún la ocasión de dar este paso tan avanzado, y ojalá no esté reservado todavía para un tiempo demasiado remoto. Ni siquiera ha sido posible separar en este Proyecto las funciones de juez instructor de las de juez sentenciador, reforma ya adoptada en el Código de Procedimientos Criminales de la República Argentina* (Mensaje del Código de Procedimiento Penal de 1906).

Las innumerables arbitrariedades e injusticias que permitía el Código de Procedimiento Penal se vieron exacerbadas durante el régimen militar entre 1973 a 1990, periodo en que la represión penal se utilizó no solo como herramienta de control del delito, sino también para la persecución política. Justamente uno de los aspectos sensibles a reformar en democracia fue su reemplazo por un Código completamente nuevo, respetuoso de los tratados internacionales que nuestra República ratificó desde finales de la década de 1980 en adelante, coincidente con la transición hacia la democracia. Los tratados más relevantes a considerar son el Pacto Internacional de Derechos Civiles y Políticos (PIDCP) y la Convención Internacional de Derechos Humanos (CADH), sobre los que hablaremos muchas veces en este libro.

Esta situación motivó la discusión y promulgación de varias leyes —entre otras, las conocidas "leyes cumplido" (Ley 19.047 de 1991)— que intentaron atenuar la dureza y las arbitrariedades que permitía la antigua ley procesal penal de 1906. Pero ya a mediados de la década de 1990, se adoptó la firme decisión política de los gobiernos de la época de darle a Chile una ley procesal penal nueva, que fuera el fruto de la discusión académica y recogiera las tendencias procedimentales más avanzadas a nivel comparado.

Esta decisión política fue precedida de las iniciativas de la sociedad civil; en concreto, de la Corporación Promoción Universitaria y la Fundación Paz Ciudadana. En esta asociación público-privada, en que tuvo activa participación la Facultad de Derecho de la Universidad Diego Portales, entró en funcionamiento un equipo técnico, conformado por connotados juristas, como Cristián Riego, Mauricio Duce, Jorge Bofill, María Inés Horvitz y Raúl Tavolari, este último en representación del Ministerio de Justicia. Los textos que inspiraron el CPP chileno son el Código Procesal Penal Modelo para Iberoamérica de 1988 y el Código Procesal Penal de Alemania de 1877, principalmente.

Así, junto con el Código Procesal Penal del año 2000 (Ley 19.696), fue necesario una reforma constitucional para dotar de rango constitucional al recién creado Ministerio Público (Ley 19.519 de 1997), dictar una Ley Orgánica Constitucional del Ministerio Público (Ley 19.640 de 1999), una ley que creó la Defensoría Penal Pública (Ley 19.718 de 2001) y, finalmente, una Ley Adecuatoria del Sistema Legal Chileno a la Reforma Procesal Penal (Ley 19.806 de 2002), que actualizó muchas otras leyes al nuevo sistema que había entrado en vigencia.

Desde su entrada en vigencia el Código Procesal Penal ha sufrido importantes modificaciones, que estudiaremos en detalle a lo largo de este libro. Quizás las más importantes son las que tuvieron lugar recientemente en 2023. De hecho, desde 2001, se ha modificado en setenta oportunidades, y de ellas, dieciocho tuvieron lugar entre 2022 y 2023. Buena parte de las reformas practicadas al CPP han ido desdibujando el diseño original, al punto de hacerlo hoy irreconocible en muchos aspectos. Para evitar una enumeración tediosa de los muchos cuerpos legales que han ido reformando el Código a lo largo de los años, se irá haciendo referencia cuando se trate de la institución o norma que ha sido concretamente reformada.

2. Relaciones del derecho procesal penal con el derecho penal, el derecho constitucional y el derecho administrativo

Como decíamos hace un momento, existe una estrecha relación entre el derecho procesal penal y otras ramas del derecho; en concreto, con el derecho penal "sustantivo", con el derecho procesal, con el derecho constitucional, y también con el derecho administrativo.

Un primer aspecto que considerar es la coexistencia de una ley procesal penal dictada hace veinticinco años con una ley penal sustantiva que ya lleva ciento cincuenta años de vigencia. Nuestra legislación penal sustantiva —el Código Penal, principalmente— data de 1874 y no ha sido derogado, aunque muchas de sus disposiciones sí han sido sustancialmente reformadas. A ello se suma la coexistencia de numerosísimas leyes penales extravagantes, que suman un enorme apéndice del Código Penal, y cuya coherencia y sistematicidad es prácticamente nula. En otras palabras: tenemos hoy una ley procesal moderna, pero que aplica leyes penales de ciento cincuenta años de vigencia y muchas otras que se han ido dictando con los años, ya fuera del Código Penal, sin mayor orden ni coherencia con este. Esta paradójica situación acarrea no pocos problemas.

Existe una estrecha relación entre el derecho penal y el derecho procesal penal, al punto que hay autores que hablan del derecho penal sustantivo y del derecho penal adjetivo (procesal); y dentro de este último, del derecho penal ejecutivo (ejecución y cumplimiento de la pena). Es decir, se sostiene que existe un solo derecho penal que admite estas clasificaciones. Aunque, como ya se dijo y se explicará más adelante, lo relativo a la ejecución de las penas corresponde a un asunto que, para algunos autores, debiera estar regulado solo por el derecho administrativo. Autores como Mauricio Duce y Cristián Riego hablan de la "justicia criminal", que incluye a ambas disciplinas: derecho penal y procesal penal.

Durante años se ha discutido si la disciplina del derecho procesal penal debe estudiarse e investigarse en conjunto con el derecho penal; o bien, si corresponde a una asignatura adicional al programa de Derecho Procesal Civil. Esta última es la decisión que se ha adoptado, por ejemplo, en la Facultad de Derecho de la Pontificia Universidad Católica de Chile. En nuestra opinión, el derecho procesal penal comparte muchos aspectos con el derecho penal y, de hecho, existen no pocas reglas procesales que están en el Código Penal. Pero no puede perderse de vista las enormes zonas comunes que existen con el derecho procesal, en general, y con el derecho procesal civil, en particular; asimismo, con el derecho procesal orgánico o jurisdiccional, como le denominan algunos autores. Solo por dar algunos ejemplos: los sistemas de recursos procesales, las normas comunes a todo procedimiento, la estructuración a partir de actos procesales y plazos preclusivos, entre otros aspectos, permiten hablar propiamente de un derecho procesal.

Sin perjuicio de lo anterior, actualmente parece estar superada la idea de que el derecho procesal penal es meramente instrumental al derecho penal. A lo largo de este libro creemos que quedará más que demostrado que las normas procesal-penales son tanto, sino más importante, que la ley sustantiva. Al punto que a la enorme mayoría de los delitos que se investigan en Chile se aplican salidas anticipadas o alternativas contempladas en el CPP, que redundan en que nunca se adjudique la ley penal sustantiva al caso concreto. Como veremos, la criminalidad de bagatela, y también hoy delitos con penas bastante altas, van a ser elegibles para salidas que no implican una sentencia definitiva en que se aplique la ley penal del fondo.

En Alemania, en las décadas recientes, se ha propuesto la creación de un sistema de derecho penal integral, que contenga no solo la ley de fondo aplicable, sino también las procesales y los principios constitucionales que son pertinentes para la aplicación de la pena en concreto. Esta propuesta ha tomado forma en los llamados "diálogos de Manheim", instancia en que se han denunciado las limitaciones de la teoría clásica del delito en la determinación del castigo penal. Más adelante veremos que esto es efectivamente así, y que las normas del Código Penal son solo una parte — quizás no la más relevante— a la hora de aplicar un castigo penal en Chile. En nuestro medio nacional, autores como Enrique Cury y Carlos Künsemüller han señalado que el derecho penal y el procesal penal son ciencias complementarias, y que no pueden estudiarse ni entenderse como compartimentos estancos, como muchas veces se hace.

Esta íntima relación entre el derecho penal y el derecho procesal penal ha sido conceptualizada de la siguiente forma: la norma penal (el tipo penal) corresponde solamente a la amenaza estática de sanción estatal respecto de ciertas conductas que se estiman como gravemente atentatorias contra ciertos bienes jurídicos. Las normas penales, las descripciones de delitos y las penas asignadas, no tienen aplicación alguna si no se activa un proceso penal; entonces, el derecho procesal penal, el proceso penal, correspondería a la faz dinámica del derecho penal, en cuanto aplica la norma al caso concreto. Finalmente, esta aplicación de la norma penal se traduce en una condena destinada a ejecutarse en el imputado. En este sentido, el derecho procesal penal sería el estudio de reglas "dinámicas".

Filósofos del derecho como Hart han dicho que la regla penal estática es la "regla primaria", cuyo destinatario es el ciudadano, y la regla penal dinámica es la "regla secundaria", cuyo destinatario es el juez.

El derecho penal, en tanto ley aplicable al fondo de un asunto, tendría una lógica por completo distinta a la del derecho civil. Así, este último está destinado a aplicarse en relaciones contractuales privadas y transacciones comerciales que en la enorme mayoría de los casos no requieren de una interpretación judicial, ya que la situación por defecto es que las relaciones contractuales no den origen a litigios. En este sentido se dice que el derecho penal siempre se aplicaría en relaciones judicializadas en que interviene el Estado, desde que no es concebible acuerdos privados que abarquen castigos penales. O dicho de otra forma: el derecho penal no podría existir sin un proceso que lo aplicara. Así, se suele dar el siguiente ejemplo: mientras el contratante civil puede allanarse a cumplir sus obligaciones contractuales e incluso renunciar a sus derechos, el ciudadano jamás podría allanarse a recibir un castigo penal sin una previa investigación y juzgamiento.

Es también relevante la íntima relación que tiene el derecho procesal con el derecho constitucional, entendiéndose que una de las principales fuentes del primero la encontramos en las reglas de la Constitución Política de la República (CPR) y de los tratados internacionales ratificados por Chile. Al ser el proceso penal una zona especialmente propicia para los abusos estatales por parte de las policías y fiscales del Estado, los ordenamientos contemporáneos han constitucionalizado las garantías que antaño eran simplemente legales. Así, en el proceso penal chileno tenemos la posibilidad de invocar directamente al caso concreto, ante los jueces de garantía, los derechos constitucionales vulnerados al imputado, a través de la llamada cautela de garantías del artículo 10 del CPP, que estudiaremos más adelante.

El derecho procesal penal es, entonces, una rama del derecho fuertemente constitucionalizada.

Finalmente, aunque es un asunto muy poco explorado, existe una importante relación entre el derecho procesal penal y el derecho administrativo. Como ya se dijo más arriba, para una parte de la doctrina los asuntos referidos al cumplimiento de las sentencias de condena serían parte de las labores de administración del Estado y estarían al margen de la labor jurisdiccional. Adicionalmente, veremos que el proceso penal se desarrolla a través de la investigación que dirige el Ministerio Público, la que debiera también quedar regida por los principios y normas del derecho administrativo.

3. Aplicación de la ley procesal penal en el tiempo y espacio

Es importante aclarar a *quiénes* se aplica el derecho procesal penal chileno y *qué territorio* queda abarcado.

La aplicación de la ley penal corresponde a una de las manifestaciones más claras de la soberanía de una nación, dadas las importantísimas consecuencias que tiene para la libertad ambulatoria de las personas y del ejercicio de otros importantes derechos. Así, sería visto como un grave asunto de intromisión externa que las autoridades de una nación extranjera comenzaran a investigar y juzgar hechos constitutivos de delitos acaecidos en Chile.

El CPP se aplica, entonces, para la investigación y enjuiciamiento de todos los hechos constitutivos de delito cometidos por ciudadanos nacionales y extranjeros dentro del territorio nacional (artículos 14 del Código Civil [CC]; artículos 5 y 7 del Código Orgánico de Tribunales [COT]; y artículo 340 del Código de Derecho Internacional Privado), cuyo principio de ejecución sea posterior a su entrada en vigencia.

Por territorio chileno debemos entender no solo la porción de tierra de Chile continental e insular, ubicado en América del Sur, la Antártica y Oceanía, sino también el mar territorial. La ley penal chilena se aplica también para ciertos hechos constitutivos de delito perpetrados fuera del territorio de la República, que están detallados en el artículo 6 número 1 del COT, como "los cometidos por un agente diplomático o consular de la República, en el ejercicio de sus funciones", y "los cometidos por chilenos o extranjeros, a bordo de un buque chileno en alta mar, o a bordo de un buque chileno de guerra surto en aguas de otra potencia" (artículo 6 número 4). En el mismo sentido, se aplica la ley penal chilena para los delitos cometidos a bordo de aeronaves chilenas sobrevolando espacio aéreo no sometido a la jurisdicción de ningún Estado (artículo 5 inciso primero del Código Aeronáutico), entre otras hipótesis especiales.

El CPP entró en vigencia en forma gradual (artículo 484), comenzando el año 2000 en algunas regiones y concluyendo en junio del 2005, para todo el territorio nacional. Los hechos cometidos con anterioridad a estas fechas se regirán por las disposiciones del Código de Procedimiento Penal, norma que se aplicará solamente para esas causas por el o los juzgados del crimen que aún sigan operando. Actualmente, en Santiago, aún cumple funciones el 34° Juzgado del Crimen de Santiago para seguir conocimiento de causas criminales respecto de hechos acaecidos antes de la entrada en vigencia del CPP. Habiendo ya transcurrido más de veinte años desde que terminó la entrada en vigencia de las últimas regiones, parece razonable afirmar que la acción penal para perseguir los hechos delictivos perpetrados bajo la vigencia del antiguo Código de Procedimiento Penal está irremediablemente prescrita (salvo los delitos imprescriptibles, claro está).

Por lo mismo, la incómoda convivencia que existió durante muchos años entre las normas del antiguo Código de Procedimiento Penal y las del Código Procesal Penal es un problema que ya está en franca retirada. Sin embargo, para las investigaciones que aún subsisten y que se iniciarán a futuro y que queden regidas por las reglas del antiguo CdPP, se dará una situación de evidente injusticia y de trato desigual por la ley.

Es importante tener en cuenta que las leyes procedimentales, como el CPP, rigen *in actum* por regla general, según dispone el artículo 24 de la Ley sobre efecto retroactivo de la ley del año 1861, que sigue vigente. Por su parte, el artículo 11 del CPP dispone que "las leyes procesales penales serán aplicables a los procedimientos ya iniciados, salvo cuando a juicio del tribunal, la ley anterior contuviere disposiciones más favorables al imputado".

Esta última regla es consistente con la que dispone que las leyes penales solo rigen hacia el futuro, salvo que la nueva ley favorezca al afectado (artículo 19 número 3 inciso octavo de la CPR; artículo 18 del Código Penal). Autores como Juan Sebastián Vera han sostenido que no es posible separar las estrechas interrelaciones "sincrónicas" entre el derecho penal, las normas procesal-penales y los principios constitucionales que las inspiran. En este sentido, una regla procesal posterior al hecho, desfavorable al reo, no debiera tener efecto retroactivo.

4. Interpretación e integración de la ley procesal penal

Como a toda rama del derecho, al derecho procesal penal se le aplicarán las normas sobre interpretación de la ley contenidas en el título preliminar del Código Civil. Sin perjuicio de ello, existe una regla especial sobre la que vale la pena detenerse.

El artículo 5 inciso segundo del CPP dispone que las disposiciones legales que restrinjan la libertad del imputado o el ejercicio de sus derechos durante la investigación o en el proceso, deben ser interpretadas restrictivamente y nunca por analogía. Se trata, naturalmente, de analogías *in malam partem*, o sea, contra reo.

En cambio, en nuestra opinión, las interpretaciones *in bonam partem* —a favor del reo— no solo son admisibles, sino incluso recomendables, en la línea de que el derecho penal debe ser siempre la *ultima ratio*, lo mismo que las restricciones de derechos y la libertad personal.

La interpretación de la ley procesal penal debe ser integrada con las disposiciones constitucionales y las contenidas en los tratados internacionales ratificados por Chile; como hemos visto, una fuente principal de las normas procesal-penales son justamente estos instrumentos.

En consecuencia, las leyes procesal-penales no pueden jamás ser interpretadas sin tener a la vista estos principios y garantías, y no es admisible que el juez penal se adhiera a posturas formalistas o de estricto apego a la ritualidad, si con ello se perjudica la ya desmedrada posición del imputado.

5. Estructura y etapas del proceso penal

El proceso penal transita en paralelo a través de gestiones y actuaciones que se desarrollan, por un lado, ante el Ministerio Público y las policías, y por otro, ante los órganos que ejercen jurisdicción.

Es decir, el proceso penal tiene una cara que podríamos denominar de investigación administrativa, y otra que podríamos decir que es plenamente jurisdiccional, en que se controla la legalidad de la investigación, se decretan medidas cautelares, eventualmente se resuelve acerca de salidas anticipadas o alternativas o sobre el fondo del asunto investigado, entre varios otros aspectos.

Esta diferenciación se explica, como se dijo más arriba, por la clara separación de funciones que la Reforma Procesal Penal quiso reafirmar entre la indagación, persecución y acusación, y su juzgamiento. Unas y otras funciones quedarían a cargo de órganos estatales diferenciados, a pesar de que tanto el Ministerio Público como los jueces son todos órganos del Estado, y gozan funcionalmente de plena independencia uno del otro, en un diseño que podría calificarse como plenamente acusatorio. Esta fue, justamente, la mayor innovación de la Reforma Procesal Penal.

Así, a diferencia de otros sistemas, los jueces en Chile no desarrollarán actividad investigativa alguna; y en rigor, su involucramiento en la investigación del fiscal será mínimo.

A continuación, haremos un resumen general acerca de las distintas etapas del proceso penal en Chile, que nos servirá como hoja de ruta para ir tratando cada uno de estos temas durante el desarrollo de este libro.

5.1 Formas de inicio del proceso

El proceso penal puede iniciarse por una denuncia, una querella presentada por la víctima o por otras personas legitimadas que no son la víctima, y también de oficio por el Ministerio Público (artículo 172 del CPP). Los hechos objeto de la denuncia, querella o de la iniciación oficiosa es lo que la doctrina llama *notitia criminis*.

En cualquier caso, sea cual sea la forma en que se inicie, los antecedentes del o los hechos constitutivos de delito llegarán a conocimiento del Ministerio Público, quien deberá instruir la correspondiente investigación con auxilio de las policías.

En general, puede decirse que la denuncia consiste simplemente en que cualquier persona —y no necesariamente la víctima— pone en conocimiento de la autoridad la ocurrencia de un hecho constitutivo de delito. El denunciante no está necesariamente interesado en ser interviniente o parte en el proceso, y sus derechos dentro de él están muy limitados.

La querella, en cambio, consiste en la presentación formal que efectúa el abogado de la víctima, o de otras personas legitimadas, en que se ejerce propiamente una pretensión acusatoria, solicitando ser tenido como interviniente en la causa y otorgando una serie de prerrogativas dentro del proceso, incluyendo participar del juicio oral e impugnar la sentencia definitiva. La querella puede ser presentada por otros legitimados activos diferentes de la víctima. Y de hecho, hay procedimientos, como las investigaciones por delitos tributarios, que deben iniciarse por una querella de un organismo público, como el Servicio de Impuestos Internos.

5.2 Etapa de investigación a cargo del Ministerio Público

Como decíamos más arriba, sea cual sea la forma en cómo se inicie el proceso, esta dará origen a una investigación que dirigirá el Ministerio Público con auxilio de las policías, preferentemente, y por defecto, de la Policía de Investigaciones de Chile. Se trata de una etapa administrativa, y no jurisdiccional (sin perjuicio de su judicialización, como veremos), lo que significa que es desarrollada por un órgano del Estado que no sea un tribunal. En Chile no existen, por lo tanto, jueces de instrucción, como sucede —por ejemplo— en el sistema español. Esta investigación penal, dada la natural tendencia a abusos y arbitrariedades, será controlada con amplias facultades por el tribunal de garantía.

A diferencia de lo que ocurría con el antiguo Código de Procedimiento Penal, en el actual Código Procesal Penal no se contemplan procedimientos reglados o etapas rígidas en esta investigación, lo que permite que los fiscales gocen de amplias facultades y plazos para llevarla a cabo, sin mayores formalidades más que acopiar todos los antecedentes en la carpeta de investigación (artículo 227 del CPP), que debe estar a disposición de la defensa en todo momento (artículo 93 letra a) y en la que debe consignarse la fecha, hora, lugar y funcionarios que participaron en cada diligencia de investigación. Asimismo, existe la obligación de conservar bajo sello ciertas especies y evidencia levantadas desde el sitio del suceso u otros lugares, para evitar su alteración, lo que se materializa con un registro de su trazabilidad denominado cadena de custodia (artículos 187 y 188), en donde se consigna la lista cronológica de personas que han tenido en su poder la especie o evidencia desde que fuera recogida.

Es importante saber que las actuaciones de la investigación son reservadas para terceros ajenos al proceso (artículo 182 del CPP), lo que faculta al fiscal para decretar su reserva, incluso respecto del mismo imputado y los otros intervinientes, para asegurar la eficacia de la investigación (sería el caso de escuchas telefónicas, por ejemplo, en el artículo 222). También, el artículo 92 del CPP prohíbe a las policías informar a los medios de comunicación social acerca de la identidad de los detenidos, imputados, víctimas, testigos ni de las restantes personas vinculadas a una indagatoria. En todo caso, estas prohibiciones no siempre se respetan, dando lugar a las llamadas filtraciones de la carpeta investigativa a la prensa y lo que se denomina la mala práctica de "litigar por la prensa".

Los fiscales y policías gozan de amplias facultades para desarrollar su indagatoria, salvo que alguna diligencia signifique vulnerar garantías fundamentales del imputado o de otra persona, en cuyo caso se requerirá de la autorización expresa del tribunal de garantía, en las llamadas medidas intrusivas. Se trata de diligencias de investigación que afectan, por ejemplo, a la privacidad del domicilio y comunicaciones del imputado. Existe una especial preocupación en el CPP de regular las hipótesis en que se autoriza la entrada y registro en domicilios privados, ya que su incumplimiento podría redundar en que la prueba así obtenida sea calificada como ilícita.

Los intervinientes (defensa, querellante, víctima) pueden solicitar diligencias de investigación durante el proceso, sin perjuicio de la prerrogativa del fiscal de aceptarla o denegarlas. Lamentablemente no se ha construido un estándar de fundamentación de las decisiones administrativas que adopta el Ministerio Público, lo que entrega opacidad respecto de las razones que llevan a la Fiscalía a adoptar una u otra decisión no solo respecto de la solicitud de diligencias, sino también de las decisiones relevantes en el proceso (salidas alternativas, formalización).

Es muy relevante tener en cuenta que la evidencia recogida durante la investigación no constituye necesariamente la prueba de cargo en contra del imputado, salvo que dicha evidencia pase el filtro de pertinencia y legalidad en la audiencia preparatoria de juicio y se rinda efectivamente en el juicio oral. Como es natural, durante la investigación existe una opacidad propia en la labor de las policías, que dificulta o hace imposible su control, o incluso su conocimiento por parte de la defensa; por lo mismo, la etapa en que dicha evidencia será controlada y contrastada con la prueba de descargo de la defensa será en el juicio oral propiamente tal. La revisión imparcial solo se dará una vez que la evidencia recogida pase por el cedazo del tribunal, al contrastar la prueba con el control que de ella hagan las partes durante la audiencia de juicio.

El imputado que estime que sus derechos fundamentales están siendo vulnerados durante la investigación puede solicitar al tribunal de garantía una cautela de garantías (artículo 10 del CPP), con el objeto de que el juez ponga fin a dicha arbitrariedad u obligue al fiscal a hacerlo. Un caso de común ocurrencia es aquella defensa que se ve imposibilitada de acceder a los registros de la investigación acopiada por el Ministerio Público.

Salvo los casos de flagrancia, o en que las policías identifican muy rápidamente al imputado, lo normal es que las investigaciones desformalizadas se prolonguen por meses o incluso años, a la espera de que el fiscal adopte una decisión al respecto. Esta decisión puede ser formalizar la investigación, si a su juicio existen antecedentes que permitan sospechar la comisión del hecho constitutivo de delito y la participación del imputado en él. Una vez formalizada, la investigación no podrá durar más de dos años, lo que no significa que el proceso completo dure lo mismo: para delitos complejos es posible que la preparación del juicio y el juicio oral mismo duren varios meses adicionales.

La formalización de investigación (artículo 229 del CPP) consiste en la comunicación que hace el fiscal al imputado, en presencia del tribunal de garantía, de que lo está investigando por un determinado hecho constitutivo de delito. La formalización de investigación no está sometida, por lo mismo, al control jurisdiccional, ya que el juez actúa solo como "oyente" de lo que el fiscal comunica al imputado; sin perjuicio del reclamo que pueda formular el imputado a las autoridades del Ministerio Público por su formalización arbitraria, institución que en la práctica nunca se ha utilizado con éxito por imputado alguno, que se tenga registro (artículo 232 inciso 3 del CPP).

La formalización tiene, en todo caso, importantes consecuencias procesales: en general, solo una vez formalizada la investigación se proceden a decretar medidas cautelares personales —la más gravosa, la prisión preventiva. También, la formalización gatilla otras consecuencias importantes, como son la suspensión del plazo de prescripción de la acción penal y que el Ministerio Público contará con un plazo máximo de dos años para concluir su investigación (artículo 233), el que generalmente será mucho más breve a solicitud de la defensa.

Además de la admisión a trámite de la querella, la formalización es la etapa por excelencia en que se judicializa la investigación, o sea, en que interviene el juez de garantía en la indagatoria que lleva adelante el fiscal. Otras oportunidades se dan durante la autorización de medidas intrusivas que afecten los derechos fundamentales del imputado y en las cautelas de garantía del artículo 10 del CPP.

Si a juicio del fiscal no existen antecedentes para formalizar, podrá solicitar el sobreseimiento temporal o definitivo, o bien comunicar su "decisión de no perseverar", sin perjuicio de otras salidas alternativas que también son procedentes, como el archivo provisional.

5.3 Salidas alternativas

Una vez concluido el plazo de investigación fijado por el tribunal, si se formalizó investigación, el fiscal debe comunicar formalmente su cierre y adoptar algunas decisiones importantes.

Si no se formalizó investigación, como vimos, el proceso concluirá generalmente por un sobreseimiento temporal o definitivo, o bien por la comunicación de la decisión de no perseverar que hace el fiscal. Si no existió querella criminal, el fiscal podría archivar provisionalmente.

También existe la posibilidad, en los delitos menos graves, de que el fiscal y la defensa soliciten la aprobación de una suspensión condicional del procedimiento (artículo 237 del CPP) o de un acuerdo reparatorio, con la anuencia adicional de la víctima (artículo 241). Ninguna de estas salidas alternativas significa un reconocimiento de responsabilidad ni la condena del imputado. Consisten, simplemente, en formas de arribar a una solución del conflicto sin la necesidad de llevarlo a juicio oral, evitando las dilaciones y costos para el Estado que conlleva.

Asimismo, el imputado puede negociar un juicio abreviado (artículo 406 del CPP) con el fiscal; esto es, que reconozca los hechos que se le imputan a cambio de una solicitud de pena inferior a la máxima permitida en la ley. Esta es una institución que existe en muchos sistemas comparados (*plea bargaining*, la más conocida en Estados Unidos). En este caso, el imputado es condenado sin juicio, con el solo mérito de lo obrado en la investigación del fiscal.

En general, los fiscales llevarán a juicio oral aquellos casos en que hay prueba de cargo muy contundente para generar la convicción de una condena en el tribunal, y en delitos graves en que no es legalmente viable alguna de las salidas alternativas que esbozamos más arriba. Los casos restantes, que son la enorme mayoría, estadísticamente concluirán a través de alguna salida alternativa.

El legislador nacional renunció expresamente al enjuiciamiento y condena de todos los hechos constitutivos de delito, lo que generó grandes —enormes— espacios de salidas alternativas para la criminalidad de bagatela, que teóricamente permite concentrar los recursos del Estado en los hechos que revisten mayor gravedad. Estas salidas alternativas favorecieron la participación y reparación de la víctima, como asimismo propiciaron soluciones diferentes a la condena penal para hechos de baja peligrosidad (trabajos comunitarios, tratamientos de desintoxicación de drogas, etc.), aunque algunas de ellas han sido ciertamente controvertidas ("clases de ética" como sanción a delitos de cuello y corbata, entre otras).

5.4 Etapa preparatoria de juicio oral

En aquellos casos en que el Ministerio Público decida llevarlo a juicio oral, deberá presentar una acusación (artículo 259 del CPP), si se trata de delitos graves, o un requerimiento (artículo 390), si se trata de delitos menos graves. También, el querellante puede presentar una acusación particular, adhiriendo o no a lo solicitado por el fiscal, y podría forzar la acusación en aquellos casos en que el fiscal decida no formular acusación (artículo 259). Dependiendo de la pena asignada al delito, el caso seguirá su curso como juicio monitorio (faltas), simplificado (delitos de menor gravedad), o bien, juicio oral propiamente tal (delitos graves, generalmente asociados a una pena privativa de libertad efectiva).

En la acusación, el fiscal, y eventualmente el querellante, manifiestan su intención de que se celebre un juicio oral, señalando precisamente los hechos que serán materia del juicio, la calificación jurídica (subsunción en alguno de los tipos penales), la participación que corresponde al imputado, la pena que se solicita y las pruebas de que se valdrán en el juicio oral, entre otras menciones.

Sea que proceda un juicio oral simplificado o juicio oral propiamente tal, en ambos casos deberá tener lugar la audiencia preparatoria de juicio oral (artículos 260 y siguientes del CPP), que es una etapa intermedia de enorme importancia, antesala del juicio oral.

Si se trata de un juicio oral propiamente tal, su preparación estará a cargo del tribunal de garantía, que es un tribunal diferente del que conocerá de la decisión de fondo sobre absolución y condena (tribunal de juicio oral en lo penal). En cambio, en el caso de los juicios simplificados, la preparación y juicio estarán a cargo del mismo juez de garantía.

La audiencia preparatoria tiene como objeto depurar la prueba que será admitida en el juicio oral; esto es, descartar aquella evidencia ofrecida por los intervinientes que resulte sobreabundante, impertinente o que haya sido obtenida con infracción de las garantías fundamentales. En esta audiencia los intervinientes deben señalar la prueba que piensan rendir en juicio, y "mostrar sus cartas" a los otros intervinientes y al tribunal, quien resolverá si dicha prueba es o no admisible. Existe en esta etapa una institución muy interesante: las convenciones probatorias, en que los intervinientes pueden convenir ciertos hechos en que existe acuerdo de que no es necesario probar en juicio (artículo 275 del CPP).

Al término de esta audiencia, el tribunal de garantía remitirá una resolución denominada "auto de apertura del juicio oral" (artículo 277 del CPP) al tribunal de juicio oral en lo penal, en que se contiene el resumen de dicha audiencia, y donde quedará fijado el objeto del juicio y las pruebas que fueron previamente aceptadas. También se indicará la nómina de testigos y peritos que deberán citarse en el juicio oral.

5.5 Etapa de juicio oral

El juicio oral es la cristalización de las máximas garantías que puede disponer un imputado que es perseguido por la comisión de un hecho constitutivo de delito, porque le permite estar presente físicamente durante todo el proceso, junto a su defensa técnica, y conocer y controlar las pruebas que se hagan valer por el Estado en su contra, además de producir prueba propia sobre su inocencia, si así lo quisiere. Asimismo, la publicidad (artículo 289 del CPP), oralidad (artículo 291) e inmediación, junto con la presencia ininterrumpida de un tribunal colegiado de tres jueces, asegura que la decisión que se adopte sea bajo el más alto estándar de calidad: toda las pruebas y las alegaciones serán percibidas en forma directa por los jueces, por sus sentidos, en audiencias continuas.

La oralidad y la inmediación fueron un enorme avance en nuestro sistema, y se apartó de varias reformas "a medias" que se implementaron en otros países del ámbito hispanoamericano. En el Código Procesal Penal chileno existe expresa prohibición de aportar, mediante su lectura, la información contenida en partes o atestados policiales, lo que debe hacerse necesariamente a través del testimonio de los funcionarios que participaron en el respectivo procedimiento (artículo 334). Asimismo, la incorporación de peritajes obedece a esa misma lógica: no basta con la incorporación del informe escrito, sino que es imprescindible que deponga personalmente el experto (artículo 319). Esto permite que los restantes intervinientes controlen de forma intensa dicha prueba, a través del contraexamen de peritos y testigos.

Finalmente, el CPP consagró como estándar de apreciación de la prueba el de la libertad probatoria, pero con el límite de la sana crítica (artículo 279), estableciéndose la condena solo en aquellos casos en que exista una convicción más allá de toda duda razonable acerca de la culpabilidad del acusado (artículo 340). Asimismo, se estableció un estándar robusto de fundamentación de la sentencia, que permita no solo a las partes su control a través de los recursos procesales, sino también generar la persuasión necesaria en el imputado y la sociedad respecto de las razones de absolución o condena (artículo 343).

5.6 Recursos procesales

Finalmente, es interesante conocer las principales innovaciones del sistema procesal penal en materia de recursos procesales. La más gravitante fue, sin duda, la eliminación del recurso de apelación respecto de la sentencia definitiva, la que solo sería impugnable a través del recurso de nulidad ante las Cortes de Apelaciones o, eventualmente, la Corte Suprema. A partir de una reforma de 2012, en todo caso, regresó la apelación respecto de la sentencia definitiva, pero solo respecto de la forma de cumplimiento de la pena. En el diseño original, la sentencia definitiva solo sería impugnable a través del recurso de nulidad, es decir, restringido a la aplicación del derecho y el control de la infracción de las garantías fundamentales.

Subsistieron, por cierto, los recursos de reposición y de apelación, aunque este último para otro tipo de resoluciones distintas a la definitiva. La reposición respecto de resoluciones dictada en audiencia será, naturalmente, de conocimiento del mismo tribunal que dirigió la audiencia, la que también quedó restringida solo a aquellos casos en que el tribunal dicta las resoluciones sin estar precedido de un debate entre las partes (artículo 363 del CPP).

La apelación reviste especial importancia en lo que a medidas cautelares personales se refiere, y a las resoluciones que ponen fin al proceso o hacen imposible su continuación, como la que declare el sobreseimiento definitivo (artículo 370 del CPP). También existe una incipiente jurisprudencia respecto del recurso de queja, que sería la forma en que algunos litigantes han podido llevar ciertas cuestiones al conocimiento de la Corte Suprema.

Capítulo II

Acciones penales y civiles

ACCIONES PENALES Y CIVILES

1. Concepto de acción y pretensión

Al igual que sucede en el campo del derecho procesal civil, en el derecho procesal penal los conceptos de acción y pretensión suelen confundirse y utilizarse indistintamente.

Para la ciencia procesal contemporánea la acción no es más que la concreción del derecho de petición constitucionalmente garantizado, materializado en la posibilidad irrestricta y prácticamente sin límites de que cualquier ciudadano plantee una determinada demanda o solicitud ante un tribunal de justicia, el que necesariamente deberá emitir un pronunciamiento sobre el fondo. La pretensión, en cambio, corresponde al *contenido* de la acción que se ejerce.

Así, la acción sería el *continente*, y la pretensión el *contenido*. La acción, como derecho a plantear una determinada pretensión, tiene entonces una existencia independiente de su contenido. Esta afirmación tiene una consecuencia muy importante: salvo problemas gruesos en la forma de planteamiento, la acción siempre, por defecto, debe ser admitida a trámite por el órgano jurisdiccional, sin perjuicio de que la sentencia de fondo termine por rechazar el objeto de la pretensión hecha valer por el litigante. De esta forma, el derecho a la acción reconoce un ejercicio prácticamente irrestricto; mientras que la pretensión deberá ser evaluada en la sentencia de fondo, la que puede acogerse o rechazarse. No existe, por lo tanto, un derecho a que el tribunal acoja una pretensión, sino solo un derecho a que el tribunal conozca de la pretensión.

En el derecho procesal civil la distinción entre acción y pretensión fue una innovación de proporciones, que para cierta doctrina marcó justamente el inicio del derecho procesal como ciencia autónoma a comienzos del siglo XX. El concepto de acción civil es, sin duda, una categoría dogmática de tremenda importancia, porque escinde el proceso mismo (la forma) de su contenido (el derecho de fondo).

En el derecho procesal penal, en cambio, y tal como lo planteó en su momento James Goldschmidt, las cosas son diferentes. Pese a la utilización indistinta del concepto "acción penal", la verdad es que existen notables diferencias con lo que entendemos por acción civil, o acción en general, al punto de que puede entenderse que hablamos de cosas totalmente distintas. Y, como se pasará a explicar, la distinción entre acción y pretensión parece no tener sentido alguno.

En rigor, la acción penal —cualquier acción penal— tiene un solo contenido: la persecución, enjuiciamiento y condena de una persona al atribuírsele su participación en un hecho constitutivo de delito. Aquí ya existe una diferencia relevante con la acción civil, en que el contenido puede ser sumamente diverso: desde una sentencia que declare un divorcio, o la nulidad de un contrato, hasta la interdicción de una persona, o la condena por los perjuicios causados por un ilícito civil. Esto se puede ver muy claro en la querella criminal en que el petitorio es siempre idéntico, lo mismo que en las acusaciones. En ninguna querella o acusación se solicita, por ejemplo, que solo se declare que el imputado ha infringido una prohibición penal. La pretensión es siempre de persecución, enjuiciamiento y condena.

Asimismo, las opciones del tribunal frente a la acción penal están limitadas a la decisión binaria de absolución o condena. Por lo mismo, vale la pena preguntarse a estas alturas si son útiles los conceptos de acción penal y de pretensión penal, o si son básicamente lo mismo.

De la misma manera, la doctrina y jurisprudencia han cuestionado que el querellante sea titular de un derecho de acción penal. El Tribunal Constitucional de Chile (TC) ha fallado que no existiría, a su juicio, un "derecho público subjetivo, de naturaleza constitucional, al ejercicio de la acción penal, ni siquiera para la víctima. Los individuos no tienen el derecho de someter a juicio penal a otro ciudadano" (rol 2680-2014).

James Goldschmidt ha llamado la atención acerca de que la "acción civil" se ejerce por un litigante en contra de otro, de quien se solicita una cosa, y dicha "acción" se presenta ante el juez, quien intermedia en dicha solicitud. El mismo autor, y también varios otros, han notado que el derecho civil sustantivo existe y produce sus efectos principalmente regulando relaciones extraprocesales entre partes; o, dicho de otra forma: las normas civiles en una mínima proporción de casos son sometidas a la aplicación e interpretación del juez. Esto lo dijimos también más arriba, a propósito de las relaciones entre el derecho penal y el derecho procesal penal.

En cambio, para Goldschmidt, el derecho penal no tendría existencia fuera del proceso, ya que está destinado a que un juez lo aplique castigando al responsable luego de celebrado el juicio. Esta afirmación, en todo caso, ha tenido algunos matices, como la conocida teoría de Hart de que las normas tienen una dimensión "primaria" (una regla de comportamiento dirigida a las personas en general) y "secundaria" (una regla que el juez debe aplicar en un caso concreto). Las normas penales, entonces, también actuarían como disuasivos de ciertas conductas, por el solo hecho de existir y de ser conocidas por todos. Contemporáneamente, Claus Roxin ha sostenido una teoría muy similar para explicar los fines de la pena. En cualquier caso, es evidente que la regla penal, más allá de este efecto disuasivo, siempre deberá ser aplicado por un juez en un proceso; es decir, jamás podrá ser pactada en un contrato, por ejemplo, en que una persona se declare culpable frente a otro particular y se someta voluntariamente a la pena que el Estado le imponga en la ley.

Vinculado con el concepto de acción, está el concepto de *legitimación procesal*. La legitimación, han dicho algunos autores, es un asunto que no interesa al derecho procesal, sino a la ley aplicable al fondo; esto, porque la legitimación se refiere a la conexión que tienen las partes en el proceso con los hechos que son objeto del mismo. En los juicios civiles, por ejemplo, decimos que tiene legitimación activa para accionar quien es el contratante diligente perjudicado por el incumplimiento de su cocontratante; este último tendrá entonces legitimación pasiva. Pero la legitimación no es un asunto, como decimos, que se resuelva durante el proceso, sino en la sentencia de fondo. O dicho de otra forma: el juez no limita o impide la actuación de ninguna de las partes en el proceso porque existan alegaciones de que carece de legitimación.

En el proceso penal, por su parte, la legitimación parece ser un concepto más bien procesal que sustantivo, al revés de lo que ocurre en el proceso civil. Es decir, existen momentos y herramientas en el proceso penal que permiten controlar anticipadamente la legitimación activa de los intervinientes, cuestión que, reitero, no es posible en el juicio civil. Tal parece que el solo sometimiento de cualquier ciudadano a un proceso penal resulta ser tan gravoso, que el legislador se ha encargado de determinar *ex ante* quiénes están legitimados para intervenir.

En este sentido, la legitimación activa del Ministerio Público, por ejemplo, para accionar penalmente (acusar o formalizar, por ejemplo) está rígidamente determinada a nivel constitucional y legal (artículo 83 de la CPR y artículo 1de la Ley Orgánica Constitucional del Ministerio Público), salvo en los escasísimos casos de delitos de acción penal privada y delitos de acción pública previa instancia particular. Por lo mismo, la discusión sobre legitimación del ente estatal parece estar sumamente limitada, salvo los dos casos mencionados.

Asimismo, la legitimación activa del querellante viene también explícitamente determinada en los artículos 108 y 111 del CPP, la que es ponderada en la resolución que admite a trámite la querella (artículo 114 del CPP), lo que parece vedar nuevas discusiones más adelante en el proceso sobre este extremo; quizás en la audiencia de preparación de juicio, aunque dicha posibilidad no está expresamente contemplada en el artículo 264 del CPP, salvo que se interpretara laxamente la de la letra d) de dicho artículo ("falta de autorización para proceder criminalmente, cuando la Constitución o la ley lo exigieren"). Más adelante nos explayaremos sobre este asunto en detalle.

El asunto de la legitimación del querellante, en especial del querellante-víctima, es uno de los más controvertidos actualmente, como veremos más adelante; esto, a partir de alguna jurisprudencia del Tribunal Constitucional que ha resuelto que son contrarias a la Constitución algunas normas del CPP que supeditan el ejercicio de la acción penal del querellante a ciertas actuaciones del Ministerio Público; en concreto, a la formalización y acusación.

Nosotros creemos que el querellante sí es un interviniente legitimado para accionar penalmente, no solo por la posibilidad que tiene de presentar una querella, sino también de adherir a la acusación fiscal o presentar su propia acusación, e incluso forzar la acusación allí donde el Ministerio Público comunicó su decisión de no perseverar. Por lo mismo, no compartimos las posturas binarias, como la del profesor Andrés Bordalí, quien ha señalado que la víctima no es titular del derecho a la acción. La víctima sí goza de este derecho y sí está legitimada, pero con la limitante de que sus prerrogativas acusadoras van a quedar —en la gran mayoría de los casos— supeditadas a lo que la fiscalía resuelva administrativamente sobre el caso. Por ejemplo, el querellante solo podrá adherir a la acusación en la medida que el fiscal haya acusado primero.

Asimismo, el proceso penal tiene un solo legitimado pasivo, que siempre será el imputado.

En nuestro sistema procesal penal, además, la intervención de terceros —en especial en lo referido a acciones civiles adhesivas— estaba vedada, lo que simplificaba sobremanera los problemas de legitimación. A partir de una reforma legal del año 2023, el proceso penal será también la instancia para discutir acerca de la acción civil de comiso de ganancias respecto de terceros, como veremos un poco más adelante. Y estos terceros, naturalmente, serán legitimados pasivos en el proceso.

2. Relevancia y utilidad del concepto de acción y pretensión penal

Históricamente la doctrina procesal ha destinado muchísimo tiempo y energías en la llamada teoría de la acción, discusión que en todo caso parece estar agotada. La exposición del apartado anterior pretende simplificar los conceptos para poder resolver qué utilidad hoy nos reportan los conceptos de acción y pretensión en el derecho procesal penal. Sobre esto hablaremos ahora.

El concepto de acción penal nos es útil para entender la idea matriz del sistema acusatorio: sin acción penal no hay proceso ni condena; es decir, no es concebible la actuación de oficio por parte del juez en lo que a asuntos penales se refiere. Esto está refrendado, por ejemplo, en el artículo 10 del COT que dispone que los tribunales actuarán siempre a petición de parte, y de oficio solo excepcionalmente y previo mandato legal.

Asimismo, el concepto de pretensión penal es importante bajo la nomenclatura contemporánea de "objeto del proceso", para los asuntos referidos al deber de congruencia que debe existir entre formalización, acusación y sentencia de condena; también debe existir entre la imputación penal contenida en la denuncia o querella, y las diligencias de investigación que el fiscal instruye. Dicha congruencia alcanza también a la sentencia definitiva y de sobreseimiento, en el sentido que el imputado ya enjuiciado —condenado o absuelto— se beneficiará de los efectos de cosa juzgada y *non bis in idem*. Esto es, no podrá volver a ser investigado, enjuiciado ni menos condenado sobre la base de hechos que ya fueron juzgados con anterioridad. Para ello, es necesario saber qué fue lo juzgado con anterioridad y cuál fue la pretensión u objeto resueltos.

Desarrollaremos brevemente estos y otros asuntos a continuación.

2.1 Sin acción penal no puede haber proceso ni condena: Prohibición de actuaciones oficiosas por parte del tribunal

Como dijimos más arriba, el concepto de acción penal es fundamental en un sistema acusatorio como el nuestro, en que no puede existir impulso procesal, ni menos condena, sin que exista un ente acusador. En otras palabras: en materia penal, los tribunales jamás pueden actuar de oficio con el fin de condenar a persona alguna; y frente a la inactividad del acusador, o la falta de pruebas, o el incumplimiento de los plazos y cargas establecidos en la ley, por defecto el juez debe absolver o sobreseer definitivamente. Esto puede parecer algo obvio, pero más adelante veremos cómo algunos operadores jurídicos se resisten a aceptarlo.

Vinculado a lo anterior: son el Ministerio Público y la parte querellante los "dueños" de la acción penal, y por lo tanto, soberanos para ponerle término anticipado, sin que el tribunal pueda —salvo algunos casos— cuestionar esa decisión.

Lo dicho en los dos párrafos anteriores es sumamente relevante, porque marca nítidamente la línea divisoria entre un sistema inquisitivo —de juez investigador que debe conseguir la "verdad" a toda costa— y un sistema acusatorio en que, en rigor, solo existe una acción o pretensión penal encarnada en un poder del Estado, quien afirma una determinada tesis que argumenta ante el tribunal. Pero si esa tesis no puede ser acreditada, o si existen otros criterios que aconsejan no seguir adelante con el proceso, el imputado no será enjuiciado ni menos condenado, renunciándose de esa forma a la persecución penal.

Este modelo obedece a la filosofía que está detrás de nuestro sistema de persecución penal: no existe una "verdad" exógena al proceso a la que el juez tenga la obligación de llegar a como dé lugar. La obtención de la verdad —el llamado "fin epistémico"— es un objetivo valorable en el proceso, pero en muchos casos será difícil, imposible o tomará demasiado tiempo y recursos del Estado conseguirla.

2.2 La calidad de imputado se adquiere con independencia a que se haya ejercido una acción penal

La acción penal se manifiesta en el proceso de varias maneras. El Ministerio Público lo hace a través de los cargos criminales que comunica a través de la formalización de investigación, y ciertamente en su acusación; y el querellante en su querella y acusación particular, o en la adhesión que haga de la acusación del fiscal.

Lo anterior no obsta a que, desde el primer acto del procedimiento en contra de una persona, esta pueda acogerse a las prerrogativas y derechos que tiene en calidad de imputado, aunque formalmente no se haya ejercido acción alguna en su contra. Es decir, el ejercicio de la acción penal y la calidad de imputado son cosas distintas. Puede existir un imputado aun cuando nadie haya ejercido formalmente una acción penal. Por ejemplo, si una persona es detenida en situación de flagrancia, desde ese momento se le debe considerar imputada y titular de una serie de garantías que veremos más adelante, como la de guardar silencio y no ser forzada a declarar o confesar bajo juramento.

Hay autores que han dicho que la acción penal solo puede tenerse por ejercida a partir de la acusación fiscal; por el contrario, nosotros creemos que la formalización y la querella particular o institucional son actos imputativos lo suficientemente explícitos como para no ser considerados como acciones penales. En concreto, como se ha dicho, el querellante es un verdadero acusador particular.

Más adelante desarrollaremos algunas ideas en que el concepto de acción penal cobra relevancia. Por ejemplo, que —a juicio nuestro— el fiscal está plenamente facultado para solicitar el sobreseimiento de la causa durante todo el juicio oral, cuando la prueba de cargo ha sido, a su juicio, insuficiente para sostener una condena. Y si ello ocurre, la acción penal simplemente decae y, por lo mismo, el juez debe sobreseer y no continuar de oficio con el juicio ni menos condenar.

2.3 El contenido de la acción penal determina el contenido de la investigación y de la cosa juzgada que recae sobre la sentencia de absolución o condena

Más arriba dijimos que la pretensión penal es una sola: que se investigue, enjuicie y condene del imputado o acusado. Pero existe un contenido de esta pretensión, que son los hechos y la calificación jurídica atribuida por el fiscal y/o el querellante. Estos hechos y el delito atribuido tienen una enorme importancia en el proceso. Si el caso termina por sentencia firme, sea de condena, absolución o sobreseimiento, dicho fallo producirá el efecto de cosa juzgada negativa no solo para cualquier sentencia posterior que pretenda pronunciarse sobre los mismos hechos, sino también impedirá siquiera que el mismo imputado vuelva a ser investigado y juzgado por los mismos hechos. En materia penal, esta cosa juzgada adquiere el carácter de garantía fundamental y recibe el nombre de *non bis in idem* (no dos veces lo mismo).

Esta garantía del *non bis in idem* o *ne bis in idem* es más amplia que el efecto de cosa juzgada, y su contenido consiste en que el imputado no puede ser investigado respecto de hechos por los que ya fue previamente sentenciado, haya sido condenado o absuelto. La cosa juzgada, en cambio, solo garantiza que no se genere una segunda sentencia que abarque a unos hechos y a un imputado ya juzgados por un fallo anterior; es decir, podría enjuiciársele nuevamente, pero con esta limitante. En términos prácticos, la garantía de prohibición de doble juzgamiento o *ne bis in idem* (prohibición de *double jeopardy* en derecho anglosajón) debiera provocar que el juez impidiera toda actividad investigativa en contra del imputado; en cambio, la cosa juzgada es una excepción procesal que generalmente se analiza en una sentencia sobre el fondo, más típicamente en el juicio oral, ya con la indagatoria terminada.

Como veremos más adelante, el sistema procesal penal permite hacer valer la cosa juzgada en cualquier etapa del proceso, a través de la solicitud de sobreseimiento definitivo, que es una absolución anticipada (artículo 250 f) del CPP); también se puede promover en la audiencia de preparación de juicio oral como una excepción de previo y especial pronunciamiento (artículo 264 c) del CPP); en el propio juicio oral; y también como causal del recurso de nulidad contra la sentencia definitiva (artículo 374 f) del CPP).

La garantía de única persecución *(ne bis in idem)* significa que el Ministerio Público solo puede dirigir una única acción penal en contra del imputado, a partir de los hechos y antecedentes disponibles en la indagatoria, y de los que conoce o debió conocer con una mínima diligencia. Dicho de otra forma: no puede activar sucesivas acciones criminales en la medida en que "vayan apareciendo" hechos, salvo que no tuviera forma de conocerlos desde un comienzo. Es una garantía que fomenta un actuar responsable y honesto de los fiscales, y evita dejar en una posición desmejorada a la defensa, a quien podría finalmente "ganársele por cansancio" a partir de sucesivas acciones con objetos idénticos o parcialmente coincidentes.

Esta garantía está consagrada en el artículo 1 del CPP en los siguientes términos: "La persona condenada, absuelta o sobreseída definitivamente por sentencia ejecutoriada, no podrá ser sometida a un nuevo procedimiento penal por el mismo hecho". En términos similares en el artículo 8.4 de la Convención Americana de Derechos Humanos: "el inculpado absuelto por una sentencia firme no podrá ser sometido a nuevo juicio por los mismos hechos". Y también en el Pacto Internacional de Derechos Civiles y Políticos, artículo 14.7: "nadie podrá ser juzgado ni sancionado por un delito por el cual haya sido ya condenado o absuelto por una sentencia firme de acuerdo con la ley y el procedimiento penal de cada país".

En el mismo sentido, el artículo 13 del CPP le otorga el valor de cosa juzgada a las sentencias penales dictadas por tribunales extranjeros: "en consecuencia, nadie podrá ser juzgado ni sancionado por un delito por el cual ya hubiere sido condenado o absuelto por una sentencia firme de acuerdo con la ley y al procedimiento de un país extranjero".

Esta regla contempla dos excepciones en que las sentencias extranjeras no producirán este efecto de cosa juzgada. Es decir, casos en que excepcionalmente la persona ya juzgada podría afrontar un nuevo proceso y eventual condena penal sobre la base de idénticos hechos. La primera se refiere a sentencias absolutorias o de sobreseimiento definitivo cuando "el juzgamiento en dicho país hubiese obedecido al propósito de sustraer al individuo de su responsabilidad penal por delitos de competencia de los tribunales nacionales" (también llamada cosa juzgada fraudulenta o írrita). La segunda excepción se refiere a la sentencia de condena dictada en un país extranjero, siempre que el imputado lo solicitare: "si el proceso respectivo no hubiese sido instruido de conformidad con las garantías de un debido proceso o lo hubiere sido en términos que revelaren falta de intención de juzgarle seriamente".

Estas excepciones están replicadas en términos muy similares en el artículo 20 del Estatuto de Roma, que es vinculante para Chile desde el año 2009 (Decreto 104), lo mismo que la Corte Penal Internacional. Estas reglas establecen que la persona ya juzgada en su país no podrá volver a ser sometida a proceso ante la Corte Penal Internacional, salvo en los dos casos ya vistos.

Recapitulando: para poder hablar de cosa juzgada y de la garantía del *non bis in idem*, es esencial conocer cuál fue el objeto del proceso penal anterior ya afinado. Y ese objeto no es otro que el contenido de la acción penal, o también llamada pretensión penal. Asimismo, el contenido fáctico de la pretensión consignado en la denuncia y querella determinará qué diligencias puede instruir el fiscal en la indagatoria: así, solamente podrá recopilarse aquella evidencia que sirva para ratificar la pretensión acusatoria, y no otra. Como diremos más adelante: no es labor del fiscal instruir investigaciones para "salir a buscar" delitos, sino recopilar evidencia para sustentar un delito que es objeto de una pretensión sometida a su conocimiento. Finalmente, el contenido de la pretensión penal fijará la formalización de cargos, que debe ser congruente con la posterior acusación, y esta con la sentencia de condena. No puede condenarse a imputados respecto de quienes no se haya acusado ni tampoco por hechos no contenidos en la acusación que dio inicio al juicio. Tampoco está permitido que se acuse por hechos diferentes ni a imputados distintos que los consignados en la formalización. Esto es lo que se denomina *principio de congruencia*, y es fundamental para resguardar el derecho a la debida defensa del imputado, quien solo podrá ejercerlo en la medida que conozca los cargos criminales objeto de la imputación.

3. Acciones penales

El CPP emplea la nomenclatura de "acción penal", y existen tres clases: la acción penal pública, la acción penal pública previa instancia particular y los delitos de acción penal privada.

En nuestro sistema, por defecto, todos los delitos son de acción penal pública, salvo las contadas excepciones de delitos de acción penal privada y de acción penal pública previa instancia particular que veremos a continuación.

Buscando un parámetro que permita explicar la separación que ha hecho el legislador respecto de estas tres categorías de acciones, podría decirse que en los delitos de acción penal privada y los de acción penal pública previa instancia particular lo que prevalece es un interés individual del ofendido por sobre el interés de la sociedad toda en perseguir la responsabilidad criminal del hechor.

En cualquier caso, la clasificación que ha hecho la ley entre unos y otros parece a ratos caprichosa, ya que existen delitos, como el hurto, en que podría decirse que prevalece un interés individual del ofendido, sin perjuicio que se trata de un delito de acción penal pública. Al contrario, las lesiones menos graves podrían perfectamente estimarse como un asunto de interés colectivo si se trata de un imputado peligroso, sobre todo en contextos de violencia intrafamiliar; a pesar de ello, el legislador clasificó a estas lesiones como delitos de acción penal pública previa instancia particular.

3.1 Acción penal pública

La acción penal pública, como dijimos, es la regla general y pertenece, primordialmente, al Ministerio Público. Esta "podrá ser ejercida, además, por las personas que determine la ley" (artículo 53 del CPP).

Esto significa que el Ministerio Público tiene el derecho y el deber de investigar los hechos constitutivos de delito de acción penal pública, sin perjuicio de que la víctima u otros legitimados quieran, eventualmente, presentar una denuncia o querella criminal. Y más aún: en los delitos de acción penal pública el Ministerio Público puede incluso investigar de oficio, no obstante la indagatoria haya comenzado por querella y luego el querellante se desista de ella; esto, al menos teóricamente, ya que en la práctica puede existir una importante dificultad probatoria en llevar el caso a juicio oral sin una víctima que preste su testimonio, en especial, si se trata de la principal o única prueba del caso.

En los delitos de acción penal pública lo que existe es una lesión grave a un bien jurídico protegido, lo que amerita que la sociedad toda, encarnada en el Ministerio Público, persiga y pida un castigo para el responsable; en este caso, la máxima sanción que contempla nuestro sistema, como es la pena.

El artículo 53 del CPP dispone que siempre los delitos en que la víctima sea menor de edad, será de acción penal pública.

3.2 Acción penal pública previa instancia particular

Como decíamos más arriba, el legislador creó esta categoría excepcional respecto de ciertos delitos en que prevalecería un interés eminentemente privado.

El artículo 54 del CPP regula los delitos de acción penal pública previa instancia particular, los que son investigados y perseguidos por el Ministerio Público, pero exigen de una denuncia o querella previa del ofendido.

En todo caso, una vez iniciado el procedimiento, este es idéntico al proceso por acción penal pública. Asimismo, si el ofendido está imposibilitado de efectuar "libremente" la denuncia, el Ministerio Público está autorizado a proceder de oficio.

La misma norma los enumera, y son los siguientes:

a) Las lesiones previstas en los artículos 399 y 494, número 5, del Código Penal.
b) La violación de domicilio.
c) La violación de secretos prevista en los artículos 231 y 247, inciso segundo, del Código Penal.
d) Las amenazas previstas en los artículos 296 y 297 del Código Penal.
e) Los delitos previstos en la Ley 19.039, que establece normas aplicables a los privilegios industriales y protección de los derechos de propiedad industrial.
f) La comunicación fraudulenta de secretos de la fábrica en que el imputado hubiere estado o estuviere empleado.
g) Los que otras leyes señalaren en forma expresa.

Entre los que pueden entenderse comprendidos en esta letra g), esto es, regulados en leyes distintas del CPP, están los delitos concursales de los artículos 463 y siguientes del Código Penal que, por disposición del artículo 465, solo pueden investigarse previa denuncia o querella de la Superintendencia de Insolvencia y Reemprendimiento, del veedor o liquidador, o de cualquier acreedor en el proceso. También los delitos contra la indemnidad sexual de los artículos 361 a 369 quáter del Código Penal, por expresa disposición del artículo 369.

3.3 Los llamados delitos de acción penal pública restringida o condicionada: El querellante institucional

Hay autores que identifican una subclase de delitos de acción penal pública previa instancia particular, que denominan acción penal pública restringida o condicionada, y que se vincula con algunos órganos del Estado que está legitimados para querellarse respecto de ciertos delitos; aunque no son los únicos casos. Se trata de situaciones contempladas en distintas leyes en que el Ministerio Público no puede accionar penalmente sin un acto procesal previo por parte de un tercero.

En verdad, parece tratarse, a primera vista, de situaciones idénticas a las de los delitos de acción penal pública previa instancia particular, aunque ni en la ley ni en la doctrina se les da ese tratamiento. La gran diferencia entre esta subcategoría y los delitos de acción penal pública previa instancia particular, es justamente que en estos la instancia previa es "particular" y no pública, ya que parece ser que se trata de intereses eminentemente privados. En cambio, en los delitos de "acción penal pública restringida o condicionada", lo que tenemos son intereses eminentemente públicos, en que existe un "querellante institucional" que está legitimado para como único actor para dar inicio al proceso mediante una querella. Ahora, en la ley procesal chilena no existe esta distinción entre querellantes "institucionales" (organismos públicos) y querellantes "particulares", aunque se trata de una nomenclatura que tanto la doctrina como la jurisprudencia normalmente ocupan.

Entre los casos que se encasillan en esta categoría encontramos:

- Denuncia o querella presentada por el Ministerio de Interior, el Intendente Regional[1] respectivo o por la persona afectada por el delito, como requisito para que se instruya investigación de los delitos de la Ley 12.927 sobre seguridad del Estado, los delitos de los títulos I, II y VI párrafo 1 del libro II del Código Penal, y los delitos del título IV del libro III del Código de Justicia Militar.
- Remisión de los antecedentes por parte del Tribunal de Familia al Ministerio Público para que se instruya investigación del delito de maltrato habitual del artículo 14 de la Ley 20.066.
- Delitos tributarios que exigen para su investigación una denuncia o querella del Servicio de Impuestos Internos (artículo 162 del Código Tributario); o bien, del Consejo de Defensa del Estado, siempre que sea requerida su intervención por parte del Servicio de Impuestos Internos.
- Delito de contrabando, cuya indagatoria solo puede iniciarse por denuncia o querella del Servicio Nacional de Aduanas (artículos 188 y 189 de la Ordenanza General de Aduanas).
- Denuncia o querella del Servicio Electoral respecto de los delitos electorales de los artículos 27 bis y ter de la Ley 19.884 sobre transparencia, límite y control de gastos electorales.

---

[1] El cargo de intendente regional, existente en la Ley 19.175, fue suprimido y reemplazado por el de gobernador regional a partir de la reforma constitucional del año 2017 (Ley 20.990). Sin embargo, la Ley 12.927 sigue haciendo referencia a los intendentes regionales.

- Querella del Fiscal Nacional Económico para dar inicio a la investigación de los delitos que atenten contra la libre competencia de los mercados (artículo 64 del Decreto Ley 211 del año 1973).

3.4 Acción penal privada

El legislador ha creado esta categoría de acciones en las que el interés es totalmente privado, al punto que no puede intervenir el Ministerio Público. Es decir, se trata de una acción penal que es sostenida íntegramente por un querellante particular en contra de un imputado. En otras palabras: sin querellante particular no va a existir proceso. El querellante es requisito de inicio y de permanencia en el tiempo del proceso en esta clase especial de delitos.

Están tratados en el artículo 55 del CPP, y su tramitación se regula en los artículos 400 y siguientes del CPP; es decir, tiene un procedimiento especial, diferente a los delitos de acción penal pública, que quedan regidos por el procedimiento ordinario, lo mismo que los delitos de acción penal pública previa instancia particular. Más adelante veremos en detalle los pormenores de este procedimiento.

Entre las hipótesis de mayor ocurrencia práctica están el de la letra a) de dicha norma, para los delitos de injurias y calumnias; además del delito de giro doloso de cheques por las causales de falta de fondos o cierre de cuenta, contemplados en el Decreto Ley 707. Este procedimiento tiene algunas particularidades, como la vuelta al juez instructor, ya que el querellante puede solicitar en su querella al juez que ordene algunas diligencias de investigación.

De esta forma, los delitos de acción penal privada confieren un rol preponderante a la víctima, y constituyen sin duda una manifestación de la privatización del proceso penal.

4. Acciones civiles

Junto con la acción penal emanada de un hecho constitutivo de delito, pueden existir acciones y pretensiones civiles de la víctima en orden a obtener una restitución de la cosa objeto del ilícito, o una indemnización de perjuicios, o la nulidad de un determinado contrato, entre otras hipótesis. Recientemente se ha agregado a nuestro ordenamiento la posibilidad de que el Estado accione civilmente para obtener el comiso (o decomiso) de las ganancias provenientes del delito.

Para entender lo que sigue, quizás sea bueno dar algunos ejemplos.

Una determinada conducta, como un homicidio, puede corresponder al mismo tiempo a un ilícito penal (artículo 391 del Código Penal) y a un ilícito civil (artículo

2329 del Código Civil), en la medida que la víctima fallecida era el sostén económico de una familia, y quien demande perjuicios al agresor sea un hijo del fallecido.

Pero puede pensarse en otros casos en que la conducta constituya un ilícito penal, pero no un ilícito civil. Así, quien comete el delito de desórdenes públicos (artículo 268 septies del CP) puede no ocasionar perjuicio patrimonial a persona alguna. Asimismo, puede pensarse en conductas que no constituyan un ilícito penal pero que sí configuren un ilícito civil: los daños a una casa particular causados por un conductor distraído mientras conduce un vehículo motorizado no corresponden a delito penal alguno (no está tipificado el cuasidelito de daños), pero sí corresponden a un perjuicio patrimonial que deberá se civilmente indemnizado a la víctima, en este caso, el propietario de la casa.

La decisión del legislador del CPP se apartó radicalmente del modelo existente hasta entonces, que otorgaba al juez del crimen una competencia adhesiva para conocer tanto de la pretensión penal como civil, sin mayores restricciones. La decisión fue privilegiar la sede penal para la acción penal, dejando al margen la mayor parte de las acciones civiles que emanen de un hecho constitutivo de delito, las que serían competencia de los juzgados civiles. Las razones de esto —siguiendo el modelo alemán— fue evitar las dilaciones que el conocimiento y juzgamiento de la acción civil traería para la resolución del caso penal, y así fue consignado en la discusión legislativa.

Esto cambió, como dijimos, a partir de una reforma legal en 2023, en que se creó la acción civil por comiso de ganancias, que será de competencia del juez penal.

5. Diferencias entre la acción civil y la penal

Como decíamos más arriba, un mismo hecho puede dar origen a una acción penal y a una acción civil, y por lo mismo, es importante conocer las diferencias entre una y otra, que son las que veremos a continuación.

Primeramente, y como ya vimos, en materia civil existe esta diferencia científica entre acción y pretensión, lo que acarrea algunas consecuencias importantes. Quizás la más relevante es que la legitimación del actor civil será un asunto a ponderar en el juicio oral, y no en una etapa temprana del proceso, como sucede en la acción penal, en que acción y pretensión aparecen indisolublemente unidos. En los contados casos en que se permite la competencia adhesiva entre una y otra acción en el proceso penal, presentada que sea la acción civil en el proceso penal, el juez debiera siempre admitirla a trámite, en la medida que se cumpla con los requisitos mínimos del CPP, sin perjuicio de que en definitiva se acoja o rechace en la sentencia.

En segundo lugar, la responsabilidad criminal, como se estudia en la teoría del delito, consiste en un sistema fragmentario de ilícitos. Es decir, solo se castigará penalmente aquellas precisas conductas específicamente descritas en la ley penal con anterioridad a la comisión del hecho, en la medida que dicha conducta no esté justificada y que el sujeto sea culpable (psicológicamente normal); o sea, la concurrencia de un hecho típico, antijurídico y culpable. Por contrapartida, la responsabilidad civil se estructura sobre la base de un *continuo de ilicitud*, que exige solamente que exista una conducta —cualquiera que ella sea— imputable a la negligencia o dolo de una persona, y que ocasione un daño a la víctima (artículos 2314 y siguientes del Código Civil). En otras palabras, no existe el concepto de tipicidad civil; y sin daño no hay responsabilidad civil, aunque exista negligencia o dolo.

En tercer lugar, y aunque es imposible profundizar aquí en este asunto, tampoco son perfectamente asimilables los conceptos de conducta humana, culpa grave, culpa leve o dolo, que se utilizan en las teorías del delito y en la del acto jurídico civil. Por ejemplo, mientras el *dolo penal* consiste solamente en la conciencia y voluntad de estar cometiendo la conducta tipificada, en materia civil el dolo consiste en la intención positiva de inferir daño o injuria a otro (artículo 44 del Código Civil); o sea, en derecho civil se exige una clara intencionalidad de la conducta, que en materia penal no es necesario que concurra.

En cuarto lugar, aunque se dice que la responsabilidad civil que se persigue en sede penal es extracontractual, podría pensarse en perseguir una responsabilidad contractual también en el proceso penal, en la medida que los hechos constitutivos de delito hayan sido cometidos abusando de una relación contractual, o en el contexto de esta; situaciones que son ciertamente frecuentes en los casos de la llamada "criminalidad de cuello y corbata".

En quinto lugar, es también importante reparar que el estándar de apreciación de la prueba y de convencimiento del tribunal son distintos en materia penal y en materia civil, cuando estas acciones son conocidas por tribunales con competencias distintas. Si en materia penal los jueces gozan de libertad probatoria con el límite de la sana crítica (máximas de la experiencia, conocimientos científicamente afianzados y principios lógicos en el artículo 297 del CPP), en materia civil los jueces civiles deben aplicar las reglas de la prueba legal o la tasada en algunos casos (tratándose de los documentos y testigos), aunque también de la sana crítica (en el caso de los peritos).

Asimismo, en materia penal opera el estricto estándar de convencimiento de culpabilidad más allá de toda duda razonable (artículo 340 del CPP), mientras que en materia civil se ha dicho que el estándar es más bien de preponderancia de la evidencia. O dicho en términos numéricos: para condenar penalmente el tribunal debe tener una seguridad que limite con la certeza (99%), mientras que para acoger la demanda civil, basta con que el actor pruebe su caso de mejor forma que el demandado (51%). Es también interesante reparar en que en la responsabilidad extracontractual existe una presunción de culpa del demandado a favor de la víctima, lo que invierte el peso de la prueba; inversión que naturalmente no existe en el juicio penal en que opera irrestrictamente la presunción de inocencia.

En sexto lugar, también son notables las diferencias entre la acción o pretensión civil y la penal en lo que se refiere a las facultades del tribunal al momento de condenar, y sobre todo, en lo que se refiere a la ejecución de la condena. Cuando hablamos de "condena" nos referiremos tanto a la sentencia civil de condena —por ejemplo, la que fija un monto indemnizatorio que la demandada deberá pagar a la actora— como a la sentencia penal de condena —la que fija una pena que deberá satisfacer el acusado. Desarrollaremos esto a continuación.

Tanto en el proceso civil como en el proceso penal, el juez puede condenar solamente dentro de los márgenes solicitados por el demandante o el acusador; es decir, no puede imponer una condena superior de la solicitada, aunque sí inferior. Para el derecho procesal penal, una condena superior a la solicitada en la acusación adolecerá de un vicio de falta de congruencia; en el derecho procesal civil, diremos que se trata de *ultrapetita*.

Pero fijada que sea la condena civil, no existe atribución alguna por parte del juez de rebajarla en forma oficiosa, o incluso de establecer formas diferentes de cumplimiento, como sí existe en materia procesal penal. Por ejemplo, si el demandado es condenado a pagar cien millones de pesos al demandante, en la ejecución del fallo el tribunal no podrá rebajar de oficio ese monto o dictaminar que la parte vencida puede cumplir con el pago a través de un mecanismo alternativo, por ejemplo, en especies o mediante un trabajo. En cambio, en materia penal, el juez goza de múltiples atribuciones —conferidas por la ley, como veremos— para remitir la pena o establecer modalidades de cumplimiento no privativo de libertad; e incluso una vez que el condenado ya está cumpliéndola, podría optar a sustituirla por una pena sustitutiva o incluso por la libertad condicional. Aunque el ente acusador tendrá algo que decir en la etapa de ejecución de la condena, la decisión será finalmente del juez y, en muchos casos, si bien la sentencia dará a entender que el condenado debe cumplir una pena por una cantidad de tiempo considerable, en la práctica las circunstancias pueden determinar que dicha condena sea cumplida en libertad, sometida a ciertos controles administrativos.

Finalmente, y en séptimo lugar, son importantes las diferencias entre la acción civil y la acción penal para efectos de la prescripción de una y de otra.

Lo primero que hay que decir es que la prescripción es una institución transversal del derecho y, aunque originaria del derecho civil, también existe para el derecho penal, donde no solo la acción penal puede prescribir, sino también la pena ya impuesta y que esté pendiente de ejecutarse. El asunto, en todo caso, no es pacífico. Autores como el profesor Enrique Cury, por ejemplo, habían afirmado que lo que prescribía no era la acción penal, sino que el delito; esta postura, sin embargo, ha sido muy criticada, además que los artículos 93, 94 y 94 bis del CP se refieren a la "prescripción de la acción penal", expresamente. Lo que prescribe, entonces, es la acción estatal para perseguir un hecho que podría eventualmente ser constitutivo de delito.

En materia civil y penal, como decimos, hay importantes diferencias en lo que a la prescripción se refiere. En general, puede decirse que la acción civil prescribirá siempre antes que la acción penal: tratándose de acciones de responsabilidad extracontractual —lo usual en la responsabilidad civil *exdelicto*— el plazo será de cuatro años desde la perpetración del acto (artículo 2332 del Código Civil), en cambio, el plazo de prescripción de la acción penal por simples delitos —salvo contadísimas excepciones— comienza en los cinco años y llega hasta los quince (artículo 94 del CP, aunque hay norma especial para los adolescentes en el artículo 5 de la Ley 20.084); incluso, admitiéndose ciertas acciones como imprescriptibles en algunos casos (artículo 94 bis del CP).

Además, las causales de interrupción y de suspensión del plazo de prescripción son diversas en uno y otro caso. En materia penal, la interrupción está constituida por la comisión de nuevos delitos, lo que hace que se pierda el tiempo transcurrido de prescripción respecto del delito más antiguo; en cambio, solo se suspende cuando se dirige el procedimiento en contra del imputado (artículo 96 del CP), lo que lo transforma en el caso paradigmático de la formalización de la investigación (artículo 229 a) del CPP). En cambio, en materia civil la prescripción está concebida como una verdadera sanción a la inactividad del acreedor, interrumpiéndose civil o naturalmente el plazo cuando el acreedor despliega conductas procesales o extraprocesales para exigir el cumplimiento.

6. Por regla general, las acciones civiles están destinadas a ser conocidas por tribunales civiles

Como decíamos más arriba, la decisión del legislador del CPP fue que los jueces con competencia penal se avocaran en forma casi exclusiva al conocimiento de las acciones penales, debiendo radicarse las acciones civiles en los tribunales con exclusiva competencia civil. Por lo tanto, en la práctica, la situación excepcional será que el tribunal penal tenga competencia adhesiva para conocer de la acción civil. El profesor Francisco Hermosilla ha anotado que "no son muchas las acciones civiles interpuestas por querellantes en materia penal y que lleguen a juicio oral. Los porcentajes de demandas civiles indemnizatorias son bajísimos".

Es así como las acciones civiles —salvo la restitutoria— solo tendrán cabida en el proceso penal si se cumplen copulativamente con estas condiciones:

a) Que el caso llegue a juicio oral. Esto excluye a los casos que se sustancien de acuerdo con las reglas del juicio oral simplificado, monitorio y abreviado.
b) Que la acción civil la ejerza la víctima penal. Esto excluye a terceros perjudicados, como las compañías de seguro.
c) Que la acción civil se ejerza contra el imputado directamente. Lo que excluye a los terceros civilmente responsables como sujetos pasivos.

Esta decisión del legislador chileno deja fuera del proceso penal muchas posibles acciones civiles, según dispone en términos bastante claros el inciso tercero del artículo 171 del COT.

Así, por ejemplo, el caso del conductor de un vehículo motorizado que en estado de ebriedad (delito penal) impacta el vehículo de un tercero, ocasionándole daños. Si el propietario del vehículo dañado por el imputado contaba con un seguro de accidentes, la compañía aseguradora no podrá comparecer en el proceso penal para obtener la reparación de dicho daño, sino que deberá efectuarlo en un proceso civil diverso. Esto genera, como veremos, algunas consecuencias perniciosas, desde que los terceros civilmente legitimados podrán verse vinculados por el resultado de un proceso penal en que no pudieron participar, por aplicación de las reglas de los artículos 178 a 180 del Código de Procedimiento Civil (CPC).

El artículo 59 del CPP ordena que la acción restitutoria de la cosa debe presentarse en el proceso penal, o sea, el tribunal civil sería incompetente para conocer de ella. A diferencia de la acción indemnizatoria, la restitutoria puede ser ejercida por terceros diferentes a la víctima, según la interpretación de María Inés Horvitz.

Las acciones indemnizatorias, en cambio, pueden presentarse tanto en el proceso penal como en el civil, siempre que se cumpla con los requisitos señalados más arriba. La misma norma dispone que si se presenta en sede penal, no podrá presentarse en sede civil, naturalmente (artículo 69 del CPP). O sea, la víctima penal es la única legitimada activa para deducir una demanda civil dentro del proceso penal, y tiene la opción de hacerlo en sede civil o en sede penal; pero si escoge esta última, luego no podrá elegir la primera. Aunque la norma no lo dice, parece ser que el remedio procesal para estos casos sería que el tribunal civil se declarara incompetente.

A pesar de que el CPP no lo contempla, podrían presentarse demandas civiles diferentes a la restitución o indemnización, como sería la nulidad de ciertos contratos celebrados con fraude, por ejemplo. El punto a dilucidar es si el juez penal tiene competencia para ello; en general, la jurisprudencia se muestra favorable a la idea. María Inés Horvitz en su tratado concuerda con esta idea, con razones a nuestro juicio —sin embargo— equivocadas (estima que la nulidad de un contrato sería una suerte de reparación patrimonial).

7. Aspectos procedimentales del ejercicio de la acción civil en el proceso penal

El CPP contempla alguna regulación procedimental respecto de los plazos y formalidades para deducir la acción civil en el proceso penal. En caso de no cumplirse estas formalidades y plazos, el demandante civil podrá igualmente deducir su demanda ante el juez civil competente a través de un juicio ordinario de aplicación general, siempre —claro está— que su acción civil no esté prescrita.

El único legitimado activo para deducir una demanda civil en el proceso penal, como vimos, es el querellante. Sobre esto ha habido alguna discusión en todo caso, referida a si la víctima que no es querellante tiene legitimación para demandar civilmente. En nuestra opinión, ello no es así, ya que la norma del artículo 60 del CPP es bastante clara, en el sentido de que es el querellante el único legitimado activo.

La oportunidad procesal para hacerlo será en el momento de presentar su acusación o adherir a la acusación del fiscal (artículo 261 del CPP en relación con el artículo 60 mencionado). Junto con la demanda deben señalarse los medios de prueba para acreditar la acción civil. Como decíamos: si no la presenta en este momento, puede deducirla como juicio ordinario ante un juez civil diverso.

El artículo 61 del CPP permite al querellante "preparar" la demanda civil, al solicitar, con posterioridad a la formalización de investigación, algunas diligencias de prueba para acreditar su pretensión civil. Esta preparación tiene la virtualidad de interrumpir el plazo de la prescripción de la acción civil, que se mantendrá interrumpido si finalmente presenta demanda en la oportunidad procesal que vimos. Si no la presenta, se entenderá que dicho plazo de prescripción nunca se interrumpió. Esta norma merece un comentario: para el litigante que quiere presentar querella y adicionalmente una demanda civil, en el proceso penal la regla del artículo 61 del CPP hace depender la interrupción de la prescripción de la acción civil de la decisión del fiscal sobre la formalización, cuestión que escapará naturalmente de su control.

También se permite al querellante solicitar por escrito al tribunal de garantía la concesión de medidas cautelares reales en contra de los bienes del imputado (artículo 157 del CPP), que veremos en detalle más adelante. Aunque la norma no lo dice, algunos tribunales de garantía han entendido que estas medidas cautelares reales solo proceden en la medida en que la investigación ya esté formalizada. Si el querellante desea que un tribunal decrete medidas precautorias sobre los bienes del imputado antes de la formalización de la investigación, deberá ocurrir al juez civil competente y solicitar alguna de las medidas precautorias o prejudiciales precautorias de los artículos 290 y siguientes del CPC. Esta es la razón por la que estratégicamente en muchos casos convendrá que el querellante deduzca este tipo de solicitudes ante el juez civil, y no el penal.

Estas medidas cautelares reales corresponden a las mismas medidas precautorias que disponen los artículos 290 y siguientes, entre las más empleadas, la prohibición de celebrar actos y contratos respecto de una cosa, y la retención de dineros o cosas muebles. Al igual que sucede en el proceso civil, una vez concedida una medida cautelar real, nace la carga procesal de presentar la respectiva demanda; en este caso, en el plazo que establece el artículo 60 del CPP, o sea, al presentar el querellante su adhesión a la acusación fiscal o su acusación particular, según veremos más adelante. Esta regla rige tanto si ha sido el Ministerio Público quien ha solicitado la medida cautelar real como si ha sido el querellante particular.

Respecto de la demanda civil que se ejerce en el proceso penal, el querellado y demandado civil puede contestarla en la misma audiencia de preparación de juicio, o hasta el día antes (artículo 263, en relación con el artículo 62 del CPP), lo que le permite señalar la prueba de descargo que rendirá para desvirtuar dicha demanda. Las reglas del CPP no regulan la posibilidad de que el querellado y demandado civil interponga excepciones dilatorias (artículo 303 del CPC), aunque no vemos problema en ello, pero deberá hacerlo juntamente con su contestación, y el tribunal de juicio oral en lo penal debiera resolverlas en la sentencia definitiva. Esto lo revisaremos en todo caso más adelante.

El artículo 64 del CPP permite que el demandante civil se desista de su acción, y también podría declararse abandonada si no asiste injustificadamente a la audiencia preparatoria o de juicio. El artículo 65 aclara que la extinción de la acción civil no acarrea la extinción de la acción penal. En rigor, esta regla habla de "la víctima" que se desiste de la acción civil, y también de "la víctima" respecto de quien se abandona la acción civil; pero nada se dice del querellante. Frente a este descuido u omisión del legislador, debieran entenderse estas reglas como extensivas también a la parte querellante que ejerce la acción civil, para quien se contemplan reglas parecidas en los artículos 118 y 120 del CPP. En todo caso, el querellante que se desiste de su querella, perderá su estatus de interviniente en el proceso penal, y no podrá presentar una demanda civil, según dispone el artículo 261 d) del CPP. Mismo efecto se genera si se abandona la querella: no podrá ejercer la acción civil, por disposición del artículo 121 del CPP.

En los delitos de acción penal privada el solo ejercicio de la acción civil, sin previamente haber presentado querella criminal, extingue la acción penal, por así disponerlo norma expresa (artículo 66 del CPP). Se refiere, naturalmente, a una acción civil previamente ejercida a otra acción penal, con contenido fáctico idéntico. Por ejemplo, si la víctima del delito de giro doloso de cheques contra una cuenta corriente sin fondos suficientes deduce una demanda ejecutiva ante un juez civil, debe entenderse que renunció al ejercicio de la acción penal por ese mismo hecho.

El artículo 67 del CPP contempla una disposición llamativa, que establece la total independencia de la acción civil respecto de la acción penal, lo que permitiría —teóricamente— que un imputado absuelto penalmente fuera civilmente condenado por el mismo hecho. Como veremos, esta total independencia se predica respecto de acciones —civiles y penales— que se ejercen en un mismo procedimiento penal. Pero como ya vimos, la situación más frecuente en la práctica será que la acción civil se ejerza en un procedimiento distinto ante un tribunal civil, y que se sustancie independientemente del proceso penal fundado en el mismo delito. En estos casos, cuando ya se ha fallado la acción penal, sea que se haya absuelto o condenado al acusado, el juez civil quedará vinculado fuertemente a esa decisión por el efecto de cosa juzgada disponen las normas de los artículos 178 a 180 del CPC, que veremos más adelante. Lo anterior, en el entendido que el proceso penal concluya antes que el juicio civil, que será lo más usual en la práctica.

8. Renuncia de la acción penal

Como decíamos más arriba, son el fiscal y el querellante los "dueños" de la pretensión punitiva. Esto significa que al juez le está vedado investigar y condenar por su cuenta y tratar de arribar a la verdad o de imponer castigos penales si no existe una acción penal en curso; es decir, no puede proceder oficiosamente, sino solo a requerimiento de parte.

En un sistema marcadamente acusatorio como el chileno, la acción penal puede ser renunciada por sus titulares, renuncias que no están sometidas a control jurisdiccional alguno, como veremos. En todo caso, esta no es la tónica de todos los sistemas procesales de corte acusatorio; así, en Alemania, por ejemplo, el juez penal sí tiene injerencia respecto de la decisión de la fiscalía de no llevar un caso a juicio oral.

8.1 Renuncia del Ministerio Público a la acción penal pública

En nuestro sistema de corte acusatorio, con un dueño "casi monopólico" de la acción penal pública como es el Ministerio Público, este goza de plenas facultades para renunciar a ejercerla. De acuerdo con las reglas constitucionales y a los tratados internacionales ratificados por Chile, y entendiendo la persecución penal como una herramienta de última *ratio* y absolutamente excepcional, puede hablarse de una discrecionalidad administrativa respecto del persecutor fiscal al momento de ejercer o no la acción penal, o de renunciar a ella.

Por lo mismo, el juez penal no debiera cuestionar jamás, ni menos poner trabas, la renuncia que haga el Ministerio Público de la acción penal, aun cuando el convencimiento del juez sea de que el imputado es culpable.

La acción penal puede ser indirectamente renunciada por el Ministerio Público a través de las múltiples salidas alternativas que contempla nuestro sistema, como son los acuerdos reparatorios, la suspensión condicional, la decisión de no perseverar, el archivo provisional, y la facultad de no iniciar investigación. En todos estos casos —sin perjuicio de que la investigación podría ser reabierta— se trata de verdaderas renuncias del ente estatal a la pretensión punitiva. Sin perjuicio de ello, la prohibición de doble juzgamiento *(non bis in idem)* solo operará en la medida en que el imputado sea sobreseído definitivamente. Como veremos más adelante, la cosa juzgada solo se produce para algunas de las salidas alternativas o anticipadas.

Una renuncia expresa de la acción penal por parte del Ministerio Público sería la prerrogativa que tiene de solicitar el sobreseimiento definitivo de la causa. Típicamente —aunque no es el único momento para hacerlo— ello ocurrirá luego del cierre de la investigación (artículo 248 del CPP).

En la práctica, sin embargo, es poco frecuente que el Ministerio Público solicite el sobreseimiento definitivo, sino que echa mano a la comunicación de la decisión de no perseverar como forma de término anticipado; la diferencia entre una y otra es que la decisión de no perseverar no consiste en una absolución anticipada, como sí lo es el sobreseimiento definitivo. Esto lo veremos en detalle más adelante.

En rigor, el Ministerio Público podría renunciar a la acción penal en cualquier momento del proceso, incluso en etapas tan avanzadas como la de preparación de juicio oral, como lo regula expresamente el inciso final del artículo 277 del CPP, cuando se excluyen *"pruebas esenciales para sustentar la acusación en el juicio oral"*, en cuyo caso puede solicitar el sobreseimiento definitivo de la causa; como también durante el juicio oral mismo. Incluso, podría hablarse de una renuncia a la acción penal si el Ministerio Público no recurre de nulidad o no apela respecto de la sentencia definitiva absolutoria o del sobreseimiento definitivo, respectivamente, y estas quedan firmes. Autores como María Inés Horvitz han dicho que el Ministerio Público no puede renunciar a la acción penal una vez que se rindieron las pruebas en el juicio oral, por lo que el tribunal estaría vinculado por dichas pruebas y tendría que fallar. Nosotros disentimos de esa opinión y creemos que si el fiscal solicita el sobreseimiento definitivo, el tribunal no tiene más opción que acogerlo, aun cuando ello ocurra al final del juicio oral, luego de rendirse toda la prueba.

8.2 Renuncia del querellante y víctima a la acción penal pública

La acción penal pública puede ser también renunciada por la víctima y querellante, con efectos disímiles.

La parte querellante podría desistirse expresamente de su pretensión penal o podría declararse abandonada su querella (artículos 118 y 120 del CPP, respectivamente) pero ello no obsta en absoluto a que el Ministerio Público siga adelante con su indagatoria (artículo 65 del CPP); y tampoco le impide a la víctima seguir actuando en el proceso como tal. Es decir, esta renuncia no extingue la acción penal (artículo 56 inciso 1 del CPP). La única consecuencia es que no podrá seguir actuando como querellante ni ejercitar los derechos que la ley le confiere en esa calidad. Es importante notar que la ley da la facultad al juez de fijar una condena en costas al querellante que se desiste de su querella, pero —en nuestra opinión— el juez debiera dar lugar siempre a este desistimiento, aun con la oposición del imputado. El desistimiento de la acción penal por el querellante no acarrea necesariamente el desistimiento de la acción civil, sino que esta exige un desistimiento adicional.

En consecuencia, el Ministerio Público no está necesariamente vinculado por la renuncia que haga el querellante o la víctima respecto de la acción penal, y por lo tanto puede continuar con su indagatoria en forma autónoma. Sin perjuicio de ello, en la práctica sucederá que en estos casos el Ministerio Público podría también desistirse de la persecución penal, por dos motivos. El primero, es que la víctima suele ser el principal medio y fuente de evidencias y pruebas para un futuro juicio oral, y su ausencia, indiferencia o reticencia a colaborar puede hacer inviable el éxito de la investigación y del juicio. Y, en segundo lugar, sobre todo en los delitos patrimoniales, el desistimiento de la víctima dará a entender inequívocamente la falta de interés en la persecución penal, ya sea porque el daño patrimonial fue reparado por la vía civil, o porque se arribó a una solución distinta, al margen del proceso penal.

El CPP solo regula la oposición del querellado respecto del desistimiento de la querella por delitos de acción penal privada (artículo 401), por lo que surge la duda acerca de si el querellado está legitimado para oponerse al desistimiento de una querella por un delito de acción penal pública. Algunos autores, como Javier Castro Jofré, afirman que ello no es posible, ya que no está expresamente regulado. Nosotros no vemos motivo para impedir que el querellado se oponga —independiente de que lo razonable sería no hacerlo. Pero podría darse un caso en que el interés del querellado es que sea declarado inocente, por ejemplo, y se "limpie su nombre", y podría no estar disponible para una terminación anticipada como esta. Todo ello, sin perjuicio de que dicha oposición del querellado sea vinculante para el juez de garantía: en nuestra opinión, ello no ocurre, ya que, como hemos dicho, no puede subsistir el proceso sin un acusador que lo sostenga.

8.3 Reglas especiales para delitos de acción penal privada y delitos de acción penal pública previa instancia particular

En los delitos de acción penal pública previa instancia particular, la regla del artículo 56 inciso 3 del CPP dispone que "la renuncia de la víctima a denunciarlo extinguirá la acción penal, salvo que se tratare de delito perpetrado contra menores de edad". Como se ve, aquí el Ministerio Público sí quedará vinculado con la decisión de la víctima, y ante su renuncia se verá inhibido de siquiera iniciar el proceso.

La redacción de esta norma genera algunas dudas respecto de qué se entiende por la "renuncia de la víctima a denunciarlo": ¿admiten estos delitos una renuncia anticipada de la víctima a denunciar al agresor o hechor? Aparentemente sí, y en ese caso se extinguiría la acción penal, en concordancia con la causal del artículo 93.5 del CP que dispone el "perdón del ofendido" como causal de extinción de la responsabilidad penal. Se trata, naturalmente, de una institución que puede resultar controvertida cuando se trata de lesiones en contexto de violencia intrafamiliar. Por lo mismo, el Ministerio Público se ha encargado de aclarar (Oficio 111/2010) que este tipo de lesiones, cualquier entidad que estas tengan, nunca se considerarán menos graves (artículo 399 del CP), y no se aplicaría por lo mismo el artículo 34 del CPP que las considera de acción penal pública previa instancia particular.

En los delitos de acción penal privada la querellante puede desistirse de su querella o abandonarla, lo que extinguirá la acción penal, naturalmente al no existir intervención del Ministerio Público (artículo 56 inciso 2 del CPP). También, como vimos, existe una renuncia tácita en estos delitos si la víctima solo deduce una acción civil, antes de presentar una querella criminal (artículo 66 del CPP). En estos casos, sin embargo, el desistimiento puede ser resistido por el querellado, lo que obliga al juez a rechazarlo (artículo 401 del CPP).

9. Qué sucede con la acción civil si el caso no llega a juicio oral

Como dijéramos más arriba, la acción civil solo tiene cabida en el proceso penal cuando la víctima penal la deduce contra el imputado y el caso efectivamente sigue su curso hasta el juicio oral. Si por cualquier razón el proceso sigue su curso de acuerdo a otro tipo de procedimiento (simplificado o abreviado), o bien, se pone término al proceso por alguna salida anticipada, la acción civil no podrá ser ejercida en sede penal. Veremos a continuación cuál es el destino de esa acción civil en los distintos casos.

Aquí hay que distinguir dos hipótesis: i) si el querellado había deducido oportunamente demanda civil en el proceso penal, y ii) si no lo había hecho.

El artículo 68 del CPP regula el caso en que se dedujo oportunamente una demanda civil, pero se pone término anticipado al proceso penal, o se suspende o se arriba a juicio abreviado (en que el imputado admite responsabilidad). En todos estos casos, la acción civil prescribirá a menos que la víctima penal vuelva a presentar su demanda civil ante el juez civil competente en el plazo de sesenta días contados desde que se puso término al proceso penal por sentencia firme. En este caso, la nueva demanda civil en sede civil debe notificarse por cédula (no personalmente) al demandado y se tramitará de acuerdo con las reglas del juicio sumario de los artículos 680 del CPC. Dos pequeñas concesiones del legislador a la víctima, para dar mayor celeridad al proceso.

Mismo destino seguirán las medidas cautelares reales decretadas en el proceso penal: si se presenta la demanda dentro de sesenta días en sede civil, se mantendrán las medidas decretadas en sede penal. De lo contrario, naturalmente, se alzarán.

Si el querellante no había deducido demanda civil en el proceso penal, el plazo de prescripción de la misma nunca se interrumpió, y en caso de terminar anticipadamente o de suspender el proceso, o de concluir por juicio abreviado, lo que el querellante puede hacer es deducir una demanda en un proceso civil diverso ante el juez civil competente. Por aplicación del artículo 680.10 del CPC este procedimiento civil sería sumario, siempre y cuando se haya dictado sentencia condenatoria.

Estas hipótesis del artículo 68 del CPP plantean un problema procesal no menor: ¿caduca la acción penal si no se reitera dentro de sesenta días en sede civil? Pareciera ser que sí, aunque las referencias que hace la norma al plazo de prescripción civil darían la idea de que la víctima penal podría igualmente presentarla fuera de ese plazo, mientras la acción no esté prescrita. Claro está que en este último caso deberá notificar personalmente al demandado (artículo 40 del CPC), y solo se sustanciará de acuerdo con las reglas del juicio sumario del CPC en la medida que se haya dictado sentencia penal condenatoria (artículo 680.10).

Finalmente, el inciso final del artículo 68 del CPP dispone que si al comienzo del juicio oral se decreta el sobreseimiento de la causa —por ejemplo, por la muerte del imputado—, el tribunal de juicio oral en lo penal igualmente deberá celebrar el juicio oral solo para efectos de conocer y fallar de la acción civil oportunamente presentada.

10. La acción civil en la etapa preparatoria y en el juicio oral

Como dijimos, el juez penal goza de una *competencia adhesiva* para conocer de la acción civil fundada en los mismos hechos constitutivos de delito que son objeto de la acción penal. Sin embargo, esto ocurrirá estadísticamente en muy pocos casos, ya que esto solo se permite si el caso llega a la etapa de juicio oral, y solo es admisible la demanda civil que deduzca el querellante únicamente contra el imputado, como ya vimos más arriba.

El artículo 273 del CPP permite que el querellante e imputado arriben a una conciliación respecto de la demanda civil deducida, cuestión que en la práctica es muy improbable si el caso sigue hasta el juicio oral para resolver la acción penal, por cuanto podría entenderse como una asunción de responsabilidad por parte del imputado. Dicho de otra forma: en el juicio oral la inocencia del imputado probablemente será puesta en duda si arriba a un acuerdo civil con el querellante en forma previa.

El artículo 324 del CPP dispone que a las acciones civiles en el juicio oral se aplican las normas civiles (CPC y Código Civil) respecto de la carga de la prueba u *onus probandi*, pero se aplicarán las reglas del CPP en cuanto a la procedencia, oportunidad, forma de rendir la prueba y apreciación de esta por parte del tribunal. Lo anterior, lógicamente, para que el juicio oral constituya un único acto común de alegaciones y pruebas, sin reglas especiales para cada una de las acciones en lo que a la ritualidad se refiere.

Por su parte, el artículo 342 e) del CPP obliga a los jueces del tribunal de juicio oral a consignar en la sentencia el pronunciamiento sobre la acción civil deducida.

11. Vinculación de la acción civil respecto de la absolución o condena penal, cuando acción penal y civil se sustancian en distintos procedimientos

Vimos más arriba que de acuerdo a lo dispuesto en los artículos 65 y 67 del CPP, existe total independencia de la acción penal pública respecto de la acción civil; o dicho de otro modo: el imputado puede ser condenado penalmente y absuelto civilmente, o bien, absuelto penalmente y condenado civilmente. Una condena no arrastra necesariamente a la otra. Esto, siempre que la acción penal y la acción civil se hayan deducido y fallado en el mismo proceso penal.

Pero, como hemos visto, existe la hipótesis —mucho más frecuente en la práctica— de que el querellante penal deduzca una acción civil ante un juez con competencia civil diverso, en cuyo caso, es posible que previamente se haya dictado sentencia condenatoria o absolutoria penal. La pregunta es cómo queda vinculado el juez civil respecto de la sentencia penal previamente dictada respecto de los mismos hechos.

Las reglas de los artículos 65 y 67 deben ser leídas con cuidado al tenor de lo dispuesto en los artículos 178, 179 y 180 del CPC, anteriores por cierto a la entrada en vigencia del CPP, y que no fueron adecuadas ni reformadas por este último. Ahora, para hacer una interpretación armónica de todas estas disposiciones, creemos que lo correcto es afirmar que las normas de los artículos 65 y 67 se refieren a la decisión sobre la acción civil en el proceso penal; mientras que las reglas de los artículos 178 a 180 del CPC se refieren a la sentencia civil dictada en un proceso civil seguido a continuación de un proceso penal. Como ya vimos, y dado el carácter muy restringido de la competencia adhesiva del juez penal respecto de la acción civil, esta última hipótesis será la más frecuente en la práctica.

El artículo 178 CPC dispone que "en los juicios civiles podrán hacerse valer las sentencias dictadas en un proceso criminal siempre que condenen al procesado", lo que da la idea inmediatamente de una suerte de cosa juzgada *sui generis*, o vinculación perentoria del juez civil respecto de la condena penal. El artículo 180 del CPC es más preciso y aclara que "siempre que la sentencia criminal produzca cosa juzgada en juicio civil, no será lícito en este tomar en consideración pruebas o alegaciones incompatibles con lo resuelto en dicha sentencia o con los hechos que le sirvan de necesario fundamento".

Esto es: si existe condena penal previa, el juez civil debiera condenar civilmente, quedando vedado el valorar pruebas o atender a alegaciones incompatibles con lo ya resuelto en sede penal. Sin perjuicio de que la norma parece bastante categórica, los tribunales civiles han hecho una interpretación más matizada de esta regla, entendiendo que los contornos de la responsabilidad penal son diferentes a los de la acción civil, ponderando esta última en su mérito; lo que no quita ciertamente que la condena penal sea un antecedente probatorio sumamente relevante si se discute la responsabilidad civil emanada del mismo hecho que ya fue declarado penalmente ilícito.

El artículo 179 del CPC estable también una vinculación fuerte, o si se quiere, un efecto de cosa juzgada *sui generis* del juez civil respecto de la absolución o sobreseimiento definitivo dictado previamente en el proceso penal. En estos casos, los jueces civiles han sido mucho más cautelosos en apreciar esta norma, y no es infrecuente encontrar fallos en que se condena civilmente al imputado que previamente había sido absuelto en sede penal sobre la base de idénticos hechos. Esta norma establece una suerte de *non bis in idem*, que, como decimos, no ha sido apreciada con toda su fuerza por la jurisprudencia civil.

La regla del artículo 179 del CPC, sin embargo, restringe la vinculación del juez civil a la absolución o sobreseimiento penal solo a algunos casos:

1. Si la sentencia penal determinó que no existió el delito o cuasidelito.
2. Si la sentencia penal determinó que no existió participación del imputado/demandado en los hechos (que eventualmente pudieron ser delictivos).
3. Si la sentencia penal determinó que no hubo indicios en contra del acusado, o sea, si se absolvió por déficit probatorio. Esta regla nos parece sumamente discutible porque la absolución penal —sea por el motivo que sea— debiera impedir nuevos procesos en contra de quien fue declarado inocente.

Fuera de estos tres casos, el juez civil tiene plena libertad para condenar civilmente al acusado, aun cuando haya sido penalmente absuelto o sobreseído en forma previa por el juez penal. Así, no queda abarcada la absolución penal por aplicación de una eximente de responsabilidad criminal (locura, minoría de edad, entre otras del artículo 10 del Código Penal). Como ha apuntado la profesora Marien

Aguilera Morales a propósito de la norma análoga del sistema español (artículo 116 de la Ley de Enjuiciamiento Criminal), la regla general es que los tribunales civiles tendrán plena libertad para resolver los casos sometidos a su conocimiento, aun cuando el asunto venga precedido de un fallo penal sobre los mismos hechos. La regla del artículo 179 del Código de Procedimiento Civil debe entenderse, entonces, como una de carácter excepcional.

Estas normas plantean evidentes problemas que esbozábamos más arriba: es muy posible que en el juicio civil posterior se haga valer una sentencia penal emanada de un procedimiento en que el demandante o demandado civil no participó (el caso del tercero civilmente responsable). Esto genera obviamente una importante indefensión respecto de la parte contra quien se hace valer el fallo criminal.

Estudiada la influencia del fallo dictado en sede penal en un proceso civil posterior, vale la pena hacer la pregunta inversa: ¿produce algún efecto una sentencia civil referida a los mismos hechos que son conocidos por un tribunal con competencia penal?

Lo cierto es que no hay norma que lo regule, y una respuesta sencilla sería negar cualquier influencia de la justicia civil en la sede penal. Como señalamos, en nuestro sistema —y un muchos otros comparados— opera una extrema deferencia del juez civil hacia el juez penal, pero no al revés. Esto significa que, teóricamente, la sentencia civil podría no tener influencia alguna en el caso penal posterior o paralelo sobre los mismos hechos. Las razones de este fenómeno son varias; por un lado, históricas y de tradición jurídica y, por otro, actualmente se agrega una adicional, que es el mayor y mejor estándar de prueba que se exige en los juicios penales (libertad probatoria limitada por la sana crítica, convicción más allá de toda duda razonable), si se los compara con los juicios civiles (prueba legal o tasada, preponderancia de la evidencia).

En todo caso, una sentencia civil que abarque los mismos hechos enjuiciados en sede penal podrá hacerse valer como un medio de prueba en el juicio oral, ya sea mediante su incorporación como documento, o a través de la declaración de los testigos que hayan sido parte en dicho proceso. Tratándose de una sentencia jurisdiccional, su capacidad persuasiva debiera ser mayor que la de otros documentos, aunque ciertamente no existe regla alguna que vincule al juez penal con lo resuelto previamente por el juez civil; dicho de otra forma: puede perfectamente el juez penal absolver allí donde el juez civil condenó los mismos hechos, sin haber trasgredido regla alguna. Hay doctrina que ha sostenido que las sentencias emanadas de tribunales diversos no son, en rigor, medio de prueba alguno, calificando de "inaceptable" que pueda establecerse una vinculación del juez sobre la base de lo resuelto por otro diverso, fuera de los casos expresamente señalados en la ley. Se ha dicho que "las pruebas se rinden frente al juez, no las crean los jueces".

12. Responsabilidad civil y salidas alternativas

Como veremos más adelante, un número no menor de investigaciones criminales concluyen anticipadamente mediante suspensiones condicionales del procedimiento y acuerdos reparatorios (artículos 237 y siguientes del CPP). Ninguna de ellas implica una condena en contra del imputado, ciertamente, aunque ambas pueden significar desembolsos económicos de parte del imputado a favor de la víctima.

La suspensión condicional del procedimiento, como veremos, consiste en el acuerdo a que arriba el Ministerio Público con el imputado para poner término anticipado y condicional al proceso aprobado por el juez, en la medida que el imputado acepte cumplir con ciertas prestaciones; de su cumplimiento pende que se ponga término definitivo al proceso en su contra. Justamente una de las condiciones que contempla la ley (artículo 238 e) del CPP) es "pagar una determinada suma, a título de indemnización de perjuicios, a favor de la víctima o garantizar debidamente su pago".

Aquí el artículo 240 del CPP regula expresamente el asunto, disponiendo que "la suspensión condicional del procedimiento no extingue las acciones civiles de la víctima o de terceros", pero aclarando la misma norma sobre que esas sumas se podrán imputar a la indemnización de perjuicios que pudiere corresponder.

El acuerdo reparatorio, en cambio, es el acuerdo entre imputado y víctima, aprobado por el juez, en el sentido de poner término anticipado al proceso —sin condiciones—, en la medida que el imputado otorgue alguna prestación a favor de la víctima. Es una forma muy usual de término anticipado en delitos patrimoniales de baja cuantía y en accidentes menores. Aquí el CPP no dice nada sobre los efectos civiles y, por lo mismo, perfectamente podría la víctima recibir una suma a título de acuerdo reparatorio y, adicionalmente, demandar una indemnización de perjuicios ante un juez civil, reclamando una suma duplicada. Sin perjuicio de ello, parece razonable que el juez civil impute las sumas recibidas a título de acuerdo reparatorio a la indemnización que se fije a favor de la víctima. En todo caso, la suscripción de los acuerdos reparatorios suele estar coordinada con la de un contrato de transacción extrajudicial civil (artículo 2446 del CC), que prevenga futuros litigios civiles entre las mismas partes.

13. Cuestiones prejudiciales civiles

El artículo 171 del CPP regula este asunto, de cierta relevancia práctica, sobre todo en casos complejos. Se refiere a la existencia de cuestiones civiles que deben ser resueltas previamente por el juzgado civil, antes de poder proseguir con la causa penal. Se trata de ciertos casos de deferencia del juez penal respecto del juez civil. Como ya vimos, esta deferencia es enteramente excepcional en nuestro sistema.

Aquí opera, como en muchos otros sistemas comparados, la regla general de la prevalencia del caso penal por sobre el caso civil, es decir, no se paralizará —salvo los casos excepcionales que veremos— la causa penal porque exista un asunto civil pendiente que esté relacionado.

La regla del artículo 171 habla de cuestiones prejudiciales civiles que "conforme a la ley" pueden paralizar el proceso penal, y para ello hay que remitirse a la única norma que las trata, que es el artículo 173 del COT en su inciso segundo, que se limita a cuestiones sobre validez del matrimonio, cuentas fiscales y cuestiones sobre estado civil, pero solo en las causas sobre delitos de usurpación, ocultación o supresión del estado civil.

Es decir, cuando exista un proceso civil en que se estén discutiendo algunos de estos tres asuntos, la causa penal paralela deberá paralizarse, a la espera de que sean resueltas. Por ejemplo, si el delito investigado es el de parricidio, es un asunto esencial que se resuelva en sede civil si víctima y victimario estaban vinculados por un matrimonio válido.

Contrario sensu, todas las otras cuestiones civiles vinculadas con la causa penal deberán ser conocidas en paralelo por el juez civil sin paralizar la causa penal, con la sola excepción de las cuestiones civiles que "sea uno de los elementos que la ley penal estime para definir el delito" o para "agravar o disminuir la penal, o para no estimar culpable al autor", todas las cuales igualmente son de competencia del juez penal (artículo 173 inciso 1).

Estas cuestiones civiles que son competencia del juez penal deben ser resueltas en cuanto a "la prueba y decisión", de acuerdo "a las disposiciones del derecho civil", según dispone el inciso final del artículo 173. El artículo 324 del CPP dispone, en su inciso segundo, una regla contradictoria con la anterior, que es que la carga de la prueba de las cuestiones prejudiciales civiles se regula según las normas del derecho civil —digamos, el artículo 1698 del CC— y de acuerdo con las normas del CPP referidas a "la procedencia, oportunidad, forma de rendirla y apreciación de su fuerza probatoria". No hay regla que nos ayude a superar esta contradicción, y habrá que recurrirse a criterios de especialidad (artículo 13 del Código Civil) si se pretende hacer valer la regla del artículo 324, o bien a un criterio de mayor jerarquía normativa, al ser el COT una Ley Orgánica—constitucional, si se pretende hacer valer la regla de esta.

14. El comiso como acción civil

El comiso o decomiso consiste en la privación del dominio de los instrumentos del delito y de las ganancias provenientes de un hecho ilícito.

El comiso puede afectar al condenado por un hecho constitutivo de delito, como a personas que, habiendo sido investigadas, finalmente no resultan condenadas, sino que incluso, pueden haber sido absueltas o sobreseídas temporal o definitivamente. También puede afectar a terceros ajenos al proceso penal, en la medida que los bienes de los que son dueños provengan de la comisión de un hecho delictivo.

El comiso sufrió muy importantes transformaciones a propósito de la entrada en vigencia de la Ley de Delitos Económicos 21.595 y de la Ley 21.577 para el Combate del Crimen Organizado, ambas del año 2023, posiblemente unos de los asuntos que más transformaciones sufrieron en la ley penal y procesal penal.

Quizás el caso emblemático que motivó estas reformas legales fue la conocida sentencia del denominado *caso Riggs* (Corte de Apelaciones de Santiago, rol 1649—2004 de 21 de junio de 2017), en que se investigó penalmente a Augusto Pinochet por una serie de hechos que correspondían, según los acusadores, a delitos de malversación de caudales públicos. Una vez fallecido el imputado, la Corte revocó la sentencia de primera instancia, declarando sobreseída definitivamente la causa por fallecimiento del inculpado (artículo 93.1 del CP) y, por lo mismo, dejando sin efecto el comiso de sus bienes, como pena accesoria a la condena penal impuesta, a pesar de haberse establecido en la sentencia la existencia del delito y de cuantiosos perjuicios para el erario público de miles de millones de pesos. La situación provocada por el fallo fue, finalmente, que para el sistema de administración de justicia había existido un delito, pero que las ganancias por él generadas iban a quedar en poder de los herederos del inculpado, al terminar la causa por su muerte y sobreseimiento definitivo.

Los motivos para regular el comiso no son otros que materializar a través de herramientas legales —sustantivas y procesales— el antiguo principio jurídico de que nadie debe obtener provecho del dolo propio o ajeno, y asimismo, hacer frente a las formas contemporáneas de criminalidad organizada, en que se montan finalmente verdaderas "empresas del delito", que son capaces de generar muy importantes ingresos que acrecienta su peligrosidad y poder delictual. Una de las principales innovaciones es haber hecho extensivo el comiso respecto de acusados no condenados, e incluso de terceros ajenos al proceso penal, justamente para evitar las consecuencias de que las ganancias obtenidas por el delito queden intactas a nombre de terceras personas o sociedades "palos blancos" del imputado.

El propósito general de estas transformaciones fue actualizar la ley chilena a las tendencias comparadas en esta materia —alemana y estadounidense, principalmente—, en orden a permitir la confiscación de las ganancias patrimoniales que se generan a consecuencia de los hechos constitutivos de delito. Lamentablemente, la regulación que resultó luego de la entrada en vigencia de estos cuerpos legales dio origen a una de las más inorgánicas, complejas y redundantes de nuestra ley penal y procesal penal. Adicionalmente, se trata de leyes muy recientes, y por lo mismo, serán necesarios todavía algunos años para poder revisar la forma en que los tribunales y el Ministerio Público, y restantes operadores jurídicos, finalmente aplican estas reglas.

Antes que todo, es preciso determinar las distintas modalidades que puede tener el comiso, y según eso, su naturaleza jurídica. El artículo 20 inciso segundo del Código Penal, reformado por la Ley 21.577, se encargó de precisar que "tampoco se reputa pena el comiso de las ganancias provenientes del delito, ni cualquier forma de comiso sin condena prevista por la ley".

Así, el decomiso puede corresponder a las siguientes formas:

- Comiso de los instrumentos del delito respecto de una persona penalmente condenada, en cuyo caso debe considerársele una pena. Este es el comiso "clásico", único que existía en la ley chilena hasta el 2023.
- Comiso de los instrumentos del delito respecto de una investigada penalmente, pero que finalmente no fue condenada, o fue sobreseída temporal o definitivamente, o fue absuelta. Según el nuevo artículo 20 inciso segundo del Código Penal, no corresponde a una pena.
- Comiso de los instrumentos del delito respecto de terceros ajenos al proceso penal. Según el nuevo artículo 20 inciso segundo, no corresponde a una pena.
- Comiso de ganancias provenientes de un delito respecto de una persona penalmente condenada, que según el nuevo artículo 20 inciso segundo, no corresponde a una pena;
- Comiso de ganancias provenientes de un delito respecto de una persona investigada penalmente, pero que finalmente no fue condenada, o fue sobreseída temporal o definitivamente, o fue absuelta. Según la misma norma, este comiso tampoco constituye una pena.
- Comiso de ganancias provenientes de un delito respecto de terceras personas ajenas a la investigación y persecución penal. Por la misma razón, esta medida tampoco constituye una pena.

Por lo expuesto, salvo el primer caso (comiso de los instrumentos del delito respecto del penalmente condenado), el comiso será una verdadera acción civil, ya que recaerá sobre cosas, y no personas, como la acción penal. El hecho, que para asegurar su cumplimiento la ley (artículo 157 bis del CPP) permita el ejercicio de medidas cautelares reales, refuerza su carácter de acción civil. El autor nacional Edison Carrasco le atribuye el carácter de *medida* y de *consecuencia accesoria* a esta clase de comiso.

Sin perjuicio de todo lo anterior, y por paradójico que parezca, el comiso de ganancias regulado en la Ley 20.393 sobre responsabilidad penal de las personas jurídicas dispone que es una pena accesoria, y no una acción civil. Sobre esto volveremos más adelante.

Las reformas legales recién revisadas han traído de vuelta —en gloria y majestad— la acción civil al proceso penal, luego de un forzado destierro con la entrada en vigencia del CPP del 2000. Lamentablemente el retorno de la acción civil es solo para efectos del comiso, que es finalmente una confiscación de bienes a favor del fisco, y no una acción civil general que permitiera resarcir a las víctimas.

Además de todo lo anterior, no puede perderse de vista que varias leyes sectoriales contemplan un así llamado decomiso administrativo (por ejemplo, los artículos 114, 115 y 116 de la Ley 18.892 de pesca y acuicultura). La experiencia comparada sugiere, en todo caso, que se tienda a la unificación de todas estas reglas. Así, en los Estados Unidos en el 2000 se dictó el Civil Asset Forfeiture Act, que consolidó la reglamentación anterior a esa fecha en un solo cuerpo legal.

Que el comiso en la ley chilena —siguiendo de cerca a la ley alemana de 2017— se conciba para la enorme mayoría de los casos como una acción civil no es un asunto irrelevante. Como ha anotado certeramente el profesor Christoph Burchard, aquí lo que se hizo fue sustraer esta acción —recordemos: a favor del Estado— de las garantías mínimas del derecho penal a favor de los imputados. En la doctrina comparada esta acción se caracteriza como una acción *in rem* (podríamos decir: real), pero eso no queda tan claro en la legislación chilena. Este es un asunto relevante si se tiene en cuenta, por ejemplo, la fungibilidad del dinero sujeto al comiso, sobre todo cuando se ha traspasado sucesivamente entre cuentas corrientes de distintos titulares. En nuestra opinión, esta acción civil de comiso tiene la fisonomía de una acción personal por provecho del dolo (propio o ajeno, según sea el caso). El haber insertado esta acción civil dentro del proceso penal obviamente le da una apariencia de verdadero castigo, aunque como decimos, queda al margen —como veremos después— del alto estándar probatorio de "convicción más allá de toda duda razonable", y con una notable inversión de la carga de prueba en contra de terceros ajenos a los hechos, y de acusados absueltos o sobreseídos definitivamente.

Que sea una mera acción civil deja fuera a las garantías que el proceso penal brinda al imputado, y deja al sujeto pasivo del comiso protegido, en el mejor de los casos, por las garantías mínimas del debido proceso (artículo 19 número 3 de la CPR) y del derecho de propiedad (artículo 19 número 24 de la CPR). Es llamativo, en todo caso, que el Tribunal Europeo de Derechos Humanos (TEDH) haya calificado que, en muchos casos, el decomiso sí corresponde a una sanción penal cuando se decreta en un procedimiento penal por un tribunal con competencia penal (como sería el caso chileno), a pesar de la nomenclatura formalmente empleada por la ley alemana. Alguna doctrina llamaría a esto "fraude de etiquetas", sin embargo, el TEDH ha elaborado los llamados "criterios Engel" para dilucidar si una determinada ley de comiso corresponde o no a una sanción penal, atendiendo a la naturaleza de la norma infringida, la gravedad de la sanción, el objetivo de esta y el procedimiento mediante el cual se aplica el comiso. Ello, independiente de la clasificación que le dé la ley local.

Es decidor que para algunos autores alemanes esta calificación del comiso como simple acción civil no sea más que una "ficción jurídica" y un "truco doctrinal". Como puede verse, todo parece indicar que se trata de una sanción penal en toda regla. De hecho, en la Ley 20.393 se utiliza esa categoría.

Además de esta clasificación, es imprescindible saber que el comiso quedará regulado por estatutos legales diferentes —aunque bastante similares—, dependiendo del delito de que se trate:

- Comiso de los instrumentos y ganancias provenientes de todos los delitos que no dispongan de una regulación especial.
- Comiso de la Ley 20.000 (artículos 45 y 46) que sanciona el tráfico ilícito de estupefacientes y sustancias psicotrópicas.
- Comiso de la Ley 20.393 (artículos 8, 12, 14, 18 y 19 bis) sobre responsabilidad penal de las personas jurídicas que entró en vigencia en septiembre de 2024.
- Comiso de la Ley 21.595 sobre Delitos Económicos (artículos 40 y 41).
- Comiso respecto de criminalidad organizada (artículos 294, 294 bis y 294 ter del Código Penal).

Como dijimos más arriba, se trata de múltiples y complejas figuras que admiten también múltiples combinaciones, y en que no queda perfectamente claro qué estatuto se aplicará, cuestión que obviamente es gravitante para efectos de entender las reglas de su ejecución contenidas en el CPP. Intentaremos —y esperamos lograrlo— ser lo más didácticos posible a continuación.

Sin perjuicio de lo que estudiaremos a continuación, hay varios aspectos que no quedaron regulados en la ley chilena, y que han motivado permanentes controversias a nivel comparado, como si el imputado tiene derecho a solventar su defensa privada con cargo a los bienes decomisados (y si su prohibición constituye una conculcación de su derecho a defensa), o qué sucede cuando existen comisos paralelos en varios procesos en contra de un mismo sujeto.

14.1 Concepto de "instrumentos del delito" y de "efectos" o "ganancias provenientes" del delito

Los artículos 31, 31 bis y 31 ter del Código Penal, reformados por la Ley 21.577 de 2023, nos dan los conceptos de "instrumentos" del delito.

La primera de estas normas dispone que los "instrumentos" del delito son aquellas cosas "especialmente aptas para ser empleadas delictivamente", presumiéndose que lo son si "su tenencia o porte se encuentra en general prohibida por ley". Por lo tanto, en esta categoría se encontrarían, por ejemplo, armas de fuego de todo tipo, prohibidas en general por la Ley de Control de Armas 17.798.

También corresponde a "instrumento" del delito aquella cosa que no es especialmente apta para ser empleada delictivamente pero que —valga la redundancia— "ha servido de instrumento en la perpetración de un hecho", solo si efectivamente ha "sido utilizada en la perpetración de un delito" (artículo 31 bis del CP). En esta categoría estarían aquellas cosas cuya posesión o tenencia no está prohibida por ley, y que generalmente admiten usos diversos a la comisión de un delito. Por ejemplo, cuchillos, o balanzas de alta precisión. Un cuchillo se puede emplear como instrumento de cocina, o también como arma blanca para herir o matar; una balanza de alta precisión sirve para calcular la masa de cualquier sustancia, aunque también es usual que se use para pesar la droga que se vende en forma de polvo, como la cocaína o la pasta base, para ventas al por menor.

En la anterior regulación la ley hablaba de los "instrumentos" y de los "efectos" del delito. El artículo 31 ter del CP todavía usa la expresión "efectos" del delito, y los define como "toda cosa obtenida o producida a través de la perpetración del hecho", lo que finalmente lo asimila al concepto de ganancias provenientes del delito (esta sería la interpretación que había sostenido la Corte Suprema, por ejemplo, en fallo de 2012, rol 7840—2010). Por lo mismo, debemos entender que ambos conceptos son sinónimos. En la anterior regulación los instrumentos y efectos del delito se trataban de la misma forma; actualmente, en cambio, admiten importantes distinciones.

El artículo 24 bis del Código Penal nos da el concepto de ganancias provenientes del delito: "por el comiso de ganancias se priva a una persona de activos patrimoniales cuyo valor corresponda a la cuantía de las ganancias obtenidas a través del delito, o bien para o por perpetrarlo. Lo obtenido en virtud de lo señalado precedentemente será transferido al Fisco. Las ganancias obtenidas comprenden los frutos y las utilidades que se hubieren originado, cualquiera sea su naturaleza jurídica. Las ganancias comprenden también el equivalente a los costos evitados mediante el hecho ilícito. En la determinación del valor de las ganancias no se descontarán los gastos que hubieren sido necesarios para perpetrar el delito y obtenerlas".

Como se ve, el comiso de ganancias abarca no solo aquellos incrementos patrimoniales efectivamente obtenidos como consecuencia de una actividad ilícita, sino también "los costos evitados mediante el hecho ilícito", lo que tiene importancia, por ejemplo, en los casos de delitos tributarios cometidos para evadir el pago de impuestos. En todo caso, este concepto de "ganancias" se debe entender como "ingresos brutos", y no como "utilidad neta", ya que la misma norma, como vimos, aclara que "no se descontarán los gastos que hubieren sido necesarios para perpetrar el delito y obtenerlas".

Así, si en un fraude que le reportó ingresos por quinientos millones de pesos, el sujeto debió cubrir costos por cien millones de pesos, el decomiso abarcará el ingreso bruto, esto es, los quinientos millones, sin posibilidad de que se descuenten los gastos que fueron necesarios para generarlos.

Asimismo, se incluyen también los "frutos y las utilidades" generados por las ganancias provenientes del delito. Por ejemplo, si en una estafa el sujeto se hizo de cien millones de pesos, que invirtió en un bien raíz que ha tenido una importante plusvalía, llegando a avaluarse en doscientos millones de pesos, el decomiso abarcaría esta última suma.

14.2 Comiso de los instrumentos y ganancias provenientes de todos los delitos que no dispongan de una regulación especial

Respecto de delitos que no tengan una regulación especial regirá lo que se dirá a continuación. Asimismo, respecto de los delitos especiales que sí tienen regulación sobre este aspecto (Ley 20.000, 20.393, 21.595 y artículos 294, 294 bis y 294 ter del CP) también regirá supletoriamente esta normativa general.

Como señalamos más arriba, solo el comiso de instrumentos respecto del condenado penalmente se considera una pena (artículo 20 inciso segundo del CP), por lo que el comiso de instrumentos respecto de imputados que no han sido condenados y de terceros ajenos al proceso, no son una pena, sino que es propiamente una *acción civil.*

El CP distingue entre el comiso de la "cosa que ha sido empleada como instrumento en la perpetración de un delito y sea especialmente apta para ser empleada delictivamente", y aquella cosa "que no sea especialmente apta para ser utilizada delictivamente y que ha servido de instrumento en la perpetración del hecho".

Respecto de las cosas "especialmente aptas" para delinquir, dispone que el artículo 31 que el comiso de los instrumentos procede no solo contra el penalmente condenado (inciso primero), sino contra el penalmente absuelto o sobreseído (inciso segundo). También procede respecto de terceros, aun cuando estén de buena fe y que tengan título para poseer la cosa "a menos que se establezca que el dueño no tuvo responsabilidad en el uso de la cosa por parte del hechor" (inciso tercero). Esta última regla es bastante llamativa, ya que dispone que el comiso alcanzará incluso a terceros de buena fe y que tengan título de posesión de la cosa, lo que le permite solamente excepcionarse probando que no tuvo responsabilidad en el uso que le dio el principal imputado; es decir, invirtiendo la carga de la prueba en contra del poseedor.

Respecto de las cosas "no especialmente aptas" para delinquir, el artículo 31 bis dispone que solo procede respecto del penalmente condenado y siempre que la cosa haya sido efectivamente utilizada en la perpetración de un delito. Por lo tanto, debemos entender que este comiso no afecta a imputados absueltos o sobreseídos penalmente. En cambio, el inciso segundo del artículo 31 del CP se encarga de aclarar que igualmente procede contra terceros poseedores de mala fe, estableciendo esta regla una excepción, en el sentido de que "el tribunal prescindirá de su imposición cuando la privación de la propiedad le ocasione un perjuicio desproporcionado al afectado".

Respecto del comiso de ganancias (o "efectos" del delito, como vimos), las reglas serían las siguientes: procede respecto del penalmente condenado (artículo 24 bis inciso primero del CP), como también del penalmente absuelto o sobreseído (artículo 31 ter inciso segundo) y aun respecto de terceros ajenos al proceso (artículo 24 ter y artículo 31 ter inciso tercero). Consolidando las reglas de estos dos artículos, el comiso procedería respecto de terceros ajenos al proceso penal en los siguientes casos:

- Si adquirió la ganancia como heredero o asignatario testamentario, a cualquier título gratuito o sin título válido, a menos que la haya adquirido del mismo modo de un tercero que no se encontrase en la misma circunstancia ni en las circunstancias que siguen.
- Si obtuvo la ganancia mediante el hecho ilícito y los intervinientes en la perpetración del hecho actuaron en su interés.
- Si adquirió la ganancia sabiendo o debiendo saber su procedencia ilícita al momento de la adquisición.
- Si se trata de una persona jurídica, que ha recibido la ganancia como aporte a su patrimonio.
- Nunca procede en contra de terceros de buena fe.

14.3 El comiso respecto de personas absueltas o sobreseídas, y de terceros ajenos al proceso penal

La actual regulación del comiso obedece a la "puesta al día" de nuestra legislación interna respecto de las regulaciones comparadas de una parte importante de los países del continente (Estados Unidos de América, México, Colombia, Perú y Argentina, entre los más importantes), como, asimismo, de la ley penal y procesal de España, que sufrió una importante reforma en 2015.

Asimismo, varios instrumentos supranacionales sugerían desde hace décadas a las legislaciones internas hacer las adecuaciones necesarias a este respecto. En este sentido, pueden mencionarse la Convención de las Naciones Unidas contra el tráfico ilícito de estupefacientes y sustancias psicotrópicas de 1988; la Convención contra el crimen transnacional organizado en el 2000; la Convención de las Naciones Unidas contra la corrupción de 2003; la Ley Modelo sobre extinción de dominio de la Oficina de las Naciones Unidas contra la droga y el delito; y las Recomendaciones del Grupo de Acción Financiera Internacional, conocida por sus siglas GAFI.

La legislación chilena en vigor desde 2023 siguió muy de cerca la reforma experimentada en el derecho alemán en 2017, que adaptó su ley interna a la Directiva de la Unión Europea 2014/42/UE de 2014 sobre congelamiento y decomiso de los instrumentos y ganancias de delitos ocurridos dentro del territorio comunitario.

La introducción de esta acción civil del comiso al proceso penal es una completa novedad en nuestro sistema que, como dijimos, las había desterrado casi por completo del texto original del CPP. Esto será un desafío importante para los jueces penales, ya que tendrán que resolver de ahora en adelante dos cuestiones diversas: una referida a la responsabilidad criminal del sujeto, y la otra referida a esta acción civil de comiso. Como se dijo más arriba, estas decisiones serán independientes, por así disponerlo expresamente el artículo 67 del CPP, y será interesante ver la forma en que la jurisprudencia establece los nexos entre una y otra acción (civil y penal). Los instrumentos internacionales más arriba citados, por ejemplo, han sugerido que en estos casos lo que debiera existir es una verdadera inversión de la carga de la prueba —o, lo que es lo mismo: la supresión de la presunción de inocencia— debiendo el acusado acreditar el origen lícito de los activos que están en su poder y que se pretende decomisar.

Esta inversión en la carga de la prueba correría también en contra del acusado absuelto y de los terceros. No hay, en todo caso, referencia alguna en la ley chilena a este fenómeno, pero puede ser importante tenerlo presente para futuras interpretaciones que se hagan por la judicatura.

En la regulación de los Estados Unidos se ha establecido, para evitar estos problemas, la existencia de un procedimiento bifurcado, esto es, la existencia de momentos procesales diferenciados para discutir acerca de la responsabilidad penal del sujeto, y para discutir acerca del comiso de los bienes. En Chile esto quedó entregado a un solo momento procesal, el juicio oral, sin perjuicio de que en la etapa de ejecución, como veremos más adelante, puedan efectivamente hacerse alegaciones por parte de los sujetos pasivos del comiso. Pero dada la forma en que se estructuró el proceso chileno, dicha etapa será una instancia apta de defensa solo para el acusado absuelto y para los terceros ajenos al proceso penal afectados por el comiso; para el acusado declarado culpable, la tarea de demostrar el origen lícito de sus bienes será sin duda sumamente ardua.

El comiso de las ganancias en perjuicio de personas que no hayan sido declaradas criminalmente responsables corresponde, como es evidente, a una vulneración del principio de presunción de inocencia que inspira todo nuestro sistema de persecución penal. Sobre esto, y solo a modo de ejemplo, el Tribunal Europeo de Derechos Humanos en el conocido fallo de 1983 *Minelli v. Suiza* declaró que la "la presunción de inocencia se encuentra ignorada si, sin determinación legal previa de la culpabilidad de un acusado, y concretamente, sin que este haya tenido la ocasión de ejercer los derechos de defensa, una decisión judicial que le concierne refleja el sentimiento que él es culpable". Se trató de un caso en que el acusado había sido absuelto por prescripción de una acusación por el delito de calumnias, pese a lo cual fue igualmente condenado a pagar dos tercios de las costas de la causa.

En el mismo sentido, en el fallo *Geerings v. Países Bajos* en 2007,dicho tribunal dijo que, una vez absuelto el acusado, es inadmisible asumir que este se ha beneficiado del ilícito penal. En todo caso, las Recomendaciones del Grupo de Acción Financiera han sugerido expresamente la posibilidad de esta acción de comiso en contra de personas no condenadas, lo mismo que la Convención de las Naciones Unidas contra la Corrupción de 2003; misma solución se ha consagrado en la legislación interna comparada más arriba señalada. Por lo mismo, no se trata de una originalidad de nuestra ley interna; sin perjuicio de los reparos recién anotados.

Sobre este asunto, el profesor Christoph Burchard ha dicho que la creación del comiso como sanción —penal o civil— respecto de personas inocentes o terceros ajenos al proceso corresponde a un abandono del principio de culpabilidad de las penas, a la creación de una nueva categoría de sujetos "sospechosos" de quien se presume su culpabilidad, y a quienes tendrán la carga de la prueba de demostrar su inocencia. Solo a título descriptivo, el profesor Burchard señala que es, finalmente, una opción política sacrificar importantes garantías que se consideraban hasta ahora como básicas e intocables, con el objetivo de que el Estado cuente con herramientas eficaces para el combate del crimen organizado.

El comiso, como aclara el artículo 20 del CP, no es una pena, pero sí es una consecuencia civil sumamente gravitante que puede establecerse en una sentencia penal, ya que a través de él se privará del dominio sobre sus bienes a una persona, afectando en forma muy clara su derecho de propiedad, expresamente consagrado en la Constitución Política de la República, texto en el que goza de una protección reforzada.

En la legislación comparada el comiso se ha regulado imponiendo al juez la obligación de fundamentar en su sentencia si, a su juicio, el hecho penalmente ilícito existió; sin perjuicio de que la responsabilidad penal respecto de un imputado en particular no pueda ser establecida, o en caso de estarlo ella se encuentre extinguida por alguna causa legal. Entonces, si el delito existió y generó ganancias patrimoniales a alguna persona, estas deben ser confiscadas, lo mismo que los instrumentos usados para cometer el delito. Esto exige un ejercicio sumamente desafiante para el sentenciador del caso de fondo, desde que se deberá hacer esta distinción en los casos de absolución o sobreseimiento.

O sea, el juez deberá determinar si existe responsabilidad penal del sujeto; y en caso de que no exista, igualmente determinar si existen instrumentos, dineros, valores u otros bienes "manchados" con el delito que deben ser confiscados, a través de un nexo causal entre unos y otros; es decir, que las cosas se hayan empleado para delinquir o que las ganancias provengan del delito.

A pesar de este enorme desafío, ni la ley penal ni la ley procesal penal chilena han destinado una sola norma a reglar este importantísimo asunto. Apenas se introdujo un inciso final al artículo 413 del CPP referido a las menciones que debe contener la sentencia condenatoria, pero solo para el comiso de ganancias superiores a cuatrocientas UTM, el legislador dispuso lacónicamente que "el juez se pronunciará acerca de su procedencia en la sentencia", cuestión que es claramente insuficiente.

Tampoco queda claro si el comiso afecta solo a personas absueltas penalmente, o sobreseídas temporal o definitivamente, o bien, a toda clase de imputados respecto de quienes el proceso haya terminado por cualquiera de las salidas alternativas o anticipadas (suspensión condicional del procedimiento, acuerdo reparatorio, decisión de no perseverar). Las normas del Código Penal nada dicen al respecto y, en rigor, solo se refieren a los casos en que haya absolución o sobreseimiento (artículo 31 ter), y lo mismo puede decirse de las regulaciones especiales de la Ley 21.595 y los artículos 294, 294 bis y 294 ter del CP. Sin embargo, el artículo 415 bis del CPP, que regula la ejecución del comiso, se refiere en su inciso segundo a la competencia del juez "que haya dictado la resolución que ponga término a la investigación o juicio respectivo", lo mismo que el artículo 415 ter del CPP para efecto de computar el plazo de la audiencia.

Es claro que resoluciones "que pongan término a la investigación o juicio" abarcan un universo de posibilidades más amplio que la condena, absolución o sobreseimiento. La doctrina ha tratado de soslayo el asunto y habrá que esperar para ver qué interpretación hacen los tribunales para llenar este vacío normativo. Dado que los procesos penales en Chile concluyen mayoritariamente a través de resoluciones diferentes a la sentencia definitiva o de sobreseimiento, esta omisión es sumamente relevante. Podría perfectamente argumentarse, de esta forma y de acuerdo con el tenor literal de la ley procesal vigente, que es improcedente el comiso de ganancias respecto de imputados investigados cuyos procesos concluyeron por sentencias pronunciadas en las llamadas salidas alternativas o anticipadas.

Ahora, también podría argumentarse que, en rigor, todos los procesos penales están destinados —teóricamente en su diseño original, al menos— a concluir por una declaración de sobreseimiento definitivo. Es así que la suspensión condicional del procedimiento, una vez cumplidas las condiciones, acarreará dicha consecuencia procesal; lo mismo una vez que se satisfacen o se asegura la satisfacción de las obligaciones asumidas en virtud de un acuerdo reparatorio. Del mismo modo, aun cuando se comunique la decisión de no perseverar, teóricamente siempre podría decretarse el sobreseimiento definitivo por prescripción de la acción penal, justamente porque uno de sus efectos es que la formalización (que había suspendido el plazo de prescripción) queda sin efecto. Sin embargo, todo esto colisiona con la práctica de los tribunales, que, como veremos en detalle más adelante, son más bien restrictivos a la hora de sobreseer definitivamente las causas.

Quizás este comiso como medida accesoria respecto de la condena, absolución o sobreseimiento definitivo será la solución para que finalmente la jurisprudencia dé un giro, justamente para comenzar a sobreseer definitivamente las causas criminales.

Como veremos más adelante, en la Ley 21.595 sobre Delitos Económicos se hizo un detallado desglose acerca de la procedencia del comiso dependiendo de la causal por la cual se haya sobreseído definitivamente la causa o el motivo que dio el tribunal para absolver al acusado. Así, el comiso no será procedente —solo para efectos de esa ley— si el imputado fue sobreseído definitivamente por ser el delito inexistente o por haber sido absuelto por convicción "más allá de toda duda razonable". En los restantes casos, sí será procedente. Estas distinciones no están contempladas para los restantes delitos que no sean de carácter económicos, y por lo mismo será un asunto que deberán resolver los jueces caso a caso.

El artículo 67 del CPP dispone de la total independencia de la acción civil respecto de la penal, en la medida que ambas acciones se sustancian en el proceso penal. De lo contrario, la sentencia penal tendrá influencia decisiva con valor de cosa juzgada respecto de la posterior sentencia civil, como disponen los artículos 178 a 180 del CPC. Todo esto ya lo revisamos más arriba, en detalle. Tratándose de la acción civil de comiso, se trata de una pretensión que será conocida por el juez penal, como veremos más adelante; de hecho, el artículo 259 g) CPP obliga al acusador a consignar como una de las menciones de la acusación cuáles son los bienes y las personas a quienes afectará el comiso, que pueden ser terceros ajenos al juicio penal.

Por lo tanto, es perfectamente plausible que la sentencia dictada en el proceso penal absuelva respecto de los cargos criminales, pero condene civilmente el comiso de las ganancias provenientes del delito, como se regula expresamente en la Ley 21.595 y los artículos 294, 294 bis y ter del CP. También es posible imaginar la situación inversa (condena penal y absolución civil del comiso); y por supuesto, escenarios en que la condena penal traiga aparejada la condena civil del comiso de ganancias, o en que la absolución penal traiga aparejada la absolución de la acción civil del comiso.

14.4 El comiso en la Ley 20.393 sobre responsabilidad penal de las personas jurídicas

De acuerdo con el texto que entró en vigencia en septiembre de 2024, reformado por la Ley 21.595 de 2023, el comiso de ganancias sería una pena accesoria, por así disponerlo los artículos 8 y 14 inciso tercero de la Ley 20.393. Esto es muy llamativo, porque contradice inequívocamente la regla del artículo 20 del CP que ya vimos, que dispuso que el comiso de ganancias siempre es una acción civil. Por lo tanto, en principio debería entenderse que el comiso en estos casos no corre respecto de personas jurídicas absueltas o sobreseídas, ni en contra de los terceros ajenos al proceso penal, de acuerdo con el principio de personalidad de las penas. Pero veremos que ello no es así.

El artículo 12 inciso quinto dispone lo siguiente: "cuando el comiso de ganancias no pueda imponerse a la persona jurídica porque fueron distribuidas entre sus socios, accionistas o beneficiarios que no tuvieron conocimiento de su procedencia ilícita en el momento de su adquisición, el tribunal determinará el valor total de la multa a imponer hasta por una suma equivalente al treinta por ciento de las ventas de la persona jurídica correspondiente a la línea de productos o servicios asociada al hecho durante el periodo en el cual éste se hubiere perpetrado o hasta el doble de las ganancias obtenidas a través del hecho, siempre que dicho valor total fuere superior al monto máximo de la multa que corresponda imponer conforme a los incisos precedentes".

Esta regla es concordante con la del artículo 19 bis de la misma ley, que dispone básicamente lo mismo.

Es decir, si no es posible llevar a cabo el comiso de ganancias, este mutaría en una multa en perjuicio de la sociedad criminalmente responsable. En cualquier caso, dado el carácter de pena accesoria —y no de acción civil— el comiso no alcanzaría nunca a terceros ajenos al proceso penal, como dijimos, por aplicación del principio de personalidad de las penas. Pero ello no es así, como veremos a continuación.

En efecto, el artículo 18.1 de la ley permite que —literalmente— la pena de comiso que "recayere en una especie" podrá ejecutarse contra la persona jurídica que la tuviere (no se aclara si es la penalmente condenada solamente, o también otra) o "en caso de disolución de común acuerdo, contra el socio o partícipe en el capital que la tuviere tratándose de la disolución de una persona jurídica con fines de lucro, o contra la persona que conforme a los estatutos de la persona jurídica o a la ley la hubiere recibido tratándose de una persona jurídica sin fines de lucro". Si el comiso fuere de una cantidad de dinero y la persona jurídica se hubiere disuelto de común acuerdo, puede hacerse efectiva "sobre los socios y partícipes en el capital, quienes responderán solidariamente. Tratándose de personas jurídicas sin fines de lucro, la multa se hará efectiva sobre las personas que hayan recibido las propiedades de aquéllas conforme a sus estatutos o a la ley, quienes responderán solidariamente".

Como se ve, resulta inexplicable esta antinomia entre, por un lado, la regulación general del artículo 20 del CP (que dispone que el comiso es una acción civil) y, por otro, esta ley especial (que dispone que es una pena accesoria); y asimismo la flagrante vulneración del principio de personalidad de las penas, permitiendo que la "pena de comiso" se ejecute sobre el patrimonio de terceros ajenos al proceso penal, que por lo demás, nunca fueron condenados. Se trata de importantes descuidos o desprolijidades que seguramente redundarán en que estas normas nunca lleguen a aplicarse, por los evidentes problemas de constitucionalidad.

A su turno, el artículo 29 de la misma ley dispone que la persona jurídica beneficiada con la suspensión de condena, que ya vimos, no podrá abarcar al comiso impuesto en dicha suspensión.

A falta de leyes especiales, debe entenderse que este comiso —como acción civil que es— queda limitado, según lo dispone el artículo 179 del CPC, en caso de que se haya sido dictada sentencia absolutoria o sobreseimiento definitivo en el proceso penal.

14.5 El comiso en la Ley 21.595 sobre delitos económicos

A partir de la entrada en vigor de la Ley 21.595 de 2023 sobre delitos económicos, se creó el "comiso de las ganancias obtenidas a través de un hecho ilícito que corresponda a un delito económico", que aplica para los delitos contemplados en dicha ley (artículo 40 de la Ley 21.595); aunque la misma ley introdujo un nuevo artículo 24 bis al Código Penal que hizo extensivo el comiso de las ganancias provenientes del delito a "toda sentencia condenatoria en materia criminal". Parece una redundancia a simple vista, pero no lo es, ya que la ley mencionada estableció el comiso no solo para los casos en que haya sentencia condenatoria criminal, sino también para los casos en que la investigación no termine en condena, y ni siquiera en sentencia definitiva; e incluso, para sentencias absolutorias y sobreseimientos.

Por lo tanto, puede decirse que el comiso de las ganancias provenientes del delito es una consecuencia de toda sentencia condenatoria penal; y para los delitos económicos reglados en la Ley 21.595 corre también para todas las investigaciones penales, aunque terminen en absolución o sobreseimiento definitivo o temporal.

Así, el comiso de ganancias procederá aun si el imputado es sobreseído definitivamente por la causal del artículo 250 b) del CPP (falta de participación del sujeto), o cuando se extinguió la responsabilidad penal o por haber sobrevenido un hecho que, con arreglo a la ley, ponga fin a la responsabilidad criminal (artículo 250 e) y d) del CPP), y también si el sobreseimiento definitivo se funda en circunstancias eximentes de responsabilidad (artículo 250 c) del CPP).

En otras palabras, las únicas hipótesis en que no sería procedente el comiso de ganancias serán el sobreseimiento definitivo por inexistencia del delito (artículo 250 a) del CPP) y por haberse ya dictado sentencia sobre el mismo asunto (artículo 250 f) del CPP). Sobre esto, valga lo ya dicho respecto de lo comprometida —sino anulada— que resulta la presunción de inocencia en estos casos.

También procederá el comiso en contra del imputado absuelto, en el evento que el tribunal no haya adquirido una convicción más allá de toda duda razonable, de acuerdo con el estándar del artículo 340 del CPP (artículo 41.2 de la Ley 21.595). Asimismo, no procede en los casos de sobreseimiento temporal por las causales del artículo 252 b) y c) del CPP. Como decíamos, estas reglas obligarán a los jueces a fundamentar si están absolviendo por déficit probatorio o por otras razones, cuestión que no siempre se explicita actualmente en las sentencias penales. En cualquier caso, y como se dirá más adelante también, estas normas terminan por hacer una distinción entre distintos tipos de inocentes, según la causal de sobreseimiento que se haya acogido, o incluso, según los motivos por el cual se absolvió en la sentencia. Esto nos parece particularmente problemático, desde que el estatus por defecto de cualquier ciudadano debiera ser siempre el de su completa y total inocencia, salvo que exista sentencia de condena firme en su contra.

Como vimos más arriba, estas distinciones no existen para el sistema general de los delitos en Chile.

La justificación de esta reforma legal es permitir el decomiso de ganancias en los casos en que solo se logró acreditar la existencia del delito, pero no sus responsables; o bien, se estableció que el ilícito existió, también sus responsables, pero la responsabilidad penal finalmente se extinguió por prescripción u otra causa. En esos casos puede suceder que ese ilícito haya reportado ganancias económicas para el imputado o para terceras personas, ajenas incluso al delito mismo. Esta norma de comiso de ganancias sin condena previa justamente cubre esas situaciones. Como se dijo más arriba, la responsabilidad civil corre en forma independiente a la penal cuando ambas se pronuncian en la misma sentencia (artículo 67 del CPP).

14.6 Comiso en los delitos de criminalidad organizada (artículos 294, 294 bis y 294 ter del Código Penal)

La primera de estas reglas, contenida bajo el párrafo "de las asociaciones delictivas y criminales" dispone lo siguiente: "En todo caso se impondrá el comiso de ganancias, de conformidad con el artículo 24 bis. Asimismo, caerán en comiso todos los activos vinculados a la actividad en cuyo contexto se haya perpetrado el delito, a menos que se acredite su origen lícito. El comiso de ganancias será impuesto en conformidad con los procedimientos establecidos por la ley". Es decir, regirán las reglas generales ya vistas, con las precisiones de los artículos 204 bis y ter.

El artículo 294 bis se encarga de precisar que procede el comiso de ganancias aun en contra del imputado absuelto o sobreseído, en las mismas hipótesis que ya vimos respecto de la Ley 21.595: si el imputado es sobreseído definitivamente por la causal del artículo 250 b) del CPP (falta de participación del sujeto), o cuando se extinguió la responsabilidad penal o por haber sobrevenido un hecho que, con arreglo a la ley, ponga fin a la responsabilidad criminal (artículo 250 e) y d) del CPP), y también si el sobreseimiento definitivo se funda en circunstancias eximentes de responsabilidad (artículo 250 c) del CPP).

Es decir, las únicas hipótesis en que no sería procedente el comiso de ganancias serán el sobreseimiento definitivo por inexistencia del delito (artículo 250 a) del CPP) y por haberse ya dictado sentencia sobre el mismo asunto (artículo 250 f). También procederá el comiso en contra del imputado absuelto, en el evento que el tribunal no haya adquirido una convicción más allá de toda duda razonable, de acuerdo con el estándar del artículo 340 del CPP. Inexplicablemente se omitieron las referencias a las causales de sobreseimiento temporal, que sí están en la Ley 21.595.

Respecto de terceros ajenos al proceso penal, aplica la regla general ya vista en el artículo 24 ter del CP (artículo 294 bis).

El artículo 294 ter contempla algunas reglas interesantes: en el caso que los instrumentos del delito hayan sido enajenados, perdidos u ocultados —lo mismo que las ganancias o efectos del delito— "el juez deberá imponer comiso sustitutivo por un valor equivalente", pero en este caso "solo procederá como consecuencia adicional a la pena".

15. Acciones civiles respecto de hechos que hayan correspondido a delitos económicos de la Ley 21.595

En agosto de 2023 comenzó a regir la Ley 21.595 sobre delitos económicos, que contiene algunas normas especiales sobre el ejercicio de la acción civil cuyo fundamento sean hechos que correspondan a alguno de los delitos reglados por dicha ley.

La innovación la encontramos en el artículo 46, que dispone que la acción civil de la víctima puede ejercerse respecto de los bienes decomisados en el proceso penal. Si se ejerce contra el imputado o condenado, será una acción restitutoria o indemnizatoria de perjuicios; y si se ejerce contra terceros que se han aprovechado patrimonialmente del delito, será la llamada acción de restitución de provecho de dolo ajeno del artículo 2316 inciso segundo del Código Civil. Esta particular acción civil del artículo 46 prescribe en un plazo de cuatro años contados desde que la resolución que impuso el comiso ha quedado ejecutoriada.

Es decir, la víctima de alguno de los delitos contemplados en esta ley puede ejercer una acción civil en contra del imputado, y perseguir su responsabilidad civil en los bienes decomisados. Estos bienes decomisados, no hay que olvidarlo, pasarán a dominio del Fisco; pero en ese caso se permite que la víctima resarza sus perjuicios también en ellos. Por lo mismo, existirá una confrontación de intereses entre la víctima y el Fisco, y para ello se establecen algunas reglas procedimentales.

El artículo 47 de la misma ley permite que el Consejo de Defensa del Estado (CDE) cuestione la procedencia de esta acción civil de la víctima respecto de los bienes decomisados, pudiendo dentro de treinta días alegar la "excepción de falta de relación directa entre perjuicio [civil] y ganancias, la excepción de ejecución negligente y la excepción de ejecución inadecuada". Las dos primeras se tramitarán como incidente de previo y especial pronunciamiento. La tercera de ellas —excepción de ejecución inadecuada— consiste en que el CDE indicará otros bienes del demandado donde hacer efectiva la responsabilidad civil, quedando facultado para solicitar medidas precautorias sobre esos otros bienes, e incluso la colaboración del Servicio de Impuestos Internos (SII) y la Comisión para el Mercado Financiero (CMF), bancos, y compañías de seguros sujetas a su fiscalización, para la identificación de dichos bienes.

La nueva redacción del inciso cuarto del artículo 171 del COT dispone que esta acción civil será de competencia del juez civil que corresponda según las reglas generales.

Asimismo, el nuevo artículo 48 del CP establece un orden de prelación de los créditos que tenga el fisco y las víctimas para el evento que "los bienes del condenado no fueran bastantes para cubrir las responsabilidades pecuniarias":

1. El comiso de las ganancias provenientes del delito o, en su caso, del valor equivalente a los efectos o instrumentos del delito.
2. Las multas.
3. Las costas procesales y el resarcimiento de los gastos ocasionados por el juicio.
4. La reparación del daño causado e indemnización de perjuicios.
5. Las costas personales.

Como se ve, se le da preferencia a la acción civil de comiso por sobre la reparación del daño indemnizable a las víctimas. El inciso final del artículo 48 del CP se pone en la hipótesis de que los bienes no sean suficientes para reparar a las víctimas, en cuyo caso "el perjudicado podrá" ejercer la acción civil sobre los bienes decomisados para efectos del número 1, o el producto de su realización, siempre que exista una relación directa entre el perjuicio irrogado y las ganancias obtenidas. El Estado podrá excepcionarse del pago si demuestra la existencia de bienes realizables sobre los cuales puede hacerse efectiva la indemnización, o que ella no pudo ser satisfecha por negligencia del perjudicado".

Queda en evidencia que se trata de una regla concebida en términos muy similares a la del artículo 47 de la Ley 21.595.

Finalmente, el artículo 48 se pone en la hipótesis de que el condenado, o absuelto o sobreseído, sea objeto de un procedimiento de liquidación concursal, en cuyo caso "estos créditos se graduarán considerándose la obligación de cumplir con el comiso como un crédito de la primera clase comprendido en el número 1 del artículo 2472 del Código Civil y los restantes como uno solo entre los que no gozan de preferencia. En este caso no se aplicará lo dispuesto en el inciso anterior".

Capítulo III

Control de garantías en el Código Procesal Penal

CONTROL DE GARANTÍAS EN EL CÓDIGO PROCESAL PENAL

1. Aspectos generales

El principio fundamental que cruza toda la regulación del proceso penal es el respeto de las garantías que la Constitución y los tratados internacionales ratificados por Chile consagran a favor del imputado.

Pero ¿por qué necesitamos que el proceso sea garantista? Vale la pena hacerse esta pregunta siempre, sobre todo cuando la tendencia populista penal pretende suprimir o restringir estas garantías, o derechamente transformar profundamente el proceso penal, relegando al imputado del sitial que detenta actualmente. Muchas de estas transformaciones, lamentablemente ya han ocurrido, como hemos visto, y seguiremos viendo, a lo largo de este trabajo.

El proceso debe ser garantista porque de otra forma la represión penal, cuya forma más violenta es la supresión de la libertad ambulatoria del condenado, sencillamente no se legitima frente a la sociedad. O dicho de otra forma: sin debido proceso ni garantías del imputado, la sanción penal deviene en pura arbitrariedad y fuerza bruta estatal. La sanción se valida y legitima allí donde el imputado cuenta con herramientas robustas para controvertir la versión del persecutor público y los acusadores particulares.

La otra razón es que las garantías del imputado actúan también como límites a la imposición de fuerza estatal, que si bien es legítima, naturalmente tiende a excederse. Como decía Luigi Ferrajoli, el célebre jurista italiano, debe siempre uno tener una visión pesimista del proceso penal.

Finalmente, sin las garantías del imputado, la obtención de la verdad —uno de los objetivos del proceso, qué duda cabe— sería imposible: los excesos y arbitrariedades de policías y fiscales también pueden darse en la indagatoria con el objeto de sonsacar información del imputado, aun recurriendo a técnicas poco ortodoxas. Por lo tanto, la "verdad" así obtenida no será, en rigor, la verdad de lo que sucedió.

Las democracias occidentales han tomado la decisión política de imponer castigos penales, pero siempre que se concluya un proceso legalmente tramitado por sentencia firme, en que el imputado tuvo la posibilidad real de defenderse de los cargos estatales. En este proceso no se ha renunciado —totalmente— a la obtención de la verdad; pero no es una "verdad a cualquier precio", sino que debe lograrse respetando las garantías fundamentales del acusado.

Renunciar a las garantías del imputado es, finalmente, transformarlo en un mero objeto que justifica el poder penal estatal. Como seres humanos dotados de dignidad e igualdad, en cuanto seres racionales, el imputado debe ser tratado como un sujeto inocente y deben reconocérseles mecanismos mínimos que aseguren su debida defensa. En la tradición judeo-cristiana, la concepción antropológica nos dice que todos somos hijos de Dios en cuanto fuimos creados a su imagen y semejanza. Cada persona es un fin en sí mismo y no debe usársele como instrumento de propósitos extrínsecos a su individualidad.

El respeto de las garantías fundamentales del imputado ocasionará a veces que el autor de un hecho constitutivo de delito finalmente no pueda ser enjuiciado o se le absuelva. Pero ese es un riesgo que las democracias occidentales han asumido. Siguiendo la frase que se le atribuye a Jeremy Bentham: "es preferible que mil culpables queden libres a que se condene injustamente a un inocente"; la condena de inocentes es un severo problema para el sistema de investigación y persecución penal, ya que, por un lado, lo deslegitima frente a la ciudadanía, que lo percibirá como una herramienta no solo inútil para dar con los verdaderos culpables, sino también como profundamente abusiva. Ello, sin perjuicio de que mientras el inocente estuvo condenado, hay un culpable que está libre.

Es por todas estas razones que la ley procesal chilena ha dotado a la judicatura de una serie de herramientas poderosas que permiten el aseguramiento de estas garantías fundamentales durante el proceso penal, que estudiaremos a continuación. Es importante tener claro que el ejercicio de estas herramientas o remedios procesales no son excluyentes unos de otros, y de hecho, varios de ellos pueden ejercerse en forma reiterada o copulativa. En este sentido, puede hablarse con propiedad de un "sistema reforzado de nulidades", en que un mismo vicio puede servir de hecho fundante para más de uno de los remedios que estudiaremos a continuación, en el caso que no se subsane oportunamente.

El inciso final del artículo 165 del CPP, referido a las nulidades procesales, por ejemplo, consagra justamente esta idea, al disponer que "la solicitud de nulidad [procesal] constituirá preparación suficiente del recurso de nulidad [contra la sentencia definitiva] para el caso que el tribunal no resolviere la cuestión de conformidad a lo solicitado".

Puede afirmarse que estas herramientas aseguran de forma tan robusta las garantías del imputado, que la vía "clásica" para denunciar infracciones a los derechos garantizados en la Constitución, el recurso de protección del artículo 20 de la CPR, no resulta aplicable al proceso penal, justamente por preferirse cualquiera de las instituciones que estudiaremos a continuación.

Los mecanismos que estudiaremos son la cautela de garantías del artículo 10 del CPP; el amparo ante el juez de garantía del artículo 95 del CPP; el amparo constitucional del artículo 21 de la CPR; la autorización judicial de ciertas diligencias de investigación (también llamadas "medidas intrusivas"); la nulidad procesal de los artículos 159 y siguientes del CPP; y el recurso de nulidad que puede deducirse en contra de la sentencia definitiva y del juicio oral. En otra parte de este trabajo abordaremos estos mecanismos en mayor profundidad, como asimismo, otros que tienen el mismo propósito, como el caso de la audiencia de control de la detención y la acción de revisión.

2. Cautela de garantías del artículo 10 del Código Procesal Penal

2.1 Regulación positiva

La cautela de garantías está regulada de la siguiente forma en el artículo 10:

> En cualquiera etapa del procedimiento en que el juez de garantía estimare que el imputado no está en condiciones de ejercer los derechos que le otorgan las garantías judiciales consagradas en la Constitución Política, en las leyes o en los tratados internacionales ratificados por Chile y que se encuentren vigentes, adoptará, de oficio o a petición de parte, las medidas necesarias para permitir dicho ejercicio.
>
> Si esas medidas no fueren suficientes para evitar que pudiere producirse una afectación sustancial de los derechos del imputado, el juez ordenará la suspensión del procedimiento por el menor tiempo posible y citará a los intervinientes a una audiencia que se celebrará con los que asistan. Con el mérito de los antecedentes reunidos y de lo que en dicha audiencia se expusiere, resolverá la continuación del procedimiento o decretará el sobreseimiento temporal del mismo.
>
> Con todo, no podrá entenderse que existe afectación sustancial de los derechos del imputado cuando se acredite, por el Ministerio Publico o el abogado querellante, que la suspensión del procedimiento solicitada por el imputado o su abogado sólo persigue dilatar el proceso.

2.2 Origen y objeto

La cautela de garantías del artículo 10 es el símil del recurso de protección del artículo 20 de la CPR, pero adaptado al proceso penal, y ha sido replicado en algunos procedimientos que entraron en vigencia posteriormente al nuevo proceso penal, como en los juicios tributarios (tutela del artículo 155 del Código Tributario) y laborales (tutela laboral artículo 486 del Código del Trabajo). Esta herramienta procesal es una materialización del mandato del artículo 14 del Código Orgánico de Tribunales, en el sentido de que es deber del juez de garantía asegurar los derechos del imputado en el proceso penal.

La cautela de garantías fue una importante innovación en su momento, y constituyó el primer paso legislativo en una concreta constitucionalización de los derechos y de la aplicación directa de la Carta Fundamental en el proceso jurisdiccional. Ya no se trataba del control vertical a cargo de las Cortes superiores mediante una tutela cautelar y sumaria, como es el recurso de protección, que finalmente es un proceso en sí mismo. En la cautela de garantías del artículo 10 no es necesario iniciar un nuevo proceso, sino que dentro de él puede pedirse el resguardo de los derechos constitucionales del imputado en forma directa al juez de la causa, sin que sea necesario recurrir a una Corte de Apelaciones.

Generalmente, la cautela de garantías la adopta el juez a petición de la defensa del imputado, a propósito de situaciones como la imposibilidad de obtener copia íntegra de los registros de la investigación y de la carpeta investigativa, o la suspensión de audiencias para dar un tiempo razonable al nuevo abogado defensor del imputado para interiorizarse del caso, entre las más comunes. También es una herramienta profusamente utilizada en la etapa de ejecución de las penas privativas de libertad, y también mientras el imputado cumple la medida cautelar personal de prisión preventiva. Justamente en estas situaciones es donde, en general, los derechos del imputados son más susceptibles de ser vulnerados.

En la discusión parlamentaria que dio origen a esta norma, se dejó constancia de que su propósito original era resguardar los derechos de los imputados privados de razón o gravemente enfermos, pero su aplicación práctica por los tribunales ha sido ciertamente más extensiva.

Autores como Jaime Salas Astrain han manifestado sus reparos respecto de la indefinición de qué situaciones abarca la cautela de garantías, lo que es problemático ya que altera la ritualidad del proceso; además de que no existe control jerárquico (recursos procesales) respecto de ella, salvo cuando se sobresea temporalmente la causa. En este sentido, en 2017 (Ley 21.004) se agregó un tercer inciso al artículo 10, a mi juicio innecesario, que de alguna forma ordena al juez rechazar la cautela de garantías si advierte que ha sido promovida por la defensa solo para dilatar el proceso.

La norma, en todo caso, no limitó qué situación o situaciones quedarán abarcadas por esta cautela de garantías del artículo 10. Creemos que es razonable entender excluidas todas las situaciones de limitaciones o privaciones de la libertad ambulatoria, las que quedarán abarcadas por el amparo del artículo 21 de la CPR y por el amparo de garantías del artículo 95 del CPP, que revisaremos a continuación. Fuera de esos casos, cualquier garantía de que goce el imputado en el proceso quedará cubierta por la cautela del artículo 10, esto es, los derechos y garantías de los artículos 93 y 94 del CPP. Es práctica usual del juez de garantía el solicitar a la defensa que precise cuál o cuáles garantías están siendo vulneradas a partir de alguna actuación de la policía o la fiscalía.

2.3 Tramitación y legitimados

Aunque la norma no lo dice, lo más usual en la práctica es que la cautela de garantías sea solicitada por la defensa por escrito al tribunal de garantía, quien citará a los intervinientes a una audiencia para discutir acerca de su procedencia.

Existe alguna jurisprudencia que estima que no solo el imputado es el legitimado activo para solicitar una cautela de garantías al tribunal de garantía, sino también la querellante o incluso la fiscalía. Esa postura nos parece profundamente equivocada, y es señal de una incomprensión de las lógicas que operan en el sistema de persecución penal. Si bien querellante y fiscalía son intervinientes en el proceso, y gozan de ciertos derechos y prerrogativas incluso reconocidas en la Constitución, no puede hablarse con propiedad de que sean titulares de garantías fundamentales exigibles del Estado. De hecho, el Ministerio Público es el Estado encarnado en el proceso penal.

En todo caso, no parece discutible que el resto de los intervinientes, incluido el tribunal de oficio, pueda promover una cautela de garantías a favor del imputado.

De la redacción del artículo 10 no queda claro quién o quiénes serían los legitimados pasivos de la cautela de garantías. Parece más o menos evidente que las infracciones a garantías fundamentales las perpetrará mayormente la policía o los fiscales, pero ¿podría cuestionarse una resolución jurisdiccional por esta vía? Nosotros no vemos problema en que el tribunal revise sus propias resoluciones desde una óptica de las garantías fundamentales del imputado —sin perjuicio del sistema de recursos procesales que contempla el propio CPP. Aunque, hay que decirlo, sería esperable que los tribunales se mostraran reacios a examinar o revocar sus propias resoluciones al margen del sistema de recursos contemplados en la ley procesal.

El tribunal competente sería únicamente el tribunal de garantía. Dados los principios de continuidad y concentración que rigen al juicio oral, de producirse una afectación en las garantías fundamentales del acusado durante el juicio, el tribunal de juicio oral debiera suspenderlo (artículo 283 del CPP).

Oídos los intervinientes, el tribunal de garantía tiene la alternativa de rechazar o de acoger la cautela de garantías. Esta resolución no sería apelable por aplicación de las reglas generales que veremos más adelante, salvo en cuanto ponga término al proceso o paralice su prosecución por más de treinta días (artículo 370 a) del CPP).

Una vez que se decreta la cautela de garantías, si el juez estima que esa medida puede no ser suficiente para resguardar los derechos del imputado, puede ordenar suspender el procedimiento "por el menor tiempo posible" y citará a los intervinientes a una audiencia para resolver si continuar con el procedimiento o derechamente ordenará su sobreseimiento temporal hasta que no quede definitivamente subsanado el problema que motivó la cautela de garantías. Por aplicación del inciso segundo del artículo 153 del CPP al sobreseerse temporalmente la causa deben quedar sin efecto las medidas cautelares personales, y, por lo tanto, si el imputado estaba detenido o privado de libertad de cualquier forma, debiera ser liberado en el momento.

3. Amparo ante el juez de garantía del artículo 95 del Código Procesal Penal y su coexistencia con el llamado recurso de amparo constitucional del artículo 21 de la Constitución Política de la República

El llamado recurso de amparo o *habeas corpus* es una herramienta de larga data en la historia republicana de Chile (desde la Constitución de 1833), cuyos orígenes se remontan a la Carta Magna del rey Juan Sin Tierra de Inglaterra de 1215, y que actualmente existe en la gran mayoría de los sistemas de justicia a nivel comparado. Su objetivo no es otro que establecer un mecanismo de control jurisdiccional respecto de las personas privadas de libertad, o cuya libertad ambulatoria esté amenazada o restringida. La expresión *habeas corpus* significa literalmente "tráigame el cuerpo", esto es, la exigencia del juez de que se le exhiba dónde y en qué estado se encuentra la persona privada de libertad.

En nuestro ordenamiento, coexisten dos herramientas similares, aunque no idénticas, que cumplen este objetivo de disponer de un mecanismo de control jurisdiccional respecto de personas cuya libertad ambulatoria esté restringida o amenazada. Uno de ellos es el llamado amparo ante el juez de garantía del artículo 95 del CPP, y el otro es el llamado amparo constitucional del artículo 21 de la CPR. Vamos a revisar estas dos normas, para poder dilucidar cuáles son sus zonas de coincidencia y de exclusión.

Tenemos por un lado el "amparo ante el juez de garantía" del artículo 95, concebido en los siguientes términos:

> Amparo ante el juez de garantía. Toda persona privada de libertad tendrá derecho a ser conducida sin demora ante un juez de garantía, con el objeto de que examine la legalidad de su privación de libertad y, en todo caso, para que examine las condiciones en que se encontrare, constituyéndose, si fuere necesario, en el lugar en que ella estuviere. El juez podrá ordenar la libertad del afectado o adoptar las medidas que fueren procedentes.

> El abogado de la persona privada de libertad, sus parientes o cualquier persona en su nombre podrán siempre ocurrir ante el juez que conociere del caso o aquél del lugar donde aquélla se encontrare, para solicitar que ordene que sea conducida a su presencia y se ejerzan las facultades establecidas en el inciso anterior.
>
> Con todo, si la privación de libertad hubiere sido ordenada por resolución judicial, su legalidad sólo podrá impugnarse por los medios procesales que correspondan ante el tribunal que la hubiere dictado, sin perjuicio de lo establecido en el artículo 21 de la Constitución Política de la República.

Por su parte, el artículo 21 regula el recurso de amparo en los siguientes términos:

> Todo individuo que se hallare arrestado, detenido o preso con infracción de lo dispuesto en la Constitución o en las leyes, podrá ocurrir por sí, o por cualquiera a su nombre, a la magistratura que señale la ley, a fin de que esta ordene se guarden las formalidades legales y adopte de inmediato las providencias que juzgue necesarias para restablecer el imperio del derecho y asegurar la debida protección del afectado.
>
> Esa magistratura podrá ordenar que el individuo sea traído a su presencia y su decreto será precisamente obedecido por todos los encargados de las cárceles o lugares de detención. Instruida de los antecedentes, decretará su libertad inmediata o hará que se reparen los defectos legales o pondrá al individuo a disposición del juez competente, procediendo en todo breve y sumariamente, y corrigiendo por sí esos defectos o dando cuenta a quien corresponda para que los corrija.
>
> El mismo recurso, y en igual forma, podrá ser deducido en favor de toda persona que ilegalmente sufra cualquiera otra privación, perturbación o amenaza en su derecho a la libertad personal y seguridad individual. La respectiva magistratura dictará en tal caso las medidas indicadas en los incisos anteriores que estime conducentes para restablecer el imperio del derecho y asegurar la debida protección del afectado.

3.1 La situación del amparo constitucional bajo la vigencia del Código de Procedimiento Penal de 1906

Nos parece pertinente revisar cuál era la situación del amparo del artículo 21 antes de la entrada en vigencia del actual CPP, o sea, bajo el sistema procesal penal antiguo de corte inquisitivo. Como sabemos, se trataba de un proceso penal de mínimas garantías, de sumario secreto. Lo que era muy crítico era que en el proceso —muchas veces en una etapa temprana— se dictaba el "auto de procesamiento", una resolución más o menos fundada del juez del crimen, que contenía la imputación formal del inculpado, sobre la base de que existían "fundadas sospechas" en su contra. Lo gravitante del auto de procesamiento era que, al igual que en la actual formalización de cargos, permitía que se decretaran medidas cautelares personales contra el imputado.

De los estudios que se hicieron a propósito de la entrada en vigencia de la Reforma Procesal Penal, y luego de que esta empezara a operar, se logró establecer que en la mayoría de los casos la medida cautelar que se efectuó era por defecto la prisión preventiva. Entonces, teníamos una situación que era la "tormenta perfecta" para un amparo, como era la existencia de un sumario secreto para el inculpado, este doble rol de juez investigador y persecutor, y una medida cautelar personal gravemente restrictiva de libertad y decretada en forma automática.

En este escenario el amparo del artículo 21 se convirtió en la herramienta por excelencia para cuestionar los méritos de fondo del auto de procesamiento, mucho más que los recursos procesales ordinarios que procedían en su contra. Esto también era favorecido, porque el amparo estaba regulado también en el antiguo Código de Procedimiento Penal, que exigía que no se hubieren ejercido otros recursos contra el auto de procesamiento.

También se usó profusamente el amparo para controlar la legalidad de las órdenes de detención y de la ampliación de las mismas que decretaban los antiguos jueces del crimen. En el fondo, el amparo del artículo 21 se convirtió en una eficaz "válvula de escape" para solucionar los graves problemas de constitucionalidad que generaba la aplicación práctica de las normas del antiguo CdPP.

Cuando se discutió en el Congreso el articulado del nuevo CPP, uno de los temas álgidos fue justamente la permanencia del amparo del que se había "abusado" durante el antiguo sistema. En algún momento se planteó por algunos parlamentarios, y por parte de la doctrina, que el amparo debía quedar regulado, al igual que la protección, en una ley complementaria, y no en simples autos acordados, lo que nunca se concretó. Hoy se da una situación bastante paradójica porque el amparo del artículo 21 no tiene formalmente una ley o norma inferior clara que regule su tramitación, estimándose que la pura disposición constitucional es insuficiente en ese sentido.

Entre las ideas que se discutieron era la posibilidad expresa de dejar fuera del control del amparo a las resoluciones judiciales, lo que no se justificaría, dado el nuevo escenario de tribunales de garantía empoderados para hacer respetar los derechos de los imputados. También fue debatido expresamente si ambos amparos, el constitucional y el legal, debían coexistir. En general, se estimó que sería un grave error cercenar las facultades conservadoras de los tribunales superiores. Asimismo, se señaló la conveniencia de dejar vigente el amparo del artículo 21, justamente para controlar aquellas situaciones en que la privación o perturbación de la libertad fuera obra de un particular o de agentes del Estado ajenos a tribunal de garantía.

3.2 La discusión parlamentaria y las posiciones doctrinarias a propósito del artículo 95 CPP y su coexistencia con el amparo constitucional

En la discusión parlamentaria, en resumen, se dejó claramente establecida la coexistencia de ambos recursos de amparo, el legal y el constitucional, al agregarse justamente la frase final del artículo 95 del CPP: "sin perjuicio de lo establecido en el artículo 21 de la Constitución Política de la República".

Se ha discutido, entonces, si el amparo legal del artículo 95 queda circunscrito a las arbitrariedades cometidas por la autoridad judicial, y el amparo del artículo 21 de la CPR a aquellas cometidas por otro tipo de autoridades o por particulares. Hay autores como Miguel Ángel Fernández, constitucionalista, que entienden que esto no es así y que el amparo del artículo 21 también permitiría controlar decisiones jurisdiccionales de los tribunales de garantía. Teóricamente, y si se analizan los textos del artículo 95 y del artículo 21, ello es correcto. El problema que se genera en la práctica, como veremos más adelante, es que finalmente el amparo se transforma en una "apelación encubierta" de muchas decisiones que coartan o amenazan con coartar la libertad del imputado.

Guillermo Piedrabuena, exfiscal nacional, concuerda con lo anterior y señaló en su día lo siguiente: "no es posible sostener que el Senado entendió al aprobar el artículo 95 propuesto por la Comisión, que el amparo del artículo 21 de la Constitución estaba circunscrito a las arbitrariedades que pudieran cometer las autoridades no judiciales o los particulares y que no podía deducirse en contra de resoluciones judiciales. La idea de la amplitud del amparo constitucional y de la compatibilidad del amparo especial del artículo 21 de la Constitución fue apoyada por la mayoría de los senadores y por el representante del Poder Ejecutivo, esto es el Ministro de Justicia y en esa inteligencia se aprobó el artículo 95 ya mencionado".

Esta interpretación es coherente con el tenor literal de la frase final del artículo 95: "Con todo, si la privación de libertad hubiere sido ordenada por resolución judicial, su legalidad sólo podrá impugnarse por los medios procesales que correspondan ante el tribunal que la hubiere dictado, sin perjuicio de lo establecido en el artículo 21 de la Constitución Política de la República".

Por lo anterior, es que, si se trata de decisiones del juez de garantía, no puede recurrirse vía artículo 95, sino por la vía de los recursos procesales ordinarios y, además, por el amparo constitucional. En contra de esta postura se ha manifestado el profesor Rodrigo Ríos Álvarez, quien sostiene que el amparo ante el juez de garantía también permitiría revisar aspectos distintos del *examen de legalidad* de la resolución; por ejemplo, las condiciones en que se encuentra el privado de libertad.

Fernández en todo caso dice que "ambos [amparo legal y constitucional] son procedentes en contra de cualquier persona o autoridad, pero el amparo legal sólo para impugnar privaciones de libertad y, en caso, que el recurrido sea un juez, cuestionar la legalidad de su decisión".

Creemos que es razonable, como afirma alguna doctrina, entender que el amparo del artículo 95 solo se refiere a efectivas privaciones de libertad, excluyendo por lo tanto el amparo "preventivo" respecto de meras amenazas de perturbación o restricción de la libertad o seguridad individual. Para esos casos sería procedente solo el amparo constitucional. Esto es concordante con la frase final del artículo 21 de la CPR: "El mismo recurso, y en igual forma, podrá ser deducido en favor de toda persona que ilegalmente sufra cualquiera otra privación, perturbación o amenaza en su derecho a la libertad personal y seguridad individual".

La jurisprudencia ha admitido que el amparo constitucional procede en contra de resoluciones dictadas por todo tipo de jueces: laborales, civiles, de familia, etc. El asunto es especialmente crítico, por ejemplo, en los casos que se ordenan arrestos por no pago de pensiones alimenticias.

De lo dicho en este capítulo, aparece que el alcance del amparo ante el juez de garantía del artículo 95 es bastante restringido, y quedaría circunscrito a las privaciones efectivas de libertad ordenadas y ejecutadas por policías y fiscales. Pero para esta situación, como veremos más adelante, existe otra herramienta procesal *ad hoc*, que es la audiencia de control de detención del artículo 132 del CPP, que deberá practicarse dentro del plazo máximo de veinticuatro horas de ocurrida la privación de libertad. Este amparo del artículo 95 vendría a cubrir las situaciones en que al imputado se le retiene por un lapso mayor al legal. En consecuencia, quedan excluidas de su control las meras amenazas o perturbaciones a la libertad ambulatoria del imputado, lo mismo que si la privación efectiva de libertad fue consecuencia de una resolución del juez de garantía.

Por contrapartida, el recurso de amparo del artículo 21 tendría un alcance mucho mayor, ya que abarca no solo las resoluciones jurisdiccionales dictadas por el juez de garantía, e incluso por tribunales que no tienen competencia penal, sino también las privaciones de libertad decretadas por policías o el ministerio público, o por cualquier otra autoridad.

Las privaciones de libertad ejecutadas por particulares en contra de particulares, en cambio, no quedarían cubiertos por estos remedios procesales, sino que derechamente corresponderían al delito de secuestro, que deben ser denunciados al Ministerio Público.

3.3 Aspectos procedimentales

a) Tribunal competente

La regulación procedimental del amparo constitucional del artículo 21 CPR estaba contenida en el Código de Procedimiento Penal de 1906, que como sabemos, solo sigue vigente para el juzgamiento de los delitos cometidos antes de la entrada en vigencia del CPP del año 2000. Actualmente es materia de debate si dicha regulación procedimental sigue vigente, estimándose mayoritariamente que debe entenderse tácitamente derogada. Por lo mismo, el procedimiento deberá entenderse regido por los artículos 63 y 98 COT, el artículo 165 CPC y el Auto Acordado de la Corte Suprema del año 1932 sobre tramitación y fallo del recurso de amparo.

El artículo 63.2° b) dispone que las Cortes de Apelaciones conocerán en primera instancia del amparo, y el artículo 98.4° por su parte que es la Corte Suprema la que conocerá de las apelaciones deducidas en contra de las sentencias de primera instancia dictadas en los procedimientos de amparo por las Cortes de Apelaciones. El artículo 165 del CPC dispone que no podrá suspenderse la vista de la causa en las acciones de amparo, regla que parece consistente con su carácter de tutela constitucional de emergencia.

Surge la pregunta acerca de si es susceptible de amparo constitucional ante una Corte de Apelaciones una decisión pronunciada por la misma Corte. La jurisprudencia mayoritaria, citada por el profesor Rodrigo Ríos Álvarez, ha resuelto que dichos amparos serían improcedentes, fundado en la norma del artículo 66 COT que consagra la ficción legal de que los pronunciamientos de una sala de la Corte representan a la Corte en su totalidad; posición que ese autor no comparte, al tratarse de una acción autónoma de contenido constitucional, y no de un recurso procesal en contra de una decisión de la misma Corte, y que "el amparo no puede verse limitado por interpretaciones que subordinan una garantía constitucional a una regla de organización y funcionamiento judicial".

Asimismo, se ha planteado qué Corte de Apelaciones en particular es competente para conocer de un amparo constitucional, ya que la regla del artículo 21 de la Constitución Política no lo especifica. Hay autores que han señalado que la respuesta sería aplicar el artículo 110 COT que consagra la regla del grado o jerarquía: "una vez fijada con arreglo a la ley la competencia de un juez inferior para conocer en primera instancia de un determinado asunto, queda igualmente fijada la del tribunal superior que debe conocer del mismo asunto en segunda instancia". Así, si el acto que atenta contra la libertad persona o seguridad individual se comete en el contexto de una investigación controlada por el 7° Juzgado de Garantía de Santiago, sería competente para conocer del amparo la Corte de Apelaciones de Santiago. El profesor Rodrigo Ríos Álvarez ha llamado la atención acerca de que este criterio sería erróneo, porque la regla se refiere a la determinación del tribunal de *segunda instancia*; en cambio el amparo es de competencia de las Cortes de Apelaciones en *primera instancia* en un procedimiento autónomo; postura que parece correcta y compartimos. Por lo mismo, adherimos a la posición que han expuesto los profesores Mosquera y Maturana, en el sentido de que serían competentes las Cortes de Apelaciones del territorio jurisdiccional en que se dictó la orden; donde se cumplió la orden; donde se encontrare el detenido; o donde tenga su domicilio el afectado. Y en caso de que resulte competente más de una Corte al aplicar estos criterios, aplicaría la regla del artículo 112 COT, que dispone que el tribunal que haya prevenido en el conocimiento excluirá a los restantes.

El tribunal competente para conocer del amparo ante el juez de garantía del artículo 95 CPP será siempre el juez de garantía que corresponda al lugar donde la persona esté privada de libertad, como también el juez de garantía que esté conociendo del caso.

Hay autores que han sostenido que si en la causa ya se dictó el auto de apertura de juicio oral, y éste fue remitido al tribunal de juicio oral en lo penal, el tribunal de garantía ya no estará conociendo del caso, y por lo mismo carecerá de competencia para conocer de este amparo del artículo 95. Tampoco tendría competencia el TJOP, según se desprende del propio artículo 95 CPP como de los artículos 14 y 18 COT. El profesor Rodrigo Ríos Álvarez ha cuestionado esta postura, señalando que el juez de garantía siempre conserva su competencia para conocer del amparo del artículo 95, aun cuando el TJOP esté conociendo del fondo del caso. Esta postura parece razonable, si se tiene en cuenta que las funciones de ambos tribunales son bien diversas. Por mandato legal, el juez de garantía se encarga del resguardo de las garantías fundamentales del imputado, mientras que el TJOP es quien debe resolver acerca de su responsabilidad penal en la sentencia definitiva.

b) Efecto de cosa juzgada formal de las decisiones que se pronuncian respecto del amparo

Es importante notar que el amparo —tanto el constitucional como ante el juez de garantía— generan decisiones respecto de situaciones apremiantes, de emergencia. Por lo mismo, no se pronuncian sobre el fondo del asunto debatido en la investigación o en el juicio penal, y asimismo, son decisiones que no resultan vinculantes para el juez de la causa respecto de futuras y eventuales privaciones de libertad en virtud de las medidas cautelares que contempla el proceso penal. En términos procesales, sus decisiones generan solo una cosa juzgada formal. Esto es particularmente evidente respecto de las sentencias que rechazan la acción de amparo, que en caso alguno puede estimarse como inhibitoria de que la defensa vuelva a promoverlo.

Dicho esto, no puede perderse de vista que el amparo constitucional fue entregado a la competencia de las Cortes superiores, y por lo tanto, sus pronunciamientos en la práctica podrían ser "la última palabra" sobre el asunto, mientras se mantengan las circunstancias que lo motivaron. Es decir, el fallo sobre un amparo constitucional constituye un verdadero *argumento de autoridad*, sobre todo si emana de la Corte Suprema. Esto es particularmente evidente respecto de las sentencias que acogen un amparo a favor de la defensa. Por ejemplo, si el máximo tribunal decide acoger el amparo deducido por un imputado privado de libertad en virtud de una prisión preventiva decretada por el juez de garantía, resulta improbable que el mismo juez vuelva a decretar esa medida cautelar en contra del mismo imputado, a menos que exista un cambio relevante de circunstancias.

c) Plazo y formalidades

Ni el amparo constitucional ni ante el juez de garantía disponen de un plazo para intentarse, al tratarse de una acción de derecho público e irrenunciable de contenido constitucional. Sin perjuicio de ello, no puede perderse vista que el ejercicio de otras herramientas procesales en forma previa, tendientes a solucionar la misma situación denunciada en el amparo podría motivar a su rechazo, al estimarse que la situación no resulta apremiante. A falta de norma que lo regule expresamente, se ha estimado por la doctrina y jurisprudencia que el plazo para apelar del amparo es de cinco días corridos, según disponen las normas generales del CPP; apelación que es en el solo efecto devolutivo (por lo tanto, si se acoge en primera instancia, el amparado quedará de inmediato en libertad).

El amparo no tiene mayores formalidades para su ejercicio; es decir, no es necesario que se presente por escrito o patrocinado por abogado habilitado. Sin embargo, en la práctica y como veremos más adelante, la tendencia actual es que sea utilizado como un verdadero sucedáneo de la vía recursiva regular respecto de resoluciones jurisdiccionales, y por lo mismo, es usual que sea por escrito, contenga fundamentos de hecho y de derecho, y patrocinado por el abogado de la causa.

d) Facultades oficiosas del tribunal que conoce del amparo

El amparo es, en rigor, una acción constitucional en contra de una persona, organismo o tribunal que se estima como responsable de un atentado en contra de la libertad personal y/o la seguridad del imputado. Ello, sin perjuicio de que en el proceso el tribunal que conoce de él estime pertinente oír a los restantes intervinientes, en concreto, lo que la fiscalía y el querellante tengan que decir. Es, decir, se transforma en un verdadero debate entre las partes.

Pero el contenido del amparo, como decimos, no es el de una pretensión de la defensa en contra de la pretensión acusatoria, sino en contra de una acción u omisión arbitraria o ilegal imputable, en general, a las policías, Gendarmería de Chile, el Ministerio Público y sobre todo, de los tribunales con competencia penal. Por lo mismo, es un procedimiento en que el tribunal que conoce del amparo goza de facultades oficiosas para requerir información acerca del acto u omisión arbitraria o ilegal, en términos similares a los de una acción de protección del artículo 20. Estas facultades oficiosas corresponden a una notable excepción al principio de pasividad que consagra el artículo 10 COT.

Cuando el amparado es una persona que está privada de libertad en un centro administrado por Gendarmería de Chile, la Corte respectiva solicitará de este último un informe respecto de su situación, y luego resolverá a través de una sentencia. La doctrina ha denunciado que el contenido de estas sentencias corresponde, en la mayoría de los casos, a una reproducción de los antecedentes ventilados por las partes en la respectiva audiencia, sin una real ponderación de antecedentes de prueba. Por lo demás, no contempla este procedimiento la posibilidad expresa de rendir prueba, aunque es frecuente que el amparado produzca documentos o antecedentes que sustenten su denuncia. Alguna doctrina ha propuesto que, tratándose de la infracción de una garantía fundamental tan importante, debiera invertirse la carga de la prueba, como sucede, por ejemplo, en los litigios sobre tutelas de derecho al amparo del Código del Trabajo. Esto significaría que el amparado solo estaría obligado a presentar ciertos indicios de que se ha cometido una vulneración de derechos, debiendo el Estado acreditar que dicha conducta no le es imputable, por haberse perpetuado —por ejemplo— fuera de su esfera de resguardo.

e) ¿Pueden intentarse ambos amparos en forma coetánea respecto del mismo acto que se denuncia ilegal?

A juicio de los profesores Raúl Núñez y Rodrigo Ríos Álvarez, podría intentarse primero el amparo ante el juez de garantía del artículo 95 CPP, y si éste decide mantener la privación de libertad, podría intentarse en segundo término el amparo constitucional del artículo 21 CPR para ante la Corte de Apelaciones respectiva. A la inversa, intentar primero el amparo constitucional del artículo 21 CPR inhibiría de accionar por la vía del amparo ante el juez de garantía si el primero fracasa. A juicio nuestro, no se ve obstáculo legal alguno para que se intenten ambas vías en paralelo, a la espera de la primera que resulte exitosa. La ley nada dice acerca de la posibilidad de accionar de amparo constitucional y de interponer una apelación en contra de una decisión judicial privativa de libertad; por lo mismo, nada impide intentarlas en paralelo, teniendo siempre en cuenta que la Corte respectiva podría paralizar la tramitación del amparo, o derechamente no entrar a su conocimiento por haberse activado la vía procesal ad-hoc (recurso de apelación) previamente.

3.4 El amplio alcance del amparo constitucional en la actualidad

El profesor Rodrigo Ríos Álvarez ha publicado dos muy interesantes y completas investigaciones acerca del amparo constitucional, la primera de ellas el año 2018 y la segunda el año 2025. La evolución que experimentó esta acción constitucional en esos siete años ha sido notable, y hoy puede afirmarse que el amparo es sin duda una herramienta procesal fundamental en el contexto del proceso penal. En la última de estas investigaciones, se expuso cómo es que el amparo ha permitido a las defensas someter al control de las Cortes superiores una serie de aspectos del proceso, como son la diligencia de entrada y registro en lugares cerrados; la ampliación del plazo de detención decretada por el juez de garantía; el apercibimiento del artículo 26 CPP; la ilegalidad de la detención, las órdenes de detención; la prisión preventiva; la sentencia definitiva de condena; la formalización de la investigación; y la reformalización de la investigación, antes y después de la introducción del artículo 229 bis.

Los resultados de estas acciones de amparo han sido disímiles, y no puede hablarse de un criterio jurisprudencial uniforme respecto de todas y cada una de las situaciones mencionadas. A lo largo de este libro se irán haciendo menciones a distintos fallos que han acogido amparos en algunos de estos casos, cuando se traten cada uno de estos temas. Sin perjuicio de ello, como decimos, es una vía procesal sumamente utilizada en la actualidad.

Las razones de este verdadero *boom* del amparo constitucional pueden estar en la velada intención de las Cortes superiores de retomar el protagonismo perdido luego de la entrada en vigencia del CPP del año 2000, que las relegó de la revisión de la legalidad de muchas de las decisiones adoptadas durante el proceso. Así, la Segunda Sala Penal de la Corte Suprema hoy parece ser una de las más ocupadas del máximo tribunal, con una tabla sobrecargada de amparos constitucionales para revisar las más diversas materias.

En resumen:

- El amparo legal del artículo 95 sería procedente solo en contra de privaciones de libertad decretadas o practicadas por autoridades del Ministerio Público o la policía en el contexto de una indagatoria penal; en todo caso, estas situaciones debieran ser revisadas en la audiencia de control de detención del artículo 132 del CPP.
- El amparo constitucional del artículo 21 procedería en contra de todo tipo de privaciones de libertad, incluidas las decretadas por el juez de garantía o por jueces que no tengan competencia penal.
- Adicionalmente, las decisiones del juez de garantía que priven de la libertad al imputado podrán ser recurridas por las vías ordinarias de los recursos procesales (apelación).

4. Autorización judicial de diligencias de investigación o "medidas intrusivas"

La labor investigativa del Ministerio Público, con el auxilio de las policías, requerirá en muchos casos del ejercicio de ciertas técnicas, diligencias o métodos investigativos, que necesariamente van a significar un sacrificio de ciertas garantías fundamentales del imputado. Esto, porque no será posible obtener cierta información sin dicho sacrificio, máxime si se tiene en cuenta que el imputado no tiene deber alguno de colaborar con la investigación seguida en su contra.

Por ejemplo, en algún caso podrá ser imprescindible obtener una muestra de sangre del imputado, para comparar su ADN con el de la sangre encontrada en el sitio del suceso; en este caso, quizás sea necesario forzar a que el imputado proporcione dicha muestra orgánica, aun a riesgo de obligarlo a autoincriminarse. Esto, porque de otra forma no habrá cómo obtener ese cotejo necesario para confirmar o descartar su participación. En otros casos se hará imprescindible acceder a los mensajes intercambiados por correo electrónico por los imputados, para confirmar o descartar la existencia de un delito de amenazas; en este caso puede que sea necesario sacrificar la garantía de la privacidad de las comunicaciones del imputado.

El juez de garantía ejerce un importante control respecto de las diligencias de investigación que priven, perturben o restrinjan el ejercicio de derechos constitucionales al imputado o a terceros (artículo 9 del CPP y artículo 83 inciso 3 de la CPR), las que podrán decretarse —siempre a solicitud del fiscal— por regla general una vez formalizada la investigación.

Según se desprende del artículo 236 del CPP, estas diligencias pueden igualmente decretarse sin previa formalización y sin conocimiento del afectado, cuando se tratare de hechos graves y cuando su reserva fuere gravitante para el éxito de la diligencia misma (por ejemplo, una interceptación telefónica). El inciso segundo del artículo 236 dispone que estas medidas incluso pueden otorgarse por "teléfono o correo electrónico" por el juez, previa solicitud del fiscal, siempre que la celeridad sea indispensable para el éxito de la diligencia.

Contrario sensu, cuando no se trate de hechos graves, cuando la reserva no sea imprescindible para su éxito y no haya apremio alguno que pueda justificarse, estas medidas debieran ser solicitadas por escrito por el fiscal al tribunal y resueltas de la misma forma, salvo que el juez estime conveniente citar a los intervinientes a una audiencia; en cualquier caso, quedando a resguardo los derechos del imputado afectado de oponerse.

Esta regla que acabamos de describir tiene, en todo caso, importantes excepciones que veremos más adelante, a partir de la entrada en vigencia de la Ley 21.577 para la persecución de la delincuencia organizada, que no requerirán de autorización judicial previa.

El juez de garantía deberá efectuar un análisis de ponderación, caso a caso, entre la garantía constitucional afectada y la idoneidad, necesidad y proporcionalidad de la medida solicitada, teniendo en cuenta el objetivo que se persigue, de acuerdo con el conocido test de Alexy.

En este sentido, el artículo 588 bis de la Ley de Enjuiciamiento Criminal española dispone: "Durante la investigación de las causas se podrá acordar alguna de las medidas de investigación reguladas en el presente capítulo siempre que medie autorización judicial dictada con plena sujeción a los principios de especialidad, idoneidad, excepcionalidad, necesidad y proporcionalidad de la medida". En la ley chilena, por contraste, no existe una norma similar que le dé parámetros al juez para otorgar o denegar dichas medidas intrusivas.

La *idoneidad* correspondería a que la medida adoptada sea el medio adecuado para alcanzar un fin legítimo, que resalta la existencia de un vínculo racional entre medio y fin; así, mientras mayor sea la limitación del derecho, y mientras más importante sea este derecho, mayores exigencias se harán de que exista esta adecuación de medio a fin.

La *necesidad* corresponde al principio en virtud del cual no deben admitirse limitaciones de derechos fundamentales si existen otras medidas menos gravosas para esos derechos que permitan alcanzar el mismo fin perseguido. Aquí también entran en juego criterios como los de eficacia y viabilidad de la medida.

Y, por último, el criterio de *proporcionalidad* (también llamado "proporcionalidad en sentido estricto) implica que, aun siendo la medida idónea y necesaria, debiera rechazarse si esta resulta desproporcionadamente gravosa al ponderarse con el beneficio esperado.

El inciso final del artículo 70 del CPP otorgó competencia para decretar las medidas intrusivas no solo al juez de garantía que controla la investigación, sino también al del lugar donde se deban realizar, siempre que se trate de diligencias urgentes.

Más adelante revisaremos en detalle la regulación de las llamadas medidas intrusivas, como son la incautación, entrada y registro e interceptación de comunicaciones escritas y telefónicas, las que en la mayoría de los casos exigen de una resolución judicial que las autorice.

5. Recurso de nulidad

El recurso de nulidad lo trataremos en detalle más adelante junto con los restantes recursos procesales. En lo que se refiere a la protección de las garantías constitucionales del imputado y su defensa, nos avocaremos a revisar someramente los motivos absolutos de nulidad del artículo 374 del CPP, y la causal del artículo 373 a) del CPP.

El recurso de nulidad corresponde al único medio de impugnación contemplado originalmente por el legislador del CPP respecto de las sentencias definitivas dictadas en un procedimiento ordinario y simplificado (una reforma de 2012 introdujo también la posibilidad de apelar, pero solo respecto de la forma de cumplimiento de la condena). Como dijimos más arriba, la decisión que se adoptó fue suprimir la apelación como recurso procesal por excelencia respecto del fallo definitivo, con miras a acelerar los procesos, por un lado; y, por otro, considerando que no existiría una segunda instancia propiamente tal en que se revisarían hechos y derecho, ante la imposibilidad de recrear o repetir el juicio oral frente a jueces distintos del que los que conocieron del caso en forma inmediata y directa.

El recurso de nulidad del CPP tiene una fisonomía muy similar, sino idéntica en muchos aspectos, a la casación civil de nuestro CPC, y a la casación en general que existe en muchos sistemas comparados. Las casaciones, y así también este recurso de nulidad, admite que se invoquen dos clases de causales: las que se fundan en errores *in procedendo* y las que se fundan en errores *in iudicando*.

Los primeros se refieren, como su nombre lo dice, a vicios que se generan en el proceso, o bien, a problemas procesales de la sentencia misma. Los segundos —errores *in iudicando*— se refieren a la errónea aplicación de la ley de fondo que influye en lo dispositivo del fallo. Los errores *in iudicando* (en la nomenclatura del CPC: la casación en el fondo) le son indiferentes a la ciencia procesal, ya que tiene que ver con cómo el tribunal está aplicando la ley de fondo a los hechos del caso.

Los errores *in procedendo* son justamente los motivos absolutos de nulidad (artículo 374 del CPP y la causal del artículo 373 a). Estas causales de nulidad vienen a coronar este sistema "reforzado" de nulidades procesales, permitiendo a los intervinientes alegar, contra la sentencia definitiva, las infracciones a garantías fundamentales que se hayan cometido en el proceso, hayan sido alegadas previamente o no durante la investigación o en el juicio oral (artículo 377 del CPP).

La causal del artículo 373 a) hace procedente el recurso de nulidad en contra de la sentencia definitiva "cuando, en cualquier etapa del procedimiento o en el pronunciamiento de la sentencia, se hubieren infringido sustancialmente derechos o garantías aseguradas por la Constitución o por los tratados internacionales ratificados por Chile que se encuentren vigentes".

Por su parte, el artículo 374 dispone una serie de motivos absolutos de nulidad que corresponden a ciertos aspectos mínimos del debido proceso, constitucionalmente garantizado en el artículo 19.3 de la CPR. Decimos aspectos mínimos, porque durante el juicio oral o en la sentencia pueden cometerse otras infracciones procedimentales; pero las que señalan estas normas son especialmente graves, como, por ejemplo, la incompetencia del tribunal o un juicio oral celebrado en forma secreta, sin publicidad. Es importante saber que la sola existencia de estas causales en la ley procesal es, justamente, una advertencia muy efectiva para que jueces e intervinientes respeten estas disposiciones procedimentales, a riesgo de que el juicio oral y la sentencia sean nulos y deban repetirse.

Como decíamos más arriba, la nulidad procesal, que veremos en detalle más adelante, y el recurso de nulidad conforman un "sistema reforzado de nulidades", como se desprende del inciso final del artículo 165 de la CPP: "la solicitud de nulidad [procesal] constituirá preparación suficiente del recurso de nulidad [contra la sentencia definitiva] para el caso que el tribunal no resolviere la cuestión de conformidad a lo solicitado". Esta norma debe ser leída en concordancia con la del artículo 377 del CPP, que justamente exige la preparación del recurso, o sea, haber alegado previamente del vicio procedimental, y no "guardarse" el problema para alegarlo recién como causal de nulidad de la sentencia. Pero esta última norma no exige esta preparación si se trata de las causales absolutas de nulidad del artículo 374 del CPP, como también si el vicio se produjo en la sentencia misma o se conoció después del fallo, o no había recurso alguno contra la sentencia en que se infringió la ley procesal.

6. Nulidad procesal

Una de las herramientas procesales que permiten resguardar la garantía del debido proceso del artículo 19.3 (derecho a un "procedimiento y una investigación racionales y justos") es la nulidad procesal. Esta se encuentra regulada en los artículos 159 a 165 del CPP, y recoge fundamentalmente los mismos principios y lógicas de la nulidad procesal civil del artículo 83 del CPC; esto es, que la nulidad solo puede solicitarse respecto de "actuaciones o diligencias judiciales" en que no se haya cumplido con alguna formalidad legal y que hayan ocasionado un perjuicio procesal al interviniente que la alega (y que no haya causado el vicio, claro está).

Se entiende como perjuicio procesal "cuando la inobservancia de las formas procesales atenta contra las posibilidades de actuación de cualquiera de los intervinientes en el procedimiento" (artículo 159 del CPP). A nuestro entender, lo que esta norma consagra es finalmente una sanción procesal respecto de aquellas decisiones del juez que impidan el cumplimiento de una determinada carga procesal.

La nulidad procesal puede ser invocada por cualquiera de los intervinientes, no solo por la defensa. En nuestra opinión, y creo que no hay discusión sobre esto, todos los intervinientes son titulares de la garantía del debido proceso.

La nulidad procesal tiene su origen y fundamento en los posibles errores o ilegalidades que los jueces cometen durante la sustanciación del proceso, es decir, en la existencia de procedimientos defectuosos o ilegalmente tramitados. La ley da la posibilidad de que estos errores se corrijan, pero siempre que se trate de errores trascendentes, esto es, que causen un perjuicio a quien lo alega, en el sentido de haberse visto impedido de poder satisfacer una determinada carga procesal.

Para entender bien esto que se acaba de decir, es necesario detenerse en los conceptos de carga procesal y de errores procedimentales.

6.1 Cargas procesales

En la ciencia procesal se ha acuñado este concepto de *cargas procesales* para denominar aquellos actos procesales que los litigantes pueden efectuar en el proceso en beneficio de sus intereses, no existiendo, en rigor, una obligación de hacerlo. Así, la posibilidad que tiene el querellante de adherir a la acusación fiscal es una carga procesal. O, en una audiencia de sobreseimiento definitivo solicitada por la defensa, la fiscalía tendrá la carga procesal de contraargumentar lo dicho por la defensa. El incumplimiento de estas cargas no acarrea mayor sanción para el litigante que un perjuicio para su caso, ya que el juez no puede obligarle a satisfacerla.

Esto, en todo caso, en el proceso penal, a nivel comparado al menos, no es tan claro tratándose de la defensa: una defensa extremadamente negligente que incumpla ciertas cargas procesales mínimas podría acarrear la nulidad del juicio. En Chile no existe esa sanción, pero sí el llamado "abandono de la defensa", que veremos más adelante.

6.2 Errores procedimentales y principio de trascendencia

Estos errores pueden ser de todo tipo. Un error muy común es una notificación mal practicada, que impida a algún interviniente enterarse de que se había fijado una determinada fecha de audiencia. O, imaginemos que el tribunal incumple los plazos legales para fijar la audiencia preparatoria de juicio oral, que debe celebrarse entre veinticinco y treinta y cinco días después de presentada la acusación (artículo 260 del CPP). Si el tribunal la fija en un plazo de cuarenta días, incumplirá la norma legal; pero si todos los intervinientes comparecen a la audiencia, y pueden ejercer sus respectivas cargas procesales, será un *error intrascendente* que no ha ocasionado *perjuicio procesal* alguno.

El profesor Gonzalo Hoyl ha dicho que la falta de fundamentación de una orden judicial de detención (artículo 36 del CPP) sería causal de nulidad de dicha actuación judicial. El profesor Mauricio Rettig ha dicho que una orden de detención en que no concurren los requisitos materiales (fundadas sospechas), sería también nula.

Un asunto que ha traído no pocos problemas en el derecho procesal es la inexistencia de un catálogo cerrado de errores procesales que gatillen la nulidad.

La regulación del CPP es ciertamente superior a la del CPC. Esta última hacía referencia a "los casos que la ley expresamente lo disponga", en circunstancias que el CPC nunca ha tenido —ni tiene hoy— en un catálogo cerrado de causales de nulidad procesal. El CPP se aparta de ese tipo de enunciados y, en cambio, recurre en forma explícita al concepto de "perjuicio procesal" y también al de "perjuicio constitucional". Sin perjuicio de ello, hay casos en que el CPP sí sanciona expresamente con nulidad ciertas infracciones procesales, como en los artículos 35 y 226 k inciso tercero, o en el caso del artículo 30 inciso primero, al omitirse la notificación por el estado diario de las resoluciones dictadas en audiencia.

6.3 Son anulables las decisiones jurisdiccionales, no así las administrativas

En general, se estima que las actuaciones del Ministerio Público y las de las policías no son anulables, ya que no son actos jurisdiccionales, y por lo mismo, sus vías de impugnación son propiamente administrativas. Sin embargo, una reciente reforma legal en 2023 estableció la nulidad procesal que puede ser declarada por el juez respecto de las actuaciones de las policías cuando se han extralimitado en el uso de técnicas especiales (artículo 226 k inciso tercero del CPP).

Sobre esto último, hay autores como Rodrigo Cerda San Martín y el profesor Manuel Rodríguez Vega que han abogado por una facultad anulatoria "amplia", es decir, que abarque no solo resoluciones jurisdiccionales, sino también las actuaciones del Ministerio Público. Esta ha sido la postura que ha sostenido la Corte Suprema en algunas sentencias en que ha declarado ilegales ciertas diligencias de investigación, asimilando el efecto de dicha declaración de ilegalidad al de la nulidad procesal (rol 14781-2015). En esto, creemos que es recomendable no confundir conceptos ni instituciones: la nulidad procesal ha sido siempre un remedio que se predica única y exclusivamente respecto de resoluciones jurisdiccionales dictadas durante el curso del procedimiento. Si en el proceso penal el Ministerio Público o las policías actúan con infracción de la ley procesal o de las leyes que los regulan en particular, esas actuaciones no serán nulas en el sentido procesal del término, sino que eventualmente darán origen a *nulidades* y *sanciones administrativas o disciplinarias*.

Ahora, si dichas actuaciones conculcan las garantías fundamentales del imputado en el proceso penal, la solución será solicitar al juez de garantía que adopte medidas para restablecer el imperio del derecho, por la vía de la cautela de garantías del artículo 10 del CPP que recién vimos. Eventualmente, el juez de garantía podrá ordenar al fiscal o a la policía inutilizar evidencia obtenida con infracción de garantías fundamentales, o bien, poner término a una situación de apremio o coacción, por ejemplo, que afecta al imputado.

6.4 Presunción de perjuicio procesal cuando se afecte el ejercicio de garantías fundamentales

Como decíamos más arriba, la nulidad procesal exige un perjuicio, que, en este caso, el artículo 159 del CPP lo define como cualquier decisión del juez que "atente contra las posibilidades de actuación" de algún interviniente.

Por su parte, el artículo 160 del CPP presume el perjuicio de "si la infracción hubiere impedido el pleno ejercicio de las garantías y los derechos reconocidos en la Constitución, o en las demás leyes de la República".

Esta presunción del artículo 160 ha suscitado algunas dudas en la doctrina respecto de su sentido y alcance; en concreto, si es que no se trata de una mera redundancia respecto de la causal del artículo 159 (infracción de ley que "atente contra las posibilidades de actuación" en el proceso), en el sentido que esto último siempre significará una afectación a la garantía del debido proceso (artículo 19 número 3 de la CPR). Según el profesor Julián López ambas normas regularían cosas distintas: la del artículo 159 se referiría, en su opinión, a los casos en que la infracción a la ley procedimental tenga alguna influencia en la dictación de la sentencia definitiva, en el sentido de obtener una sentencia favorable a sus pretensiones.

Estamos de acuerdo con el profesor López en que no se trata de una redundancia. Nuestra interpretación es que el artículo 159 establece una nulidad "clásica" fundada en la infracción de las reglas procedimentales que impidan el ejercicio de cargas procesales. Y el artículo 160 lo que hace es crear una nulidad procesal "reforzada", en que presume el perjuicio —esto es, la imposibilidad de ejercer una carga procesal— allí donde el juez vea muy claro que las garantías fundamentales han sido conculcadas en el proceso.

Es interesante notar que, respecto del perjuicio procesal, la regla del artículo 159 dispone que la infracción legal debió "atentar contra las posibilidades de actuación"; en cambio, cuando se trata de infracción de garantías fundamentales se habla de que la infracción procedimental debió "impedir el ejercicio pleno" de dicha garantía. Ciertamente se exige un estándar más alto en este último caso. Esto tiene relevancia a la hora de apreciar si en los hechos la actuación del tribunal es anulable. Es frecuente que los intervinientes aleguen que determinadas actuaciones le han causado "indefensión", lo que evoca a un estándar sumamente alto que la norma no exige.

6.5 Plazo y preclusión

El plazo para alegar la nulidad procesal es de cinco días desde que el interviniente afectado tomó conocimiento del vicio; salvo que el vicio se haya producido en una audiencia (en la que el interviniente estuvo presente, se entiende), en cuyo caso la nulidad debe promoverse en la misma audiencia.

Además de este plazo, existen varias hipótesis de preclusión de la alegación de la nulidad procesal, que veremos a continuación.

La regla del artículo 161 del CPP se encarga de aclarar que no podrá alegarse la nulidad procesal de "actuaciones verificadas durante la etapa de investigación" después de la audiencia preparatoria de juicio oral. Esta regla presenta algunos problemas, a nuestro juicio, ya que no queda claro si para todos los casos podría alegarse la nulidad procesal hasta la audiencia preparatoria, o solo respecto de resoluciones dictadas sin el conocimiento del interviniente afectado durante la indagatoria. Parece ser que la norma se refiere a esto último, en especial, pensando en medidas intrusivas que hayan afectado garantías fundamentales del imputado. Es decir, un criterio restrictivo, que parece razonable.

La nulidad procesal también puede declararse de oficio por el tribunal en el caso que se hayan infringido garantías fundamentales (artículo 163 del CPP), y también puede quedar saneada (artículo 164 del CPP) cuando precluye el plazo para hacerla valer por el perjudicado y cuando "acepta los efectos del acto", o si "el acto cumpliere su finalidad respecto de todos los interesados"; en este último caso, excluyendo la infracción de garantías fundamentales. Nuevamente, manifestaciones del principio de trascendencia. En virtud del artículo 163, el juez puede poner la nulidad en conocimiento de la parte perjudicada con el acto defectuoso, para que ejerza sus derechos.

6.6 Efectos de la nulidad procesal y principio de conservación de los actos procesales

Los efectos de la nulidad procesal son los de dejar sin efecto, naturalmente, los actos o resoluciones judiciales en cuya dictación se infringió la ley y causó perjuicio procesal; como también "de los actos [procesales] que de él emanaren o dependieren", donde el tribunal debe determinar precisamente cuáles son los actos que se anulan, siendo la "nulidad total del proceso" un remedio completamente excepcional, y se podría decir que indeseado, por la misma norma. Es decir, prima el principio de "conservación de los actos procesales".

El artículo 165 del CPP se encarga de precisar que "si durante la audiencia de preparación del juicio oral se declarare la nulidad de actuaciones judiciales realizadas durante la etapa de investigación, el tribunal no podrá ordenar la reapertura de esta. Asimismo, las nulidades declaradas durante el desarrollo de la audiencia del juicio oral no retrotraerán el procedimiento a la etapa de investigación o a la audiencia de preparación del juicio oral". Esta regla pretende "blindar" la continuidad del juicio oral y prevenir interrupciones o suspensiones.

Asimismo, el inciso final del artículo 165 dispone que la solicitud de la nulidad procesal constituirá preparación suficiente del recurso de nulidad contra la sentencia definitiva, para el caso que la nulidad procesal alegada no prosperare. Esto es lo que más arriba denominamos el "sistema reforzado de nulidades". Por lo tanto, el litigante afectado podrá revivir su alegación que motivó la nulidad procesal, al promover el recurso de nulidad contra la sentencia definitiva o el juicio oral.

Capítulo IV

Intervinientes y sujetos procesales en el ámbito penal

INTERVINIENTES Y SUJETOS PROCESALES EN EL ÁMBITO PENAL

1. Aspectos generales

En materia penal no se habla propiamente de "partes" sino de "intervinientes" (artículo 12 del CPP). Esto, por la razón que se pasará a explicar.

El proceso penal actualmente vigente en Chile se estructura sobre la base de dos etapas o sedes perfectamente diferenciadas: i) la investigación de los hechos constitutivos de delito llevada a cabo por el Ministerio Público con el auxilio de las policías, y ii) el control de dicha investigación por el tribunal de garantía, la aprobación de eventuales salidas anticipadas y alternativas por el tribunal, y la preparación de juicio y el juicio mismo ante el tribunal de juicio oral en lo penal.

Es decir, el proceso penal, a diferencia del proceso civil, transcurre en dos sedes paralelas: administrativa, a cargo del Ministerio Público y las policías; y jurisdiccional, a cargo de los tribunales con competencia penal.

Por lo mismo, no puede hablarse propiamente de "partes" en un proceso donde estén en disputa. Evidentemente que, si el caso es llevado a juicio por el Ministerio Público, ante el tribunal se enfrentarán las partes procesales (fiscal, querellante e imputado, y su defensa), pero en la mayoría de los casos esa dinámica de contienda no necesariamente se da.

En rigor, es más propio hablar de una investigación y un posible juicio subsecuente en que intervienen distintos actores o "sujetos procesales".

A los intervinientes en el CPP también se les denomina "sujetos procesales", y están regulados en el título IV del libro primero sobre disposiciones generales. Pero no todos los sujetos procesales son intervinientes. Los intervinientes, según el artículo 12 del CPP, son el ministerio público, el imputado, la defensa, la víctima y el querellante. Sujetos procesales son los mismos ya mencionados, a los que se agregan el tribunal y la policía.

El profesor Andrés Cruz Carrasco ha dicho que los sujetos procesales son quienes "sin tener necesariamente un interés directo en el resultado de la acción penal, intervienen en la investigación y en el procedimiento para promover el establecimiento de los hechos y determinar la sanción que sea aplicable, o desvirtuar los mismos". Por su parte, los intervinientes son "todo aquel que tiene interés en el ejercicio de la acción penal y en su resultado, sea sosteniéndola para configurar un delito y las responsabilidades penales de existir las mismas, sea para defenderse de aquella".

Por lo tanto, la diferencia entre un simple interviniente en el proceso y una parte en el juicio sería su interés directo en el resultado del proceso.

En este apartado revisaremos algunos aspectos básicos de los intervinientes del proceso penal. También revisaremos algunos aspectos básicos de los tribunales con competencia penal, aunque este tema se aborde con profundidad en los cursos de derecho procesal orgánico o también llamado "derecho jurisdiccional".

2. Ministerio Público

En este apartado revisaremos algunos aspectos del Ministerio Público, al que también se le denomina "fiscalía", en que cumplen funciones los fiscales del Ministerio Público, o simplemente los fiscales. En algunos países, como en España, se le llama "Ministerio Fiscal". En Chile existe otro Ministerio Público que corresponde a los fiscales de las cortes superiores de justicia (Cortes de Apelaciones y Corte Suprema), cuyas funciones no tienen nada que ver con las del Ministerio Público y que están detalladas en los artículos 350 y siguientes del COT.

2.1 Aspectos orgánicos del Ministerio Público

El Ministerio Público es un órgano de rango constitucional, que también está reglado en el CPP y en su propia ley orgánica 19.640 del año 1999. Se trata de un organismo sin personalidad jurídica (es representado por el Consejo de Defensa del Etado) ni patrimonio propio.

La función del Ministerio Público es "dirigir en forma exclusiva la investigación de los hechos constitutivos de delito, los que determinaren la participación punible y los que acrediten la inocencia del imputado, mediante el ejercicio de la acción penal pública cuando corresponda" (título VII de la CPR, artículos 83 y siguientes).

La función de los fiscales se puede sintetizar en la de investigar y acusar. Por mandato constitucional los fiscales no pueden ejercer funciones jurisdiccionales (artículo 83 inciso 1 de la CPR), las que son ejercidas en forma exclusiva y excluyente por los tribunales con competencia penal.

Señala la CPR que se trata de un organismo autónomo, es decir, no depende de ninguno de los otros poderes del Estado; y jerarquizado, o sea, con una estructura piramidal en cuya cabeza está el fiscal nacional, que funciona en Santiago (artículo 85), de quien dependen los fiscales regionales (cuatro en la región Metropolitana y uno por cada una de las otras regiones; artículo 86), y de ellos dependen los fiscales adjuntos (artículo 88). Cada uno de los funcionarios de la base de la "pirámide organizativa" debe obediencia a los superiores inmediatos, y estos a sus respectivos superiores, hasta llegar a la cúspide de la organización.

A diferencia del Poder Judicial y del Poder Legislativo, el Ministerio Público es unitario, en el sentido que cada fiscal representa al Ministerio en las actuaciones procesales que realice con sujeción a la ley (artículo 1 de la LOCMP).

La misma norma constitucional autoriza a los fiscales a impartir órdenes directas a las fuerzas de orden y seguridad en las investigaciones que instruyan; pero si estas afectan las garantías constitucionales de alguna persona, es necesario una autorización previa del tribunal de garantía (las llamadas "medidas intrusivas"), según disponen los artículos 83 de la CPR, 9 del CPP y 4 de la LOCMP.

El Ministerio Público cuenta con la División de Atención a las Víctimas y Testigos (dependiente de la Fiscalía Nacional) y con la Unidad de Atención de Víctimas y Testigos (dependiente de la Fiscalía Regional). El fiscal nacional está, además, facultado para dictar instrucciones particulares que tengan por objeto la protección de la víctima (Oficio 60-2014). Lamentablemente, en la práctica, estas unidades no han dado abasto en atender todos los casos, por lo que han debido concentrarse en los casos de delitos violentos.

En este sentido, en 2015 entró en vigencia la Ley 20.861 que modernizó e innovó en algunos aspectos de la organización del Ministerio Público, entre otros, que se autorizó a que actúe formalmente a través de sus abogados asistentes —no solo a través de los fiscales adjuntos—, lo que ha hecho necesaria una delegación expresa para las audiencias orales. Asimismo, se creó el sistema de análisis criminal y focos investigativos, cambiando el paradigma investigativo desde los "casos aislados" al estudio de casos relacionados y patrones comunes que permitan investigaciones más eficientes y exitosas. También estableció la obligación de que se publique en el mes de abril un plan institucional anual.

Puede decirse que el funcionamiento de la Fiscalía obedece a un modelo actuarial-gerencial. Esta característica "actuarial" se manifiesta, por ejemplo, en el nuevo artículo 37 de la Ley Orgánica del Ministerio Público, que crea unidades de análisis delictual, integrando grandes volúmenes de información con el objeto de detectar patrones de criminalidad y modelos de gestión eficientes para su control. Por su parte, este modelo "gerencial" se manifiesta en el establecimiento de metas de gestión de las fiscalías, asociadas a la entrega de estímulos monetarios a los fiscales y asistentes, por ejemplo, por cierres de causas y obtención de condenas.

Es también función del Ministerio Público el promover durante el procedimiento acuerdos patrimoniales, medidas cautelares y otros mecanismos que faciliten la reparación del daño causado a la víctima. La protección a la víctima como función del Ministerio Público está regulada en algunos instructivos (Instructivo General número 11 sobre atención y protección de víctimas y testigos, Oficio 143/2000 y Oficio FN 792/2014 obre violencia intrafamiliar). Sobre esto, hay que tener en cuenta que algunas medidas de protección de víctimas y testigos las puede implementar autónomamente el Ministerio Público, como son proporcionar un teléfono a la víctima para comunicarse con la policía, o el ordenar rondas periódicas a la policía en el domicilio de la víctima; otras requerirán de la autorización del juez de garantía, cuando restrinjan los derechos del imputado, como sería la prohibición de acercarse a la víctima o de abandonar el hogar común en casos de violencia de género.

El artículo 4 de la Ley 21.057 sobre entrevistas videograbadas facultó a los fiscales del Ministerio Público a solicitar al juez de garantía medidas de protección a favor de niños, niñas y adolescentes que hubieren denunciado un delito del que fueran víctima, dentro del plazo de 24 horas; sin perjuicio de informar al Tribunal de Familia adicionalmente.

Adicionalmente a estos principios, la Ley 19.640 del Ministerio Público dispone en su artículo 2 que deberán destinarse fiscales especializados para la investigación y persecución de los delitos cometidos por adolescentes, en cumplimiento de lo ordenado por el artículo 29 de la Ley 20.084. Asimismo, el artículo 26 bis de la misma ley dispone que la Fiscalía deberá contar con una unidad especializada de responsabilidad penal adolescente.

La Ley 21.694 de 2024 incorporó un nuevo artículo 78 ter al CPP, titulado "medidas especiales de protección de fiscales", que se pone en la hipótesis de que durante la indagatoria "surgiere algún antecedente grave de amenaza, agresión u otra potencial afectación a la integridad personal de los fiscales o de sus familias", o también "tratándose de la investigación de delitos cometidos por asociaciones delictivas criminales". En ambos casos, es el fiscal regional —y no el Tribunal de Garantía— quien autónomamente puede decretar una o más de las medidas de protección detalladas en esta norma, como son: i) la participación del fiscal o abogado asistente en las audiencias por vía remota mediante videoconferencia; y ii) la reserva de identidad del fiscal o abogado asistente de fiscal en las audiencias y en los registros y documentos del caso, que sean conocidos de los restantes intervinientes. Con la entrada en vigencia de la Ley 21.732 del año 2025 sobre delitos terroristas, estas medidas de protección aplican también a los fiscales que investiguen hechos de esa naturaleza.

En todo caso, estas medidas de protección deben ser comunicadas por el fiscal regional al tribunal respectivo, con al menos cuarenta y ocho horas de anticipación, o de ocho horas si se trata de la primera audiencia judicial del detenido. La misma norma dispone que el abogado defensor podrá siempre conocer la identidad del fiscal, pero deberá mantenerla en reserva, haciendo expresamente aplicables las penas del delito de relación de secretos de los artículos 246, 246 bis o 247 del Código Penal, según corresponda.

En nuestra opinión, y así lo reconoce buena parte de la doctrina, el Ministerio Público no es titular de garantías fundamentales dentro de la investigación y del procedimiento, con la sola excepción del derecho a un justo y racional procedimiento. Las restantes garantías fundamentales que puedan verse afectadas en el proceso resguardan los derechos del imputado en contraposición al Estado investigador, acusador y juzgador. En este entendido, el Ministerio Público es quien está llamado a dar cumplimiento al ejercicio de estas garantías, cuyo único y exclusivo titular es el imputado.

Sin perjuicio de ello, como decimos, el Ministerio Público como interviniente y parte en el proceso sí es titular de una determinada pretensión de acusación y de condena, y de derechos e intereses procesales, que no es lo mismo que se le considere titular de derechos fundamentales. El asunto, en todo caso, no es claro en la jurisprudencia, y así pueden encontrarse sentencias en contra de esta postura (Sentencia Corte Suprema 4805-2009) y a favor de ella (Sentencia Corte Suprema 4011-2005).

2.2 Fiscal nacional

A la cabeza del Ministerio Público se encuentra el fiscal nacional, quien tiene su superintendencia directiva, correccional y económica (artículo 91 de la CPR), y dura ocho años en el cargo (originalmente duraba diez años), además de ser designado por el presidente de la República, con acuerdo de los dos tercios del Senado de entre una quina que le propone la Corte Suprema.

Hasta el momento han existido cuatro fiscales nacionales: Guillermo Piedrabuena, Sabás Chahuán, Jorge Abbott y el recién designado para el periodo 2023-2031, Ángel Valencia. Expira en el cargo aquel fiscal nacional que cumpla setenta y cinco años.

El fiscal nacional es subrogado por el fiscal regional que el primero designe; y en su defecto, por el fiscal regional más antiguo, si no ha habido designación.

La Fiscalía Nacional cuenta con una serie de unidades administrativas, como la división de estudios, la de evaluación, control y desarrollo de la gestión, de recursos humanos, entre otras. Cuenta también con un órgano asesor denominado Consejo General, presidido por el fiscal nacional e integrado por los fiscales regionales; se trata de un órgano que no adopta decisiones, sino que solamente formula opiniones y presta asesoría sobre ciertas materias.

No puede el fiscal nacional impartir instrucciones particulares a los fiscales regionales o adjuntos respecto de las investigaciones a su cargo (artículo 17 a) de la LOCMP). En la discusión legislativa no queda claro cuál fue el motivo de esta prohibición, pero no es difícil entender que se trata de resguardar cierto ámbito de independencia de los fiscales adjuntos y regionales respecto del superior máximo del Ministerio Público, quien detenta, finalmente, un cargo político.

El fiscal nacional puede asumir personalmente una indagatoria cuando la investidura de los imputados o las víctimas lo haga necesario para garantizar una investigación independiente y autónoma (artículo 18 de la LOCMP). Esto sucedió, por ejemplo, en 2015, cuando el fiscal nacional asumió personalmente los casos sobre el llamado "financiamiento irregular de la política".

2.3 Fiscales regionales

Los fiscales regionales son nombrados por el fiscal nacional de entre una terna propuesta por la Corte de Apelaciones respectiva. Los fiscales adjuntos los nombra también el fiscal nacional de entre una terna que elabora cada fiscal regional para su región (artículos 85, 86 y 88 de la CPR). También cesan en el cargo al cumplir los setenta y cinco años.

Existe un fiscal regional por cada una de las regiones del país, con la excepción de la región Metropolitana, en que existe cuatro fiscales regionales.

Las Fiscalías Regionales cuentan con una serie de unidades administrativas, entre ellas, la Unidad Jurídica, con la cual los fiscales adjuntos consultan las decisiones más importantes a adoptar en las indagatorias que llevan.

Los fiscales regionales pueden impartir instrucciones a sus fiscales adjuntos respecto de una investigación particular, quienes pueden en todo caso cuestionarlas si son manifiestamente arbitrarias (artículo 44 de la LOCMP), y pueden remover a un fiscal adjunto o reasignarlo a una investigación determinada o asumirla él mismo.

El fiscal nacional y los fiscales regionales solo pueden ser removidos por la Corte Suprema a requerimiento del presidente de la República, de la Cámara de Diputados o de diez de sus miembros, por incapacidad, mal comportamiento o negligencia manifiesta en el ejercicio de sus funciones (artículo 89 de la CPR).

2.4 Fiscales adjuntos

Las investigaciones penales las llevan adelante los fiscales adjuntos con el auxilio de las policías (Carabineros de Chile y, especialmente, la Policía de Investigaciones de Chile), pudiendo impartirle órdenes directas (artículo 83 inciso 2 de la CPR). Excepcionalmente los fiscales regionales toman a su cargo algunas investigaciones de importancia, por instrucción del fiscal nacional (artículo 19 de la LOCMP).

Los fiscales adjuntos dependen jerárquicamente de los fiscales regionales, y estos últimos, lo mismo que el fiscal nacional, imparten instructivos generales acerca de la forma de llevar adelante las investigaciones, los criterios para ofrecer o pactar las llamadas salidas alternativas, entre otros aspectos.

Los fiscales adjuntos son designados por el fiscal nacional a través de un concurso público en que se efectúa un examen escrito y oral a los postulantes, y una evaluación de antecedentes académicos y laborales (artículo 41 de la LOCMP). Expiran en su cargo por haber cumplido los setenta y cinco años, muerte, renuncia, salud incompatible con el cargo, evaluación deficiente del desempeño funcionario, incapacidad o incompatibilidad sobreviniente (artículo 43).

En sus funciones están sometidos a un control disciplinario por parte de sus jefaturas, en que podrían aplicársele sanciones tan graves como la suspensión de funciones hasta por doce meses (artículo 49). Los delitos cometidos por los fiscales en el ejercicio de sus funciones serán conocidos a través de un procedimiento especial denominado querella de capítulos (artículos 424 y siguientes CPP), que es de competencia de la Corte de Apelaciones respectiva, algo que veremos más adelante.

Los intervinientes (querellante y defensa) pueden solicitar la inhabilitación de un fiscal adjunto asignado a una investigación; sin perjuicio de la obligación del fiscal de inhabilitarse de oficio dentro de las cuarenta y ocho horas siguientes de tomar conocimiento del hecho que lo inhabilita y que configura la causal, la que es resuelta por el superior jerárquico, en este caso, por el fiscal regional.

También están afectos a las mismas incapacidades, incompatibilidades y prohibiciones que afectan a los jueces. Las prohibiciones son las del artículo 256 del COT: pródigos interdictos, acusados y condenados por crimen o simple delito, entre otras hipótesis. Esta norma sufrió una modificación importante en 2016, eliminando algunas causales polémicas como la ceguera, sordera y mudez.

Las incompatibilidades se refieren a que no puede ser fiscal la persona cuyo cónyuge o parientes por consanguinidad o afinidad recta o colateral hasta el cuarto grado haya sido fiscal previamente. Además, es incompatible el cargo de fiscal con el de cualquier otra función pública (artículos 61 y 62 de la LOC del Ministerio Público). Finalmente, dispone el artículo 63 de dicha ley que los fiscales tienen prohibido emitir opiniones y dar a conocer antecedentes de investigaciones a su cargo a terceros ajenos a la indagatoria, fuera de los casos autorizados por ley o en que haya una instrucción en contrario de la Fiscalía Nacional. Lamentablemente este deber de abstención no siempre se cumple, y han existido algunos casos de fiscales que "litigan por la prensa".

Las relaciones entre los fiscales y demás funcionarios con el Ministerio Público está regulada en el artículo 66 de su ley orgánica y ha sido calificada como *sui generis*, al quedar regida por la ley y supletoriamente por el Estatuto Administrativo y el Código del Trabajo.

La distribución de casos en una fiscalía la efectúa el fiscal jefe entre los fiscales adjuntos, según las instrucciones impartidas por el fiscal nacional, sobre la base de criterios objetivos, como la carga de trabajo, especialización y experiencia (artículo 40 de la LOCMP). Se pretende evitar así una asignación amañada de causas a un determinado fiscal, y los riesgos de corrupción que ello implica.

Los fiscales adjuntos pueden rechazar las instrucciones que le da el respectivo fiscal regional, en la medida que se trate de instrucciones arbitrarias o que atenten contra le ley o la ética profesional. Si la objeción es rechazada, el fiscal regional asumirá plena responsabilidad por dicha diligencia (artículo 44 de la LOCMP).

2.5 Fiscalía Supraterritorial creada en la Ley 21.771 de octubre de 2025, especializada en el combate del crimen organizado

En octubre de 2025 se publicó la Ley 21.771 que "Incorpora la Fiscalía Supraterritorial en la Ley N°19.640, Orgánica Constitucional del Ministerio Público, y modifica otros cuerpos legales que regulan actuaciones de los fiscales y de las fiscalías regionales". Esta ley tiene una fecha de entrada en vigencia para abril de 2026. Esta Fiscalía Supraterritorial dependerá orgánicamente del Fiscal Nacional, y parece estar al mismo nivel jerárquico que el resto de las Fiscalías Regionales, tal y como se desprende de la nueva redacción del artículo 17 de la Ley Orgánica del Ministerio Público.

El nuevo artículo 37 bis dispone lo siguiente:

> "Artículo 37 bis.- La Fiscalía Supraterritorial, especializada en crimen organizado y delitos de alta complejidad, desempeñará sus funciones respecto a ilícitos en los cuales existan antecedentes de la intervención de asociaciones delictivas o criminales, y cuando los hechos requieran una dirección supraterritorial o transnacional de la investigación.
>
> Estará a cargo de un Fiscal Jefe, al que corresponderá ejercer las funciones propias del Ministerio Público, por sí o por medio de los fiscales adjuntos que se encuentren bajo su dependencia.
>
> Tendrá a su cargo las investigaciones penales de hechos respecto de los cuales concurran las circunstancias descritas en el inciso primero, sea que se hayan iniciado directamente por la Fiscalía Supraterritorial o por alguna Fiscalía Regional. Las contiendas de competencia que se susciten entre las Fiscalías Regionales y la Fiscalía Supraterritorial serán resueltas por el Fiscal Nacional, de conformidad con lo dispuesto en el artículo 17 letra h).
>
> El Fiscal Nacional podrá establecer, mediante instrucción general, los criterios específicos para la determinación de las investigaciones que tendrá a su cargo la

Fiscalía Supraterritorial, para lo cual deberá oír previamente al Consejo General del Ministerio Público, y considerar los siguientes lineamientos generales"

En octubre de 2025 el Fiscal Nacional designó al primer fiscal supraterritorial, cargo que recayó en el fiscal Miguel Ángel Orellana.

2.6 Principios informadores de la actuación del Ministerio Público

a) Independencia de los fiscales

Como vimos más arriba, el Ministerio Público es un órgano autónomo del Poder Ejecutivo y del Poder Judicial. Los fiscales, asimismo, son autónomos en sus investigaciones, no pudiendo recibir instrucciones ni de los otros poderes del Estado, ni del propio fiscal nacional. En rigor, quien está a cargo de las indagatorias es cada fiscal regional, quien instruye a los fiscales adjuntos que están a su cargo. El CPP establece reglas mínimas para llevar adelante las investigaciones, que revisaremos más adelante.

b) Oficialidad

El Ministerio Público tiene el "monopolio" de la acción penal pública. Esto significa que i) no es necesario que el hecho constitutivo de delito sea denunciado u objeto de una querella para que se instruya una investigación por delitos de acción penal pública, salvo las excepciones que ya vimos en que se exige la activación de un querellante institucional; y ii) el Ministerio Público puede resolver autónomamente dirigir o no una investigación, o continuar o no con ella, aun en contra de los intereses del querellante, denunciante o víctima, pero limitado por los principios de legalidad y oportunidad que veremos a continuación.

Este principio tiene algunas notables excepciones, como los delitos de acción penal privada en que el fiscal no interviene, los delitos de acción pública previa instancia particular y la institución del "forzamiento de la acusación", en que el querellante particular puede llevar un caso a juicio oral, sosteniendo su acusación privada (previa formalización de investigación) aun prescindiendo del Ministerio Público.

c) Legalidad y oportunidad

Legalidad significa que, frente a un hecho constitutivo de delito, el Ministerio Público tiene la obligación de instruir una investigación, siempre que exista fundamento suficiente, deducir la correspondiente acusación y sostener la acción penal hasta el juicio oral. Es decir, no puede arbitrariamente la Fiscalía decidir investigar un caso sí y un caso no. Es una manifestación del principio constitucional de igualdad ante la ley.

Este principio está recogido en el artículo 166 del CPP que dispone: "cuando el Ministerio Público tomare conocimiento de la existencia de un hecho que revistiere caracteres de delito, con el auxilio de la policía, promoverá la persecución penal, sin que pueda suspender, interrumpir o hacer cesar su curso salvo en los casos previstos en la ley".

Respecto de esta última frase "salvo en los casos previstos en la ley", hay que señalar que en Chile este principio de legalidad está sensiblemente morigerado por amplísimas parcelas del "principio de oportunidad" en sentido amplio, que permite que el Ministerio Público en la práctica solo lleve a juicio oral y sostenga su acción penal en una ínfima proporción de los casos (1 o 2%), reservándose para los casos más graves y —estadísticamente— en que tenga mayor posibilidad de éxito. Así, los datos disponibles al 2022 muestran que en juicio oral la posibilidad de condena es cercana al 80%.

Este principio de oportunidad o "discrecionalidad administrativa" (*prosecutorial discretion*, en los Estados Unidos) permite darle término a la mayoría de las causas por delitos menores a través de las llamadas salidas alternativas (acuerdos reparatorios, suspensiones condicionales, archivo provisional).

Hasta antes de la Reforma Procesal Penal en Chile —y aun hoy en sistemas como el español— el fiscal debe investigar y promover el enjuiciamiento de prácticamente la totalidad de los delitos, lo que en la práctica desvía recursos valiosos que debían enfocarse en los casos importantes, además de ocultar una "cifra negra" de términos de causas por sobreseimiento temporal.

Hay autores que han rebautizado el "principio de legalidad" como "principio de totalidad", entendiendo que es este último el que resulta morigerado por el principio de oportunidad. Esta "totalidad" consiste en la idea de que el Estado debe perseguir "siempre, todos los delitos, en todos los casos".

Los orígenes históricos de este principio de oportunidad los encontramos en los Estados Unidos de América, que a su vez heredó de Inglaterra, la acusación privada como forma de inicio del procedimiento; aunque esta luego se hizo pública a través de los *district attorneys*, nunca perdió su carácter disponible para quien la ejerce.

Ha sido una constante en las últimas décadas la hiperinflación legal en cuanto a la creación de nuevos delitos, es decir, la tendencia del legislador de abarcar nuevas conductas a través de descripciones típicas más o menos precisas. Esta tendencia, sin embargo, no ha tenido correlato en disminuir o morigerar el principio de oportunidad recién estudiado, lo que provoca que muchas leyes penales no tengan el efecto deseado por sus creadores: finalmente la última palabra respecto de la persecución de las conductas punibles la tendrá el fiscal del Ministerio Público, justamente en ejercicio de este principio, de acuerdo a los parámetros internos de la fiscalía en la política de investigación y persecución penal, en uso eficiente de los recursos disponibles.

d) Objetividad

Este principio tiene una doble consagración normativa, la más conocida de ellas la del artículo 83 de la CPR que obliga a los fiscales a investigar no solo los antecedentes que determinen la existencia del hecho constitutivo de delito y la participación del imputado, sino también y con igual celo "los que acrediten la inocencia del imputado". La otra manifestación es la del artículo 77 del CPP que obliga a los fiscales a ejercer y sustentar la acción penal pública "en la forma prevista por la ley".

Hay quienes creen que este principio no es más que una ingenua declaración de intenciones, ya que el fiscal siempre buscará incriminar al imputado y naturalmente tendrá siempre una "visión de túnel"; otros, que se trata de un "resabio del sistema inquisitivo", muy similar a lo que ocurría con el antiguo juez del crimen que debía buscar "la verdad".

Sin embargo, autores como María Inés Horvitz creen que puede permitir en algo "emparejar la cancha" en aquellos casos en que el imputado no cuenta con una defensa letrada proactiva que le haga el peso al poder del Ministerio Público. En todo caso, una consecuencia interesante de este principio es que los fiscales debieran verificar los hechos en que se sustentan las alegaciones de inocencia del imputado durante su investigación, para confirmarlas o descartarlas con miras a su futura acusación.

El profesor Raúl Tavolari entiende esta regla como un deber del Ministerio Público, pero no en el sentido de que "se investigue para sentenciar, sino que se investigue para saber si corresponde acusar". El profesor Roberto Navarro Dolmetsch cree que este principio aplica especialmente en aquellos casos en que se ha esgrimido una hipótesis alternativa o una causal de exención de responsabilidad por parte de la defensa. Los profesores Duce y Riego estiman que este principio obliga a los fiscales a investigar "hipótesis fácticas de exclusión o atenuación de responsabilidad plausibles y serias argumentadas por la defensa", pero no aquellas que no cumplan con una mínima seriedad o plausibilidad. Asimismo, estos autores creen que una manifestación de este principio es el deber de lealtad y buena fe que debe guiar las actuaciones de los fiscales. Otros autores, como Javier Castro Jofré, han señalado que el Ministerio Público no está obligado proactivamente a indagar sobre circunstancias favorables al imputado, pero si estas aparecen "no puede prescindir de ellas" y está "obligado a señalarlas".

Como se ve, existen tantas opiniones como autores respecto del contenido y alcance de este principio de objetividad.

¿Cumplen los fiscales con sus actuaciones a lo que ordena este principio? En nuestro medio no existen investigaciones al respecto, pero resulta interesante revisar el caso italiano, citado por Forza, Menegon y Rumiati en una reciente obra, respecto de la incidencia que tiene este principio —consagrado en el artículo 358 del *Codice di Procedura Penale*— en la las decisiones adoptadas por los fiscales de ese país. Según estos autores, en un estudio del año 2000 solo el 2,1% de los fiscales reconocieron haber desplegado autónomamente diligencias de investigación favorables al imputado; y en un estudio de 2013, apenas un 3,2% reconoció haberlo hecho, frente a un 14,5% de fiscales que reconocieron haber ignorado deliberadamente la prueba de descargo en sus indagatorias.

2.7 Críticas al funcionamiento del Ministerio Público

A veinticinco años del inicio de la Reforma Procesal Penal en Chile el balance ha sido positivo en lo referido a contar con un procedimiento moderno, transparente, más rápido y ciertamente más justo con el imputado. Sin perjuicio de ello, son varias las críticas que se han hecho al Ministerio Público, entre otras, las que se pasan a enunciar a continuación.

- Una estructura en extremo jerarquizada y la tendencia de sus funcionarios a perpetuarse en sus cargos, en que los ascensos casi siempre son llenados con funcionarios que ya están en la organización. En algún momento se pensó que el Ministerio Público podría ser un semillero de talentos jóvenes, lo que lamentablemente no se ha cumplido, transformándose en un servicio más del aparato público, muchas veces paralizado por la burocracia interna.
- No existió una reforma a las policías que auxilian a los fiscales en las investigaciones, lo que redunda en dilaciones en las investigaciones y escaso éxito en la búsqueda de responsables en los casos que no tienen imputado conocido. La coexistencia de dos policías que ejercen labores de investigación ha sido problemática, y Carabineros ha mostrado ser una policía anticuada e inadecuada para los desafíos actuales de la criminalidad contemporánea. Según las estadísticas del propio Ministerio Público, a septiembre de 2022, cerca del 55% de las causas investigadas concluían sin imputado conocido.
- La designación del fiscal nacional por parte de las autoridades políticas ha servido para argumentar que existe un conflicto de interés en investigar delitos que se han imputado a parlamentarios o ministros de Estado. El accidentado proceso de designación de fiscal nacional en 2022 ha sido ejemplo de esto.
- El escaso o nulo control administrativo de las decisiones discrecionales administrativas[1] y del ejercicio del principio de oportunidad del Ministerio Público por parte de las

[1] Como veremos, estos controles se efectúan por el fiscal regional, entre otros casos: respecto de la decisión del fiscal adjunto de no reabrir una investigación (artículo 167 del CPP); respecto de la decisión del fiscal adjunto de no iniciar una investigación o abandonar una ya iniciada por aplicación del principio de oportunidad (artículo 170 del CPP); respecto de la decisión de formalizar, cuando el imputado ha estimado que es arbitraria (artículo 232

Fiscalías Regionales y del fiscal nacional, asimismo, un escaso o nulo esfuerzo por fundamentar debidamente las decisiones. Esto ha provocado que los querellantes hayan debido “abrir un camino propio”, buscando los pronunciamientos del Tribunal Constitucional para poder accionar criminalmente prescindiendo de la Fiscalía. Esto lo veremos en detalle más adelante, a propósito de la norma que impide el forzamiento de la acusación cuando no ha existido formalización previa.

- Las capacidades investigativas muchas veces han demostrado ser insuficientes para abarcar investigaciones complejas, en especial en delitos económicos y funcionarios.
- Un sistema defectuoso de control disciplinario de los fiscales por parte del fiscal nacional, que ha sido calificado como desproporcionado u opaco en varias ocasiones.

3. Imputado

3.1 Quién es el imputado

El imputado es la persona contra quien se dirige la investigación penal, es decir, el sujeto pasivo de la acción penal. Esta persona será generalmente una persona natural o física, aunque también podría ser una persona jurídica, si lo que se aplica en el caso es la Ley 20.393 de responsabilidad de las personas jurídicas.

El imputado que es persona natural o física debe estar vivo, es decir, no debe haber fallecido. Esto, porque el fallecimiento del imputado es una causal de extinción de la responsabilidad penal y su consecuente sobreseimiento definitivo (artículo 93.1 del Código Penal, en relación al artículo 250 d) del CPP); además, la responsabilidad penal es personalísima, es decir, no se extiende a los herederos o cesionarios del imputado.

Asimismo, el imputado que es persona natural o física debe ser mayor de catorce años; si al momento de cometer el delito tenía una edad inferior, se tratará de un inimputable, y por lo tanto, no podrá ser sujeto de una investigación penal, sino de una eventual medida de protección a cargo del Tribunal de Familia (artículo 30 de la Ley de Menores); sin perjuicio de las responsabilidades civiles que su conducta irrogue a él o sus padres o tutores.

Asimismo, la persona que cometió el hecho típico y antijurídico no debe estar en otras hipótesis de inimputabilidad, como sería la enajenación mental, en cuyo caso no se le juzgará de acuerdo con las reglas generales, sino que eventualmente se

---

del CPP). También se le consulta al fiscal regional si el fiscal adjunto no asiste a la primera audiencia judicial del detenido; cuando se archiva provisionalmente una investigación; cuando se propone una suspensión condicional del procedimiento; y también cuando el querellante se opone al sobreseimiento definitivo solicitado por la Fiscalía una vez cerrada la investigación (artículo 258 del CPP).

le aplicará una medida de seguridad de los artículos 455 y siguientes del CPP. Sobre esto último es necesario hacer un alcance. Efectivamente al enajenado mental no se le aplicará sanción penal alguna, ya que se encuentra dentro de una de las hipótesis de inimputabilidad que establece el Código Penal. Ahora, al enajenado mental puede enjuiciársele, pero solo para los efectos de decretar una medida de seguridad en su contra, a través de un procedimiento especial reglado en el CPP que estudiaremos más adelante. De todas formas, la doctrina, en general, estima que el enajenado mental que es sometido a un proceso penal para la aplicación de una medida de seguridad goza de los derechos y prerrogativas de todo imputado, aunque no se le aplique en definitiva castigo penal alguno.

De acuerdo con el efecto territorial de la ley penal, el imputado es cualquier persona que cometa un delito en territorio chileno —o en los lugares señalados en el artículo 6 del COT—, independiente de su nacionalidad. En suma, el imputado será cualquier persona física, que no esté fallecida, chileno o extranjero, mayor de catorce años y que no esté en alguna hipótesis de inimputabilidad por enajenación mental. A partir de la entrada en vigencia de la Ley 20.393 de 2009, también el imputado puede ser una persona jurídica.

Una investigación puede tener más de un imputado, en cuyo caso se hablará de "coimputados". La existencia de una multiplicidad de imputados en el proceso es de común ocurrencia, y muchas veces sus posturas de defensa podrán ser incompatibles, lo que deberá ser observado con sumo cuidado por quien asuma la defensa técnica. Asimismo, en los casos en que el imputado es una persona jurídica, podrían darse una incompatibilidad en la postura sostenida por el representante de la entidad, en el caso que también sea imputada por un delito.

3.2 Nomenclatura aceptada

La palabra imputado sustituyó en múltiples textos legales a la antigua nomenclatura de "procesado", "inculpado" y "reo", que daban cuenta de una verdadera presunción de responsabilidad. La voz imputación, en cambio, se refiere al acto de habla del emisor, quien atribuye un acto a un tercero, que puede o no ser culpable. Es impropia la utilización de la voz "formalizado" respecto del imputado contra quien se formalizó investigación, como también es impropia la denominación de "delincuente", ya que denota una cierta idea de derecho penal de autor.

Durante la investigación, y hasta su acusación, suele llamársele imputado; una vez formulada la acusación, se le puede denominar también "acusado"; y una vez condenado, se le denominará "condenado". Pero puede indistintamente llamársele imputado durante todo el proceso, hasta su eventual condena. Algunas sentencias denominan también al imputado como "encartado".

En la Ley 20.084 sobre responsabilidad penal adolescente —para imputados entre los catorce y dieciocho años— se usa también la voz "imputado" indistintamente con la de "infractor" o "infractor de ley".

3.3 Reglas especiales aplicables a la persona jurídica que es imputada

La extensión de las categorías dogmáticas de la teoría del delito a las personas jurídicas ha resultado compleja en la práctica, y esa quizás ha sido la razón de por qué en los años que lleva vigente la ley, se cuentan muy escasos juicios orales y condenas contra personas jurídicas. Este panorama podría cambiar a partir de la entrada en vigencia de la Ley 21.595 sobre Delitos Económicos de 2023, ya que esta amplió considerablemente el catálogo de delitos susceptibles de ser cometidos por las personas jurídicas, extendiéndolo a los de los artículos 1, 2, 3 y 4 de la Ley 21.595; también los delitos del artículo 8 de la Ley 18.314 del Terrorismo, que determina conductas terroristas y fija su penalidad[2]; los delitos del título II de la Ley 17.798 sobre Control de Armas; y los delitos de los artículos 411 quáter, 448 septies y 448 octies del CP (trata de personas, y sustracción de madera, respectivamente).

Es decir, las personas jurídicas no responderán penalmente respecto de todos los delitos, sino solamente respecto de los expresamente establecidos en la Ley 20.393; respecto de los restantes, las personas jurídicas serán inimputables, o bien, la conducta respecto de ellas no será típica. En todo caso, esto también sucede con las personas naturales, las que tampoco responderán penalmente respecto de todos los delitos, ya que existen delitos que solo admiten ciertos sujetos activos especiales (funcionarios públicos, por ejemplo), excluyéndose el resto; sin perjuicio de las llamadas hipótesis de comunicabilidad, que es un asunto propio de la ciencia penal.

La Ley 20.393 dispone de un catálogo bastante amplio de personas jurídicas responsables: de derecho privado; empresas públicas creadas por ley; empresas, sociedades y universidades del Estado; y partidos políticos y personas religiosas del derecho público. Asimismo, la ley establece ciertas características propias de la conducta perpetrada

---

[2] La Ley 18.314 del año 1984 fue derogada por la Ley 21.732 que "determina conductas terroristas, fija su penalidad y deroga la Ley N°18.314", de febrero de 2025. Sin embargo, la Ley 20.393 sobre responsabilidad de las personas jurídicas mantuvo su redacción original sin reforma alguna. Entonces, actualmente el artículo 1° número 2 de la Ley 20.393 dispone que la persona jurídica es sujeto activo de los delitos terroristas de la Ley 18.314, norma esta última que se encuentra derogada. La solución de continuidad del artículo transitorio de la Ley 21.732 dispone que la Ley 18.314 se seguirá aplicando a los hechos perpetrados durante su vigencia. En consecuencia, debiera entenderse que a partir de la entrada en vigencia de la Ley 21.732 las personas jurídicas no son sujeto activo de los delitos terroristas.

para que la persona jurídica sea considerada responsable, reguladas en el artículo 3 de dicha ley ("atribución de responsabilidad").

3.4 Las llamadas "personas de interés"

Toda persona tiene derecho a que la Fiscalía le comunique en forma clara si reviste la calidad de imputado en una determinada investigación, y así poder ejercer sus derechos de acuerdo con la ley procesal penal.

Lamentablemente se ha vuelto costumbre en los últimos años por el Ministerio Público el asignar una categoría inexistente en la ley procesal a ciertas personas como es la de "persona de interés", que sí existe en algunos sistemas comparados. Se trataría de ciudadanos que están "a medio camino" entre un testigo y un posible imputado, pero que no gozan de las prerrogativas de un imputado, en especial, la de guardar silencio.

A estas "personas de interés", en consecuencia, se les puede citar y tomar declaración bajo juramento y apercibidos de decir verdad; y lo que es más grave, es que posteriormente pueden ser calificados por la misma Fiscalía como imputados. Una interpretación correcta de las normas del CPP indica que si el fiscal tiene elementos, aunque sean mínimos, para estimar que una persona puede estar involucrada en la comisión del ilícito, se le debe citar de buena fe en calidad de imputado y no de testigo, para que en dicha calidad pueda ejercer sus derechos en la indagatoria.

3.5 La situación de los imputados que son funcionarios policiales, de las Fuerzas Armadas o de Gendarmería de Chile, a partir de la Ley 21.560

El año 2023 entró en vigencia la Ley 21.560 "para fortalecer y proteger el ejercicio de la función policial y de Gendarmería de Chile", que agregó un nuevo inciso al artículo 6 del CPP respecto de quiénes son imputados. Primero detallaremos en qué consistió esta adición y luego haremos algunos comentarios sobre esta reforma.

Esta regla dispuso textualmente lo siguiente:

> En las investigaciones iniciadas por el Ministerio Público, los funcionarios policiales o de Gendarmería de Chile, de las Fuerzas Armadas y los funcionarios de los servicios de su dependencia, en cumplimiento del deber, exclusivamente en el marco de funciones de resguardo del orden público, tales como las que se ejercen durante estados de excepción constitucional, protección de la infraestructura crítica, resguardo de fronteras, y funciones de policía cuando correspondan, o cuando se desempeñan en el marco de sus funciones fiscalizadoras, que se encuentren en el caso previsto en el párrafo tercero del numeral 6 del artículo 10 del Código Penal, serán considerados como víctimas o testigos, según corresponda, para todos

los efectos legales, a menos que las diligencias permitan atribuirles participación punible. En este último caso adquirirán la calidad de imputado, y podrán hacer valer las facultades, derechos y garantías propias de este.

Lo que en buenas cuentas dispuso esta nueva regla es que "por defecto" se considerarán como víctimas y testigos a los funcionarios policiales, de las Fuerzas Armadas y de Gendarmería de Chile que, habiendo desplegado conductas típicas, lo hayan hecho "en el marco de funciones de resguardo del orden público" o "fiscalizadoras", en cuyo caso opera una suerte de presunción de exención de responsabilidad por legítima defensa, haciendo una remisión a la regla del artículo 10 número 6 del Código Penal.

Decimos que esta es la situación "por defecto", porque la misma regla se encarga de precisar que excepcionalmente podrán considerárseles imputados si así aparece de las diligencias de investigación que se practiquen.

La regla no deja de ser llamativa porque en rigor, no crea excepción alguna, sino que explicita lo que debiera ser —de acuerdo con los principios generales del CPP— la regla general: solo se atribuirá la comisión de un delito a una persona, y por lo mismo, la calidad de imputado, si así se determina de las diligencias de investigación que se practiquen. Para el profesor Javier Castro Jofré, en una reciente monografía, "esta norma es desconcertante, si se mira el derecho procesal penal, como una de corte acusatorio, pues en él cualquier persona, incluso el militar del ejemplo, que comete un hecho que reviste los caracteres de delito, es imputado procesalmente y no víctima, aunque evidentemente debe respetársele su estado de inocencia".

La norma es reactiva a la situación vivida a propósito de las protestas callejeras de 2019 y 2020, en que se enjuició a numerosos funcionarios policiales y de las FF. AA. por su rol en el control del orden público. Pero más allá de eso, esta norma refleja el poco entendimiento que parece tener el legislador de 2023 acerca de cómo opera el sistema: si bien la calidad de imputado puede ser un estigma para cualquier persona, no debe perderse de vista que la Fiscalía está siempre tentada de no imputar formalmente al sujeto justamente para obtener información a través de declaraciones en que no esté presente el abogado defensor, esto es, en calidad de simple testigo. Ello, aun cuando haya indicios evidentes de su participación en los hechos investigados.

3.6 Puede existir una investigación sin imputado conocido, pero todo juicio penal debe dirigirse contra un imputado determinado

Es importante tener en cuenta que en una buena proporción de las investigaciones que lleva adelante el ministerio público (55% según datos a septiembre de 2022), no se conoce quién es el imputado. Evidentemente puede existir una indagatoria sin imputado conocido, y justamente uno de los propósitos de ella será averiguar quién es el responsable.

Ahora, sin imputado no podrá existir proceso ni menos juicio oral. Su existencia es requisito para la celebración del juicio penal. No puede existir juicio penal contra personas indeterminadas; y de hecho, la muerte del imputado extingue su responsabilidad penal y la causa debe ser sobreseída definitivamente (artículo 250 d) del CPP, en relación al artículo 93.1 del CP).

En la nomenclatura del procesalista alemán Oskar von Bülow, la existencia de un imputado, en los términos que ya hemos conceptualizado, es un requisito de procesabilidad en el juicio penal. Si el imputado fallece, como dijimos, la responsabilidad criminal se extingue y se debe sobreseer definitivamente la causa. Es decir, hay remedios en la ley penal y procesal-penal aplicables cuando este requisito no se cumple; y es más: la desaparición del imputado, como veremos, es causal de sobreseimiento temporal, que eventualmente puede mutar en definitivo. Todo esto es consecuencia del principio de personalidad de las penas.

3.7 Desde qué momento se adquiere la calidad de imputado

El imputado adquiere esa calidad desde el primer acto del procedimiento dirigido en su contra (artículo 7 del CPP), y no desde que se presenta querella, denuncia o se formaliza investigación. Así, una persona que es detenida por delito flagrante estará en calidad de imputada desde el momento de su detención.

La calidad de imputado no depende, tampoco, de la etiquetación que haga, por ejemplo, la Fiscalía o el Tribunal. Si hay un acto del procedimiento dirigido en contra de una persona, esta debe ser considerada imputada, sin perjuicio de que la fiscalía lo considere como un testigo, por ejemplo.

La calidad de imputado implica, naturalmente, una estigmatización de la persona, ya que —aunque se presuma inocente— en muchos casos la opinión pública y la sociedad lo verán anticipadamente como culpable. Las tensiones entre la presunción de inocencia y la calidad de imputado se verán en detalle más adelante.

3.8 Derechos del imputado

La calidad de imputado en una indagatoria no solo puede estigmatizar a la persona, sino que, en rigor, conlleva una serie de prerrogativas reconocidas por ley en su protección y de sus derechos. Por lo mismo, es deber del fiscal del Ministerio Público ser perfectamente claro con las personas que declaren o se apersonen en la investigación, respecto de su calidad en ella para que puedan ejercer estos derechos.

El imputado es titular de una serie de derechos consagrados en el artículo 93 del CPP, muchos de los cuales revisaremos con mayor detalle en otras partes de este texto:

a) Ser informado "de manera específica y clara" sobre los hechos por los que se le investiga, y sus derechos constitucionalmente garantizados. La forma por excelencia en que esto tiene lugar es en la formalización de la investigación.
b) Ser asistido por un abogado de su confianza desde el primer acto de la investigación dirigida en su contra.
c) Solicitar al fiscal la práctica de diligencias para desacreditar la imputación sostenida en su contra.
d) Prestar declaración ante el juez en presencia de su abogado.
e) Solicitar que se active la investigación y conocer su contenido (con la excepción de que haya sido declarada reservada).
f) Solicitar su sobreseimiento definitivo y recurrir de la resolución que rechazare esta solicitud.
g) No ser juzgado en ausencia, sin perjuicio de lo que se dirá sobre la rebeldía.

A propósito de las medidas cautelares personales estudiaremos también los derechos del imputado privado de libertad (artículo 94 del CPP), como también los derechos que deben informársele al imputado al ser detenido (artículo 135 del CPP).

Como veremos en detalle más adelante, el imputado tiene derecho siempre a guardar silencio, a no ser obligado a declarar bajo juramento, a no declarar en juicio oral y a que no se le condene sobre la base únicamente de su declaración. Sin perjuicio de ello, tiene el derecho a declarar como medio de defensa en el proceso (artículo 98 del CPP).

Los defensores, privados y de la Defensoría Penal Pública (DPP), tienen derecho a asistir al imputado desde el primer acto del procedimiento en su contra. En el caso de audiencias inminentes, debe poder contar con un tiempo prudente para reunirse con el imputado e imponerse de los antecedentes de la causa, según veremos más adelante (artículos 227 y 228 del CPP). Asimismo, es obligación del Ministerio Público proporcionar oportunamente acceso a la información de la carpeta investigativa al defensor (artículo 93 e) del CPP). En caso de imputados privados de libertad, puede resultar muy difícil para el abogado sostener reuniones en forma fluida y confidencial con su representado, ya que muchos recintos penales no cuentan con infraestructura adecuada.

Todas estas garantías son también aplicables, en lo que resulten compatibles, a las personas jurídicas que son imputadas por algún delito, por disponerlo así el artículo 21 de la Ley 20.393.

Nuestro procedimiento penal es de carácter acusatorio y adversarial, lo que significa que el fiscal del Ministerio Público deberá entrar en una dinámica dialéctica y de confrontación con el imputado, quien normalmente rechazará los cargos criminales levantados en su contra, o quizás tendrá una actitud de pasividad o indiferencia.

El imputado no es un mero objeto del proceso, un instrumento para alcanzar *la* verdad, ante todo es un ciudadano respecto de quien se presume su inocencia hasta que el Estado no demuestre su responsabilidad con una convicción del tribunal rayana en la certeza. El imputado tendrá derecho a contar *su* verdad sobre los hechos y, sobre todo, a acreditarla en juicio de ser necesario.

4. Abogado defensor

4.1 La garantía fundamental del imputado de contar con defensa letrada

La representación del imputado por parte del abogado defensor es piedra angular del sistema de persecución penal, desde el primer acto en el procedimiento en su contra.

Esta fue una de las novedades de la Reforma Procesal Penal, ya que en el antiguo sistema el abogado defensor en muchos casos intervenía en acotados momentos del proceso, dejando importantes "lagunas" en que intervenía directamente el imputado con las policías o el juez, sin contar con asistencia letrada. Asimismo, buena parte de las gestiones en representación del inculpado las hacían postulantes de la Corporación de Asistencia Judicial, abogados de turno o estudiantes de las clínicas jurídicas de las universidades, lo que redundaba en un servicio generalmente inexperto o derechamente deficiente. Además, la representación de los imputados de escasos recursos se veía como una labor de caridad gratuita y no como un trabajo profesional, como sí lo es hoy.

Esto fue radicalmente cambiado con la Reforma, la que ha ido materializando en una serie de disposiciones legales el mandato constitucional del artículo 19 número 3:

> Toda persona tiene derecho a defensa jurídica en la forma que la ley señale y ninguna autoridad o individuo podrá impedir, restringir o perturbar la debida intervención del letrado si hubiere sido requerida. [...]
>
> La ley arbitrará los medios para otorgar asesoramiento y defensa jurídica a quienes no puedan procurárselos por sí mismos. [...]
>
> Toda persona imputada de delito tiene derecho irrenunciable a ser asistida por un abogado defensor proporcionado por el Estado si no nombrare uno en la oportunidad establecida por la ley.

Esta garantía está también recogida en el artículo 8 del CPP de "principios básicos":

> El imputado tendrá derecho a ser defendido por un letrado desde la primera actuación del procedimiento dirigido en su contra. Todo imputado que carezca de abogado tendrá derecho irrenunciable a que el Estado le proporcione uno. La designación del abogado la efectuará el juez antes de que tenga lugar la primera actuación judicial del procedimiento que requiera la presencia del imputado.
>
> El imputado tendrá derecho a formular los planteamientos y alegaciones que considerare oportunos, así como intervenir en todas las actuaciones judiciales y en las demás actuaciones del procedimiento, salvas las excepciones expresamente previstas en este Código.

En términos similares esta garantía está recogida en el artículo 8.2 d) de la Convención Americana de Derechos Humanos y en el artículo 14.3 del Pacto Internacional de Derechos Civiles y Políticos.

Por su parte el artículo 102 del CPP dispone que esta asistencia letrada es un derecho que se tiene desde el primer acto del procedimiento hasta la completa ejecución de la sentencia.

Es tan gravitante la presencia del abogado defensor durante el proceso, que su ausencia acarreará la nulidad del juicio y eventualmente de la condena que se imponga al imputado (artículo 374 b) del CPP); por lo mismo, las etapas procesales más importantes del proceso, como la audiencia preparatoria y la audiencia de juicio no debieran nunca desarrollarse sin su presencia. Asimismo, las declaraciones que preste el imputado en ausencia de su abogado defensor, sin haber consentido expresamente en la renuncia a este derecho, podrían ser declaradas ilícitas.

La legitimación de la sanción penal y del procedimiento seguido en contra del imputado depende, entre otros factores, de que el imputado pueda defenderse adecuadamente del poder Estatal encarnado en el Ministerio Público; esto es, al menos la posibilidad de contraargumentar las imputaciones del Ministerio Público y producir prueba de descargo.

4.2 ¿Por qué en el proceso penal el imputado y su defensor son intervinientes distintos?

En rigor, el imputado es quien lleva su propia "defensa material", como se desprende del inciso segundo del artículo 8 y del artículo 102 del CPP; es decir, es él quien posiblemente mejor conoce los hechos y las circunstancias que lo rodearon, y su propia situación.

El abogado defensor es quien lleva su "defensa técnica", o sea, lo asesora y representa en los asuntos referidos a la aplicación de la ley, estrategia y reglas procesales. Por disposición del artículo 527 del COT esta defensa técnica siempre debe proveerla un abogado habilitado. Esto excluye, naturalmente, a los estudiantes de derecho, habilitados en derecho, postulantes de la Corporación de Asistencia Judicial y a los procuradores del número de prestar representación ante los tribunales con competencia penal.

Es importante notar que para el proceso penal el imputado y su defensor son intervinientes (o partes, eventualmente) que están diferenciadas, y a quienes se les da un tratamiento distinto. Esto es llamativo si se contrasta con el proceso civil u otros procesos, en que mandante y mandatario (cliente y abogado) para los efectos del juicio son una sola persona, aplicándosele las reglas generales del mandato civil, en que los actos del mandatario-abogado vinculan plenamente al mandante-cliente, como si fuera este último quien actuara.

Esta diferenciación que hace el CPP tiene su explicación en que el proceso penal tiene una etapa investigativa de carácter administrativo en que el imputado puede —pero no debe— estar representado por un abogado. El imputado tiene el derecho constitucionalmente garantizado de hacerse representar por un abogado desde el primer acto del procedimiento, como dispone el artículo 7 del CPP, pero puede renunciar tácita o expresamente a ese derecho. Sumado a lo anterior, durante la investigación, y también en el juicio oral ciertamente, es el imputado quien personalmente deberá satisfacer requerimientos de información de la Fiscalía.

Así, el imputado será citado a prestar declaración, a efectuarse exámenes psicológicos para descartar su inimputabilidad, o participar en un reconocimiento en rueda de presos, o para proporcionar muestras caligráficas, etc. Ninguna de estas gestiones las podrá realizar su abogado defensor, quien de cualquier forma podrá asistirlo y acompañarlo. Esto contrasta con el proceso civil, como decimos, en que el mandante por regla general no participa personalmente, y aun en la llamada prueba confesional (absolución de posiciones) puede delegarlo en el abogado, cuestión que sería impensable en el proceso penal.

Sin perjuicio de todo lo dicho, esta disociación entre imputado y su defensa no alcanza a que se admita en Chile una nulidad del juicio o de la sentencia, promovida por el imputado, fundado en una defensa técnica deficiente (Corte Suprema, rol 33.343-2020), como sí sucede en sistemas comparados. Dicho de otra forma: los errores y negligencias del abogado defensor que redunden en la condena del acusado, deberán ser asumidos necesariamente por este último, y no será admisible que se desentienda de sus actuaciones en el proceso.

4.3 Los derechos y deberes del imputado en relación con su abogado defensor, y los derechos y deberes de este para con el imputado y el sistema de justicia

En el proceso penal el imputado puede hacerse representar por un abogado privado de su confianza, o bien recurrir a los servicios de la Defensoría Penal Pública; en el acápite siguiente estudiaremos en detalle a este servicio público.

En Alemania se ha discutido a nivel doctrinario si el defensor del imputado es un simple representante de los intereses del imputado en el proceso, o, por el contrario, si debe considerársele como una suerte de *colaborador oficial de la administración de justicia* ("teoría del órgano tradicional" u "Organtheorie"). Nosotros nos decantamos por la primera opción, lo que en caso alguno significa que el abogado defensor tenga "patente de corso" para incurrir en prácticas ilícitas, delictivas o poco éticas en la representación de su cliente. Aquí también hay una diferencia importante entre el imputado y su defensa, ya que, si bien el imputado no tiene deber de colaboración alguna en el proceso, el abogado sí tiene ciertos deberes mínimos para con los restantes operadores jurídicos del sistema de persecución penal, reglados por las normas disciplinarias y éticas del COT.

Sea un abogado particular, o un defensor público de la DPP, el imputado goza de la prerrogativa de remover al abogado sin expresión de causa, por pérdida de confianza o cualquier otro motivo. Y goza del derecho irrestricto de modificar a sus representantes en el proceso las veces que lo estime conveniente, no existiendo limitación legal alguna al respecto. También puede el imputado designar varios abogados defensores de su confianza, quienes podrán ejercer conjuntamente su defensa.

La relación cliente-abogado quedará regida por las reglas generales, esto es, las reglas de los artículos 6 a 16 del CPC, la Ley 18.120, las reglas aplicables del Código Orgánico de Tribunales (artículo 520 y siguientes), y las reglas éticas y deónticas aplicables a la profesión, siendo la más relevante el Código de Ética del Colegio de Abogados de Chile A. G. de 2011.

En el mismo sentido, puede también el abogado defensor libremente renunciar a la representación de su cliente, pero con algunas limitantes que están en el CPP. Así, no puede renunciar dentro de los diez días previos a la celebración del juicio oral, ni en los siete días previos a la celebración de la audiencia de preparación de juicio, a riesgo de ser sancionado disciplinariamente por el juez con la suspensión en el ejercicio de la profesión (artículo 106). En todo caso, si ello ocurre, el juez deberá suspender la audiencia y designarle un nuevo defensor público al imputado, como veremos más adelante.

El trabajo del abogado defensor es posiblemente de los más desafiantes que se puedan realizar en la profesión, pero quizás uno de los más incomprendidos. Existe la lamentable percepción que de que el abogado que representa al imputado necesariamente debe participar de las mismas actividades ilícitas de su cliente, y si no lo hace, en cualquier caso, está "ayudando a que el delincuente salga libre".

No es el caso extenderse aquí sobre este asunto, pero valgan algunas palabras aclaratorias. La labor del abogado defensor no consiste, naturalmente, en una ayuda desinteresada a la justicia para el descubrimiento de la verdad, sino en representar los intereses individuales de su defendido, pero siempre dentro del marco legal y ético. El abogado puede tener la sospecha fundada, o incluso la certeza de que su cliente es responsable de los hechos que se le imputan, pero ello no lo obliga, naturalmente, a "entregar" a su cliente a la Fiscalía y fomentar su confesión. El sistema procesal penal se basa, como veremos, en una estructura dialógica de contraste permanente entre las versiones de los hechos y las pretensiones de los intervinientes. El Tribunal espera de la defensa que esta se resista a la pretensión inculpatoria de la fiscalía, y espera que el fiscal persiga al imputado.

De este natural contraste el juez forma su convicción. La labor del abogado defensor consiste en la presentación interesada —pero no falsa— de los hechos y las pretensiones que sean plausibles de acuerdo con la ley vigente. La labor del defensor, en este sentido, puede ser más bien pasiva o silente (simplemente esperar que el Ministerio Público sea capaz de probar su caso), colaborativa (a cambio de ganancias en el proceso, como sería una rebaja de la pena o un cumplimiento alternativo a la privación de libertad), o bien, una defensa activa, esto es, la elaboración de hipótesis alternativas a los hechos presentados por la Fiscalía, que deberá probar.

En Chile, cualquier abogado habilitado para el ejercicio de la profesión puede representar a cualquier persona en juicio, incluidos los casos penales; es decir, no se exige una determinada especialización en el área. Las razones de esto son posiblemente históricas, y también son consecuencia de que en el país la malla de la carrera de derecho aún considera varios semestres obligatorios de derecho penal y procesal penal. Sin perjuicio de ello, la especialización es siempre recomendada, sobre todo en diplomados o cursos de magíster con énfasis en técnicas prácticas de litigación. Aquel abogado defensor que manifiestamente no posea las competencias teóricas y prácticas para la representación de un imputado en el proceso, puede provocar que el juez lo remueva del caso, declarando abandonada la defensa, como veremos más adelante en detalle.

4.4 El abandono de la defensa

Como ya vimos, una especial causa de terminación del mandato judicial sucede cuando el tribunal con competencia penal declara el "abandono de la defensa" en caso de que note que las gestiones del abogado dejan en la indefensión al imputado, o no se presenta a las respectivas audiencias.

En general, puede decirse que el estándar para que se decrete el abandono de la defensa es de una negligencia inexcusable o bien, una ignorancia en asuntos básicos del proceso y/o la ley aplicable al fondo del caso por parte del abogado defensor. También podría gatillar esta sanción el que se detecte que el abogado podría estar implicado en actividades criminales en coautoría o complicidad con su cliente, si tiene inhabilidades en asumir su representación o si asume la representación de varios imputados cuyas posiciones en el juicio resultan incompatibles.

Lo relevante es que se aprecie un perjuicio evidente para los intereses del cliente, sobre todo si aparece que el abogado privilegia intereses propios en desmedro de los de su representado. En todos estos casos el tribunal de garantía debiera declarar el abandono de la defensa y pedir a la Defensoría Penal Pública que designe un nuevo defensor, o bien, que el imputado designe uno de su confianza. En cambio, un desacuerdo del juez con la estrategia seguida por el defensor en un caso concreto no debiera motivar que se declarare el abandono de la defensa.

4.5 El caso de los abogados defensores de imputados en causas por delitos de tráfico ilícito de estupefacientes

El artículo 61 de la Ley 20.000 que sanciona el tráfico ilícito de estupefacientes y sustancias psicotrópicas obliga al Ministerio Público y a los tribunales de garantía a informar a la Contraloría General de la República los nombres de los abogados que asuman la defensa de imputados por delitos de esta ley, prohibiéndoles a dichos abogados prestar servicios para el Estado y sus servicios descentralizados. Es decir, se forma una "lista negra" de "abogados de narcos".

El propósito de esta norma sería evitar que penetrara en el Estado las redes de influencia del narcotráfico —de las cuales serían parte los abogados, o eso asume esta norma. Esta regla ha sido bastante cuestionada, y en la práctica ha operado como un poderoso disuasivo para que buena parte de los abogados se inhiba de asumir este tipo de defensas, quedando como una "especialidad de nicho" solo disponible para quienes estén dispuestos a renunciar a cualquier encargo profesional del Estado y sus servicios.

La norma es muy cuestionable, por muchas razones, que no es del caso detallar aquí; quizás uno de los aspectos más problemáticos es que no distingue respecto de casos en que efectivamente se investigan bandas de criminalidad organizada —de las cuales un abogado podría ser eventualmente parte— y casos en que se persiguen delitos menores de la ley, como porte, microtráfico, plantación de especies vegetales prohibidas en pequeñas cantidades, etc.

5. Defensoría Penal Pública

La Defensoría Penal Pública fue creada para la entrada en vigencia de la Reforma Procesal Penal. A diferencia del Ministerio Público, no tiene rango constitucional, sino simplemente legal. La CPR establece la garantía para todo imputado —en rigor: para toda persona— de contar con un abogado que lo represente con cargo al Estado, si la persona carece de los medios para procurárselo, en los siguientes términos (artículo 19.3):

> Toda persona tiene derecho a defensa jurídica en la forma que la ley señale y ninguna autoridad o individuo podrá impedir, restringir o perturbar la debida intervención del letrado si hubiere sido requerida. Tratándose de los integrantes de las Fuerzas Armadas y de Orden y Seguridad Pública, este derecho se regirá, en lo concerniente a lo administrativo y disciplinario, por las normas pertinentes de sus respectivos estatutos.
>
> La ley arbitrará los medios para otorgar asesoramiento y defensa jurídica a quienes no puedan procurárselos por sí mismos. La ley señalará los casos y establecerá la forma en que las personas naturales víctimas de delitos dispondrán de asesoría y defensa jurídica gratuitas, a efecto de ejercer la acción penal reconocida por esta Constitución y las leyes.
>
> Toda persona imputada de delito tiene derecho irrenunciable a ser asistida por un abogado defensor proporcionado por el Estado si no nombrare uno en la oportunidad establecida por la ley.

La DPP vino a llenar un sensible déficit del Estado en proveer asistencia jurídica letrada, de calidad y especializada a personas de escasos recursos, función que la Corporación de Asistencia Judicial, el abogado de turno y las clínicas jurídicas de algunas universidades no lograban proveer adecuadamente. La defensa de imputados pasó de ser un ejercicio de caridad no remunerada y voluntaria, a constituir un servicio profesionalizado financiado, en mayor medida, con fondos públicos.

La DPP provee de asistencia judicial a los imputados o acusados por un crimen, simple delito o falta que carezcan de abogados en un caso que sea de competencia de un Tribunal de Garantía, Tribunal de Juicio Oral en lo Penal o una Corte Superior de Justicia (artículos 2 y 35 de la Ley 19.718 que crea la Defensoría Penal Pública).

Es un servicio público descentralizado funcionalmente y desconcentrado territorialmente, con personalidad jurídica y patrimonio propio, sujeto a la superintendencia del presidente de la República a través del Ministerio de Justicia y Derechos Humanos.

Se trata de un servicio gratuito, aunque si el imputado o acusado tiene medios económicos para solventar su defensa, igualmente puede hacerse representar por la DPP, pero pagando sus aranceles.

A la cabeza de la DPP está el defensor nacional, de quien dependen los defensores regionales (dos en la región Metropolitana y uno en cada una de las restantes regiones), y de estos dependen los defensores locales (artículos 3, 4, 17 y 24 de la Ley 19.718).

El defensor nacional es designado directamente por el presidente de la República como cargo de su confianza, lo cual hace sus funciones incompatibles con todo otro empleo remunerado, salvo las de docencia por hasta doce horas semanales. Entre sus funciones está la de fijar, con carácter general, los estándares básicos que deben cumplir en el proceso penal los defensores a su cargo, pero con la limitante de inhibirse de dar instrucciones particulares para casos concretos; similar a lo que sucede con el fiscal nacional. Asimismo, corresponde al defensor nacional designar a los defensores regionales, a través de un concurso público, quienes duran cinco años en el cargo. A diferencia de los fiscales regionales, los defensores regionales deben rendir un examen habilitante sobre materias de derecho penal y procesal penal.

La DPP cuenta con una serie de unidades administrativas (recursos humanos, informática, administración y finanzas, estudios, etc.) y también con un Consejo de Licitaciones. Esto, porque la DPP no solo cuenta con defensores locales "de planta", sino que también licita los servicios de representación de imputados a abogados o estudios privados, en forma remunerada. El artículo 69 de la Ley 19.718 obliga a que el estándar de servicio para los defensores estatales como los licitados sea el mismo. La Defensoría cuenta con una unidad especializada, dentro de la Unidad de Estudios, para la defensa penal de adolescentes infractores (artículo 8 inciso final).

Los defensores locales de planta pueden ejercer libremente la profesión, con la excepción de asumir causas penales (como defensa o querellante), salvo que se trate de asuntos propios o del cónyuge.

La DPP cuenta con una serie de mecanismos para la evaluación y control de la calidad del servicio prestado por sus abogados, de acuerdo con los estándares mínimos fijados por el servicio (artículo 56 y siguientes de la Ley 19.718): inspecciones sin aviso previo, auditorías externas, informes semestrales y anuales, y también las reclamaciones de los defendidos o "usuarios", como se les denomina. Estas reclamaciones pueden presentarse ante la defensoría local correspondiente, o ante la Regional o incluso la Nacional, y puede dar lugar a responsabilidades y sanciones administrativas, civiles y penales, como también a multas o la terminación del contrato.

6. Víctima y querellante

6.1 Concepto

La víctima está definida en el artículo 108 del CPP como la persona "ofendida por el delito", aunque la misma norma *considera como víctimas* a otras personas en los casos en que el personalmente ofendido haya fallecido o no pueda ejercer sus derechos en el proceso. Se establece un orden de prelación de personas que se consideran víctimas en este caso (cónyuge, ascendientes, conviviente, hermanos, adoptado o adoptante), como veremos más adelante a propósito de la legitimación activa para presentar querella criminal.

En una investigación pueden existir una o varias víctimas, y esta o estas pueden ser conocidas o desconocidas. El apersonamiento de la víctima en la investigación y en el proceso no es un requisito de procesabilidad, como sí sucede con el imputado. Dicho de otro modo: puede existir una investigación y un juicio penal sin que haya una víctima conocida. De hecho, hay muchos delitos que por su naturaleza no admiten la existencia de víctimas (como los delitos funcionarios, o contra el orden público, por dar un ejemplo). En este sentido, el apersonamiento de la víctima en la investigación y el juicio penal es absolutamente voluntaria.

a) Concepción amplia de víctima

Se ha discutido si la víctima es solamente quien es titular del bien jurídico protegido que el delito ha afectado; o si comprende también a quien es el sujeto pasivo de la acción criminal. Hay autores que abogan por una concepción amplia, que abarque a ambas categorías de personas. En muchos casos —delitos sexuales o contra la vida e integridad física— serán la misma persona, pero en otros delitos no. Por ejemplo, en una estafa cometida en una oficina bancaria, el titular del bien jurídico afectado (patrimonio) podría ser el banco, pero quien actuó como sujeto pasivo era el empleado bancario, quien fue engañado y entregó los fondos. También existen delitos pluriofensivos, que atacan varios bienes jurídicos, como el robo con violencia, por ejemplo. Ahí existe una víctima en su patrimonio y una víctima de la violencia, que podrían ser personas distintas.

Esta concepción amplia de la víctima vendría avalada por la historia de la ley, en cuyo primer informe de la Comisión de Legislación y Justicia se consignó que "en el nuevo Código se trata de ampliar la cobertura de protección que se otorga a las personas y no dejarla solo en el mero ofendido por el delito. Corresponde un poco a lo que es la terminología moderna. Víctima es más que ofendido".

El asunto, en todo caso, es debatible. Ahora creemos que debe distinguirse entre la legitimación para ser considerado víctima o querellante en el proceso penal y lo que es la discusión sobre el fondo del asunto, es decir, si efectivamente se cumple con los elementos del tipo penal para fundamentar una condena, cuestión que podría depender de la existencia de una lesión constatable a un determinado bien jurídico del que una víctima sea titular. Para efectos de comparecer en el proceso, podría ser atendible esta concepción amplia de víctima, esto es, que se admita —en el ejemplo que dimos— al empleado bancario como víctima de una estafa, a pesar de que no sufrió perjuicio alguno. Cuestión distinta es que en la sentencia sobre el fondo considere a esa persona como víctima, lo que puede ser relevante, por ejemplo, para futuras acciones civiles que quisiera deducir.

b) La víctima que es persona jurídica y las discusiones sobre este asunto

La víctima puede ser una persona natural, pero también una persona jurídica. Ahora, no todas las personas pueden ser víctimas respecto de todos los delitos. Por ejemplo, una persona mayor de edad no puede ser víctima del delito de abuso sexual en perjuicio de un menor de catorce años, evidentemente. Tampoco pueden las personas jurídicas ser víctimas de delitos contra la vida o la integridad física. Y, como vimos, la víctima que es persona natural puede haber fallecido e igualmente comparecer en el proceso a través de ciertos parientes enumerados en la ley, que veremos a propósito de la legitimación activa de la querella.

Tratándose de personas jurídicas, creemos que lo correcto es considerarla únicamente como víctima, y no a sus socios o accionistas en forma autónoma. Aunque, hay que decirlo, muchas veces los fiscales y jueces de garantía no hacen esta distinción y atienden a la concepción amplia que ya revisamos, considerando como víctima tanto a la sociedad como a sus socios o accionistas, individualmente considerados. Un problema accesorio de admitir esta concepción amplia se genera respecto de a partir de qué momento un socio o accionista puede ser considerado víctima. Esta cuestión ha surgido en casos de criminalidad económica en los casos en que un accionista adquiere sus acciones con posterioridad a la ocurrencia de los hechos que afectaron a la sociedad. También surge el problema acerca de si un accionista minoritario, o un socio sin derecho a retiro de utilidades, por ejemplo, puede ser considerado como una víctima independiente.

c) La representación de la víctima en el proceso

Aunque no se regula en la ley procesal penal, la víctima podría comparecer personalmente al proceso, o bien representada por un tercero. Lo normal es que lo haga a través de un abogado querellante, pero podría otorgar mandato a una persona que no sea abogado. También se ha admitido por los jueces de garantía que la víctima comparezca representada por un abogado, pero sin haber presentado previamente una querella.

La víctima puede ser un menor de edad, en cuyo caso se regulará a través de un estatuto especial, que veremos un poco más adelante. Desde ya adelantaremos que la víctima que es menor de edad podrá comparecer representada por sus padres o representantes legales, salvo en cuanto los intereses de uno y de otros sean incompatibles.

6.2 La víctima en la dogmática penal y procesal-penal

La víctima ha sido reivindicada en la dogmática procesal-penal contemporánea, a consecuencia del desarrollo de la victimología, y el CPP chileno no se quedó ajeno a esta tendencia. Hasta décadas recientes, y ciertamente durante la vigencia del anterior sistema de persecución penal, la víctima estaba prácticamente preterida en el proceso, a menos que compareciera formalmente como querellante particular a través de un abogado. La víctima era una mera fuente de información, quizás un medio de prueba relevante, pero nada más. Autores como el argentino Alberto Binder han dicho que se ha sustraído el conflicto penal de las manos de la víctima, para dejarlo exclusivamente en manos del Estado, por lo que ha quedado absolutamente relegada; pero eso parece estar cambiando en muchas legislaciones.

Es interesante notar que el rol de la víctima en el proceso penal ha estado ligado estrechamente a su desarrollo histórico. Es a partir de la inquisición medieval que el conflicto jurídico-penal se desprivatiza, es decir, sale de las manos de la víctima y es monopolizado por la autoridad, y ya más tarde, a partir de la creación de los Estados modernos, por el aparato estatal.

Pero originalmente, en la Roma clásica, por ejemplo, muchos conflictos penales eran un asunto privado, entre víctima y victimario, que eran meramente supervisados por la autoridad. Muchos autores especulan que, en los orígenes de la humanidad, lo que había era solo venganzas privadas, lo que hoy llamaríamos autotutela, en las que la víctima era la única y gran protagonista. El Estado moderno expulsó a la víctima del proceso justamente como forma de civilizar el conflicto y quitarle el carácter vindicativo entre particulares. En los procesos penales modernos, también en los marcadamente inquisitivos, es el Estado quien acapara para sí la determinación de los delitos, las penas y quien investiga, acusa y juzga.

Sin embargo, este monopolio estatal está hoy en abierta y reconocida crisis, existiendo no solo en Chile, sino a nivel global, un marcado descontento de las víctimas, quienes claman para sí el retomar el protagonismo en el proceso arrebatado por el Estado moderno. Y, lamentablemente, dicha pretensión tiene una correlación

—impropia a nuestro juicio— con la idea instalada de que el imputado goza de excesivas prerrogativas que la víctima no tiene.

Dicho en términos simples: la presión ciudadana, y los programas de los políticos de elección popular van en la dirección de reivindicar a la víctima y degradar el estatus del imputado, todo a la vez en una especie de "juego de suma cero". Esta rabia ciudadana exige, como vemos constantemente, la creación de nuevos delitos, el aumento de penas y, en general, la supresión de garantías procesales al imputado.

Este "juego de suma cero" no tiene ningún sentido, porque los sistemas de persecución penal debieran propender a un fortalecimiento de los derechos de los imputados y de las víctimas, sin que el mejoramiento de uno signifique necesariamente el desmedro del otro.

El asunto es ciertamente muy complejo. A la sensación de inseguridad ciudadana —que no es un fenómeno nuevo ni tampoco local— se suma el contemporáneo posicionamiento de la víctima como "sujeto santo" e intocable dentro de la sociedad, cuya persona y relato no pueden ser cuestionados, a riesgo de incurrir en una flagrante incorrección política. El énfasis social contemporáneo parece ya no estar en la rehabilitación del delincuente, sino de la víctima, la que debe ser acompañada, reparada, asistida por el Estado y no cuestionada en el proceso. Esto es problemático en un esquema procesal como el que existe en muchas democracias occidentales, estructurados sobre la base de esquemas adversariales y falsacionistas, y en que todas las versiones de los intervinientes deben ser cuestionadas y contrastadas.

Desde hace algunos años ha existido una presión ciudadana y política importante que ha manifestado sus reparos respecto del diseño del sistema de persecución penal en lo que atañe a la víctima. Por un lado, se alega que no existe un servicio público y gratuito de representación de las víctimas en el proceso (una suerte de "defensoría de las víctimas") y, por otro, que dicho servicio sí existe respecto del imputado, quien cuenta desde el primer acto del proceso con la asistencia letrada y gratuita por parte de un servicio profesionalizado como es la Defensoría Penal Pública. Esto —se ha dicho— ocasiona una asimetría insoportable que debe ser corregida.

Así, por ejemplo, en la propuesta constitucional rechazada en 2023 se contenía una disposición que mandataba al legislador para crear un servicio público con este propósito. En todo caso, las víctimas hoy cuentan con la asistencia gratuita que presta la Corporación de Asistencia Judicial y las clínicas jurídicas de varias universidades, aunque dicho servicio —hay que decirlo— es llevado principalmente por postulantes que no son aún abogados. Y por supuesto, para quien cuente con los recursos económicos, se pueden contratar los servicios de un abogado particular para que ejerza los derechos como querellante.

En noviembre de 2025 se promulgó la Ley 21.780 que crea el Servicio de Acceso a la Justicia y Defensoría de Víctimas, cuya entrada en vigencia se efectuará en forma gradual en las distintas regiones del país a partir del año 2026. Este nuevo servicio vendrá a reemplazar las funciones que hasta ahora presta la Corporación de Asistencia Judicial, y estará a cargo, igual que esta última, de abogados asistidos por postulantes al título de abogado (artículo 21). Dentro de sus funciones estará la representación de ciertas víctimas en el proceso penal (artículo 3.4), en la medida que califiquen para ser usuarios del servicio por su condición de vulnerabilidad socio-económica (artículo 18).

Como contrapartida, se ha dicho que la presencia del querellante particular (víctima) y de otros querellantes institucionales provoca una distorsión relevante al perjuicio del imputado, quien deberá defenderse no de un acusador (uno contra uno), sino de muchos a la vez (uno contra muchos).

Penalistas como Jesús Silva-Sánchez han sostenido que la nomenclatura adecuada sería la de "presunta víctima", ya que mientras no haya sentencia firme no existirá certeza de que el delito se cometió (en el mismo sentido en que denominamos "imputado" y no "responsable").

6.3 La víctima como querellante

Uno de los derechos que el CPP otorga a la víctima es justamente presentar una querella criminal (artículo 109 b) del CPP), en que se deben exponer los hechos constitutivos de delito y los fundamentos de derecho, junto con la individualización del querellante y, si se sabe, del querellado. El estatus de querellante le otorga a la víctima una serie de derechos en el proceso, algunos muy importantes, como, por ejemplo, forzar la acusación, o sea, llevar un caso a juicio oral prescindiendo del Ministerio Público.

A la víctima que presenta una querella en el proceso se le denomina "querellante particular", en contraposición al "querellante institucional", que serían algunos órganos públicos que gozan de legitimación activa para ello, como ya vimos.

Por lo tanto, la víctima puede ser querellante solo si presenta una querella. Como ya dijimos, la presencia de la víctima, lo mismo que de la víctima-querellante no es requisito de procesabilidad. Es decir, su apersonamiento en el proceso es completamente voluntario. Puede existir un proceso e investigación sin víctima y sin querellante, salvo que la ley lo exija expresamente, como sucede en los delitos de acción penal privada, de acción penal pública previa instancia particular o cuando la ley exige la intervención de un querellante institucional.

A diferencia del imputado, el querellante no tiene derecho a que el Estado le proporcione un abogado para que lo represente en el proceso, y deberá recurrir necesariamente a un abogado particular, sin perjuicio de aquellas víctimas que se encuentran en una situación socio-económica vulnerable, que podrán ser representadas por el recientemente creado Servicio Nacional de Acceso a la Justicia y la Defensoría de Víctimas. La querella es un acto de imputación particular, que otorga adicionalmente al querellante algunos derechos. El artículo 83 de la CPR se consagra la facultad que tiene "el ofendido por el delito y las demás personas que determine la ley" para "ejercer igualmente [al Ministerio Público] la acción penal".

6.4 Derechos de la víctima y su ejercicio

La víctima puede no presentar una querella y actuar solo en calidad de denunciante durante el proceso, con derechos muy limitados, si se los compara con los del querellante. En todo caso, conserva una serie de prerrogativas consagradas en el artículo 109 del CPP como son: i) solicitar medidas de protección, ii) demandar civilmente al imputado y solicitar medidas cautelares reales, iii) ser oída en los casos que se solicite una suspensión condicional o se sobresea la causa, iv) el derecho a impugnar el sobreseimiento, y v) ser informada acerca de las postulaciones a la libertad condicional y permisos de salida del condenado (esto último agregado por la Ley 21.627 del año 2023).

Asimismo, es deber del Ministerio Público informar y proteger a la víctima, según ya vimos que disponen los artículos 6 y 78 del CPP; y asimismo las policías tienen el deber de prestar auxilio a la víctima, aun sin orden o instrucción previa del fiscal (artículo 83), y respecto de ella aplican también las medidas del artículo 308 del CPP para proteger su identidad en la audiencia de juicio oral.

También la víctima puede solicitar al fiscal de la causa la realización de determinadas diligencias de investigación para el esclarecimiento de los hechos (artículo 183), y puede solicitar también la reapertura de la investigación cuando esta es cerrada por el Ministerio Público (artículo 167), como veremos más adelante. También puede solicitar que se deje sin efecto el ejercicio del principio de oportunidad, como veremos también más adelante.

Ahora, es necesario reparar que el ejercicio de estos derechos de la víctima conlleva, en la gran mayoría de los casos, a que esta presente una querella, o al menos, que se haga representar por un abogado. El CPP no reguló expresamente este importante aspecto, pero resulta indudable que la víctima que desea, por ejemplo, impugnar la decisión de sobreseimiento definitivo de la causa, debe comparecer mediante abogado habilitado en la causa, por aplicación supletoria de la Ley 18.120 sobre comparecencia en juicio, que no contempla excepción alguna que le permita comparecer personalmente sin representación letrada.

Existe asimismo un vacío acerca de esta figura del "abogado de la víctima que no es querellante", que en la práctica se presenta en algunos casos. Podría pensarse que los derechos de la víctima que consagra el CPP son personalísimos, y no para que los ejerza un mandatario, y que el único mandatario autorizado sería el querellante que justamente representa a la víctima.

En 2011 entró en vigencia la Ley 20.516 que modificó el artículo 19 número 3 de la CPR, incorporando este inciso: "La ley señalará los casos y establecerá la forma en que las personas naturales víctimas de delitos dispondrán de asesoría y defensa jurídica gratuitas, a efecto de ejercer la acción penal reconocida por esta Constitución y las leyes", mandatando así al legislador para crear una suerte de "defensoría de las víctimas", cuestión que hasta la fecha no ocurre, debiendo la Corporación de Asistencia Judicial y las clínicas jurídicas de las universidades asumir esta función de forma gratuita.

Esta reforma fue consecuencia de una moción parlamentaria que pretendía "emparejar la cancha" de la víctima con el imputado en el proceso penal, igualando a ambos en el sentido de que todos cuenten con asistencia letrada gratuita a cargo del Estado. Detrás de esta reforma estuvo la idea de que el sistema procesal penal chileno es "arbitrariamente garantista", y que al mismo tiempo —o como consecuencia de ello— desprotege a la víctima. En cualquier caso, los estudios empíricos que se han efectuado acerca del rol del querellante en el proceso —en términos estadísticos— parece ser irrelevante, y dentro de las prioridades de las víctimas estaría la reparación de las consecuencias sufridas por el delito, más que contar con asistencia de un abogado. Por lo mismo, las futuras reformas debieran ir encaminadas a ese objetivo.

De todas formas, la intervención de la víctima sigue siendo fundamental en muchas categorías de delito, al menos por dos razones, que muchas veces son copulativas en ciertos procesos. Por un lado, suele ser la principal o a veces la única fuente de información acerca de los hechos investigados. Y, por otro, los tribunales suelen estimar que la acción penal carece de plausibilidad si la víctima no es un participante activo en el proceso. Esto es especialmente gravitante en los delitos sexuales, en que el único testigo suele ser la víctima: si esta no declara en juicio, es muy posible que el caso termine en absolución. Asimismo, en delitos patrimoniales ejecutados sin violencia, el desinterés de la víctima posiblemente lleve a un cierre anticipado por parte de la Fiscalía. Y en los delitos de acción penal privada, la acción sencillamente no puede ser ejercida sino por la víctima.

6.5 La víctima y el Ministerio Público

En un sistema marcadamente acusatorio como el chileno, la presencia del acusador público será —salvo en los delitos de acción penal privada— un requisito de procesabilidad. Esto significa que la intervención de la Fiscalía es imprescindible para sostener la investigación y eventual acusación. Como vimos, no ocurre lo mismo con la víctima y querellante, cuya presencia es accidental y voluntaria, y no es requisito de procesabilidad.

Ahora, cuando coexisten la víctima y, eventualmente, el querellante con el Ministerio Público, surgen una serie de situaciones, que son las que estudiaremos a continuación.

Se ha dicho que la víctima actúa como factor de control externo de las actuaciones del Ministerio Público; aunque esto es más propio afirmarlo del querellante, como ya vimos, dadas las escasas prerrogativas de la víctima en el proceso.

Es importante entender que el Ministerio Público no encarna ni representa los intereses de la víctima en el proceso, sino los intereses del Estado —la sociedad toda— en la persecución de los delitos. Muchas veces los intereses del fiscal pueden no coincidir con los del querellante. Por ejemplo, en un delito que objetivamente no es muy grave (lesiones leves), pero que para la víctima le produjo un gran impacto emocional, su interés puede ser llevar el caso a juicio oral; el fiscal, en cambio, instará por un cierre temprano y una indemnización para la víctima.

Por lo mismo, se ha dicho que resulta problemático que una de las funciones asignadas al Ministerio Público sea justamente la de proteger a la víctima. En cualquier caso, estudios cuantitativos acerca del rol de la víctima y querellante en el proceso han mostrado que la situación de intereses divergentes con el Ministerio Público parece ser la excepción y no la regla.

6.6 ¿Es titular la víctima de garantías fundamentales?

Hemos dicho en este trabajo que el proceso penal es terreno fértil para que se perpetren vulneraciones más o menos graves a las garantías fundamentales del imputado. Ello ocurre por la naturaleza de la labor investigadora, que en muchos casos no dispone de otros medios para obtener cierta información en un contexto en que el imputado no está obligado a colaborar. Estas vulneraciones deben ser autorizadas por el juez de garantía, en la mayoría de los casos. Pero sucederá que las policías o los fiscales podrían vulnerar estas garantías al margen de la legalidad. Así, un interrogatorio en que se coacciona o engaña al imputado, violentando su garantía de no confesar contra sí mismo; o la interceptación de comunicaciones telefónicas sin orden judicial previa, que violenta la garantía de la privacidad de estas.

Estas vulneraciones podrían también afectar a la víctima, por ejemplo, en las llamadas "investigaciones paralelas" que desarrolle la defensa para sustentar probatoriamente una hipótesis alternativa. Así, la defensa podría en un caso hackear la cuenta de correo electrónico de la víctima para sustentar una coartada.

Es nuestra opinión que la víctima no es titular de garantías fundamentales en el proceso penal, ni que deban ser resguardadas por el Estado y que este puede eventualmente transgredir. Como hemos dicho, estas garantías fundamentales se predican respecto de un único interviniente, que es el imputado, quien es sometido a la investigación por parte del Estado. Por lo tanto, el único que puede incurrir en estas vulneraciones será el Estado, y el único perjudicado será el imputado, quien se encuentra naturalmente en una situación de profunda asimetría y desventaja frente al persecutor estatal y las policías, principalmente motivadas por las sospechas que sobre él recaen.

Pero, por otro lado, sí nos parece correcto afirmar que la víctima es titular de ciertos derechos y prerrogativas procesales en la investigación y en el juicio, como es el de la tutela judicial efectiva y que se permita su rol como acusador particular, en respeto de su garantía del debido proceso. En este sentido, el derecho a un debido proceso es transversal para todos los intervinientes del proceso penal, incluida la víctima. La víctima evidentemente ha sufrido las consecuencias del delito, a veces con secuelas que pueden ser traumáticas o irreparables; pero frente al Estado persecutor no está en posición alguna de desventaja que permita afirmar que es titular de garantías fundamentales que el Estado puede trasgredir en su perjuicio. Esta opinión, no es en todo caso pacífica. En un fallo de la Corte Suprema del año 2004 (rol 1024-2004) se resolvió que las víctimas y testigos sí serían titulares de garantías fundamentales en el proceso penal, acogiéndose un amparo constitucional en su favor, en un caso en que se les había apercibido de comparecer al proceso mediante arresto. En este caso, se estimó que el actuar del juez de garantía había afectado la libertad personal de la víctima.

6.7 El nuevo estatus legal de las víctimas que son niños, niñas o adolescentes

En enero de 2017 entró en vigencia la Ley 21.057 que "regula entrevistas grabadas en video y otras medidas de resguardo a menores de edad, víctimas de delitos sexuales", que comenzó a regir en forma escalonada en el territorio nacional, teniendo aplicación nacional a fines de 2022. A esta norma se sumó la entrada en vigencia de la Ley 21.430 sobre garantías y protección integral de los derechos de la niñez y adolescente de marzo de 2022.

La primera de estas normas dispuso un estatuto diferenciado y especializado, que se aplica con preferencia a las reglas del CPP en lo que atañe a las víctimas que sean niños o niñas (personas menores de catorce años) o adolescentes (mayores de catorce pero menores de dieciocho años) de los delitos de los párrafos 5 (violación), 6 (estupro y otros delitos sexuales) y 6 bis (explotación sexual comercial y material pornográfico de niños, niñas y adolescentes) del título VII del libro segundo; y en los artículos 141, incisos cuarto (secuestro) y quinto (secuestro con homicidio, lesiones o violación); 142 (sustracción de menores); 372 bis (violación con homicidio); 390 (parricidio); 390 bis (femicidio); 390 ter (homicidio en razón de género); 391 (homicidio); 395 (castración); 397, número 1 (lesiones graves); 411 bis (tráfico de migrantes); 411 ter (trata de personas); 411 quáter (trata de personas); y 433, número 1 (robo con violación u homicidio); todos del Código Penal.

Esta norma creó un estatus diferenciado para este tipo de víctimas, con el objeto de prevenir la llamada victimización secundaria, o sea, el padecimiento y perjuicios psicológicos que sufren los niños, niñas y adolescentes como consecuencia de los distintos actos del procedimiento.

También se pretende, a través de esta norma, la obtención de mayor y mejor información por parte de víctimas y testigos que están en una especial situación de vulnerabilidad respecto de delitos que muchas veces son cometidos por personas cercanas o familiares. Se trata de una norma que pretende adecuar las reglas del CPP a las especiales características cognitivas y de desarrollo y maduración psicológica de los menores de edad, en concordancia con los tratados internacionales suscritos por Chile (el más importante, la Convención de los Derechos del Niño de la Organización de las Naciones Unidas ratificada en 1990).

No puede perderse de vista que muchos de los llamados delitos sexuales tienen características especiales que los diferencian sustancialmente respecto de las restantes figuras del Código Penal, tanto por su modalidad comisiva, por la dificultad para acreditarse (en ausencia de otros testigos distintos de la víctima), como porque víctima y victimario suelen ser personas conocidas o ligadas por relaciones de familia.

Entre otras innovaciones, se establecieron reglas muy específicas respecto del procedimiento para la toma de la denuncia que hagan los menores de edad, que revisaremos en mayor detalle cuando estudiemos esta especial forma de inicio de la investigación.

En 2023 entró en vigencia la Ley 21.565 que estableció un régimen de protección y reparación integral a favor de víctimas de los delitos de femicidio y suicidio femicida y sus familias, creándose una nueva medida de protección consistente en un fuero laboral desde perpetrado el hecho hasta un año después del hecho, reglado por el artículo 174 del Código del Trabajo.

6.8 Nuevo estatuto de las víctimas mujeres en razón de su género

En junio de 2024 entró en vigencia la Ley 21.675 que "estatuye medidas para prevenir, sancionar y erradicar la violencia en contra de las mujeres, en razón de su género". Se trata de un cuerpo legal que abarca múltiples materias, entre otras —en lo que nos interesa—, normas procedimentales para la persecución de delitos que amenacen o dañen la vida, la integridad física o psíquica de la mujer. A pesar de las buenas intenciones del legislador, la técnica legislativa no parece la más adecuada, ya que —nuevamente— se crea un cuerpo legal extravagante al CPP con reglas cuya aplicación no siempre queda clara respecto del régimen general.

En cualquier caso, el artículo 2 de esta ley se encarga de aclarar que esta se aplica en las niñas, adolescentes y mujeres adultas, definiendo cada uno de estos conceptos. Así, una niña para esta ley será una mujer de hasta catorce años; una adolescente, una mujer de entre catorce y dieciocho años; y una mujer adulta será "toda mujer que sea mayor de dieciocho años". Finalmente, el vocablo "mujeres" abarca a las niñas, adolescentes y adultas, sin distinción. En este punto, la norma parece tautológica y quizás exprofeso definió a las "mujeres" simplemente como tal, sin precisar si se refiere exclusivamente a personas de sexo femenino o si abarca a personas de otros sexos que se autoperciban como mujeres. Sin embargo, no debe perderse de vista que la norma habla de "en razón de su género", lo que sería más amplio que el sexo biológico. En cualquier caso, parece un asunto discutido y discutible, donde colisionarán las teorías de género contemporáneas con otras visiones, incluidas las de ciertas corrientes feministas, que abogan por una concepción restringida del concepto mujer, solo reservada para personas de sexo femenino.

El artículo 32 de esta ley dispone una serie de "derechos y garantías procedimentales", entre ellos el "contar con asistencia y representación judicial" y "no ser enjuiciadas, estigmatizadas, discriminadas ni cuestionadas en base a estereotipos de género, por su relato, conductas o estilo de vida". Como se aborda en otra parte de este trabajo, las preconcepciones y prejuicios de los agentes policiales muchas veces pueden entorpecer las labores investigativas, al asumirse como verdaderos ciertos hechos que no son tales. En este sentido, parece acertada la precisión que aquí hace el legislador.

Respecto de este derecho a la asistencia letrada, el artículo 37 de la misma ley precisa que el Servicio Nacional de la Mujer y la Equidad de Género, a requerimiento de la víctima, "podrá interponer acciones judiciales, asumir el patrocinio y representación de las mujeres víctimas de los hechos de violencia de género". En todo caso, la misma norma dispone que esta obligación quedará supeditada a los "estándares técnicos y requisitos formales" que establezca un reglamento de dicho servicio.

Un asunto sumamente sensible que esta ley no abarcó se refiere al *mérito probatorio* de las declaraciones de víctimas mujeres de delitos violentos o en el ámbito de su libertad e indemnidad sexual. Durante los últimos años se ha dado un acalorado debate acerca de si estos testimonios corresponden a los de un "testigo privilegiado"; y así el movimiento feminista ha enarbolado la conocida frase "*amiga, yo te creo*" como una pretensión de cambio de paradigma, pero que, como decimos, no ha tenido consagración normativa. Más adelante trataremos en detalle este asunto.

6.9 ¿Puede la víctima ser imputada en la causa en que presentó denuncia o querella?

Es interesante notar que la calidad de víctima y querellante, generalmente, es asignada por la propia persona que se atribuye esa calidad respecto de un determinado hecho, quien decide presentar la denuncia o querella. En cambio, la calidad de imputado, generalmente, es asignada por la Fiscalía o el querellante. Decimos "generalmente" porque también puede suceder que el Ministerio Público determine que cierta persona tiene la calidad de víctima, o bien que el propio imputado se asigne a sí mismo esa calidad en una autodenuncia, por ejemplo.

En algunas investigaciones se ha constatado que quien compareció inicialmente como querellante o víctima, finalmente termina por ser imputada por la Fiscalía o querellada por otras víctimas. Pensemos en el siguiente ejemplo: en un caso en que muere una persona, muy posiblemente por un homicidio, presenta querella criminal su cónyuge, quien, a su vez, resulta imputado por la Fiscalía en su calidad de principal sospechoso.

¿Puede una misma persona revestir ambas calidades que aparecen a primera vista como incompatibles?

En la ley no existe solución alguna para este asunto. Sin perjuicio de ello, en la práctica sucede que —paradójicamente— el tribunal de garantía permite que el mismo sujeto mantenga ambas calidades. Así, en el ejemplo que dimos, el mismo sujeto deberá defenderse en calidad de imputado, pero paralelamente podría ejercer derechos como querellante en el proceso.

7. Policías

Las policías no son propiamente un interviniente en el proceso penal, sino un auxiliar del Ministerio Público y un "sujeto procesal" en la nomenclatura del título IV del libro I del CPP.

El artículo 79 del CPP dispone que las investigaciones que dirige el Ministerio Público serán auxiliadas por defecto por la Policía de Investigaciones de Chile (PDI), de acuerdo con las instrucciones que le den los fiscales, cuya tarea primordial es ser una verdadera "policía judicial" (investigativa), como se denomina en el sistema español. Sin perjuicio de esto, los fiscales podrán ser auxiliados también por Carabineros de Chile, pero solo en los casos que así lo dispusieren.

En 2023 la Ley 21.555 agregó un nuevo inciso al artículo 79 del CPP, que dispone que Gendarmería de Chile también tendrá el carácter de órgano investigador bajo la dependencia funcional del Ministerio Público "para la realización de diligencias de investigación en el interior de establecimientos penales". No hay que olvidar que dentro de los establecimientos bajo el gobierno de Gendarmería de Chile también se cometen delitos.

También ejercen labores investigativas de los hechos constitutivos de delitos la policía marítima, que es parte de la Armada de Chile, en las zonas en que tiene jurisdicción (naves, artefactos navales, recintos portuarios, playas), pudiendo incluso desarrollar algunas diligencias de investigación en forma autónoma, aunque la regla general es que actúe bajo la dirección del Ministerio Público (artículo 34 inciso primero letras a), b) y c) de la Ley Orgánica de la Dirección General del Territorio Marítimo y Marina Mercante). Las Fuerzas Armadas también ejercen labores investigativas en las zonas fronterizas, como controles de identidad, registro y detención de personas (Decreto con Fuerza de Ley número 1 de 9 de febrero de 2023).

La PDI se rige por el Decreto Ley 2.460 de 1979, en cuyo artículo 4 se señala que su misión fundamental es la investigación de los delitos en conformidad a las instrucciones impartidas por el Ministerio Público, sin perjuicio de sus facultades autónomas de investigación. Según su artículo 1 se trata de una institución de carácter técnico, profesional y científico, integrante de las fuerzas de orden bajo la dependencia del Ministerio de Seguridad Pública (desde el 1 de abril de 2025, en virtud de la Ley 21.730), sometido a un régimen jerárquico y disciplinario estricto. Entre sus funciones está el realizar controles migratorios y representar a Chile en la Interpol, que es la Organización Internacional de Policía Criminal, con 196 países miembros, y que facilita el intercambio de información entre los países respecto de delitos y sus responsables.

Por su parte, Carabineros de Chile se rige por su Ley Orgánica Constitucional 18.961 de 1990. Se trata de una institución técnica y de carácter militar, que integra la fuerza pública y que existe para dar eficacia al derecho. Su finalidad es mantener y garantizar el orden público y la seguridad pública interior en todo el territorio de la nación, bajo la dependencia del Ministerio de Seguridad Pública (desde el 1 de abril de 2025, en virtud de la Ley 21.730). Dispone de varias brigadas especializadas, como el OS7 (departamento antidrogas), OS9 (departamento de investigación de organizaciones criminales), GOPE (Grupo de Operaciones Policiales Especiales), SIAT (Sección de Investigación de Accidentes de Tránsito) y SIP (Sección de Investigaciones Policiales). En su artículo 4 se dispone que tienen la función de colaborar con el Ministerio Público en la investigación de los hechos constitutivos de delitos.

En la práctica, el Ministerio Público dirige a ambas policías (PDI y Carabineros) en sus labores investigativas, lo que es un problema significativo en nuestro sistema de persecución penal, por la superposición y redundancia de funciones, y por la poca o nula especialización de Carabineros respecto de tareas investigativas complejas. Como señaláramos más arriba, la Reforma Procesal Penal se puso en marcha con dos grandes déficits, como fue no intervenir las policías ni el sistema penitenciario, situaciones que siguen "al debe" hasta el día de hoy. Es posible que haya habido razones históricas para no quitarle funciones ni influencia a Carabineros después de la entrada en democracia en 1990, dado que su director general integró justamente la Junta de Gobierno entre 1973 y ese año. Como dijimos, Carabineros es legalmente una policía militarizada.

Lo razonable sería que nuestro sistema contara con solo una policía judicial moderna, como podría ser la PDI, pero dicha reforma no ha sido puesta en marcha. Lamentablemente, Carabineros de Chile ha entrado en una espiral de desprestigio en los últimos años no solo por mostrarse como una institución anticuada, burocrática e ineficiente, sino también por los graves casos de corrupción a nivel directivo (*Pacogate*) y las acusaciones de uso excesivo de la fuerza a propósito de las revueltas de octubre de 2019. Asimismo, su rol como investigadores de delitos está profundamente cuestionado a propósito del escándalo de producción de pruebas falsas en una investigación criminal de inteligencia (Operación Huracán). Todo esto se ve agravado por la inexistencia de un aparato profesional de inteligencia, más allá de las disminuidas funciones que hoy detenta la Agencia Nacional de Inteligencia (ANI).

El artículo 83 inciso 3 de la CPR, el artículo 80 del CPP y el artículo 4 de la LOCMP entregan al Ministerio Público una superintendencia funcional respecto de las policías, o sea, la facultad para impartir órdenes directas durante la investigación, despojando a la policía de la facultad de cuestionarlas. Sin embargo, las policías no dependen orgánica, jerárquica ni disciplinariamente del Ministerio Público, sino de otras entidades.

En el caso de Carabineros, estos hoy dependen del Ministerio de Seguridad Pública (Poder Ejecutivo), después de una dependencia histórica del Ministerio de Defensa, hasta el año 2011, y luego del Ministerio de Interior y Seguridad Pública, hasta 2025. La PDI actualmente depende del mismo Ministerio de Seguridad. Esta doble dependencia crea problemas de importancia en el funcionamiento de las policías, ya que los fiscales no tienen control disciplinario alguno respecto de los excesos u omisiones en que puedan incurrir los funcionarios policiales en sus labores investigativas (y de prevención y represión del delito también).

Nuestro sistema de persecución penal funciona sobre la base de un fiscal que en la práctica delega buena parte de las labores de investigación en las policías, y con dichos informes, adopta las decisiones de formalizar, acusar, o bien archivar o sobreseer.

Una notable excepción a esto último son las fiscalías de "alta complejidad" y algunas fiscalías al investigar delitos complejos, en que los fiscales se involucran personalmente en las indagatorias. Esto contrasta con algunos sistemas comparados (Alemania o Estados Unidos), en los que es la policía judicial la que lleva las indagatorias en forma bastante autónoma, y es el fiscal quien sencillamente las lleva a juicio.

La labor de las policías es fundamental en el nuevo proceso penal, ya que —a diferencia de lo ocurrido hasta el 2000— las simples evidencias o antecedentes recogidos durante la indagatoria no son prueba en el sentido procesal del término, mientras no pasen el estricto control de la audiencia preparatoria de juicio oral y el propio juicio oral.

En la práctica, las policías pueden no funcionar bajo el principio de la presunción de inocencia, de lo contrario, no podrían dirigir investigación alguna. Esto significa que toda la evidencia que recojan las policías deberá pasar por el estricto cedazo de las defensas y del tribunal respecto de la posible vulneración de garantías fundamentales de los imputados, lo que podría terminar anulando esa prueba, el proceso completo y la sentencia. Este estricto control irradia (o debiera irradiar) la actuación de las policías, quienes debieran practicar sus indagatorias respetando de las garantías fundamentales de los imputados, con miras a que dicha evidencia tendrá que ser validada en un juicio oral posterior. Sobre esto se hablará más adelante en detalle, a propósito de la llamada prueba ilícita.

8. Tribunales con competencia penal

Como señalamos más arriba, para el CPP los tribunales con competencia penal no son intervinientes, sino *sujetos procesales*.

En Chile, los tribunales con competencia penal son los Tribunales de Garantía, los Tribunales de Juicio Oral en lo Penal, las Cortes de Apelaciones y la Corte Suprema. Esta competencia es exclusiva y excluyente de otros tribunales distintos de los mencionados. A mayor abundamiento, el artículo 230 del Código Orgánico de Tribunales dispone expresamente que las causas criminales no pueden ser objeto de un arbitraje privado entre partes.

No existen en nuestro sistema los jueces de instrucción, o sea, aquellos con facultades investigadoras, ni tampoco los tribunales de jurados o escabinados (estos últimos integrados al mismo tiempo por jurados legos y jueces profesionales). Los jueces de instrucción son propios, por ejemplo, del sistema español, de rasgos acusatorios aunque menos marcados que el chileno. Los jurados integrados por jueces legos o escabinados funcionan en muchos países con sistemas acusatorios, como la misma España, Francia, Alemania y en los sistemas de *Common Law*; en estos últimos de forma muy extendida.

Tratándose de asuntos penales, no existe la posibilidad de prorrogar la competencia a jueces arbitrales o privados, o jueces distintos de los que la ley señala, como garantía del derecho al juez natural, o sea, aquel establecido en la ley con anterioridad a la perpetración del hecho.

Por lo mismo, no existen en Chile "tribunales *ad hoc*" ni menos comisiones especiales para juzgar delitos, como tampoco tribunales que estén fuera de la organización jerárquica del Poder Judicial. El propósito de esto es evitar injerencias indebidas del poder político en la designación de jueces para el conocimiento de casos determinados, en perjuicio del imputado, por motivaciones políticas o de otro tipo.

Es importante notar que los tribunales con competencia penal no obedecen a la clásica estructura piramidal jerárquica que existe, por ejemplo, para la justicia civil, en que en la base existen numerosos jueces de letras de primera instancia, cuyas decisiones son revisadas por la respectiva Corte de Apelaciones; y a su vez estas últimas validadas o anuladas por la Corte Suprema, como vértice de la pirámide y control de cierre del sistema.

Así, es impropio hablar de los Tribunales de Garantía como "de primera instancia"; en rigor, en materia procesal penal no existen instancias, ya que los controles jurisdiccionales lo serán primordialmente a través de recursos excepcionales de nulidad, para revisar solamente la aplicación del derecho. Esto, como hemos dicho, por la centralidad que se pretende para el juicio oral, por lo que sería inoficioso y demasiado demoroso recrear el juicio oral ante cada Tribunal Superior para que revisara la corrección de la decisión tomada.

También sería un error decir que los tribunales de juicio oral en lo penal revisan las decisiones de los Tribunales de Garantía, porque ello no es así; ni tampoco que la Corte Suprema revisa las decisiones de las Cortes de Apelaciones. En rigor, los asuntos penales, dependiendo de su cuantía, serán resueltos o bien por un juez de garantía, o por un Tribunal de Juicio Oral en lo Penal. Asimismo, la Corte Suprema tiene una particularidad competencia *per saltum*, al revisar las sentencias definitivas de los Tribunales de Juicio Oral en lo Penal o de Garantía vía recurso de nulidad, como veremos más adelante.

Estudiaremos brevemente a continuación cuáles son las competencias específicas de cada uno de los tribunales con competencia penal.

8.1 Juez de garantía

La ley emplea la voz "juez de garantía" y no tribunal de garantía —aunque esta última parece más adecuada de acuerdo con los parámetros de lenguaje inclusivo— porque no todos los jueces de garantía ejercen sus funciones en un tribunal de garantía. Normalmente ello será así, pero existen comunas pequeñas y/o aisladas, en que es el mismo juez de letras quien tiene la función de juez de garantía (por ejemplo, en las comunas de Chañaral y Panguipulli).

Pero la regla general es que existan Tribunales de Garantía para una comuna o agrupación de comunas; cada tribunal puede tener uno o más jueces o juezas. Por ejemplo, el Tribunal de Garantía de Tocopilla tiene un solo juez, mientras que los Juzgados de Garantía de Santiago pueden tener más de diez. En cualquier caso, los

Tribunales de Garantía, tengan uno o muchos jueces, funcionan como tribunales unipersonales y no colegiados.

Al igual que el resto de los tribunales de primera instancia en Chile, la competencia de los Tribunales de Garantía está fijada para una comuna determinada o un grupo de comunas.

Como su nombre lo indica, una de las principales funciones de los Tribunales de Garantía es resguardar las garantías fundamentales del imputado durante la investigación (artículo 14 a) del COT); es un tribunal plenamente de control de la labor indagatoria del Ministerio Público. Y, como hemos dicho, no desarrolla labor investigativa ninguna dentro del proceso, con la sola excepción de ordenar la reapertura de investigación (en rigor, para ordenar a la fiscalía efectuar ciertas diligencias) y en los delitos de acción penal privada.

Dentro de sus competencias, el tribunal de garantía es quien toma la audiencia de control de detención, la de cautela de garantías del artículo 10 del CPP, la declaración judicial del imputado, la de formalización y discusión sobre medidas cautelares, suspensión condicional del procedimiento, acuerdos reparatorios, sobreseimiento temporal y definitivo, entre otras.

Todas las salidas anticipadas y alternativas son aprobadas por el juez de garantía. Así, el principio de oportunidad, facultad de no iniciar investigación y archivo provisional.

Pero más allá de estas funciones de control del ejercicio de las garantías del imputado durante el procedimiento y la investigación, el Tribunal de Garantía es quien celebra la audiencia preparatoria de juicio, en la que se fija el objeto del juicio oral, se resolverán las excepciones de previo y especial pronunciamiento y se determinará qué pruebas podrán rendirse en el juicio mismo y cuáles no.

La asignación de estas funciones al juez de garantía es todavía algo polémico, desde que idealmente el juez de la etapa intermedia debiera ser distintos al del control de la investigación, por evidentes razones de imparcialidad.

Como veremos más adelante, el Tribunal de Garantía no tiene control alguno ni sobre la formalización de cargos ni sobre la acusación del fiscal; pero sí debe autorizar al querellante particular a forzar la acusación, en aquellos casos en que el Ministerio Público no desee llevar un caso a juicio.

El juez de garantía ejerce también funciones plenamente jurisdiccionales de conocimiento y juzgamiento, como las audiencias de los procedimientos simplificados (que es finalmente, un juicio oral), los juicios abreviados, y los monitorios. Como veremos más adelante, estos juzgamientos a cargo del juez que controló la investigación, y más aún el del juicio abreviado, son soluciones muy desaconsejables al comprometer la garantía de imparcialidad.

En Chile no existen tribunales especializados en el juzgamiento de adolescentes imputables y, por lo mismo, los Tribunales de Garantía son competentes para esta función, aplicando las reglas de la Ley 20.084 sobre responsabilidad penal adolescente; lo mismo ocurre con los tribunales de juicio oral en lo penal. Obviamente, lo deseable habría sido tener una jurisdicción especializada, dadas las particularidades de los imputados adolescentes, y de los fines explícitamente resocializadores de las sanciones que deben aplicárseles.

Finalmente, es el tribunal de garantía el encargado de la ejecución de las condenas y de las medidas de seguridad, y de resolver los reclamos y solicitudes relativos a dicha ejecución, a falta de un tribunal especializado, sensible vacío sobre el que se hablará más adelante (artículo 14 f) COT y 466 CPP).

8.2 Tribunal de Juicio Oral en lo Penal

Originalmente denominados Tribunal Oral en lo Penal —y aun hoy abreviados simplemente como TOP—, los Tribunales de Juicio Oral en lo Penal (TJOP) tienen competencia para el juzgamiento de todos los crímenes y simples delitos que no sean de competencia de los Tribunales de Garantía; es decir, que no correspondan a delitos juzgables mediante procedimientos simplificados, abreviados o monitorios (artículo 18 del COT). También resuelve sobre las medidas cautelares personales y reales respecto de los imputados sometidos a juicio en dicho tribunal.

Los Tribunales de Juicio Oral en lo Penal funcionan en salas compuestas de al menos tres miembros. Generalmente estos tribunales, en las ciudades más grandes, están compuestos de un *pool* de jueces (artículo 21 del COT), que integran las distintas salas que sea necesario formar para conocer de los juicios orales. Por ejemplo, el Primer TJOP de Santiago está compuesto por doce jueces. Estos tribunales tienen una competencia territorial sobre una comuna o grupo de comunas, de la misma forma que los Tribunales de Garantía.

Tanto a los jueces de garantía como a los de los Tribunales de Juicio Oral en lo Penal se les da el trato de "señoría" (artículo 306 inciso segundo del COT), aunque también es aceptable el más coloquial "magistrado", o simplemente "juez" o "jueza", según el caso.

8.3 Inhabilidades y subrogaciones de jueces de garantías y de jueces de los Tribunales de Juicio Oral en lo Penal

Las inhabilidades de los jueces en Chile están reguladas en forma muy arcaica y defectuosa a través de un sistema de *numerus clausus* de las llamadas implicancias y recusaciones (artículos 195 y 196 del COT), que lamentablemente no abarcan las múltiples situaciones que pueden afectar la imparcialidad de los jueces.

Respecto de los jueces de garantía, su inhabilidad puede plantearse en cualquier momento hasta antes de la celebración de la audiencia preparatoria de juicio oral (artículo 75 del CPP).

En el caso de los jueces de un Tribunal de Juicio Oral en lo Penal, deberán plantearse dentro de los tres días siguientes de notificada la resolución que cita a las partes a la audiencia de juicio oral y debe resolverse con anterioridad a que comience este. Si los hechos que sustentan la causal de inhabilidad llega a conocimiento de la parte perjudicada una vez vencido este plazo de tres días, pero antes de comenzar el juicio oral, el incidente deberá promoverse al inicio del juicio. Si el juicio ya comenzó, no se podrá pedir la inhabilitación de juez alguno; aunque estos conservan la facultad de inhabilitarse de oficio.

Las reglas de subrogación de los jueces de garantía inhabilitados están en los artículos 206 y 207 del COT. Cuando son Tribunales de Garantía con varios jueces, que es la situación más habitual, lo subroga otro juez del mismo tribunal. Si se trata de un juez unipersonal, deberá ser subrogado por el juez del juzgado con competencia común de la misma comuna, o a falta de este, por el secretario letrado de dicho juzgado.

Respecto de los jueces de los Tribunales Orales en lo Penal, se subrogan por otro juez del mismo tribunal, o si ello no es posible por un juez de otro TJOP de la jurisdicción de la misma Corte. También los jueces de garantía pueden subrogar a los jueces de un TJOP, pero un juez de un TJOP no puede subrogar a un juez de garantía (artículos 209 y 210 A del COT).

La Ley 21.694 de 2024 introdujo un nuevo artículo 226 Y del CPP, titulado "Medidas de protección de jueces", que permite a los jueces de garantía y de Tribunales de Juicio Oral en lo Penal mantener reserva de su identidad "por motivos de seguridad y en casos graves y calificados", cuando se trate de investigaciones de asociaciones delictivas o criminales. Esta reserva, en todo caso, no alcanza al fiscal y defensor, quienes siempre podrán conocer la identidad del juez, justamente para efectos de hacer valer las eventuales causales de implicancia y recusación. La revelación de esta identidad podría acarrear sanciones penales según dispone la misma norma, por remisión al artículo 226 O del CPP.

El inciso segundo de este nuevo artículo 226 Y dispone que "respecto del juez que haga reserva de su identidad en los términos señalados en el inciso precedente, las causales legales de recusación serán consideradas como causas de implicancia para su procedencia, declaración, tramitación y efectos, especialmente para lo dispuesto en el literal a) del artículo 374 del presente Código [referido a una causal absoluta de nulidad] y en el artículo 224 del Código Penal". Esta última referencia debe ser entendida respecto de la hipótesis del numeral 7 del artículo 224 del CP, que tipifica el delito de prevaricación judicial "cuando con manifiesta implicancia, que les sea conocida y sin haberla hecho saber previamente a las partes, [el juez] fallaren en causa criminal o civil".

A juicio del profesor Javier Castro Jofré, estas medidas de protección podrían ser invocadas por los "jueces de tribunales superiores"; interpretación que contradice en todo caso el tenor literal del inciso primero del artículo 226 Y, que habla exclusivamente del juez de garantía y de los jueces del tribunal de juicio oral en lo penal.

8.4 Comité de jueces y unidades administrativas (artículos 22-26 COT)

Tanto los Tribunales de Juicio Oral en lo Penal como los Tribunales de Garantía cuentan con un órgano denominado "comité de jueces", que, a su vez, designa a un administrador del tribunal, que asume las funciones administrativas del órgano. Este órgano vino a ser un importante avance en la segregación de funciones asumidas por los jueces, con la intención de que se concentren en las labores jurisdiccionales.

El comité de jueces debe establecer un procedimiento objetivo y general para la distribución de causas entre los jueces que integran el tribunal, y además asume la dirección administrativa y presupuestaria (artículo 15 del COT).

Cada tribunal cuenta con unidades administrativas, como la unidad de sala, que coordina a una serie de funcionarios que presta apoyo técnico y organizativo de cada sala del tribunal (agenda, registros de las audiencias, envío y recepción de oficios, entre muchos otros); la unidad de atención de público, y la unidad de servicios informáticos y de contabilidad, entre otras.

8.5 Conflictos de competencia entre tribunales

El artículo 157 del COT establece la regla general para que una determinada causa se radique ante un Tribunal de Garantía o de Juicio Oral en lo Penal: que se trate del tribunal donde se hubiere cometido el delito, precisándose que se trata del lugar donde "se hubiere dado comienzo a su ejecución".

Como dijimos, los Tribunales de Garantía funcionan sobre la base de competencias territoriales por comunas o grupos de comunas. En rigor, todos los Tribunales de Garantía y de Juicio Oral en lo Penal gozan de competencia para conocer de causas criminales, pero pueden ser territorialmente incompetentes para hacerlo.

El asunto de la competencia territorial, a partir de la entrada en vigencia de la Ley 20.886 sobre tramitación electrónica, y de las leyes que han permitido la comparecencia remota en audiencias, parece haber perdido el sentido que alguna vez tuvo; sobre todo en ciudades como Santiago, en que todos los tribunales funcionan en un mismo edificio (Centro de Justicia de Santiago). En cualquier caso, se trata de la ley vigente y —de momento— establece un sistema objetivo de asignación de las causas, además de evitar o trata de evitar el *forum shopping*. De todas formas, la prórroga de la competencia territorial de los tribunales penales no está permitida, por disponerlo así el artículo 182 del COT.

Ahora, como quedó demostrado durante 2020, 2021 y 2022, los tribunales con competencia penal pudieron funcionar exclusivamente o mayoritariamente en forma telemática, lo que sugeriría evaluar, a futuro, si es razonable mantener estas reglas de competencia territorial, y si quizás no sería más lógico distribuir el trabajo en forma más pareja entre todos los tribunales por igual. Asimismo, la competencia territorial puede ser un factor sumamente complejo para ciertos casos sensibles, en que los jueces pueden sentirse presionados para resolver de una determinada forma, o derechamente por estar amedrentados por miembros de la comunidad a la que pertenecen. Esto ha sucedido en la región del Biobío y La Araucanía, a propósito del enjuiciamiento de personas pertenecientes a pueblos originarios. Lamentablemente, el COT no contempla directrices para sustraer ciertos casos de estas reglas, salvo por razones de fuero y solo para la fase investigativa del Ministerio Público (no la jurisdiccional). En España, por ejemplo, existe la Audiencia Nacional, que es un tribunal especializado en causas de delitos complejos o graves —terrorismo, entre otros—, que funciona únicamente en Madrid.

El CPP vino a regular aspectos procedimentales de los llamados "conflictos de competencia", justamente para evitar los problemas que se producen, por ejemplo, en la justicia civil, donde se le denominan "cuestiones de competencia". Así, el artículo 72 del CPP dispone que aun cuando exista un conflicto de competencia entre Tribunales de Garantía, todos ellos conservan la propia para decretar las medidas y autorizaciones urgentes que le solicite la fiscalía; y teniendo competencia para resolver sobre la libertad del imputado privado de ella al juez del territorio del centro penitenciario, previendo así que se aleguen nulidades procesales futuras.

Incluso, el artículo 73 del CPP establece una convalidación *ex post*, en el sentido de que "todas las actuaciones practicadas ante los jueces que resultaron incompetentes serán válidas, sin necesidad de ratificación por el juez que fuere declarado competente". Dirimida que sea la competencia, las personas privadas de libertad deben ser puestas a disposición del tribunal que se ha declarado competente.

Esta regla del CPP es coherente con lo dispuesto en el inciso cuarto del artículo 157 del COT, que dispone que "cuando las gestiones debieren efectuarse fuera del territorio jurisdiccional del juzgado de garantía y se tratare de diligencias urgentes, la autorización judicial previa podrá ser concedida por el juez de garantía del lugar donde deban realizarse". Asimismo, en los casos en que haya conflictos de competencia, "cada uno de ellos estará facultado para otorgar las autorizaciones o realizar las actuaciones urgentes, mientras no se dirimiere la competencia".

Al igual que sucede con las inhabilidades de los jueces que ya vimos, no se puede alegar la incompetencia del Tribunal de Juicio Oral en lo Penal después de tres días contados de la notificación de la resolución que cita a las partes a la audiencia de juicio oral. Tampoco se suspende la audiencia de preparación de juicio oral si se promueve un incidente de incompetencia territorial, pero este debe quedar resuelto antes de dictarse el auto de apertura de juicio oral (artículo 74 inciso segundo del CPP). En este último caso la incompetencia debe ser alegada por la defensa como una "excepción de previo y especial pronunciamiento" en la audiencia preparatoria (artículo 264 del CPP), como veremos más adelante.

Todas estas normas son un gran avance si se le compara con la engorrosa regulación de las llamadas "cuestiones de competencia" en materias de justicia civil, en que el resultado, de acogerse la incompetencia, es finalmente una resolución que pone fin al proceso, debiendo el litigante interesado ocurrir ante el tribunal competente, sin que existan soluciones de continuidad como las que recién vimos a propósito del proceso penal, que convaliden lo actuado previamente ante el juez incompetente.

8.6 Factores de competencia penal: Territorio, fuero, materia y cuantía

En materia de competencia penal, aplican las mismas reglas de competencia que ha elaborado la doctrina procesal "general", como son los factores de competencia absoluta de fuero, materia y cuantía, y el factor de competencia relativa de territorio.

Respecto del *territorio*, valga lo ya dicho más arriba, en el sentido que las normas del COT y CPP solucionaron con bastante flexibilidad y buen criterio los problemas que suelen presentarse, por ejemplo, en la justicia civil.

Los otros factores absolutos (fuero, materia y cuantía) tienen aplicación en el derecho procesal penal, pero con alcances, a nuestro juicio, distintos.

Respecto del *fuero*, puede hablarse de que habrá tribunales especiales para conocer de ciertos asuntos penales específicos.

Quizás el caso más conocido es el de los tribunales con competencia militar, reglados en el Código de Justicia Militar; también las Cortes de Apelaciones como tribunal específico para conocer la llamada *querella de capítulos* (artículos 424 y siguientes del CPP), que, como veremos, es un antejuicio respecto de delitos cometidos por jueces, fiscales judiciales y fiscales del Ministerio Público en ejercicio de sus funciones. En estos casos se trata de tribunales distintos que conocerán de ciertos asuntos en razón de las personas que intervienen.

Respecto de los adolescentes infractores de la ley (mayores de catorce y menores de dieciocho años), la Ley 20.084 no establece tribunales ni procedimientos diferenciados, sino algunas reglas y principios referidos a las medidas cautelares y aplicación de penas, con un claro fin resocializador, según veremos más adelante.

Asimismo, respecto de las personas que gozan de fuero según dispone el artículo 58 de la CPR (diputados y senadores, entre otros), se dispone de un "antejuicio" de *desafuero*, reglado por los artículos 416 y siguientes del CPP.

La *cuantía* como factor de competencia penal se refiere a la gravedad de la pena asignada al delito (artículo 115 del COT).

Sobre este factor de competencia, diremos lo siguiente: la intervención del juez de garantía como controlador de la investigación del fiscal se producirá en todos los casos penales, independiente de la pena asignada al delito. En cambio, el rol del juez de garantía como tribunal de conocimiento y juzgamiento del fondo del asunto —a través del procedimiento simplificado, abreviado, de acción penal privada o monitorio— sí dependerá de la cuantía de la pena asignada al delito. Como veremos más adelante, para los delitos menos graves, el Tribunal de Garantía actuará como tribunal de fondo; y para los más graves, lo hará exclusivamente el Tribunal de Juicio Oral en lo Penal.

Respecto de los procedimientos por delitos de acción penal privada, se ha dado en la práctica alguna jurisprudencia —equivocada a nuestro juicio— que estima que no es aplicable la regla del artículo 405 del CPP que se remite en forma supletoria a las reglas del juicio oral simplificado, que es competencia del Tribunal de Garantía (artículo 388 del CPP), sino que dicho procedimiento podría ser competencia del Tribunal de Juicio Oral en lo Penal, si la pena solicitada en la querella excede de la que se establece para el procedimiento simplificado. En este caso se ve cómo los tribunales pueden darle aplicación práctica a la cuantía como factor de competencia, con efectos gravitantes. Decimos que esta tesis es equivocada, porque aquí aplica el artículo 405 del CPP por criterio de especialidad, respecto de las reglas generales de competencia (artículo 13 del Código Civil).

8.7 Cortes de Apelaciones y Corte Suprema como tribunales con competencia penal

Las Cortes de Apelaciones y la Corte Suprema también tienen competencia para resolver asuntos penales. Se trata, como sabemos, de tribunales que no son especializados en este tipo de materias, sino "generalistas", es decir, con competencia para resolver asuntos de todo tipo (civiles, laborales, de familia, contencioso-administrativo, tributario, de libre competencia, justicia militar, entre muchos otros).

La Corte Suprema podría decirse que sí es un tribunal más especializado, desde que su segunda sala penal se avoca exclusivamente a conocer de causas criminales y tributarias; aunque muchas veces integrada por ministros y abogados que no son "jueces penales" de carrera. Por razones que son difíciles de comprender, la segunda sala penal de la Corte Suprema conoce también de los asuntos tributarios.

La Reforma Procesal Penal vino a cercenar una parcela importante de poder que tenían las cortes superiores en asuntos criminales bajo la vigencia del Código de Procedimiento Penal de 1906. Bajo dicho sistema marcadamente inquisitivo, las cortes superiores eran los revisores finales de prácticamente todas las decisiones adoptadas por los jueces del crimen de primera instancia; en especial, los autos de procesamiento, los recursos de amparo y las sentencias definitivas. La estructura piramidal y jerárquica del Poder Judicial y la tramitación del proceso a través de expedientes escritos favorecía este sistema de revisiones sucesivas del superior del juez del crimen (Corte de Apelaciones), y luego del superior de dichas cortes (la Corte Suprema). El "juez lector" de expedientes —en palabras del procesalista Diego Palomo— lo que hacía era literalmente leer un expediente con las diligencias investigativas del sumario, las alegaciones y probanzas rendidas durante el sumario, y resolvía.

Bajo la vigencia del actual CPP, en cambio, se puso en el centro del sistema al juicio oral, público y, finalmente, irrepetible frente a jueces superiores. El juicio oral se convierte así en un acto procesal único, del cual solo podrán revisarse muy limitados aspectos procedimentales, de respeto de garantías fundamentales y de aplicación de ley del fondo.

A pesar de ello, las cortes superiores conservaron competencias bastante relevantes dentro del sistema de persecución penal, aunque disminuidas si se les compara con el anterior sistema.

Las Cortes de Apelaciones tienen competencia para resolver los recursos de nulidad en la mayoría de las hipótesis, como veremos más adelante; aunque también actúan como tribunales propiamente de apelación para una gran cantidad de resoluciones de relevancia dictadas durante el proceso. Entre otras: el sobreseimiento definitivo, las medidas cautelares, la sentencia del juicio abreviado, y la aplicación de penas sustitutivas de la Ley 18.216.

Asimismo, las Cortes de Apelaciones resolverán sobre recursos de amparo del artículo 21 de la CPR; sobre recursos de queja del artículo 545 del COT; las controversias suscitadas entre el Ministerio Público o los tribunales y otras autoridades referidas a la negativa en la entrega de información solicitada para una indagatoria; también de los desafueros; y las querellas de capítulos (artículo 63 del COT).

La Corte Suprema —en rigor, su segunda sala penal— también tiene competencia para conocer de los recursos de nulidad, bajo ciertas hipótesis acotadas que veremos más adelante; estadísticamente conoce de pocas nulidades si se le compara con las que conocen las Cortes de Apelaciones. Se trata, como decíamos, de una competencia *per saltum*, pues el máximo tribunal revisa sentencias que no han sido dictadas por su inmediato inferior —las Cortes de Apelaciones—, sino por un inferior de este (Tribunales de Juicio Oral en lo Penal o de Garantía).

La Corte Suprema también tiene competencia para conocer de los recursos de amparo del artículo 21 de la CPR y del recurso de queja del artículo 545 del COT, igual que las Cortes de Apelaciones. También conoce en forma exclusiva del llamado recurso de revisión, que permite invalidar sentencias condenatorias firmes. La Corte Suprema actúa también como tribunal de apelación respecto de las decisiones que ya vimos de las Cortes de Apelaciones, respecto de querellas de capítulos, extradición pasiva, desafueros y las controversias por la entrega de información por parte de las autoridades al Ministerio Público. Asimismo, es la Corte Suprema el tribunal que dirime si alguna autoridad puede eximirse de entregar la información que le exija el Ministerio Público para una indagatoria, cuando compromete la seguridad nacional (artículo 19 del CPP); y autoriza la entrada y registro en ciertos lugares especiales (artículo 209 del CPP).

8.8 La Corte Penal Internacional

Entre los tribunales que ejercen jurisdicción penal respecto de hechos constitutivos de delitos cometidos en el territorio nacional, no puede dejar de mencionarse a la Corte Penal Internacional (CPI), establecida en el Estatuto de Roma de 1998, que es vinculante para el Estado de Chile desde una reforma constitucional de 2009 (Decreto 104) que incorporó la disposición vigesimocuarta transitoria a la CPR.

Este órgano de jurisdicción internacional depende de la Organización de las Naciones Unidas y tiene su sede en los Países Bajos. Buena parte de las naciones de Europa y Sudamérica son signatarias del Estatuto de Roma, pero las principales potencias del mundo no lo son (Estados Unidos, Rusia, China, India e Israel).

Este órgano tiene jurisdicción solamente para conocer de ciertos delitos particularmente graves, que son los de genocidio, crímenes de lesa humanidad, crímenes de guerra y crimen de agresión (artículo 5), cometidos después de la entrada en vigencia del Estatuto en 1998 (artículo 11), y en el caso de Chile, después de su ratificación el 1 de agosto de 2009 (disposición transitoria vigesimocuarta de la CPR).

Se trata de una jurisdicción penal subsidiaria o complementaria a la ejercida por los Estados signatarios, ya que el artículo 20 del Estatuto de Roma le otorga fuerza de cosa juzgada a las sentencias dictadas en los procesos penales de cada país (artículo 20.3), salvo que el juzgamiento previo por las autoridades nacionales "obedeciera al propósito de sustraer al acusado de su responsabilidad penal por crímenes de competencia de la Corte" o "no hubiere sido instruido en forma independiente o imparcial de conformidad con las debidas garantías procesales reconocidas por el derecho internacional o lo hubiere sido de alguna manera que, en las circunstancias del caso, fuere incompatible con la intención de someter a la persona a la acción de la justicia".

Hay que hacer presente que la Ley 20.357 de 2009 tipificó como ley interna los crímenes de lesa humanidad y genocidio, y los crímenes y delitos de guerra, por lo que los delitos descritos en los artículos 6, 7 y 8 del Estatuto de Roma podrían ser juzgados bajo la ley chilena, en la línea de que la CPI solo tenga esta jurisdicción complementaria o subsidiaria.

Quizás uno de los casos más conocidos en que intervino la CPI en Chile fue a propósito de los supuestos delitos de lesa humanidad denunciados por una ONG llamada "Comisión Chilena de Derechos Humanos" en contra del entonces presidente de la República Sebastián Piñera, con motivo de las actuaciones de la policía en el control del orden público en los meses de octubre y noviembre de 2019 en el llamado "Estallido Social". Dicha denuncia fue conocida por el Fiscal de la CPI, quien la desechó poco después en diciembre de 2021, sin que el caso fuera conocido por la Corte misma.

8.9 Implicancias y recusaciones de los jueces penales

Respecto de los tribunales con competencia penal que recién vimos aplican las causales de implicancia y recusación que disponen los artículos 195 y 196 del Código Orgánico de Tribunales, respectivamente.

El estudio detallado de las implicancias y recusaciones tiene lugar en la rama del derecho procesal denominada "derecho procesal orgánico o jurisdiccional" (en el programa de la P. Universidad Católica de Chile se denomina "Instituciones Procesales"). Por lo mismo, en lo que sigue solo dedicaremos algunas líneas a ciertos aspectos de interés para el proceso penal.

Como se sabe, las implicancias y recusaciones corresponden a ciertas y determinadas hipótesis de hecho que, de verificarse, el legislador estima que comprometen la imparcialidad del juez, y por lo mismo, debe éste quedar inhabilitado para conocer del caso. Se ha dicho que las implicancias corresponden a una institución de orden público, irrenunciables por las partes y debieran ser declaradas de oficio por el juez. Las recusaciones, en cambio, son situaciones disponibles y renunciables por las partes que litigan.

El tratamiento que hace el legislador de estas causales se ha estimado, en general, como insuficiente, por varios motivos. Por un lado, se trata de una lista cerrada de situaciones, que excluiría a otros hechos que podrían presentarse en la práctica y que, por el silencio del legislador, debieran entenderse excluidos. Asimismo, estas causales abarcan solamente a la parte que litiga, no así al abogado que la representa. Esto último puede ser un problema importante en la práctica, en que son justamente los abogados de las partes —y no la parte misma— quien puede tener una relación con un juez que comprometa su imparcialidad.

El año 2001 se reformó el artículo 195 del Código Orgánico de Tribunales (Ley 19.708 "adecuatoria") y se agregó un nuevo inciso, que es el que sigue:

> Respecto de los jueces con competencia criminal, causas de implicancia, además, las siguientes: 1° Haber intervenido con anterioridad en el procedimiento como fiscal o defensor;
>
> 2° Haber formulado acusación como fiscal, o haber asumido la defensa, en otro procedimiento seguido contra el mismo imputado, y
>
> 3° Haber actuado el miembro del tribunal de juicio oral en lo penal como juez de garantía en el mismo procedimiento.

El Código Orgánico de Tribunales regula la forma de hacer valer estas causales de inhabilidad y el tribunal competente para ello.

Así, las causales de implicancia, como dijimos, pueden ser declaradas de oficio o a petición de parte (artículo 200 inciso primero), y de ellas conoce el mismo tribunal unipersonal (artículo 202); o bien, la misma Corte que integra el ministro o abogado integrante, pero con exclusión de la persona cuya implicancia se ha solicitado.

En cambio, respecto de las recusaciones, solo pueden ser alegadas por la parte que se estima perjudicada por la falta de imparcialidad (artículo 200 inciso segundo), y su conocimiento corresponde al tribunal que es superior jerárquico, salvo los miembros de la Corte Suprema, cuyo conocimiento corresponde a la Corte de Apelaciones de Santiago (artículo 204).

También existe la posibilidad de que el juez se declare recursado o implicado motu proprio, de oficio, tan pronto como tenga noticia de la causal que lo inhabilita (artículo 199).

Estas reglas tienen algunas complejidades prácticas en su aplicación en materia penal, que en algunos casos podrían comprometer la imparcialidad del juzgador.

Una complejidad que se advierte se produce por las competencias asignadas a los tribunales de garantía respecto del control de la investigación, en especial, en lo que se refiere a la revisión de las medidas cautelares personales del imputado. Como veremos más adelante, el tribunal de garantía es el competente para resolver acerca de las solicitudes de los intervinientes para la concesión, revisión, rebaja y supresión de estas medidas cautelares. Y, como también veremos más adelante, las medidas cautelares personales pueden ser solicitadas y revisadas en múltiples oportunidades durante una investigación penal. La pregunta que surge naturalmente es: ¿queda comprometida la imparcialidad de un juez de garantía para el resto del proceso si ya se pronunció acerca de una medida cautelar personal? Misma pregunta puede hacerse respecto de los miembros de un tribunal de juicio oral en lo penal, quienes también tienen competencia para pronunciarse sobre estas medidas cautelares (artículo 18 b)) y de las Cortes de Apelaciones, tribunal en que además estas causas quedan "radicadas" en la misma sala, en muchos casos y dependiendo de la Corte.

La respuesta a esta pregunta no es sencilla, y dependerá de cada caso. Naturalmente, si un juez de garantía ha emitido pronunciamientos reiterados y consistentes en el tiempo acerca de la procedencia de una medida cautelar personal intensa en contra del imputado, parece ser que carecerá de la imparcialidad suficiente para pronunciarse a futuro sobre futuras discusiones sobre el mismo asunto. Y lo mismo respecto de otros pronunciamientos en la misma causa (salidas anticipadas o alternativas, autorización de medidas intrusivas, salidas alternativas o anticipadas, etc.). La solución en muchos casos tampoco es satisfactoria para la defensa. Si se trata de un tribunal de garantía con varios jueces, la solución será que la audiencia sea tomada por un juez diferente al que ya se pronunció; pero en algunos tribunales de garantía que funcionan con un solo juez las reglas de subrogación e integración provocará necesarias dilaciones con el solo objeto que la defensa cuente con un tribunal imparcial, las que perjudicarán al imputado privado de libertad.

El año 2022 la Corte Suprema dictó un interesante fallo en la causa rol 80876-2022 "Ministerio Público con Martín Pradenas", que anuló una condena pronunciada por un tribunal de juicio oral en lo penal integrado por un juez que había manifestado por redes sociales su animadversión respecto del imputado, lo que a juicio del máximo tribunal comprometía su imparcialidad, debiendo haberse inhabilitado.

8.10 La importancia del diseño arquitectónico de los tribunales en el sistema procesal penal

Un asunto prácticamente ignorado en la literatura nacional es la relevancia del diseño arquitectónico de los tribunales con competencia penal para la administración de justicia. Este asunto ya lo anunciamos en la parte introductoria de este trabajo, pero merece un tratamiento con algo más de desarrollo; tanto desde el punto de vista funcional como simbólico.

Como dijimos en las primeras páginas, la Reforma Procesal Penal del año 2000 creó dos nuevas instituciones, como fueron el Ministerio Público y la Defensoría Penal Pública; pero también se crearon nuevos tribunales con competencia penal, como son los juzgados de garantía y los tribunales de juicio oral en lo penal.

Hasta el año 2000, en que la persecución de delitos se efectuaba en forma escrita y secreta, las características de los inmuebles en que funcionaban los tribunales resultaban irrelevantes. Bastaba con disponer de edificios de cielos bajos que tuvieran una oficina cerrada para el despacho del juez, y un gran salón donde se ubicaran los escritorios de los funcionarios subalternos (los llamados "actuarios") quienes iban redactando las distintas actuaciones y resoluciones del proceso bajo la supervisión del juez.

Ni el imputado ni su abogado defensor disponían de un espacio físico ad-hoc dentro de estos inmuebles. El imputado, cuando debía asistir a alguna actuación del proceso, era conducido por los gendarmes o por su abogado defensor —si estaba en libertad— y en el mejor de los casos se le ofrecía una silla en que sentarse para poder declarar. Muchas veces prestaba declaración de pie, frente al juez y a los actuarios. Tampoco existía un espacio predefinido para el Ministerio Público, que no existía. En rigor, la única persona que tenía un lugar asignado era el juez, quien dirigía la indagatoria, acusaba y juzgaba. Era, por así decirlo, el juego de un solo jugador.

Esta realidad contrastaba con las de las Cortes superiores con competencia penal, en que se disponían de grandes salas de audiencia, en que por primera vez el abogado defensor contaba con un espacio predefinido —un escritorio— desde el cual hacer sus alegaciones y ser escuchado. En lugar de un despacho cerrado y secreto donde funcionaba el juez, las Cortes contemplaban grandes salones en que los jueces y ministros oirían directamente los alegatos de los abogados. En el sistema del Código de Procedimiento Penal del año 1906, prácticamente todas las decisiones del juez del crimen podían ser revisadas por las Cortes de Apelaciones y/o la Corte Suprema, gozando estas últimas de la preeminencia y jerarquía —incluidos sus aspectos arquitectónicos.

Los tribunales con competencia penal creados a partir de la Reforma Procesal del año 2000 reflejan, en su diseño arquitectónico, los principios inspiradores de la ley procesal penal chilena; oralidad, inmediación y respeto de las garantías fundamentales del imputado. Los tribunales dejaron de ser un conjunto de oficinas oscuras y de cielo bajo, en que la información —secreta— era compartimentada por distintos actuarios. Ahora la justicia se impartiría en amplias salas de audiencia, en que el juez estaría al centro, pero ya no como el controlador monopólico del proceso, sino como un simple árbitro de las peticiones de los intervinientes, quienes se ubicarían uno a cada lado —izquierda y derecha— en escritorios enfrentados, en igualdad de condiciones como corresponde a un sistema adversarial. El acusado tendría su propio asiento y escritorio, desde donde se podría comunicar fluidamente con su abogado defensor en todo momento. Más atrás, en un espacio separado usualmente por puertas batientes, se encontraría el público que podría presenciar las audiencias.

En estos nuevos tribunales se privilegiaría el uso de materiales nobles, o al menos, destinados a durar en el tiempo: revestimientos en madera, concreto a la vista, cristales que grafiquen la transparencia en el ejercicio jurisdiccional. En estos nuevos edificios se emplearían espacios a doble o triple altura, estando el juez generalmente en un estrado más elevado que el resto de los intervinientes. Todo ello con el objeto de reforzar el carácter simbólico del ejercicio de la justicia penal, en espacios dotados de cierta jerarquía y elegancia, acordes con la dignidad de una función tan relevante para el funcionamiento del sistema democrático.

Capítulo V

Salidas alternativas y anticipadas

SALIDAS ALTERNATIVAS Y ANTICIPADAS

1. Aspectos generales

Una de las grandes innovaciones del nuevo sistema de persecución penal fue la positivización de una serie de mecanismos alternativos al juicio oral y a la condena penal, para aquellos casos de delitos menos graves, o derechamente criminalidad de bagatela; y también para aquellos casos en que, por múltiples razones, el Ministerio Público no pudiera reunir antecedentes suficientes para formalizar investigación o eventualmente acusar.

Estos mecanismos materializaron una serie de principios e ideas propios del derecho procesal penal y del derecho penal contemporáneo, tales como:

- La renuncia del Estado a la "obtención de la verdad" en todos los casos, y bajo cualquier circunstancia; en hechos de menor entidad, el legislador privilegia la solución del conflicto a la determinación de la realidad de los hechos.
- La total autonomía del Ministerio Público como "dueño" de la acción penal, privilegiándose ese ejercicio por sobre el de la labor jurisdiccional como encargado de averiguar la verdad.
- La asunción de una circunstancia indesmentible, como es la existencia de recursos limitados por parte del Estado para avocarse a la investigación y persecución de *todos* los hechos constitutivos de delito, privilegiándose solamente aquellos de mayor entidad. Esto es lo que algunos autores denominan la tendencia "gerencialista" o "política criminal actuarial", orientada a la terminación masiva de causas, sacrificando los principios de igualdad ante la ley y la no discriminación en el castigo.
- La preponderancia del interés de la víctima en ciertos delitos menores que afectan intereses patrimoniales y/o disponibles.

- La idea de que existen alternativas satisfactorias para resolver el problema de la criminalidad, diferentes al sometimiento del imputado al proceso penal y su eventual condena. Esto es, se asume que la pena es un "mal" y un "problema" que generará consecuencias negativas a futuro en la vida del condenado y su entorno familiar, por lo que se preferirán alternativas que permitan una solución distinta al enjuiciamiento y la condena.
- Se evita, asimismo, la llamada victimización secundaria del ofendido, esto es, las consecuencias negativas que necesariamente trae el verse expuesto a un proceso penal y "revivir su drama".
- La pretensión de celeridad en la solución de los conflictos y de término de las investigaciones.
- La reafirmación del principio liberal clásico de que el derecho penal es una herramienta de *ultima ratio*.

Adicional a estas ideas, nosotros agregaremos que el objeto del proceso penal no es, necesariamente, investigar para condenar, sino para aclarar los hechos y buscar soluciones que resuelvan el problema sometido a conocimiento del tribunal.

En el antiguo sistema procesal penal este tipo de salidas alternativas no estaban consagradas en la ley, lo que llevó al uso y abuso del sobreseimiento temporal como institución a la que el juez del crimen echaba mano en aquellos casos en que, por diferentes razones, la persecución penal no era conveniente, o no era posible por falta de antecedentes, o existía acuerdo entre la víctima y el imputado.

El CPP vino a positivizar este fenómeno, creando los institutos que estudiaremos a continuación. Esto fue una importante innovación, al punto que en su momento algunas voces alegaron una suerte de "derogación tácita" de buena parte de las normas penales sustantivas, a las que —debido a la baja pena asignada— finalmente no les sería aplicable pena alguna.

Lamentablemente, y por distintas razones, en la práctica existe la percepción de que el Ministerio Público puede haber hecho una utilización algo laxa de algunas instituciones tendientes a terminar anticipadamente un gran número de investigaciones, en especial, aquellas en que no existe imputado conocido. Esto se debe, como vimos, en gran parte debido a una desactualización de nuestras policías en la labor específica de la indagación de los delitos; aunque también pesa la existencia de incentivos institucionales del ente persecutor para dar término a las causas.

Es importante saber que la gran mayoría de las investigaciones penales concluyen a través de alguna de las salidas alternativas que pasaremos a estudiar. O, dicho de otro modo: solo una minoría de los casos concluirán a través de un juicio oral en un Tribunal de Juicio Oral en lo Penal. Este no es un fenómeno exclusivo del proceso penal, ya que al menos en el proceso civil puede advertirse también que en una minoría de casos el juez finalmente dicta sentencia sobre el fondo luego de conocer las pruebas.

De acuerdo con las estadísticas publicadas por el propio Ministerio Público a septiembre de 2022, solo un 19% de las investigaciones terminaba con una sentencia de condena, casi un 3% en absolución, y el 78% restante a través de alguna de las salidas alternativas y anticipadas que estudiaremos.

Las salidas anticipadas y alternativas que contempla el CPP son el archivo provisional, la facultad de no iniciar investigación, el principio de oportunidad, los acuerdos reparatorios y la suspensión condicional del procedimiento. A ellas se agrega la mediación en procedimientos con adolescentes imputados, que fue introducido en 2023 a la Ley 20.084 sobre responsabilidad penal adolescente por la Ley 21.527.

A continuación, las estudiaremos separadamente.

2. Archivo provisional

El archivo provisional está regulado en el artículo 167 del CPP y permite al fiscal del Ministerio Público cesar en la indagación de un determinado hecho cuando "no aparecieren antecedentes que permitieren desarrollar actividades conducentes al esclarecimiento de los hechos".

Esta salida anticipada solo opera en la medida que el caso no se encuentre judicializado, es decir, cuando el Tribunal de Garantía no ha intervenido en forma alguna; o sea, si la causa solo se ha desarrollado en su etapa administrativa ante el fiscal y las policías.

Esta intervención del tribunal se dará, naturalmente, si el fiscal había decidido formalizar investigación, o se habían decretado medidas cautelares personales sin formalización o cuando la víctima había presentado querella criminal. Aunque alguna doctrina afirma que la querella debe estar admitida a trámite por el tribunal, lo cierto es que la norma solo dice que el juez debió haber "intervenido", lo que abarcaría eventualmente también los casos en que la querella no pasó el examen de admisibilidad; es en todo caso un asunto debatible.

Cuando el Ministerio Público decide archivar provisionalmente una investigación, una forma de "desarchivarla" es justamente que la víctima presente una querella ante el Tribunal de Garantía competente, lo que obligará al fiscal a seguir adelante con la indagatoria.

En los casos en que ya hubiera intervenido el Tribunal de Garantía, la forma de ponerle término por parte del fiscal no es otra que solicitar el sobreseimiento definitivo o temporal, o la muy recurrida salida anticipada de comunicar la decisión de no perseverar en el procedimiento del artículo 248 c) del CPP, "por no haberse reunido durante la investigación los antecedentes suficientes para fundar una acusación". Esta última facultad es el símil del archivo provisional en aquellas investigaciones ya judicializadas.

El artículo 24 de la Ley 20.000 sobre Tráfico Ilícito de Estupefacientes dispone que de todas formas puede archivarse provisionalmente una causa en que se investigó algún delito de dicha ley, aun cuando haya intervenido el juez de garantía, pero solo si dicha intervención había sido para autorizar ciertas medidas intrusivas detalladas en la misma norma. Una regla similar se encuentra en el artículo 33 a) de la Ley 19.913 sobre Lavado de Activos.

El artículo 167 del CPP establece un requisito para archivar provisionalmente aquellas investigaciones sobre hechos constitutivos de delito que merezcan pena aflictiva (artículo 37 del CP, o sea, superior a los tres años y un día de presidio). En estos casos, la decisión de archivar provisionalmente debe ser consultada y aprobada por el fiscal regional respectivo.

En 2024 la Ley 21.694 agregó un nuevo inciso tercero al artículo 167 del CPP, estableciendo que para los delitos que tengan asignada pena de crimen, se regulará en un instructivo general de la Fiscalía Nacional "la forma y el medio en que se comunicará a la víctima, el fundamento de la decisión y las diligencias de investigación efectivamente practicadas".

La misma norma deja a salvo el derecho de la víctima (no querellante, se entiende) de pedir al Ministerio Público la reapertura de la investigación y la realización de diligencias de investigación. A diferencia de la judicialización, que necesariamente significa la reapertura, en los casos en que la víctima simplemente lo solicite, el fiscal podría negarse. En todo caso, queda a salvo la posibilidad de que la víctima formule un reclamo administrativo a las autoridades del Ministerio Público (inciso tercero del artículo 167).

El archivo provisional no extingue la responsabilidad criminal, y la acción penal podrá ejercerse hasta que no esté prescrita. Ese ejercicio de la acción penal, como ya venimos diciendo, significará necesariamente presentar una querella criminal.

Autores como Duce y Riego han dicho que el archivo provisional no debiera aplicarse en aquellos casos "graves y complejos", en cuyo caso el Ministerio Público debiera agotar la investigación antes de comunicar, como vimos, la decisión de no perseverar. A juicio de estos autores, esta figura está pensada para delitos menores contra la propiedad en que no existe imputado conocido ni indicios de poder identificarlo razonablemente.

3. Facultad de no iniciar investigación

La facultad de no iniciar investigación está regulada en el artículo 168 del CPP, y permite al Ministerio Público abstenerse de investigar cuando se trate de hechos que no constituyen delito o cuando de "los antecedentes y datos suministrados" queda claro que la responsabilidad penal del imputado está extinguida (artículo 93 del CP).

Se trata de casos de denuncias manifiestamente infundadas, o bien, en casos en que la acción penal está evidentemente prescrita por el transcurso del tiempo, o el imputado ha fallecido, por ejemplo, entre las causales más frecuentes de extinción de la responsabilidad penal del artículo 93.

En el archivo provisional que recién vimos, en cambio, la denuncia sí era plausible, pero no se han podido recabar antecedentes para llevar a término la indagatoria. En la facultad de no iniciar investigación puede existir, por el contrario, numerosos antecedentes que acreditarían la existencia del delito y la participación del imputado; pero cuando es evidente que la acción penal se extinguió, el sistema de persecución penal no se movilizará.

Al igual que en el archivo provisional, esta salida anticipada solo opera en cuanto no haya intervenido el Tribunal de Garantía, ya que, si se admite a trámite la querella, se estima que es el mejor control para probar que los hechos sí podrían ser constitutivos de delito y que la responsabilidad penal del imputado no se ha extinguido. Por lo mismo, una forma de forzar al Ministerio Público a que investigue, si se invoca esta facultad, es justamente que la víctima presente una querella y se admita a trámite.

Los profesores Duce y Riego han dicho que el Ministerio Público debiera ejercer esta facultad solamente en aquellos casos en que esté absolutamente claro que no existió delito o que la responsabilidad está extinguida; de lo contrario, deberá instruirse la pertinente investigación de los hechos.

La facultad de no iniciar investigación opera sobre la base de las mismas causales que el sobreseimiento definitivo del artículo 250 a) y d) del CPP.

Aunque la ley no lo dice, alguna doctrina ha sugerido que la facultad de no inicio de investigación aplica en aquellos casos en que desde un comienzo es *absolutamente evidente* la inexistencia del delito o la extinción de la responsabilidad penal. Si ello no es así, y el fiscal finalmente despliega las diligencias de investigación, al cabo de las cuales se convence de lo mismo, deberá solicitar el sobreseimiento definitivo.

4. Principio de oportunidad

4.1 Concepto

El principio de oportunidad consiste en que el Ministerio Público tiene la facultad de no iniciar la persecución penal o de abandonarla ya iniciada "cuando se tratare de un hecho que no comprometiere gravemente el interés público" (artículo 170 del CPP). Es decir, lo que se denomina como "criminalidad de bagatela".

Se trata, evidentemente, de conductas típicas y culpables, pero que, por su escasa lesividad, se estima discrecionalmente su conveniencia en no perseguirlas; por lo mismo, como decíamos más arriba, algunos académicos estimaron en su momento que esta institución significó en la práctica una suerte de derogación tácita de un buen número de delitos del Código Penal.

Se ha dicho que esta figura está diseñada para delitos como el ultraje a las buenas costumbres, las lesiones menos graves del artículo 399 del Código Penal y los hurtos de escasa monta del artículo 446 3, entre otros.

En el artículo 153 del Código Procesal alemán se autoriza la aplicación de este principio "si la culpabilidad del autor fuere considerada como insignificante y no exista un interés público en la persecución".

Esta institución debe, en todo caso, ser evaluada positivamente, en el sentido de reafirmar la inconveniencia de perseguir absolutamente todos y cada uno de los hechos constitutivos de delito, aun cuando la lesividad para el bien jurídico protegido sea inexistente o mínima.

A nuestro juicio, es un asunto de falta de antijuridicidad de una conducta que es típica. En este sentido, el legislador explícitamente establece la inconveniencia de la respuesta penal en aquellos hechos de escasa gravedad, en que el sometimiento al proceso, y sobre todo la condena, parecen excesivos como castigo y retribución de un hecho de mínima importancia. Así, se estima que el sometimiento del sujeto a una indagatoria y a un juicio penal será "un remedio peor que la enfermedad", prefiriendo el legislador del CPP que el asunto se resuelva por otras vías, por ejemplo, una reparación civil o un proceso administrativo.

4.2 Diferencia con el principio de oportunidad en sentido amplio

En la ciencia procesal penal se alude al concepto de "principio de oportunidad" en varios sentidos. La salida alternativa del artículo 170 del CPP, que veremos ahora, se refiere solamente al sentido restringido.

En un sentido amplio, como vimos más arriba, se trata de un principio orientador de toda la actuación del Ministerio Público, apoyado en su discrecionalidad administrativa razonada y justificable, en el sentido de acotar la persecución penal de acuerdo con sus propias directrices y políticas internas, y no a todos los hechos constitutivos de delito.

Es decir, el principio de oportunidad sería una excepción al principio de legalidad. En este sentido, manifestaciones del principio de oportunidad serían también el archivo provisional, la facultad de no iniciar investigación, la suspensión condicional del procedimiento y el acuerdo reparatorio; y por cierto, el principio de oportunidad del artículo 170 del CPP.

4.3 Diferencia con el archivo provisional y la facultad de no iniciar investigación

A diferencia de los dos casos anteriores —archivo provisional y facultad de no iniciar la investigación— en el ejercicio del principio de oportunidad el Ministerio Público puede estar frente a una denuncia fundada, puede no estar extinguida la responsabilidad penal del imputado y podría contar con antecedentes suficientes para proseguir la indagatoria, acusar y condenar. Pero, como se trata de hechos que revisten escasa lesividad, se tomará la decisión de no investigarlos.

4.4 Límites legales y administrativos para el uso de esta facultad

Como se habrá apreciado, el legislador ha señalado un concepto sumamente amplio para la procedencia de esta salida anticipada: "un hecho que no comprometiere gravemente el interés público". Por lo mismo, el legislador ha señalado algunos límites para su ejercicio.

El primero de ellos es legal. La restricción al uso de esta facultad es que no procederá en los siguientes casos:

- Si el hecho investigado tiene asignada una pena superior a sesenta y un días de presidio (presidio menor en su grado mínimo).
- Se trate de delitos cometidos por funcionarios públicos en ejercicio de sus funciones (artículo 170 inciso 1 del CPP).
- La Ley 21.694 de 2024 dispuso que tampoco procederá esta facultad "respecto del imputado que hubiere sido beneficiado con ella dentro de los dos años anteriores al hecho de que se trate, contados desde la resolución que lo tuvo por comunicado".
- El artículo 24 de la Ley 20.393 sobre responsabilidad de las personas jurídicas expresamente dispuso que el principio de oportunidad no aplica en los casos que regula dicha ley.

El segundo límite es administrativo. El Ministerio Público, a través de su fiscal nacional, fija los criterios del ejercicio de esta facultad a través de las llamadas *instrucciones generales*, según dispone el artículo 17 a) de su Ley Orgánica Constitucional (Oficio 245 de 15 de diciembre de 2000 y 060 de 6 de febrero de 2001; en esta última se instruye aplicar el principio de oportunidad a las lesiones faltas, entre otras).

Se trata de un caso de discrecionalidad administrativa, en que la norma reconoce al órgano un rango de acción —en este caso, de omisión—, que en caso alguno significa que puede ser ejercido arbitrariamente (artículo 170 inciso 2 del CPP). Para esos casos, el CPP en su artículo 170 establece algunos *mecanismos de control ex post*, uno judicial y otro administrativo, que veremos a continuación.

4.5 Controles *ex post:* Jurisdiccional y administrativo

Cuando el fiscal desee ejercer esta facultad, debe comunicarlo al juez de garantía mediante "decisión motivada", quien a su vez la pondrá en conocimiento de los restantes intervinientes. Dentro de los diez días siguientes a esta última notificación, el juez puede —de oficio o a petición de alguno de los intervinientes— dejar sin efecto el ejercicio y obligar al fiscal a investigar, en los casos en que no se cumpla con los presupuestos del artículo 170 inciso primero del CPP (delito cuya pena sea superior a los sesenta y un días o cometido por funcionario público en ejercicio de sus funciones), y también si la víctima manifiesta su interés en que se inicie o continúe con la persecución penal.

En caso de que venza este plazo de diez días, en el evento que la víctima haya pedido al juez el inicio o reapertura de la causa y esta haya sido rechazada por el juez, la víctima puede reclamar administrativamente de la decisión del fiscal a las autoridades del Ministerio Público, también en el plazo de diez días. En este caso, dicha autoridad debe revisar si la decisión se ajustó o no a las instrucciones generales.

Por lo tanto, los intervinientes pueden reclamar judicialmente de esta decisión del fiscal, y también administrativamente. Naturalmente, quien reclamará será la víctima.

4.6 Efectos del ejercicio exitoso del principio de oportunidad

Cuando finalmente prospera el ejercicio del principio de oportunidad, el efecto que se produce es la extinción de la responsabilidad penal del imputado, lo que, en todo caso, deja indemnes las acciones civiles de la víctima en su contra (inciso final artículo 170 del CPP). Esta última regla debe entenderse, entonces, como una excepción a las reglas del artículo 179 del CPC que ya vimos, que establece este efecto de cosa juzgada *sui generis* de la absolución penal al juicio civil futuro por los mismos hechos.

En el caso del principio de oportunidad, la extinción de responsabilidad no impide en caso alguno que se ejerzan acciones civiles por los mismos hechos en contra del imputado.

La pregunta que naturalmente surge es qué hechos quedan abarcados por esta extinción de responsabilidad de la que trata esta norma. Hay que tener en cuenta que la investigación podría no estar formalizada, entonces podría entenderse que dicha extinción se predica respecto de todos y cada uno de los hechos expuestos, y de los imputados mencionados en la respectiva denuncia o la querella, según sea el caso.

4.7 Principio de oportunidad en el juzgamiento de adolescentes

El artículo 35 de la Ley 20.084 sobre responsabilidad penal adolescente, otorga un ámbito de aplicación mayor al principio de oportunidad respecto de los delitos que se imputan a menores de edad. Así, esta norma dispone que "los fiscales tendrán en especial consideración la incidencia que su decisión podría tener en la vida futura del adolescente imputado", disponiendo en el inciso tercero que "para la aplicación de dicha norma se tendrá como base la pena resultante de la aplicación del artículo 21 de la presente ley".

Esta última norma dispone una rebaja sustancial del rango de penas, lo que haría elegibles para el principio de oportunidad del artículo 170 del CPP una mayor cantidad de delitos, siempre que el imputado sea un adolescente.

5. Acuerdos reparatorios

5.1 Concepto y aspectos generales

El *acuerdo reparatorio* consiste en el acuerdo en que la víctima e imputado arriban para poner término al proceso penal aprobado por el juez, en que el imputado se obliga a efectuar una prestación a favor de la víctima, o a garantizar su cumplimiento; y cuyo cumplimiento acarrea el sobreseimiento definitivo de la causa. Este acuerdo generalmente será de carácter indemnizatorio, pero existen otras formas de reparación, como las llamadas "disculpas públicas".

A diferencia de las restantes salidas alternativas, aquí no existe un límite fijo en la pena asignada al delito, ni restricciones en la etapa procesal en que se puede arribar, con la restricción de que la investigación debe estar previamente formalizada (artículo 245 del CPP). Es frecuente en la práctica que el fiscal pida formalizar la investigación, justamente para que los intervinientes arriben a un acuerdo reparatorio, el que se concreta en la misma audiencia de formalización.

Los acuerdos reparatorios son la manifestación más evidente de la tendencia "privatizadora" de la Reforma Procesal Penal, y de la devolución a la víctima del protagonismo en el proceso penal a través de un acuerdo con el imputado que le permita satisfacer y reparar el daño ocasionado por el delito. También alguna literatura ha llamado la atención de que los acuerdos reparatorios producirían un deseado efecto positivo sobre el hechor, al ser confrontado con su conducta y poder ser responsabilizado de sus consecuencias, fomentando un cambio en su comportamiento futuro.

5.2 Delitos elegibles

El inciso segundo del artículo 241 del CPP hace elegibles para los acuerdos reparatorios aquellos hechos constitutivos de delito que se encuentren en cualquiera de las siguientes hipótesis no copulativas:

- Que afecten bienes jurídicos disponibles de carácter patrimonial de la víctima (delitos contra la propiedad por medios no violentos, por ejemplo).
- Que corresponden a lesiones menos graves.
- Se trate de delitos culposos (o imprudentes, también llamados "cuasidelitos"). Originalmente esta regla estaba pensada para los llamados accidentes de tránsito.
- Una reforma de 2021 (Ley 21.394) agregó que también son elegibles para los acuerdos reparatorios los delitos de los artículos 144 inciso primero, 146, 161-A, 161 B, 231, inciso segundo del 247, 284, 296, 297, 494 número 4 y 494 número 5, todos del Código Penal; y los de la Ley 19.039 de Propiedad Industrial, y de la Ley 17.336 de Propiedad Intelectual.
- El inciso segundo del artículo 44 de la Ley 21.675 de 2024 dispuso que "si se trata de casos constitutivos de violencia intrafamiliar se estará a lo dispuesto en el artículo 19 de la ley 20.066, que establece ley de Violencia Intrafamiliar". Esta norma dispone que los acuerdos reparatorios no son procedentes en los delitos que constituyen violencia intrafamiliar.

Esta última exclusión del legislador tiene su razón de ser en que el consentimiento de la víctima suele no ser libre y voluntario en los casos de violencia intrafamiliar, existiendo presiones y amedrentamientos por parte del victimario para arribar a un acuerdo reparatorio. Sin perjuicio de esto, un estudio elaborado en 2014 por las investigadoras Rosario Palma y Renata Sandrini recogió un número importante de sentencias de la Corte de Apelaciones de Temuco en que sí se aceptaron acuerdos reparatorios en casos de violencia intrafamiliar entre personas que pertenecen al pueblo mapuche. La Corte estimó que en esos casos se aplicaba con preferencia el Convenio 169 sobre Pueblos Indígenas y Tribales en países independientes de la Organización Internacional de Trabajo (Decreto N°236 de 2008 del Ministerio de Relaciones Exteriores); en concreto su artículo 9°: "en la medida en que ello sea compatible con el sistema jurídico nacional y con los derechos humanos internacionalmente reconocidos, deberán respetarse los métodos a los que los pueblos interesados recurren tradicionalmente para la represión de los delitos cometidos por sus miembros". Según la Corte, en la cultura mapuche se privilegiaría una solución negociada, tal como sucede con los acuerdos reparatorios La solución adoptada por la Corte de Apelaciones de Temuco ha sido cuestionada por alguna doctrina, y en general, ha existido una histórica resistencia a crear un estatuto penal o procesal-penal diferenciado y más beneficioso para los miembros de los llamados pueblos originarios. Así sucedió con la denominada "ley Rapa Nui" N°16.441 que en sus artículos 13 y 14 establecían penas más leves para los delitos de usurpación y violación cometidos por personas pertenecientes a la etnia rapa-nui, que fue derogada en 2022 por la Ley N°21.451. Y así también sucedió con la propuesta constitucional plebiscitada y rechazada el 4 de septiembre de 2022, que proponía sistemas de justicia diferenciados para los distintos pueblos originarios, a cargo de los jefes de cada uno de ellos.

Como se ve, el Estado renuncia a perseguir ciertos delitos en que parece comprometido eminentemente un interés privado. *Contrario sensu*, los delitos excluidos por el legislador para ser elegibles para un acuerdo reparatorio obedecen a criterios de interés público, aun cuando la víctima haya sido debidamente resarcida.

Respecto de los delitos que afecten "bienes jurídicos disponibles de carácter patrimonial", se refiere naturalmente al patrimonio y la propiedad de particulares; en consecuencia —en nuestra opinión— no calificarían delitos tributarios o delitos que hayan perjudicado el interés fiscal, respecto de los que sí se podría arribar a una suspensión condicional, por ejemplo.

Los profesores Duce y Riego han dicho que los acuerdos reparatorios serían también procedentes en los procesos penales en que no existe una víctima conocida, en la medida que pueda repararse a alguna entidad concreta que tenga una legitimación comprobable en el proceso, como sería el caso de los delitos ambientales. Discrepamos de esta postura porque, como la norma indica, el acuerdo reparatorio está reservado para delitos que comprometan solamente el interés privado.

5.3 Negociación, oportunidad procesal y aprobación del acuerdo reparatorio

Los acuerdos reparatorios generalmente van precedidos de una negociación entre los intervinientes, no solo del imputado y la víctima, sino también del fiscal, aunque no participe del acuerdo.

Es usual que los fiscales sean quienes proponen a las partes la posibilidad de arribar a estos acuerdos, actuando en una suerte de rol de mediador. En la práctica, resultará una situación muy infrecuente que el juez de garantía asuma un rol activo en la búsqueda de acuerdos reparatorios, principalmente por cierta cultura institucional de los Tribunales de Garantía, en orden a no contaminar su imparcialidad y mantener su aséptica pasividad; y, porque en los hechos, estos acuerdos suelen ser negociados fuera de la sala de audiencia, con un juez cumpliendo un rol para aprobación final. Ahora, no existe impedimento legal alguno para que a futuro los jueces se involucren proactivamente en la elaboración de bases de acuerdo, como lo han planteado, por ejemplo, los profesores Raúl Carnevali y Jordi Delgado.

El acuerdo debe ser aprobado por el juez de garantía en una audiencia convocada para el efecto, en la que —en rigor— solo deben estar presentes la víctima e imputado. Sin perjuicio de ello, es frecuente que también asistan el fiscal y el abogado defensor del imputado, entre quienes generalmente ha tenido lugar la negociación previa. En todo caso, no es obligatoria la presencia del abogado defensor, y su ausencia no debiera acarrear la nulidad del acuerdo.

También puede arribarse a acuerdo reparatorio en la audiencia preparatoria de juicio oral. Una reforma de 2021 incorporó la posibilidad de que se arribe a un acuerdo reparatorio en la denominada "audiencia intermedia" (artículo 280 bis del CPP), diseñada para los casos en que el fiscal sufrió la exclusión de prueba esencial para sustentar su caso en la audiencia preparatoria de juicio. Estas ofertas de acuerdo reparatorio en etapas más tardías del proceso suelen ser "ofertones de última hora" y pueden ser sintomáticos de la poca convicción que el fiscal tiene en el éxito de su caso.

5.4 Aprobación, oposición y rechazo del acuerdo reparatorio

Como dijimos más arriba, el acuerdo reparatorio es propuesto por la víctima e imputado, pero debe necesariamente ser aprobado por el juez de garantía.

El inciso tercero del artículo 241 del CPP obliga al juez de garantía a rechazar los acuerdos reparatorios en que no se den los requisitos del inciso segundo de dicha norma, que ya vimos (delitos elegibles); y también cuando no consta el consentimiento libre de los intervinientes o existe un interés público prevalente en la persecución penal. Sobre esto último, la regla del inciso tercero lo presume cuando "el imputado hubiere incurrido reiteradamente en hechos como los que se investigaren en el caso particular".

Es decir, el juez de garantía no se limita a hacer un mero análisis formal-legal acerca de si el delito es o no elegible, sino que debe necesariamente ponderar estos antecedentes adicionales.

Respecto del último de los requisitos mencionados, esto es, que no haya habido reiteración de hechos como los que se investigan, creemos que no hay que confundirlo con que el imputado simplemente carezca de antecedentes penales; ello es requisito necesario, pero no suficiente, a juicio de alguna doctrina. Lo que la norma parece querer evitar es que se acepte este acuerdo privado con un imputado que registre las mismas conductas reiteradas que motivan el acuerdo, pero dichas conductas podrían no haber sido motivo de condena, sino simplemente estar en su registro "histórico" (Sistema de Apoyo a los Fiscales de la Fiscalía). No debe perderse de vista que existe un registro de acuerdos reparatorios que lleva el Ministerio Público, que sirve para que el tribunal, eventualmente, apruebe o rechace la concesión de nuevas suspensiones condicionales o acuerdos reparatorios (artículo 246 del CPP).

Asimismo, podría el imputado registrar antecedentes penales por condenas anteriores; pero si son por conductas diferentes de las que motiva el acuerdo, podría ser elegible para acogerse a un acuerdo reparatorio.

Como está redactada la norma, el único legitimado para oponerse a la celebración del acuerdo reparatorio será el Ministerio Público, sobre la base de este "interés público relevante" en la persecución penal —sin perjuicio de que el tribunal también podría hacerlo de oficio.

En todo caso, al igual que sucede en la suspensión condicional del procedimiento que veremos a continuación, el juez debe limitarse a hacer un examen formal de procedencia de los requisitos legales del CPP, y no a ponderar la conveniencia o mérito de los términos del acuerdo; así, no podría rechazar un acuerdo reparatorio por estimar que la cantidad indemnizada es demasiado alta o muy baja, según su entendimiento.

En junio de 2024 comenzó a regir la Ley 21.675 sobre Violencia de Género, que introdujo una norma (artículo 44) referida a los acuerdos reparatorios. La regla señala en su inciso primero: "en los procesos por delitos constitutivos de violencia de género, el tribunal deberá evaluar y justificar la pertinencia de los acuerdos reparatorios, considerar su aplicabilidad cuando fuera relevante para la reparación de la víctima, y negar su procedencia cuando se afecte la seguridad u otro derecho de esta".

Interpretando esta nueva regla, tenemos que decir que en los casos de violencia de género el juez con competencia penal no deberá conformarse con comprobar que se cumpla formalmente con los requisitos que ya vimos para la procedencia del acuerdo reparatorio, sino que debe ir más allá y ponderar su conveniencia para los intereses de la víctima, incluso contra la voluntad de esta, como se desprende de la frase final del primer inciso recién citado.

5.5 Efectos del cumplimiento e incumplimiento del acuerdo reparatorio

El acuerdo reparatorio puede consistir, generalmente, en el pago de una indemnización a favor de la víctima, la que usualmente se pacta en cuotas periódicas. Cuando se constata el cumplimiento del acuerdo, o se ha asegurado debidamente su cumplimiento, el juez debe sobreseer definitivamente la causa respecto del imputado que lo suscribió (artículo 242 del CPP).

Muchas veces este sobreseimiento definitivo opera de oficio por el tribunal. Así, esta decisión impedirá nuevas investigaciones y ciertamente una condena sobre los mismos hechos que fueron objeto de la formalización. La Ley 20.074 de 2005 modificó este aspecto del acuerdo reparatorio, y así, la causa deberá sobreseerse definitivamente cuando conste que las condiciones han sido cumplidas, o bien, cuando se aseguró debidamente su cumplimiento, como ya dijimos.

Mientras ello no ocurra, el plazo de investigación se entenderá solamente suspendido (artículo 274 del CPP).

La garantía de cumplimiento puede consistir en cualquier caución civil o mercantil. Por ejemplo, constituir una hipoteca o prenda a favor de la víctima; o incluso dejar cheques "en garantía" podría ser aceptable.

Esta regla obliga entonces a distinguir algunas situaciones: i) si el imputado suscribe un acuerdo reparatorio y cumple, en ese momento, en la misma audiencia, la obligación asumida, o bien, garantiza debidamente su cumplimiento, la causa debiera sobreseerse definitivamente en ese momento; pero ii) si se han pactado plazos para el cumplimiento de las obligaciones asumidas (típicamente, un pago de una indemnización en cuotas), el sobreseimiento solo debiera decretarse una vez que se certifique el cumplimiento de todas estas obligaciones al final del plazo.

El artículo 243 del CPP permite ejecutar el acuerdo —si es incumplido por el imputado— ante el mismo juez de garantía, no siendo necesario iniciar una gestión ante un tribunal civil diverso. En todo caso, el inciso segundo de esta norma se encarga de aclarar que el acuerdo reparatorio no podrá dejarse sin efecto por ninguna acción civil. Se trata de una norma innecesaria, desde que las resoluciones dictadas en cualquier proceso no pueden ser invalidadas en procesos diversos, y menos las de un juez penal en un proceso civil posterior.

Como decíamos más arriba, el acuerdo reparatorio no extingue la responsabilidad civil del imputado y, teóricamente, podría perseguirse en un proceso civil paralelo; sin perjuicio de ello, parece razonable que lo desembolsado por el imputado se impute a futuras indemnizaciones a que sea condenado pagar a favor de la misma víctima. Con todo, lo usual es que junto con el acuerdo reparatorio se suscriba una transacción extrajudicial en los términos del artículo 2.446 del CC.

Es atendible lo que ha señalado alguna doctrina, en cuanto a que la praxis judicial del acuerdo reparatorio ha tendido a su banalización, y a que algunos imputados asuman la postura de "cumplo cuando y como quiero", sin mayores consecuencias en caso de verificarse un incumplimiento.

Dogmáticamente, autores como Carlos Cabezas han dicho que los acuerdos reparatorios lo que hacen es imposibilitar que surja la responsabilidad criminal, del mismo modo en que ocurre con la prescripción de la acción penal. Es decir, el hecho investigado queda imprejuzgado, sin que se declare la existencia del ilícito; en otras palabras, la persona es formalmente inocente. A nuestro juicio se trata de una verdadera renuncia de la acción penal por parte del Estado.

5.6 Acuerdos reparatorios parciales

El acuerdo reparatorio puede suscribirse en forma parcial en una determinada causa en que existe pluralidad de imputados o pluralidad de víctimas. O sea, pueden suscribirlo algunos imputados y algunas víctimas. El artículo 244 del CPP se pone en esa hipótesis, y dispone que el proceso seguirá en contra de los imputados que no hayan concurrido al acuerdo.

Aunque es un tema escasamente estudiado en la doctrina, hay legislaciones comparadas —por ejemplo, en algunos códigos procesales de Argentina— que prohíben expresamente utilizar la información de los acuerdos reparatorios en el juicio oral que continúe en contra de los restantes imputados. La ley chilena tiene un sensible vacío al respecto —también en lo que respecta a la suspensión condicional, como veremos— lo que significa que, en el juicio oral en contra de un imputado, podría utilizarse como prueba en contra el acuerdo suscrito por un coimputado con la víctima.

Más adelante volveremos sobre esto cuando revisemos en detalle la prueba de testigos y documental que puede incorporarse al juicio oral, y cómo debiera ser valorada por los jueces.

5.7 Mediación en procedimientos con adolescentes imputados

En enero de 2023 fue publicada la Ley 21.527 que modificó la Ley 20.084 sobre Responsabilidad Penal Adolescente. Esta ley entrará en vigencia en forma diferida, gradual y diferenciada en las distintas regiones de Chile, en plazos que van desde los doce a los treinta y seis meses desde su publicación.

Esta ley creó una nueva salida alternativa denominada simplemente "mediación" (nuevo artículo 35 ter y siguientes de la Ley 20.084), que será procedente en los mismos casos en que sería procedente la suspensión condicional del procedimiento, el acuerdo reparatorio y el principio de oportunidad. Dispondrá esta norma que "se entiende por mediación la realización de un proceso restaurativo y especializado, en virtud del cual la víctima y el imputado acuerdan determinar conjuntamente la reparación real o simbólica del daño ocasionado con la comisión del delito, asistidos por un mediador".

El Tribunal de Garantía deberá "derivar" la causa a mediación, en los casos en que se cumpla con ciertos estándares de un protocolo que elaborará el Ministerio de Justicia y DD. HH, el Ministerio Público y la Defensoría Penal Pública, conjuntamente. Asimismo, se dispone que el Servicio Nacional de Reinserción Social Juvenil creará un programa especial de mediación penal, integrado por mediadores públicos y privados, que deberán cumplir con ciertos requisitos de idoneidad y capacitación.

Como se ve, se trata de una institución cuyo contenido es prácticamente idéntico al del acuerdo reparatorio, pero con la novedad de que se exige la asistencia de un mediador, y se regirá de acuerdo con un protocolo elaborado por el Ministerio de Justicia y Derechos Humanos. En otras palabras, la víctima y el imputado "no estarán solos" en este proceso.

Respecto de las mediaciones frustradas, se seguirá la misma regla que ya vimos del artículo 355 del CPP, en el sentido que no podrán hacerse valer esos antecedentes como prueba en el futuro juicio oral.

Es llamativo, en todo caso, que el legislador haya dispuesto que "*una vez cumplido por parte del imputado lo acordado en la mediación, se dará lugar al archivo provisional o al sobreseimiento, según sea el caso, sin perjuicio de lo convenido respecto a los efectos civiles del delito*". Esto, por varias razones. La primera de ellas, es que esta mediación será procedente en los mismos casos en que sería procedente una suspensión condicional del procedimiento, el acuerdo reparatorio y el principio de oportunidad. Pero, a pesar de ello, asimila los efectos del éxito en la mediación "al archivo provisional", que en rigor, como vimos, solo permite un cierre temporal y administrativo de la causa, la que puede ser reabierta a través de la presentación de una querella. Y respecto del "sobreseimiento", no aclara la norma si se refiere a uno definitivo o temporal. Todas estas imprecisiones acarrearán, probablemente, que esta salida alternativa sea menos apetecida que las restantes que ya están reguladas en el CPP.

6. Suspensión condicional del procedimiento

6.1 Concepto

La suspensión condicional del procedimiento consiste en el acuerdo a que arriban imputado y fiscal, aprobado por el juez de garantía, en orden a someterse el primero al cumplimiento de ciertas condiciones, por un lapso máximo de tres años, periodo durante el cual la investigación quedará en suspenso; de forma tal que, si se cumplen, se extingue la responsabilidad penal, de lo contrario —si se incumplen las condiciones o se formaliza investigación en causa diversa contra el imputado— se reabrirá la indagatoria.

La suspensión condicional del procedimiento es un instituto sumamente interesante y de muchísima aplicación práctica; posiblemente es una de las salidas alternativas más utilizadas en la práctica.

En los Estados Unidos existe una institución similar que se le denomina *probation*. En el Código Procesal Penal Modelo para Iberoamérica se le denomina "suspensión del proceso a prueba" que es la nomenclatura que se usa en otros códigos comparados. En el Código Procesal Penal alemán, por ejemplo, es una hipótesis de sobreseimiento temporal, como manifestación del principio de oportunidad.

A pesar de su aparente benignidad, creemos que llevan razón los autores que abogan por un uso racional de esta herramienta, y que se prefieran otras salidas alternativas u otros procedimientos. Esto, por cuanto la suspensión condicional implica, como su nombre lo indica, la existencia de una indagatoria "en suspenso", a la espera de que el imputado cumpla con las condiciones mientras dure el lapso fijado, que puede ser bastante extenso, de hasta tres años.

6.2 Imputados y delitos elegibles para una suspensión condicional del procedimiento

No todos los imputados ni todas las investigaciones son susceptibles de suspenderse condicionalmente, sino solamente cuando se cumplen los siguientes requisitos copulativos (artículo 237 del CPP):

- Que se trate de un imputado primerizo, o sea, sin condena por crimen o simple delito anterior. Por lo tanto, procede respecto de imputados condenados por faltas; y también se ha admitido respecto de imputados condenados por simples delitos o crímenes, pero que aún no constan en el extracto de filiación y antecedentes;
- Imputados que no tengan vigente el cumplimiento de otra suspensión condicional (en causa diversa, se entiende), "o haya transcurrido más de tres años desde la anterior resolución que hubiere decretado una suspensión condicional del procedimiento, al momento de verificarse los hechos materia del nuevo proceso" (esto último agregado por la Ley 21.694). Se ha señalado que, aunque haya existido otra suspensión condicional, si las condiciones ya fueron cumplidas, aun cuando no se haya dictado el sobreseimiento definitivo, igualmente se entiende cumplido este requisito. La frase agregada en esta reforma legal de 2024 podría ser problemática a futuro, porque establece un criterio alternativo. Es decir, el imputado sería elegible en la medida que no tenga vigente una suspensión (en cuyo caso, se entiende que fueron cumplidas las condiciones), o bien, si han transcurrido más de tres años desde que se decretó una en su contra, independientemente de si cumplió o no con las condiciones, lo que desvirtúa el sentido original de esta norma, y hasta resulta contradictorio en sus propios términos. En otras palabras: que el imputado haya cumplido o no parece irrelevante;
- Siempre que "en el evento de dictarse sentencia condenatoria" la pena no exceda de los tres años de privación de libertad. Es decir, se trata de criminalidad leve y mediana.

Este último requisito significa que no debe apreciarse la pena en abstracto, tal y como la consigna el Código Penal, sino que debe analizarse cuál es la pena en concreto que posiblemente se aplique al imputado si es condenado, aplicando las circunstancias atenuantes, el grado de desarrollo de delito y la participación que ha tenido el imputado.

Así, por ejemplo, si el imputado goza de irreprochable conducta anterior (artículo 11.6 del CP), se aplicará la respectiva rebaja para los efectos del artículo 237 del CPP.

En todo caso, para los delitos de la Ley 18.290 no será procedente la circunstancia atenuante del artículo 11.7 del Código Penal, de reparación celosa del mal causado (artículo 197 inciso quinto de la Ley 18.290).

Estos requisitos son similares a los que exige la Ley 18.216 sobre cumplimiento alternativo de penas privativas de libertad. Lo que se trata de evitar es que imputados primerizos de baja peligrosidad tengan contaminación criminógena por cumplir una pena privativa de libertad.

6.3 Reglas especiales aplicables a algunos delitos

Una reforma legal de 2015 exigió que para ciertos delitos graves (homicidio, secuestro, ciertos robos, entre otros), el fiscal debía someter la decisión de pactar una suspensión condicional a la aprobación del respectivo fiscal regional. En todo caso, dada la cuantía de las penas asignadas a estos delitos, es poco probable que se cumpla con el requisito de que se trate de delitos que en concreto se les asigne menos de tres años de privación de libertad.

En 2024 entró en vigencia la Ley 21.694 que introdujo los artículos 238 bis, ter y quáter al CPP, y establece una regulación especial para el tratamiento de consumo problemático de drogas y/o alcohol.

Se trata de un régimen más benigno para el imputado, porque hace elegibles las suspensiones respecto de primerizos que hubieren cometido delitos cuya pena en concreto aplicable al caso no supere los cinco años de privación de libertad, pero siempre que se "acredite la dependencia o consumo problemático de drogas y/o alcohol como factor determinante de la comisión del delito", la que deberá acreditarse, preferentemente, por un informe experto del Servicio Nacional para la Prevención y Rehabilitación del Consumo de Drogas y Alcohol.

Algunas de las reglas de estos nuevos artículos resultan redundantes respecto de las reglas generales; entre aquellas que resultaron innovadoras está la que dispone que se debe favorecer la participación del imputado "impulsándolo a que sea parte activa de la decisión del tribunal, con el objeto de obtener información sobre los factores de riesgo que podrían desencadenar una potencial recaída y definir las condiciones de la suspensión condicional del procedimiento que favorezcan su rehabilitación". Asimismo, las condiciones se podrán imponer por un plazo no inferior a uno ni superior a cinco años.

El artículo 238 ter del CPP dispone la celebración de "audiencias de seguimiento de suspensión condicional para el tratamiento problemático de drogas y/o alcohol". Debió ser un error del legislador calificar al tratamiento como "problemático", y suponemos que lo que se quiso decir es que el consumo era el que revestía esa característica. La periodicidad de estas audiencias la determinará el juez, y la norma obliga a que se tenga siempre en cuenta la voluntad del imputado; esto último, para no afectar su dignidad y para que el tratamiento sea exitoso. Estas innovaciones parecen sumamente positivas, y habrá que ver cómo se ponen en práctica por los operadores jurídicos.

Por su parte, el artículo 238 quáter del CPP dispone la celebración de una "audiencia de egreso" de estas suspensiones especiales, en las que la causa podría sobreseerse definitivamente una vez constatado el cumplimiento de las condiciones. Esta regla vino a llenar el vacío legislativo que, en todo caso, ha sido suplido por la práctica de los tribunales de dictar sobreseimiento definitivo o a petición de parte una vez que se verifica el cumplimiento de las condiciones.

6.4 Procedimiento para la aprobación de la suspensión condicional

Aunque la norma no lo dice, la suspensión condicional puede pactarse respecto de algunos imputados y no de todos, en aquellas causas en que existe pluralidad de ellos.

Al igual que con los acuerdos reparatorios, las suspensiones condicionales se aprueban por el juez de garantía en una audiencia especialmente convocada al efecto en cualquier momento durante la investigación, siempre que esté formalizada. También puede aprobarse en la audiencia de preparación de juicio, si ya fue cerrada la investigación. Asimismo, procede en la llamada audiencia intermedia del artículo 280 bis del CPP, que veremos más adelante. En estos dos últimos casos se tratará, como ya dijimos, de un posible "ofertón de última hora" cuando la fiscalía no desee llevar a juicio oral.

Es importante notar que la víctima y el querellante no participan de este acuerdo, ya que es solo entre imputado y fiscal; sin perjuicio de ello, el artículo 237 inciso 4 del CPP dispone que "deberán ser oídos por el tribunal", lo que permite a la querellante, además, a apelar la resolución que lo apruebe. Los restantes intervinientes pueden también apelar la resolución que se pronuncia acerca de la suspensión condicional. (artículo 237 inciso 7). Por lo mismo, lo recomendable es siempre intentar que los acuerdos de suspensión sean también consensuados con la víctima y querellante, aunque legalmente no sea necesario su consentimiento. En todo caso, como se ve, la última palabra la tendrá la respectiva Corte de Apelaciones, sea que se apruebe o se rechace la suspensión condicional por el juez de garantía.

El inciso tercero del artículo 45 de la Ley 21.675 sobre Violencia de Género, que entró en vigencia en junio de 2024, dispuso que "la víctima y su representante legal siempre deberán ser notificados de la citación a la audiencia en que se discuta la solicitud de suspensión condicional del procedimiento. Durante dicha audiencia, si la víctima o su representante legal se encuentran presentes, serán oídos y su opinión será debidamente considerada". El inciso cuarto del mismo artículo precisó que "para dar cumplimiento a lo establecido en el inciso anterior, el tribunal deberá ofrecer a la víctima la posibilidad de emitir su opinión en audiencia reservada, cautelar su seguridad, evitar cualquier tipo de presión sobre ella por parte de la persona imputada, proporcionarle toda la información para que su decisión sea informada y, cuando se trate de un niño, niña o adolescente, atender debidamente a su interés superior".

A diferencia de lo que veíamos a propósito de los acuerdos reparatorios, en la suspensión condicional del procedimiento sí es requisito de validez la presencia del defensor del imputado (artículo 237 inciso 4 del CPP), es decir, su ausencia acarrea la nulidad. En todo caso, el artículo 245 dispone que a esta audiencia "podrán comparecer todos los intervinientes en el proceso", es decir, su comparecencia sería facultativa y no obligatoria (en este sentido, sentencia de la Corte Suprema en causa sobre amparo rol 7211-2008). Por lo tanto, en caso de incomparecencia, no procede aplicar medidas de apremio en contra del imputado que no comparece; simplemente la posibilidad de arribar a una suspensión condicional se ve frustrada. Aunque la ley no lo dice, el juez debe verificar que el imputado preste libremente su consentimiento a la suspensión, cuestión que puede quedar solucionada si cuenta con la debida asistencia letrada, como exige la norma recién citada. Este consentimiento es importante porque, como ya vimos, esta salida alternativa significa la asunción de ciertas cargas durante un periodo de tiempo más o menos extendido y, naturalmente, la renuncia del imputado de llevar su caso a juicio oral y probar su inocencia.

6.5 Condiciones del artículo 238 del Código Procesal Penal que pueden imponerse en una suspensión condicional

Las condiciones que pueden imponerse sobre el imputado están detalladas en el artículo 238 del CPP, y puede ser una o más de las consignadas en la norma por un periodo que va entre un mínimo de un año y un máximo de tres. Estas condiciones son las siguientes:

a) Residir o no residir en un lugar determinado.
b) Abstenerse de frecuentar determinados lugares o personas.
c) Someterse a un tratamiento médico, psicológico o de otra naturaleza.
d) Tener o ejercer un trabajo, oficio, profesión o empleo, o asistir a algún programa educacional o de capacitación.
e) Pagar una determinada suma, a título de indemnización de perjuicios, a favor de la víctima o garantizar debidamente su pago. Se podrá autorizar el pago en cuotas o dentro de un determinado plazo, el que en ningún caso podrá exceder el período de suspensión del procedimiento.
f) Acudir periódicamente ante el ministerio público y, en su caso, acreditar el cumplimiento de las demás condiciones impuestas.

g) Fijar domicilio e informar al ministerio público de cualquier cambio del mismo.
h) Otra condición que resulte adecuada en consideración con las circunstancias del caso concreto de que se tratare y fuere propuesta, fundadamente, por el Ministerio Público.

6.6 Condiciones especiales para ciertos delitos establecidos en leyes extravagantes al Código Procesal Penal

A los requisitos legales establecidos en el artículo 238 del CPP se han ido agregando otros a partir de la entrada en vigencia de distintos cuerpos legales, y también con la práctica jurisprudencial de los tribunales de garantía. La más importante de estas reformas fue la de la Ley 21.675 de junio de 2024, pero hay otras.

El artículo 197 inciso quinto de la Ley 18.290 del tránsito dispuso que para los delitos de conducción de vehículos motorizados bajo la influencia del alcohol o en estado de ebriedad (artículos 193 y 196 respectivamente), se puede pactar una suspensión condicional del procedimiento e imponer cualquiera de las condiciones recién vistas del artículo 238, pero deberá "siempre decretar la suspensión, cancelación o inhabilitación perpetua [de la licencia de conducir]". Es decir, cualquiera sea la condición impuesta, siempre llevará aparejada una suspensión, cancelación o inhabilitación perpetua de la licencia de conducir.

Respecto de esta letra c) del artículo 238 de "tratamiento médico" o de otra naturaleza, en algunos casos los tribunales han aceptado la propuesta de la fiscalía y del imputado de someterse este último a un tratamiento de rehabilitación del consumo de estupefacientes a través de los llamados "tribunales de tratamiento de drogas", que están a cargo del Servicio Nacional para la Prevención y Rehabilitación del Consumo de Drogas y Alcohol (Senda), dependiente del Ministerio de Interior y Seguridad Pública. A pesar de su nombre, no se trata de verdaderos "tribunales", sino una metodología de trabajo especializada para tratar estos casos.

En casos de violencia de género o intrafamiliar, también se ha aceptado como "otras condiciones" de la letra h) el que el imputado asista al programa de mediación de la Corporación de Asistencia Judicial.

El artículo 45 de la Ley 21.675 estableció algunas reglas especiales respecto de la suspensión condicional del procedimiento para los delitos que constituyen violencia de género. Respecto de estos casos, el tribunal podrá imponer alguna de las condiciones del artículo 238 del CPP recién estudiadas, pero —dice la norma— deberá imponer una o más de una de las llamadas "medidas accesorias" del artículo 36 de la misma ley.

Estas medidas accesorias son, en rigor, *penas accesorias a la condena impuesta*, y en buena medida reitera innecesariamente las condiciones del artículo 238, lo que convierte superflua a esta regla especial recién introducida. Además, resulta bastante extraño que se confunda en esta ley lo que son penas accesorias a una condena con las condiciones impuestas a una persona inocente.

El número 1 del artículo 36 establece como posible condición a imponer, entonces, la "obligación de la persona condenada de abandonar el hogar que comparte con la víctima", la que razonablemente ya estaba comprendida en las letras a) y b) del artículo 238.

El número 2 del artículo 36 dispuso la "prohibición de acercarse a la víctima o a su domicilio, lugar de trabajo o estudio, así como a cualquier otro lugar al que ésta concurra o visite", la que ya estaba comprendida en la hipótesis de la letra b) del artículo 238. Lo mismo que la del número 3: "prohibir o restringir las comunicaciones de la persona condenada por hechos de violencia de género respecto de la víctima".

El número 4 estableció como posible condición la prohibición de porte y tenencia de armas y municiones, y el 5 la asistencia a "programas de intervención psicosocial de reeducación de la violencia, terapéuticos o de orientación familiar", en términos muy similares a lo ya regulado en el artículo 238 c) del CPP que ya vimos.

La del número 6: "obligación de presentarse regularmente ante la unidad policial que determine el tribunal" es muy similar a la del artículo 238 f).

A juicio de la profesora Horvitz, el imputado podría retractarse de la suspensión condicional, cuestión que no está contemplada en el CPP, y que, a nuestro juicio, resulta discutible. Sí se permite que el tribunal modifique las condiciones impuestas, oyendo a los intervinientes (artículo 237 inciso final del CPP).

6.7 Un ejemplo de suspensión condicional del procedimiento

Veamos a continuación un ejemplo de suspensión condicional del procedimiento. El caso y los nombres son enteramente ficticios:

Juez de garantía: Buenos días, siendo las nueve horas del día 3 de enero de 2024, se da inicio a audiencia de salida alternativa en causa RIT 8755-2023 de este tribunal. Le pido a los intervinientes que se individualicen, por favor.

Fiscal: Buenos días, magistrado, fiscal Nora Téllez Riquelme, por el Ministerio Público.

Querellante: Buenos días, magistrado, abogado Oscar Iturrieta Gálvez, por la querellante particular.

Defensor: Buenos días, magistrado, abogada Roxana Aceituno Quiñones por el imputado Esteban Herrera Pavez, defensa privada.

Juez: Le pido al imputado que se individualice por favor, con nombre completo, RUT y domicilio.

Imputado: Esteban Enrique Herrera Pavez, RUT 6.883.911-K, con domicilio en parcela 7, camino GH-56, comuna de Colina.

Juez: Gracias. Fiscal, usted había solicitado esta audiencia, lo escucho.

Fiscal: Sí, magistrado, efectivamente. Pedimos esta audiencia para efectos de someter a su aprobación una suspensión condicional del procedimiento respecto del imputado, en esta causa previamente formalizada. Respecto de los requisitos legales, este persecutor estima que se cumplen, ya que el imputado no registra antecedentes penales en su extracto de filiación, tampoco tiene vigente el cumplimiento de otra suspensión condicional del procedimiento, de acuerdo a los registros del sistema SAF del Ministerio Público, y asimismo, tratándose de un delito de conducción de un vehículo motorizado bajo la influencia del alcohol con resultado de lesiones graves, del artículo 193 de la ley del tránsito, la pena en abstracto llega a los 541 días de presidio, además de las accesorias de suspensión de licencia, y en concreto obviamente será inferior a ésta, por lo que sería procedente en este caso. En concreto, lo que conversamos con la defensa son las siguientes condiciones por el plazo de dos años: la letra c) del artículo 238 CPP, esto es, someterse a una evaluación sobre consumo problemático de alcohol a través del Senda o el establecimiento de salud particular que escoja el imputado; la letra e), esto es, el pago de la suma de un millón de pesos a título de indemnización de la víctima por los gastos médicos incurridos; y la letra g), fijar domicilio, además de la condición obligatoria que impone el artículo 197 de suspensión de licencia de conducir por el lapso de dos años.

Juez: Gracias, defensor. (Dirigiéndose al imputado) don Esteban, quiero que preste atención, para cerciorarme que entendió bien las condiciones que propone al fiscalía y cuáles son las implicancias de aceptarlas. Usted tiene derecho a un juicio oral y público en que es la fiscalía quien debe acreditar su culpabilidad; si usted acepta las condiciones, renunciará a ese juicio. Ahora, esta suspensión no significa que usted se reconozca culpable, ni tampoco quedará con antecedentes penales, ¿se entiende? Solamente significa que durante estos dos años usted no debe volver a meterse en problemas con la ley, en especial, no incurrir en conductas como las que lo llevaron a esta instancia. Si lo vuelven a formalizar, va a reabrirse esta causa y podría ser condenado. Es importante, si acepta las condiciones, que se someta al tratamiento de consumo problemático, para que no vuelva a incidir en estas conductas.

Imputado: Sí, señor juez, ya lo hablé con mi abogado, y estoy al tanto de las implicancias de todo esto.

Juez: Perfecto. Debo ahora dar la palabra al querellante, lo escucho.

Querellante: Gracias, magistrado. Esta querellante no se opone al acuerdo.

Juez: Gracias. Entonces, oídos los intervinientes, este tribunal resuelve: en atención al cumplimiento de los requisitos legales, se aprueba la suspensión condicional del procedimiento respecto del imputado Esteban Enrique Herrera Pavez, por el lapso de dos años, imponiéndosele las condiciones ya señaladas, esto es, el sometimiento a una evaluación toxicológica a cargo del Senda u otra institución privada; el pago de un millón de pesos en este acto a la víctima y querellante; la suspensión de licencia de conducir por dos años y fijar domicilio.

6.8 Consecuencias del incumplimiento de las condiciones impuestas o de formalización de investigación en causa diversa

Si el imputado incumple las condiciones en forma *injustificada, grave o reiterada*, o bien, se formaliza investigación en su contra en causa diversa durante el tiempo de la suspensión, puede el juez revocar la suspensión condicional, en cuyo caso seguirá el proceso en su contra. Esta decisión del legislador obviamente es criticable, ya que es perfectamente posible que la sola *formalización* no lleve a condena alguna, y aun así provoque el efecto indeseado de que quede sin efecto la suspensión condicional ya decretada.

Es importante poner el acento en que la ley exige un incumplimiento "injustificado, grave o reiterado" de las condiciones impuestas. Por lo mismo, situaciones puntuales o plenamente justificadas no debieran considerarse para dejar sin efecto la suspensión previamente pactada.

Esta resolución también es apelable (artículo 239 del CPP). A juicio del profesor Guillermo Oliver no podría revocarse la suspensión condicional sobre la base de que el imputado haya sido objeto de un requerimiento en un procedimiento simplificado o monitorio, ya que las reglas procesales penales no admiten una aplicación analógica cuando se trata de restringir la libertad u otros derechos del imputado (artículo 5 del CPP). En todo caso, en la práctica, hay fiscales que solicitan como "otras condiciones" la letra h) del artículo 238 para que el imputado no sea formalizado ni objeto de requerimiento durante el plazo de la suspensión, salvando así el problema. Los profesores Duce y Riego piensan diferente, en todo caso.

Asimismo, esta "formalización en causa diversa" debe ser respecto de hechos acaecidos con posterioridad a la aprobación de la suspensión condicional; aunque esto último es un asunto discutible si se toma el tenor literal del artículo 239 del CPP.

El profesor Andrés Cruz Carrasco ha señalado que el incumplimiento de las condiciones impuestas por el juez de garantía en una suspensión condicional del procedimiento correspondería, adicionalmente, al delito de desacato (artículo 240 inciso segundo del CPC), incluso cuando es procedente su detención. Discrepamos con dicha postura, teniendo en cuenta el contenido preciso que la jurisprudencia y la doctrina asignan a dicho delito, pero sobre todo porque la sanción ya está determinada en la ley, y es que la suspensión condicional será revocada.

En cualquier caso, la revocación de una suspensión condicional del procedimiento no debiera afectar en nada la posibilidad del imputado de optar a un cumplimiento alternativo de pena de acuerdo a la Ley 18.216, en el evento de ser condenado.

La Ley 21.694 reformó el inciso segundo del artículo 239 del CPP, que ahora aborda expresamente el incumplimiento de las condiciones impuestas en una suspensión condicional en casos de consumo problemático o adicción a drogas y/o alcohol. Esta nueva norma dispone que se considerará como incumplimiento "la no adherencia al tratamiento y el incumplimiento grave y reiterado de las actividades determinantes para su rehabilitación". A juicio nuestro, esta agregación parece innecesaria porque reitera, casi textualmente, el criterio general del inciso primero del artículo 239, esto es, que debe tratarse de incumplimientos graves, injustificados y reiterados de las condiciones impuestas por el juez. En otras palabras: la regla general y especial es la misma, esto es, que no basta con incumplimientos de menor entidad o esporádicos.

6.9 Consecuencias del cumplimiento de las condiciones impuestas

Una vez cumplido el plazo fijado, sin que se verifique el incumplimiento de las condiciones, la causa debe *sobreseerse definitivamente, y quedará extinguida la acción penal.*

El profesor Guillermo Oliver ha sostenido que el sobreseimiento definitivo procederá aun si se incumplen las condiciones, pero no se solicitó oportunamente la revocación durante el plazo de vigencia de la suspensión, y existe jurisprudencia en ese sentido citada por el profesor Javier Castro Jofré (Corte de Apelaciones de Copiapó, rol 312-2014).

En la práctica, el tribunal de garantía sobreseerá definitivamente de oficio la causa, sin necesidad de solicitud previa del interviniente interesado, una vez cumplido el plazo y sin que conste que se haya revocado durante él.

En su tratado, la profesora Horvitz señala cuáles son las menciones que debiera contener la resolución que aprueba la suspensión condicional, las que son relevantes para fijar el objeto del proceso que eventualmente será sobreseído definitivamente, de cumplirse las condiciones impuestas. En este sentido, se señala por esta autora que la resolución debiera contener una relación de cuáles fueron los hechos investigados y los antecedentes de la investigación que habrían sido admitidos en caso de arribarse a la etapa de juicio oral. Tendemos a concordar con el criterio propuesto por esta autora, aunque creemos que, al exigirse por el legislador que la investigación esté previamente formalizada, el sobreseimiento definitivo que se decrete abarcará justamente esos hechos, lo diga o no expresamente la resolución.

En general, el cumplimiento o incumplimiento de las condiciones es un asunto que el propio Ministerio Público controla, muchas veces con la colaboración proactiva del propio imputado, y son ellos quienes informan oportunamente al tribunal, para efectos de solicitar el sobreseimiento definitivo de la causa.

Respecto de la acción civil de la víctima, el cumplimiento de las condiciones impuestas en una suspensión condicional no la extingue, pero sí permite imputar los pagos que la víctima reciba bajo lo dispuesto expresamente en la letra e) del artículo 238 del CPP a las indemnizaciones civiles que reclame en el futuro. La regla del artículo 240 del CPP deja en claro que la víctima puede reclamar una reparación civil ante el juez civil, sin perjuicio de haberse arribado a una suspensión condicional en la causa penal.

6.10 Efecto que produce la resolución que aprueba una suspensión condicional mientras esté pendiente el plazo fijado para su cumplimiento

Vimos recién cuáles son los efectos que producen tanto el cumplimiento como incumplimiento de las condiciones impuestas por el tribunal en la suspensión condicional. Sin perjuicio de ello, la suspensión condicional genera un efecto procesal durante el plazo fijado por el juez para que dichas condiciones se cumplan, que como vimos, es de entre uno y tres años.

La suspensión condicional solo procede en investigaciones que ya se hayan formalizado, y el efecto que se genera es que se suspende el plazo de investigación fijado por el tribunal para dicha investigación del Ministerio Público; sin embargo, no se altera la suspensión de la prescripción de la acción penal generada como consecuencia de la formalización de investigación. Dicho en otras palabras: *el plazo de prescripción de la acción penal continúa suspendido*.

6.11 Prohibición de rendir como prueba en juicio oral los antecedentes referidos a una suspensión condicional fracasada

Como hemos visto, la suspensión condicional del procedimiento va precedida de una negociación entre los intervinientes, y luego es planteada al juez de garantía que puede aprobarla o rechazarla. Aprobada la suspensión condicional, podría el imputado no dar cumplimiento a dichas condiciones, gatillando la consecuencia que ya vimos, esto es, que la investigación será reabierta y seguirá su curso.

Sea que las negociaciones fracasen, o que el juez rechace la propuesta, o si el imputado incumple las condiciones, estaremos frente a una suspensión condicional fracasada, y tendremos un caso que eventualmente llegará a juicio oral.

El artículo 335 del CPP prohíbe a los intervinientes ventilar en el juicio oral cualquier antecedente referido a una suspensión condicional fracasada, permitiendo la exclusión de dicha prueba si ello llegare a ocurrir para no prejuiciar al tribunal con antecedentes que, naturalmente, pueden ser interpretados como un reconocimiento de responsabilidad.

Sin perjuicio de ello, existe el mismo vacío legal que veíamos al tratar los acuerdos reparatorios: si se pactan suspensiones con algunos de los imputados, pero no con todos, podrían hacerse valer dichos antecedentes respecto de los imputados que llegan a la etapa de juicio oral, lo que podría perjudicarlos eventualmente. Más adelante ahondaremos sobre esto, al revisar las reglas de las pruebas del juicio oral.

6.12 Facultades del juez de garantía respecto de una solicitud de suspensión condicional del procedimiento

a) Posiciones doctrinarias y nuestra opinión

Como dijimos más arriba, la suspensión condicional del procedimiento debe ser aprobada por el juez de garantía en una audiencia convocada para dicho efecto, o bien, en la de formalización, de preparación de juicio, o en la llamada audiencia intermedia.

En la audiencia que se apruebe, el juez de garantía "podrá requerir del ministerio público los antecedentes que estimare necesarios para resolver" (artículo 237 inciso 2 del CPP), lo que significa que el juez debe ponderar dichos antecedentes. El juez puede rechazar la solicitud de suspensión condicional si, a su juicio, no se cumple con los requisitos para su procedencia ya vistos, o si el imputado no ha prestado su consentimiento en forma libre e informada. Esta resolución, como vimos —lo mismo que la que aprueba la suspensión— son apelables.

Como vimos, estas tres salidas alternativas o anticipadas exigen que el Tribunal de Garantía pronuncie una resolución que apruebe o rechace la solicitud formulada por los intervinientes, y las eventuales oposiciones que existan sobre ellas.

La pregunta que corresponde hacerse es si el tribunal deberá ejercer un mero control formal como el que recién describimos al tenor del artículo 237 del CPP, o bien, podrá ponderar los antecedentes de la investigación y eventualmente rechazar la solicitud planteada sobre la base de que, a su juicio, los hechos o la calificación jurídica son diferentes de los planteados por los intervinientes, y en especial por la fiscalía. En los casos en que se proponga una suspensión condicional o un acuerdo reparatorio, que exigen una formalización de investigación previa: ¿los hechos y la calificación jurídica de la formalización son vinculantes para el Tribunal de Garantía?

El asunto no es pacífico en la doctrina. A propósito de la solicitud de medidas cautelares, autores como Guillermo Oliver han dicho que la calificación jurídica que haga el fiscal en la formalización no es vinculante para el Tribunal de Garantía al momento de pronunciarse sobre ellas.

Tendemos a concordar con esa opinión, pero siempre que el Tribunal de Garantía no vaya más allá de lo pedido, o de lo expuesto, por el fiscal en perjuicio del imputado. Dicho de otro modo: el tribunal podría apartarse del sustrato fáctico y la calificación jurídica efectuada por el fiscal, pero siempre que ello no perjudique al imputado. Es decir, al momento de ponderar la procedencia de alguna de estas salidas alternativas, podría tomar en cuenta menos hechos, o una calificación jurídica menos gravosa que la expuesta por el fiscal, y así aprobarlas.

Lo que le estaría vedado al tribunal es recalificar por sí y ante sí los hechos en delitos más graves que los expuestos por el fiscal, o echar mano a hechos no contenidos en la formalización para justificar una negativa a conceder alguna de estas salidas alternativas. Así lo ha manifestado, por ejemplo, el profesor Jaime Salas Astrain.

Las razones de esta postura es que el juez de garantía no puede transformarse en un inquisidor y subrogar al fiscal en su función acusadora. Por mandato constitucional y legal, solamente al fiscal le corresponde el ejercicio de la acción penal. Un Tribunal de Garantía que se negara a aceptar una salida alternativa sobre la base de que los hechos de la formalización corresponden a delitos más graves que los que expuso el fiscal, estaría finalmente ejerciendo una función de acusador para la que es totalmente incompetente. Asimismo, el tribunal que así obre compromete su imparcialidad.

Por lo mismo, diremos que al tribunal le corresponde evaluar el cumplimiento de los requisitos formales dispuestos en la ley, y eventualmente recalificar los hechos en beneficio del imputado, nada más.

Asunto distinto es si las condiciones concretas que propone la Fiscalía, y que acepta el imputado, son vinculantes para el juez de garantía, o si este eventualmente pueda fijar condiciones más gravosas que las solicitadas, o por un lapso de tiempo superior al propuesto. La jurisprudencia y alguna doctrina entiende que ello es plausible, posición que en todo caso no es pacífica.

b) Reformas introducidas en la Ley 21.675 d) de 2024

El artículo 45 de la Ley 21.675 de junio de 2024 sobre Violencia de Género introdujo algunas reglas especiales aplicables a la suspensión condicional del procedimiento, referidas a las prerrogativas del juez, que vienen a alterar la regla general que acabamos de estudiar.

El inciso segundo del artículo 45 dispone lo siguiente: "al decretar la suspensión condicional del procedimiento, se procurará otorgar seguridad a la víctima, para lo cual se considerará si aquella se encuentra en alguna de las situaciones de riesgo inminente de padecer violencia de género descrita en el artículo 33, el comportamiento de la persona imputada, la existencia de antecedentes y denuncias previas, entre otros antecedentes que se estimen relevantes para dicho fin". En otra parte de este libro revisaremos las hipótesis de "riesgo inminente" que son relevantes al momento de decretarse medidas cautelares personales especiales en casos de violencia de género.

Como se ve de la regla recién transcrita, se le otorga al tribunal penal un rol bastante más activo al momento de aprobar o rechazar una suspensión condicional, debiendo ponderar una serie de antecedentes del hecho y del imputado que, en general, serán irrelevantes en los restantes casos que no correspondan a violencia de género.

c) Propuesta doctrinaria de control jurisdiccional de las decisiones de la Fiscalía

Finalmente, autores como Jaime Vera Vega han propuesto que debiera existir un control jurisdiccional respecto de la negativa injustificada, caprichosa o arbitraria de la Fiscalía en orden a acordar una suspensión condicional del procedimiento con el imputado. Puede decirse con propiedad que el acuerdo respecto de la suspensión deberá darse únicamente entre imputado y fiscal, actuando el juez como un mero autorizador de dicho acuerdo, que es discrecional para la Fiscalía (y, ciertamente, para el imputado). Como vimos, la víctima y el querellante no participan de dicho acuerdo. El profesor Vera Vega ha dicho que estas negativas injustificadas debieran poder controlarse a través de la cautela de garantías del artículo 10 del CPP, o bien, por un recurso de protección del artículo 20 de la CPR, o un recurso de amparo del artículo 21 de la misma. Como se ha dicho en otra parte de este trabajo, las Cortes de Apelaciones, salvo muy contadas excepciones, han desestimado las acciones de protección respecto de las actuaciones de la fiscalía y los jueces de garantía en el contexto de procesos jurisdiccionales en curso.

El profesor Vera Vega ha dicho que la suspensión condicional del procedimiento no cumple solamente un fin de descongestión de causas del sistema de persecución penal, o de reparación de la víctima, sino sobre todo, y principalmente, un fin de *equivalente funcional de la pena*, de acuerdo con la conocida teoría de Günther Jakobs y sus seguidores, entre ellos el profesor Jesús-María Silva Sánchez. Es decir, correspondería a una institución que permitiría cumplir el mismo fin preventivo-especial de la pena y resocializador, pero sin que sea necesaria una condena criminal. Es en este sentido que plantea este control jurisdiccional.

6.13 Reglas especiales en la Ley de Responsabilidad Penal de las Personas Jurídicas

El artículo 25 de la Ley 20.393 sobre Responsabilidad de las Personas Jurídicas dispuso algunas reglas particulares respecto de la suspensión condicional del procedimiento para los casos que regula dicha ley, en concreto, respecto de las condiciones a imponer, que serán una o varias de las siguientes: i) pagar una determinada suma a beneficio fiscal; ii) prestar un determinado servicio a favor de la comunidad; iii) informar periódicamente su estado financiero a la institución que se determinare; iv) implementar un programa para hacer efectivo el modelo de organización, administración y supervisión a que se refiere el artículo 4; y v) cualquiera otra condición que resulte adecuada en consideración a las circunstancias del caso concreto y fuere propuesta, fundadamente, por el Ministerio Público.

En los casos en que el juez imponga la medida señalada en el número i), deberá comunicarlo a la Tesorería General de la República.

6.14 Reglas especiales en la Ley sobre Responsabilidad Penal Adolescente

A su turno, el artículo 35 bis de la Ley 20.084 sobre Responsabilidad Penal Adolescente contiene algunas normas particulares sobre la suspensión condicional: procede para delitos de hasta cinco años de privación de libertad como pena aplicable en concreto; el plazo de cumplimiento de las condiciones irá entre los seis y los doce meses, con algunas excepciones (las del artículo 238 e), f) y h) del CPP, y la obligación de no residir en un lugar determinado) en que podría abarcar un mayor lapso de tiempo con el límite general; y también contempla algunas condiciones especiales que podrán imponerse, como la obligación de reparar a la víctima, asistir a programas de entrenamiento cognitivo, terapia familiar, tratamiento de alcohol o drogas, intervención en violencia o abuso sexual, entre otros.

También se debe precisar la institución o la estrategia institucional para ejecutar las condiciones y supervisar su cumplimiento, para lo que pueden fijarse audiencias periódicas para verificar su cumplimiento.

Capítulo VI

Normas comunes a los procedimientos penales

NORMAS COMUNES A LOS PROCEDIMIENTOS PENALES

Las normas comunes a los procedimientos penales están tratadas en el título II del libro I del CPP "Actividad procesal", en que se regulan aspectos netamente procedimentales.

El artículo 52 del CPP establece una regla de suma importancia, que es el carácter supletorio de las normas del libro I del Código de Procedimiento Civil (normas comunes a todo procedimiento), "en cuanto no se opusieren a lo estatuido en este Código o en leyes especiales", es decir, en la medida que las normas procesales civiles sean compatibles con los principios del nuevo sistema penal y que no exista una regla especial distinta, la que se aplicaría con preferencia (artículo 13 del CC). Las revisaremos cada una a continuación.

1. Plazos

El proceso penal, a diferencia del proceso civil, no se estructura íntegramente sobre la base de plazos preclusivos en que las partes deben ir cumpliendo con ciertas cargas para hacerlo avanzar, y bajo la sanción de abandono que pesa sobre el demandante. En rigor, el fiscal y querellante sí tienen que cumplir con algunas cargas procesales y efectuar algunas presentaciones escritas dentro del plazo (la más relevante, la acusación). Pero el proceso penal, en su etapa judicializada, avanza a través de audiencias que el tribunal va fijando en el tiempo, en que se resuelven oralmente distintos asuntos.

El respeto de los plazos legales durante el proceso penal reviste el carácter adicional de garantía fundamental del imputado "a ser juzgado en un plazo razonable", consagrada en los artículos 7.5 y 8.1 de la Convención Americana de Derechos Humanos y los artículos 9.3 y 14.3 d) del Pacto Internacional de Derechos Civiles y Políticos. En todo caso, esta garantía debe interpretarse de acuerdo con ciertos criterios acuñados por la jurisprudencia de los tribunales internacionales: la complejidad del asunto, la actividad procesal del interesado y la conducta de las autoridades judiciales. El CPP no contempla un mecanismo *ad hoc* para denunciar las dilaciones indebidas en la tramitación del proceso, más allá de los casos puntuales de nulidades procesales; por lo mismo, la vía idónea sería la cautela de garantías del artículo 10 del CPP.

Los plazos, en el contexto del proceso, corresponden a un periodo de tiempo para dar cumplimiento a una carga procesal por parte de los intervinientes, o para que el juez dé cumplimiento a alguna obligación.

Los plazos pueden ser legales, es decir, estar establecidos en la ley; o bien judiciales, esto es, cuando no están establecidos en la ley, sino que solamente fijados por una resolución judicial. Estos también pueden ser de horas, días, meses y años, y la forma de contarlos se regulará por las reglas generales del título preliminar del Código Civil, salvo por alguna norma especial en contrario. Tratándose de los plazos de días, en general, pueden ser de días hábiles y corridos.

La regla del artículo 14 del CPP es que en el proceso penal los plazos legales son todos de días corridos, es decir, plazos que no se interrumpen por los días feriados (domingos y festivos), como sucede en la regla del artículo 66 del CPC o en los plazos de los procedimientos administrativos (artículo 25 de la Ley 19.880), que se interrumpen además en los sábados. En esto se mantuvo la misma regla del antiguo Código de Procedimiento Penal, que parece consistente con la celeridad que se quiso dar al sistema de persecución penal.

Sin perjuicio de esta regla general, los plazos que vencen en día feriado se entienden prorrogados automáticamente para el día hábil siguiente hasta las 24 horas, para realizar cualquier actuación de los intervinientes. Así, por ejemplo, si el fiscal debe presentar su acusación en el plazo de diez días, y ese plazo vence el domingo, puede presentarla el día hábil siguiente —supongamos, el lunes— hasta las 24 horas.

El artículo 16 del CPP establece la fatalidad de los plazos legales, o sea, el efecto preclusivo que impide que una determinada actuación o carga procesal se satisfaga una vez vencido, sin ser necesario que se acuse rebeldía por el tribunal.

El profesor Julián López en su tratado señala que esta fatalidad también se predica de los plazos establecidos para las actuaciones del tribunal, pero no señala qué sanción tiene si el tribunal actúa fuera de plazo. En nuestra opinión, si la ley no asigna una determinada sanción, las actuaciones extemporáneas del tribunal deben estimarse como válidas. Una notable excepción a esto es la nulidad del juicio oral del artículo 344 del CPP cuando el tribunal dilata la dictación de la sentencia. Es más, el incumplimiento del tribunal en fijar ciertas audiencias dentro de los plazos legales —como la audiencia de preparación de juicio oral— no tiene una sanción concreta asociada en la ley, por lo mismo, serían válidas, más allá del reclamo que pudiera hacer la defensa por infracción a la garantía de ser juzgado en un plazo razonable.

Los plazos judiciales, por contrapartida, no son fatales, por aplicación supletoria de las reglas del libro I del CPC y por remisión del artículo 52 del CPP que ya vimos.

Esto tiene algunas consecuencias importantes. La primera es que las actuaciones ejecutadas por los intervinientes fuera de un plazo fijado por el juez son igualmente válidas, tal y como si hubieren ocurrido dentro de plazo. Y la segunda es que el plazo solo vencerá cuando se "acuse rebeldía", o sea, cuando el tribunal dicte una resolución que declare que el plazo ha vencido; pero esto siempre va a ocurrir ya vencido el plazo judicial.

En materia procesal penal esto se hace efectivo a través de los apercibimientos, y quizás el mejor ejemplo de plazo judicial es el de investigación que fija el Tribunal de Garantía en la audiencia de formalización, siempre que sea inferior al plazo legal de dos años. En la práctica, una vez vencido el plazo judicial de investigación, los intervinientes suelen solicitar al tribunal que aperciba al fiscal a que cierre la indagatoria, y para ello se convoca a una audiencia para ese solo efecto.

El artículo 17 del CPP consagra el entorpecimiento que puede alegar cualquier interviniente cuando se ve impedido de satisfacer alguna carga procesal o cumplir con alguna obligación dentro de un plazo, siempre que se deba a un "caso fortuito". La regla exige una solicitud del afectado haciendo valer el entorpecimiento, y un plazo máximo para alegarlo de cinco días desde cesado el impedimento.

El artículo 18 del CPP consagra una institución muy utilizada en la práctica, que es la *renuncia de los plazos*. En audiencias en que se adopta alguna resolución, es frecuente que el tribunal ofrezca a los intervinientes la renuncia de los plazos para recurrir de la resolución, en especial en aquellos casos en que se ha arribado a acuerdo entre las partes. El efecto es que la resolución dictada en la audiencia, renunciados que estén los plazos para recurrir por los intervinientes, quedará firme.

2. Comunicaciones entre autoridades y entre tribunales

Los artículos 19, 20 y 20 bis del CPP regulan, respectivamente, las comunicaciones entre el Ministerio Público y los tribunales con competencia penal y las restantes autoridades del Estado, las comunicaciones entre tribunales y, por último, los requerimientos de información a las autoridades extranjeras.

Estas normas vinieron a simplificar el engorroso sistema de exhortos y oficios formales que existía en el antiguo sistema penal, y que aún existe en el proceso civil. Simplificación y celeridad fue el objetivo.

Estas normas son muy utilizadas en la práctica, ya que en las indagatorias del Ministerio Público es muy frecuente que se requiera información a otras entidades, como el Servicio de Registro Civil, el Servicio de Impuestos Internos, ministerios, etcétera. Y las comunicaciones entre tribunales son sumamente frecuentes en aquellos casos en que existen imputados con múltiples causas radicadas en tribunales diversos.

El artículo 19 del CPP utiliza la voz "requerimiento" y no "solicitud" como se planteó alguna vez, y debe contener ciertas menciones mínimas que permitan al destinatario darle cumplimiento. No es un oficio formal y es frecuente hoy que sea por vía electrónica, por aplicación del artículo 21 del CPP.

La misma norma plantea un mecanismo de resolución de controversias en caso de que la autoridad se niegue a entregar la información por tener el carácter reservado o secreto según la ley, y siempre que la información sea indispensable para la indagatoria. En este caso, el fiscal regional puede solicitar a la Corte de Apelaciones competente que resuelva. Si la razón que invoca la autoridad es la seguridad de la nación, la controversia la debe resolver la Corte Suprema. La norma le da una "salida" a la Corte, la que en caso de rechazar la solicitud igualmente puede ordenar a la autoridad a proporcionar ciertos datos. Esta norma fue la que se aplicó recientemente cuando el Ministerio de Salud se negó a entregar a la Fiscalía una serie de correos electrónicos solicitados referidos a las políticas gubernamentales para el control y cura del coronavirus.

En el caso de requerimientos entre tribunales, en caso de existir controversia sobre la entrega de información, debe resolver el superior jerárquico del tribunal requerido (artículo 20 del CPP).

El artículo 20 bis del CPP regula los requerimientos de información para autoridades extranjeras, los que se canalizarán a través del Ministerio Público solicitando la intervención del tribunal de garantía cuando ello sea necesario, según disponga la ley chilena.

3. Notificaciones y citaciones

En el proceso penal, las notificaciones están reguladas en el párrafo 4 del título II, libro I del CPP, artículos 24 y siguientes.

A pesar de que no es el orden que sigue el CPP, partiremos por las normas generales y supletorias, y luego sus especificaciones propias.

Como sabemos, durante el proceso el tribunal irá dictando distintas resoluciones que irán resolviendo o pronunciándose sobre las solicitudes que vayan haciendo los intervinientes. Estas resoluciones deben ser puestas en conocimiento de los intervinientes a través de ciertos mecanismos reglados en la ley, que son las notificaciones.

Como regla supletoria general, y en lo no previsto en el CPP, el artículo 32 hace aplicables las reglas del CPC (título IV del libro I), que ya vimos más arriba. Así, por ejemplo, en los procedimientos de acción penal privada (artículo 400 del CPP), es frecuente que el tribunal ordene la notificación del imputado en forma personal del artículo 40 del CPC, o personal subsidiaria del artículo 44. También la demanda civil, como veremos, se notifica por cédula.

Otra regla de aplicación general y supletoria es la del artículo 31 del CPP, "otras formas de notificación", que faculta a los intervinientes para proponer para sí formas distintas de notificación de las resoluciones. Como desde el inicio de la Reforma Procesal Penal se implementó una plataforma electrónica a través del sistema SIAG, la usanza es que los intervinientes en el proceso señalen un correo electrónico en su primera presentación para las notificaciones. A partir de la entrada en vigencia de la Ley 20.886 sobre tramitación electrónica, estas notificaciones quedaron reguladas en el artículo 8 de dicha ley.

En los tribunales con competencia penal, sin perjuicio de las normas ya señaladas recién, las notificaciones las practican los "funcionarios habilitados del tribunal" del artículo 24 del CPP, que generalmente operan a través de un centro de notificaciones.

Es también muy importante la regla del artículo 26 del CPP, conocida en la jerga penal como el apercibimiento del artículo 26, ya que consiste en que en su primera presentación los intervinientes deben designar un domicilio válido dentro de los límites urbanos o la ciudad en que funcione el tribunal, para la práctica de notificaciones, bajo apercibimiento de ser notificados por el estado diario si no lo hacen. También existe la obligación de informar cualquier cambio de domicilio. El incumplimiento de esta norma puede tener consecuencias importantes, como que se despache una orden de arresto por incomparecencia del imputado en libertad que no asiste a alguna audiencia obligatoria (artículo 33 del CPP), si así lo solicitare el fiscal y/o el querellante, en la medida que haya sido notificado en el domicilio previamente señalado al tribunal.

Dicho de otra forma: si el imputado ya fijó su domicilio en el tribunal según el apercibimiento del artículo 26 del CPP, y se le notifica en dicho domicilio de una resolución que lo cita personalmente para que asista a una audiencia y no comparece injustificadamente, se podrá solicitar —por la fiscalía o el querellante— su arresto o detención para asegurar su comparecencia.

Es también relevante la regla del artículo 30 del CPP que establece que las resoluciones dictadas verbalmente en audiencia se entienden notificadas a los intervinientes que asistieron a ella, en la misma audiencia, sin necesidad de practicar otra notificación escrita posterior.

La citación judicial del artículo 33 del CPP faculta al tribunal a ordenar la conducción del citado por medio de la fuerza pública, en caso de una incomparecencia injustificada, e incluso su detención o prisión preventiva, a solicitud del fiscal o del querellante. La citación del artículo 33 puede aplicarse también como medida cautelar personal de baja intensidad, según dispone el artículo 123 del CPP, que veremos más adelante.

El Ministerio Público tiene también la facultad de citar a cualquier persona a sus dependencias para practicar alguna diligencia de investigación, como podría ser tomar su declaración, o una toma de muestra caligráfica (artículo 23 del CPP). A diferencia del tribunal, el Ministerio Público no puede ordenar a la fuerza pública que se conduzca al citado a sus dependencias, sino que debe solicitarlo al tribunal, quien debe autorizarlo. Tratándose de la declaración de imputados o testigos, la citación a la fuerza puede no ser el mecanismo idóneo para la obtención de información para la indagatoria, y generalmente los fiscales recurren a otro tipo de técnicas más persuasivas (ofrecimientos de acuerdos, por ejemplo). El año 2006, la Corte de Apelaciones de Concepción (rol 1271-2006, no recurrida ante la Corte Suprema) acogió un amparo constitucional en favor de una persona que había sido citada por el Ministerio Público a través de una orden a las policías que decía "ubicar, citar y trasladar a dependencias de la fiscalía" a la persona, estimándola como ilegal al entender que dicha facultad de "trasladar" era privativa de ser ordenada por el juez de garantía.

Al imputado privado de libertad se le notifica según dispone el artículo 29 del CPP, es decir, en el establecimiento a cargo de Gendarmería de Chile en que se encuentre recluido, mediante la entrega del texto del mismo, que podría hacerse incluso por medios electrónicos de estar disponibles. El inciso final dispone que el tribunal puede ordenar que las notificaciones se practiquen también en el tribunal mismo.

También se aplica, en materia penal, la notificación por el estado diario (artículo 32 del CPP por remisión al artículo 50 del CPC), que hoy es electrónico y funciona en la página web del tribunal, luego de la entrada en vigencia de la Ley sobre Tramitación Electrónica. Como finalmente se trata de una suerte de *ficción legal*, en la práctica corresponde a una sanción al litigante o interviniente que omite señalar un domicilio válido dentro de los límites urbanos en que funciona el tribunal, o que lo cambia sin avisar al tribunal, por aplicación de los artículos 26 y 27 del CPP.

Respecto de los adolescentes infractores de ley, el artículo 36 de la Ley 20.084 dispone que la citación a la primera audiencia debe notificarse a los padres del adolescente, o de la o las personas que lo tengan bajo su cuidado.

4. Resoluciones y otras actuaciones judiciales

En esta materia de suma relevancia, el CPP introdujo algunas innovaciones que vale la pena anotar.

El artículo 34 reitera la regla del artículo 76 inciso 3 de la CPR y del artículo 11 del COT, en cuanto a que las resoluciones judiciales son ejecutables directamente ante la fuerza pública, sin necesidad de mayor trámite o requisitos, y sin que la autoridad policial o política pueda cuestionarlas.

El artículo 35 dispone que siempre las resoluciones debe dictarlas el juez, prohibiéndole delegar esta obligación a un subalterno del tribunal. Esta regla es reactiva a la práctica que existía en el antiguo sistema de persecución penal, en que el juez del crimen delegaba mayormente sus funciones en una serie de "actuarios" que desarrollaban un trabajo de escritorio que solamente era supervisado por el juez. En todo caso, dado el formato de audiencias presenciales y públicas (según se desprende del artículo 9 del COT), el riesgo de que ello ocurra es más bien remoto, circunscrito solamente a las resoluciones dictadas fuera de audiencia.

En cuanto a la fundamentación de las resoluciones, el artículo 36 dispuso la obligación de que el juez consigne "sucintamente, pero con precisión, los motivos de hecho y de derecho en que se basaren", con lo que no es suficiente "la simple relación de los documentos del procedimiento o la mención de los medios de prueba o solicitudes de los intervinientes".

En todo caso, este deseable estándar —que no siempre se cumple en la práctica— no alcanza a las resoluciones de mero trámite, que, por lo mismo, podría el tribunal no fundamentarlas.

En este último caso se replicó la lamentable regla del artículo 171 del CPC que exime al tribunal de fundamentar resoluciones de mero trámite "en cuanto la naturaleza del negocio lo permita".

La falta de fundamentación puede ser un asunto crítico cuando se trata de resoluciones judiciales que privan de su libertad personal al imputado, como en el caso de las órdenes de detención. Así, la Corte de Apelaciones de Valparaíso ha acogido un amparo constitucional por este motivo, ordenando la puesta en libertad del imputado (rol 447-2018). Misma cosa respecto de las resoluciones que ordenan la prisión preventiva (Corte de Apelaciones de Temuco, rol 178-2017).

En cualquier caso, el estándar de fundamentación de la sentencia definitiva, consignado en la regla del artículo 342, es por mucho superior al establecido para las sentencias definitivas civiles del artículo 170 del CPC. Cuando veamos el juicio oral revisaremos en detalle las menciones que debe contener la sentencia definitiva, cuya omisión acarreará su nulidad.

El deber de fundamentación corresponde a uno de los elementos más relevantes de la garantía de un proceso justo y legalmente tramitado, por cuanto permite, por un lado, persuadir a los intervinientes y a la sociedad toda respecto de los motivos para una determina decisión de absolución o condena; y además permite su adecuado control mediante los recursos procesales.

El artículo 37 consigna la obligación de que el juez firme la resolución (hoy electrónicamente), eximiéndose del requisito de la autorización por parte del ministro de fe del tribunal, como sucedía en el antiguo artículo 169 del CPC. Hoy, ninguna norma exige esa autorización, luego que se modificara por la Ley 20.886.

El artículo 38 consagra una regla sumamente relevante y "piedra angular" del proceso penal: las cuestiones ventiladas en una audiencia deben ser resueltas en la misma audiencia. Esto fue una gran innovación en su momento, en que en los procesos los jueces —aun celebrándose una audiencia— finalmente resolvían por escrito días o semanas más tarde. Esta obligación legal es también una debilidad del sistema, desde que el juez debe resolver, muchas veces apresuradamente, con los escasos antecedentes que los intervinientes ponen a su disposición, sin posibilidad de mayor análisis o ponderación que solamente la da el tiempo de reflexión. Más adelante volveremos sobre esto.

En los casos en que se planteen solicitudes escritas que ameriten una resolución escrita, la misma regla del artículo 35 obliga al juez a resolver en el plazo de veinticuatro horas, pero sin fijar una sanción por su incumplimiento, lo que en la práctica la transforma en letra muerta —si bien los tribunales penales efectivamente resuelven en plazos breves.

Un asunto importante es el registro de las actuaciones judiciales, ya que se trata de un procedimiento oral en que no existe, en la mayoría de los casos, un soporte escrito que cronológicamente consigne el avance del proceso.

El artículo 39 obliga a los tribunales con competencia penal —Tribunales de Garantía, de Juicio Oral en lo Penal y cortes superiores— a llevar un registro íntegro de todo lo obrado ante ellos. La norma no dice cómo debe llevarse este registro y, en la práctica, —según se ha determinado vía autos acordados— se lleva un doble registro: una copia del registro de audio de la respectiva audiencia y un acta escrita en que se registra solamente un resumen de lo debatido y decidida en ella, junto con la identificación del día, hora y lugar de la audiencia y de los intervinientes.

Estas actas son agregadas a la página web del Poder Judicial, en la carpeta electrónica de cada caso, que en general es de libre acceso al público. Adicionalmente, los intervinientes pueden solicitar al tribunal que les dé copia de los registros de audio de las audiencias (artículo 44 inciso 4). En las causas laborales este registro se consigna también en la carpeta electrónica, pero ello no sucede en el sistema SIAG de los tribunales con competencia penal.

El artículo 42 establece el "valor del registro de juicio oral", pero a nuestro juicio queda en una nebulosa cuál es el valor procesal de ese registro y, sobre todo, cuál es la sanción procesal si ese registro se daña o se pierde. El artículo 359 permite producir prueba ante las cortes superiores que conocen de un recurso de nulidad, justamente acompañando todo o parte de estos registros; pero no hay sanción procesal si ese registro no es encontrado, por ejemplo. Es más: el inciso segundo de esta norma exacerba el carácter de prescindible del registro al disponer que "en caso alguno la circunstancia de que no pudiere rendirse la prueba dará lugar a la suspensión de la audiencia".

Los artículos 43 y 44 regulan la obligación de conservar los registros y las reglas sobre su publicidad, respectivamente. Este último asunto resulta bastante sensible.

Los registros siempre estarán disponibles para los intervinientes (inciso 1 del artículo 44), y también los terceros pueden consultarlos, salvo que el tribunal lo restrinja "para evitar que se afecte su normal sustanciación [del proceso] o el principio de inocencia [del imputado]". En todo caso, después de cinco años, los registros serán públicos.

Un asunto no previsto por el legislador, y que ha debido ser solucionado por la práctica de los tribunales, es acerca de los recursos procesales que se interponen en contra de las decisiones adoptadas en audiencia, cuando dichos recursos deben ser conocidos por un tribunal diferente del que la dictó. El problema que se presenta aquí es que las cortes superiores prefieren que los Tribunales de Garantía les envíen transcritos los registros de audio, como forma de conocer en forma expedita lo que viene resuelto y que se ha recurrido (en lugar de tener que oír el registro de audio). Es decir, se genera un tercer registro, además del audio y del acta de la audiencia. La Corte Suprema en un fallo reciente (rol 17.662-2024) acogió un recurso de nulidad intentado por la defensa de un condenado por el delito de conducción de vehículo motorizado en estado de ebriedad, en razón de que el tribunal de garantía, en un procedimiento simplificado, no transcribió íntegramente el contenido de la sentencia, lo que afectó las posibilidades de recurrir en su contra por parte de la defensa.

5. Críticas al sistema de audiencias instaurado con la entrada en vigencia del Código Procesal Penal

A casi veinticinco años de entrada en vigencia del Código Procesal Penal, se hace imperioso hacer una evaluación de los resultados obtenidos a través del entonces novedoso sistema de audiencias a cargo de los Tribunales de Garantía. La pregunta que debe hacerse es si este sistema ha contribuido a que se administre una justicia de calidad, rápida y al alcance de todas las personas; en concreto, acerca de la calidad de las resoluciones judiciales que se pronuncian en audiencia.

El sistema de audiencias ante los Tribunales de Garantía fue una muy relevante innovación en su momento.

Antes del sistema de audiencias, los jueces conocían de los asuntos y los resolvían en un modo reservado o derechamente secreto, sobre la base de minutas escritas presentadas por las partes. La mayoría de las veces el juez podía ni siquiera intervenir directamente, sino delegar esta función en subalternos del propio tribunal, y la decisión —escrita— podía dilatarse por semanas o meses.

El CPP instauró un sistema de conocimiento y resolución de asuntos en que el juez personalmente debía interiorizarse de los antecedentes presentados por los intervinientes a través de audiencias previamente citadas, públicas, y en que la resolución se comunicaba también verbalmente al término de la misma sin mayor dilación. Hoy, algunas de estas audiencias son íntegramente televisadas y transmitidas a través de Poder Judicial TV, cuando se trata de casos de interés público.

Los Tribunales de Garantía tienen competencia para conocer y resolver de muchos, y muy importantes, asuntos en el proceso penal, a través de este sistema de audiencias.

Así, por ejemplo, la audiencia de control de detención, de formalización de investigación, las solicitudes de medidas cautelares personales, de sobreseimiento temporal y definitivo, las suspensiones condicionales del procedimiento y acuerdos reparatorios, la reapertura de investigación, y el procedimiento abreviado; y por cierto, la audiencia de preparación de juicio oral.

Se trata en todos estos casos de pronunciamientos *prima facie*, en los que el juez toma conocimiento de los antecedentes del asunto, únicamente a través del relato verbal de los intervinientes, el que es confrontado en la misma audiencia. Es decir, no se trata de audiencias en que existan "alegatos" propiamente tales ni menos en que se rinda prueba.

La práctica que han hecho los Tribunales de Garantía acerca de este sistema de audiencias merece ser revisada por la academia e invitar a una profunda reflexión acerca de la forma en que se está administrando justicia.

Esto, porque la realidad hoy la enorme mayoría de los Tribunales de Garantía muestra una serie de prácticas preocupantes que merecen una revisión, como se expondrá a continuación.

- La celebración de "bloques de audiencias" programados por los Tribunales de Garantía. Es decir, en un mismo día y dentro de cierto horario se programan un número importante de audiencias, todas respecto del mismo trámite procesal. Por ejemplo, para un día dado se programan veinte audiencias de aumento de plazo de investigación o quince audiencias de sobreseimiento definitivo.
- Aunque en teoría el sistema de audiencias permite que el asunto se resuelva en ese mismo acto, en la práctica el sistema presenta importantes dilaciones: la fecha de programación dependerá de la agenda del tribunal, en que pueden existir meses de retardo; y, aun celebrándose la audiencia, ella debe ser reprogramada por la inasistencia de algún interviniente o la falta de un oficio, o de alguna información relevante (constancia de notificación, reporte de las policías, etc.).
- En los "bloques de audiencia" suelen estar presentes unos mismos abogados como intervinientes, cuya presencia es obligatoria: el mismo juez o jueza de garantía, el mismo fiscal "de audiencia" y el mismo defensor "de audiencia", quienes intervendrán en todas ellas. Es decir, no se trata del fiscal o defensor de "su" causa, sino que de un fiscal o defensor asignado a "tramitar" audiencias en bloque, que llevan otros abogados que no están presentes. Esto, con la sola excepción de los abogados que llevan causas particulares.

- La celebración de "bloques de audiencias" temáticas programadas en un número importante para un mismo día, con las mismas personas como intervinientes, en un tribunal con una agenda sobrecargada, tiende necesariamente a un trabajo mecanizado, generalmente a la rápida, en que se van adoptando decisiones "tipo", con fundamentaciones prácticamente idénticas, y en que la labor jurisdiccional —que justamente consiste ponderar cada caso individualmente en su mérito— se desdibuja completamente.
- La presencia de las mismas personas como intervinientes institucionales produce el efecto de complacencia con los restantes intervinientes e inhibe las solicitudes o confrontaciones que podrían disgustar a los otros asistentes. Los intervinientes tenderán a privilegiar sus relaciones personales entre sí, en desmedro de los intereses que representan, cuestión que es especialmente crítica tratándose de los abogados de la defensa. También es terreno fértil para negociaciones y transacciones "bajo cuerda" en que se mezclen los casos de dichos intervinientes ("si tú no te opones al sobreseimiento en este caso, yo no lo solicito en este otro"; "prefiero no solicitar esta exclusión de prueba, porque mañana tengo a este mismo juez en otra audiencia más importante y no quiero enemistarme con él", etc.).
- La toma de decisiones *prima facie*, muchas veces a la rápida, impide que el juez se interiorice del caso, sobre todo si este es complejo. Es usual en las audiencias que el juez formule preguntas a los intervinientes acerca de los hechos del caso, y ellas no puedan ser respondidas. Cuando esto sucede es muy posible que el juez reprograme la audiencia, con la pérdida de tiempo y recursos estatales consiguiente.
- La existencia de intervinientes institucionales —defensores públicos y fiscales— quienes también están sobrecargados de trabajo por las mismas audiencias, tiende a generar la empatía del tribunal y a subsidiar sus *performances* deficientes, cuando ello queda en evidencia frente a actores "ocasionales" en las audiencias (defensores privados y querellantes particulares).
- Asimismo, el rol pasivo del juez meramente resolutor sobre la base de los relatos verbales de los intervinientes, trae como resultado que se dicten resoluciones de baja calidad en su fundamentación y raciocinio, muchas veces apoyada en razones estandarizadas, en que no existe realmente una ponderación de antecedentes ni de pruebas.

6. Costas

Las costas se refieren a los costos económicos en que deben incurrir los intervinientes en un proceso jurisdiccional. Los procesos implican un desgaste no solo emocional para ciertos intervinientes —imputado y víctima especialmente—, sino además un consumo de tiempo y de recursos económicos considerable, sobre todo si se recurre a la asesoría de abogados particulares.

En Chile a estos costos se les llama "costas". En España se les llama "costes".

Las costas están reguladas en el párrafo 7° del Libro I del CPP, y por la remisión que hace el artículo 52 del CPP, quedarán reguladas por las normas de los Títulos IV y XIV del Código de Procedimiento Civil, en lo que no haya oposición con la regla procesal penal.

Las costas se clasifican en las llamadas costas procesales y las costas personales (artículo 46 del CPP). Las costas procesales, según el artículo 139 CPC son "las causados en la formación del proceso y que correspondan a servicios estimados en los aranceles judiciales", son los costos de tramitación y producción de prueba del proceso, tales como notificaciones, honorarios de peritos, gastos de alojamiento de testigos, etc. Según la misma norma, las costas procesales son las "provenientes de los honorarios de los abogados y demás personas que hayan intervenido en el negocio". Es importante saber que las costas igualmente se fijan a favor del Ministerio Público, aunque sea un órgano estatal.

El artículo 25 inciso primero del CPC dispone que "todo litigante está obligado a pagar a los oficiales de la administración de justicia los derechos que los aranceles judiciales señalen para los servicios prestados en el proceso". O sea, los gastos deben ser asumidos anticipadamente por cada litigante. Pero el inciso segundo dispone que lo anterior es "sin perjuicio del reembolso a que haya lugar cuando por la ley o por resolución de los tribunales corresponda a otras personas hacer el pago". Es decir, quien soporte finalmente el pago de las costas podría ser una parte diferente de quien las pagó en un comienzo. Doctrinariamente se ha dicho que las costas cumplen un doble propósito: por un lado, un fin resarcitorio o indemnizatorio; y por otro, una suerte de sanción procesal respecto de la litigación frívola.

El artículo 45 del CPP obliga siempre al tribunal a pronunciarse sobre las costas cuando resuelve un incidente o dicta una resolución que ponga término al proceso.

El CPP, a diferencia del CPC, entrega reglas bastante precisas acerca de quién debe soportar las costas en el proceso. Lamentablemente, el legislador nuevamente dejó en una nebulosa la forma en que se determinan las costas, siendo un parámetro utilizado en la práctica el arancel que fija la Defensoría Penal Pública para el caso de las defensas privadas, que en todo caso, suele ser bastante modesto en comparación con los honorarios que un abogado particular de renombre podría cobrar.

Esto, porque formalmente aquí debiera aplicarse el artículo 139 inciso tercero CPC, que dispone que "los honorarios de los abogados se regularán de acuerdo con el arancel fijado por el respectivo Colegio Provincial de Abogados y a falta de éste, por el Consejo General del Colegio de Abogados". Sin embargo, esta regla debe entenderse tácitamente derogada, como anotan los profesores Correa Robles y Pino Emhart, en virtud de la reforma introducida por el Decreto Ley N°3621 del año 1981; sin contar con que el Decreto Ley N°2757 del año 1971 había derogado la facultad de los colegios profesionales para fijara aranceles de honorarios.

Respecto de los querellantes, se suele atender a los aranceles de los colegios profesionales. Pero, nuevamente, es un estándar insuficiente. Sería recomendable, por ejemplo, acreditar las costas a través de la exhibición de las facturas o boletas emitidas por el abogado a su cliente.

Una jurisprudencia citada por los referidos profesores (Corte de Apelaciones de Valparaíso, rol 2016-2007) entrega algunos parámetros interesantes para el juez que debe regular las costas, quien debiera atender a lo siguiente: "la naturaleza de la labor profesional, la importancia de los escritos presentados, el estado procesal de la causa principal en que se interpone el incidente, el estudio realizado por el abogado, la importancia del juicio principal, el trabajo desplegado por el profesional, los recursos deducidos, el tiempo transcurrido entre la condena en costas y la fijación de éstas, el número de escritos útiles, la experiencia y reputación del profesional que ha intervenido en el incidente, la capacidad económica de las partes condenadas en costas, la importancia del asunto, el tiempo probable dedicado a la tarea y la labor requerida para desempeñarla, la trascendencia y dificultad de lo litigado, el monto pecuniario involucrado, el número e importancia de los incidentes y el beneficio para el cliente".

El artículo 48 del CPP obliga al juez a condenar en costas al Ministerio Público en el caso que el imputado sea sobreseído definitivamente o absuelto, salvo el caso del artículo 462 del CPP; o que el tribunal estime eximirlo "por razones fundadas". El querellante también será condenado en costas a favor del imputado, salvo que existan razones fundadas en contrario, las que deben ser "expresadas determinadamente". En estos casos, entendemos, el juez puede proceder de oficio; es decir, sin necesidad de que exista una solicitud de alguna de las partes en orden a que se condene en costas a la parte vencida.

Alguna doctrina ha notado que este tipo de reglas del "todo o nada" —lo mismo que la norma similar del artículo 144 CPC— plantean el problema de que no admite graduación. Así, no es infrecuente que la absolución o sobreseimiento no sea respecto de todos los hechos o delitos, o no beneficie a todos los imputados. Para esos casos, la regla no dice cómo debieran regularse las costas.

En caso de que el acusado sea condenado, el artículo 47 del CPP lo obliga a solventar las costas de los restantes intervinientes, lo que genera que nuevamente el tribunal pueda eximirlo por razones fundadas que deben explicitarse "determinadamente". Esta norma plantea el obvio inconveniente que constituye un desincentivo para que el imputado pueda probar su inocencia en juicio, favoreciendo indirectamente alguna salida alternativa, en especial, un juicio abreviado previo reconocimiento de responsabilidad. En el conocido fallo del caso Alyeska Pipeline Service Co. V.

Wilderness Society del año 1975, la Corte Suprema de los Estados Unidos dijo que "dado que la litigación es a lo menos incierta, uno no debiera ser penalizado por tan solo defenderse".

También se condenará en costas a la víctima y querellante que abandone la acción civil (artículo 47 inciso 2).

El artículo 146 CPC dispone lo siguiente: "no podrá condenarse al pago de costas cuando se hayan emitido, por los jueces que concurran al fallo en un tribunal colegiado, uno o más votos favorables a la parte que pierde la cuestión resuelta". Esta norma debemos entenderla aplicable al proceso penal, ya que no se opone a ninguna de las reglas del CPP sobre costas (artículo 52 CPP). Y, por supuesto, resultará aplicable para las decisiones que adopten los tribunales de juicio oral en lo penal y las Cortes superiores.

El artículo 50 CPP exime a los fiscales, abogados y mandatarios de los intervinientes del pago personal de las costas; o sea, dichas costas son de cargo del cliente o representado, en su caso, y no del abogado. Se exceptúa el caso en que el juez note un "notorio desconocimiento del derecho o grave negligencia en el desempeño de sus funciones". En estos casos, el abogado teóricamente debiera ser condenado en costas.

Finalmente, la regla del artículo 49 del CPP dispone que, si son varios los intervinientes condenados al pago de costas, se determinará la proporción que corresponde a cada uno de ellos.

7. Aplicación de la Ley 20.886 sobre Tramitación Electrónica y sus principios informadores

En 2016 entró en vigencia la Ley 20.886 que "modifica el Código de Procedimiento Civil, para establecer la tramitación digital de los procedimientos judiciales". A pesar de su nombre, esta norma aplica también a los tribunales con competencia penal, como dispone su artículo 1. Muchos de los aspectos regulados en esta norma ya estaban en aplicación al momento de su entrada en vigencia, ya que el Poder Judicial había dispuesto, desde comienzos de la década del 2000, el funcionamiento del sistema electrónico SIAG para los Tribunales de Garantía.

En rigor, los Tribunales de Garantía y de Juicio Oral en lo Penal han funcionado desde sus inicios a través de un sistema informático en que todas las actuaciones escritas de las partes, y las respectivas resoluciones escritas, se iban registrando en una carpeta electrónica (artículo 3); en contraste, los tribunales civiles debieron efectuar una transición desde un funcionamiento analógico "en papel" hacia un sistema digitalizado. En todo caso, esta transición ha sido paulatina en el tiempo y bastante anterior a la entrada en vigencia de la Ley 20.886, la que, en rigor, marca el momento final de dicha digitalización.

Esta ley regula exclusivamente los aspectos de la sustanciación escrita del proceso, que no son pocos.

Así, dispone que las resoluciones deben firmarse por el juez o jueza con su firma electrónica avanzada (artículo 4); que las presentaciones deben hacerse electrónicamente a través de lo que hoy se conoce como Oficina Judicial Virtual (artículo 5 y Auto Acordado 71 de 2016 de la Corte Suprema), lo mismo que los documentos que se adjunten a dichas presentaciones (artículo 6).

El artículo 7 regula la forma en que se debe constituir patrocinio y poder, que también es electrónico, norma que fue reformada en 2021 por la Ley 21.394. Así, puede constituirse patrocinio y poder mediante firma electrónica simple o avanzada; pero si se hace por firma simple, debe ratificarse ante el ministro de fe por videoconferencia. También es interesante que ya no es necesario acreditar la calidad de abogado ante el tribunal, el que lo deberá comprobar a través de sus propios registros.

También resulta de interés que los exhortos (artículo 10) y los oficios y comunicaciones judiciales se efectúan en forma electrónica. Cuando se trata de comunicaciones entre tribunales, se les denomina *vía interconexión* que es una forma particularmente expedita de remitir digitalmente la información de un tribunal a otro.

El artículo 2 establece algunos principios que orientan la aplicación de esta ley.

Entre los más relevantes está el de la "buena fe" (artículo 2 d)) que permite que el juez de oficio o a petición de parte corrija, prevenga y sancione "toda acción u omisión que importe un fraude o abuso procesal, contravención de actos propios o cualquiera otra conducta ilícita, dilatoria o de cualquier otro modo contraria a la buena fe". Al ser el penal un procedimiento eminentemente oral y que se desarrolla en audiencias, la posibilidad de un fraude procesal por medios electrónicos parece más bien remota, aunque no imposible. En todo caso, la inclusión de este principio de buena fe constituye una notable novedad, desde que ningún cuerpo legal procesal chileno lo establece como principio rector, a diferencia de otros sistemas comparados que sí lo hacen, como el alemán. Sin perjuicio de ello, el alcance de este principio es más bien limitado y aplica solo en lo pertinente a la tramitación electrónica del proceso.

El otro principio que resulta sumamente relevante es el de la *publicidad* del artículo 2 c), que establece como regla general "el pleno acceso de todas las personas a la carpeta electrónica en condiciones de igualdad, salvo las excepciones establecidas en la ley". La misma regla prohíbe el tratamiento masivo de los datos personales contenidos en el sistema de tramitación electrónica del Poder Judicial sin su autorización previa.

Sobre esto, valen la pena algunos comentarios. Lo primero, es un asunto práctico: la publicidad de las causas criminales registradas en la Oficina Judicial Virtual es más bien limitada. Esto, porque no están disponibles las presentaciones que han efectuado las partes sino hasta que son resueltas por el tribunal; es decir, no existe una carpeta de "escritos pendientes" que sea visible para quien consulte, a diferencia de lo que ocurre en los procesos civiles. Asimismo, el motor de búsqueda de las causas criminales está también limitado, no permitiendo, por ejemplo, la búsqueda masiva por el número de rut de una persona natural (pero sí de personas jurídicas).

Sumado a lo anterior, el Acta 44-2022 establece una serie de excepciones a este principio de publicidad, tanto respecto de ciertas sentencias judiciales, entre las que se encuentran algunas sentencias emanadas de procesos criminales (artículo 4), como también la "anonimización" de carpetas judiciales referidas a ciertos asuntos penales (artículo 8), como es el caso de los delitos contra la integridad sexual o de responsabilidad penal adolescente. Así, esa información estará solo disponible para los intervinientes de dichas causas, y no para terceros.

Esta regla parece razonable para evitar la victimización secundaria, o la afectación de la imagen pública de la víctima, lo mismo que la del imputado, haya sido absuelto o condenado. Sin perjuicio de ello, no puede dejar de señalarse que, desde el punto de vista científico, muchos procesos quedarán fuera del alcance de investigadores y juristas para su posterior estudio, lo que es un efecto colateral indeseable.

No puede perderse de vista que el acceso a la información de las carpetas electrónicas de causas penales puede ser problemático para imputados y víctimas, y su consulta masiva puede traer consecuencias perniciosas. Una de las más recientes fue la noticia de que el gobierno de los Estados Unidos de América efectuaba un "doble chequeo" en la base de datos del Poder Judicial de Chile para conceder o denegar el beneficio del *visa waiver* para viajes de turismo o negocios de ciudadanos chilenos a ese país, inferiores a noventa días.

8. Aplicación supletoria de las reglas del libro I del Código de Procedimiento Civil

Como dijimos al comienzo, el artículo 52 del CPP hace una remisión general a las reglas comunes a todo procedimiento del libro I del CPC "en cuanto no se opusieren a lo estatuido en este Código o en leyes especiales". Ya hemos hecho referencia a la aplicación supletoria de algunas reglas, y en otras partes de este trabajo también hay referencias a ellas, como en el caso de los procuradores comunes, las implicancias y recusaciones, la acumulación de autos o las cuestiones de competencia.

Esta remisión, en todo caso, puede ser problemática en algunos casos en que su aplicación resulte disonante con los principios de la ley procesal penal, y sobre todo con los derechos y garantías del imputado y la defensa.

Sin pretender hacer un análisis exhaustivo de este asunto, algunos Tribunales de Garantía han aplicado en causas criminales la sanción del artículo 88 del CPC, que obliga al litigante que ha promovido y resultado vencido en dos o más incidentes a consignar una cantidad de dinero a beneficio fiscal, de entre una y diez unidades tributarias mensuales, o sea, hasta unos 650 mil pesos actuales, como requisitos para promover nuevos incidentes. Esta regla, aplicada a los juicios civiles, obedece a la lógica de disuadir comportamientos procesales contrarios a la buena fe; pero en el proceso penal podría constituir un grave o insalvable impedimento para que la defensa pueda promover la protección de sus derechos y garantías.

Por lo mismo, los tribunales con competencia penal debieran ser cautelosos al trasplantar estas reglas civiles al proceso penal, y deberán hacerlo solo en la medida que dicha supletoriedad permita llenar vacíos o solucionar cuestiones que no quedaron regulados en el CPP, pero jamás si ello coarta las prerrogativas de la defensa.

Capítulo VII

Investigación

INVESTIGACIÓN

1. Formas de inicio de la investigación

En la doctrina procesal penal se habla de la *notitia criminis*, o sea, la noticia que recibe la autoridad de que se habría cometido un hecho constitutivo de delito. Esta *notitia criminis* puede llegar a la autoridad de diversas formas.

El artículo 172 del CPP dispone que la investigación se puede iniciar por denuncia, querella o de oficio por el Ministerio Público. Revisaremos con detalle estas tres formas de inicio a continuación.

1.1 Denuncia

a) Concepto

La denuncia consiste en que la víctima o, en general, cualquier persona que haya tomado conocimiento de un hecho constitutivo de delito, incluido el imputado, pone en conocimiento de la autoridad la comisión de un determinado hecho constitutivo de delito (artículo 173 del CPP).

b) Contenido

El contenido mínimo de la denuncia está detallado en el artículo 174 del CPP, pero no hay sanción si no se cumple (o sea, sirve igualmente como denuncia). Debe contener la individualización del denunciante, señalando su domicilio, la narración circunstanciada del hecho, la designación de quien lo hubiere cometido y de quienes lo hubieren presenciado. Una reforma de 2023 (Ley 21.577) permite la presentación de denuncias anónimas, es decir, que el denunciante se reserve la identidad.

No es necesario que en la denuncia se sindique al supuesto autor ni dar mayores detalles sobre el hecho, en la medida que consistan efectivamente en un hecho constitutivo de delito o al menos típico; de lo contrario, el Ministerio Público goza de la facultad de no iniciar la investigación (artículo 168 del CPP) que vimos en el capítulo anterior.

La denuncia no requiere mayor formalidad, incluso puede ser verbal, en cuyo caso se levantará un acta que debe firmar el denunciante (artículo 174 del CPP).

c) Ante qué autoridades puede formularse una denuncia

La denuncia puede efectuarse tanto ante las policías, esto es, ante Carabineros y la PDI, ante Gendarmería de Chile por delitos cometidos al interior de los recintos penales, directamente ante el Ministerio Público, o bien, ante un tribunal con competencia penal (artículo 173 del CPP). Es deber de las policías el recibir las denuncias y remitirlas al Ministerio Público (artículo 83 e) y 84).

Lo usual es que las denuncias las reciban las policías, en especial Carabineros de Chile.

d) Obligación de denunciar

La regla general es que no existe la obligación para ningún particular de efectuar una denuncia, sin perjuicio de las hipótesis de complicidad o encubrimiento que podrían corresponder al caso concreto (artículos 16 y 17 del CP). Asimismo, hay algunos delitos, como el homicidio, que admiten formas de autoría de comisión por omisión, en que abstenerse de denunciar se ha estimado también como delictivo por alguna jurisprudencia; así, en casos en que la madre se abstiene de denunciar los maltratos físicos propinados por el padre del niño, que finalmente le ocasionaron la muerte.

Sin embargo, esta regla tiene varias excepciones, que veremos a continuación.

Existen algunas autoridades que tienen la obligación de denunciar (artículo 175 del CPP), cuya omisión constituye delito, aclarando la norma que no hay obligación de autodenunciarse (artículo 177 del CPP en relación con el artículo 494 del CP). El artículo 175 inciso final dispone que la denuncia efectuada por alguno de los obligados excluye a los restantes que se encuentren en la misma posición. Por ejemplo, si varios "jefes de establecimientos hospitalarios" (artículo 175 d) conocen de un mismo hecho constitutivo de delito, basta que uno de ellos haga la denuncia para que se le exima al resto de dicha obligación. En los casos de denuncia obligatoria del artículo 175 d), el artículo 18 de la Ley 21.675 de junio de 2024 que "estatuye medidas para prevenir, sancionar y erradicar la violencia en contra de las mujeres en razón de su género", obliga al denunciante a "entregar información a la víctima acerca de las instituciones dedicadas a la atención y protección ante casos de violencia de género".

En forma quizás redundante a la norma recién mencionada, el artículo 200 del CPP dispone que es obligación de la persona que se encuentre a cargo de un hospital "u otro establecimiento de salud semejante" de denunciar al Ministerio Público "las lesiones corporales de significación" que detecten en los pacientes que reciben, indicando también si le fue referido cuál podría ser el origen de dichas lesiones. La omisión de denuncia corresponde al delito del artículo 494 del Código Penal.

También existe la obligación de denunciar los hechos constitutivos de delito de los que los *funcionarios públicos* tomaren conocimiento a través del canal de gestión de denuncias de dicha repartición (artículo 5 inciso 5 y artículo 8 de la Ley 21.592 sobre Estatuto de Protección de los Denunciantes). Misma obligación de denuncia rige para los funcionarios públicos en general (artículo 61 de la Ley 18.834 sobre Estatuto Administrativo) y en particular para los funcionarios municipales (artículo 58 k) de la misma ley).

Por su parte, el artículo 24 de la Ley 12.927 sobre Seguridad del Estado convierte a la omisión de denuncia respecto de ciertos funcionarios públicos pertenecientes a las Fuerzas Armadas y de Orden, y Gendarmería en una verdadera complicidad respecto de los delitos contemplados en esa ley.

Todas estas reglas coexisten con la disposición general del artículo 175 b) que establece la obligación de denunciar aplicable a "los fiscales y los *demás empleados públicos*" respecto de "los delitos que tomaren conocimiento en el ejercicio de sus funciones y, especialmente, en su caso, los que notaren en la conducta ministerial de sus subalternos". Sin embargo, surgen varias dudas a partir de esta superposición de normas, respecto de si todos los funcionarios públicos son eventuales sujetos activos del delito de omisión de denuncia del artículo 177 del Código Procesal Penal. Aunque la discusión es propia del derecho penal —y no procesal penal— al estar el delito tipificado en el Código Procesal Penal, es pertinente dedicarle algunas líneas. Las dudas surgen porque el delito del artículo 177 solo sería aplicable a "las personas indicadas en el artículo 175", y no a otros funcionarios individualizados en leyes extravagantes. Y también, si para estos efectos se considera o no la definición extensiva de funcionario público del artículo 260 del Código Penal.

Asimismo, en el artículo 34 de la Ley 18.700 Orgánica Constitucional de Votaciones Populares y Escrutinios, obliga a efectuar denuncias de los delitos de dicha ley a los candidatos, jefes de campaña, y coordinadores de brigadistas de campañas electorales, dentro de las setenta y dos horas desde que tomen conocimiento del hecho.

Finalmente, el artículo 71 inciso final del Código Aeronáutico obliga al comandante de una aeronave a denunciar a la autoridad aeronáutica, o a la que corresponda, los hechos constitutivos de delito cometidos al interior de ella.

e) La autodenuncia

Ciertamente no existe la obligación legal de autodenunciarse, por lo que omitir una autodenuncia tampoco es un delito ni acarrea consecuencias negativas en el proceso. Sin embargo, el artículo 179 del CPP permite que el imputado se autodenuncie ante la autoridad; es decir, se trata de un acto absolutamente voluntario y facultativo.

Si la autodenuncia es la primera noticia que toma la autoridad acerca de un determinado delito, podría ser considerado como una circunstancia atenuante de la pena del artículos 11 incisos 8 y 9 del CP (quien pudiendo eludir la acción de la justicia confiesa el delito y se denuncia). Asimismo, la cooperación eficaz que estableció la Ley 21.591 de 2023 sobre Delitos Económicos sí tiene ventajas importantes para quien se autodenuncia. Dicha cooperación fue refrendada por la Ley 21.694 del año 2024, ya que introdujo una serie de nuevas reglas para la persecución de la criminalidad organizada y otros delitos. Más adelante en este trabajo trataremos en detalle este interesante tema.

No debe perderse vista que el imputado goza siempre de la prerrogativa de guardar silencio (artículo 83 g) del CPP), por lo que no tiene deber alguno de colaborar con la investigación ni tampoco puede ser condenado con el solo mérito de su declaración (artículo 340 del CPP). De esta forma, la denuncia deberá ser investigada y corroborada con otros antecedentes que indague la policía.

La norma del artículo 179 del CPP en su inciso segundo contempla la facultad del autodenunciante de insistir al Ministerio Público para que se investigue su autodenuncia, lo que va en la línea de pedir su propia formalización de investigación (artículo 186). Por razones obvias, estas prerrogativas deberán ser cuidadosamente ponderadas en su ejercicio por el abogado defensor, ya que en muchos casos resultará en un evidente perjuicio para su cliente, salvo que se negocie con la fiscalía una cooperación eficaz en los términos que veremos más adelante en detalle.

f) Prerrogativas de la víctima como denunciante

En general, la víctima que efectúa una denuncia no tendrá mayores facultades en el proceso que las mínimas que el artículo 108 del CPP le reconoce (artículo 178), pero sí podrá gozar de cierta protección por parte del Ministerio Público (artículos 6 y 78) y de las policías (artículo 83 a).

Como ya vimos, si bien la víctima es formalmente un interviniente en el proceso, sus facultades son sustancialmente menores que las que tendría en calidad de querellante. En todo caso, justamente uno de los derechos de la víctima es presentar una querella criminal en el proceso.

El denunciante no puede ejercer propiamente una acción penal en el proceso; es decir, *no existe una pretensión punitiva* para que el fiscal investigue y acuse ni para que el tribunal condene. Por lo mismo, y como contrapartida, los derechos que se le reconocen en el proceso son muy inferiores a los del querellante.

Es importante notar que el proceso penal se estructura como mecanismo de protección de garantías fundamentales y enjuiciamiento justo y legal del imputado, cuyos derechos podrían verse vulnerados por la actuación estatal. Como un propósito adicional —y contemporáneo— el proceso establece ciertos derechos y medidas de protección a las víctimas. Pero, en rigor, el conflicto penal se hace público o se desprivatiza, es decir, sale del ámbito de la víctima y pasa a manos estatales, donde la venganza privada se sustituye por la persecución penal de acuerdo a la ley.

Finalmente, no hay que olvidar que la denuncia de un hecho falso corresponde a un delito penal, castigado en el artículo 211 del Código Penal; más allá de este límite, el artículo 178 del CPP se encarga de aclarar que al denunciante no le cabe ninguna otra responsabilidad en el proceso.

g) El niño, niña o adolescente como denunciante

Como vimos más arriba, la Ley 21.057 sobre Entrevistas Videograbadas, estableció en su artículo 4 ciertas disposiciones especiales para los denunciantes que son menores de edad (niños, niñas y adolescentes), con el propósito de facilitar que estas personas pongan en conocimientos los hechos constitutivos de delitos de los que sean víctima o de los que tengan conocimiento, evitando una contaminación de sus relatos por parte del funcionario que toma la denuncia, su "invisibilización" y su victimización secundaria.

La literatura disponible identifica importantes dificultades para que los menores de edad se reconozcan como víctimas de un delito, y efectúen la correspondiente denuncia. En general se trata de un proceso complejo en que el menor de edad busca ser escuchado y contenido por otros. Un estudio del año 2024 de la investigadora Carolina Pavez Carrillo y otros, detectó que entre los años 2006 y 2022 el número de denuncias se había cuadruplicado, llegando a poco menos de 40.000, a pesar de que en el mismo periodo la población de menores de edad había disminuido en un 8,8%. Los factores que explicarían esta alza serían los cambios legislativos que han favorecido las denuncias y la presencia de estos temas en los noticieros y medios de comunicación social, entre otros. También se ha detectado un factor estacional: la mayoría de las denuncias ocurren al retorno de las vacaciones escolares, en los meses de marzo y agosto. Este aumento de las denuncias, en todo caso, no es un fenómeno único de Chile, sino global.

El artículo 4 de la Ley 21.075 contiene normas especiales sobre la denuncia de estos menores, que dispone, entre otras cosas, que la participación del menor no puede ser reemplazada por la intervención del adulto; y si este (el adulto) también efectúa la denuncia, ella no podrá ser escuchada por el menor, para que no se contamine o influencie el testimonio. También se establece la obligación de los peritos que interactúen con el niño, niña o adolescente de denunciar los hechos constitutivos de delito de los que tomen conocimiento a propósito de la pericia que realicen.

Teóricamente, este cambio legislativo permitiría, por ejemplo, que un niño, niña o adolescente pudiere efectuar una denuncia solo, en forma individual, sin que exista reparo alguno por parte de la policía que la recibe. Esto vino a solucionar el problema que existía entre las policías, que por razones de cultura institucional no recibía las denuncias de los menores de edad que no venían acompañados de sus padres o guardadores.

El referido artículo 4 dispone también que quien reciba la denuncia debe dejar constancia no solo de las "manifestaciones verbales", sino también "conductuales", y que no podrá exponerse al menor de edad a "preguntas que busquen establecer la ocurrencia de los hechos o la determinación de sus partícipes"; esta última regla está orientada a evitar una indagación particularmente agresiva por parte de los policías, y a propender a una fluidez más espontánea de la información.

h) Denuncia efectuada por una mujer por actos delictivos que constituyen violencia de género

En junio de 2024 entró en vigencia la Ley 21.675 que "estatuye medidas para prevenir, sancionar y erradicar la violencia en contra de las mujeres, en razón de su género".

El artículo 42 de esta ley dispone que "los hechos de violencia de género que constituyan delito se sujetarán al procedimiento establecido en el Código Procesal Penal, a las disposiciones contenidas en los párrafos I y III de este título [III] y, supletoriamente en aquello que esta ley no disponga, a la ley 20.066, que establece ley de Violencia Intrafamiliar" (sic). El Título III de la ley se denomina "Del acceso a la justicia de las mujeres frente a la violencia de género" y en él se contienen una serie de normas que establecen un estatuto especial respecto de las denuncias de hechos que constituyan violencia de género delictiva.

El artículo 30 de esta ley establece las "obligaciones generales de los órganos del Estado frente a las denuncias por hechos de violencia de género", que son los de "debida diligencia" y "no victimización secundaria".

El artículo 31 consagra la obligación de que "las funcionarias y funcionarios policiales" entreguen a la víctima "información completa acerca de sus derechos y la oportunidad de ejercerlos", debiendo evitar "cualquier inducción o cuestionamiento del relato de la denunciante". Esta norma resulta bastante llamativa, ya que en ninguna parte del CPP se establece la prerrogativa de la policía de cuestionar al denunciante, siendo su función únicamente el de consignar los hechos que le relate el denunciante, para que más adelante le corresponda a la Fiscalía decidir el destino de la causa penal así iniciada. Por lo mismo, es una norma que resulta hasta cierto punto superflua.

La misma norma dispone que es deber de la policía en el parte policial de "consignar en forma exhaustiva los hechos y las diligencias realizadas, e incluirá los antecedentes y medios de prueba recabados, cuando corresponda". La nomenclatura que emplea esta regla resulta claramente errónea: no puede hablarse en esta etapa de "medios de prueba", los que únicamente se rendirán frente al tribunal competente en la audiencia de juicio.

1.2 Querella

a) Concepto

Otra forma en que puede iniciarse el proceso penal es a través de una querella criminal.

Se trata de una presentación formal y escrita en que la víctima, u otras personas especialmente legitimadas por ley, efectúan ante el tribunal de garantía, exponiendo ciertos hechos constitutivos de delito, los fundamentos de derecho —la calificación jurídica— en que se ejerce propiamente una acción penal, solicitando que los antecedentes sean remitidos al Ministerio Público para que investigue y acuse. La víctima también puede solicitar ciertas diligencias de investigación.

La querella debe estar patrocinada por un abogado habilitado (artículo 113 del CPP).

b) Legitimados activos

Los legitimados activos para presentar una querella criminal pueden clasificarse de la siguiente forma: la víctima del delito; la acción popular, pero solo respecto de determinados delitos; y los "querellantes institucionales".

También revisaremos la especial situación del menor de edad que actúa a través de un curador *ad litem*.

Los revisaremos a continuación.

c) La víctima como legitimado activo para querellarse

La víctima es "el ofendido por el delito" (artículo 108 del CPP).

La norma del artículo 108 se pone en la hipótesis que el ofendido personalmente por el delito haya muerto o no pudiere ejercer la acción penal. En estos casos se considerarán víctimas otras personas, en un orden de prelación que establece la propia ley; o sea, el primero excluye al segundo, el segundo al tercero, y así sucesivamente. Estas personas son las siguientes:

a) Cónyuge o conviviente civil y los hijos.
b) Ascendientes.
c) Conviviente: se refiere a una relación de pareja o de hecho con el ofendido por el delito, a diferencia del "conviviente civil" de la letra a), que es quien suscribió acuerdo de unión civil con el ofendido por el delito.
d) Hermanos.
e) Adoptado o adoptante.

Así, si el cónyuge se querella, ello impide que se querellen los ascendientes, por ejemplo; en este caso, los ascendientes carecerían de legitimación activa y, eventualmente, no estarían autorizados para proceder criminalmente (artículo 264 d) del CPP) y su intervención podría ser excluida a partir de la audiencia preparatoria de juicio, si es que no en una etapa más temprana del proceso, como veremos más adelante.

Si ya fue presentada y admitida a trámite la querella presentada por alguno de estos parientes, y aparece posteriormente otro pariente querellándose, que está en un orden de prelación preferente, el tribunal de garantía debiera excluir del proceso a la primera querella.

Si varios parientes de un mismo orden de prelación presentan querellas por separado, debiera admitírseles a todos.

Respecto de este orden de prelación, en la práctica, se ha dado un fenómeno escasamente estudiado, pero que merece cierta atención, como es el ejercicio abusivo de la facultad de querellarse para excluir a parientes que estén en una posición de menor preferencia. Esto, con el objeto de impedir que presenten una querella criminal cuando existe incompatibilidad de intereses entre los distintos querellantes.

Las personas jurídicas que son víctima de un delito deberán actuar debidamente representadas, según la ley y sus estatutos.

d) El curador **ad litem** *de la víctima menor de edad*

El artículo 110 bis del CPP, incorporado a través de una reforma legal de 2018, permite que el juez de garantía designe un curador *ad litem* "de cualquier institución que se dedique a la defensa, promoción o protección de los derechos de la infancia" respecto de las víctimas menores de edad que hayan sido víctimas de una serie de delitos detallados en la misma norma, siempre que se constate por motivos fundados que existen intereses independientes o contradictorios entre el menor de edad y la persona a quien corresponda representarlo.

Esta reforma legal vino a solucionar un problema importante, sobre todo respecto de la posibilidad que tenían los menores de querellarse en el proceso.

Es indesmentible que existe una asimetría muy relevante entre la simple víctima como interviniente —cuyas prerrogativas son bien escasas— y el querellante, que en rigor es un acusador particular. Para el querellante, como veremos, se exige su representación por un abogado habilitado, es decir, que confiera un mandato judicial, lo que finalmente es un acto jurídico civil regulado por el Código Civil y la Ley 18.120 sobre Comparecencia en Juicio.

Los menores de edad son *incapaces* de actuar válidamente en la contratación civil y, por lo mismo, hasta antes de esta reforma legal debían hacerlo a través de sus representantes legales, que por ley son "uno o ambos progenitores, el adoptante y su tutor o curador", según sea el caso (artículo 43 del Código Civil). En consecuencia, los menores de edad que deseaban querellarse en un proceso penal debían hacerlo a través de su representante legal, es decir, sus progenitores o alguna de las otras personas mencionadas en la ley.

Esto era problemático en aquellos casos, que lamentablemente no son infrecuentes en la práctica, ya que existan intereses claramente incompatibles entre los progenitores y el menor de edad, como los casos en que este sea una víctima de un delito imputable a los padres. Pero también pueden pensarse en otros casos, como el menor de dieciocho pero mayor de catorce años que participa en actividades sexuales de dudosa licitud con otra persona, o aparentemente abusivas, respecto de las cuales son los padres los interesados en querellarse, no así el menor, quien no se percibe a sí mismo como víctima.

Una regla similar al artículo 110 bis del CPP la encontramos en la Ley 19.968 sobre tribunales de familia, que permite que el juez de familia le designe al menor un curador *ad litem* (artículo 19), justamente para proveerles de representación letrada independiente a la de los padres u otros parientes.

Por su parte, la Ley 21.430 de 2022 estableció como garantía procesal de todo niño, niña y adolescente "el derecho a una representación jurídica y/o judicial distinta a la de sus padres y/o madres, representantes legales o de quienes los tengan bajo su cuidado en caso de intereses incompatibles", para lo cual "el Estado proveerá la existencia de una oferta de programas". Esto útlimo ha quedado cubierto con el programa de la Corporación de Asistencia Judicial "La niñez y la adolescencia se defienden. Línea de representación jurídica especializada".

e) Acción popular respecto de determinados delitos

El inciso segundo del artículo 111 del CPP también permite que "cualquier persona capaz de parecer en juicio domiciliada en la provincia" pueda querellarse por delitos cometidos en la misma provincia, siempre que se trate de las siguientes figuras típicas:

- Delitos terroristas.[1]
- Delitos cometidos por funcionarios públicos que afectaren los derechos de las personas garantizados en la Constitución.
- Delitos contra la probidad pública.

La actual redacción de esta norma obedece a una importante reforma de 2005, que suprimió las "acciones populares" que establecía el CPP en el antiguo artículo 111, cuya redacción original decía: "Asimismo, podrá deducir querella cualquier persona capaz de parecer en juicio domiciliada en la región, respecto de delitos cometidos en la misma que afectaren intereses sociales relevantes o de la colectividad en su conjunto". Como puede verse, la regla anterior, hoy derogada, permitía que cualquier persona domiciliada en la provincia se querellara por *cualquier delito*.

La Ley 20.393 sobre Responsabilidad de las Personas Jurídicas dispone en su artículo 20 que estará legitimado para presentar una querella criminal en contra de una persona jurídica cualquier persona capaz de parecer en juicio domiciliada en la provincia "que afecten el ejercicio de la función pública o la probidad administrativa, o respecto de aquellos delitos que puedan causar graves consecuencias sociales y económicas". Como se puede leer, se trata de una fórmula sumamente amplia, lo que sumado a la amplitud de los nuevos delitos incorporados por la Ley 21.595 podría llevar a un uso desmedido de esta herramienta procesal, admitiéndose, finalmente, que prácticamente cualquier persona pueda presentar una querella en delitos en que el imputado sea una persona jurídica.

f) Querellantes institucionales

Finalmente, el inciso tercero del artículo 111 del CPP dispone que "los órganos y servicios públicos" podrán presentar querella *cuando sus respectivas leyes orgánicas así lo autoricen*. Por ejemplo:

- El Servicio de Impuestos Internos respecto de delitos tributarios (artículo 162 del Código Tributario). En este caso, además, la única forma de inicio de la acción penal es por la interposición de querella del SII en casos de delitos tributarios. La circular 58 de 2022 del Servicio regula los criterios para ejercer la acción penal por su parte.
- El Consejo de Defensa del Estado (CDE) respecto de delitos funcionarios en general (artículo 3, 4 y 5 de la Ley Orgánica Constitucional del Consejo de Defensa del Estado).

---

[1] La referencia a los delitos terroristas debiera entenderse a los delitos tanto de la Ley 18.314 del año 1984, como a la Ley 21.732 del año 2025, que derogó la anterior.

- Ley 21.459 de 2022 sobre Delitos Informáticos (artículo 11) le otorgó legitimación activa para querellarse al Ministerio de Seguridad Pública, y a los secretarios o secretarias regionales ministeriales de seguridad pública, "cuando las conductas de esta ley [delitos informáticos] interrumpieren el normal funcionamiento de un servicio de utilidad pública".
- El Instituto Nacional de Derechos Humanos (artículo 3 y 4 de la Ley 20.405 respecto de "crímenes de genocidio, de lesa humanidad o de guerra, tortura, desaparición forzada de personas, tráfico ilícito de migrantes o trata de personas".
- La Defensoría de los Derechos de la Niñez, según dispone el artículo 4 b) y 16 de la Ley 20.067 respecto de "cualquier crimen o simple delito cometido contra niños".
- El superintendente de Insolvencia y Reemprendimiento respecto de los delitos cometidos por veedores y liquidadores concursales (artículo 337 inciso 6 de la Ley 20.720).
- El Servicio Electoral respecto de ciertos delitos de la Ley 20.900 (financiamiento ilícito o irregular de actividades y partidos políticos).
- La Asociación Nacional de Fútbol Profesional y organizaciones deportivas afectadas por los delitos de la Ley 19.327 sobre Violencia en los Estadios.
- El Servicio Nacional de la Mujer y Equidad de Género, solo respecto de los delitos de femicidio y suicidio femicida (artículo 37 inciso segundo de la Ley 21.675).
- El Servicio Nacional de Aduanas respecto de las investigaciones por los delitos de contrabando, según dispone el artículo 189 de la Ordenanza General de Aduanas.
- El Ministerio de Seguridad Pública, creado en la Ley 21.730 del año 2025, respecto de delitos en contra de la seguridad del Estado, delitos que alteren el orden público "impidiendo o perturbado gravemente la regularidad de las actividades empresariales, laborales, educacionales o sociales o el funcionamiento de los servicios públicos o esenciales para la comunidad, o bien han impedido o limitado severamente a un grupo de personas el legítimo goce o ejercicio de uno o más derechos, libertades o garantías reconocidos por la Constitución Política de la República", entre otras hipótesis contenidas en el artículo 7° del Decreto con Fuerza de Ley N°7912 del año 1927 del Ministerio de Interior.

Esta autorización al querellante institucional ocasiona, en muchos casos, que el Estado comparezca duplicado o triplicado en muchas investigaciones y procesos, al compartir el rol de acusador con el Ministerio Público.

Respecto de los delitos en que puede intervenir el Consejo de Defensa del Estado, el artículo 41 de su ley orgánica dispone que el Ministerio Público tiene la obligación de informarle acerca de los antecedentes que pudieren dar lugar a su intervención. También puede el CDE solicitarlos a la Fiscalía; y en caso de negativa de esta última, puede ocurrir ante el juez de garantía.

g) Querella prohibida

El artículo 116 del CPP dispone que carecerán de legitimación para querellarse entre sí las siguientes personas: los cónyuges, salvo que se trate de delitos cometidos por el uno contra el otro o contra los hijos, o el delito de bigamia; los convivientes civiles, salvo los delitos cometidos el uno contra el otro o contra los hijos; los consanguíneos en toda la línea recta, los colaterales y afines hasta el segundo grado, salvo que se trate de delitos cometidos el uno contra el otro, o contra el cónyuge o los hijos.

Esta regla es concordante, por ejemplo, con la excusa legal absolutoria del artículo 489 del CP, es decir, normas que pretenden resguardar la armonía familiar, prefiriendo otras vías de solución distintas de la persecución criminal.

h) Querellantes múltiples y derecho a defensa

Se ha presentado el problema, en la práctica, de que en una misma causa comparezcan y actúen múltiples querellantes, lo que en definitiva se traduce en que la defensa del imputado deba hacer frente a una multiplicidad de acusaciones distintas en un mismo proceso. Este problema se agudiza debido al formato de audiencias orales, en que el tribunal deberá destinar iguales cantidades de tiempo para cada querellante que para la defensa, para, por ejemplo, oír alegatos o solicitudes. En las audiencias de discusión sobre medidas cautelares este problema es muy evidente.

Las reglas del CPP no establecen, lamentablemente, ninguna limitación al número de querellantes, más allá de controlar que todos quienes comparezcan gocen de legitimación activa según las reglas ya vistas.

El problema es que estas normas pueden permitir que en ciertos delitos patrimoniales —estafas que afectan a muchos clientes de una empresa— puedan comparecer cientos de querellantes representados por decenas de abogados. En algunos casos se ha planteado la posibilidad de que el tribunal aplique las reglas del libro I del CPC sobre "procurador común" (artículos 12 y siguientes), es decir, que de oficio se designe a un solo abogado para que represente a uno o varios grupos de víctimas, de forma tal de no retrasar el desarrollo de las audiencias ni afectar el derecho de defensa del imputado.

i) Aspectos procedimentales de la presentación de la querella

No existe un plazo fatal para presentar la querella, pero esta no será admitida a trámite si se presenta después de que el fiscal declare cerrada la investigación (artículo 112 del CPP).

Si se presenta estando notoriamente extinguida la acción penal, podría también ser declarada inadmisible (artículo 114 d) del CPP).

Si la investigación ha sido cerrada, pero el juez de garantía ordena su reapertura a solicitud de algún interviniente, debe entenderse que el plazo para presentar querella no ha precluido.

En los procedimientos simplificados, en que propiamente no hay un cierre de investigación, hay tribunales que sostienen que sería extemporánea la querella presentada con posterioridad a la presentación del requerimiento de la Fiscalía. Esta interpretación no tiene asidero legal y, en rigor, la querella debiera admitirse en cualquier momento del procedimiento simplificado, hasta que la sentencia no quede firme. Existe jurisprudencia que ha dicho que en los procedimientos simplificados no es correcto declarar extemporánea la querella presentada con posterioridad al requerimiento del fiscal, al no existir cierre de investigación en dicho procedimiento (roles 5477-2024 de la Corte de Apelaciones de Santiago, y 36-2022 de la Corte de Apelaciones de Temuco).

El tribunal competente para presentar la querella criminal será el Tribunal de Garantía en cuyo territorio se hubiere cometido el delito, entendiéndose que corresponde al lugar "donde se hubiere dado comienzo a su ejecución" (artículo 157 del COT). Excepcionalmente, el artículo 22 inciso sexto de la Ley de Cuentas Corrientes Bancarias y Cheques dispone que es competente el juez de garantía correspondiente a la comuna del domicilio registrado en el banco por el librador del cheque, alterando la regla antes vista.

Los requisitos formales de la querella están contenidos en el artículo 113 del CPP. Como se trata de una presentación ante el Tribunal de Garantía, debe ser por escrito y patrocinados por un abogado habilitado:

a) Designación del tribunal.
b) Nombre, apellido, profesión u oficio y domicilio del querellante, y un medio de notificación electrónico del abogado patrocinante y del mandatario judicial, si no lo hubiere designado.
c) Nombre, apellido, profesión u oficio y domicilio del querellado, si se conoce; o datos que permitan su individualización. También puede presentarse contra personas indeterminadas, si se ignora quiénes cometieron el delito, usando la frase "contra quienes resulten responsables".
d) Relación circunstanciada de los hechos constitutivos de delito, indicando lugar, año, mes, día y hora en que ocurrieron, si se supieren.
e) Las diligencias de investigación que se solicitarán al Ministerio Público.
f) La firma del querellante o su representante.

El requisito de la letra e) puede ser relevante para una futura solicitud de reapertura de la investigación ante el juez de garantía, en el evento que el fiscal hubiere rechazado o no se hubiere pronunciado respecto de las diligencias de investigación solicitadas (artículo 257 del CPP), como veremos en detalle más adelante.

Es interesante notar que el requisito de la letra d) de esta norma no exige calificar los hechos como un delito determinado, pero de acuerdo con el artículo 114 c) CPP que veremos a continuación, el tribunal podría inadmitirla si —a su juicio— los hechos no corresponden a un tipo penal determinado. Por lo mismo, el uso forense es siempre dedicar un capítulo de la querella a exponer los fundamentos de derecho que permiten calificar jurídicamente los hechos como constitutivos de delito.

j) Examen de admisibilidad de la querella

El Tribunal de Garantía hará un examen de admisibilidad de la querella. Si bien hay excepciones, en general este examen es meramente formal y la querella será admitida a trámite y remitida al Ministerio Público para que instruya la correspondiente investigación (artículo 112 inciso segundo del CPP). Sin embargo, la querella no se le notifica formalmente al querellado. En el sistema chileno —por razones que desconocemos— se sacrifica innecesariamente la garantía del imputado de conocer desde el primer momento el contenido de la querella. En este sentido, es interesante notar que el artículo 118 de la Ley de Enjuiciamiento Criminal española obliga a poner la querella "*inmediatamente en conocimiento de los presuntamente inculpados*". Ahora, no hay que perder de vista que en la ley chilena, como vimos, no es obligatorio para el querellante individualizar en forma exhaustiva al querellado, e incluso es posible presentar una querella en contra de personas indeterminadas.

Si el querellante incumplió con los requisitos de forma antes señalados, el tribunal debe ordenar que los subsane en el plazo de tres días.

El artículo 114 del CPP ordena al Tribunal de Garantía inadmitir la querella en los siguientes casos:

a) Si se presentó extemporáneamente, o sea, una vez cerrada la investigación por el fiscal.
b) Si el querellante no cumplió con subsanar los requisitos formales en su presentación, detallados en el artículo 113 del CPP, dentro del tercer día contado desde la resolución que ordenó el juez de garantía.
c) Si los hechos relatados en la querella no son, a juicio del tribunal, constitutivos de delito. Respecto de esto, los tribunales suelen no hacer mayor análisis. Alguna doctrina ha avalado que este análisis sea meramente superficial y mínimo, desde que es resorte del Ministerio Público indagar si los hechos expuestos en la querella son efectivamente constitutivos de delito y no al juez de garantía. Por lo mismo, los estándares para inadmitir una querella serían solo situaciones demasiado evidentes de que los hechos —como están descritos en la querella— no pueden corresponder a tipo penal alguno de los que están descritos en la ley.

d) Si de los antecedentes mencionados en la querella, aparece de manifiesto que la responsabilidad penal está extinguida respecto del Ministerio Público. En este caso, el juez citará al Ministerio Público para que se pronuncie sobre esta eventual extinción de responsabilidad penal.
e) Si quien presentó la querella no está autorizado por ley; o sea, no corresponde a ninguno de los legalmente legitimados del artículo 111 CPP.

La existencia de un mero control formal de admisibilidad de la querella es un problema para el sistema, desde que la imputación de delitos por parte de particulares no tiene, en los hechos, control real por parte de la judicatura. A esto hay que sumar, como veremos más adelante, que tampoco la formalización ni la acusación tienen control alguno por el Tribunal de Garantía, siendo facultades exclusivas y discrecionales de los fiscales. En un fallo dividido del año 2025 (rol 37.661-2025) la Segunda Sala Penal de la Corte Suprema se pronunció por la vía de amparo, reafirmando la tesis aquí expuesta y criticada, de que "la revisión que debe efectuar el juez de garantía respecto al contenido de la querella responde únicamente a aspectos formales y no puede servir para establecer cuestionamientos de fondos, lo cual puede ser determinado luego de una investigación que debe ser llevada a cabo por el Ministerio Público".

En otros sistemas, como en los Estados Unidos, se han contemplado controles para el ejercicio de la acción penal por parte de los fiscales, a través del *preliminary hearing* y el *Grand Jury*, que revisan previamente el mérito del caso que la Fiscalía desea llevar a juicio, aunque su desempeño ha sido también cuestionado a nivel comparado.

Si la querella es declarada admisible, esa resolución no es apelable; aunque sí podría —a juicio nuestro— ser susceptible del recurso de reposición por los intervinientes, por aplicación de las reglas generales. Sin embargo, el único legitimado para pedir reposición sería el imputado, quien rara vez se enterará de la existencia de la querella, sobre todo si a través de ella se inició la indagatoria. No debe perderse de vista que la querella no se le notifica al imputado; sin perjuicio de eso, es frecuente que en algún momento tome conocimiento de su existencia, generalmente al ser citado a prestar declaración.

Si la querella es declarada inadmisible, el querellante puede apelar de esa resolución (artículo 115, en relación al artículo 370 b), del CPP).

En cualquier caso, aunque la querella sea declarada inadmisible por las causales de la letra a) y b) del artículo 114 del CPP, el Tribunal de Garantía igualmente la remitirá al Ministerio Público para que sea tenida como denuncia, salvo que la investigación ya estuviere iniciada de otro modo (artículo 117 del CPP). En este caso, este querellante "extemporáneo" no podrá, naturalmente, solicitar diligencias de investigación al fiscal, desde que la indagatoria ya está cerrada. Solo podrá ejercitar sus derechos en la etapa intermedia —adherir o presentar su propia acusación, forzar una acusación y demandar civilmente— y en el juicio oral.

Surge la duda acerca de la querella que es declarada admisible por sentencia del segunda instancia de la Corte de Apelaciones, ya que revoca la del tribunal inferior, pero es dictada una vez que la investigación ya fue cerrada. ¿Sería una querella extemporánea? La solución razonable sería admitir al querellante en el proceso, desde que no es su responsabilidad las demoras en la resolución de los asuntos por las Cortes.

La admisión a trámite de la querella criminal corresponde a una de las funciones del Tribunal de Garantía, quien es también quien deberá resolver sobre la solicitud de medidas cautelares personales y reales en contra del imputado, eventualmente; como también de la concesión de medidas intrusivas de investigación que afecten sus derechos fundamentales.

¿Compromete esa admisión a trámite la imparcialidad del tribunal? En abstracto uno podría decir que sí, pero insistimos: en Chile se trata de una mera resolución de trámite en que, en rigor, no se pondera el mérito. De todas formas, no deja de ser llamativo este control jurisdiccional temprano del sistema chileno, cuyo propósito no parece muy claro, desde que es el Ministerio Público quien finalmente tendrá en sus manos el destino de la querella. Esto ha llevado a algunos operadores a comentar que el juez de garantía no sería más que un "buzón" donde se depositan las querellas, las que automáticamente son remitidas a la Fiscalía para que instruya la correspondiente investigación.

k) Derechos del querellante como interviniente

Aunque la ley nada dice, en la práctica, se admite que el querellante amplíe su querella a nuevos imputados y hechos no abarcados por la querella original. Esta ampliación debe cumplir con todos los requisitos legales y deberá también ser admitida a trámite por el Tribunal de Garantía.

El querellante es propiamente un interviniente "poderoso" dentro del proceso, lo que es un rasgo propio de nuestro sistema de persecución penal. En otros sistemas comparados, como sucede en Estados Unidos, no existe la figura del querellante particular. La figura del querellante puede llegar a ser gravitante en el proceso, en la medida que signifique un aporte proactivo a las diligencias de investigación y colabore con el Ministerio Público.

Ahora, no debe perderse de vista que el querellante representa los intereses de la víctima, los que pueden ser diferentes e incluso contradictorios con los del Ministerio Público, que en rigor representa los intereses de la sociedad toda. Cuando existe esta disparidad de intereses, el fiscal puede ver severamente constreñida su capacidad de tomar decisiones discrecionales en el proceso, a la espera de la venia del querellante o, derechamente, verse enfrentado en las distintas audiencias del proceso por decisiones en que uno y otro no coinciden. Piénsese, por ejemplo, en el caso en que el querellante solicita medidas cautelares personales severas en contra del imputado, mientras el fiscal solo quiere solicitar una firma mensual.

La parte querellante goza de importantes derechos y prerrogativas en el proceso, como son solicitar diligencias de investigación, solicitar medidas cautelares personales y reales en contra del imputado, recurrir de las resoluciones que dicten los tribunales, presentar demanda civil en algunos casos, pedir la reapertura de la investigación, oponerse a algunas decisiones del fiscal y participar como un interviniente más en el juicio oral y, en general, en todo el proceso.

Quizás la facultad más importante —y controvertida— del querellante es el *forzamiento de la acusación*, es decir, la acusación particular que puede presentar el querellante en aquellos casos en que el Ministerio Público decide comunicar su decisión de no perseverar en la investigación, o bien, cuando el fiscal solicite el sobreseimiento definitivo de la causa (artículo 258 del CPP). Es decir, se tratará de un caso que llegará a juicio oral solo con la participación de la querellante, sin la presencia del Ministerio Público.

1.3 De oficio por el Ministerio Público

Finalmente, la investigación puede iniciarse de oficio por el Ministerio Público, quien tomará conocimiento del hecho constitutivo de delito por vías distintas a la denuncia o la querella. Puede tratarse de un artículo periodístico de investigación, o bien, de un procedimiento policial a partir de un delito flagrante; o bien, de un hecho que se descubre o se comete a propósito de otra investigación en curso ante la misma Fiscalía.

Como se dirá más adelante, en el caso en que el Ministerio Público descubra nuevos delitos a propósito de una investigación en curso, lo que debiera hacer es separar la investigación, de forma tal de circunscribir precisamente los hechos que abarcará la indagatoria y que la defensa deberá conocer para poder defenderse.

El artículo 175 b) del CPP dispone la obligación para los fiscales del Ministerio Público de formular una denuncia respecto de los hechos constitutivos de delito de los que tomen conocimiento; en estos casos debiera entenderse que la indagatoria comenzará de oficio por el Ministerio Público.

El artículo 20 de la Ley 20.393 dispone que si el Ministerio Público descubriere, en una indagatoria en curso, que eventualmente existen delitos imputables a una persona jurídica, deberá ampliar de oficio su investigación para abarcar dichos hechos.

2. Formalización de la investigación

2.1 Concepto y naturaleza jurídica

La formalización de la investigación consiste en la comunicación verbal que efectúa el fiscal del Ministerio Público al imputado, en presencia del juez de garantía, de que está siendo investigado por uno o más hechos constitutivos de delito en los que se le atribuye participación (artículo 229 del CPP).

La formalización de la investigación es una de las instituciones que más importancia ha cobrado en el proceso penal y, paradójicamente, una sobre la que menos se ha escrito.

La formalización de investigación corresponde a una garantía del imputado de que se le informe adecuadamente los hechos por los cuales se le investiga y persigue criminalmente, la que está reconocida en instrumentos internacionales como el artículo 2 b) y c) de la Convención Americana de Derechos Humanos y el artículo 1 del Pacto Internacional de Derechos Civiles y Políticos.

La formalización de investigación es una decisión y comunicación administrativa y soberana del Ministerio Público. No es una resolución jurisdiccional y el Tribunal de Garantía no debe aprobarla o visarla en forma alguna. Tampoco puede el querellante, o el imputado y su defensa cuestionarla o impugnarla.

La formalización de la investigación corresponde a la primera formulación de cargos estatal y formal —valga la redundancia— en el proceso.

La investigación, como vimos, pudo iniciarse de muchas formas (querella, denuncia, de oficio por el fiscal), pero ninguna de esas formas de inicio tiene mayores consecuencias para el imputado. En cambio, la formalización gatillará una serie de consecuencias procesales gravitantes, como la concesión de medidas cautelares personales en contra del imputado y la posibilidad de que posteriormente sea acusado y llevado a juicio por el fiscal o el querellante.

2.2 Efectos procesales de la formalización de investigación

La formalización de la investigación gatilla varias consecuencias procesales de mucha relevancia, como son las siguientes:

Primero, permite que la Fiscalía y el querellante solicite la *imposición de medidas cautelares personales en contra del imputado*. También, aunque la ley no lo dice, algunos Tribunales de Garantía estiman que la formalización es requisito previo para que se concedan *medidas cautelares reales* en contra del patrimonio del imputado.

Segundo, a partir de la formalización quedará *suspendido el plazo de prescripción de la acción penal*. Si la causa termina por una comunicación de la decisión de no perseverar, este plazo se reanudará, quedando sin efecto la suspensión, y no se pierde el plazo transcurrido con anterioridad a la formalización (artículo 233 del CPP).

Respecto de la suspensión del plazo de prescripción de la acción penal, no debe pasarse por alto que la jurisprudencia ha dicho que esta no es la única forma de que ello ocurra, siendo aceptado actualmente que la presentación de la querella criminal o incluso la solicitud de alguna medida intrusiva al juez de garantía también producen ese efecto; esto, de acuerdo a lo dispuesto en el artículo 96 del CP que dispone que la prescripción se suspende "desde que el procedimiento se dirige contra él [el imputado]". Sin perjuicio de ello, durante 2025 la Segunda Sala Penal de la Corte Suprema, conociendo de causas sobre amparo en investigaciones de delitos tributarios, parece haber cambiado este criterio. Así, el máximo tribunal ha dicho (rol 18268-2025) que la sola presentación de la querella no tiene la virtualidad de interrumpir la prescripción de la acción penal, ya que el legislador solo estableció la formalización como mecanismo idóneo para suspenderla.

Tercero, en la audiencia de formalización usualmente se fijará un plazo judicial de investigación. En todo caso, y si no se fijare, comenzará de cualquier forma a correr el plazo máximo legal de investigación de dos años. Tratándose de delitos terroristas previstos en la Ley 21.732 de febrero de 2025, este plazo máximo legal es de tres años.

Cuarto, como ya vimos, la formalización de investigación es requisito para que se pueda arribar a un acuerdo reparatorio y la suspensión condicional del procedimiento.

Quinto, la formalización de investigación es requisito para que se pueda celebrar un procedimiento abreviado.

En sexto lugar, la formalización también es suficiente antecedente para requerir la extradición activa del imputado (artículo 431 del CPP).

En séptimo lugar, como ya vimos, la formalización impide que la causa se archive provisionalmente; y el Ministerio Público pierde la facultad de no iniciar la investigación.

En octavo lugar, para poder rendir la prueba anticipada es preciso que la investigación esté previamente formalizada (artículo 230 del CPP y artículo 16 de la Ley 21.057).

En noveno lugar, la formalización de la investigación es requisito previo para que se practiquen ciertas diligencias de investigación intrusivas, esto es, que priven, perturben o restrinjan el ejercicio de derechos constitucionales al imputado o a terceros (artículo 9 del CPP). Según se desprende del artículo 236 del CPP, excepcionalmente pueden decretarse sin previa formalización y sin conocimiento del afectado cuando se tratare de hechos graves y cuando su reserva fuere gravitante para el éxito de la diligencia misma (por ejemplo, una interceptación telefónica). En todo caso, varios cuerpos legales ajenos al CPP (Ley 20.000 y Ley 19.913, entre otras) permiten actualmente que se practiquen medidas intrusivas sin formalización previa, lo mismo que las excepciones introducidas al CPP en 2023 a partir de la entrada en vigencia de la Ley 21.575 para mejorar la persecución del crimen organizado, que revisaremos en detalle más adelante.

En décimo lugar, la formalización fija el objeto del proceso penal, que consistirá en los hechos y los imputados contenidos en ella. Solo esos hechos e imputados —y no otros— podrán ser objeto de la posterior acusación, si la hay, y de la eventual sentencia de condena, según ordena el principio de congruencia que informa todo el sistema de persecución penal. Esto, porque el derecho de defensa del imputado solo quedará resguardado en la medida que pudo conocer y defenderse de los cargos criminales con la debida antelación, y si no se topó con sorpresas en el camino (artículos 259 inciso final y 341 del CPP).

En décimo primer lugar, el sobreseimiento definitivo de la causa solo abarcará a los imputados y a los hechos contenidos en la formalización previamente comunicada, si ello tuvo lugar. Por lo tanto, el efecto de cosa juzgada que produce el sobreseimiento definitivo que abarcará solo esos hechos y a esos determinados imputados, y no otros (artículo 251 del CPP).

En décimo segundo lugar, la formalización podría alterar las reglas de competencia ya estudiadas, pero solo tratándose de delitos terroristas previstos y sancionados en la Ley 21.732 de febrero de 2025, y con vigencia a partir de esa fecha. El artículo 27 de esta ley dispone que una vez formalizada la investigación y hasta el término de la audiencia de preparación de juicio oral, tanto la fiscalía como la defensa pueden solicitar al Pleno de la Corte Suprema que el asunto se radique en el juez de garantía o el tribunal de juicio oral en lo penal de la jurisdicción de la Corte de Apelaciones de Santiago. Esto aplica para delitos terroristas "en casos de alarma pública o de especial complejidad, siempre que se estime fundamental para el éxito de la investigación y no se vulnere sustancialmente el derecho a la defensa del imputado".

Finalmente, la gravedad de las penas asignadas a los delitos objeto de la formalización servirán de referencia para la intensidad de las medidas cautelares personales que podrá solicitar el Ministerio Público y la querellante, debiendo existir proporción y correlación entre unas y otras (artículos 140 c) y 141 a) del CPP).

2.3 El plazo de investigación

La ventaja más importante que trae la formalización para el imputado, como vimos, es que toma conocimiento de los hechos por los cuales se le investiga, y ello fijará el objeto del proceso.

Sin perjuicio de ello, en muchas investigaciones lo más probable es que el imputado ya sepa por qué hechos se le indagaba, antes de que se formalizaran cargos. El imputado pudo tomar conocimiento de muchas formas: por los medios de comunicación social, al ser citado a declarar por la policía o el fiscal, o a través de su abogado defensor, quien pidió copia de la carpeta investigativa al fiscal.

Una ventaja importante de la formalización es que el imputado podrá solicitar un plazo de investigación más breve que el máximo legal de dos años, y así se respetará su garantía de ser juzgado en un plazo razonable (artículo 234 del CPP). Este plazo lo fijará el juez, es decir, se tratará de un plazo judicial y no legal.

Este plazo judicial suele ser de treinta, sesenta o noventa días, aunque puede ser prorrogado las veces que los intervinientes lo pidan, siempre que no supere los dos años, que es el máximo legal del artículo 247 del CPP.

En algún momento se sostuvo por el Ministerio Público que el único momento para que la defensa solicitare un plazo de investigación inferior al máximo legal de dos años era justamente en la audiencia de formalización, pero actualmente se ha estimado que la defensa puede hacerlo en cualquier momento posterior a la formalización.

En todo caso, una vez formalizada la investigación, el tribunal de oficio suele invitar a los intervinientes a debatir acerca de este plazo. Lamentablemente, en la práctica, el debate sobre el plazo de investigación es meramente una formalidad que opera sobre la base del "tejo pasado" por parte de la Fiscalía, sin que exista mayor justificación de por qué se necesita cierta cantidad de días para una determinada indagatoria. En todo caso, es un problema que carece de mayor relevancia, desde que tampoco existe mayor ponderación por parte de los tribunales al momento de evaluar las concesiones de prórroga de este plazo por parte de la Fiscalía.

En las causas seguidas en contra de adolescentes infractores, el artículo 38 de la Ley 20.084 dispone que el plazo máximo de investigación es de solo seis meses, prorrogable según las reglas generales.

Es importante entender que este plazo judicial de cierre de la investigación no es fatal y, por lo tanto, las actuaciones de investigación efectuadas por la Fiscalía aun vencido el plazo no serán nulas. En rigor, el plazo de investigación va a expirar una vez que se "acuse la rebeldía" (en la nomenclatura del artículo 67 del CPC), esto es, que los intervinientes pidan al juez que *aperciba* al fiscal a cerrar la investigación, o bien, que el propio fiscal comunique administrativamente (en la carpeta) o en audiencia el cierre. Esto lo revisaremos en detalle más adelante.

2.4 La formalización como decisión administrativa, estratégica y soberana del fiscal

El artículo 230 del CPP dispone que el fiscal puede formalizar cuando "lo considerare oportuno".

Así, el fiscal es absolutamente soberano de formalizar investigación o de no hacerlo y elegirá el momento de hacerlo; de hecho, podría nunca formalizar la investigación y terminar el proceso a través de alguna salida anticipada que no la exija.

Esta es una decisión administrativa y es el Ministerio Público quien evalúa internamente sus políticas y estándares para formalizar en determinados casos o no hacerlo. Esta decisión administrativa, en todo caso, no debe ser ejercida arbitrariamente. Como ya vimos, las actuaciones del Ministerio Público se guían por el principios de legalidad pero morigerado por el de oportunidad; algunos autores entienden que se trata de un especial caso de "discrecionalidad administrativa" desde que los fiscales deben adoptar esta decisión de acuerdo a sus políticas internas, que no deben ser caprichosas y arbitrarias.

La decisión de formalizar es mayormente estratégica y también dependerá bastante de la complejidad de la indagatoria y de cómo se inicia. Así, en delitos de baja complejidad en que se detiene al imputado por flagrancia, es usual que se formalice en la audiencia de control de detención; en delitos complejos que demandarán investigaciones dilatadas, lo usual es que la formalización ocurra como trámite final una vez que la Fiscalía ha reunido prácticamente la totalidad de los antecedentes necesarios para hacerlo y solicitar medidas cautelares personales; en casos de alta connotación pública de delitos de sangre o sexuales, la formalización servirá para que se decreten medidas cautelares urgentes y necesarias contra los imputados, aun cuando la investigación recién haya iniciado. Se ha fallado, por la vía del amparo constitucional, que violenta la garantía a la libertad personal que se formalice investigación para comunicar en la misma audiencia su cierre, lo que privaría a la defensa de poder controvertir la evidencia recogida en su contra y producir prueba de descargo (Corte Suprema rol 97656-2016).

En rigor, el único límite temporal para formalizar la investigación sería que se hubiera cumplido el tiempo de la prescripción de la acción penal, en cuyo caso la defensa razonablemente solicitaría el sobreseimiento definitivo de la causa. En el mismo sentido, como la formalización suspenderá el plazo de prescripción de la acción penal, justamente esa es una buena razón para que el fiscal lo haga.

En cualquier caso, no hay control jurisdiccional sobre la decisión de formalizar o de no hacerlo, y este control es solo administrativo y *ex post* de tomada la decisión, como se desprende del artículo 233 inciso tercero del CPP. Esta norma dispone que el imputado puede reclamar ante las autoridades del Ministerio Público en caso de que considere arbitraria su formalización. La verdad sea dicha, no se conoce hasta la fecha ningún caso, resolución o sanción de las autoridades del Ministerio Público por este motivo. Tampoco contempla la norma mecanismo alguno para que el querellante pueda "forzar la formalización" y, de hecho, el forzamiento de la acusación del artículo 258 del CPP presupone que la investigación debe estar previamente formalizada, lo que acarrea una serie de perjuicios para el querellante, que estudiaremos un poco más adelante en este texto.

En una sentencia reciente, de 5 de febrero de 2024, la Corte de Apelaciones de Santiago (NIC 6421-2023) reafirmó la ausencia de control jurisdiccional respecto del contenido de la formalización. En este caso, se trató de una jueza de garantía que cuestionó la calificación jurídica de los cargos imputados por el Ministerio Público:

> Debe traerse a colación el artículo 77 del mismo Código que dispone que es el Ministerio Público que, en forma exclusiva y excluyente ejerce la acción penal pública; a través de sus fiscales y consecuentemente, dirige la investigación de la policía, con estricta sujeción al principio de objetividad, por lo que se encuentra vedado a los jueces formular críticas que excedan el marco de sus atribuciones o se atribuyan aquellas que por ley se reconocen al ente persecutor.
>
> Que tal es la situación que ha ocurrido en autos, toda vez que la magistrado a cargo de la audiencia para rechazar la salida alternativa tuvo dos consideraciones; la primera, cuestionó la calificación jurídica de los hechos de la formalización, pues consideraba que el informe pericial sexológico practicado a la víctima arrojaba dudas sobre si había existido contacto sexual entre esta y el imputado, siendo un hecho al menos discutible; y en segundo término, que la víctima tenía derecho a querellarse para ejercer los derechos que establece la ley.

En la práctica, en todo caso, es usual que el querellante solicite al fiscal que formalice, si lo considera pertinente. También es usual que la defensa solicite al fiscal que no se formalice investigación y de sus argumentos al respecto.

Es también permitido que el fiscal que ha solicitado audiencia para formalizar (y habiéndose fijado día y hora por el tribunal) se desista de su solicitud, antes de que se celebre la audiencia, claro está.

2.5 La formalización en ausencia

La formalización, como dijimos, es una comunicación de cargos criminales que hace el fiscal del Ministerio Público al imputado, en presencia del juez de garantía. La regla del artículo 229 del CPP da a entender que se trata de una *comunicación verbal e inmediata*, es decir, que el imputado debe estar físicamente presente, o al menos —como se ha admitido a partir de algunas reformas legales que veremos más adelante— conectado vía videoconferencia.

Sin embargo, el artículo 432 del CPP, ubicado en el título VI del libro IV sobre la extradición activa, permite que se formalicen cargos criminales en contra del imputado ausente, lo que comúnmente se llama "formalización en ausencia".

La norma se pone en el evento que el Ministerio Público quisiera extraditar a una persona que se encuentre fuera del territorio nacional. Para ello, será necesario que previamente se formalice la investigación, y esta regla permite formalizarla en contra de un imputado ausente, el que de todas formas podrá ser representado por su defensor de confianza o, en su defecto, por un defensor penal público. En la audiencia de formalización el juez de garantía ponderará la concurrencia de los mismos requisitos para conceder una medida cautelar personal de prisión preventiva del artículo 140 del CPP para estimar si procede la solicitud de extradición solicitada por la Fiscalía o el querellante.

2.6 ¿Existe un deber de congruencia entre la formalización y la denuncia o querella que dio inicio a la investigación?

Hemos dicho que el fiscal es soberano de formalizar la investigación o de no hacerlo, aunque limitado por los principios de legalidad y oportunidad. También es soberano de fijar el contenido de la formalización, esto es, qué imputados abarcará, qué hechos y qué calificación jurídica tendrán esos hechos.

Como vimos, la investigación pudo iniciarse por denuncia, querella o de oficio por el Ministerio Público; en cualquiera de estos casos, puede decirse que la investigación tenía un objeto, un contenido, fijado por el querellante, el denunciante o por el propio fiscal.

Una primera pregunta que surge, naturalmente, es si el contenido de la formalización debe estar vinculado o no con el objeto de la investigación fijado por su forma de inicio. Y esta pregunta se relaciona estrechamente con otra, que es si la indagatoria misma que desarrolla el fiscal está vinculada con el objeto de la denuncia, querella o el inicio oficioso de la investigación. En términos prácticos: ¿puede el fiscal investigar hechos diferentes a los contenidos en la denuncia inicial? ¿puede formalizar a imputados o por hechos distintos que los contenidos en la querella que dio inicio a la indagatoria?

No hay una respuesta clara para estas interrogantes, pero intentaremos responderlas teniendo en cuenta, como debe ser, los derechos y garantías del imputado.

Parece no haber problema en que el fiscal investigue solo a algunos de los imputados, y que de todos los hechos contenidos en la querella y denuncia formalice solo por algunos de ellos. Esto, en el caso de que se convenza que hay una parte de los hechos y de los imputados en la querella que no tienen relación con los delitos investigados, o bien, que ciertos hechos no son constitutivos de delito o no hay evidencia suficiente.

Esta sería una decisión perfectamente correcta.

El problema se genera si el fiscal abarca en su indagatoria y en la formalización a imputados y hechos no comprendidos en la denuncia o en la querella. Lo cierto es que la ley no establece ningún límite respecto del contenido de la formalización: teóricamente el fiscal podría abarcar hechos diferentes o imputados distintos de los contenidos en la querella. No existe un deber de congruencia, como sí lo hay entre formalización y acusación, y entre esta y la sentencia de condena.

Sin perjuicio de lo anterior, creemos que en los casos como el recién descrito, el fiscal debiera separar investigaciones, según dispone el artículo 185 del CPP, previsto para casos en que, como dice la ley, se pueda afectar el derecho a defensa del imputado. Esto, sobre todo por el deber que tiene de comunicar al imputado, previo a su declaración, los cargos precisos sobre los que se le investiga (artículo 194 del CPP).

Creemos que no puede el fiscal transformarse en una suerte de inquisidor medieval, que comience a recoger evidencia de múltiples fuentes que nada tiene que ver con el hecho que investiga, para luego revisar si tiene nuevos delitos para agregar a una futura formalización. El camino del fiscal debiera ser: buscar evidencia para comprobar el delito previamente denunciado y no buscar delitos de entre la evidencia que va recogiendo. En este sentido, las infracciones a estas reglas en desmedro de los derechos y garantías del imputado debieran alegarse a través de la cautela de garantías del artículo 10 del CPP.

En este sentido, resulta esperanzador el criterio asentado por alguna jurisprudencia reciente (rol 3680-2025 de la Corte de Apelaciones de Santiago, confirmando la decisión del 1° Juzgado de Garantía de Santiago en causa RIT 183-2025) en el sentido que no es lícito para el fiscal "transformar la calificación legal del objeto del delito en retrospectiva para generar una nueva imputación". En ese caso, el Ministerio Público había formalizado investigación en una causa iniciada por el Servicio Nacional de Aduanas, que imputaba el delito de contrabando del artículo 168 inciso segundo de la Ordenanza General de Aduanas (mercancía ilícita). En la formalización, la fiscalía se apartó de esa calificación jurídica e imputó un delito distinto (artículo 168 inciso tercero, o sea una subvaloración de mercancía lícita para pagar menor tributos), al haberse derogado tácitamente la norma que determinaba la ilicitud de las especies.

2.7 La audiencia de formalización de investigación

La formalización puede tener lugar en una audiencia especialmente fijada para ello, o bien, en la audiencia de control de detención (artículo 132 del CPP), según veremos más adelante.

La formalización puede tener lugar en una audiencia especialmente fijada por el Tribunal de Garantía, siempre a solicitud escrita del fiscal, en los casos que el imputado no esté detenido.

En esta solicitud escrita el fiscal debe individualizar al imputado, el delito (los hechos) que se le atribuyen, la fecha y lugar de su comisión y la participación que tuvo el imputado en él; aunque es usual que no se cumpla con estas menciones y el fiscal sencillamente pida una audiencia para formalizar, sin aportar mayores antecedentes, ya que los dará verbalmente en la audiencia.

Hecha que sea esta solicitud, el tribunal deberá citar a todos los intervinientes a esta audiencia (artículo 231 del CPP). En caso de que el imputado no asista injustificadamente, estando previamente citado —esto apercibido por el artículo 26 CPP—, podría el fiscal o querellante solicitar que se le detenga para asegurar su comparecencia. Huelga decir que el imputado debe comparecer asistido por su abogado defensor, y en caso de no contar con uno el tribunal ordenará que se le designe uno por parte de la Defensoría Penal Pública. Generalmente, en la misma resolución que cita al imputado a la formalización se contiene la mención de que debe comparecer asistido por su abogado de confianza o, en su defecto, un oficio a la DPP para que designe un defensor penal público.

En algunas casos se ha suscitado la controversia de si esta resolución que cita a los intervinientes es susceptible de recursos procesales por la defensa o si podría intentarse una cautela de garantías, amparo ante el juez de garantía o amparo constitucional, cuando el imputado estime que la solicitud de formalización es improcedente o arbitraria, o no cumple con los requisitos del artículo 231 del CPP y se pone en riesgo su libertad personal por la discusión sobre medidas cautelares personales que viene a continuación.

Esto se ha planteado, por ejemplo, en casos de formalización de investigación en contra de imputados que gozan de fuero parlamentario y que, previamente, deben ser desaforados para ser sometidos a medidas cautelares personales o acusados. En general, puede decirse que dicha resolución no es impugnable por los intervinientes, lo mismo que la formalización en sí.

El día y hora de la audiencia, estando los intervinientes presentes, el juez de garantía dará la palabra al fiscal, quien comunicará verbalmente los cargos criminales por los que se investiga al imputado (artículo 232 inciso primero del CPP). Esta comunicación debe ser clara y completa, y comprensible para el imputado y su defensa, según lo ha recogido un fallo de la Corte de Apelaciones de Antofagasta a propósito de un amparo acogido a favor de la defensa (rol 38-2015). Aunque la norma dice que el tribunal dará la palabra a continuación al imputado, quien "podrá manifestar lo que estime conveniente", en la práctica, ello no ocurre y el tribunal solamente se cerciora que el imputado haya entendido lo que se le comunicó, sin poder manifestar nada más. Se ha aceptado por los tribunales de garantía permitir que, en causas complejas, los fiscales utilicen láminas gráficas o con apoyo de texto para la audiencia, las que, en todo caso, deberán quedar a disposición de todos los intervinientes. En aquellos casos en que se formalicen hechos que sean muy extensos de relatar, también es usual que la fiscalía haga entrega a los intervinientes de una minuta escrita, como apoyo de lo que se dirá en la audiencia.

La defensa podría solicitar al fiscal precisiones sobre los cargos formalizados, pero en caso alguno podrá debatir sobre ellos o cuestionarlos en esta audiencia. Los profesores Duce y Riego han señalado que el tribunal de oficio podría pedir aclarar al fiscal los hechos de la formalización, cuestión en la que estamos en desacuerdo, y que al menos en la práctica resulta muy poco frecuente. En un sistema garantista no debiera el juez de garantía subsidiar las omisiones o deficiencias de la fiscalía, máxime en un acto tan relevante como la formalización.

2.8 La llamada autoformalización del artículo 186 del Código Procesal Penal

El artículo 186 contiene lo que alguna doctrina ha denominado la "autoformalización":

> Control judicial anterior a la formalización de la investigación. Cualquier persona que se considerare afectada por una investigación que no se hubiere formalizado judicialmente, podrá pedir al juez de garantía que le ordene al fiscal informar acerca de los hechos que fueren objeto de ella. También podrá el juez fijarle un plazo para que formalice la investigación.

Mucha de la doctrina sobre el proceso penal insiste en que la formalización corresponde a una garantía del imputado, ya que le permite conocer precisamente los cargos que se están investigando en su contra. Ello sin duda que es así, pero no hay que perder de vista que en la mayoría de los casos en que se formaliza investigación, el imputado ya conocía de antemano los hechos materia de la indagatoria.

Y aunque el artículo 186 del CPP establezca la prerrogativa del imputado de solicitar su propia formalización, en la práctica son contados los casos en que ello ha ocurrido. Esta "autoformalización" se diseñó para aquel imputado que "vive hostigado" por las policías y fiscales que llevan a cabo una investigación en su contra que no tendría propósito ni destino, y quiere tener claridad sobre el proceso.

La verdad sea dicha, son pocos —o ninguno— los imputados que voluntariamente querrán sentarse en el banquillo de los acusados, con el estigma que ello conlleva, y preferirán, sin duda, que nunca se formalice investigación en su contra. Además, la ley no establece sanción alguna para el fiscal que no formaliza investigación cuando el imputado lo solicita al juez; de hecho, no precluye nunca su facultad de hacerlo. Respecto de esto último hay opiniones en contra que estiman que en ciertos casos, la omisión de la fiscalía en formalizar acarreará la nulidad de la evidencia que se ha recogido hasta entonces, opinión que no compartimos por no tener sustento legal.

El Tribunal Constitucional ha sostenido que esta prerrogativa del artículo 186 también puede ejercerla el querellante, es decir, ante la negativa o dilación del fiscal en formalizar, es el querellante quien podría "forzarlo" a hacerlo. Se ha sostenido por el tribunal y por algunos autores que privar al querellante del ejercicio de esta herramienta procesal contravendría la garantía de un justo y racional procedimiento e investigación del artículo 19.3 de la CPR y la garantía de igualdad ante la ley del artículo 19.2 de la misma. Esta posición nos parece errónea, desde que del tenor de la norma no es posible extraer esa conclusión.

En cualquier caso, el artículo 186 no permite al juez de garantía imponer al fiscal la obligación de formalizar la investigación en contra del imputado, sino solo de fijarle un plazo para que lo haga, no contemplando la norma sanción alguna para el fiscal en caso de incumplimiento, salvo que se sostuviera que se trata de una obligación impuesta por una orden judicial, en cuyo caso sería constitutivo del delito de desacato. Pero sostener eso significaría, en buenas cuentas, afirmar que la decisión de formalizar es del juez y no del fiscal, lo que subvertiría las bases mismas de nuestro sistema acusatorio.

2.9 La formalización de la investigación respecto de personas jurídicas

La Ley 20.393 sobre Responsabilidad de las Personas Jurídicas dispone en su artículo 22 que cuando se formalice investigación en contra de una persona jurídica se deberá solicitar por el fiscal al juez la citación del representante legal de la sociedad a quien se imputarán los cargos, el que podría ser arrestado para asegurar su comparecencia en caso de que no lo haga (artículo 23).

Si la formalización es respecto de la persona jurídica y de su representante legal, la sociedad debe designar uno diferente o, en su defecto, el tribunal de garantía deberá designarle un curador *ad litem*. La persona jurídica que no cuente con asistencia letrada podrá solicitar que se le designe un defensor penal público, según las reglas generales (artículo 28).

2.10 La reformalización

La Ley N°21.694 del año 2024 introdujo el nuevo artículo 229 bis CP, que dispone lo siguiente: "*después de formalizada la investigación, y hasta antes del vencimiento del plazo para el cierre de ésta, el fiscal podrá solicitar al juez de garantía la realización de una audiencia en fecha próxima para reformalizar la investigación, modificando, complementando o precisando los hechos y delitos que la integran*".

Esta norma vino a regularizar una práctica bastante extendida hasta entonces, consistente en que en una misma indagatoria la fiscalía fuera informando, en forma parcelada, los cargos criminales a través de sucesivas formalizaciones de investigación.

Lamentablemente esta reforma legal no solucionó varios de los problemas que tenía la práctica de reformalizar hasta 2024.

Lo problemático de la reformalización es si ella puede dar lugar a un nuevo plazo de investigación, y la práctica de los jueces de garantía indica que ello no es así. De lo contrario, la re-formalización permitía una prórroga permanente del plazo de investigación, fuera de los supuestos y de los máximos permitidos en la ley. En muchos casos se constató que la fiscalía practicaba reformalizaciones al límite del plazo de vencimiento de la investigación, con el fin estratégico de impedir que la defensa pudiera producir evidencia de descargo respecto de los nuevos cargos criminales informados. El inciso segundo del artículo 257 CPP, también reformado en 2024, permite en todo caso, que los intervinientes —incluida la defensa, por cierto— soliciten la reapertura de la investigación respecto de los nuevos hechos mencionados en la reformalización, solucionando este inconveniente.

Lo otro problemático son los casos en que el fiscal re-formaliza para *excluir hechos o imputados originalmente comunicados en la anterior formalización*. En el evento que se fuerce acusación, o que el querellante deduzca su acusación particular, esta disparidad de formalizaciones podrá traer serios problemas de congruencia. Asimismo, podría terminar con la legitimación activa de ciertos querellantes institucionales, que solo han podido accionar por determinados delitos, como sería el caso del SII respecto de los delitos tributarios, por ejemplo. La redacción del artículo 229 bis CPP no impide que en una reformalización se excluyan cargos o imputados que formaron parte de una formalización anterior, por lo que este problema persistirá a futuro.

Hasta 2024, la Corte Suprema había fallado que no era admisible que en la reformalización se imputaran hechos completamente nuevos o ajenos al núcleo de hechos ya previamente formalizados. En un fallo reciente de la Corte Suprema, citado por el profesor Andrés Cruz Carrasco (rol 50850-2023, anterior a la reforma de 2024) la Corte Suprema dejó establecido que una reformalización será inadmisible si conculca las garantías del imputado; en ese caso, se trató de un fiscal que sencillamente imputó hechos completamente ajenos a la primera formalización vía reformalización (en el mismo sentido, sentencias rol 8779-2023 y 12.191-2024).

Queda la duda, en todo caso, acerca de si el criterio de la Corte Suprema antes referido, consistente en que no puede alterarse el núcleo fáctico de los cargos criminales, seguirá en pie luego de esta reforma legal. Del tenor literal de la norma, parece ser que el fiscal podría "*modificar, complementar o precisar*" los hechos sin cumplir con esta limitación jurisprudencial previa, cuestión que en todo caso se debiera ir aclarando con los fallos que vayan surgiendo en adelante, y que vayan aplicando el mencionado artículo 229 bis CPP. En un fallo reciente (rol 56.216-2024 sobre amparo acogido a favor de la defensa), la Corte Suprema ha confirmado que la fiscalía no puede alterar el núcleo fáctico de los cargos originalmente comunicados.

Como puede verse a partir de esta jurisprudencia, la reformalización parece haber subvertido el sentido original de la formalización, como garantía del imputado de ser informado acerca de los cargos criminales que se investigan. Los reparos de la Corte Suprema dan cuenta de una mirada de desconfianza respecto de la utilización de la reformalización, y la incorporación del artículo 229 bis CPP a partir del año 2024 parece ser una señal del legislador a favor de la fiscalía, legalizando una facultad que hasta entonces resultaba controvertida.

En rigor, el imputado no cambia su estatus una vez que se formaliza investigación en su contra. Sigue siendo simplemente un imputado. No queda en calidad de "formalizado" (categoría que, por lo demás, no existe). Tampoco existe un registro público de personas contra quienes se ha formalizado investigación, más allá de los registros internos del Ministerio Público (SAF).

En todo caso, debe tenerse presente que el sistema SAF de la Fiscalía tiene un registro de todas las intervenciones de una persona en las causas criminales (imputado, víctima, testigo), y aun cuando la causa esté terminada por sobreseimiento definitivo o salida alternativa. Algunas sentencias de las Cortes superiores han acogido recursos de protección en contra del Ministerio Público por la mantención de este registro respecto de causas afinadas sin condena.

2.11 El juicio inmediato

El artículo 235 del CPP regula una figura que tuvo alguna aplicación en los albores de la Reforma Procesal Penal denominada "juicio inmediato", que consiste en que en la misma audiencia de formalización el fiscal solicite acusar verbalmente y celebrar la audiencia de juicio contra el imputado; se entiende que esto sería aplicable para casos extremadamente sencillos, en que el juicio tenga una duración muy breve.

A pesar de su denominación de "juicio inmediato", lo que esta regla permite, en rigor, es solamente omitir la audiencia de preparación de juicio oral, ya que la audiencia de juicio igualmente deberá celebrarse separadamente ante el tribunal competente, que podría ser el Tribunal de Juicio Oral en lo Penal. De todas formas, el inciso segundo del artículo 235 autoriza al juez de garantía a suspender la audiencia de "juicio inmediato" entre quince y treinta días para permitir que el imputado pueda ofrecer debidamente su prueba. Esta audiencia concluye con la dictación del auto de apertura de juicio oral.

2.12 La formalización y la presunción de inocencia del imputado: ¿Debe desaparecer la formalización?

La formalización vino a reemplazar el antiguo "auto de procesamiento" que dictaba el juez del crimen, que era el antecedente de la acusación y posterior condena. El auto de procesamiento tenía un problema muy grave y es que era dictado por el mismo juez instructor de la investigación, quien luego debía acusar y juzgar. Por lo tanto, se trataba de una resolución jurisdiccional que inculpaba formalmente a una persona, sobre la base de fundadas sospechas de su participación en un hecho delictual, que condicionaba necesariamente las posteriores decisiones que el mismo juez iría dictando en el proceso.

Por lo tanto, la presunción de inocencia bajo el antiguo sistema de persecución penal estaba seriamente limitada por este auto de procesamiento. En rigor, solo la revisión de las Cortes superiores por la vía de los recursos procesales y de amparo venían a equilibrar en algo las cosas a favor del imputado.

La formalización del CPP, en cambio, al estar a cargo del acusador fiscal, independiente del juez, se da en la lógica adversarial y acusatoria del sistema; esto es, será solamente la versión de los hechos del fiscal, la que podrá o no ser objeto de una futura acusación y que, en cualquier caso, deberá ser acreditada en el juicio oral. No es un pronunciamiento jurisdiccional anticipado sobre la responsabilidad del imputado.

Dicho todo lo anterior, no es posible obviar el hecho que en nuestro sistema la formalización ha adquirido una importancia inusitada frente a la opinión pública y los medios de comunicación, asimilándosele a una condena anticipada en circunstancias que no tiene ese alcance. Pero en un contexto de inmediatez de la información, de impaciencia y suspicacia respecto del actuar de la justicia, suele verse a la formalización como el sucedáneo de una condena que, en casos largos y complejos, puede que nunca llegue (y que es esperada por el "público").

Así, se ha trasformado esta institución en un verdadero *show* mediático, y la sala de audiencias en un escenario. En el CPP se suprimió la intervención temprana del juez del crimen a cargo del auto de procesamiento y se instauró un simple "acto comunicativo", como sería la formalización que, en rigor, no debiera entenderse sino como la versión unilateral de la Fiscalía respecto de los hechos investigados.

Pero sucede que esta comunicación no tiene contrapeso, ya que el imputado no puede controvertirla, como sí sucedía con el antiguo auto de procesamiento, que podía ser apelado o recurrido de amparo. Por lo mismo, es hasta cierto punto discutible que la situación actual del imputado sea mejor que la que había antes de la reforma.

No es descabellado proponer que la formalización quizás debiera desaparecer, ya que su propósito, originalmente garantista —informar los cargos al imputado—, está en muchos casos cumplido de antemano con la disponibilidad de la carpeta de investigación para los abogados de las defensas. La utilización de la formalización como herramienta de estigmatización del imputado debiera llevar a replantearnos si hoy se justifica su permanencia en la ley procesal y si quizás no debiéramos transitar hacia un sistema en que simplemente el fiscal acuse y lleve a juicio oral los casos en que tenga pruebas suficientes y estime que obtendrá un resultado favorable.

La ausencia de control jurisdiccional respecto de la facultad de formalizar se explica porque, en rigor, la formalización sería una *garantía para el imputado*, en un doble sentido. Primero, porque le permite conocer precisamente cuáles son los hechos por los que se le investiga, y así poder producir prueba de descargo; y, en segundo lugar, porque le fijará un plazo de investigación al fiscal. En otras palabras: la formalización será parte relevante del ejercicio de la garantía del imputado de *contar con un juicio oral en un lapso razonable*. El problema se produce, como hemos visto, en que el sistema chileno dispone de múltiples mecanismos —adicionales a la formalización— para que el imputado tome conocimiento de los hechos investigados. Y además, estadísticamente una mínima fracción de los casos llegará a juicio oral, lo que finalmente vacía de contenido a la formalización en su dimensión garantista.

2.13 Un ejemplo de audiencia de formalización de investigación

Finalmente, daremos un ejemplo de audiencia de formalización de investigación. El caso y los nombres son ficticios:

Jueza de garantía: Buenos días, siendo las 10:00 horas del día 26 de diciembre de 2023, damos inicio a la audiencia en causa ruc 2000588369-3, rit 5172-2023 de este Octavo Juzgado de Garantía de Santiago. Preside la audiencia la magistrado Olga Valenzuela Recart. Les pido a los intervinientes que se individualicen, por favor.

Fiscal: Gracias, magistrado. Por el Ministerio Público, fiscal titular Omar Saldías Farfán.

Defensor: Gracias, su señoría. Por la Defensoría Penal Pública, en representación de imputado Gregory Yévenes González, abogado Jairo Pérez García.

Jueza: Le pido al imputado que se individualice con su nombre completo, rut, nacionalidad, edad, profesión u oficio y domicilio.

Imputado: Gregory Michael Yévenes González, rut 21.666.214-9, chileno, 26 años, desempleado, con domicilio en calle Poeta Pablo de Rokha número 754 block 7, departamento 12, comuna de La Cisterna, Santiago.

Jueza: Gracias. Le pido que esté muy atento a lo que el señor fiscal le va a informar. Dirigiéndose al fiscal— Señor fiscal, usted solicitó esta audiencia para formalizar investigación, proceda.

Fiscal: Gracias, magistrado. La fiscalía va a formalizar investigación en contra del imputado, Gregory Michael Yévenes González, ya individualizado en esta audiencia, por los siguientes hechos: el día 22 de diciembre de 2023 cerca de las 23:00 horas, el imputado, en compañía de otros dos sujetos de sexo masculino, procedió a forzar la cerradura del inmueble destinado a la habitación, ubicado en avenida Tobalaba número 1567, departamento 112, comuna de Providencia, haciendo entrada en dicho inmueble, procediendo luego a apropiarse de una serie de objetos muebles ubicados en dicho lugar, entre los que se encuentran joyas y relojes avaluados en aproximadamente seis millones de pesos, y dinero en efectivo en pesos chilenos y dólares, por un total de 600 mil pesos. El imputado fue sorprendido en el estacionamiento del edificio cuando intentaba huir del edificio en que se encuentra este departamento, al ser captado por las cámaras de seguridad, siendo detenido por personal de la décimo quinta comisaría de Carabineros de Providencia, que fue llamado por el conserje del edificio; el personal policial pudo verificar que el imputado llevaba una mochila marca "Jans Sport" con las especies ya mencionadas, que fueron reconocidas por la propietaria del inmueble como de su propiedad. A juicio de la Fiscalía estos hechos corresponden al delito de robo en lugar habitado del artículo 440 del Código Penal, que se encuentra en carácter de consumado, teniendo en ellos el imputado el carácter de autor, según dispone el artículo 15 número 1 del Código Penal.

Jueza: ¿Entendió lo que el fiscal le señaló, señor Yévenes?

Imputado: Sí, magistrado. Pero quiero decir algo: yo no fui el que hizo eso, a mí me "cargaron" con el robo los otros que iban conmigo.

Jueza: Sr. Yévenes, este no es el momento de hacer alegaciones, se lo habrá dicho su defensora. Esto es solo la formalización de cargos. Solo me interesa saber si usted entendió lo que se dijo. De momento usted es inocente, hasta que no sea declarado culpable. Defensor, ¿alguna precisión que quiera solicitar al fiscal?

Defensor: Ninguna, señoría.

Jueza: Gracias. ¿Plazo de investigación?

Fiscal: Gracias, señoría. La Fiscalía va a pedir un plazo de 120 días para esta investigación. Hemos pedido un peritaje de huellas dactilares del sitio del suceso y también de las imágenes captadas por las cámaras del edificio, para descartar la alegación del imputado de que él no intervino en los hechos.

Jueza: ¿La defensa algo que decir?

Defensor: Sí, señoría. Esta defensa pide que se acote el plazo de investigación a solamente 60 días, dado que se trata de hechos relativamente simples en que la mayor parte de la evidencia fue ya recogida el día de los hechos por Carabineros.

Jueza: Entiendo. Este tribunal va a fijar un plazo de 90 días, que me parece prudencial para agotar esta investigación, teniendo presente que efectivamente parece no ser una indagatoria compleja, pero en que aun existen pericias que deben realizarse. Fiscal, ¿va a solicitar alguna medida cautelar?

Fiscal: Sí, magistrado, esta Fiscalía va a solicitar que se imponga la prisión preventiva respecto del imputado, en atención a que se cumplen cabalmente los requisitos del artículo 140 del Código Procesal Penal. Respecto de las letras a) y b) existen los siguientes antecedentes: parte policial de los funcionarios de Carabineros de Chile cabo segundo Ivo Basaure Falcone y Boris Wilson Rodríguez, que detuvieron al imputado el día de los hechos e hicieron el primer empadronamiento de testigos, que refieren que es el imputado la persona sorprendida en el estacionamiento del edificio con las especies sustraídas en su mochila; levantamiento fotográfico del sitio del suceso efectuado por Labocar; registros de las cámaras de seguridad que dan cuenta de la entrada y salida el día de los hechos en horas de la noche de una persona de sexo masculino con características físicas coincidentes con las del imputado; acta de la declaración de la víctima doña Leyla Tavares Urzurmendi en la Fiscalía, quien declaró que las especies sustraídas estaban en su departamento y eran de su propiedad; informe de tasación de las especies (joyas) robadas, elaborado por Joyería Barros; certificado de antecedentes del imputado, que da cuenta de dos condenas anteriores, de este tribunal y del 15 Juzgado de Garantía de Santiago, de los años 2019 y 2020, por delitos contra la propiedad, hurto agravado y robo en lugar no habitado. Respecto de los requisitos de la letra c) del artículo 140 señoría, el imputado no tiene irreprochable conducta anterior, es reincidente en la misma clase de delitos, actuó en grupo o pandilla, como quedó claro de la formalización; el delito de robo en lugar habitado tiene una pena que va hasta los 10 años de presidio, no siendo elegible el imputado para un cumplimiento sustitutivo de la Ley 18.216 por las razones antes señaladas, por lo que la prognosis de pena no solo es alta, sino que, además, es muy probable que deba cumplirla efectivamente en el evento de ser condenado.

Jueza: Gracias, señor fiscal. Traslado a la defensa.

Defensor: Gracias, señoría. Esta defensa pide el rechazo de la prisión preventiva solicitada y solicita que solo se aplique a mi defendido la medida de arresto domiciliario nocturno del artículo 155, en razón de que no se han acreditado en caso alguno los requisitos de las letras a) y b) del artículo 140. En efecto, la única prueba que supuestamente lo incrimina como autor material del hecho son las grabaciones del circuito cerrado de televisión del edificio que, como ha dicho el fiscal, deben ser periciadas para que esas "características físicas coincidentes" se confirmen como que es mi defendido quien entró al inmueble. Como ha dicho el propio imputado, aquí había otros dos sujetos que iban con él y él los esperó en el estacionamiento, por lo que en el mejor de los casos sería atribuible un delito de receptación o, en el peor de los casos, una complicidad con el robo perpetrado, pero en ningún caso su autoría. Además que la policía no encontró ganzúa o herramienta alguna con la que mi defendido pudo haber forzado la cerradura. Respecto de la letra c), el señor fiscal omitió convenientemente señalar que ha sido mi defendido quien voluntariamente prestó declaración en Fiscalía, lo que ayudó a identificar y aprehender a los otros dos sujetos que intervinieron en estos hechos, "el Goma" y "don Tusi", por lo que debe considerarse la atenuante de colaboración sustancial, lo mismo que la reparación celosa del mal causado, al restituir las especies que se encontraron en su poder, también de forma voluntaria. Con ello la prognosis de pena se rebaja en al menos dos grados, lo que hace innecesario una medida tan gravosa como la prisión preventiva. Además, acompaño a esta audiencia un certificado emitido por la trabajadora social de la Ilustre Municipalidad de La Cisterna, que da cuenta del arraigo social de mi defendido, quien es un activo miembro de la iglesia "El Señor es mi pastor", además de tener bajo su cuidado a una hija de solo tres años de edad, ya que la madre no puede hacerse cargo.

Jueza: Gracias. El tribunal resuelve: este tribunal entiende que la prisión preventiva es la más gravosa de las medidas cautelares y que debe decretarse en forma excepcional, y cuando ninguna de las otras medidas sea suficientes para resguardar los fines del proceso o la seguridad de la sociedad. Para su concesión el legislador ha establecido los requisitos del artículo 140 del Código Procesal Penal, respecto de los cuales se han hecho cargo los intervinientes en esta audiencia. A juicio de esta jueza, existen serias dudas respecto del cumplimiento del requisito de las letras a) y b), en cuanto a que existan indicios suficientes, para esta etapa procesal, de que haya sido el imputado el autor material del delito de robo objeto de esta formalización. Esta jueza concuerda con la defensa que es sumamente llamativo que no se haya encontrado la ganzúa en poder del imputado con el que supuestamente forzó la cerradura y que la principal prueba de cargo sean registros de cámaras que, según dijo el fiscal, deben ser periciadas para poder corroborar que se trata de la persona del imputado. Esta jueza concuerda con la defensa de que aquí quizás nos encontremos frente a otro delito, como la receptación, en cuyo caso la prisión preventiva parece como desproporcionada. Sin perjuicio de ello, parece prudente someter al imputado a algún tipo de control mientras dure esta investigación, para que se aclare su rol en este robo, para lo cual parece pertinente que se le someta a arresto domiciliario nocturno del artículo 155 del Código Procesal Penal, que deberá cumplir en el domicilio ya indicado, entre las 22:00 horas y las 6:00 de la mañana del día siguiente, enviándose oficio a la Sexta Comisaría de Carabineros de La Cisterna para que haga el control del cumplimiento de esta medida. ¿Alguna otra petición a los intervinientes?

Fiscal: Solo copia del audio, señoría.

Defensor: Copia del audio también.

Jueza: Perfecto, se ordena la entrega de copia del audio de esta audiencia a los intervinientes en los correos electrónicos que han informado para sus notificaciones. Quedan todos los intervinientes notificados y se pone término a la audiencia siendo las 11 horas con 45 minutos. Buenos días.

3. Aspectos generales de la investigación

3.1 Una investigación escuetamente regulada en la ley

El CPP innovó radicalmente respecto de la regulación de la indagatoria del fiscal, estableciendo como norma general la del inciso primero del artículo 180, en el sentido de que están autorizados para ejecutar y encomendar a las policías "todas las diligencias de investigación que consideraren conducentes al esclarecimiento de los hechos"; es decir, plena libertad y ausencia de mayores formalidades o etapas rituales en la recogida de evidencia.

En el texto original del CPP encontrábamos apenas 56 artículos que regulan la investigación del fiscal (artículos 180 al 236), lo que contrastaba con el minucioso detalle con que el Código de Procedimiento Penal de 1906 lo trataba, en nada menos que 177 artículos. Actualmente, luego de sucesivas reformas (en especial, la de la Ley 21.577 del año 2023), el párrafo 3° "Actuaciones de la investigación" cuenta con un total de 92 normas.

3.2 La colaboración con la indagatoria del Ministerio Público

El mismo artículo 180 del CPP dispone la obligación de toda persona y de los funcionarios públicos de colaborar con el Ministerio Público en sus indagatorias, sin derecho a recibir pago alguno a cambio. Respecto del deber de colaboración, la norma se encarga de aclarar que rige salvo para los casos exceptuados en la ley.

Como veremos, el imputado no tiene deber alguno de colaborar en la indagatoria del fiscal ni tampoco sus parientes u otras personas obligadas a guardar secreto (abogado, médico, psicólogo, confesor). Fuera de estos casos, la resistencia a colaborar en las indagatorias de la fiscalía podría constituir el *delito de obstrucción de la investigación* (artículo 296 bis del CP) o incluso configurar alguna hipótesis de complicidad o encubrimiento con el autor del delito.

3.3 El objeto de la investigación del fiscal

El artículo 181 del CPP contiene una definición de lo que se entiende por la indagatoria del fiscal del Ministerio Público, que es la que tiene por objeto "consignar y asegurar todo cuanto condujere a la comprobación del hecho y a la identificación de los partícipes en el mismo".

La misma norma establece, a título ejemplar y facultativo, cuáles son las gestiones que un fiscal puede efectuar en una indagatoria penal: hacer constar el estado de las personas, cosas, lugares y de todo otro dato pertinente; la identificación de testigos y consignación de sus declaraciones; tomar nota de las huellas, rastros o señales que el hecho hubiere dejado, especificándoseles detalladamente, dejándose constancia de la descripción del lugar en que aquel se hubiere cometido, del estado de los objetos que se encontraren; la práctica de operaciones científicas; y la toma de fotografías, filmaciones o grabación y, en general, la reproducción de imágenes, voces o sonidos por los medios técnicos que resultaren más adecuados, requiriendo la intervención de los organismos especializados.

Para estas dos últimas diligencias de investigación, es necesario, dice la ley, que se certifique el día, hora y lugar en que se realizaron, junto con el nombre, la dirección, profesión u oficio de quienes hubieren intervenido, así como la individualización de la persona sometida a examen y la descripción de la cosa, suceso o fenómeno que se reprodujere o explicare.

El objeto de la investigación serán, naturalmente, los hechos constitutivos que motivaron el inicio del proceso y que fueron relatados en la denuncia, querella o en la decisión del Ministerio Público de iniciar la investigación. El fiscal podría avocarse a investigar solo algunos de esos hechos y descartar de entrada otros, por estimarlos penalmente irrelevantes, o bien, de escasa importancia, o porque la prueba que podría acreditarlos ya ha desaparecido, entre muchas razones.

Aunque es un tema quizás poco estudiado, puede decirse que la investigación no solo tiene el propósito de recopilar la evidencia que sustente una futura acusación, sino también la de esclarecer los hechos ocurridos justamente para sustentar debidamente un término anticipado de la indagatoria, ya sea a través de una salida alternativa, una decisión de no perseverar o un sobreseimiento definitivo.

Es importante tener en cuenta que las investigaciones criminales abarcan hechos ya ocurridos en algún momento del pasado; en rigor, lo que se pretende es contar con antecedentes que permitan conocer ese hecho que ya ocurrió y que, por supuesto, es irreproducible. El único conocimiento que tendrán los investigadores será a través de los vestigios, de las huellas que dejó ese hecho. Por muy "presenciales" que sean los testigos, o por muy fieles las grabaciones de las cámaras de seguridad que registraron el hecho, finalmente siempre lo que tendremos será "prueba indirecta" que permitirá a los jueces, en el evento que se celebre un juicio oral, poder hacerse una idea más o menos aproximada de cómo ocurrieron.

Un asunto escasamente estudiado en las ciencias del derecho son las llamadas ciencias forenses que se emplean en las indagatorias penales, las que han tenido un desarrollo explosivo en las últimas décadas. No puede olvidarse que los desarrollos de la técnica y de las ciencias auxiliares en la averiguación de la verdad son sumamente recientes y que el proceso penal había funcionado básicamente apoyado en evidencia que consistía en la confesión del inculpado, o bien, la declaración de testigos presenciales ("pruebas directas"). Eso explica el valor preponderante que las antiguas leyes procesales daban a la prueba confesional —y que aún hoy le da el CPC. Actualmente, la reconstrucción de la verdad se da a través de evidencia muy variada y sofisticada, como son los análisis y peritajes de todo tipo.

Hay autores como Javier Castro Jofré que plantean que la indagatoria del fiscal también debiera abarcar la existencia de un daño patrimonial o moral que sea susceptible de ser indemnizado a la víctima, en cumplimiento del deber del artículo 6 del CPP que obliga al Ministerio Público a "promover durante el procedimiento acuerdos patrimoniales, medidas cautelares u otros mecanismos que faciliten la reparación del daño causado a la víctima". Disentimos de esta postura, ya que, en la práctica, el entendimiento de esta regla es que la Fiscalía únicamente actúa como *mediador o negociador* de acuerdos patrimoniales, como una forma de justicia negociada, en las suspensiones condicionales del procedimiento o en los acuerdos reparatorios.

3.4 El auxilio de las policías en la investigación

La indagatoria del fiscal comenzará por cualquiera de las vías ya estudiadas, esto es, denuncia, querella o de oficio por el Ministerio Público, asignando este a un fiscal adjunto para que la lleve adelante, asignación que hará el fiscal jefe de la respectiva Fiscalía, según las instrucciones impartidas por el fiscal nacional, pero siempre sobre la base de "criterios objetivos" (artículo 40 de la LOCMP).

El fiscal desarrolla su investigación con auxilio de las policías, principalmente con la Policía de Investigaciones de Chile. Para ello, despacha "órdenes de investigar" por escrito, en que instruye a alguna de las brigadas de la policía el ejecutar ciertas diligencias de investigación, como la incautación de especies o documentos, la toma de declaración de testigos, registros fotográficos del sitio del suceso, pericias de todo tipo, entre muchas otras.

Las órdenes de investigar despachadas a las policías dan origen —sobre todo en el caso de las unidades especializadas de la PDI— a los llamados *informes policiales*, los que muchas veces contienen análisis jurídicos de las situaciones de hecho analizadas, o derechamente conclusiones acerca de si el delito se cometió o si el imputado tuvo participación en él; todas cuestiones que naturalmente están fuera de las competencias de las policías y que son privativas del juez del fondo.

En rigor, la investigación puede desarrollarse por tres caminos, que no son excluyentes: a través de las facultades autónomas de las policías para realizar ciertas diligencias de investigación (empadronar testigos, recoger evidencia del sitio del suceso y otras que veremos a continuación); también a través de las instrucciones que dan los fiscales a las policías por medio de las órdenes precisas de investigar; y finalmente a través de las diligencias de investigación que realizan policías y fiscales, con autorización del Tribunal de Garantía, en aquellos casos en que se afectan las garantías fundamentales del imputado o de terceros (medidas intrusivas).

3.5 El principio de objetividad y la "visión de túnel"

En su investigación el Ministerio Público está condicionado por el "principio de objetividad" que ya vimos, esto es, que debe indagarse no solo aquello que incrimina al imputado, sino todo aquello que lo exculpa.

Sin perjuicio de ello, lo cierto es que policías y fiscales naturalmente tienen lo que se denomina "visión de túnel", o sea, se enfocarán en buscar evidencia para corroborar la hipótesis contenida en la querella o denuncia y, en la práctica, considerarán desde un inicio al imputado como responsable. Dicho de otra forma: para policías y fiscales el imputado sería desde el primer momento un "culpable en contra de quien aún no hay pruebas".

Ciertamente la ley ordena darle un tratamiento de inocente y, asimismo, el tribunal deberá cuestionar en el juicio toda la evidencia recogida por la policía y el fiscal. De otra forma la investigación nunca se concretaría en acusación alguna.

Más adelante nos explayaremos acerca de la presunción de inocencia y cómo esta, a juicio nuestro, no alcanza a la labor de las policías, pero sí, obviamente, de los jueces.

3.6 La evidencia recogida en la indagatoria no constituye prueba en sentido procesal

Como dijimos, durante la indagatoria se recogerá todo tipo de información que denominaremos *evidencia:* testimonios de personas, análisis de huellas dactilares, fotografías del sitio del suceso, informes de lesiones, etc.

Esta evidencia no es prueba en el sentido procesal del término, sino hasta que sean rendidas como tales en el juicio oral y pasen el filtro de la audiencia preparatoria de juicio, en cuanto a su pertinencia y licitud. Por ejemplo, aquel testigo que prestó declaración ante la policía en la indagatoria solo será considerado como prueba en el juicio una vez que declare frente a los jueces del Tribunal de Juicio Oral en lo Penal, sometido al examen directo y contraexamen de los intervinientes.

3.7 La carpeta investigativa

Todas las actuaciones de la investigación, ya sean del fiscal o de las policías, deben consignarse por escrito en una carpeta investigativa que no es propiamente un expediente foliado (artículo 227 del CPP).

Esta carpeta hoy sigue siendo física (de papel), aunque se ha ido digitalizando (escaneando) y puesta a disposición de los intervinientes a través de correo electrónico y por el sistema en línea SIAU de la Fiscalía, lo que garantiza que se cumpla con la norma recién citada y la garantía del artículo 93 e) del CPP. Lo usual es que los intervinientes deban solicitar copia de la carpeta, las que son otorgadas por el Ministerio Público dentro de un plazo de quince días; a menos que se trate de una indagatoria reservada en los casos que dispone la ley, según veremos más adelante.

Esta carpeta, además, deberá ser puesta a disposición del imputado al momento de formular acusación (artículo 260 del CPP).

El artículo 228 del CPP obliga a los policías a llevar un registro de sus actuaciones y diligencias, que debe ser escrito y firmado por los funcionarios que participaron en ellas. Esto es, tanto el registro escrito del fiscal como el que deben llevar las policías y su consignación deben ir en una carpeta a la que tenga acceso la defensa, ya que previene que se lleven adelante investigaciones secretas, y posiblemente ilegales, en contra de las personas. Asimismo, permite que el imputado se defienda de la evidencia que se va recogiendo en su contra y así poder solicitar al fiscal oportunamente diligencias de investigación, como poder desarrollar su propia "investigación paralela" para controvertir los hechos que lo incriminan.

Una reforma legal de 2023, que incorporó el artículo 228 bis al CPP, autorizó expresamente a las policías a utilizar sistemas de registro audiovisual para las actuaciones autónomas de investigación que se desarrollen en lugares públicos o de libre acceso al público. En todo caso, la misma norma se encargó de aclarar que la "ausencia de grabación no obstará, por esa sola circunstancia, la validez del procedimiento, ni implicará la exclusión de prueba dependiente de ella, de conformidad con el artículo 276". Misma regla aplica para los casos en que exista falta de integridad del registro de la grabación. Estas dos últimas aclaraciones parecían innecesarias, desde que el primer inciso del artículo 228 bis aclara que este uso de grabaciones de registro audiovisual es facultativo para las policías ("podrá") y no obligatorio.

La carpeta investigativa es *reservada*, lo que significa que solo los intervinientes pueden conocer su contenido (artículo 182 inciso primero del CPP). Esto fue un cambio sustancial frente al antiguo sistema, en que la regla general era que el expediente era *secreto* para el propio imputado y su revelación enteramente excepcional.

Es común, en todo caso, que en causas de interés público o de "alta connotación" o interés mediático partes de la carpeta sean "filtradas" por los intervinientes a la prensa o en redes sociales. Si quienes hacen estas filtraciones son intervinientes particulares, como el imputado, el defensor o el querellante particular, no existe una sanción clara en la ley. Estas filtraciones eventualmente pueden afectar el éxito de diligencias de investigación y, ciertamente, perjudicar al imputado, quien podrá ser objeto de un "juicio mediático" antes del proceso jurisdiccional.

Si es el fiscal o las policías quienes incumplen esta obligación de reserva, podría dar lugar a sanciones administrativas de la respectiva institución (título III de la LOCMP) o incluso al delito de revelación de secretos.

Como decíamos, la regla general es que haya acceso irrestricto e íntegro a toda la carpeta investigativa. Excepcionalmente, el fiscal puede decretar el secreto respecto de alguna parte de las carpeta o de diligencias específicas y determinadas, cuando ello sea necesario para "la eficacia de la investigación" (artículo 182 inciso tercero del CPP) y por un plazo máximo de cuarenta días, ampliable por otros cuarenta adicionales. El imputado afectado puede solicitar, en todo caso, al Tribunal de Garantía que se levante el secreto. En ningún caso se puede decretar el secreto de la declaración del propio imputado ni de las diligencias en que este ha participado, incluidos los peritajes (artículo 182 inciso quinto del CPP).

Es importante tener claro que la regla genera que la carpeta investigativa no sea secreta y, por lo tanto, la decisión del fiscal de mantenerla en ese carácter deberá ser debidamente justificada respecto de los restantes intervinientes.

Este secreto supuestamente excepcional de la carpeta investigativa se ha ido extendiendo a una serie de leyes especiales en los extramuros del CPP. Así, la Ley 20.000 sobre Tráfico Ilícito de Estupefacientes (artículos 36, 37 y 38), la Ley 18.314 sobre Conductas Terroristas (artículo 21)[2], la Ley 19.913 que tipifica el delito de blanqueo de capitales y lavado de activos (artículo 31) y la Ley 21.057 sobre Entrevistas Videograbadas, contemplan en mayor o menor extensión investigaciones que son secretas, lo que lamentablemente recuerda demasiado al antiguo "secreto del sumario" del Código de Procedimiento Penal.

Creemos que es muy difícil argumentar que una indagatoria secreta es respetuosa de los derechos del imputado y, como decimos, de a poco el secreto de la indagatoria ha ido pasando de la excepción a convertirse en regla general en algunos casos.

Junto con la carpeta investigativa, el Ministerio Público dispone de una plataforma informática de acceso para los intervinientes llamada SIAU (Sistema de Información y Atención a los Usuarios), en que se registran las glosas de las diligencias de investigación y las resoluciones que va adoptando el fiscal de la causa.

---

2 La Ley 18.314 del año 1984 fue derogada por la Ley 21.732 del año 2025, que pretende regular lo mismo, es decir, los delitos terroristas. El artículo transitorio de esta última ley hizo aplicable, de todas formas, la ley 18.314 a los hechos perpetrados con anterioridad a su entrada en vigencia, como solución de continuidad. Sin embargo, la facultad de decretar la reserva de ciertas diligencias, que estaba presente en la Ley 18.314 no aparece en la Ley 21.732.

3.8 Las carpetas de investigaciones administrativas: ¿Son evidencia para efectos de la ley procesal penal?

En los delitos tributarios, la acción penal debe ser iniciada por una querella del Servicio de Impuestos Internos, la que solo se ejercerá sobre la base de los antecedentes recopilados durante una investigación interna del propio Servicio, que es de carácter administrativo (artículo 161 número 10 del Código Tributario). En esos casos, el SII indaga para aplicar sanciones administrativas y generar ciertas consecuencias tributarias respecto de conductas que, adicionalmente, podrían ser constitutivas de delitos penales.

Una situación similar se produce en las investigaciones administrativas que lleva adelante la Comisión para el Mercado Financiero o la Fiscalía Nacional Económica, cuando han investigado conductas que constituyen, al mismo tiempo, infracciones administrativas e ilícitos penales.

En todos estos casos existirá una "carpeta administrativa" de antecedentes acopiados por la Administración del Estado, que luego es remitida al Ministerio Público para que inicie una indagatoria penal.

Más allá de las discusiones sobre la posible infracción a la garantía del *non bis in idem*, que no será materia de este libro, naturalmente, la existencia de esta carpeta administrativa previa ha motivado alguna discusión doctrinaria.

Hay autores, como Juan Sebastián Vera, que han señalado que estos antecedentes administrativos "no pueden ser traspasadas a la investigación penal", porque se trata de antecedentes recogidos por autoridades y en procedimientos en que las posibilidades de defensa y de refutación por parte del administrado (y luego imputado penal) pueden haber sido escasas, sino nulas. Estas indagatorias administrativas se desarrollan mayormente a espaldas del administrado, muy lejos de las garantías que dispone el CPP a favor del imputado. Esto coloca, naturalmente, al imputado en una situación de desventaja frente al persecutor estatal.

En nuestra opinión, esa información recopilada por la administración puede ser incorporada como evidencia a la indagatoria del fiscal, pero con importantes resguardos para el imputado. Lo más evidente es que esa carpeta investigativa deberá ser puesta a disposición de la defensa para que conozca su contenido y pueda —quizás por primera vez— generar evidencia que controvierta los hechos.

También el fiscal debiera evaluar si es conveniente y necesario reiterar algunas de las diligencias practicadas por la administración, en especial, lo que respecta a las declaraciones de testigos e informes expertos. Esto, por varias razones: primero, para obtener información adicional, que pudo no haberse entregado en la fase administrativa previa, y para corroborarla; pero, sobre todo, para contar con un registro que permita luego suplir dicha declaración en juicio oral mediante "testigos de oídas" (los policías que presenciaron la declaración) para el evento que el testigo no pueda prestar declaración y poder confrontar al testigo con su declaración anterior, según dispone el artículo 332 del CPP para efectos de "superar contradicciones" y "refrescar memoria", como veremos en detalle más adelante.

3.9 Solicitud de diligencias e investigación paralela de la defensa

Las diligencias de investigación debe decretarlas el fiscal necesariamente, y puede hacerlo de oficio o a solicitud de los intervinientes (artículo 183 del CPP). Es decir, los intervinientes pueden proponer diligencias, pero es el fiscal quien decide si ordenarlas o no en un plazo máximo de diez días, ponderando si son "pertinentes y útiles para el esclarecimiento de los hechos".

Esto tiene relevancia porque eventualmente la investigación que fue declarada cerrada por el fiscal puede ser reabierta por el juez de garantía si el fiscal no se pronunció o si rechazó alguna diligencia de investigación oportunamente solicitada por algún interviniente (artículo 257 del CPP), como se estudiará más adelante.

En general, los intervinientes pueden asistir a las diligencias de investigación, debiendo ser autorizados previamente por el fiscal "cuando lo considere útil" (artículo 184 del CPP).

Valga decir que ni las policías ni menos el Tribunal de Garantía tienen la facultad de decretar diligencias de investigación. Solo en el caso de la reapertura recién visto, el tribunal ordenará al fiscal practicar aquellas diligencias previamente solicitadas por los intervinientes. En esto, el modelo chileno es perfectamente acusatorio, a diferencia de otros modelos procesales "mixtos" en que la instrucción también puede ser llevada adelante por el juez, como en España donde es bajo la vigencia de la actual Ley de Enjuiciamiento Criminal.

En todo caso, se contempla la posibilidad de que el interviniente reclame ante las autoridades del Ministerio Público en caso de rechazo o de omisión de pronunciamiento en el plazo legal (cinco días), respecto de una diligencia de investigación (artículo 183 inciso segundo del CPP). También podría intentarse una cautela de garantías del artículo 10 del CPP en el caso que el imputado sea el perjudicado por la negativa del fiscal a decretar una diligencia de investigación solicitada oportunamente por la defensa; respecto de esto último, aplican los mismos reparos que se expondrán acerca de la facultad del juez de garantía para ordenar la reapertura de una investigación. Es decir, se trata de un entrometimiento del juez, que no es instructor, en la indagatoria exclusiva del fiscal.

Es interesante señalar que la defensa (el imputado y su abogado) pueden llevar a cabo una "investigación" paralela a la que desarrolla el fiscal con las policías, indagatoria que naturalmente no se regula por el CPP y no queda sujeta al control del Tribunal de Garantía.

Asimismo, la defensa no tiene el deber de revelar estos antecedentes "paralelos" a los restantes intervinientes y solo lo hará, si es de su conveniencia, en la audiencia preparatoria de juicio oral, en el evento que desee rendir como prueba en juicio algunas de las piezas de evidencia recolectadas por su cuenta. Sin perjuicio de ello, es frecuente que la defensa sí entregue todo o parte de su investigación "paralela" al fiscal para que lo agregue a su carpeta investigativa, sobre todo si su objetivo es persuadir al fiscal de que cierre anticipadamente el caso, arribando a una salida alternativa o el sobreseimiento. También, esta investigación paralela puede servir para acreditar una circunstancia eximente o atenuante de responsabilidad o de inimputabilidad.

A diferencia de lo que ocurre con la investigación del fiscal, que es desarrollada con recursos públicos, la del defensor deberá ser solventada por el propio imputado o con el limitado presupuesto de la DPP. Es interesante notar que en la jurisprudencia de la Corte Suprema de Estados Unidos, la omisión de una "investigación paralela" de la defensa puede ser considerado como un caso de *defensa gravemente negligente* (sentencia del caso *Bryant v. Scott* de 1994 de la Corte Suprema estadounidense), lo que acarrea la indefensión del imputado. En Chile, esto último sería al menos discutible, dado el deber de objetividad del Ministerio Público, quien teóricamente debiera suplir las falencias de una defensa extremadamente pasiva que no investigue, por ejemplo, hipótesis alternativas o coartadas que pudieren exonerar a su defendido.

Se ha insinuado por algunos autores si estas investigaciones paralelas no serían contrarias al principio de "exclusividad de la investigación penal" que dispone el artículo 3 del CPP y el 1 de la LOCMP, que otorgan el monopolio al Ministerio Público para indagar no solo acerca de los hechos constitutivos de delito, sino también de los que acrediten la inocencia del imputado. Creemos que ello sea así, principalmente porque coartar este derecho de la defensa es poner al imputado en una situación aún más desmejorada frente al poder estatal y con muy disminuidas facultades para elaborar una tesis alternativa. Asimismo, la idea del sistema adversarial es justamente para que el juez pueda contrastar las versiones de las partes en el proceso.

Por otro lado, parece más o menos obvio que las reglas de los artículos 3 del CPP y 1 de la LOCMP se refieren a *investigaciones oficiales destinadas a la persecución de los delitos*, y que el destinatario de esa regla son los otros poderes del Estado o particulares que quisieran arrogarse facultades públicas acusatorias. Pero nada impide a los particulares investigar por su cuenta hechos constitutivos de delito; piénsese en el periodismo de investigación, documentalistas, escritores, historiadores, etc.

También han existido reparos a estas "investigaciones paralelas", desde que solo las defensas con recursos económicos podrían solventarlas. Este reparo no nos parece atendible, ya que la DPP sí cuenta con partidas presupuestarias para solventar el pago de peritajes u otras diligencias, recursos que naturalmente deberán ser empleados con prudencia y enfocados en los casos más importantes para dicho servicio, como sucede por lo demás en la práctica.

No hay datos en Chile acerca de la proporción de casos en que los defensores efectúan indagatorias paralelas, o sea, una "defensa activa". En Italia, en un estudio citado por Forza, Menegon y Rumiani, sin embargo, solo un 1,4% de los defensores se apoyaba en consultores o investigadores privados; y en el estado de Nueva York, estas indagatorias paralelas de la defensa tenían lugar en un 27% de los casos por homicidio, y apenas en un 12% de las investigaciones por otros delitos. Según estos autores, "la práctica más difundida entre los penalistas consiste en acomodarse, a veces de manera completamente acrítica, a la investigación de la fiscalía y construir la defensa sobre esa base".

3.10 Agrupación y separación de investigaciones

Puede suceder que el Ministerio Público se encuentre investigando una multiplicidad de hechos supuestamente constitutivos de delito que estarían relacionados unos con otros, pero que, de momento, están asignados a distintos fiscales de una misma fiscalía local o a fiscalías locales ubicadas en regiones diferentes. También puede suceder que una indagatoria comience investigando una serie de hechos que están relacionados entre sí, pero que, con el tiempo, alcance cierta independencia unos de otros y acumule un volumen importante de información.

En el primer caso, lo aconsejable sería agrupar distintas investigaciones que abarquen hechos relacionados entre sí. Y, en el segundo caso, lo conveniente será que el fiscal separe esas investigaciones.

El fiscal tiene plena facultad de agrupar o de separar investigaciones, según los criterios generales o locales del Ministerio Público y dependiendo de la conveniencia según los hechos e imputados investigados (artículo 185 del CPP).

Cada investigación tiene asignado un rol único de causa o "ruc", y cuando se judicializa adquiere adicionalmente un rol interno de causa en el tribunal o "rit".

Autores como el profesor Andrés Cruz Carrasco han sostenido que en materia procesal penal sería procedente la acumulación de autos del artículo 92 del CPC, por la remisión que se hace a las reglas del título I del CPC en el artículo 52 del CPP, cuestión respecto de la cual discrepamos, desde que el proceso penal funciona con lógicas muy distintas a las de los expedientes escritos del sistema de justicia civil, ya que permite una acumulación física de los "autos".

3.11 La cadena de custodia

Los artículos 187 y 188 del CPP regulan un aspecto muy importante de la investigación, referido a "los objetos, documentos e instrumentos de cualquier clase que parecieren haber servido o haber estado destinados a la comisión del hecho investigado, o los que de él provinieren, o los que pudieren servir como medios de prueba, así como los que se encontraren en el sitio del suceso".

En las indagatorias del fiscal, lo usual es que las policías se apersonen en el lugar de los hechos, hagan levantamientos fotográficos e interroguen a testigos. Ello queda consignado en un informe o parte policial que no servirá como prueba en el juicio, a menos que los funcionarios y testigos presten declaración en el juicio y las fotos se exhiban en la audiencia, por ejemplo.

Puede suceder, también, que se recojan, generalmente en el sitio del suceso, objetos, documentos u otros elementos que sirvieron para cometer el delito o que están de alguna forma relacionados con él. Piénsese en el arma homicida, en un teléfono celular que contiene pornografía infantil, en documentos contables que dan cuenta de un fraude, etc. Para generar convicción en el tribunal, esos objetos y elementos deberán ser exhibidos en la audiencia de juicio, y los documentos eventualmente leídos en la audiencia, adicionalmente a ser exhibidos (artículo 333 del CPP).

El problema de estos medios de prueba es cómo se acredita su origen, es decir, cómo le puede constar al tribunal y a los restantes intervinientes que —por ejemplo— el arma homicida que se exhibe en la audiencia de juicio es efectivamente la que se halló en el sitio del suceso.

Para ello, las reglas de los artículos 187 y 188 disponen que estas especies, objetos y documentos deben ser "recogidos, identificados y conservados bajo sello", debiendo existir "un registro especial en el que conste la identificación de las personas que fueron autorizadas para reconocerlas o manipularlas".

Esto es lo que se conoce como "cadena de custodia", que consiste en un formulario emitido por el Ministerio Público en que consta la singularización de la especie u objeto, el lugar y fecha de recogida, qué funcionario lo recogió y la lista de funcionarios policiales o peritos que la han tenido en su poder a lo largo del tiempo, con sus respectivas firmas y fecha de entrega y devolución. De esta forma, se puede acreditar la trazabilidad de la especie que se exhibe en el juicio, llegando hasta el momento y funcionario que la recogió, y descartando su adulteración o contaminación en el tiempo intermedio. Este formulario se adosa a la bolsa sellada o caja que contiene la especie u objeto para preservarla.

Ahora, es importante tener en cuenta que las "interrupciones" o "lagunas" en la cadena de custodia, o incluso su inexistencia, *no acarrean necesariamente que la prueba sea considerada como ilícita por el tribunal* o que se le reste todo valor probatorio. La Corte Suprema ha dicho (roles 14771-2020 y 32879-2021), conociendo de un recurso de nulidad, que las omisiones o errores en la cadena de custodia no implican automáticamente que la evidencia y la prueba sean desestimadas, sino que debe ser alegado y acreditado por la defensa cómo es que dicha infracción afecta la integridad de la evidencia en el caso concreto.

3.12 Investigación criminal con perspectiva de género

Las investigaciones criminales pueden también verse contaminadas por los prejuicios y preconcepciones de las policías y fiscales, los que se pueden apoyar en concepciones machistas de la sociedad, que traen como consecuencia la desidia o derechamente la negligencia en investigar ciertos delitos o en abrir líneas de investigación. En 2009 la Corte Interamericana de Derechos Humanos acogió una demanda en contra de México por su falta de diligencia en la investigación de una serie de femicidos cometidos en Ciudad Juárez (caso *Campo Algodonero*), marcando un hito en la jurisprudencia internacional respecto de la obligación de los estados firmantes para incorporar la perspectiva de género en las indagatorias criminales.

En Chile fue muy conocido el caso del llamado psicópata de Alto Hospicio, cuyo nombre es Julio Pérez Silva, quien fue condenado por los delitos de violación y homicidio de al menos doce mujeres jóvenes en las cercanías de Iquique en 2004. Las desapariciones de estas víctimas se venían reportando desde 1998 hasta 2001, fecha en que se aclararon los crímenes; pero durante años la policía se negó a investigarlas adecuadamente, sobre la base de rumores que decían que las mujeres habían huido de sus casas para prostituirse en el extranjero.

Los sesgos y preconcepciones de las policías pueden afectar la eficacia de las indagatorias, como puede verse en estos casos y, por lo mismo, existen autoras que proponen que tanto policías como fiscales se capaciten en asuntos de igualdad de género que deberán aplicarse en las investigaciones que conduzcan.

En junio de 2024 entró en vigencia la Ley 21.675 sobre Violencia de Género que vino a remediar —esperemos— esta situación, al establecer ciertos parámetros para las indagatorias de estos delitos. Así, se dispuso en el artículo 51 que "se prohíbe indagar en los comportamientos sexuales previos o posteriores de la víctima, salvo que el Ministerio Público, la defensa o el tribunal lo estime estrictamente indispensable para el esclarecimiento de los hechos. Cuando esta circunstancia proceda deberá velarse porque la investigación sobre el comportamiento sexual de la víctima se realice sin incurrir en estereotipos de género, ni reproducir estereotipos discriminatorios contra las mujeres, ni generar victimización secundaria".

4. Estudio particular de las diligencias de investigación

En este capítulo revisaremos la regulación de las diligencias de investigación más importantes, que son las siguientes:

1. Testigos.
2. Testigos que sean niños, niñas o adolescentes: la entrevista investigativa videograbada.
3. Declaración del imputado, exámenes corporales y pruebas caligráficas.

4. Peritajes.
5. Entrada y registro en inmuebles.
6. Incautación de objetos y documentos.
7. Interceptaciones telefónicas.
8. Exámenes médicos, autopsias, hallazgo y exhumación de cadáveres.
9. Alzamiento del secreto bancario.
10. Registro remoto de equipos informáticos.
11. Grabación subrepticia de imágenes y sonidos en lugares cerrados que no son de libre acceso al público.
12. Utilización de agentes encubiertos, agentes reveladores e informantes.
13. Entregas vigiladas.

Estas últimas cuatro diligencias fueron introducidas por una reforma legal de junio de 2023, a través de la Ley 21.577 para combatir el crimen organizado.

Examinaremos cada una en detalle a continuación.

4.1 Testigos

a) Concepto

Para el proceso penal, a diferencia del juicio civil, testigo es cualquier persona que tenga información sobre el hecho investigado y, por lo tanto, no es necesariamente un "tercero ajeno a las partes o a los hechos".

Así, testigo sería también la víctima, aunque esto se discute; y también los policías que participaron en las diligencias de investigación.

La Corte Suprema ha resuelto en un fallo al menos (rol 1989-2002) que la víctima no es un testigo y, por lo mismo, no procede requerir su comparecencia por medidas compulsivas; por su parte, la Instrucción General 060/2014 de la Fiscalía señala que deben agotarse por los fiscales las vías voluntarias de comparecencia de la víctima a declarar antes de ser citada mediante arresto.

Las declaraciones de testigos en Fiscalía o ante las policías no son procesalmente prueba testimonial, a pesar de que las normas del título I del libro II del CPP (etapa de investigación) y las del título III del mismo libro usan la misma nomenclatura de "testigos". Por lo mismo, es correcto referirse a los "testigos ante el ministerio público" (que es el título, justamente, del artículo 190 del CPP) cuando se trata de personas que declaran durante la indagatoria, y "testigos" propiamente tales a quienes deponen en el juicio oral. Los testigos que declaren durante la indagatoria serán solo "evidencia" o "antecedentes de la investigación".

La regulación del juicio oral no excluye *ex ante* a ninguna persona como potencial testigo, o sea, no hay testigos inhábiles, pudiendo el Tribunal Oral en lo Penal asignarle o no mérito probatorio según su propia convicción.

Tampoco se excluye *ex ante* a los testigos de oídas en el juicio, esto es, aquellos que no han presenciado los hechos, sino que saben de él por lo que un tercero les dijo. En algunos ordenamientos sí quedan excluidos estos testigos, no así en el caso chileno (artículo 309 del CPP) en que se permite al testigo expresar "si lo hubiere oído referir de otras personas".

Por lo anterior, tampoco existirán testigos inhábiles durante la investigación.

Como veremos más adelante, la prueba testifical es estratégicamente la más importante en el juicio oral, justamente porque la oralidad hace de las declaraciones de personas el medio idóneo para acreditar los hechos del proceso.

Por lo mismo, existirá siempre gran interés del fiscal en tomar declaración a los testigos del hecho, con miras a ofrecer su futura declaración en el juicio oral.

b) Formalidades de la declaración de los testigos en la investigación

La declaración del testigo se prestará ante el fiscal de la causa o ante su abogado asistente. También puede prestarse ante las policías, ya sea como diligencia autónoma o por delegación del fiscal.

No existe ninguna obligación para el fiscal de poner en conocimiento *ex ante* esta diligencia de investigación a los demás intervinientes para que asistan y, en la práctica, lo usual es que no estén presentes los abogados de la defensa ni el querellante, salvo que lo soliciten expresamente. En ese sentido, el artículo 93 c) del CPP solo dispone el derecho del imputado de solicitar diligencias de investigación, pero no el de estar presente en todas y cada una de las que practique el fiscal.

Esto parece razonable, desde que en algunos casos será conveniente mantener reserva de dichas declaraciones para asegurar el éxito de la investigación o incluso la seguridad del testigo. Si el testigo ha sido ofrecido por un interviniente distinto del Ministerio Público, puede también indicarse un temario sugerido de asuntos a tratar durante la interrogación o derechamente enviar al fiscal o al abogado asistente una lista de preguntas. Pero el fiscal no está vinculado, ciertamente, por ese pliego de temas o de preguntas.

No hay obligación legal que imponga al fiscal el deber de citar a los intervinientes a que participen de las declaraciones de testigos prestadas en Fiscalía, como tampoco a que puedan formular interrogaciones o contraexaminarlo, como sí es el derecho en el juicio oral. Generalmente estas declaraciones se hacen sin mayor intervención de los abogados de las partes, estando solamente presente el fiscal o el abogado asistente.

La ley obliga a que quede un registro escrito de la declaración prestada por el testigo en la indagatoria. Este registro consiste en un acta que levanta el fiscal o el funcionario policial, la que, en rigor, corresponde a una transcripción resumida y editada de lo que el testigo refirió.

Esta acta es importante porque eventualmente servirá para poder contraexaminar al testigo durante el juicio oral y poder contrastar su declaración en juicio con la prestada previamente ante el fiscal o la policía por delegación del fiscal (artículo 332 del CPP). La doctrina ha llamado la atención acerca de la poca fiabilidad que muchas veces tienen estas actas escritas, las que reflejan una mínima parte de la información que surgió durante el interrogatorio del fiscal o de la policía.

Tratándose, por ejemplo, de diligencias de investigación críticas, como es el reconocimiento que el testigo haga del imputado, será de suma relevancia poder tener acceso a la forma en cómo el testigo recordó la cara y otras características físicas del imputado: si dicho recuerdo fue espontáneo o provocado, si fueron necesarias varias preguntas antes de dar con la respuesta, si el testigo manifestó seguridad o no, etc. En este entendido, lo que se ha implementado desde hace décadas en sistemas comparados es que se lleve un *registro audiovisual* de estas entrevistas, lo que permitirá no solo disipar las dudas que la defensa pueda tener, sino también a los investigadores poder acceder una y otra vez a dicho registro para revisar información que pudo haberse omitido en un primer momento y que puede ser relevante para el esclarecimiento de los hechos. Lamentablemente nada de esto está regulado en el CPP y la única obligación legal es dejar constancia escrita de esta diligencia.

Naturalmente, en la etapa de investigación al fiscal le interesará recoger la mayor cantidad de información sobre el hecho que investiga y para ello puede citar, bajo apercibimiento de arresto del artículo 33 del CPP, a cualquier persona a declarar como testigo, salvo a las autoridades y personas que gozan de fuero diplomático indicadas en el artículo 300 del CPP.

A los testigos no se le toma juramento de decir la verdad en la indagatoria, pero sí en el juicio oral (artículo 190 del CPP). Esto impedirá imputarles el delito de perjurio, aunque sí el de obstrucción a la investigación en el caso de que no digan la verdad.

La incomparecencia injustificada de un testigo previamente citado por el Ministerio Público, o su negativa injustificada a prestar declaración, podrían motivar a que el juez de garantía —previa solicitud del fiscal— aplicara una medida de arresto. En todo caso, deberá evaluar el fiscal si es estratégicamente conveniente solicitar el arresto de un testigo que pueda eventualmente tener información valiosa para un caso y cuya incomparecencia o negativa a declarar pueda estar relacionada con el justificado temor a recibir una represalia del imputado, por ejemplo. En ese caso, más que un arresto, lo que el testigo puede necesitar para declarar es una medida de protección.

A nivel doctrinario se ha planteado si durante la indagatoria están exceptuados de declarar las personas eximidas de hacerlo en el juicio oral por razones de parentesco o secreto que veremos más adelante (artículos 302 y 303 del CPP, respectivamente). Por ejemplo, el abogado del imputado, cuyas comunicaciones están protegidas por la confidencialidad abogado-cliente. Aunque la ley nada dice, parece razonable que se aplique la misma norma en esta etapa, máxime si posteriormente será inútil esa declaración, ya que no podrá ser ratificada en el juicio oral, por así disponerlo estas normas.

c) Declaración anticipada de testigos ante el juez de garantía

Cuando hablamos de "declaración anticipada de testigos" no nos referimos a los "testigos como evidencia de la investigación", sino al "testigo como medio de prueba en el juicio oral".

Puede suceder que un testigo cuya declaración sea relevante para el futuro juicio oral manifieste su temor de no estar disponible a futuro para prestar esa declaración. En estos casos, el fiscal puede anticipar la prueba testimonial que rendirá en el juicio oral si el testigo está en riesgo inminente de muerte o incapacidad, o manifestare su imposibilidad de asistir a declarar al juicio oral.

De esta forma, se le tomará declaración ante el Tribunal de Garantía, con la asistencia de los intervinientes que tuvieren derecho a asistir al juicio oral. En esta prueba anticipada se seguirán las mismas reglas de examen directo y contraexamen de los testigos aplicables al juicio oral, que veremos más adelante. Esto constituye una diferencia sustancial con la mera declaración de un testigo ante la fiscalía y las policías: como vimos, la regla general es que los restantes intervinientes no participen en dichas diligencias.

La Ley 20.931 incorporó un inciso final al artículo 191 del CPP, en el sentido que la inasistencia del imputado legalmente emplazado no obstará a la validez de esta diligencia de investigación. Esta regla debe entenderse restrictivamente, como que la inasistencia del abogado defensor por no haber sido emplazado sí acarreará la nulidad de esta diligencia, tal y como sucede con la audiencia de juicio oral o preparatoria de juicio oral, como veremos.

De esta prueba quedará un *registro audiovisual* que se debiera reproducir en la audiencia de juicio oral (artículo 191, en relación con el artículo 280 del CPP). Una reforma de 2022 permite también anticipar esta prueba testimonial en el caso de las víctimas de delitos contra la libertad o indemnidad sexual para evitar su victimización secundaria, en orden a que no deban declarar nuevamente en el juicio oral (artículo 191 ter del CPP); en este caso opera el mismo mecanismo ya visto ante el Tribunal de Garantía (artículo 191 bis).

También se puede anticipar la prueba testimonial de "empleados públicos o de una empresa del Estado" que se encuentren en el extranjero ante el cónsul de Chile en el país respectivo (artículo 192 del CPP), aunque esta última disposición pudo haber quedado en desuso desde la generalización del uso de la videoconferencia. La norma del artículo 192 podría dar a entender que se aplica respecto de cualquier persona que se encuentre en el extranjero, pero la remisión que se hace al inciso final del artículo 190 la hace aplicable solo a los funcionarios y empleados recién señalados. En cualquier caso, y a propósito de la pandemia de Covid-19 de 2020 y 2021, se extendió la práctica entre los fiscales de tomar declaraciones por videoconferencia a toda clase de testigos, incluidos, por cierto, aquellos que estén en el extranjero.

El artículo 16 de la Ley 21.057 también permite la declaración judicial anticipada de niños, niñas y adolescentes ante el Tribunal de Garantía, la que será grabada en audio y video, y podrá ser reproducida en la audiencia de juicio oral.

Como veremos, esta declaración se efectuará de acuerdo a las reglas precisas que establece esta ley, esto es, una sala especial para dicho efecto en que solo están presentes el menor de edad y un entrevistador certificado, quien dirigirá las preguntas que formulen los intervinientes, adaptadas al lenguaje, edad y capacidades del menor, a través de un protocolo establecido al efecto.

Si el menor de edad prestó declaración anticipada ante el juez de garantía, no podrá celebrarse una nueva audiencia de prueba testimonial anticipada ni tampoco deberá declarar en el juicio oral, salvo que la víctima manifieste espontáneamente su deseo de hacerlo, o en el caso que alguno de los intervinientes lo solicite sobre la base de nuevos antecedentes que pudieren afectar sustancialmente el resultado del juicio.

Esta prueba de testigos anticipada puede celebrarse no solo durante la etapa de investigación, sino incluso una vez cerrada esta y hasta la celebración de la audiencia de juicio oral, siempre que se reúnan los requisitos y condiciones que vimos recién más arriba.

En la práctica, suele celebrarse una audiencia antes de la audiencia de anticipación de prueba testimonial para debatir acerca de su procedencia, en concordancia con las hipótesis que contempla la ley que recién vimos.

4.2 Testigos que son niños, niñas o adolescentes: Entrevista investigativa videograbada

En 2018 fue promulgada la Ley 21.057 que "regula entrevistas grabadas en video, y otras medidas de resguardo a menores de edad, víctimas de delitos sexuales", cuya entrada en vigencia ha sido gradual en el territorio nacional, pero que ya a fines de 2022 está vigente para todo Chile. Como se señaló más arriba, esta ley busca prevenir la llamada "victimización secundaria" de niños y niñas menores de catorce años, y de adolescentes mayores de catorce y menores de dieciocho años, que sean víctimas y testigos de un catálogo acotado de delitos sexuales. Asimismo, se pretende obtener más y mejor información de estas personas que sea útil para las indagatorias del Ministerio Público.

Esta ley se hizo cargo de un problema que existía antes de la entrada en vigencia del CPP, que es la adecuación o adaptación del proceso penal a los menores de edad, en atención a su especial situación de vulnerabilidad, su menor desarrollo cognitivo y su inmadurez emocional, entre otros factores. En este sentido, se ha dicho que el proceso penal es "de adultos y para adultos", es decir, un intercambio de comunicaciones en un contexto formalizado y en instancias regladas que pueden resultar especialmente hostiles e incomprensibles para los menores de edad. Todo esto redunda en que la información que tengan que aportar como víctimas o testigos finalmente nunca llegue al proceso y, de paso, que se les inflija un sufrimiento adicional al verse expuestos a revivir su trauma ante policías, fiscales y jueces.

La Ley 21.057 pretendió solucionar estos problemas que se han expuesto más arriba. Una de las herramientas es justamente la entrevista investigativa videograbada, que es la forma especial en que se tomará el testimonio de víctimas y testigos menores de edad en la indagatoria penal una vez que interviene el fiscal del Ministerio Público.

Esta modalidad tiene varias ventajas respecto de la toma de declaraciones de los testigos adultos. Primero, y por regla general, se tomará *una sola entrevista* y solo excepcionalmente se realizarán otras adicionales para abarcar nuevos hechos no abordados en la entrevista anterior. Esto permite mitigar los efectos perniciosos de que el menor de edad se vea expuesto una y otra vez a distintos interrogadores, reviviendo su sufrimiento; asimismo, se evita la generación de declaraciones contradictorias, que no son infrecuentes en este contexto. Como vimos en el acápite anterior, si el menor ya prestó declaración anticipada ante el juez de garantía en presencia de los intervinientes, no debiera volver a declarar en el juicio oral.

En segundo lugar, quien entrevistará al menor de edad es un entrevistador (intermediador) que es una persona especialmente capacitada y acreditada por el Ministerio de Justicia y Derechos Humanos para esos efectos. Estos entrevistadores —que no necesariamente son psicólogos— han recibido un entrenamiento para poder adaptar el lenguaje de los requerimientos de información del fiscal en orden a que el menor los entienda, y así poder obtener las respuestas que eventualmente sean útiles para la indagatoria. Asimismo, los entrevistadores cuentan con herramientas de contención emocional —propia y del niño o adolescente— para evitar un sufrimiento innecesario.

En tercer lugar, la ley dispone que esta entrevista videograbada debe realizarse en la fecha más próxima a la denuncia efectuada por el niño, niña o adolescente. Esto, por la razón evidente que, mientras más tiempo pase, los recuerdos serán cada vez menos precisos acerca de los hechos ocurridos.

En cuarto lugar, esta entrevista debe realizarse en una sala especialmente destinada para este efecto, en que solo están presentes el entrevistador y el menor de edad, y en que deberá generarse un clima de intimidad y confianza *(rapport)* que facilite la transmisión de la información y se resguarde su confidencialidad.

En quinto lugar, en esta declaración el entrevistador capacitado y acreditado debe seguir un protocolo preestablecido, en que destacan como especialmente relevantes la forma, lenguaje y extensión de las preguntas que se le formularán al menor como también los tipos de preguntas y temas que no debieran ser parte de la entrevista, entre otros varios aspectos.

En sexto lugar, esta declaración videograbada podrá reproducirse en la audiencia de juicio oral en algunas hipótesis, como son la muerte o incapacidad grave del declarante sobrevenida a la declaración; pero también se usará como "declaración previa" por los intervinientes para efectos de superar contradicciones o refrescar memoria del menor de edad que ha comparecido a declarar en el juicio oral, según veremos más adelante respecto de los testigos en general (artículo 332 del CPP).

Finalmente, existe la prohibición de que los testigos citados a declarar al juicio oral se refieran al contenido de esta entrevista investigativa en el testimonio que presten, prohibición que en todo caso no aplica a los peritos. Es decir, respecto de los testigos niños, niñas y adolescentes no corre la regla general de que su testimonio puede suplirse por un "testigo de oídas" (artículo 309 inciso segundo del CPP).

4.3 Declaración del imputado, exámenes corporales y pruebas caligráficas: El imputado como fuente de información

a) Cambio de paradigma: De la confesión como "plena prueba" a la prohibición de condena sobre la base de la sola declaración del imputado

Como se explicará en detalle más adelante, el nuevo sistema de persecución penal actualizó nuestra legislación, pasando del antiguo sistema en que la confesión del imputado era una prueba gravitante en el sumario a uno en que esta tiene escaso valor (aunque lo tiene).

Así, dispone el artículo 340 inciso tercero del CPP: "no se podrá condenar a una persona con el solo mérito de su declaración". La razón de esto es, principalmente, el escaso valor epistémico de la declaración del imputado; y, de paso, también para resguardar la dignidad y la integridad física y psíquica del imputado.

En el Código de Procedimiento Penal de 1906, y en muchas legislaciones comparadas, por lo demás, la declaración del imputado constituía una plena prueba por dos razones: primero, porque era la persona que mejor conocía los hechos y, segundo, porque su confesión sería tan ilógica —normalmente nadie reconoce hechos que le perjudican— que no habría otra alternativa sino que fuera cierta. Estas serían las razones detrás de las normas procesales del CPC para valorar la prueba confesional, por ejemplo.

Pero la verdad es que de lógico esto no tiene nada, y esa es la razón por la que el CPP ya no le da valor por sí misma a la declaración del imputado. Primero, porque no sabemos *ex ante* si el imputado efectivamente es el responsable de aquello que se le imputa; y segundo, porque el imputado puede tener varias razones para admitir su participación en el hecho delictivo que no siempre serán tolerables para el derecho. Quizás la principal razón para confesar —y que el legislador quiere evitar a toda costa— son los apremios, amenazas y coacciones de la policía, o las promesas y acuerdos con la Fiscalía. El legislador del CPP tiene justamente esto en mente al momento de restarle valor a esta prueba. Por lo mismo, si se le quita valor a esta prueba, desaparece el incentivo para que las policías apremien o coaccionen al imputado.

Para entender este cambio de paradigma quizás es útil un ejemplo concreto para entender cómo funcionaba el anterior sistema de persecución criminal en Chile. En 2010 la Universidad Diego Portales publicó una investigación que hicieran cuatro periodistas sobre el caso de Roberto Martínez alias "El Tila" o "El psicópata de La Dehesa", imputado por una serie de violaciones con homicidio ocurridos en Santiago en 2002, o sea, apenas tres años antes de que comenzara a regir el CPP en dicha ciudad, pero ya estando vigente para otras regiones del país. En ese texto se consigna lo siguiente respecto del imputado ya cumpliendo prisión preventiva:

"Con el tiempo, a la guitarra y la máquina de escribir se fueron sumando nuevos objetos. El juez [del crimen] Carrillo autorizó todas sus peticiones porque quería ganarse su confianza. A cambio, pretendía obtener su confesión [...]. Transcurrieron casi seis meses antes de que el juez Carrillo lograra que Martínez confesara como autor de la serie de ataques [...]. La confesión permitió cerrar el sumario, lo que daba por concluida la investigación".

Más adelante veremos que el imputado no tiene obligación de declarar o decir la verdad en el juicio oral, sino solamente *la facultad* de hacerlo; esto, aun cuando haya previamente declarado durante la investigación (artículo 326 del CPP).

b) Obligaciones y derechos del imputado cuando es citado a prestar declaración

Dicho todo lo anterior, en muchas indagatorias el fiscal estará interesado en conocer la versión de los hechos del imputado. Puede que sea el caso que el imputado efectivamente tenga información relevante para aclarar los hechos, que no es posible obtener de otra fuente. O puede ser que a través de su declaración se puede corroborar lo que otros testigos han dicho o lo que la restante evidencia arroja. También, en muchos casos, se le da la posibilidad al imputado para que preste declaración como medio de defensa.

En algunas investigaciones la declaración del imputado será la última diligencia que decretará el fiscal antes de solicitar la formalización de cargos en su contra. Si es así, lo más probable es que su declaración sea solo para que ejerza su derecho de defensa, más que tenerlo como una fuente de información valiosa para sustentar los cargos que se formalizarán. En todo caso, no existe obligación norma legal alguna que imponga al fiscal la obligación de citar al imputado a prestar declaración.

En todos estos casos el fiscal citará al imputado, gatillándose para este último algunas obligaciones y derechos que veremos a continuación.

Durante la investigación el imputado sí está obligado a comparecer ante el fiscal de la causa cuando este lo dispusiere (artículo 193 del CPP), pero no está obligado a prestar declaración (artículo 194 del CPP denominado "declaración voluntaria del imputado", en relación con el artículo 93 g), ni tampoco está obligado a decir verdad ni declarar bajo juramento. El imputado solo está obligado a proporcionar al fiscal los datos sobre su identificación, pero no a responder las preguntas del fiscal. El imputado podría acceder a declarar previo acuerdo con el fiscal de que se le reconozca una circunstancia atenuante a futuro (artículos 11.8 y 11.9 del CP), siendo este tipo de acuerdos perfectamente lícitos, según la norma del artículo 195 inciso segundo del CPP que veremos un poco más adelante. Lo mismo respecto de la figura de cooperación eficaz que veremos en detalle más adelante.

El artículo 194 CPP contiene una norma de suma importancia sobre el derecho que tiene el imputado, previo a su declaración, a que el fiscal le comunique "detalladamente cuál es el hecho que se le atribuyere, con todas las circunstancias de tiempo, lugar y modo de comisión, en la medida conocida, incluyendo aquellas que fueren de importancia para su calificación jurídica, las disposiciones legales que resultaren aplicables y los antecedentes que la investigación arrojare en su contra". Algunos operadores jurídicos le llaman a esta obligación "la preformalización".

Esta disposición debe leerse en conjunto con las garantías consagradas en el artículo 93 d) y g) del CPP, que obliga al fiscal o al policía que tome declaración al imputado a advertirle textualmente lo siguiente: "tiene derecho a guardar silencio. El ejercicio de este derecho no le ocasionará ninguna consecuencia legal adversa; sin embargo, si renuncia a él, todo lo que manifieste podrá ser usado en su contra".

En el mismo sentido, el fiscal y/o el policía debe advertirle al imputado que tiene derecho a ser asistido por un abogado al prestar declaración.

Cuando el imputado es detenido por la policía, debe ser informado de su derecho de guardar silencio y a declarar asistido por su abogado, a riesgo de que la declaración que se preste sin esa formalidad previa sea declarada ilícita (artículo 135 del CPP).

Lo usual es que el cumplimiento de estos deberes del fiscal y de la policía queden consignados en el acta que se levante de la declaración y en la misma acta se consignará si el imputado renunció a su derecho a guardar silencio, si fue asistido por un abogado en la declaración o si también renunció a este último derecho. Que el imputado renuncie a la asistencia letrada no invalida su declaración, en la medida que lo haya hecho de forma voluntaria y luego de que se le informara por parte del fiscal o la policía que tenía ese derecho. Esto es muy relevante, porque esta acta podrá ser usada después en el interrogatorio del acusado en el juicio oral, si el caso llega a esa etapa, para contrastarla con la que prestó anteriormente (artículo 332 del CPP). En dicho interrogatorio es posible que se controvierta la voluntariedad de la declaración, para lo cual es fundamental la presencia de testigos-policías que lo acrediten, ya que la carga de la prueba será del fiscal si quiere valerse de esta declaración.

La obligación del artículo 194 del CPP de informarle detalladamente al imputado cuáles son los hechos por los que se le investiga refuerza la idea que expresábamos más arriba, de que el fiscal debe indagar los hechos que son objeto de la denuncia o querella y no "salir a buscar delitos" que nadie ha denunciado. Por lo mismo, la exhortación que se haga al imputado no puede ser del tenor "cuéntemelo todo", sino que debe guiarlo precisamente a los hechos que se le imputan.

Toda persona es considerada imputada desde el primer acto del procedimiento dirigido en su contra (artículo 7 CPP) y de acuerdo con las normas recién revisadas; tanto policías como fiscales tienen la obligación legal de informar a quien se solicita su declaración si está en categoría de imputado o de testigo. La diferencia es muy importante, ya que el testigo no tiene el derecho a comparecer asistido por un abogado, como tampoco a conocer el contenido íntegro de la investigación; y asimismo, tiene el deber de decir la verdad bajo juramento en el juicio oral. Como vimos, esto es justamente lo opuesto a lo que sucede con el imputado.

Pueden existir ciertos casos límite en que el policía o fiscal no tenga perfectamente claro si la persona que quieren interrogar es imputado o testigo, ya que de momento solo hay algunas sospechas o quizás apenas ciertos indicios que lo vinculen como autor o partícipe del hecho. Algunos fiscales han acuñado un término importado de los usos forenses de Estados Unidos como es el de "persona de interés" *(person of interest)*, que estaría a medio camino entre lo que es un imputado y un testigo; digamos que es un testigo respecto de quien se tienen algunas leves sospechas de su participación en el hecho.

En estos casos, el fiscal deberá decidir si se le toma declaración como imputado o como testigo, ponderando las ventajas y desventajas en cada caso concreto. El problema es que si la *persona de interés* a quien se interrogó como simple testigo más adelante aparece que era en verdad un imputado, posiblemente el tribunal de garantía anulará esa diligencia de investigación, justamente por haberse omitido los deberes legales antes consignados (artículos 135 y 194 del CPP).

c) Métodos prohibidos de interrogatorio del imputado

El artículo 195 del CPP consigna una serie de métodos prohibidos de interrogatorio; en general, los que coarten o menoscaben la libertad del imputado: "maltrato, amenaza, violencia corporal o psíquica, tortura, engaño o la administración de psicofármacos y la hipnosis". El artículo 323 del Código de Procedimiento Penal de 1906 tenía una norma similar a propósito de una investigación sumaria del juez del crimen: "es absolutamente prohibido no solo el empleo de promesas, coacción o amenazas para obtener que el inculpado declare la verdad, sino también toda pregunta capciosa o sugestiva, como sería la que tienda a suponer reconocido un hecho que el inculpado no hubiere verdaderamente reconocido".

Si el imputado llegare a padecer alguna de estas situaciones, su declaración constituiría una prueba ilícita e inadmisible como tal en juicio oral. Sin perjuicio de las sanciones disciplinarias y administrativas a fiscales y policías responsables (estas conductas podrían constituir el delito del artículo 150 A del Código Penal respecto del fiscal o policía que incurran en ellas).

El artículo 196 del CPP dispone que el fiscal debe conceder al imputado un *tiempo de descanso prudente* para recuperarse de interrogatorios que se prolonguen por mucho tiempo o que contengan gran número de preguntas.

En Estados Unidos se encuentra muy extendido entre los departamentos de policía de los diferentes estados la utilización de *The Reid technique of investigative interviewing and advanced interrogation techniques*, en que el investigador parte asumiendo la culpabilidad del interrogado, señalándole que existe evidencia incontrarrestable en su contra y que su única solución es confesar, ya que solo a través de su confesión obtendrá un tratamiento más beneficioso del sistema. Se trata de técnicas particularmente agresivas, que posiblemente no pasarían el test del artículo 195; sin perjuicio de que han sido bastante cuestionadas en su país de origen por favorecer falsas confesiones autoincriminatorias.

En todo caso, como se dijo, a propósito de los registros escritos de los interrogatorios de los testigos: las actas que se levantan de esta diligencia muchas veces no reflejan en forma íntegra el intercambio de información verbal que ha ocurrido y, en la práctica, es muy posible que este tipo de coacciones sean parte del día a día de las policías. Por lo mismo, la sugerencia internacional es a registrar audiovisualmente las declaraciones de los imputados, cuestión que en Chile lamentablemente no ocurre. En este sentido, la Ley 21.057 sobre Entrevistas Videograbadas a víctimas que sean niños, niñas y adolescentes vino a cumplir con este estándar, permitiendo incluso que en el juicio oral se reproduzca dicha entrevista para poder revisar la metodología empleada en ella (artículo 18 c). Lamentablemente este registro audiovisual solo corre para las víctimas menores de edad y no para los imputados en general.

En el contexto de la declaración del imputado, sí se admiten promesas del fiscal a cambio de información, en la medida que se trate de beneficios o ventajas procesales reguladas en la ley procesal penal (artículo 195 inciso segundo del CPP). Así, sería perfectamente lícito que el fiscal obtuviera la declaración del imputado a cambio de la promesa de solicitar una rebaja de pena que lo haga elegible para una suspensión condicional, o un procedimiento abreviado, por aplicación de la respectiva circunstancia atenuante de colaboración eficaz en el esclarecimiento de los hechos.

Sin embargo, tratándose de imputados privados de libertad, el consentimiento del imputado para aceptar o rechazar estas promesas lícitas estará obviamente coaccionado por las apremiantes circunstancias que naturalmente implica la privación de libertad, cuestión a la que los jueces de garantía debieran prestar especial atención, aunque ello rara vez suceda en la práctica.

La norma del artículo 195 CPP, parece ser consistente con la del artículo 330 CPP que impide que en el juicio oral se formulen preguntas que "humillen, causen sufrimiento, intimiden o lesionen su dignidad", o "aquellas destinadas a coaccionar o a acosar ilegítimamente al testigo o perito, ni las que fueren formuladas en términos poco claros para ellos".

Creemos que hay formas sutiles en que se puede incurrir en los llamados métodos prohibidos del artículo 195 CPP. Por ejemplo, si en un interrogatorio el policía da un puñetazo en la mesa, o hace ostentación del arma que lleva en la cintura, o acerca demasiado su cara a la del imputado, o recurre a la técnica de "ya lo sabemos todo", podrían estimarse como formas de amenaza o de violencia psíquica y de engaño, respectivamente.

Aunque en Chile no se empleen, al menos a nivel de doctrina europea se estima que el uso del polígrafo o detector de mentiras, lo mismo que el pentotal o "suero de la verdad" —aun con la anuencia del imputado— constituyen métodos que atentan contra la libertad y dignidad del imputado, y además sus resultados son científicamente muy cuestionables, estimándoseles como métodos prohibidos de interrogatorio.

d) Declaración del imputado ante las policías

El artículo 91 del CPP regula la posibilidad de que el imputado preste declaración directamente ante la policía, pero la regla deja explícita la desconfianza del legislador respecto de esta diligencia.

Primero, la policía solo puede interrogar al imputado en presencia de su defensor; si este no estuviere presente, solo se constatará la identidad del declarante. Pero, si el imputado insiste en prestar declaración (sin su defensor, se entiende), la policía no puede interrogarlo directamente sin antes avisar al fiscal para que lo autorice. Solo si el fiscal lo autoriza expresamente puede la policía interrogarlo autónomamente, pero siempre permitiendo al abogado defensor incorporarse a la diligencia en cualquier momento.

Como veremos más adelante, esta distinción puede ser relevante para efectos de contrastar la declaración del imputado prestada en la fase de investigación con la que se presta en el juicio oral. De acuerdo con las reglas del artículo 332 del CPP, los ejercicios de "superar contradicciones" y "refrescar memoria" solo podrían practicarse respecto de las declaraciones prestadas ante el fiscal, el abogado asistente del fiscal o el juez de garantía, pero no ante las policías por delegación del fiscal. En todo caso, la jurisprudencia de los tribunales ha permitido que ello sí pueda hacerse con declaraciones policiales que han sido delegadas por el fiscal.

Algunos autores, como Francisco Hermosilla, han señalado que en esta primera declaración "delegada" del fiscal a la policía, debiera regir también lo dispuesto en el artículo 194 del CPP, en el sentido de que debiera también informarse al imputado acerca de los hechos que se investigan, su calificación jurídica y las normas aplicables que rigen cuando presta declaración en Fiscalía. O sea, la "preformalización". Esta afirmación nos merece algunos reparos, desde que la premura de esa primera declaración y, sobre todo, el desconocimiento del funcionario policial respecto de todos y cada uno de los hechos investigados y su calificación jurídica, haría que en la mayoría de los casos —sino en todos— esta primera declaración fuera ilegal. Sin contar con que la norma del artículo 91 del CPP no exige los mismos requisitos que los del artículo 194. A juicio del mismo autor, una "orden amplia de investigar" dada por el fiscal a la policía, en que se señale, entre otras diligencias, la toma de declaración al imputado, no cumpliría con el requisito de la expresa delegación del artículo 91.

En todo caso, la omisión de esta delegación expresa no acarrea, necesariamente, la invalidación de dicha diligencia de investigación por ilicitud, sino que el criterio de la Corte Suprema (rol 4363-2013) parece ser exigir un plus a dicha omisión de "carácter sustancial".

e) Declaración del imputado menor de edad

Tratándose de imputados menores de edad, el artículo 31 de la Ley 20.084 dispone que estas personas solo pueden declarar ante el fiscal en compañía de su abogado, y no ante las policías. En otras palabras: el infractor adolescente no puede renunciar a la asistencia letrada en su declaración, por lo que debiera declarar siempre ante el fiscal, no ante la policía.

Hay autores que han señalado que esta limitante solo aplica para los casos del adolescente detenido, pero del tenor literal de la disposición, y de acuerdo con una interpretación garantista, debiera aplicarse para cualquier declaración que preste el menor de edad.

La Corte Suprema, en todo caso, en una sentencia de 2015 (rol 14781-2015) resolvió que no era necesariamente ilegal la declaración tomada a un adolescente por la policía sin presencia del fiscal de la causa.

f) Declaración del imputado ante el juez de garantía

El artículo 93 d) del CPP dispone la prerrogativa del imputado, y de su defensa, de solicitar que se le tome declaración ante el juez de garantía, respecto de los hechos materia de la investigación. Esta norma es bastante particular y tiene alguna aplicación práctica.

Decimos que es bastante particular porque en nuestro sistema el juez de garantía no es un tribunal de instrucción, sino de control de la investigación del fiscal; y aquí la norma parece establecer ciertas facultades indagatorias del juez.

En todo caso, la norma debe ser entendida como una garantía para el imputado de poder ejercitar su derecho a la defensa material, proporcionando antecedentes para la indagatoria en una instancia que puede ofrecer mejores garantías que la policía o el despacho del fiscal.

Estratégicamente, puede ser conveniente en ciertos casos en que se quiere dejar en claro frente al tribunal el ánimo de colaboración de la defensa y la desconfianza respecto del trabajo del persecutor. En la audiencia ante el Tribunal de Garantía el imputado podrá ser sometido a examen directo y contraexamen por parte de todos los intervinientes de acuerdo a las reglas del juicio oral que veremos más adelante.

Respecto de esta declaración ante el juez de garantía que podría prestar el imputado, el artículo 93 d) dispone que el imputado "podrá concurrir con su abogado o sin él". En consecuencia, el imputado podría apersonarse sin su defensor para prestar declaración, lo cual cercenaría, teóricamente, sus posibilidades de objetar preguntas impertinentes, coactivas o engañosas que le formulen los querellantes o la Fiscalía. Es discutible que el juez de garantía tenga facultades oficiosas para objetar preguntas en este contexto, debido a su rol pasivo consagrado en el artículo 10 del COT; pero lo recomendable sería que el juez de garantía sugiriera al imputado hacerse asesorar por su abogado defensor, aunque la regla no lo hace obligatorio.

El artículo 98 del CPP complementa la regla anterior, disponiendo que el imputado puede declarar "durante todo el procedimiento y en cualquiera de sus etapas", cuyo objetivo es ser "un medio de defenderse de la imputación que se le dirigiere".

El profesor Francisco Hermosilla Iriarte ha dicho que esta declaración podría efectuarse incluso en la etapa intermedia, esto es, ya presentada la acusación y hasta que se remitan los antecedentes al Tribunal de Juicio Oral en lo Penal competente. Al igual que se dispone para el juicio oral, el artículo 98 señala que no se le tomará juramento al imputado, sino solamente se le exhortará por el juez a decir la verdad y responder con claridad, aplicándose lo dispuesto en el artículo 326 del CPP.

Respecto del imputado que no hablare el idioma castellano, o que fuere sordo o mudo, podrá prestar declaración por escrito o a través de un intérprete, aplicando las reglas del juicio oral (artículo 291 incisos tercero y cuarto del CPP).

Como veremos más adelante, el contenido de esta declaración podrá usarse por los intervinientes durante el juicio oral para contrastar al acusado que preste declaración en dicha instancia, en el evento que incurra en contradicciones o manifieste no recordar algún hecho en particular, como dispone la regla del artículo 332 del CPP.

Es interesante notar que esta declaración prestada por el imputado ante el juez de garantía no podrá ser introducida al juicio oral por la vía de los "testigos de oídas" que presenciaron dicha declaración, en el evento que el imputado decida guardar silencio en el juicio oral. Esto, por la sencilla razón que los únicos "testigos de oídas" de dicha declaración habrán sido los propios intervinientes de la causa.

g) Exámenes corporales del imputado

Para la indagación de ciertos delitos puede ser necesario practicar algún examen corporal al imputado, como podría ser la extracción de sangre para contar con una muestra a comparar con cierta evidencia recogida durante la indagatoria. Estos exámenes están permitidos en la medida que no afecten la salud ni la dignidad del imputado, y siempre que el fiscal justifique la necesidad de esta diligencia precisa de investigación.

Si no es ese el caso y el imputado es consiente, se le puede tomar sin problemas. Si el imputado se niega, el fiscal deberá solicitar la respectiva autorización judicial, exponiéndole al juez las razones del rechazo esgrimidas por el imputado (artículo 197 del CPP).

En todo caso, surge aquí la duda: si el imputado se resiste a practicarse un examen corporal, ¿puede ser *físicamente compelido* a practicárselo? Si es así, dicha diligencia de investigación caería de lleno entre los métodos prohibidos que detalla el artículo 195 del CPP, salvo que se sostenga que estos métodos prohibidos solo aplican para el "interrogatorio" y no para los exámenes corporales, cuestión que no resiste mucho análisis. Otra alternativa sería argumentar que el examen así obtenido por la fuerza es consecuencia de una "violencia legítima" al existir autorización judicial.

Un examen corporal muy utilizado en la práctica se refiere al informe de alcoholemia y pruebas respiratorias, contemplados en el artículo 111 de la Ley del Tránsito 18.290. El primero debe ser practicado en los establecimientos de salud autorizados por el Servicio Médico Legal, mientras que las pruebas respiratorias las puede tomar Carabineros de Chile. La negativa a practicarse esta prueba, como vimos, puede configurar un delito (artículo 195 bis de la Ley 18.290), lo que atenta contra la presunción de inocencia y ciertamente podría estimarse que cae dentro de los métodos prohibidos del artículo 195.

El Tribunal Europeo de Derechos Humanos en el caso *Jalloh v. Alemania* de 2006 declaró que violaba el derecho a no prestar declaración contra sí mismo la vigilancia que había efectuado un policía al imputado mientras un médico ejecutaba un procedimiento para que regurgitara una bola de heroína que había tragado, posiblemente para ocultarla. El tribunal estimó que *el contenido gástrico del imputado estaba cubierto por esta garantía*.

Los exámenes corporales, en suma, comprometen la garantía del imputado de no declarar contra sí mismo, desde que *su propio cuerpo se transforma, a partir de dichas examinaciones, en fuente de información que podría perjudicarlo*. Sin perjuicio de ello, parece evidente que para la investigación de ciertos delitos estos exámenes serán imprescindibles para corroborar o descartar la participación del imputado.

h) Pruebas caligráficas

También pueden tomársele pruebas caligráficas al imputado, aun contra su voluntad, previa autorización judicial (artículo 203 del CPP). Las pruebas caligráficas permiten contar con una muestra de los trazos de letras y números del imputado, para ser comparados con alguna pieza de evidencia de la investigación (una carta o un cheque, por ejemplo).

Como ya dijimos, vale la pena preguntarse cómo podría tomársele una prueba caligráfica a un imputado si este se resiste, y aun existiendo orden judicial que lo autorice: no habría otra forma de hacerlo sino mediante apremios físicos, con lo que la diligencia se efectuaría mediante uno de los denominados "métodos prohibidos" del artículo 195 y sería, por lo tanto, nula. Además, en el caso de la caligrafía, una "muestra forzada" posiblemente será inservible como tal, por razones obvias.

4.4 Peritajes y, en especial, los llamados "reconocimientos oculares"

Los peritos son *expertos en una determinada ciencia o arte* que pueden ilustrar a los fiscales, policías y jueces acerca de algún aspecto específico que esté fuera de los conocimientos comunes de cualquier persona.

En los procesos penales se producen una gran cantidad de informes expertos sobre las más diversas materias: análisis comparativos de ADN, balísticos, de tipo de sangre, de lesiones físicas, de credibilidad del testimonio, psiquiátricos referidos a la imputabilidad del sujeto, contables, económicos, caligráficos, entre muchos otros.

Los informes expertos son de suma relevancia durante la investigación, desde que servirán de sustento para actos procesales y solicitudes en esta etapa. Así, las opiniones expertas se emplearán como parte de la descripción de cargos criminales —por ejemplo, en un delito de conducción de vehículo motorizado bajo los efectos del alcohol— y también para sustentar una solicitud de medidas cautelares personales o reales, o una solicitud de sobreseimiento definitivo o una comunicación de decisión de no perseverar.

Los peritajes aparecen regulados respecto del ofrecimiento de esta prueba en la audiencia preparatoria de juicio oral y la forma de rendirse en el juicio oral mismo. Respecto de los peritajes durante la investigación, encontramos únicamente la norma del artículo 320 del CPP, ubicado en el título III sobre juicio oral, que dispone las "instrucciones necesarias para el trabajo de los peritos" en los siguientes términos: "durante la etapa de investigación o en la audiencia de preparación de juicio oral, los intervinientes podrán solicitar al juez de garantía que dicte las instrucciones necesarias para que sus peritos puedan acceder a examinar los objetos, documentos o lugares a que se refiere su pericia o para cualquier otro fin pertinente. El juez de garantía accederá a la solicitud, a menos que, presentada durante la etapa de investigación, considerare necesario postergarla para proteger el éxito de esta".

A pesar de la ubicación de esta norma, su aplicación parece estar en la etapa de investigación, ya que en la audiencia de preparación de juicio es cuando esta prueba debe ser ofrecida y, por lo tanto, el informe debiera ya estar afinado, a menos que se entienda —porque la regla no lo dice— que la audiencia preparatoria debe suspenderse. Sobre esto volveremos en todo caso más adelante. La voz "instrucción" debe entenderse en el sentido que el juez de garantía *ordena* a los terceros que tienen la información para que le den acceso a los peritos. Es una regla que se aplicará allí donde quien dispone de la información que debe ser periciada se resiste a que la examinen los expertos de alguno de los intervinientes en la indagatoria.

Los peritajes podrán ser una evidencia importante en la indagatoria, y si se rinde el testimonio del experto en el juicio oral será también un *medio de prueba*.

Como veremos más adelante, la práctica extendida en nuestro sistema es que el filtro que se hace de esta evidencia en la audiencia preparatoria de juicio suele ser muy deficiente o incluso inexistente. Autores como Mauricio Duce han denunciado en numerosas oportunidades que el escaso control que se hace sobre esta prueba, tanto durante la investigación como en las etapas posteriores, redunda en que los jueces "dan por buena" las opiniones expertas y su resultado son condenas erróneas en muchos casos.

Así, respecto de la controvertida pericia de los "reconocimientos oculares", existen una serie de desprolijidades, como son la omisión de que el policía entrevistador ignore cuál es la foto del imputado de entre las varias que se le exhiben al testigo o la víctima (doble ciego), lo que puede inducir a que el policía finalmente "elija por la víctima" de entre las fotografías que se exhiben. Otro problema denunciado por el profesor Duce es que los peritajes no siempre están a disposición de las defensas en la carpeta investigativa durante la investigación; y que, ciertamente, no hay obligación de la defensa de acompañar sus peritajes sino hasta la audiencia preparatoria de juicio, como veremos. Todo esto complota contra la posibilidad que tienen los intervinientes de conocer y controlar adecuadamente esa prueba sino hasta etapas ya avanzadas del proceso.

Los reconocimientos oculares están a medio camino entre lo que es un "informe experto" y una "evidencia" no reglada por el CPP. Como vimos, el CPP otorga una amplia discrecionalidad al Ministerio Público al momento de decretar diligencias de investigación sin que exista regulación al respecto.

Generalmente, esta evidencia será trasladada al juicio oral a través de la declaración del policía o funcionario que participó en el reconocimiento que hizo la víctima. Esta evidencia, como hemos dicho, no está regulada a nivel legal, sino solamente en el llamado *Protocolo Interinstitucional de Reconocimiento de Imputados del año 2013*, preparado por el Ministerio Público, que no resulta por lo tanto vinculante para el persecutor y cuyos vacíos y deficiencias han sido detectados por la doctrina desde que comenzó a aplicarse.

No puede perderse de vista que en los juicios orales sobre delitos violentos y/o contra la libertad sexual, el reconocimiento que haga la víctima y testigo presencial acerca de la persona del imputado puede ser la prueba determinante y fundamental para sellar su condena. Lamentablemente, los estudios empíricos comparados muestran que esta evidencia puede resultar errónea en una proporción importante de casos (sobre el 30%, de acuerdo con estudios desarrollados en Estados Unidos, citados por el profesor Mauricio Duce).

En Chile, este reconocimiento ocular suele hacerse a través del método del *Kardex fotográfico*, según dispone el capítulo II. 2 del referido Protocolo de 2013, en que a la supuesta víctima se le exhiben decenas o a veces cientos de fotografías de las caras de distintas personas, con el objetivo de que entre ellas identifique al agresor o responsable. La particularidad de esta diligencia de investigación es que el investigador no tiene certeza de que entre las fotografías esté efectivamente la del responsable; a diferencia de lo que sucede con el *line up* (reconocimiento en rueda de preso) y el *show up* (reconocimiento que hace la víctima apenas se detiene al agresor en flagrancia).

Generalmente, el Kardex fotográfico es complementado con los "retratos hablados" en que la víctima describe al sujeto, el que es caracterizado mediante un dibujo por la policía. Un problema que se ha detectado en estas diligencias es que, aun existiendo certeza para el investigador de que el responsable no está entre los sospechosos que se le exhiben a la víctima, esta igualmente identifica a un sujeto en un escalofriante 48% de los casos.

Respecto del Kardex fotográfico y del Protocolo de 2013 que lo dispuso como estándar, este constituyó un avance, pero lamentablemente no estableció ciertas prácticas que hoy se consideran como esenciales; por ejemplo, que las fotografías de las personas incluidas en el set correspondan a la descripción que dio la víctima del agresor y a personas que tengan entre sí rasgos faciales similares.

Tampoco se estableció la obligación del investigador de advertir a la víctima acerca de que el sospechoso podría no encontrarse entre las fotografías exhibidas. Asimismo, dada la actual regulación de la flagrancia en la redacción del artículo 130 del CPP, que crea verdaderas situaciones de "cuasiflagrancia" o "flagrancia ficta" (hechos sucedidos varias horas antes de la detención del sujeto), se permitiría efectuar estos reconocimientos varias horas después de ocurrido el hecho, lo que afectará la fiabilidad del testimonio de la víctima. Asimismo, no se estableció la obligatoriedad de llevar un registro audiovisual de la forma en que se llevó a cabo el reconocimiento y las instrucciones dadas por el investigador a la víctima, para descartar que se le induzca a dar una respuesta sobre otra.

4.5 Entrada y registro en inmuebles

Para llevar a cabo algunas diligencias de investigación, como puede ser recoger cierta evidencia, o levantamientos fotográficos o incautaciones de documentos u objetos, será necesario que la policía haga ingreso a ciertos inmuebles; generalmente el lugar donde se cometió o se está cometiendo el delito, o los domicilios de imputados o posibles imputados. Esto es lo que se llama "entrada y registro en inmuebles".

En el imaginario colectivo quizás no hay escena que represente mejor a un régimen totalitario que aquella en que la policía tiene "carta blanca" para irrumpir en las casas de los ciudadanos en cualquier momento y sin motivo, en búsqueda de presuntos responsables o de evidencia. Por lo mismo, el legislador ha sido particularmente cuidadoso y restrictivo sobre este asunto.

Los artículos 204 a 216 del CPP regulan esto en forma bastante minuciosa, desde que se trata de una afectación particularmente intensa a las garantías fundamentales de la inviolabilidad del hogar y de las comunicaciones privadas y el respeto de la vida privada (artículo 19.4 y 19.5 de la CPR). A juicio de los profesores Bordachar y Rodríguez, la entrada y registro en inmuebles "no puede ser recabada en virtud de una decisión autónoma de los policías, sino que debe ser instruida de manera particular por la fiscalía, aunque sea a propuesta de aquellos".

Las reglas que estudiaremos se ponen en varias hipótesis, dependiendo de si el propietario o encargado del inmueble consiente en la entrada y registro, y también si se trata de lugares abiertos al público o domicilios privados.

Revisaremos estas reglas a continuación.

Si se trata de un lugar de libre acceso al público, la policía puede libremente entrar para buscar al imputado y evidencia. No necesariamente debe ser un lugar público o un bien nacional de uso público (plaza, playa, una calle, un edificio fiscal); puede ser un edificio privado pero de libre acceso, como una clínica privada, un centro comercial, una universidad privada, etc. (artículo 204 del CPP).

Si se trata de un inmueble cerrado, al que el público no puede acceder, y el propietario o encargado consiente en la entrada de la policía, no hay mayor problema y la policía puede proceder, en la medida que los funcionarios se individualicen y causen "el menor daño y las menores molestias posibles", entregando al encargado del lugar un acta con la constancia de la diligencia y la identificación de los funcionarios que participaron (artículo 205 incisos primero y segundo del CPP).

Si se trata de un inmueble cerrado y el propietario o encargado no consiente en la entrada de la policía, esta deberá solicitar una orden judicial de entrada y registro al juez, por intermedio del fiscal (artículo 205 inciso tercero del CPP). En este contexto, y mientras se obtiene la orden, la policía solo puede adoptar medidas para evitar la posible fuga del imputado y el fiscal disponer medidas de vigilancia con el mismo objeto, además de asegurarse que no se sustraigan los documentos y evidencia objetos del registro (artículo 213 del CPP); nada más.

Ahora, puede suceder que se trate de un inmueble particular cerrado, en que la fiscalía no querrá alertar previamente al dueño o encargado acerca de esta diligencia de investigación, justamente para no frustrarla y aprovechar el factor sorpresa; sucede muchas veces que ante la noticia de que la policía efectuará un allanamiento el imputado destruye u oculta evidencia importante. En esos casos el fiscal deberá solicitar igualmente al juez de garantía la respectiva orden de entrada y registro.

El artículo 208 del CPP establece las menciones mínimas de esta orden judicial: singularización del inmueble; fiscal que solicitó la orden; motivo de la orden; funcionario encargado del registro; entre otras.

Excepcionalmente, se permite la entrada de la policía a lugares cerrados sin autorización del dueño o encargado y sin orden judicial previa, "cuando las llamadas de auxilio de personas que se encontraren en el interior u otros signos evidentes indicaren que en el recinto se está cometiendo un delito" o que se está destruyendo evidencia del delito (artículo 206 del CPP). Aquí la policía debe comunicarle esta situación de inmediato al fiscal y levantar un acta que debe enviarle dentro de las doce horas siguientes. Esta regla del artículo 206 recoge, en todo caso, el criterio jurisprudencial elaborado por la Corte Suprema estadounidense en el conocido fallo *Terry v. Ohio* de 1968, justamente erigido como excepciones a la entrada y registro sin orden judicial previa.

En una sentencia que acogió un amparo constitucional, del año 2017 (rol 39.620-2017, citada por el profesor Rodrigo Ríos Álvarez), la Corte Suprema interpretó estas normas en un sentido bastante particular, fallando que "el otorgamiento de una orden de registro no autoriza a la policía para omitir la solicitud de ingreso al propietario o encargado, sino que solo la faculta para que en caso de negativa pueda válidamente ingresar [...] el Código Procesal Penal contempla la posibilidad de que la policía ingrese sin éstas condiciones previas [autorización del encargado u orden judicial] solo cuando las llamadas de auxilio de personas que se encontraren en el interior u otros signos evidentes indicaren que en el recinto se está cometiendo el delito, cuyo no es el caso". No compartimos este criterio, porque en definitiva vacía de contenido la norma que justamente permite aprovechar a las policías del "factor sorpresa" en que radica —en muchos casos— el éxito de esta diligencia de investigación.

Existen reglas especiales más restrictivas para la entrada y registro en edificios religiosos, de autoridades públicas y militares, lo mismo que delegaciones diplomáticas y consulares (artículos 209, 210 y 211 del CPP). Respecto de las residencias de agentes diplomáticos, las sedes de organismos internacionales y las naves y aeronaves que con arreglo al derecho internacional fueren inviolables, la ley dispone que el juez de garantía debe *solicitar la entrada y registro* a través de un oficio enviado por el Ministerio de Relaciones Exteriores, que deberá ser respondido en veinticuatro horas. En todo caso, no hay sanción alguna si no se contesta el oficio o si no se permite la entrada y registro, dadas las reglas de reciprocidad internacional que rigen en estos recintos y lugares. De todas formas, se pueden adoptar las medidas de resguardo del artículo 213 del CPP que impidan la fuga del imputado o la sustracción de documentos, las que —claro está— solo podrán ejecutarse *fuera* de estas instalaciones.

El procedimiento para la entrada y registro en inmuebles está detallado en los artículos 212 al 216 del CPP, cuyas reglas pueden sintetizarse de la siguiente forma:

- Se le notifica la orden judicial al dueño o encargado del inmueble y se le invitará a presenciar el registro, salvo que el juez hubiere autorizado omitir esto para asegurar el éxito de la diligencia. Si el dueño o encargado no está presente, se puede notificar la orden a cualquier persona mayor de edad que esté presente en el inmueble, quien podrá presenciar la diligencia.
- Si existe resistencia al ingreso o nadie lo autoriza, se puede entrar mediante el auxilio de fuerza pública.
- Se procurará causar las menores molestias.
- Debe hacerse el registro en un solo acto, pero se puede suspender y reanudar si existe algún impedimento.
- Si se encuentran objetos y documentos no relacionados con el objeto del delito durante el registro y que permitan sospechar de la comisión de delitos diferentes a los investigados (los llamados "hallazgos casuales"), se procederá a su incautación, debiendo avisarse de inmediato al fiscal, quien los conservará. Se trata, en cualquier caso, de una regla de dudosa constitucionalidad, en el caso de que afecten los derechos de terceros y no existe orden judicial respecto de estos objetos. Esta regla está contenida en el artículo 215 del CPP, reformado por la Ley 20.931 de 2016. Antes de esta reforma se exigía que el fiscal contara con una orden judicial previa, exigencia que fue suprimida. Como hemos dicho, el fiscal debiera abrir una nueva indagatoria en estos casos.

- Se levantará un acta de la diligencia y se debe llenar la referida cadena de custodia respecto de la evidencia levantada en el registro.

Al primer requisito recién descrito se le conoce en Estados Unidos como la regla del "*knock and announce*" (toque la puerta y preséntese), y de acuerdo a la jurisprudencia de la Corte Suprema de ese país —fallo *Hudson v. Michigan* de 2006— su omisión no acarrea necesariamente la ilicitud de la prueba obtenida a partir de esta diligencia y su posterior exclusión del juicio. En rigor, aquí no se protege la garantía de la inviolabilidad del domicilio, sino solo prevenir perjuicios innecesarios a los moradores del lugar.

Sin perjuicio de ese caso puntual, todas las reglas antes estudiadas son de suma importancia, porque su infracción puede acarrear la ilicitud de esta prueba, en el evento que se ofrezca rendir en el juicio oral, como también de la evidencia encontrada a propósito del registro, por afectarse la garantía fundamental de la inviolabilidad del hogar y la reserva en las comunicaciones privadas, si es el caso. Esto último de acuerdo con la doctrina de "los frutos del árbol envenenado" que veremos más adelante. En un fallo reciente, la Corte Suprema (rol 247.384-2023) resolvió que una entrada y registro autorizada por el propietario del inmueble no era ilegal, aun cuando al imputado —que era el mismo propietario— no se le hubieren leído sus derechos en forma previa.

4.6 Incautación de objetos y documentos

a) Reglas generales

La incautación se refiere a la aprehensión y recogida de piezas de evidencia y documentos que pueden ser relevantes para la indagatoria por orden del fiscal, sea que el imputado o quien los tenga en su poder consienta o no a ello.

La ley procesal (artículo 217 del CPP) se pone en varias situaciones.

La primera y más sencilla es que la evidencia esté en poder del imputado y este las entregue voluntariamente al fiscal o la policía. En este caso no se requiere de orden judicial alguna para proceder. Es frecuente que en las indagatorias de ciertos delitos el fiscal solicite al imputado el acceso a sus cuentas de correo electrónico, pudiendo el imputado autorizarlo voluntariamente proporcionando sus claves.

Si el imputado no accede a entregar voluntariamente la evidencia requerida por el fiscal, este deberá solicitar una orden al juez de garantía competente para tal objeto. La única excepción a esta regla serían los casos de delitos flagrantes y de objetos y documentos que se encuentren en el sitio del suceso, en que no es necesario que la policía cuente con esa orden (artículos 83 b) y 187 del CPP).

Tal como ya dijimos a propósito de las órdenes de entrada y registro, en la incautación de objetos el factor sorpresa puede ser gravitante para el éxito de la diligencia. Si el fiscal lo estima conveniente, no hará un primer intento de entrega voluntaria al imputado, sino que solicitará anticipadamente la orden judicial al juez de garantía, para evitar una posible destrucción u ocultamiento de la evidencia que está en poder del imputado.

En caso de que los documentos u objetos estén en poder de un tercero, el fiscal puede apercibirlo con multas o arrestos para obtener su entrega si se niega a hacerlo voluntariamente (artículo 217 inciso segundo del CPP). La doctrina ha llamado la atención acerca de que el juez de garantía debiera cerciorarse de que esta autorización sea no solo voluntaria sino lo suficientemente precisa, evaluando las circunstancias en que se prestó por el imputado, y descartando que hayan existido apremios o presiones indebidas. La Ley 20.584 del año 2012 dispuso que para la obtención de la información de las fichas médicas es necesario una solicitud del fiscal al establecimiento de salud que la posea, previa autorización judicial. La Ley 20.584 de 2012 dispuso que para la obtención de la información de las fichas médicas es necesario una solicitud del fiscal al establecimiento de salud que la posea, previa autorización judicial.

Si la evidencia o documentos que se pretende incautar se encuentran en un inmueble cerrado que no es de libre acceso al público, el fiscal deberá solicitar al juez de garantía no solo la orden de incautación, sino además una orden judicial de entrada y registro, según ya vimos (artículo 205 del CPP).

La solicitud de incautación puede ser aprobada o rechazada de plano por el juez de garantía; pero también el juez podría "tener dudas acerca de su procedencia" (artículo 220 inciso cuarto del CPP), en cuyo caso podrá igualmente ordenarla por resolución fundada, y los documentos y objetos deberán ser puestos a su disposición (del juez, se entiende) sin previo examen del fiscal o de la policía, donde decidirá acerca de la legalidad de la incautación recién ordenada.

Es decir, se trata de un examen *ex post*. Si se trata de documentos que, a juicio del juez, no debían incautarse por estar excluidos en el artículo 220 del CPP, como veremos a continuación, ordenará que sean devueltos a sus dueños; de lo contrario, los enviará al fiscal. De esta forma, en el caso que haya sido improcedente la incautación por tratarse, por ejemplo, de documentos médicos confidenciales, esa evidencia nunca llegará a manos del investigador.

El artículo 220 dispone que ciertas comunicaciones no podrán nunca incautarse ni tampoco solicitarse su entrega bajo el apercibimiento aplicable a los testigos, que recién vimos, bajo sanción de no poder ser valorados como medios probatorios en el juicio oral (inciso final), tales como:

- Comunicaciones entre el imputado y las personas que pueden abstenerse de declarar por razones de parentesco o por razones de secreto, según dispone el artículo 303 del CPP que estudiaremos más adelante. Se refiere al abogado, médico, psicólogo, confesor, etc.

- Las "notas que hubieren tomado" las mismas personas señaladas en la letra anterior "sobre las comunicaciones confiadas por el imputado". O sea, se extiende no solo a la interlocución con parientes o los confidentes y asesores del artículo 303, sino también a las "notas" privadas que estos hayan tomado con motivo de dichas comunicaciones.
- Objetos, documentos y exámenes referidos a la salud del imputado.

En todo caso, esta exclusión no alcanza a aquellos casos en que el pariente, médico o abogado es también sospechoso de haber cometido un delito en el contexto de la relación con el imputado, o en el caso que los documentos y evidencia hayan servido para cometer un delito (artículo 220 inciso tercero).

La ley procesal también autoriza a que se retenga e incaute la correspondencia física (cartas), siempre por orden judicial y a solicitud del fiscal (artículo 218 del CPP); asimismo, el juez puede ordenar, a solicitud del fiscal, que una empresa de telecomunicaciones "facilite copia de las comunicaciones transmitidas o recibidas por ella" (artículo 219).

Los artículos 218 bis y 218 ter regulan dos especiales formas de incautación. El primero de ellos, se refiere a los "datos informáticos o informaciones concretas incluidas en un sistema informático" que el Ministerio Público puede solicitar a un proveedor de estos servicios para que los conserve y proteja, en espera de una orden judicial para su incautación. Esta solicitud de conservación puede ser por hasta noventa días, prorrogables hasta los ciento ochenta días, debiendo el proveedor de servicio mantener secreto respecto de la diligencia.

Por su parte, el artículo 218 ter, agregado en 2022 (Ley 21.459), le permite al Ministerio Público requerir a las empresas de telecomunicaciones, previa autorización judicial, la información referida "al tráfico de llamadas telefónicas, el envío de correspondencia o del tráfico de internet de sus abonados, referido al periodo de tiempo determinado en la resolución judicial". El inciso tercero de esta norma también autoriza al Ministerio Público a requerir a estas empresas cierta información sin autorización judicial, como "los datos de suscriptor que posea sobre sus abonados" y "la información referente a las direcciones IP utilizadas por estos", incluso bajo apercibimiento de arresto (inciso séptimo). La norma se encarga de precisar que "por datos de suscriptor se entenderá aquella información que posea un proveedor de servicios relacionada con sus abonados, excluidos los datos sobre tráfico y contenido, y que permita determinar su identidad, tales como la información del nombre del titular del servicio, número de identificación, domicilio, número de teléfono y correo electrónico".

Esta regla obliga al investigador a mantener reserva de esta información y establece sanciones de arresto para el representante legal de servicios informáticos que se niegue a entregarla, además de sanciones administrativas para la empresa (artículos 36 y 36 A de la Ley General de Telecomunicaciones).

b) El destino de las especies incautadas

En 2023 se incorporó un nuevo artículo 187 bis al CPP (Ley 21.575) que establece un procedimiento para la enajenación "temprana" de especies incautadas, siempre que se trate de vehículos motorizados o de especies "sujetas a corrupción, susceptibles de próximo deterioro o de bienes cuya conservación sea difícil o muy dispendiosa", que ordena encargarlo a la Dirección General de Crédito Prendario, tanto para la tasación como para su subasta pública. El producto de estas ventas, dispone el inciso final, será restituido a quien corresponda, según se determine en la sentencia de condena, sea que esta establezca el comiso, o bien, las responsabilidades civiles. Más adelante revisaremos en detalle este procedimiento.

Por su parte, el artículo 189 permite que tanto los intervinientes como los terceros afectados por la incautación puedan deducir reclamaciones o tercerías para obtener su recuperación, la que se tramitará ante el juez de garantía. La norma aclara que la sentencia del juez se limitará a declarar "el derecho del reclamante sobre dichos objetos", pero la devolución solo se efectuará una vez concluido el procedimiento "a menos que el tribunal considere innecesaria su conservación". El inciso segundo de esta norma establece una serie de excepciones a esta última regla, es decir, hipótesis en que se permite la entrega de las cosas incautadas "al dueño o legítimo tenedor en cualquier estado del procedimiento, una vez comprobado su dominio o tenencia por cualquier medio y establecido su valor". Estas excepciones se contemplan para las especies hurtadas, robadas y estafadas, y para los inmuebles que hayan sido usurpados. El inciso tercero dispone que, aun autorizándose la devolución, deberá dejarse constancia mediante fotografías de las especies.

c) Incautación de especies que son objeto del delito de contrabando

La Ley 21.632 del año 2023 incorporó un nuevo inciso cuarto al artículo 129, que intentó aclarar cuáles son las facultades de la fiscalía en el caso que se sorprenda la comisión de un delito flagrante y se proceda a la incautación de especies, en los casos de los delitos de contrabando tipificados en la Ordenanza General de Aduanas. Estos delitos exigen, para su persecución, que exista una denuncia o querella previa del Servicio Nacional de Aduanas (artículo 189 de la Ordenanza). Este nuevo inciso del artículo 129 CPP lo que dispone, en buenas cuentas, que es irrelevante que exista esa acción penal para efectos de practicar una detención por flagrancia en los delitos de contrabando —aclaración que, a nuestro juicio era innecesaria— y para efectuar incautaciones de especies. En suma: que el Ministerio Público tiene competencia para practicar especies que son objeto del delito de contrabando, con o sin denuncia previa del Servicio Nacional de Aduanas. Como apunta el profeso Javier Castro Jofré, esta regla vino a solucionar un problema práctico, referido a que las instalaciones del

Servicio de Aduanas son "bastante precarias" para el propósito de almacenar especies incautadas.

En todo caso, surge la pregunta: ¿qué sucede con las especies incautadas si el Servicio Nacional de Aduanas no ejerce la acción penal en los plazos que dispone el artículo 189 de la Ordenanza, y el Ministerio Público tampoco lo hace? La respuesta sería que dichas especies debieran ser devueltas a su dueño, sin perjuicio de las acciones administrativas que se ejerzan, que escapan al asunto propiamente penal.

4.7 Interceptaciones telefónicas

Esta es una medida particularmente intrusiva y que vulnera, evidentemente, la garantía constitucional de la privacidad de las comunicaciones; sin perjuicio de ello, puede ser una herramienta de investigación necesaria y eficaz para la indagación o incluso la prevención de un delito, especialmente cuando el modo comisivo del delito requiere de la coordinación de varias personas que están en lugares diferentes, como sucede en las organizaciones criminales, narcotráfico y algunos delitos funcionarios.

La norma del artículo 222 del CPP dispone que será procedente esta interceptación "cuando existan fundadas sospechas, basadas en hechos determinados, de que una persona ha cometido o participado en la preparación o comisión, o que ella prepara actualmente la comisión o participación en un delito al que la ley le asigna la pena de crimen, y la investigación de tales delitos lo hiciere imprescindible".

Como se ve, es una herramienta que no solo sirve para investigar hechos pasados, sino también para prevenir posibles delitos que vayan a cometerse a futuro.

La regla del artículo 222 da la idea de que esta diligencia es bastante restrictiva, pero un análisis de más cerca permite formarse una opinión distinta. El inciso segundo, por ejemplo, permite estas interceptaciones no solo respecto del imputado, sino también respecto de "personas respecto de quienes existieren sospechas fundadas [...] de que ellas sirven de intermediarias de dichas comunicaciones". Es decir, se crea una nueva categoría procesal, la de "sospechoso que no alcanza a ser imputado" pero cuyas garantías fundamentales se pueden vulnerar gravemente. En el mismo sentido, solo se excluye la interceptación telefónica entre el imputado y su abogado, pero no con las otras personas individualizadas en el artículo 303 del CPP, cuyas comunicaciones escritas sí están protegidas de una eventual incautación, como vimos. El privilegio abogado-cliente, en todo caso, no alcanza los casos en que "el abogado pudiere tener responsabilidad penal en los hechos investigados".

Estas interceptaciones las ejecuta la policía "pinchando" las líneas telefónicas en forma coordinada y autorizada por las respectivas compañías de telecomunicaciones (artículo 222 inciso quinto). De las conversaciones se guardará un registro de audio y, eventualmente, una transcripción de ser necesario (artículo 223). En el juicio oral podrá rendirse como prueba no solo la reproducción de estas pistas de audio, sino también la lectura de las transcripciones "de la manera que determine el tribunal", y podrían también declarar como testigos los funcionarios que ejecutaron la interceptación.

El inciso final del artículo 222 contiene una regla cuya constitucionalidad ha sido cuestionada por la doctrina, permitiendo emplear en un proceso penal los "hallazgos casuales" de información potencialmente delictiva respecto de hechos que merezcan pena de crimen, pero que no diga relación con los hechos o los imputados investigados. En otras palabras, se autoriza la utilización de información obtenida a partir de una medida intrusiva, sin autorización judicial previa, en contravención al artículo 9° CPP.

En un fallo reciente de la Corte de Apelaciones de Antofagasta, conociendo de una acción de amparo (rol Amparo-282-2025, confirmado por la Corte Suprema en sentencia rol 18.430-2025 de 3 de junio de 2025) se declaró ilegal las escuchas telefónicas practicadas a una persona ajena a la indagatoria penal, por no existir una resolución razonablemente fundada —ni una solicitud del Ministerio Público consistente— en el sentido. Se trató del conocido caso que afectó a la psiquiatra Josefina Huneeus, cuyo teléfono celular había sido intervenido, aparentemente por error en un primer momento, por parte de la Policía de Investigaciones de Chile, en una indagatoria criminal respecto de su excónyuge. En este caso, la Corte reprochó a la Fiscalía el no haber dado cumplimiento a lo dispuesto en el inciso final del artículo 222 que dispone que "si las sospechas tenidas en consideración para ordenar la medida se disiparen o hubiere transcurrido el plazo de duración fijado para la misma, ella deberá ser interrumpida inmediatamente". Lamentablemente, como veíamos diciendo más arriba, la redacción ambigua y laxa de estas normas ha permitido una aplicación que en algunos casos ha sido denunciada como arbitraria por la justicia.

El artículo 224 del CPP establece que la regla general es que estas interceptaciones no sean notificadas *ex ante* al afectado, ya que perderían toda su efectividad; aunque sí se notificará con posterioridad a su realización "en cuanto el objeto de la investigación lo permitiere y en la medida que ello no pusiere en peligro la vida o la integridad corporal de terceras personas"; esto último —creemos— se refiere a la posibilidad de represalias del imputado en contra de testigos del caso.

Finalmente, la regla del artículo 225 del CPP dice algo obvio y es que no podrá utilizarse como prueba en el juicio las interceptaciones en cuya obtención no se hubiere respetado rigurosamente las reglas del CPP.

La Ley 21.577 derogó el artículo 226 bis del CPP que establecía ciertos requisitos para la autorización judicial de las interceptaciones telefónicas para la investigación de ciertos delitos, posiblemente porque la norma desde su origen ya era redundante y porque la Ley 21.577 vino a regular con más detalle ese y otros aspectos.

4.8 Exámenes médicos, autopsias, y hallazgo y exhumación de cadáveres

Los exámenes médicos y de ADN, lo mismo que las autopsias, pueden ser evidencia relevante en las averiguaciones de los hechos constitutivos de delitos contra la vida e integridad física y contra la indemnidad o libertad sexual.

El artículo 199 del CPP dispone que el Servicio Médico Legal (SML) *debe* efectuar los exámenes médicos necesarios para la comprobación de un delito, lo mismo que las autopsias; respecto de los exámenes médicos, los puede efectuar también otro establecimiento de salud. También se le permite al fiscal usar como evidencia los exámenes médicos practicados con anterioridad a su intervención. Los exámenes de ADN también debe realizarlos el SML, aunque la ley autoriza del mismo modo a las instituciones públicas o privadas acreditadas ante dicho servicio (artículo 199 bis).

El artículo 201 del CPP autoriza al fiscal a que, frente al hallazgo de un cadáver cuya causa de muerte pueda ser el resultado de un delito, se le practique la correspondiente autopsia y demás exámenes para comprobar la identidad del fallecido. Una vez practicada la autopsia, el cadáver podrá ser entregado a los parientes del difunto. También, el fiscal goza de la prerrogativa legal de ordenar la *exhumación de un cadáver* (artículo 202), en la medida que dicha diligencia sea de utilidad para la indagatoria; pero esta exhumación debe ser autorizada por el juez de garantía, previa citación del cónyuge, conviviente civil o los parientes más cercanos del difunto.

El artículo 198 del CPP dispone una regla especial para la toma de muestras biológicas en las indagatorias de ciertos delitos contra la indemnidad o libertad sexual de los artículos 361 a 367 y 375 del Código Penal, estableciendo la obligación para los establecimientos de salud de practicar "los exámenes médicos y pruebas biológicas conducentes a acreditar el hecho punible y a identificar a los partícipes en su comisión", debiendo conservarse los antecedentes y muestras. De estos exámenes y tomas de muestras se levantará un acta firmada por el jefe del establecimiento en duplicado, una para la víctima y otra para el registro del establecimiento, quedando obligado este a conservarla, lo mismo que las muestras, bajo reserva.

4.9 Alzamiento del secreto bancario

Se trata de una medida intrusiva que no está reglada en el CPP, sino en el artículo 154 de la Ley General de Bancos y que tiene mucha aplicación práctica. Esta medida intrusiva permite obtener, con mayor o menor detalle, información acerca de las operaciones y movimientos que ha efectuado una persona en el contexto de los distintos servicios que se pueden contratar con la banca, como son las cuentas de ahorro, cuentas vista, cuentas corrientes, los depósitos a plazo, depósito a la vista, tarjetas de crédito y débito, etc.

Para la ley chilena existe información bancaria sujeta solamente a "reserva", y otra sujeta a "secreto".

La información bancaria "secreta" se refiere solamente a "las operaciones de depósitos y captaciones de cualquier naturaleza que reciban los bancos". Esto incluye, por ejemplo, los depósitos en cuentas corrientes, los giros de cheques, los movimientos del estado de cuenta de una tarjeta de crédito o débito, o la toma y cobro de un depósito a plazo. La revelación no autorizada de esta información corresponde a un delito tipificado en la misma norma.

Toda la otra información que no sea secreta estará solamente sujeta a "reserva". Ejemplos de esto son la existencia de una cuenta corriente, el número de una cuenta corriente, o la existencia y número de un depósito a plazo. El banco puede revelar esta información a quien lo solicite y demuestre interés en ello, siempre que no se cause perjuicio al cliente.

Los fiscales del Ministerio Público no pueden acceder a la información bancaria secreta si no cuentan con la autorización expresa del titular de los servicios bancarios, o bien, con una orden del Tribunal de Garantía que así lo autorice. Esto, siempre que se trate de un imputado en la causa. En cambio, respecto de la información que solo está afecta a reserva, los fiscales sí pueden solicitarla directamente a los bancos, sin requerir de autorización del titular ni del Tribunal de Garantía.

4.10 Diligencias de investigación introducidas por la Ley 21.577

En junio de 2023 entró en vigencia la Ley 21.577 que "Fortalece la persecución de los delitos de delincuencia organizada, establece técnicas especiales para su investigación y robustece comiso de ganancias" e introdujo importantes modificaciones al CPP. La Convención de las Naciones Unidas contra la delincuencia organizada trasnacional, ratificada por Chile el año 2004, definió el concepto de *grupo delictivo organizado* como aquel "grupo estructurado de tres o más personas que exista durante cierto tiempo y que actúe concertadamente con el propósito de cometer uno o más delitos graves o delitos tipificados con arreglo a la presente Convención con miras a obtener, directa o indirectamente, un beneficio económico u otro beneficio de orden material".

Mucha de la criminalidad contemporánea escapa del patrón "clásico" para el cual se diseñaron originalmente las leyes penales y de persecución del delito, consistente en el "delincuente solitario" que despliega una sola conducta. Las leyes de muchos sistemas comparados han ido actualizando las herramientas de persecución penal a nuevas formas más sofisticadas y peligrosas de delitos que involucran la coordinación de varias personas para su comisión.

Este es un fenómeno que se había detectado hace ya un par de décadas a propósito de los delitos de narcotráfico, pero que hoy abarca la existencia de bandas organizadas para cometer robos, secuestros, extorsiones, delitos informáticos, cohecho y otros delitos funcionarios, tráfico de pornografía infantil, trata de personas, entre muchos otros.

La creación de "bandas" organizadas es una forma más peligrosa de criminalidad, al tener una potencialidad mayor de generar daño al bien jurídico protegido en la norma penal, desde que el esfuerzo mancomunado de varias personas suele generar procesos más eficientes para delinquir y una división de tareas que puede hacer difícil su detección. La doctrina distingue tres fases del crimen organizado: la primera, denominada "predatoria" corresponde a la toma violenta del dominio territorial para llevar adelante negocios ilícitos; la segunda, la "parasitaria", se da cuando estos grupos penetran en la estructura estatal, corrompiéndola; y la tercera, la "simbiótica", consiste en una relación de interdependencia del Estado y los grupos criminales.

La persecución de este tipo de criminalidad ha motivado al legislador de la Ley 21.577 —quizás la reforma más importante al Código Procesal Penal desde su entrada en vigencia— a relajar y rebajar las exigencias respeto de las garantías fundamentales de los investigados, autorizando, como veremos, verdaderas técnicas de espionaje o el uso de controvertidos "timadores" profesionales, como son los agentes encubiertos y agentes reveladores; y también del "soplonaje institucionalizado" de los "informantes". Es interesante notar que varias de estas reglas pretenden no solo investigar hechos delictivos ya cometidos, sino también poder prevenir o anticipar la comisión de nuevos ilícitos.

En todo caso, debe hacerse notar que estas medidas ya existían con anterioridad a la vigencia de esta ley, pero solo reservada para investigar los delitos de la Ley 20.000 que sanciona el Tráfico Ilícito de Estupefacientes y Sustancias Psicotrópicas, y de la Ley 19.913 sobre Lavado de Activos y Asociación Ilícita para el Lavado de Activos. También se permitían las técnicas de entrega vigilada y agente encubierto para las investigaciones de delitos de producción de material pornográfico infantil, favorecimiento de la prostitución infantil (artículo 369 ter CP) y también en los delitos de la Ley 17.798 sobre Control de Armas.

Como es evidente, junto con la afectación de ciertas garantías fundamentales de los investigados, como son el derecho a la privacidad de las comunicaciones y a la inviolabilidad del hogar, estas nuevas diligencias de investigación significarán, en la mayoría de los casos, una desventaja enorme o quizás irremontable para las defensas de los imputados, que ya no estarán en "igualdad de armas" frente a la Fiscalía, sino que deberán litigar contra un verdadero "Estado espía".

La doctrina ha dicho que este tipo de diligencias comprometen especialmente la garantía fundamental de no autoincriminarse o de no confesar contra sí mismo.

La Ley 21.577 creó dos figuras típicas: el formar parte de la una *asociación delictiva* (artículo 292 del Código Penal), que es aquella que "tenga entre sus fines la perpetración de simples delitos" y el delito de formar parte de una *asociación criminal* (artículo 293 del Código Penal), que son aquellas que "tenga entre sus fines la perpetración de hechos constitutivos de crímenes". Las reglas que revisaremos a continuación deberán aplicarse allí donde el Ministerio Público estime que se han cometido alguno de estos delitos.

A continuación, analizaremos en detalle estas nuevas diligencias de investigación de introducción reciente en el CPP.

a) Registro remoto de equipos informáticos

La Ley 21.577 introdujo importantes modificaciones al CPP, entre otras, la posibilidad de decretar estas medidas intrusivas respecto de equipos informáticos, actualizando la ley procesal penal del 2000 a los avances tecnológicos alcanzados desde entonces y su utilización para la comisión de delitos. Esto quedó regulado en los nuevos artículos 225 bis, 225 ter, 225 quáter y 225 quinquies, que establecen, entre otros, una serie de requisitos para la concesión de la medida, la resolución que las autoriza y el deber de colaboración de las empresas prestadoras de servicios de telecomunicaciones.

La concesión de esta medida exige que exista una "petición fundada del Ministerio Público", en que deberán exponerse las "fundadas sospechas" de que "una persona ha cometido o participado en la preparación o comisión, o que el delito se esté cometiendo actualmente, o que esté preparando la comisión o participación en una asociación delictiva o criminal".

El artículo 225 quáter permite la ampliación de esta medida de registro previa autorización judicial, cuando al ejecutarse el acceso remoto aparezcan motivos para creer que los contenidos buscados están almacenados en *otro sistema informático* o en una parte de él.

El artículo 225 quinquies establece el deber de colaboración de las empresas prestadoras de servicios de telecomunicaciones para la práctica de esta diligencia de investigación; asimismo, su deber de reserva respecto de la misma.

b) Grabación subrepticia de imágenes y sonidos en lugares cerrados que no son de libre acceso al público

Esta medida está contemplada en los nuevos artículos 226 y 226 A del CPP.

La primera de estas normas es de aplicación general para indagar cualquier clase de delitos y permite que el juez de garantía ordene, a petición del fiscal, "el empleo de medios tecnológicos para captar, grabar y registrar subrepticiamente imágenes o sonidos en lugares cerrados que no sean de libre acceso al público" ante la existencia de indicios o fundadas sospechas sobre la comisión de un delito.

Esta norma debe interpretarse en el sentido que autoriza a captar o grabar en aquellas situaciones en que hacerlo sin autorización sería ilícito, de acuerdo con la norma del artículo 116 A del Código Penal que tipifica expresamente como delito esta conducta. Esta medida intrusiva también fue reiterada por la Ley 21.577 en el artículo 226 A para combatir la criminalidad organizada.

De acuerdo con lo dispuesto por el artículo 226 A, estas medidas solo resultarán aplicables "cuando existan fundadas sospechas, basadas en hechos determinados, de la intervención en una asociación delictiva o criminal y su uso sea imprescindible para el éxito de la investigación". Es decir, se exige un estándar más alto que para el resto de las medidas intrusivas, ya que el juez deberá ponderar si existen o no "hechos determinados" que justifiquen la ejecución de estas verdaderas técnicas de espionaje estatal. Sin perjuicio de ello, una reforma de septiembre de 2024 (Ley 21.694) pareciera matizar esta idea, al permitir, en el inciso primero de esta norma, que se apliquen estas técnicas investigativas "cuando se trate de hechos que hagan *presumir fundadamente* la existencia de [hechos que involucren la participación en una asociación delictiva o criminal]". Es decir, parece dar la idea de un estándar más bajo que el originalmente contemplado en la norma.

Por las especiales características de esta diligencia de investigación es muy posible que requiera que quien la lleve a cabo sea un agente encubierto, o un agente revelador o un informante, quien será el encargado de registrar las imágenes o sonidos en lugares cerrados donde funcione la organización delictual, como veremos a continuación.

c) Utilización de agentes encubiertos, agentes reveladores e informantes

Estas tres figuras son muy controvertidas en el derecho comparado. También fueron introducidas por la Ley 21.577 para el combate del crimen organizado y finalmente quedó regulado en los artículos 226 B al 226 E del CPP.

A continuación veremos los aspectos más relevantes de estas tres técnicas de investigación.

El *agente encubierto* está definido en el artículo 226 como "el funcionario policial que oculta su identidad oficial y se involucra o introduce en las asociaciones delictivas o criminales [...] con el objetivo de identificar a los participantes, reunir información y recoger antecedentes necesarios para la investigación".

El *agente revelador* está definido en el artículo 226 D como "el funcionario policial que simula requerir de otro la ejecución de una conducta delictiva con el objetivo de lograr la concreción de los propósitos delictivos de este".

El *informante*, por su parte, "es quien suministra antecedentes sustanciales a los organismos policiales acerca de la preparación o de la comisión de un delito de asociación delictiva o criminal y requiere de protección", como lo define el artículo 226 E.

Tanto el agente encubierto como el agente revelador son funcionarios policiales a quienes el Estado proporcionará una identidad falsa, no solo a través de un documento oficial de identidad, sino también de una cuenta bancaria, cuentas de servicios básicos y licencia de conducir falsas.[3] La diferencia entre el agente encubierto y el revelador es que el segundo lo que hace es realmente provocar o incitar, mediante engaño, la comisión de un delito que se requiere investigar.

El informante, en cambio, no es un policía, sino un particular —posiblemente integrante de la banda delictiva— que actúa como soplón a cambio de protección o beneficios en la investigación y en la eventual aplicación de la pena. El artículo 226 B inciso séptimo dispone que "el Fiscal Regional podrá autorizar a cualquier persona para que se desempeñe como informante". El profesor Javier Castro Jofré ha apuntado que podría designarse "a una persona como antecedentes penales e incluso, dando una interpretación extensiva al inciso final de la norma, darle tal calidad a una persona imputada cuando, siendo investigada, participe de una operación encubierta o de una entrega vigilada, con tal que —única condición— el Ministerio Público tenga conocimiento y control de dicho informante".

Se trata, como dijimos, de técnicas muy controvertidas por varias razones. La principal es que se trata de agentes estatales que engañan a particulares o incluso los incitan para cometer delitos. Alguna doctrina ha intentado justificar estas técnicas argumentando que no existen otras formas de desbaratar a las bandas criminales sino a través del engaño; pero, al menos a nivel teórico, parte de la doctrina ha levantado la alarma de que se trata de un verdadero "*Estado delincuencial*" que debe recurrir a la mentira o, incluso, a la comisión de ilícitos penales para investigar delitos.

Se ha dicho por la doctrina, digamos en forma transversal, que estas figuras vulneran diversas garantías del imputado, como el derecho a la intimidad, inviolabilidad del hogar y de sus comunicaciones, y el derecho a no autoincriminarse o a no declarar contra sí mismo. Sin perjuicio de ello, autores como el profesor Andrés Cruz Carrasco han estimado que el éxito de ciertas indagatorias no sería posible si no se contara con esta herramienta.

La introducción de estas figuras es sintomática de que lamentablemente se han impuesto criterios de eficiencia en la persecución penal por sobre las garantías de las personas. Por lo mismo, el paradigma de que no es viable obtener una "verdad a cualquier costo" queda en entredicho desde que se introducen estas figuras con alcance general en la ley procesal penal chilena.

Creemos que no se han ponderado una serie de efectos colaterales perniciosos de estas medidas, más allá de los problemas apuntados recién. Lo más evidente es el riesgo para la seguridad de estos agentes infiltrados en organizaciones criminales, los

[3] Este cambio de identidad incluso puede continuar con posterioridad al juicio oral que tenga lugar, en caso de que el juez penal lo decrete por razones de seguridad de estas personas (artículo 226 S).

que obviamente se verán expuestos a represalias de los imputados "traicionados" por su testimonio en juicio. Y lo segundo es el cuestionamiento acerca de la calidad de información que se obtiene a partir de esta labor de espionaje o de instigación de delitos. ¿Puede hablarse de "verdad" sobre hechos, si estos hechos en rigor son consecuencia de una actuación de un agente del Estado?

Estas técnicas de investigación deben ser autorizadas por el respectivo fiscal regional, salvo que se trate de investigaciones que lleve un fiscal regional o el fiscal nacional, "cuando sea necesario para lograr el esclarecimiento de hechos que involucren la participación en una asociación delictiva o criminal, establecer la identidad e intervención de sus responsables, conocer los planes de la asociación, y prevenir la comisión de sus delitos o comprobar los que hubieren cometido". Es decir, puede tener una finalidad de prevención de comisión de nuevos delitos.

Es interesante notar que todas estas medidas son autorizadas por el Ministerio Público, pero no requieren de una autorización judicial.

Esta particular situación había sido muy criticada por la doctrina, ya que el único constitucionalmente legitimado para efectuar el test de ponderación de los derechos en conflicto en estas medidas intrusivas es el juez (imparcial) y no el fiscal, quien es parte interesada, naturalmente. Es decir, no habrá ponderación alguna, en la práctica.

También es llamativo que se haya desoído por el legislador chileno la recomendación asentada en numerosos fallos de tribunales con competencia internacional, en el sentido de que estas medidas debieran ejecutarse cuando fueran imprescindibles o absolutamente necesarias, a falta de otras herramientas de investigación más idóneas y menos lesivas a las garantías fundamentales de las personas. La regla del CPP solo dispone que se decretarán por el fiscal regional si es "necesario para el esclarecimiento de los hechos", lo que no cumple el mencionado estándar.

La situación del "agente revelador" es particularmente problemática; en legislaciones comparadas se le conoce bajo la denominación de "agente provocador" que parece ser más adecuada. En Estados Unidos, donde se originaron estas "técnicas proactivas de investigación", se les conoce como *entrapment*, o sea, literalmente, una trampa.

La jurisprudencia de ese país ha revisado el asunto en varias oportunidades, aunque las conclusiones a las que arriba la Corte Suprema no son extrapolables al caso chileno, que solo contempla al agente revelador para la persecución de criminalidad organizada. En cambio, los casos que se revisaron por la Corte Suprema de ese país se refería a delitos menores y verdaderas situaciones de abuso policial en contra de sujetos que actuaban aisladamente.

En todo caso, la doctrina elaborada a partir de las sentencias Sherman-Sorrells podría aplicarse también en Chile, al ser coincidente con la ley interna chilena. En estos fallos se dispuso que el acusado debería ser absuelto en la medida que se establezca en el proceso que no estaba dispuesto a cometer el delito hasta que un policía no lo indujo a hacerlo.

Esta provocación a cometer delitos plantea ciertos asuntos que podrían llevar a la absolución del acusado; desde la teoría del delito, podría plantearse que había un problema de tipo subjetivo, desde que no puede haber dolo si el sujeto actuó motivado por un error generado por agentes Estatales. Y también que la conducta desplegada no correspondía a peligro alguno para un bien jurídico real y efectivo, desde que se trató todo de una simulación montada por la policía; o incluso que debiera ser penado de forma más tenue desde que se trató de un sujeto instigado o determinado por otro para cometer el delito.

La ley regula una serie de mecanismos para resguardar el secreto de la identidad de estos agentes policiales, por razones obvias de seguridad personal, secreto que solo podrá ser alzado por orden del juez de garantía (artículo 226 B inciso final). La Ley 21.694 de 2024 dispuso que esta resolución del juez de garantía sería apelable por cualquiera de los intervinientes, con efectos suspensivos.

La Ley 21.459 de 2022 sobre Delitos Informáticos reguló en su artículo 12 un "agente encubierto *ad hoc*" para la investigación de este tipo especial de delitos, norma que no quedó incorporada al CPP, pero que se aplica con preferencia a este.

Se trató, naturalmente, de una mala técnica legislativa, ya que en casos de criminalidad organizada para cometer delitos informáticos surgirá la duda sobre qué estatuto se aplica, si el del CPP que acabamos de ver o el especial de la Ley 21.459. Dispone esta norma en su inciso final:

> El referido agente encubierto en línea podrá intercambiar o enviar por sí mismo archivos ilícitos por razón de su contenido, pudiendo obtener también imágenes y grabaciones de las referidas comunicaciones. No obstará a la consumación de los delitos que se pesquisen el hecho de que hayan participado en su investigación agentes encubiertos. El agente encubierto en sus actuaciones estará exento de responsabilidad criminal por aquellos delitos en que deba incurrir o que no haya podido impedir, siempre que sean consecuencia necesaria del desarrollo de la investigación y guarden la debida proporcionalidad con la finalidad de la misma.

d) Entregas vigiladas

Esta figura consiste en permitir que ciertos objetos utilizados en la comisión de delitos puedan ser trasladados, guardados, interceptados o circulen dentro o fuera del territorio nacional sin la interferencia del Ministerio Público o las policías, "pero bajo su conocimiento y vigilancia o control", según dispone el artículo 226 F del CPP. Al igual que sucede con los agentes encubiertos reveladores e informantes, las entregas vigiladas no requieren de una autorización judicial, sino solo del respectivo fiscal regional. Esto último ha recibido la crítica cruzada de la doctrina, existiendo voces que han reclamado por otorgar autonomía a los fiscales adjuntos para estas autorizaciones; y otros —mayoritaria— que sostienen que lo conveniente habría sido una autorización judicial.

Aunque el Código Procesal Penal usa indistintamente los términos "vigilada" y "controlada" como si fueran sinónimos, al menos en el artículo 23 de la Ley 20.000 se emplean en un sentido diverso. Así, una entrega *controlada* requeriría de cierta intervención del funcionario policial (como sería la sustitución de la droga por una especie de idéntica apariencia, pero sin idoneidad psicotrópica); mientras que en una entrega simplemente vigilada el funcionario policial se limitaría a monitorear el tránsito de la mercancía de un lugar a otro.

El inciso tercero del artículo 226 B se encarga de precisar que el fiscal regional, al autorizar las entregas vigiladas, debe limitarse a las acciones estrictamente necesarias para los objetivos de la investigación; asegurarse que los agentes estatales no induzcan a terceros a la comisión de delitos; que la medida no ponga en riesgo la integridad personal de terceros; y que los bienes cuya entrega vigilada se autoriza puedan, en definitiva, ser sujetos a comiso. La misma norma detalla cuáles son las menciones que deberá contener la autorización.

e) Normas comunes a los agentes encubiertos y reveladores, los informantes y las entregas vigiladas

Estas reglas están tratadas *in extenso* en los artículos 226 H a 226 X del CPP. Aquí veremos solamente lo más relevante en los apartados siguientes.

Como se podrá apreciar de todas estas reglas, se trata de un marco legal mínimo; en rigor, de una lista de limitaciones o prohibiciones. Pero, al igual que el resto de la actividad investigativa del Ministerio Público, la forma en que se utilizarán estas nuevas herramientas en el combate del crimen organizado será determinado por las propias fiscalías a través de sus directrices internas.

Es también lo que sucede, por ejemplo, en Estados Unidos, en que el Federal Bureau of Investigation ha emitido normas internas no exigibles para los investigados: *The attorney general's guidelines on Federal Bureau of Investigation Undercover operations* y *The attorney general's guidelines regarding the use of confidential informations*.

f) Exención de responsabilidad criminal

Primeramente, el artículo 226 H se encargó de aclarar que las conductas desplegadas por los agentes e informantes, y por los funcionarios que participen en una entrega vigilada, quedarán exentas de responsabilidad criminal. Se trata de la causal del artículo 10 número 10 del Código Penal sobre el "ejercicio legítimo de un derecho, autoridad, oficio o cargo". En todo caso, debe notarse que se trata de una conducta típica y culpable, *pero no antijurídica*, por expresa disposición legal.

g) Prohibición de inducción para la comisión de delitos distintos de los autorizados por el fiscal regional

Es interesante que la ley (artículo 226 I) estableció que estas personas "no podrán inducir a la perpetración de delitos que, de otro modo, no habrían sido cometidos por este". Ya que su conducta queda exenta de responsabilidad criminal, en la medida que se circunscriba estrictamente a los términos de la orden del fiscal regional. Esto, en relación con el artículo 226 B inciso 6 que obliga al fiscal regional a "circunscribir el ámbito de actuación de dichos agentes en conformidad con los antecedentes y el delito o los delitos involucrados en la solicitud correspondiente" (en el mismo sentido, artículo 226 F inciso 4).

Por lo mismo, la comisión de delitos distintos de los expresamente autorizados a investigar quedarán fuera de esta exención de responsabilidad criminal. Esta extralimitación corresponde, a su vez, a un delito independiente del delito cometido, tipificado en el artículo 226 K (lo que corresponde, a nuestro juicio, a un concurso de normas); y podría dar lugar a que el juez de garantía declare nulas esas diligencias investigativas. Estas limitaciones pueden ser problemáticas en la práctica, dado que las organizaciones criminales pueden actuar cometiendo una gran diversidad de delitos no abarcados, por cierto, por la autorización original.

h) Secreto de estas diligencias de investigación

Estas diligencias se mantendrán como secretas por el Ministerio Público, incluso hasta el cierre de la investigación cuando exista riesgo para su éxito o para la seguridad de los agentes encubiertos o reveladores, informantes o policías que participaron de la entrega vigilada.

Una vez cerrada la investigación, "el juez de garantía deberá procurar el acceso a la defensa a todos los medios de prueba pertinentes", salvo que exista un peligro para la seguridad personal del agente y si existen todas las medidas necesarias para evitar que la información llegue a terceros (artículo 226 J, en relación al inciso final del artículo 226 B). Esta norma parece redundante con la del artículo 182, que regula el secreto de las actuaciones de investigación para ciertas hipótesis.

Es importante tener presente que el acceso a las defensas es sobre "los medios de prueba" y no sobre la evidencia recabada en la indagatoria; esta última permanecerá reservada. En todo caso esta obligación ya estaba consignada en la regla general del artículo 260 del CPP.

i) Medidas de protección personal de los agentes e informantes

El Ministerio Público puede decretar ciertas medidas para proteger no solo la identidad, sino también el domicilio y lugar de trabajo de los agentes encubiertos o reveladores, informantes o policías que participaron de la entrega vigilada, cuando haya riesgo grave para su vida o integridad física, o la de sus familias (artículo 226 N). Lo mismo respecto de los testigos y ciertos parientes cercanos y su cónyuge o conveniente civil. Por razones inexplicables dicha protección no alcanzó a los peritos, como sí lo contempla el artículo 322. De este modo, se puede establecer una prohibición de revelación de su identidad (artículo 226 O PP) y la posibilidad que el tribunal ordene que declaren en juicio sin revelar su identidad (artículo 226 P), pudiendo declarar por vía remota; todo ello podría afectar sensiblemente el derecho de defensa de los imputados (aunque se consagre el derecho de la defensa a contrainterrogarlos, expresamente en el inciso tercero del artículo 226 P). Esta declaración por vía remota ya está contemplada en el artículo 107 bis COT, pero, a juicio del profesor Javier Castro Jofré, tratándose de estas personas, dicha forma de declaración sería la regla general, y no la excepción. Abona esta interpretación que el inciso segundo del artículo 226 P que dispone que siempre procedería cuando el fiscal lo solicite, salvo que "el tribunal lo deniegue por resolución fundada". En estos casos, estas personas deberán declarar en el tribunal con competencia penal más cercano al lugar donde se encuentren, debiendo comprobarse su identidad. También dispone la norma (reformada en 2024 por la Ley 21.694) que un funcionario de ese tribunal deberá acompañar al declarante durante su deposición.

En todo caso, esta reserva extrema de su identidad solo aplica en los casos que haya peligro para la seguridad personal del funcionario o informante o de su familia. Habrá que revisar con detención el alcance que los tribunales darán a esta norma. En todo caso, con anterioridad a la entrada en vigencia de la Ley 21.577, ya existían al menos tres cuerpos legales que permitían que declararan en juicio testigos cuya identidad se puede reservar a la defensa (Ley 20.000 que penaliza el Tráfico Ilícito de Estupefacientes y Sustancias Psicotrópicas, Ley 19.913 sobre Lavado de Activos y Ley 18.314 sobre Conductas Terroristas)[4].

El asunto de los "*testigos sin rostro*" ha sido problemático no solo en Chile, sino a nivel de tribunales internacionales. Uno de los casos más conocidos fue la condena en contra del Estado de Chile en 2014 por parte de la Corte Interamericana de Derechos Humanos en el caso *Norín Catrimán y otros contra Chile*. Este asunto se desarrollará más

---

[4] La Ley 21.732 del año 2025 reemplazó a la Ley 18.314, permaneciendo esta última vigente para los hechos cometidos con anterioridad a la vigencia de la Ley 21.732. El artículo 226 X hace aplicables las técnicas especiales de investigación a los delitos terroristas, sea que hayan sido cometidos por una persona o por una organización de más personas.

adelante, a propósito de las reglas del contraexamen de testigos en el juicio oral, pero desde ya diremos que resulta agraviante a las garantías fundamentales del imputado el no poder conocer la identidad de quien declara en su contra, justamente porque es el contraexamen la herramienta procesal idónea y única para controlar dicha prueba de cargo (artículo 19 número 3 de la CPR, artículo 8.1 de la Convención Americana de Derechos Humanos y artículo 14 del Pacto Internacional de Derechos Civiles y Políticos).

Si bien estas normas no prohíben el contraexamen de los "testigos sin rostro", este se ve severamente limitado al no poder formular preguntas de acreditación o imparcialidad, ya que no se conoce la identidad de quien depone.

j) Reglas sobre apreciación de esta prueba en juicio

La prueba recogida a través de estas diligencias se apreciará según las reglas de la sana crítica, estando prohibido para el tribunal fundar la condena "únicamente" en sus declaraciones cuando su identidad haya debido ser mantenida bajo reserva.

Es decir, no puede solamente condenarse al acusado sobre la base de "testigos sin rostro" (artículo 226 U), sino que la información que ellos aporten debe ser cotejada y confirmada con prueba periférica que haya sido producida en el juicio oral.

El profesor Javier Castro Jofré ha planteado la pregunta acerca de si esta prohibición corre para aquellos casos en que toda la prueba de cargo —o la más importante al menos— sean "testigos sin rostro"; en estos casos ¿debe absolverse? La pregunta es interesante porque se trata de prueba múltiple que se corrobora una a otra, pero toda ella corresponde a estos testigos cuya identidad se desconoce. En nuestra opinión, y dada la utilización de la forma plural del inciso segundo del artículo 226 U, debiera entenderse que no puede condenarse sobre la base de declaraciones de esta clase de testigos, aunque sean múltiples y concordantes entre ellas.

Lamentablemente esta regla no aclaró si pudiera eventualmente utilizarse esta clase de antecedentes como apoyo para una solicitud de medidas cautelares personales, momento procesal en que el juez solo debe ponderar simples "antecedentes" o "evidencia". Creemos que en ese caso debiera aplicarse la misma restricción ya vista a propósito del estándar para condenar.

k) Hallazgo casual de evidencia referida a delitos distintos de los investigados

Es interesante también la regla del artículo 226 W que regula el "hallazgo casual con ocasión de diligencias especiales de investigación", esto es, que se descubran delitos distintos de los que originalmente se estaban investigando con estas técnicas.

La norma dispone que podrán ser utilizados para una investigación posterior, solo en la medida que la pena asignada sea superior a la del delito investigado, o superior a la de presidio menor en su grado máximo. *Contrario sensu*, deberá entenderse que no podrá utilizarse esa evidencia, ya que sería expresamente ilegal.

Vale la pena notar que los hallazgos casuales ya estaban tratados en el artículo 215, pero limitados a los que se produjeran con motivo de una diligencia de registro; en cambio esta del nuevo artículo 226 W abarca cualquier hallazgo casual que se efectúe con motivo de las nuevas diligencias de investigación que ya revisamos.

l) Nuevos delitos tipificados en el Código Procesal Penal

En Chile coexiste una legislación penal "matriz", contenida en el Código Penal, que coexiste con numerosas leyes penales extravagantes. Se ha convertido en una lamentable práctica por parte del legislador que muchas leyes promulgadas en los últimos años incluyan figuras penalmente típicas, al margen del Código Penal. Las reformas de la Ley 21.577 han incluido varios nuevos delitos, ahora en el Código Procesal Penal, algunos referidos a los agentes encubiertos, agentes reveladores e informantes. Aunque este no es un asunto propio de la ciencia procesal penal, sino derechamente penal, vale la pena conocer estas nuevas figuras típicas.

Estos delitos son los siguientes:

- Uso manifiestamente indebido de las facultades asociadas a la historia ficticia del agente encubierto (artículo 226 C inciso cuarto);
- Violación de la obligación de mantener reserva respecto de una investigación amparada por el secreto (artículo 226 J inciso final);
- Extralimitación en el uso de las técnicas especiales de investigación establecidas para funcionarios policiales, agentes encubiertos y reveladores (artículo 226 K inciso primero);
- Extralimitación en las órdenes impartidas por un fiscal para el uso de las técnicas especiales de investigación establecidas para funcionarios policiales, agentes encubiertos y reveladores (artículo 226 K inciso segundo). Como bien acota el profesor Javier Castro Jofré, se trata de una ley penal en blanco, al remitirse el tipo penal al contenido de la resolución emitida por el respectivo Fiscal Regional que en su momento autorizó estas técnicas especiales de investigación;
- Obstrucción a la investigación perpetrada por un fiscal o por un funcionario policial con motivo del uso de técnicas especiales de investigación (artículo 226 K inciso final);
- Infracción a la prohibición de revelación de información sobre la verdadera identidad de un agente revelador o informante, de un informante o testigo protegido (artículo 226 O);
- Violación del deber de sigilo, por parte de funcionarios estatales, de las actuaciones judiciales y administrativas referidas al cambio de identidad de agentes encubiertos, reveladores e informantes (artículo 226 S inciso tercero);

- Uso malicioso de la identidad previa al cambio de identidad de agentes encubiertos, reveladores, e informantes (artículo 226 S inciso cuarto); y
- Violación del deber de secreto y de reserva de la identidad de los agentes encubiertos, reveladores e informantes (artículo 226 T). A diferencia de la figura típica del artículo 226 S inciso tercero, este delito admite como sujeto activo a personas que no sean funcionarios estatales.

5. Cierre y reapertura de la investigación

5.1 Plazo legal máximo y plazos judiciales de investigación

Para entender cuánto tiempo puede durar una investigación penal en Chile, debe primero distinguirse si se trata de una investigación desformalizada o, por el contrario, una en que se formalizó la investigación. Como ya vimos, el fiscal es soberano para formalizar o para no hacerlo, por lo que en la práctica existirán investigaciones bajo uno y otro estatus.

Partamos por lo sencillo. Si la investigación *no está formalizada*, no tiene plazo máximo de duración. Esto puede resultar perturbador: ¿puede una investigación durar años? Lamentablemente, sí. Ahora, no debe perderse de vista que en una investigación desformalizada no habrá —salvo casos muy excepcionales— imputados sometidos a medidas cautelares personales. Por lo mismo, no existe teóricamente mayor perjuicio ni mayor apremio por parte del imputado para acelerar el proceso, más allá de la incomodidad propia de figurar como "imputado" o "querellado" en una indagatoria penal.

Por el contrario, si la investigación sí está formalizada, no puede durar más de dos años desde que ello ocurrió (artículo 247 del CPP). Este es un plazo legal y, por lo mismo, fatal. En consecuencia, las medidas cautelares personales en contra del imputado —que no tienen duración máxima en la ley, como veremos— no debieran extenderse más allá de este plazo legal de dos años. Lamentablemente esto, en la práctica, no siempre ocurre, como explicaremos más adelante.

Ahora, lo usual es que las investigaciones tengan fijado un plazo de investigación inferior, fijado por el juez, que puede ser de treinta, sesenta o noventa días, generalmente. Estos son plazos *judiciales*, no fatales y prorrogables por el juez. Asimismo, son plazos que admiten su reapertura, que veremos a continuación.

Una de las innovaciones del sistema de persecución penal que actualmente nos rige fue el establecer un límite temporal para las indagatorias que lleva adelante el Ministerio Público, en orden a materializar la *garantía de ser juzgado en un plazo razonable*.

En su diseño original, las investigaciones estaban destinadas a durar solo unos pocos meses, y aun hoy en la mayoría de las causas que se formalizan el tribunal de garantía otorga plazos muy acotados para la investigación del fiscal (en la práctica, no superiores a noventa días), según dispone el artículo 234 del CPP. Pero, en la práctica, los tribunales han relajado sus controles respecto de la labor investigativa y la celeridad de los fiscales, y en indagatorias complejas suelen autorizar sucesivas prórrogas del plazo original, muchas veces hasta completar el plazo de los dos años legales.

5.2 Cierre de la investigación

En cualquier caso, una vez cumplido el plazo judicial fijado para la investigación, si este no se prorroga, o alcance el plazo legal máximo de dos años desde formalizada, el fiscal debe *cerrar la investigación*.

El cierre de la investigación usualmente se comunica *administrativamente*, típicamente a través del sistema informático de la Fiscalía (SIAU), en cumplimiento de lo dispuesto por el artículo 22 del CPP. Si por cualquier motivo algún interviniente no llegara a enterarse de esta decisión, estaría facultado para alegar un entorpecimiento del artículo 17 del CPP para no verse perjudicado por los plazos para ejercer la carga procesal de pedir la reapertura de la investigación.

También es usual que los fiscales comuniquen el cierre de investigación *jurisdiccionalmente*, a través de una presentación escrita ante el Tribunal de Garantía, quien citará a "una audiencia de comunicación de cierre".

Es importante tener presente, como vimos, que solamente los plazos legales son fatales y preclusivos; en este caso, solo el plazo máximo legal de dos años de investigación, contados desde la formalización, es fatal para la realización de diligencias de investigación (artículo 247 del CPP). Esto por aplicación de las reglas generales sobre plazos (artículo 16), que ya revisamos.

Contrario sensu, el plazo judicial de investigación —siempre inferior a dos años— no es fatal para la realización de diligencias de investigación. Esto significa que, aun llegado el día del vencimiento, el fiscal puede seguir investigando y dichas diligencias serán perfectamente válidas (artículo 67 del CPC por remisión del artículo 52 del CPP).

Para que el *plazo de investigación judicial* venza efectivamente, es necesario que ocurran algunas de estas dos cosas: i) que comunicada la decisión administrativa de cierre por el fiscal, ninguno de los restantes solicite la reapertura dentro de los diez días siguientes (artículo 257 del CPP), como veremos a continuación, es decir, que dicha decisión quede, por así decirlo, "firme"; o ii) que el fiscal no comunique administrativamente el cierre y que cualquiera de los restantes intervinientes aperciba al fiscal a que cierre la indagatoria (en la nomenclatura del artículo 78 del CPC, que se "acuse su rebeldía"). Esto significará que el interviniente interesado deberá solicitar al juez de garantía que convoque a una audiencia para que aperciba o exhorte al fiscal para que la cierre. En caso que el fiscal no asista a dicha audiencia, o no se allane al cierre, o bien no haya buenas razones para mantenerla abierta (esto lo veremos a continuación), el juez de garantía queda facultado para cerrar la investigación. Solo a partir de ese momento la investigación quedará cerrada.

Daremos un ejemplo para que se entienda mejor: supongamos que se formalizó investigación el 10 de enero de 2024 y se fijó un plazo judicial de investigación de sesenta días y, por lo mismo, no fatal, que vencía el 10 de marzo de 2024. Si llegada esta última fecha el fiscal no había cerrado la investigación, a la defensa le interesa que se cierre prontamente porque el imputado había quedado sometido a prisión preventiva el día de la formalización, así que el 11 de marzo solicita al juez que cite a una audiencia de apercibimiento de cierre. El juez fija audiencia para el 29 de marzo de 2024, y en ese momento el fiscal se allana al cierre solicitado, el que se decreta en dicha audiencia. Como se ve, una investigación cuyo plazo judicial estaba originalmente fijado para el 10 de marzo, finalmente se cerró el día 29 de marzo. Por lo tanto, todas las diligencias de investigación practicadas hasta esta última fecha son válidas y no fueron extemporáneas.

El artículo 247 incisos segundo y tercero del CPP dispone que si vence el plazo de investigación y el fiscal no se pronuncia sobre el cierre o se niega a cerrarla, el juez debe decretar el sobreseimiento definitivo e informar al fiscal regional para que adopte sanciones disciplinarias en contra del fiscal negligente.

5.3 Reapertura de la investigación

Puede suceder, sin embargo, que al día fijado para el cierre de la investigación, esto es, vencido el plazo judicial no fatal, el fiscal o los restantes intervinientes adviertan que existen diligencias de investigación pendientes. Esto es muy común: las policías y restantes órganos auxiliares suelen trabajar con demoras considerables que irremediablemente terminan por dilatar las indagatorias.

En la audiencia de apercibimiento de cierre, por lo tanto, no solo se discutirá el cierre, sino también la posibilidad de su reapertura, esto es, que se prorrogue por un lapso de tiempo, dependiendo de qué diligencias de investigación estén pendientes.

Así, lo que suele suceder, es que en los días anteriores a la fecha en que la investigación debe ser cerrada por el fiscal (ya sea por el cumplimiento del plazo judicial del artículo 234 del CPP o el plazo máximo legal del artículo 247), los intervinientes efectúan distintas peticiones: por un lado, el fiscal puede comunicar efectivamente el cierre de la investigación, la defensa y querellante pueden pedir al tribunal que se aperciba al fiscal para que cierre, según ya vimos, o bien, podrían también querellante y/o defensa solicitar la reapertura de la investigación dentro de los diez días desde comunicado el cierre administrativo (artículo 257).

En la solicitud de reapertura de la investigación alguno de los intervinientes —generalmente el fiscal— solicitará al juez que le otorgue un plazo adicional para la práctica de *diligencias determinadas de investigación que estén pendientes de realizarse y que sean relevantes para el esclarecimiento de los hechos*.

Esta es una facultad muy particular, porque en buenas cuentas lo que se solicita es que el juez de garantía, quien no tiene facultades de investigación, se inmiscuya en la indagatoria del fiscal y lo obligue a practicar determinadas diligencias. No debe perderse de vista que en el modelo chileno lo que existe es un "juez de garantía" y no un "juez instructor" como el del sistema español, que efectivamente instruye la práctica de diligencias de investigación.

Esta reapertura solo procede respecto de las diligencias de investigación solicitadas durante la investigación y que *el fiscal hubiere rechazado o sobre las que no se hubiere pronunciado*. Como dijimos más arriba, cobra importancia la carga procesal del querellante de señalar en su querella las diligencias de investigación que solicitará al Ministerio Público, ya que una solicitud oportuna, completa y exhaustiva le permitirá solicitar la reapertura en esta hipótesis. En todo caso, los intervinientes pueden solicitar diligencias de investigación en cualquier momento de esta, estando vigente el plazo, como ya vimos.

La regla dispone que no se reabrirá la indagatoria si lo solicitado son diligencias de investigación "que en su oportunidad se hubieren ordenado a petición de los intervinientes y no se hubieren cumplido por negligencia o hecho imputable a los mismos, ni tampoco las que fueren manifiestamente impertinentes, las que tuvieren por objeto acreditar hechos públicos o notorios ni en general, todas aquellas que hubieren sido solicitadas con fines puramente dilatorios".

La Ley 21.694 reemplazó el inciso segundo al artículo 257 del CPP, del siguiente tenor: "el imputado o el querellante podrán solicitar la reapertura de la investigación con el único objeto de pedir la realización de diligencias precisas cuya necesidad de cumplimiento hubiere surgido a raíz de la reformalización de la investigación realizada por el Ministerio Público".

Esta nueva regla es bien particular y merece algunos comentarios. Antes de su introducción, como recién vimos, la regla general era que todos los intervinientes, sin distinción, podían solicitar la reapertura de la investigación para la práctica de diligencias "que oportunamente hubieren formulado durante la investigación", que es lo que dispone el actual inciso primero del artículo 257 que no ha sido reformado. Con esta nueva norma, que reemplazó el inciso segundo, se está limitando la solicitud de reapertura a la defensa y al querellante, únicamente a las diligencias que hayan surgido a propósito de una reformalización. Es decir, se entenderían excluidas, por ejemplo, las diligencias solicitadas en la querella. Habrá que ver cómo los tribunales aplican esta norma, que resulta tremendamente perjudicial para los intereses de estos intervinientes.

De todas formas, como señalamos, esta nueva redacción vino a resguardar los derechos de la defensa en aquellos casos en que ocurran "reformalizaciones estratégicas" al límite del plazo de vencimiento de la investigación, permitiendo expresamente que los intervinientes puedan producir evidencia respecto de los nuevos cargos informados en una reformalización.

Autores como Jaime Salas Astrain han señalado que el fiscal debe argumentar una justa causa para esta solicitud de reapertura y señalar cuáles son precisamente las diligencias que necesita practicar; a juicio del mismo autor, solo es competencia del tribunal fijar el plazo, pero no ponderar la idoneidad o necesidad de las diligencias solicitadas. Sin perjuicio de esta opinión, que ciertamente es muy valiosa —el autor ha sido juez por muchos años—, la norma del artículo 257 parece dar a entender lo contrario, desde que permite al tribunal ponderar la pertinencia y el carácter dilatorio de las diligencias de investigación que sirven de base para la solicitud de reapertura.

Lamentablemente estas reglas no cubren una hipótesis que es muy frecuente en la práctica, que son las diligencias oportunamente solicitadas por los intervinientes, a las que el fiscal dio curso pero que no se pudieron llevar a cabo por *negligencia o dilaciones de las policías a cargo, inimputables a los intervinientes que las solicitaron*. Al no estar estrictamente dentro de los casos que regula esta norma, la jurisprudencia de los Tribunales de Garantía suele rechazar esta clase de solicitudes de reapertura.

Si se otorga la reapertura, el juez de garantía obligará al fiscal a reabrir la indagatoria por un plazo determinado para la práctica de las diligencias específicas que se habían solicitado y que en su momento rechazó o sobre las que no se pronunció. Este plazo puede ser prorrogado solo una vez, y a su vencimiento la investigación se cerrará definitivamente. En la práctica, este plazo suele ser bastante breve, de algunos días.

Es importante saber que, en general, se estima que la decisión del juez de garantía de reabrir o de denegar la reapertura de la investigación no es apelable, aunque el asunto es debatible, existiendo jurisprudencia vacilante de las Cortes de Apelaciones sobre este asunto por la vía del recurso de hecho.

Existe la práctica por parte de algunos fiscales, y aceptada por algunos jueces de garantía, de efectuar *cierres parciales de la investigación* solo respecto de *algunos imputados*, en aquellas indagatorias con multiplicidad de ellos. Este es un asunto no reglado en la ley y, en nuestra opinión, no debiera ser permitido. Para estas situaciones la ley procesal chilena contempla la *separación de investigaciones*, que es la herramienta procesal *ad hoc* para los casos en que —por la razón que sea— el fiscal no desea cerrar la indagatoria seguida en contra de parte de los imputados.

La Corte Suprema, por la vía de un recurso de nulidad, falló que las diligencias de investigación practicadas después del cierre de la investigación no implican necesariamente una afectación a la garantía del debido proceso de la defensa (rol 139.911-2020) si esta no hubiere podido, por ejemplo, practicar un metaperitaje respecto de esa prueba agregada extemporáneamente. Dijo el máximo tribunal que igualmente el artículo 278 del CPP permite al juez de garantía suspender la *audiencia preparatoria de juicio oral* hasta por diez días si la defensa no hubiere podido ofrecer prueba por razones no imputables a ella, como sería este el caso.

Al mismo resultado ha llegado la Corte Suprema en otra sentencia (rol 75557-2021), en que determinó que era legal una diligencia de investigación decretada dentro de plazo, pero cuyos resultados arriban a la carpeta de investigación posterior al cierre (en el mismo sentido, fallo de la Corte de Apelaciones de Coyhaique, rol 42-2023).

La reapertura de la investigación, cuando es solicitada por la fiscalía o el querellante, puede comprometer el derecho del imputado de ser juzgado en un plazo razonable. Como ya hemos dicho, en muchos casos se usa y abusa de las reaperturas sucesivas, hasta completar los dos años máximos que contempla la ley para una investigación. El fenómeno no es exclusivo de Chile, en todo caso. En España, alguna doctrina ha denunciado lo mismo a partir de las "diligencias complementarias" que se pueden solicitar por la fiscalía en el procedimiento criminal de ese país para mantener abiertas las indagatorias.

5.4 Qué sigue en el proceso posterior al cierre de la investigación

Cerrada la investigación, y dentro de los diez días siguientes, el fiscal debe tomar una decisión fundamental para el futuro del proceso (artículo 248 del CPP):[5] i) puede solicitar el sobreseimiento definitivo o temporal de la causa, pero en la práctica, rara vez sucede; ii) puede formular acusación, "cuando estimare que la investigación proporciona fundamento serio para el enjuiciamiento del imputado contra quien se hubiere formalizado la misma"; o iii) puede comunicar la decisión de no perseverar en el procedimiento (DNP) "por no haberse reunido durante la investigación los antecedentes suficientes para fundar una acusación". Esta última es una herramienta sumamente utilizada en la práctica.

Todas estas solicitudes y comunicaciones se formulan por escrito al Tribunal de Garantía. Sobre la acusación, se tratará en detalle más adelante; solo diremos que si el fiscal acusa es porque —normalmente— el caso será llevado a juicio oral, es decir, debiera terminar con una sentencia definitiva de absolución o condena. En cambio, si se sobresee o se comunica la DNP, significa que la causa terminará anticipadamente.

---

[5] El artículo 247 inciso quinto puede dar la idea de que una vez cerrada la investigación, el fiscal solo puede formular acusación o solicitarse el sobreseimiento definitivo de la causa. Ello era así en el diseño original del CPP hasta la discusión que tuvo lugar en el Senado, en que se incorporó la facultad de comunicar la decisión de no perseverar del artículo 248 c), que leída en conjunto con el artículo 247 puede parecer contradictoria.

Ahora, puede suceder que el fiscal no haga ninguna de estas tres cosas dentro del plazo de diez días, caso en el cual la norma del artículo 248 del CPP previene que el Tribunal de Garantía deberá otorgar un plazo adicional de dos días, dando cuenta de esta omisión al fiscal regional. Si dentro de estos dos días adicionales no se formula la acusación, el tribunal deberá sobreseer definitivamente la causa, dando cuenta de ello al fiscal regional.

Hay que señalar que una reforma de 2016 (Ley 20.931) incorporó este plazo adicional de dos días, ya que hasta ese año el tribunal debía sobreseer la causa definitivamente una vez cumplido este plazo preclusivo de diez días. A nuestro juicio este plazo de dos días es de carácter legal y no judicial, y así lo ha entendido mayoritariamente la jurisprudencia (así, Corte de Apelaciones de Chillán, rol 192-2025 sobre recurso de amparo). Por lo mismo, no es necesario apercibir al juez para que lo declare expirado; aunque también hay jurisprudencia en contra de esto último (Corte de Apelaciones de Talca, rol 10-2018).

6. Decisión de no perseverar y forzamiento de la acusación

Como decíamos más arriba, la DNP es un instituto sumamente utilizado —pero mal utilizado— en la práctica por los fiscales para terminar anticipadamente aquellas causas respecto de las que se estima no hay mérito para llevarlas a juicio oral.

No era parte del diseño original del sistema de persecución penal, sino que se introdujo solamente en el último trámite constitucional; originalmente, en el diseño plenamente garantista, la investigación debía necesariamente terminar con la acusación y dar paso al juicio y la sentencia; o bien, sobreseerse definitivamente.

La DNP queda a medio camino entre ambas, dejando a la causa en una suerte de "limbo" y al imputado en una situación de "inocencia aparente", lo que es reprochable desde todo punto de vista, ya que el imputado debiera ser siempre sobreseído definitivamente o absuelto cuando no ha sido llevado a juicio o condenado.

La causal que permite que la fiscalía comunique la DNP es muy similar a una de las causales que contemplaba el Código de Procedimiento Penal de 1906 para que se decretara el sobreseimiento temporal; de hecho, una de las razones para suprimir este último en el nuevo CPP fue justamente el abuso del sobreseimiento temporal como forma de cierre de las investigaciones anteriores a la entrada en vigencia del CPP en el 2000.

La situación no es única del derecho procesal chileno, sino que en España, por ejemplo, también se ha denunciado el uso y abuso del sobreseimiento temporal, lo mismo que el abuso que en su hora se hizo de la llamada *absolución de la instancia* en el derecho procesal español.

La comunicación de la DNP es una decisión administrativa y, por lo mismo, no es jurisdiccional, aunque se comunique por el fiscal en una audiencia ante el tribunal de garantía, según ordena el artículo 249 del CPP. Por lo mismo, no es susceptible de ser impugnada a través de recurso procesal alguno, ya que no es una resolución judicial.[6] Tampoco el querellante puede oponerse en la audiencia, y la norma nada dice sobre su derecho de "ser oído". Esto es problemático cuando existe querellante particular interesado en continuar con la causa, porque —si no está formalizada— se verá imposibilitado no solo de impugnar esa decisión de término, sino también de continuar con el proceso. En rigor, solo cabría un reclamo administrativo ante las autoridades del Ministerio Público, cuyas chances de éxito son escasas sino nulas.

La comunicación de la DNP, eventualmente, puede ser dejada sin efecto por el Ministerio Público, y la investigación reabrirse en el futuro, en el caso que el fiscal reúna nuevos antecedentes para poder fundar su acusación; estadísticamente, ello sucede en un porcentaje insignificante de casos.

El destino normal de una causa en que se ha comunicado la DNP es su terminación de facto, o bien, su posterior sobreseimiento definitivo, generalmente por el cumplimiento del plazo de prescripción de la acción penal (aunque podría ser por cualquier otra causal).

En todo caso, el inciso final del artículo 248 del CPP dispone expresamente que en caso de comunicarse la DNP "se dejará sin efecto la formalización de la investigación, dará lugar a que el juez revoque las medidas cautelares que se hubieren decretado, y la prescripción de la acción penal continuará como si no se hubiere interrumpido".

Por lo mismo, una eventual reapertura de la indagatoria —insistimos, sumamente infrecuente en la práctica— debiera presuponer una nueva formalización sobre la base de nuevos antecedentes, ya que la anterior formalización quedó sin efecto.

Frente a la comunicación de la DNP, el querellante podría conformarse, es decir, no continuar con el proceso; o bien, podría forzar la acusación en los términos del artículo 258 del CPP, según dispone el inciso cuarto de esa norma. Esta es una institución sumamente llamativa, porque permite que el querellante ocupe el lugar del fiscal, quien no continuará adelante con la persecución penal. Es decir, se tratará de un juicio oral que seguirá adelante exclusivamente con un acusador particular y sin la presencia del Ministerio Público.

Se ha debatido bastante en los últimos años acerca de si el querellante tiene la facultad de forzar acusación cuando la investigación no ha sido previamente formalizada, existiendo una jurisprudencia vacilante de los tribunales y también del Tribunal Constitucional.

---

[6] Existen, sin embargo, fallos que han dicho lo contrario y han estimado que la DNP es una decisión jurisdiccional, porque va sucedida de una aprobación por parte del juez de garantía. Así, la Segunda Sala de la Corte Suprema en causa rol 6742, sentencia de 26 de febrero de 2009, y Corte de Apelaciones de Rancagua, rol 145, de 11 de noviembre de 2004.

Por un lado se ha dicho, y con razón, que la comunicación de la DNP priva absolutamente al querellante de su derecho a la tutela judicial efectiva, desde que dicha decisión no es recurrible ni revisable por ente jurisdiccional alguno y en la práctica pone término al proceso. En este sentido, los intereses del querellante, reconocidos en la Constitución, debieran resguardarse a través de la posibilidad irrestricta de forzar acusación, aun cuando no haya habido formalización previa.

Por otro lado, y en contra de esta postura, se ha afirmado que permitir que el querellante fuerce la acusación sin formalización previa acarrea una grave consecuencia que podría perfectamente causar una afectación importante en los derechos del imputado y su indefensión. En buenas cuentas, se autorizaría a que se acusara particularmente respecto de hechos y de imputados eventualmente no abarcados en la línea investigativa del fiscal, y sobre los que el imputado naturalmente ninguna evidencia produjo o nada dijo durante la indagatoria; incluso es posible que nunca haya tomado conocimiento formal de la investigación. Esto, ya que no hubo formalización previa que fijara el objeto de la indagatoria penal.

En este sentido, el artículo 259 del CPP prescribe expresamente que "la acusación solo podrá referirse a hechos y personas incluidos en la formalización de la investigación", lo que es coherente con la regla del artículo 261 que permite al querellante acusar particularmente, pero siempre tomando como referencia la acusación fiscal, ya que sus alternativas son solamente calificar los hechos o la participación del acusado, o solicitar una pena distinta o ampliarla a hechos o imputados distintos de los de la acusación fiscal; pero siempre que hayan sido abarcados por la formalización previa. Esto es lo que se conoce como el deber de congruencia que debe existir entre formalización, acusación y sentencia de condena.

En cualquier caso, las diversas interpretaciones que se han hecho sobre este asunto tienen su causa en que el Ministerio Público no funda sus resoluciones administrativas, debiendo hacerlo; siendo quizás el caso más patente el de las decisiones de no perseverar. Esto deja al querellante "perplejo" y "atado de pies y manos" frente a una decisión que no solo no comparte —porque pondrá fin al proceso si no ha habido formalización previa—, sino porque además ni siquiera conoce cuál fue su motivación.

Lo mínimamente recomendable sería que los fiscales fundamentaran sus decisiones de no perseverar, ponderando los antecedentes de la carpeta investigativa y señalando por qué ellos no son suficientes para fundar una acusación.

El inciso tercero del artículo 258 del CPP dispone que es el juez de garantía quien previamente debe autorizar al querellante a forzar su acusación ("podrá disponer" dice la norma, en términos facultativos), y por lo mismo en la práctica se celebrará una audiencia en que el tribunal oirá a la defensa y al querellante acerca de si hay mérito suficiente para que autorizar el forzamiento solicitado. Esto contrasta con la acusación fiscal, que no está sometida a control jurisdiccional alguno.

La decisión que acoja el forzamiento de la acusación sería inapelable, según dispone el inciso final del artículo 258; en cambio, la que lo deniega sí sería apelable por aplicación de la norma general que permite recurrir vía apelación de las resoluciones que ponen término al juicio o hacer imposible su continuación (artículo 370 a) del CPP).

Estratégicamente el querellante deberá ponderar la conveniencia y chances de éxito de forzar una acusación allí donde el fiscal decidió no acusar porque —a su juicio— no había antecedentes suficientes en la indagatoria para sustentarla. En todo caso, es una herramienta bastante utilizada en la práctica y no son infrecuentes las condenas en casos en que ha habido forzamiento del querellante.

7. Sobreseimiento definitivo y temporal

7.1 Concepto y naturaleza jurídica del sobreseimiento definitivo

Como dijimos más arriba, una vez cerrada la investigación, el fiscal puede solicitar al juez de garantía que decrete el sobreseimiento definitivo de la causa.

El sobreseimiento definitivo corresponde a una absolución o declaración de inocencia anticipada, en los términos del artículo 251 del CPP: "pone término al procedimiento y tiene la autoridad de cosa juzgada". Se trata, evidentemente, de una decisión jurisdiccional.

El sobreseimiento es una institución bastante antigua, del derecho hispánico, y existía en el antiguo sistema bajo el régimen del Código de Procedimiento Penal. Hay autores como Jordi Nieva que han sostenido que su origen etimológico correspondería a que el juez "se sentaba sobre" el expediente y cerraba el caso sin dictar sentencia definitiva sobre el fondo.

7.2 Causales del sobreseimiento definitivo

Las causales del sobreseimiento definitivo están taxativamente contenidas en el artículo 250 del CPP y son las siguientes:

a) Si el hecho investigado no es constitutivo de delito.
b) Si aparece claramente establecida la inocencia del imputado.
c) Si el imputado está exento de responsabilidad criminal según dispone el artículo 10 del Código Penal y restantes leyes penales.
d) Si se ha extinguido la responsabilidad penal del imputado conforme a la ley.
e) Si sobreviene un hecho que, conforme a la ley, ponga fin a la responsabilidad penal.
f) Si el hecho investigado hubiere sido objeto de un proceso en que ya se hubiere dictado sentencia firme.

Explicaremos brevemente algunos alcances de estas causales.

Las de las letras a) y b) se refieren, como se desprende su clara redacción, a hipótesis de inocencia del imputado. Aquí quedan abarcadas solamente los casos en que la conducta no es conducible a tipo penal alguno (conducta atípica), o bien, a que, aun siendo típica, el imputado *claramente* no ha tenido participación alguna en el hecho.

Como dijimos más arriba, el sobreseimiento definitivo produce el efecto de cosa juzgada, lo que impide una nueva persecución respecto de la misma persona previamente investigada o enjuiciada. Sin embargo, puede suceder que la causa sea sobreseída definitivamente por la causal de la letra a) del artículo 250 CPP, esto es, porque el hecho no es constitutivo de delito. La pregunta que surge es ¿beneficia este sobreseimiento a otros posibles imputados que hayan participado en ese hecho, que se declaró como no constitutivo de delito? La doctrina procesal en este punto se ha manifestado en el sentido que se exige una identidad de personas (es decir, el criterio de la triple identidad legal del artículo 177 CPC). Sin embargo, esa solución parece poco convincente, desde que resulta difícil sostener que podría iniciarse una persecución penal posterior en contra de otros sujetos respecto de un hecho sobre el que ya hay resolución firme acerca de su atipicidad, por ejemplo.

La letra c), por su parte, a que una determinada conducta típica no es, sin embargo, antijurídica y, por lo mismo, no sería delictiva. Aquí lo que ha operado es una causal de exención de responsabilidad penal que elimina la antijuridicidad, como sería la legítima defensa, estado de necesidad, cumplimiento de un deber o ejercicio de un derecho, entre las más conocidas. También cabría en esta hipótesis una excusa legal absolutoria como la del artículo 489 del Código Penal. O bien, falta la culpabilidad, en el caso del loco o demente. En este último caso se aplicarán las medidas de seguridad (artículos 455 y siguientes del CPP) que veremos más adelante.

La letra d), en cambio, regula los casos en que sí existió un delito, o sea, una conducta típica, antijurídica y culpable, pero la responsabilidad penal se extinguió por alguna de las causales del artículo 93 del CP (muerte del imputado, amnistía, prescripción de la acción penal o de la pena, entre otras). Posiblemente la de mayor aplicación práctica es la prescripción de la acción penal, para lo cual resultarán aplicables las reglas sobre la extensión del plazo, forma de contarlo, interrupciones y suspensiones que están en los artículos 94 y siguientes del Código Penal.

En el evento que el plazo de prescripción no esté interrumpido ni suspendido, ya sea porque se cometieron nuevos delitos o se formalizó investigación, o se inició un nuevo proceso, típicamente por denuncia o querella, los Tribunales de Garantía exigirán al solicitante del sobreseimiento un certificado emitido por la PDI respecto de las entradas y salidas del territorio nacional, para efectos de lo dispuesto en el artículo

100 del Código Penal, que dispone que se cuentan "por uno cada dos días de ausencia" del territorio nacional. En otras palabras, el plazo de prescripción de la acción penal se cuenta duplicado mientras el imputado se encuentre fuera del territorio nacional.

La letra e) regula hipótesis más infrecuentes, como sería, por ejemplo, una ley penal posterior a la comisión del hecho que derogara el tipo penal investigado o el desistimiento y abandono de la acción penal privada (artículos 401 y 402 CPP respectivamente), o el pago del capital, reajustes, intereses y costas en el delito de giro doloso de cheques.

Por último, la letra f) consagra el respeto al principio de la cosa juzgada, que en materia penal también se denomina *non bis in idem* (no dos veces lo mismo), en relación a la garantía de persecución penal única del artículo 1 del CPP. En este caso, en su dimensión procesal, no solo no se debe condenar dos veces por el mismo hecho, sino que ni siquiera puede enjuiciarse. Esto aplica no solo a las investigaciones de hechos ya conocidos y sentenciados por sentencias firmes dictadas por tribunales chilenos, sino también extranjeros, como dispone el artículo 13 del CPP, que les otorga pleno valor "a menos que el juzgamiento en dicho país hubiere obedecido al propósito de sustraer al individuo de su responsabilidad penal por delitos de competencia de los tribunales nacionales". Esto último es lo que se conoce como "cosa juzgada aparente o fraudulenta" o "cosa juzgada írrita", y se han visto casos a propósitos de delitos de lesa humanidad.

No pueden ser objeto de sobreseimiento definitivo los delitos que, según los tratados internacionales ratificados por Chile, son imprescriptibles o no susceptibles de amnistía, salvo por las causales del artículo 93 números 1 y 2 del CP (muerte del reo o cumplimiento de la condena, respectivamente), en relación a la causal del artículo 250 d) del CPP, que ya vimos. Existe la duda de si esos delitos imprescriptibles podrían sobreseerse por una causal diferente de la de prescripción de la acción penal (artículo 250 d); por ejemplo, por la inexistencia del delito (artículo 250 a). Parece ser que el sentido de la norma era solo restringir esta causal a la de prescripción de la acción penal, por lo que no se ve impedimento que se pueda sobreseer por una diferente.

También se ha fallado que las causales de sobreseimiento son taxativas y no pueden aplicarse por analogía a situaciones no regladas en el artículo 250.

Por su parte, el profesor Guillermo Oliver ha señalado que las causales de sobreseimiento definitivo del artículo 250 están planteadas por el legislador en un orden de prelación que el juez debe apreciar. Esto significa que, por ejemplo, la causal de la letra b) de dicho artículo (inexistencia de participación del imputado en el delito) solo prosperará si el juez se convenció que la conducta podría ser delictiva, desechando la de la letra a). En cambio, si es evidente que nunca hubo conducta típica, el juez deberá sobreseer definitivamente aplicando la letra a) y no la letra b).

7.3 Interpretación jurisprudencial restrictiva de las causales de sobreseimiento definitivo del artículo 250 a) y b)

Lamentablemente los tribunales y Cortes superiores han malentendido esta institución en lo que se refiere a las causales de las letras a) y b) del artículo 250, estimando que es el imputado quien de alguna forma debe acreditar su inocencia más allá de toda duda razonable, y los hechos que sustentan la causal invocada deben constar en forma absolutamente evidente de los antecedentes del proceso, lo que es bastante infrecuente en la práctica.

Asimismo, los tribunales suelen denegar las solicitudes de sobreseimiento definitivo si no existe consenso entre los intervinientes o existe discusión respecto de su procedencia, o si la investigación no está absolutamente agotada y existen diligencias pendientes.

Esta tendencia jurisprudencial posiblemente es tributaria del entendimiento que existía en el antiguo sistema de persecución penal respecto de que el sobreseimiento definitivo por inexistencia del delito y/o de participación solo procedía si se encontraba agotada la investigación sumaria (artículo 413 del CdPP). Pero en el nuevo CPP no existe norma equivalente y, de hecho, la investigación ni siquiera debe estar formalizada, pudiendo decretarse en cualquier momento si el juez comprueba las hipótesis legales.

Podrá discutirse cuál es el estándar de apreciación de las causales de sobreseimiento definitivo, pero parece equivocado que se exija una "certeza de inocencia" en circunstancias que certeza solo se exige para la condena penal, y que incluso para la concesión de medidas cautelares personales solo se exige la concurrencia de meros indicios o antecedentes.

Esta interpretación restrictiva ha conducido a que buena parte de las indagatorias queden terminadas de facto, pero formalmente suspendidas a la espera de ser reabiertas al comunicarse la decisión de no perseverar, cuestión que es incompatible con la garantía de la presunción de inocencia que inspira todo el sistema de persecución criminal.

Como se decía más arriba, si el sistema fuera estrictamente respetuoso de las garantías del imputado, este debiera ser investigado en un breve plazo, al cabo del cual el fiscal debiera acusar, o bien, el tribunal sobreseerlo definitivamente por falta de méritos. Es decir, el imputado debiera ser declarado inocente siempre que no haya habido condena.

Sin embargo, esto rara vez sucede. El uso abusivo de la comunicación de la DNP se ha convertido en una herramienta muy cómoda para los operadores jurídicos, dejando las causas en una suerte de "limbo", en que el imputado no ha sido condenado pero tampoco declarado formalmente inocente. Como decíamos: la historia se repite. Hasta el 2000 fue el uso y abuso del sobreseimiento temporal; en el derecho español lo mismo y, antes de este, el abuso de la "absolución de la instancia"; y en la Roma clásica, el uso del *non liquet*, es decir, la comunicación que daban los jurados romanos de que el asunto "no estaba claro" y no se podía ni condenar, pero tampoco absolver.

Esto deja al imputado fuera de la protección del *non bis in idem* procesal, ya que perfectamente podría ser investigado nuevamente por los mismos hechos, o bien, reabierta la indagatoria que se había cerrado por la comunicación de la DNP.

No debe olvidarse que los tribunales en Chile tienen el mandato de inexcusabilidad según dispone expresamente el artículo 76 de la CPR. El uso restrictivo del sobreseimiento definitivo como forma de término, lo mismo que el abuso de la DNP, parecen contravenir dicho mandato constitucional.

7.4 El sobreseimiento definitivo como derecho del imputado durante todo el proceso

Más allá de las causales taxativas que dispone el artículo 250 del CPP, lo cierto es que la ley procesal chilena dispone que el imputado goza de la prerrogativa de solicitar el sobreseimiento en cualquier etapa del proceso. Asimismo, corresponde a una verdadera sanción procesal en una serie de otras situaciones.

Las revisaremos a continuación.

- Uno de los derechos y garantías del imputado, consagrado en el artículo 93 f) del CPP es justamente "solicitar el sobreseimiento definitivo de la causa y recurrir contra la resolución que lo rechazare", derecho que, según el artículo 7, podrá hacerse valer por el imputado "desde la primera actuación del procedimiento dirigido en su contra y hasta la completa ejecución de la sentencia". Esta garantía del imputado tiene su contrapartida en el derecho correlativo de la víctima del artículo 109 e) y f) del mismo Código de ser oída por el tribunal antes de que se decrete el sobreseimiento, y de recurrir en contra de la decisión que acoja el sobreseimiento definitivo, respectivamente.
- El inciso final del artículo 68 del permite al Tribunal de Juicio Oral en lo Penal decretar el sobreseimiento definitivo "de acuerdo a las prescripciones de este Código", una vez comenzado el juicio oral.
- El artículo 240 del establece el sobreseimiento definitivo como consecuencia del cumplimiento de las condiciones y plazo impuestos en una suspensión condicional del procedimiento, la que puede tener lugar en cualquier momento del proceso; el artículo 241 dispone la misma regla respecto del imputado que cumple con las obligaciones asumidas en un acuerdo reparatorio o debidamente garantizadas; en ambos casos —de suspensión condicional y acuerdo reparatorio—, bastando que la investigación esté formalizada solamente, es decir, no es necesario que se encuentre agotada (artículo 245).

- El artículo 270 del dispone que se puede sobreseer definitivamente la causa si el fiscal del Ministerio Público no subsanare oportunamente los vicios formales de que adolecía la acusación fiscal.
- De acogerse alguna de las excepciones de previo y especial pronunciamiento del artículo 271 del promovidas por la defensa en la audiencia de preparación de juicio oral, también podría decretarse el sobreseimiento definitivo "siempre que el fundamento de la decisión se encontrare suficientemente justificado en los antecedentes de la investigación". Estas excepciones de previo y especial pronunciamiento son las enunciadas en el artículo 264 de incompetencia, litispendencia, cosa juzgada, falta de autorización para proceder criminalmente de acuerdo con la Constitución o la ley y la extinción de responsabilidad penal.
- La exclusión de pruebas de cargo que el fiscal considere "esenciales para sustentar su acusación en el juicio oral" ocurrida en la audiencia preparatoria podrá dar lugar a una solicitud de sobreseimiento definitivo, una vez que queda firme el auto de apertura de juicio oral, como dispone el artículo 277.
- Una condena por faltas en un juicio simplificado puede convertirse en un sobreseimiento definitivo si la pena queda en suspenso, cumpliéndose los requisitos del artículo 398.
- En los procedimientos por delito de acción penal privada, el desistimiento y el abandono de la querella darán lugar al sobreseimiento definitivo, nuevamente como sanción procesal, según disponen los artículos 401 y 402.
- En los procesos por desafuero, la resolución que no diere lugar a la formación de la causa provocará el sobreseimiento definitivo, también como sanción procesal, según se desprende del tenor del artículo 421. Mismo efecto se produce en los casos en que se declara inadmisible la querella de capítulos (artículo 429).
- El nuevo artículo 228 quáter, introducido por la Ley 21.694, obliga al juez a sobreseer definitivamente la causa si la fiscalía y el imputado arribaron a un acuerdo de cooperación eficaz calificada, como revisaremos más adelante.
- El nuevo artículo 228 sexies, también introducido por la Ley 21.694, obliga al juez de garantía a sobreseer definitivamente la causa si el fiscal no cumple con las obligaciones asumidas en virtud de un acuerdo de cooperación eficaz, como veremos más adelante.

Más adelante en este trabajo trataremos en detalle estos asuntos.

Como comentario general, puede decirse que el sobreseimiento definitivo es una institución que tiene una *aplicación transversal* en nuestra ley procesal penal, concebido no solo a partir de las causales del artículo 250, sino como el *destino natural* de una gran cantidad de investigaciones y como sanción procesal. Esto contrasta, como dijimos, con la *aplicación restrictiva* que suelen hacer nuestros tribunales que la conciben, erróneamente, como un asunto excepcional.

7.5 Es necesaria la aprobación del fiscal regional para que la Fiscalía solicite el sobreseimiento definitivo

Aunque puede no ser lo más común en la práctica, el artículo 258 del CPP se pone en el caso que sea el fiscal quien solicite el sobreseimiento definitivo de la causa y exista oposición del querellante particular.

Decimos que es infrecuente porque el fiscal preferirá no discutir un sobreseimiento definitivo ni con el tribunal ni menos con el querellante y simplemente comunicará su DNP, que no es cuestionable ni revisable jurisdiccionalmente. También, dejará que la defensa solicite más adelante el sobreseimiento definitivo, si así lo estima conveniente.

Si el fiscal decide solicitar el sobreseimiento definitivo, el juez de garantía no lo aprobará de inmediato, sino que remitirá los antecedentes al fiscal regional para que se revise esa decisión. Este tiene tres días para mantener la decisión de sobreseer, o bien, dejarla sin efecto y acusar dentro de los diez días siguientes. Si mantiene la decisión de sobreseer definitivamente, el querellante puede forzar la acusación, según ya vimos.

En todo caso, esta remisión al fiscal regional es infrecuente en la práctica, ya que las solicitudes de sobreseimiento definitivo suelen venir ya aprobadas por dicha autoridad al momento de presentarse en el proceso por el fiscal adjunto de la causa.

7.6 Sobreseimiento temporal y la rebeldía del imputado

El sobreseimiento temporal, por su parte, corresponde, como dice su nombre, a una suerte de cierre provisorio del caso, por existir un impedimento que hace imposible seguir adelante, pero que podría superarse a futuro.

En el antiguo sistema procesal penal se hizo uso abusivo de esta institución, a falta de la DNP que ya vimos y de otras salidas alternativas.

El artículo 252 del CPP regula taxativamente las causales de procedencia del sobreseimiento temporal: i) la existencia de una cuestión prejudicial civil, según dispone el artículo 171, en los términos estudiados más arriba; y ii) si el imputado no comparece al procedimiento y es *declarado rebelde*, en los términos del artículo 99 y siguientes.

Esta última hipótesis de rebeldía incluye varias situaciones, que revisaremos a continuación.

En primer lugar, se refiere al imputado contra quien se decreta una orden judicial de detención o su prisión preventiva y que no es habido. Respecto de esta situación, existe un problema práctico que no tiene solución en la norma, y que consiste en que no es posible declarar rebelde a un imputado contra quien no pesa una orden de detención; dicha orden será concedida, como veremos, solo en caso de incomparecencia injustificada del imputado a los actos del procedimiento, una vez que ha fijado su domicilio de acuerdo al artículo 26 del CPP. Pero puede suceder que el imputado nunca haya podido ser apercibido de acuerdo al artículo 26 y, por lo mismo, jamás compareció al proceso, por lo que el juez de garantía no decretará su detención.

En este último caso, la causa no puede sobreseerse temporalmente y la única solución posible será la comunicación de la decisión de no perseverar. Por el contrario, si el imputado ya fijó su domicilio de acuerdo al artículo 26, y se constata su incomparecencia injustificada luego de ser notificado, podría el juez de garantía decretar una orden de detención.

En segundo lugar, la rebeldía se refiere al imputado contra quien se formalizó investigación y estuviere en un país extranjero sin posibilidad de obtener su extradición (artículo 99 inciso segundo del CPP). Como se detalla en otras partes de este trabajo, el Ministerio Público puede solicitar la formalización de la investigación solo para efectos de cumplir con el requisito para solicitar la extradición de una persona que se encuentra fuera del territorio nacional, a quien se imputa haber cometido un delito dentro de Chile (o de los lugares asimilables al territorio nacional, según dispone el artículo 6 del COT).

Esta formalización se practicará en ausencia del imputado, aunque podrá comparecer su defensor de confianza o, en su defecto, el defensor penal público que se le designe (artículos 431 y 432 del CPP). Pero puede suceder que, formalizada que sea la investigación, el Tribunal de Garantía o la Corte de Apelaciones respectiva no conceda la extradición; o bien, que, concediéndola, el país destinatario del requerimiento termine por rechazarla. En todos estos casos, se declarará la rebeldía del imputado.

Esta rebeldía requiere ser declarada judicialmente (artículo 100 del CPP), y su efecto es que el proceso continúa hasta la audiencia preparatoria de juicio, momento en que se puede sobreseer temporal o definitivamente la causa.

1. También se sobreseerá temporalmente la causa si el imputado no hubiere comparecido a la audiencia de juicio oral y hubiera sido declarado rebelde, de acuerdo a las reglas de los artículos 100 y 101.
2. Si después de cometido el delito el imputado cayere en enajenación mental, se aplicará la correspondiente medida de seguridad del título VII libro IV del CPP, según veremos más adelante.
3. También, la causa se sobreseerá temporalmente, como vimos, al acogerse una cautela de garantías del artículo 10 del CPP, al constatar el juez de garantía que el imputado no está en condiciones de ejercer los derechos consagrados en la Constitución o en los tratados internacionales ratificados por Chile.

7.7 Sobreseimiento temporal y prescripción de la acción penal

Sobreseída que sea la causa en forma temporal, esta quedará paralizada; pero dicho congelamiento no es eterno, ya que eventualmente la acción penal prescribirá. Sobre esto hablaremos a continuación.

Las normas referidas al sobreseimiento temporal y a la rebeldía recién vistas deben ser concordadas con la del artículo 96 del CP, que dispone que la prescripción de la acción penal "se suspende desde que el procedimiento se dirige contra él [imputado]; pero si se paraliza su prosecución por tres años o se termina sin condenarle, continúa la prescripción como si no se hubiere interrumpido".

Como ya vimos, la prescripción de la acción penal se suspende por la formalización de la investigación (artículo 233 a) del CPP), aunque también "desde que el procedimiento se dirige contra él" (artículo 96 del CP), norma que ha sido interpretada jurisprudencial y doctrinariamente en el sentido que una querella o denuncia nominativa tendrían la virtualidad de suspender el plazo de prescripción; sin embargo, algunos autores lo restringen solo a resoluciones jurisdiccionales que se pronuncian sobre la querella o denuncia.

Si la prescripción de la acción penal se suspendió y se sobreseyó temporalmente la causa, lo que produce es un congelamiento del plazo de prescripción mientras dure el impedimento que lo motivó. Pero una vez transcurridos tres años desde que se decretó el sobreseimiento temporal, dicha suspensión se acaba y se pierde todo el tiempo transcurrido. Por lo mismo, eventualmente la defensa estaría en condiciones de solicitar el sobreseimiento definitivo de la causa por prescripción.

Como ha dicho el profesor Carlos Cabezas: "El proceso en el sistema chileno no tiene la fuerza para hacer perder el tiempo ganado hasta ese momento y solo es útil para detenerlo".

7.8 Prescripción de la acción penal como causal del sobreseimiento definitivo

La prescripción de la acción penal como causal de sobreseimiento definitivo, que ya vimos, merece sin embargo un estudio más detallado, que es el que se expone a continuación.

Teóricamente, la prescripción de la acción penal podría ser declarada de oficio por el tribunal "aún cuando el imputado o acusado no la alegue, con tal que se halle presente en el juicio" (artículo 102 del CP), pero ello rara vez ocurre en la práctica, desde que el sobreseimiento definitivo parece estar concebido claramente como un asunto que funciona a petición de parte y en que el juez tiene un rol más bien pasivo frente al debate adversarial de los intervinientes.

Asimismo, siguiendo la tesis del profesor Guillermo Oliver, el sobreseimiento definitivo por prescripción de la acción penal lo que haría es imprejuzgar la culpabilidad o inocencia del imputado, dejando ese asunto en una verdadera nebulosa.

Autores como Carlos Cabezas han dicho que cuando la causa se sobresee definitivamente por prescripción "el delito extinguido por prescripción no sufre una pena, pero se mantendría como un acto típico, antijurídico y culpable. El problema es que no se puede llegar al punto de verificarlo".

Nos parece que estas afirmaciones no son consistentes con el principio de presunción de inocencia y denota una confusión respecto del sentido polisémico que tiene la voz "delito". En un sentido garantista, no es lo propio hablar de delitos si este no ha sido establecido por una sentencia firme; cuestión distinta es que la ley penal utilice la voz "delito" con fines descriptivos, o que en la acusación se imputen delitos con fines procesales.

Este carácter polisémico de la voz "delito" ha sido desarrollado por autores como Juan Pablo Mañalich. Pero el delito respecto de un imputado no existe, propiamente tal, sino hasta que es condenado. No es que el delito tenga una existencia paralela e independiente fuera del proceso, y que si no se condena al imputado este seguirá existiendo. Lo que se sobresee definitivamente no es el delito, sino la acción penal para perseguirlo, que es una cosa distinta. Por todo lo anterior, el sobreseimiento definitivo por prescripción de la acción penal corresponde a una absolución anticipada del imputado, quien siempre fue formalmente inocente, ya que la existencia del delito nunca fue establecida por sentencia firme.

La prescripción de la acción penal no puede ser entendida —como sucede con la prescripción de la acción civil— como un castigo a la inactividad del persecutor público o privado en beneficio del imputado. Las razones que sustentan esta importantísima institución han sido profusamente estudiadas por la doctrina.

Solo diremos que la prescripción, al igual que la prohibición de doble persecución, juzgamiento y condena, son fundamentales como garantías de todo ciudadano a desarrollar una vida tranquila al margen del hostigamiento Estatal. Como bien ha dicho el profesor Carlos Cabezas: "la prescripción no es un suceso patológico; es un modo, si bien no deseable, de terminar con el proceso penal, parte de la normalidad de un sistema penal racional y razonable".

La prescripción de la acción penal sería manifestación del principio de humanidad que debe inspirar al proceso penal; pero dicho principio debe ser ponderado con la legítima pretensión de persecución penal del Estado, pretensión que no puede ser ejercitada eternamente, sino dentro de un plazo acotado y razonable.

Sintomático de todo lo anterior es, por ejemplo, que la prescripción no pueda ser renunciada por el imputado; aunque sobre esto último hay opiniones en contra, como la del profesor Gustavo Balmaceda. Para este último, el imputado sí podría renunciar a la prescripción de la acción penal para instar, por ejemplo, en "demostrar su inocencia", en el entendido que —como dijimos— el sobreseimiento definitivo por prescripción deja al imputado en un "manto de duda de culpabilidad". No comulgamos con esta idea por la razón apuntada antes: no existe delito sino desde que se declara por sentencia firme.

Autores como Ignacio Castillo Val han propuesto que se distinga entre los "fácticamente inocentes" y los "normativamente inocentes". Esto, a propósito del recurso de revisión como mecanismo para corregir las condenas dictadas erróneamente en contra de personas "fácticamente" inocentes. El autor aclara que los "fácticamente inocentes" corresponden a los casos en que el delito no existió o porque el autor fue un tercero (o dicho de otro modo: porque no tuvo participación en el hecho).

Los "normativamente inocentes" corresponden a los restantes casos en que el sobreseimiento definitivo o la absolución se basa en otras razones, como por ejemplo, la prescripción de la acción penal. En este entendido, el sistema de persecución penal debiera mostrar —a juicio de este autor— una especial preocupación por los "fácticamente inocentes", los que son "distintos" a los "normativamente" inocentes y, por lo mismo, disponer de especiales mecanismos que permitan corregir condenas erróneas.

En el mismo sentido, un pensador tan influyente como fue Larry Laudan en los Estados Unidos de América también llegó a plantear que debía distinguirse entre la "inocencia material" y la "inocencia probatoria", y acuñó frases como "*sostengo que nada de lo que un juez o un jurado pueden determinar con posterioridad al evento delictivo modifica los hechos que realmente tuvieron lugar*".

Insistimos en que todo lo anterior es una confusión conceptual, aunque venga a apoyar una noble causa, como es que se corrijan las condenas injustas. La única distinción admisible en un sistema respetuoso de la presunción de inocencia es entre personas "criminalmente responsables por sentencia condenatoria firme" y el resto de los ciudadanos, que, en rigor, son completa y totalmente inocentes, hayan sido o no criminalmente investigados.

Sostener que existe una categoría "intermedia" de "normativamente inocentes", o sea, inocentes a medias, nos parece que es insostenible. Es lo mismo que decir que esas personas no son inocentes. Sería el puntapié inicial para la creación de una nueva categoría procesal: el sospechoso a perpetuidad, respecto de quien el Estado no ha podido probar nada.

Sobre este asunto, vale la pena mencionar un caso reciente, resuelto por la Corte de Apelaciones de Santiago (rol 2824-2025), que confirmó la decisión de sobreseimiento definitivo por prescripción de la acción penal pronunciada por un juez del crimen, respecto del actor Cristián Campos Sallato, querellado por delitos contra la indemnidad sexual. En el fallo de primera instancia, el juez había declarado el sobreseimiento definitivo por prescripción, pero en el mismo fallo, había señalado que los hechos de la querella habían ocurrido efectivamente. La Corte revocó esto último, y dijo —correctamente— que la responsabilidad criminal solo podía establecerse después de un juicio penal legalmente tramitado; lo que no había ocurrido en ese caso.

7.9 Sobreseimiento total y parcial

El sobreseimiento, ya sea definitivo o temporal, puede ser total o parcial (artículo 255 del CPP).

Es decir, puede abarcar a todos los imputados y a todos los hechos investigados, o solo a algunos de ellos. Si solo se sobresee parcialmente, la indagatoria continuará respecto de los imputados y los hechos que no fueron abarcados por dicha resolución.

7.10 Efecto de cosa juzgada formal de la resolución que acoge el sobreseimiento temporal

La causa sobreseída temporalmente puede ser, naturalmente, reabierta, si desaparece el impedimento que justificó dicho término temporal (artículo 254 CPP). Es decir, al igual que muchas otras resoluciones en el proceso, generan un efecto de cosa juzgada meramente formal.

7.11 La investigación no debe estar necesariamente formalizada para que la causa pueda sobreseerse

Se ha planteado la duda de si es necesario que la investigación esté previamente formalizada para que pueda ser sobreseída definitivamente la causa.

La ley nada dice, y del tenor literal del artículo 93 f) del CPP no hay motivos para pensar que solo podría solicitarse una vez formalizada y no antes.

Ahora, se trata de una pregunta atendible, porque si se sobresee la causa sin estar previamente formalizada la investigación, ¿qué hechos y a qué imputados abarca el sobreseimiento definitivo? Y aun estando formalizada, ¿puede el sobreseimiento abarcar hechos e imputados distintos de los que fueron objeto de la formalización? Esto es de suma relevancia dado el efecto de cosa juzgada que produce la sentencia que declara el sobreseimiento (artículo 251 del CPP).

La respuesta a estas preguntas, en nuestra opinión, es que sí podría sobreseerse definitivamente una causa que no ha sido previamente formalizada; como también aquella que sí fue formalizada, abarcando el sobreseimiento definitivo de hechos e imputados diferentes de los que fueron objeto de la formalización. Evidentemente que todo esto requerirá de un esfuerzo de los intervinientes en orden a argumentar y aportar antecedentes de la indagatoria en que consten la o las causales invocadas, y el juez debiera apreciarlas cada una en su mérito. Asimismo, la sentencia que así se dicte debiera ser sumamente clara en cuanto a los hechos y personas abarcados.

7.12 La resolución que rechaza el sobreseimiento definitivo solo produce cosa juzgada formal, y la que lo acoge, cosa juzgada material

Frente a una solicitud de sobreseimiento definitivo o temporal, los tribunales con competencia penal tienen la prerrogativa de rechazarla, acogerla según la causal invocada, o bien, acogerla sobre la base de una causa diferente de la invocada.

Tanto el sobreseimiento definitivo como el temporal deben discutirse y aprobarse en audiencia convocada para ese efecto (artículo 249 del CPP), y es garantía del imputado solicitarlo las veces que estime conveniente, en cualquier etapa del procedimiento (artículo 93 f).

Por lo mismo, la sentencia que deniega el sobreseimiento definitivo, sea esta de primera o segunda instancia, o la que rechaza un recurso de queja, no produce el efecto de cosa juzgada material, sino solo formal. Esto, es, puede volver a solicitarse el sobreseimiento aunque haya sido rechazado con anterioridad.

Por el contrario, la sentencia que acoge el sobreseimiento definitivo sí genera un efecto de cosa juzgada material. Esto lo concluimos a partir de la facultad que tiene el imputado de solicitar su sobreseimiento "hasta la terminación del proceso" (artículo 93 f). En otras palabras: el imputado podrá solicitar cuantas veces desee el sobreseimiento de la causa, hasta que eventualmente sea acogido. Por el contrario, si se acoge el sobreseimiento definitivo, la causa terminará definitivamente y para siempre, con efecto de cosa juzgada material (non bis in idem, artículo 251 del CPP), y abarcando los hechos y los imputados sobreseídos. Es decir, la resolución que acoge el sobreseimiento definitivo, una vez firme, no es revisable por la judicatura.

Otra cuestión interesante que podemos desprender de estas normas es que la causa no podrá sobreseerse definitivamente una segunda vez una vez que ya fue sobreseída, desde que concluyó con efecto de cosa juzgada material. Aunque en algunos casos podría resultar absurdo que el imputado estuviera interesado en obtener un nuevo sobreseimiento respecto de una causa previamente sobreseída, ello tendría sentido si existen, por ejemplo, acciones civiles derivadas de los mismos hechos investigados en sede penal. Así, la regla del artículo 179 del CPC extiende los efectos del sobreseimiento penal a la causa civil con efecto de cosa juzgada refleja, siempre y cuando se haya sobreseído por la inexistencia del delito y no por la prescripción de la acción penal.

Como dijimos, el profesor Guillermo Oliver ha señalado que las causales de sobreseimiento definitivo están dispuestas en la ley en un orden de prelación, y por lo mismo, si se ha invocado, por ejemplo, la de la letra d) (prescripción) se está renunciando a invocar las de las letras a) y b) (inexistencia del delito y falta de participación). El procesalista Cristián Maturana ha señalado que el imputado goza de legitimación para apelar no solo de la resolución que rechaza el sobreseimiento, sino de aquella que lo acoge por una causal diferente de la invocada. Ambas opiniones doctrinarias nos parecen correctas.

7.13 Recursos procesales en contra de la resolución que se pronuncia sobre una solicitud de sobreseimiento definitivo o temporal

La decisión judicial que apruebe o rechace un sobreseimiento definitivo o temporal, o que lo apruebe por una causal diferente de la invocada por el interesado, es apelable (artículo 253 en relación al artículo 370 b) del CPP).

También, como veremos más adelante, se han intentado recursos de queja para ante la Corte Suprema (artículo 545 del COT) en contra de las sentencias y ministros de las Cortes de Apelaciones que han decretado sobreseimientos definitivos, existiendo una jurisprudencia vacilante al respecto.

Capítulo VIII

Estudio general de las medidas cautelares personales y, en particular, de la citación y la detención

ESTUDIO GENERAL DE LAS MEDIDAS CAUTELARES PERSONALES Y, EN PARTICULAR, DE LA CITACIÓN Y LA DETENCIÓN

1. Concepto

Las medidas cautelares personales en el proceso penal corresponden a aquella resolución judicial, dictada a solicitud del fiscal y/o del querellante, que restringen o privan de la libertad ambulatoria al imputado, en forma transitoria y esencialmente revisable en el tiempo, con el objeto de resguardar los fines del procedimiento, evitar el peligro de fuga del imputado y proteger la seguridad de la víctima o de la sociedad toda.

2. Aspectos generales

Las medidas cautelares constituyen uno de los institutos de mayor relevancia y, por supuesto, más controvertidos en el proceso penal. Desde el punto de vista de las corrientes garantistas, la mera existencia de las medidas cautelares personales más intensas —especialmente la prisión preventiva— es, en muchos sentidos, contradictorio con la presunción de inocencia. Sobre esto volveremos en detalle más adelante.

Las medidas cautelares pueden ser de carácter real o personal. Las medidas cautelares reales se ejercen sobre el patrimonio del imputado e incluso de terceras personas, para asegurar el resultado de la acción civil *ex delicto* (derivada del hecho constitutivo de delito) y también para asegurar el resultado de la acción civil de comiso de ganancias originadas en el delito. Estudiaremos las medidas cautelares reales en un capítulo aparte.

En este capítulo estudiaremos todas las medidas cautelares personales que establece la ley procesal penal chilena, con la excepción de la prisión preventiva y las medidas cautelares del artículo 155 del CPP, a las que destinaremos capítulos aparte por la importancia que tienen.

Las medidas cautelares, en general, se explican porque los procesos jurisdiccionales suelen demorar una cantidad importante de tiempo. El ejercicio de la jurisdicción suele ser una sucesión de actos más o menos dilatados en el tiempo, muchas veces burocráticos; aunque esa lentitud contribuye también a que se ejerza en forma reflexiva, razonada y no impulsiva o vindicativa, esta última cuestión que es muy relevante tratándose de juicios criminales.

Pero es justamente esta demora en la administración de justicia la que genera el riesgo de que la sentencia sea difícil o imposible de cumplir o ejecutar: si el imputado —por ejemplo— destruyó la prueba, o se fugó, o distrajo todos sus bienes, se imposibilitará la consecución de las finalidades del proceso y, eventualmente, la actuación de la ley penal, o sea, el castigo del condenado.

Es aquí donde las medidas cautelares cobran relevancia, desde que permiten el aseguramiento de ciertos fines del proceso, en forma anticipada a la dictación de la sentencia definitiva.

3. Principios

Los principios que veremos a continuación aplican a todas las medidas cautelares personales y reales que estudiaremos en este capítulo y en los siguientes.

Estos principios son los de legalidad, jurisdiccionalidad, de resolución fundada y de proporcionalidad.

3.1 Legalidad

Existe reserva legal para cualquier medida cautelar que signifique la privación o restricción de la libertad de una persona inocente en el territorio de la República.

Este principio está consagrado en los tratados internacionales ratificados por Chile —artículo 9.1 del Pacto Internacional de Derechos Civiles y Políticos— y, sobre todo, en el artículo 19.7 b) de la Constitución chilena: "Nadie puede ser privado de su libertad personal ni ésta restringida sino en los casos y en la forma determinados por la Constitución y las leyes".

En similares términos, el artículo 5 del CPP: "No se podrá citar, arrestar, detener, someter a prisión preventiva ni aplicar cualquier otra forma de privación o restricción de libertad a ninguna persona, sino en los casos y en la forma señalados por la Constitución y las leyes". El inciso segundo, a su turno dispone que "las disposiciones de este Código que autorizan la restricción de la libertad o de otros derechos del imputado o del ejercicio de alguna de sus facultades serán interpretadas restrictivamente y no se podrán aplicar por analogía".

Por lo mismo, solo la ley puede crear y regular medidas cautelares personales y le está vedado por lo mismo hacerlo a la administración, o a los propios tribunales, mediante autos acordados, por ejemplo.

Respecto de la aplicación analógica de la ley penal, lo que el artículo 5 proscribe, claramente, es la analogía *in malam partem* o contra reo. Creemos que el juez penal goza de todas las prerrogativas para aplicar medidas cautelares menos intensas que lo que la fiscalía o el querellante soliciten, o incluso, de lo que dispone la propia ley.

Sin embargo, hay opiniones en contra de esta postura, como la del profesor Jean Pierre Matus, quien sostiene que una aplicación analógica proreo sería sencillamente una suplantación del legislador por el juez. No estamos de acuerdo con esta última postura, debido a la aplicación del principio de presunción de inocencia. No debe olvidarse que las medidas cautelares personales se aplicarán siempre respecto de una persona que no ha sido aún condenada. Asimismo, y echando mano a las categorías procesales clásicas, no existirá vicio de *ultra petita* alguno si el juez otorga menos que lo solicitado por el interesado.

3.2 Jurisdiccionalidad

Las medidas cautelares —reales y personales— tendrán siempre la naturaleza jurídica de una resolución judicial (artículo 83 inciso tercero de la CPR; artículo 4 de la LOCMP; y artículo 9 del CPP). En este sentido, el artículo 19 número 7 de la CPR dispone lo siguiente: "la libertad del imputado procederá a menos que la detención o la prisión preventiva sea considerada *por el juez* como necesaria para las investigaciones o para la seguridad del ofendido o de la sociedad" [el énfasis es nuestro].

Por lo mismo, estas medidas solo pueden decretarse por un juez y no por particulares o por cualquier funcionario o autoridad pública, salvo en los casos de flagrancia. Aunque, en rigor, en los casos de flagrancia no hay decreto u orden alguna, sino que es solamente una situación de hecho permitida por la ley.

En 2002 se derogó el artículo 13 de la Ley 18.314 sobre Conductas Terroristas, que permitía la detención ordenada por el Ministro del Interior e intendentes regionales, entre otras autoridades. Sin embargo, el artículo 19.7 c) de la CPR aún conserva la redacción original de que "nadie puede ser arrestado o detenido sino por orden de funcionario público expresamente facultado por la ley", lo que deja la puerta abierta a detenciones o arrestos no jurisdiccionales. Pero, como decimos, salvo en los casos de flagrancia, nuestro sistema legal no contempla prerrogativa alguna de autoridades no jurisdiccionales para privar o restringir la libertad ambulatoria de persona alguna.

En el caso de las medidas cautelares personales más intensas, su carácter jurisdiccional se ve reforzado por la posibilidad de que sean siempre revisadas en segunda instancia por la Corte de Apelaciones respectiva vía recurso de apelación, como veremos más adelante.

3.3 Fundamentación de la resolución que se pronuncia sobre ellas

Las medidas cautelares no solo deben ser decretadas por resolución judicial, sino que además esta debe ser fundada, según dispone textualmente el artículo 122 del CPP como "principio general"; requisito que en todo caso es transversal a todas las resoluciones que se dicten en el proceso (artículo 36 del CPP). En el mismo sentido, los artículos 9.2 del PIDCP y 7.4 de la CADH.

Esto aplica no solo para las resoluciones que se pronuncian acerca de una medida cautelar, acogiéndola, sino también respecto de aquellas que imponen una menos gravosa que la solicitada por el acusador o que rechazan su imposición. Y aplica no solo respecto de las resoluciones de primera instancia, sino también a las dictadas por las Cortes de Apelaciones por la vía de apelación.

Lamentablemente, es cuestión muy común que las resoluciones de los Tribunales de Garantía consistan en una utilización automática de frases hechas y formalismos que no entran a las razones de fondo de por qué se está decretando —o no— la medida solicitada, en especial la prisión preventiva. Asimismo, las Cortes superiores suelen dictar el consabido "vistos: se confirma" haciendo suyos los argumentos del tribunal inferior, pero sin contener una argumentación propia, como lo exige la ley.

3.4 Proporcionalidad

Debe existir una correlación entre la medida cautelar que se impone, los fines del procedimiento que se pretenden resguardar y la peligrosidad de la conducta investigada.

Así, el artículo 122 del CPP dispone que las cautelares que se adopten deben ser "absolutamente indispensables para asegurar la realización de los fines del procedimiento".

Las medidas cautelares personales son esencialmente *instrumentales* a los fines del procedimiento y, esencialmente, *revisables y revocables en el tiempo*: siempre debe tenerse en vista por el juez cuál será la pena probable que recibirá el imputado, para ponderar la medida cautelar a imponer durante el procedimiento. Si la llamada *prognosis de pena* indica que el acusado no sufrirá en caso alguno una pena de privación efectiva de libertad, en el evento de dictarse sentencia de condena, no debiera jamás imponerse la prisión preventiva, por ejemplo (artículos 124, 141 y 152 inciso 2 del CPP).

3.5 Requisitos

La doctrina procesal distingue dos requisitos clásicos para la concesión de las medidas cautelares.

Por un lado, el *fummus boni iuris* o "humo de buen derecho" (artículo 140 a) y b) CPP), que es una forma poética de expresar que quien solicita una de estas medidas debe presentar al juez antecedentes o indicios que sirvan de base, al menos, para una sospecha de la existencia del delito investigado y la participación que ha tenido el imputado.

No se trata de pruebas propiamente tales, ya que no son controladas por las partes ni por el juez; en rigor, corresponde a un estándar inferior que generalmente consiste en el parte policial, fotografías, declaraciones escritas de testigos o informes de expertos, en el mejor de los casos.

En segundo lugar, el *periculum in mora* o "peligro en la demora", también llamado *periculum in libertatis*. En el proceso penal, se le denomina también "necesidad de cautela" (artículo 140 c) del CPP) y consiste en la proyección —con los antecedentes disponibles en el momento— de que la futura conducta del imputado resulta eventualmente riesgosa para la conservación de las pruebas, o la seguridad personal de la víctima, o bien, un abstracto riesgo de "peligrosidad para la seguridad de la sociedad" que se pondera con la gravedad de la pena asignada al delito.

Volveremos sobre todo esto en detalle al estudiar la prisión preventiva en el capítulo siguiente.

4. Estudio particular de las medidas cautelares personales de citación y de detención

4.1 Citación

La citación consiste en un requerimiento judicial escrito para que el imputado comparezca a alguna actuación del procedimiento, bajo el apercibimiento de ser conducido por la fuerza pública en caso de incumplimiento.

Es la más leve de las medidas cautelares del CPP.

Hay que aclarar que el CPP contempla citaciones a personas que no son el imputado; estas citaciones no son medidas cautelares personales. Así, la citación del Ministerio Público del artículo 23 del CPP y la citación judicial de artículo 33 están destinadas a asegurar la comparecencia de cualquier persona, no solamente del imputado, y respecto de cualquier delito. Ahora, en caso de incumplimiento de una citación, el testigo, por ejemplo, será compelido por la fuerza pública.

El artículo 124 del CPP regula la citación como una medida cautelar personal y, por lo mismo, se aplica solamente respecto del imputado investigado por delitos que la ley no sanciona con penas restrictivas ni privativas de libertad; y cuando fuera necesaria la comparecencia del imputado ante el tribunal.

En estos casos, la única medida cautelar personal que procede aplicar sería la citación. Esta referencia a la pena aplicable debe entenderse —a nuestro juicio— a la pena en abstracto asignada al delito investigado. Impera aquí, obviamente, un criterio de proporcionalidad, como ya vimos.

La forma en que se practica esta citación como medida cautelar es la misma que la ya vista del artículo 33, a propósito de las notificaciones que se pueden practicar en el proceso. A juicio del profesor Julián López —y en esto tiene razón— la citación sería la única medida cautelar aplicable para la criminalidad de bagatela, siendo improcedente la detención judicial imputativa del artículo 127 e incluso la detención por flagrancia del artículo 134, con las excepciones a que alude el inciso cuarto del artículo 134 para ciertas faltas. Más adelante en este capítulo veremos estas dos instituciones en mayor detalle.

El incumplimiento de la citación por el imputado, esto es, su incomparecencia al acto procesal al que se le indicó, da lugar a que el tribunal esté facultado para ordenar el arresto del imputado por falta de comparecencia, según ordena expresamente el inciso 2 del artículo 124 del CPP. O sea, la citación muta en una medida cautelar personal más gravosa, como es la detención o arresto, que veremos a continuación.

Compartimos el criterio del profesor López sobre que es improcedente aplicar prisión preventiva respecto del imputado investigado por delitos en que solo sea procedente la citación como medida cautelar personal.

El artículo 33 dispone cuál deberá ser el contenido de la citación, estableciendo las siguientes menciones mínimas: el tribunal ante el cual debe comparecer el citado y el domicilio del tribunal; la fecha y hora de la audiencia; la identificación de la causa por la que se le cita; el motivo de la citación; la advertencia del uso de la fuerza pública en caso de incomparecencia; y la obligación de informar y justificar cualquier impedimento para comparecer.

4.2 Detención

La detención o arresto consiste en la privación de libertad de una persona por un breve lapso de tiempo, con el objeto de ponerla a disposición del tribunal para asegurar su comparecencia a algún acto del procedimiento o a la formalización de investigación en su contra.

La detención puede ser *imputativa* cuando se practica sin citación judicial previa, para asegurar la presencia del imputado a la audiencia en que se formalizará investigación en su contra, y eventualmente se decretará una medida cautelar de mayor intensidad; también puede ser *por incomparecencia o arresto*, en caso de que el imputado, previamente citado a la comparecencia judicial, no cumpla con la citación.

La detención imputativa admite, a su vez, una subclase, como es la *detención por flagrancia.*

La Ley 20.603 de 2012 estableció una tercera clase de detención, contenida en el inciso cuarto del artículo 129 del CPP, que obliga a los funcionarios policiales a practicarla en los casos en que exista un *incumplimiento de alguna de las condiciones impuestas para el otorgamiento de la pena sustitutiva de libertad vigilada intensiva* (artículo 17 ter letras a), b), c) y d) de la Ley 18.216), según veremos más adelante.

A continuación estudiaremos la detención imputativa, la detención por flagrancia y la detención por incomparecencia o arresto.

a) Detención imputativa

i) Concepto

La detención judicial imputativa está regulada en el artículo 127 del CPP, autorizando al tribunal a emitir una orden de detención en contra del imputado, previa solicitud del Ministerio Público, "cuando de otra manera la comparecencia pudiera verse demorada o dificultada". Este requisito es ponderado por los Tribunales de Garantía de manera bastante cuidadosa, utilizando esta medida cautelar cuando efectivamente consta por actos positivos que el imputado está eludiendo su obligación de comparecer.

Doctrinariamente se ha dicho que esta clase de detención, "imputativa" cumpliría con el objetivo de que se pueda asegurar la formalización de investigación y la imposición de medidas cautelares en contra del imputado. Ello es así en la práctica; pero en rigor la ley no lo establece expresamente. En cualquier caso, la detención imputativa obedece a asegurar el llamado "factor sorpresa", es decir, aplica respecto de aquellos imputados respecto de quienes podría presumirse que no estarán disponibles para comparecer voluntariamente, dadas sus circunstancias personales y del delito investigado. En todo caso, este requisito de que "la comparecencia pudiere verse demorada o dificultada" ha sido interpretado restrictivamente por algunas Cortes superiores conociendo de recursos de amparo, acogiéndolos a favor de las defensas cuando no existían antecedentes de dicho riesgo que consagra la norma. (Corte Suprema, rol 4401-2006, entre varios otros, citados por el profesor Rodrigo Ríos Álvarez).

En 2016 se reformó la regulación de la detención judicial imputativa, permitiendo al juez despachar la orden cuando "el imputado haya concurrido voluntariamente ante el fiscal o la policía, y reconocido voluntariamente su participación en ellos [crimen o simple delito]". Esta reforma resulta problemática, porque constituye un desincentivo para la colaboración del imputado, además de vulnerar la regla de que ninguna persona puede ser condenada con el mérito de su propia confesión (artículo 340 del CPP).

Además de que resultará un caso al menos infrecuente que el imputado confiese para luego evadir la acción de la justicia. El mismo año se incorporó un inciso que permite una detención imputativa solo por estarse investigando "un hecho al que la ley asigne una pena privativa de libertad de crimen".

La Ley 21.694 de 2024 agregó el artículo 127 bis del CPP, que creó una nueva hipótesis de detención imputativa "respecto de quien tenga vigente una notificación roja de la Organización Internacional de Policía Criminal, para que sea conducido ante el juez dentro del plazo máximo de veinticuatro horas". En la audiencia de control de detención, esta norma faculta al fiscal para solicitar una ampliación de dicha detención por un plazo de hasta cinco días "con el fin de que pueda solicitarse la detención previa del imputado o iniciarse el proceso de extradición". Una vez vencido este plazo, sin que se haya solicitado la detención previa o la extradición, el juez de garantía deberá decretar la libertad inmediata del imputado, según dispone la misma norma.

La detención como medida cautelar obliga a los funcionarios policiales a conducir de inmediato al detenido a la presencia del juez, para efectuar el pertinente control de la detención, que veremos un poco más adelante. El plazo en que el imputado puede permanecer detenido sin control del juez no puede exceder, en todo caso, las veinticuatro horas. El artículo 131 inciso primero del CPP dispone que el detenido pasará a control de su detención frente al juez "hasta el momento de la primera audiencia judicial", según la agenda del tribunal, que es lo que sucede en la práctica (sin superar el plazo máximo de 24 horas). Las Cortes de Apelaciones parecen haber asentado el criterio uniforme, por la vía de conocer de amparos constitucionales, de que no existe ilegalidad en que la audiencia de control de la detención se celebre después de cumplidas las veinticuatro horas de efectuada la detención, en la medida que el imputado *haya sido puesto a disposición* del tribunal dentro de ese plazo por la policía o el fiscal.

La orden de detención del juez debe ser escrita y expresar claramente la identidad de la persona que se ordena detener, el motivo de la detención y la instrucción a la policía de ser conducido en forma inmediata al tribunal o establecimiento penitenciario, o bien, permanecer en su residencia. Es importante saber que la orden de detención no la despacha nunca de oficio el tribunal, sino siempre a petición del Ministerio Público, salvo que se trate de delitos flagrantes cometidos en el propio tribunal (artículo 128 del CPP).

La policía es la encargada de dar cumplimiento a la orden de detención del tribunal, sin cuestionarla o impedirla en forma alguna, pudiendo efectuar una entrada y registro en lugares de libre acceso al público (artículo 204 del CPP) o en lugares cerrados en que el propietario o encargado permita expresamente la entrada de la policía (artículo 205), según las reglas que ya estudiamos. Si no se cuenta con esa autorización del propietario o encargado, la policía solamente puede adoptar medidas para impedir la fuga del imputado, mientras el fiscal solicita la autorización para la entrada y registro (artículo 205 inciso final), según ya estudiamos. Estas reglas son relevantes en la práctica, porque una detención ilegal podría eventualmente —aunque no necesariamente— gatillar la ilegalidad de la prueba obtenida en ese procedimiento, con una limitante importante que veremos más adelante (artículo 132 inciso final).

En todo caso, el imputado siempre conserva la facultad de apersonarse voluntariamente en el tribunal, y ello deberá motivar al juez a dejar sin efecto la orden de detención en forma inmediata (artículo 126).

Respecto de esta detención "imputativa" es llamativo que, de acuerdo con el artículo 127 CPP, el tribunal no deba hacer ningún control de admisibilidad respecto de su procedencia, que se refiera a los hechos investigados. Dicho de otro modo: a pesar del nombre, esta detención parece más bien un asunto automático, y *no vinculada al mérito de la imputación que sostiene la fiscalía*. Así, si a juicio del juez, la comparecencia del imputado, por ejemplo, se puede ver demorada, o si de acuerdo con lo señalado por el fiscal, arriesga una pena de crimen, procederá sin más trámite su detención. Esto contrasta con lo dispuesto en otros instrumentos internacionales. Por ejemplo, el artículo 58 del Estatuto de Roma, ratificado por Chile, obliga a la Sala de Cuestiones Preliminares a efectuar un análisis acerca de si "*hay motivo razonable para creer que* [el imputado] *ha cometido un crimen de competencia de la Corte*" para acceder a la solicitud del Fiscal de despachar una orden de detención.

ii) La lectura de los derechos del detenido (Miranda rights)

La orden de detención debe ser intimada legalmente al imputado, lo que significa que debe serle *exhibida por la policía al detenido*, quien puede conservar una copia. Esto es una garantía constitucional consagrada en el artículo 19.7 c) y d) de la CPR, en relación con los artículos 94 a) y 125 del CPP.

Junto con la intimación, la policía debe informar al imputado de los *derechos del detenido*, que son los siguientes: conocer los hechos que se le imputan, su derecho a ser asistido por un abogado desde los primeros actos del procedimiento, a guardar silencio y no prestar declaración bajo juramento, a entrevistarse privadamente con su abogado, entre otros (artículos 94 y 135 del CPP). Esta lectura de derechos puede ser en el mismo momento de la detención o en el recinto policial al que es conducido el detenido, y si el imputado sabe leer, se le entregará una copia escrita de estos derechos. Además, debe dejarse constancia de que se dio lectura a los derechos. El CPP ordena a que se coloque en los recintos policiales y judiciales un cartel de difusión de estos derechos del detenido (artículo 137).

Los derechos del detenido contenidos en la ley procesal penal chilena tienen su origen en los llamados *Miranda rights*, denominados de esa forma a partir una muy conocida sentencia de la Corte Suprema de Estados Unidos (*Miranda v. Arizona* en 1964).

El caso, muy resumidamente, fue el siguiente: Ernesto Miranda había sido detenido en 1963 en la ciudad de Phoenix, estado de Arizona, e imputado por el secuestro y violación de una mujer, firmando una confesión escrita del crimen ante la policía; esta confesión fue invalidada por la Corte Suprema en atención a que la policía había omitido informar previamente al imputado de sus derechos consagrados en la Quinta Enmienda de la Constitución de ese país, esto es, el derecho a no declarar contra sí mismo.

En esta sentencia se dijo que la garantía de la Quinta Enmienda se justificaba en el respeto a la dignidad e integridad inherente a todo ser humano, y la lectura previa de derechos perseguía así un doble propósito: por un lado, inhibir a las policías de coaccionar a los imputados para obtener confesiones; y, por otro lado, establecer ciertas garantías que hagan más probable que dicha declaración se ha prestado en forma libre y conociendo las consecuencias que pueda acarrearle al imputado. La sola información de estos derechos por parte de la policía sería presunción suficiente de que no hubo coerción; por el contrario, su ausencia sería indicativa de que sí la hubo. De esta forma, la Corte Suprema puso fin a la doctrina anterior del *case-specific voluntary test*, es decir, el examen detallado de las circunstancias de cada caso, y lo reemplazó por esta verdadera presunción de carácter general, favorable al imputado.

El autor norteamericano Larry Laudan ha sido muy crítico de los *Miranda rights*, en cuanto su omisión permite que se excluya como evidencia la declaración que presta el imputado. Como veremos en detalle más adelante, bajo el entendimiento que se ha hecho en Chile, ello no siempre ocurre. Laudan señala que este criterio jurisprudencial de la Corte Suprema de los Estados Unidos vino a simplificar, como ya dijimos, el estándar de validez de la declaración del imputado. En términos sencillos: si se le leyeron los derechos, no debiera haber discusión acerca de la validez de esta evidencia. Pero, apunta este autor, esta validación sería "milagrosa", ya que la sola lectura de derechos provoca el efecto "mágico" de eliminar la coacción policial y el ambiente intimidante del recinto policial, cuestión que en la realidad puede no siempre ocurrir.

iii) La omisión de la obligación de leer los derechos del detenido y las llamadas "declaraciones espontáneas" ante la policía

Lamentablemente, el CPP no es explícito en determinar cuáles son las sanciones frente a la omisión de informar debidamente al imputado acerca de sus derechos como detenido, más allá de las sanciones disciplinarias que contempla el artículo 136.

Dependiendo de las circunstancias, esta omisión podría acarrear que la prueba o declaraciones obtenidas del detenido sean consideradas ilícitas, por vulnerarse los derechos del imputado, en la medida que ello implique algún grado de engaño en perjuicio del imputado por parte de las policías o fiscales. Pero la sola omisión en la lectura de derechos no genera, en caso alguno, una *ilicitud automática* de la evidencia recogida a partir de dicha confesión, según se ha fallado. Para los profesores Bordachar y Rodríguez, recogiendo una postura doctrinal asentada, una omisión de este tipo podría incluso subsanarse a través de la información que el fiscal o el juez le den al imputado acerca de los motivos de su detención, en la misma audiencia de control de la detención; es decir, *ex post*.

Una sentencia de 2020 de la Corte Suprema (rol 29.950-2019) resolvió no anular una sentencia de condena por delitos de la Ley de Control de Armas y de la Ley 20.000 en un caso en que el imputado había prestado una "declaración espontánea" a la policía respecto de la existencia de plantas de marihuana en su domicilio en el contexto de una entrada y registro a su domicilio, sin previa lectura de derechos ni advertencia de su derecho a guardar silencio. La Corte resolvió que la exigencia de la lectura de los derechos del imputado es solo aplicable en el contexto de un interrogatorio policial, no así en declaraciones previas a este y que se den en *contextos informales* de interacción con la policía. Este último criterio ha sido reconocido en alguna literatura, como la obra del profesor Francisco Hermosilla Iriarte, quien cita otras sentencias de la Corte Suprema anterior a esta (roles 6298-2015 y 42.335-2017).

Se ha justificado la legalidad de estas declaraciones "espontáneas" en contextos en que la policía —según el relato consignado en las sentencia— solamente se apersona en el lugar de los hechos y efectúa preguntas genéricas acerca de las razones que explican la presencia del sujeto en el lugar, ante lo cual el imputado inicia una confesión apresurada sin dar tiempo a la policía para advertirle de sus derechos.

Creemos que este criterio debe ser examinado con cierto cuidado. Para la mayoría de las personas, y en la gran mayoría de los contextos, la sola presencia de un funcionario policial será suficiente presión para entregar información que, de ser adecuadamente advertido al sujeto, no entregaría espontáneamente. Por lo mismo, estas declaraciones podrían no ser para nada espontáneas, sino provocadas por la obvia influencia que genera la sola presencia de un policía en un determinado lugar donde pudo cometerse un delito.

iv) La "alerta preventiva" a las policías

Recientemente, el Ministerio Público ha incurrido en la cuestionable práctica de no detener imputativamente al sujeto contra quien se ha solicitado o se solicitará su formalización de investigación, sino que emite una *alerta preventiva* a las policías para que avisen al fiscal en forma inmediata si el imputado intenta atravesar un paso fronterizo para salir del territorio nacional. Esto ha sucedido en casos en que el Ministerio Público ha solicitado la formalización de la investigación al juez de garantía y este fija la audiencia para varias semanas o meses en el futuro. Como el Ministerio Público teme que en esa "ventana de tiempo" el imputado pueda fugarse, emite estas "alertas preventivas", aunque el imputado haya estado siempre disponible para los actos del procedimiento.

En esta situación, al imputado no se le detiene, pero sí se le advierte que, si concreta su salida del país, se le detendrá imputativamente para ser conducido al tribunal con el objeto de que se formalice una investigación de inmediato. Decimos que es una práctica cuestionable porque nada de esto está regulado en la ley, y lo que corresponde es que el imputado, si está disponible para los actos del procedimiento, pueda circular libremente dentro y fuera de Chile. De lo contrario, si hay elementos para asumir que se fugará, la fiscalía debe proceder a su detención e inmediata formalización sin más trámite. La Corte Suprema en causa rol 45849-2024 acogió un recurso de amparo en contra de la instrucción particular N°042024/FAC/53585 dictada por una fiscal del Ministerio Público que justamente ordenaba a la PDI generar esta "alerta preventiva" respecto de un imputado.

b) Detención por flagrancia

i) Situaciones de flagrancia

Una subclase de detención imputativa es la detención por flagrancia, la que puede ser ordenada tanto por el juez, si el delito se está cometiendo en su sala de despacho (artículo 128 del CPP), como por funcionarios policiales o incluso por cualquier particular (artículo 129). En este último caso se les denomina coloquialmente "detenciones ciudadanas".

La detención por flagrancia corresponde a una especial *forma de autotutela* permitida en la ley, en que la policía, o cualquier particular, pueden privar de libertad a una persona para efectos de ponerla a disposición de la justicia en forma inmediata. Por sus peculiares características, está reconocida en el artículo 19.7 c) de la CPR y regulada minuciosamente en el CPP.

Las situaciones de flagrancia están reguladas en el artículo 130 del CPP y corresponden a las siguientes:

a) El que actualmente se encontrare cometiendo el delito.
b) El que acabare de cometerlo.
c) El que huyere del lugar de comisión del delito y fuere designado por el ofendido u otra persona como autor o cómplice.
d) El que, en un tiempo inmediato a la perpetración de un delito, fuere encontrado con objetos procedentes de aquél o con señales, en sí mismo o en sus vestidos, que permitieren sospechar su participación en él, o con las armas o instrumentos que hubieren sido empleados para cometerlo.
e) El que las víctimas de un delito que reclamen auxilio, o testigos presenciales, señalaren como autor o cómplice de un delito que se hubiere cometido en un tiempo inmediato.

f) El que aparezca en un registro audiovisual cometiendo un crimen o simple delito al cual la policía tenga acceso en un tiempo inmediato.
g) Para los efectos de lo establecido en las letras d), e) y f) se entenderá por tiempo inmediato todo aquel que transcurra entre la comisión del hecho y la captura del imputado, siempre que no hubieren transcurrido más de doce horas.

Pero estas no son las únicas situaciones de flagrancia.

La Ley 21.633 de 21 de noviembre de 2023 agregó una modificación al artículo 134 del CPP, asimilando a la flagrancia la mera "permanencia en el inmueble" cuando se trata de los *delitos de usurpación* de inmuebles de los artículos 457, 457 bis, 458 y 458 bis del Código Penal. Esta reforma, aunque está contenida en el CPP, lo que hizo en buenas cuentas es convertir a la usurpación de inmuebles en un "delito permanente", es decir, uno que se está cometiendo ininterrumpidamente en el tiempo mientras no se desocupe la propiedad. Esto tendrá consecuencias importantes para efectos de la aplicación de la ley penal y procesal en el tiempo, y para la prescripción de la acción penal. La misma Ley 21.633 introdujo una importante modificación al artículo 189, estableciendo una excepción respecto de los inmuebles supuestamente usurpados a la regla de que solo se efectuará su devolución luego de concluido el procedimiento.

Como han anotado algunos autores, la palabra flagrancia viene de una voz latina que significa "arder" o "quemarse", es decir, que da cuenta de un suceso en desarrollo, una llama que está consumiendo algo.

Por contraste, si uno revisa las hipótesis del artículo 130 las situaciones de evidente flagrancia serían las de las letras a), b) y c). Las de las letras d) y e), en cambio, hablan de un "tiempo inmediato a la perpetración", es decir, se trata de un delito que ya se cometió, no que se está cometiendo ni se acaba de cometer (incluso doce horas atrás). Por último, la de la letra f) derechamente regula una situación que se asimila a la flagrancia, pero que en realidad no es tal, como es el figurar el imputado en registros audiovisuales que pudieron haber registrado un delito cometido hace más de doce horas.

En el mismo sentido, puede resultar conceptualmente discutible que se considere "flagrante" la usurpación de inmuebles mientras el ocupante ilegal no haga abandono de él, pero la ley se encargó expresamente de asimilarlo. Mismo criterio podría aplicarse, por ejemplo, al delito de secuestro, mientras no se libere a la víctima.

ii) Autoridades y personas autorizadas para detener por flagrancia

La regla general es que los particulares no están obligados a detener a nadie por flagrancia, aunque sean testigos de la comisión de un delito; es decir, solo tienen la prerrogativa de hacerlo. Por el contrario, las policías sí tienen esta obligación (artículo 129 inciso segundo del CPP).

Sin embargo, existen ciertos funcionarios y particulares que, sin ser policías, tienen la obligación de practicar la detención por flagrancia en ciertos contextos.

Así, el artículo 5 del Decreto con Fuerza de Ley 1 de 2023 sobre Resguardo de Zonas Fronterizas, permiten al personal de las Fuerzas Armadas practicar detenciones por flagrancia en las zonas custodiadas en virtud de dicha ley, con la obligación de poner al detenido a disposición de la autoridad en el más breve plazo, no superior en todo caso a doce horas. Aunque esta norma está redactada en términos facultativos ("podrán"), una lectura sistemática de sus disposiciones da a entender que se trata de una verdadera obligación.

En el mismo sentido, el artículo 71 del Código Aeronáutico obliga al comandante a detener por flagrancia a un pasajero o tripulante en caso de que se cometa un delito a bordo de una aeronave.

El artículo 6 de la Ley 18.287 sobre Procedimientos ante los Juzgados de Policía Local permite que funcionarios de Carabineros, PDI e incluso inspectores fiscales y municipales practiquen detenciones de personas por flagrancia de faltas, cuyo conocimiento sean de competencia de dichos juzgados, en los casos que el infractor sea "una persona sin domicilio conocido que no rinda fianza bastante de que comparecerá a la audiencia que se le cite". Evidentemente esta norma resulta totalmente desproporcionada respecto del régimen común del CPP que no permite detenciones ni siquiera para las faltas que son de competencia de los jueces penales, como veremos a continuación.

iii) Delitos y personas susceptibles de ser detenidas por flagrancia

La detención por flagrancia solo autoriza a la detención sin orden previa respecto de personas y de hechos que justifiquen, eventualmente, un procedimiento de acción penal pública o de acción penal pública previa instancia particular; en este último caso solo para los delitos sancionados en los artículos 361 a 366 quáter del CP.

En los restantes casos de delitos de acción penal pública previa instancia particular, y en los delitos de acción penal privada, nunca procederá la detención por flagrancia (artículo 129 inciso tercero del CPP). Así, por ejemplo, en el delito de violación de morada (artículo 54 b) del CPP), que es de acción pública previa instancia particular, no procede la detención por flagrancia.

La Ley 21.632 de 2023 agregó un inciso al artículo 129 del CPP, estableciendo que también será procedente la detención por flagrancia y la incautación de dineros y valores en los casos de investigaciones por el delito de contrabando de divisas del artículo 168 bis de la Ordenanza General de Aduanas; esto, a pesar de que se trata de un delito de acción penal pública previa instancia particular.

Asimismo, y como vimos, no solo procede la detención para las faltas y para los delitos que no están sancionados con penas privativas o restrictivas de libertad, según dispone el artículo 124.

La voz "delito" que emplea la norma no exige que el agente policial o el particular haga un análisis de la existencia de todos los elementos de la teoría del delito, esto es, que se trate de una conducta típica, antijurídica y culpable. Bastará con que externamente la conducta parezca típica para que se entienda autorizado este tipo de detención. Sin embargo, si aparece evidente que la conducta está justificada, la detención por flagrancia sería improcedente y, por lo mismo, ilegal.

Por su parte, el artículo 3 de la Ley 20.084 sobre Responsabilidad Penal Adolescente dispone expresamente que los menores de dieciocho y mayores de catorce años pueden ser detenidos por situaciones de flagrancia.

Respecto de los menores de catorce años —inimputables— que sean sorprendidos en una situación de delito flagrante, su detención es improcedente y lo que legalmente debiera ocurrir es que la autoridad ponga al niño a disposición del Tribunal de Familia para que se procure su adecuada protección (artículo 58 de la Ley 20.084). Tratándose de infracciones de menor entidad, la autoridad podría entregar al niño a sus padres o a quien lo tenga a su cargo, o a algún adulto responsable. Como veremos más adelante, respecto de los niños infractores de ley ni siquiera son procedentes las medidas de seguridad de los artículos 481 y 482 del CPP, sino que solo medidas de protección por parte del tribunal de familia competente.

iv) Lugares en que se puede practicar la detención por flagrancia

Como ya se dijo, a propósito de la detención en general, en este caso la detención por flagrancia autoriza a la policía —y a particulares— a practicarla en lugares de libre acceso al público y en aquellos lugares cerrados previa autorización del propietario o encargado. Si no se cuenta con esta autorización, solamente la policía —y no los particulares u otros funcionarios— podrían allanar el domicilio o lugar cerrado "cuando las llamadas de auxilio de personas que se encontraren en el interior u otros signos evidentes indicaren que en el recinto se está cometiendo un delito", entre otras hipótesis que contempla el artículo 206 del CPP.

v) Detención por flagrancia y discrecionalidad policial

La detención por flagrancia por parte de las policías resulta en una particular y sensible afectación de los derechos fundamentales de las personas; no tan solo por la privación misma de la libertad, que en todo caso es por breve plazo, sino también porque esa detención dará lugar muchas veces a un procedimiento policial posterior en que se recabará evidencia en contra del detenido y se procederá a formalizar investigación.

Se trata de una zona en que las policías están autorizadas para actuar discrecionalmente y sin orden judicial previa, sobre la base de si, en su criterio, la situación a la que se enfrentan corresponde a un caso de flagrancia o no. Muchas veces estas situaciones quedan íntimamente relacionadas con las detenciones practicadas al amparo del control preventivo de identidad del artículo 85 del CPP, que exige la existencia de indicios de que se ha cometido un delito, o de que el imputado se dispone a cometerlo.

Esta discrecionalidad policial puede ser terreno fértil para que las policías actúen guiadas principalmente sobre la base de prejuicios y estereotipos discriminatorios, en lugar de parámetros objetivos. El asunto ha sido poco desarrollado en la doctrina y jurisprudencia chilena, pero en Estados Unidos existe una continua tensión entre fiscales y policías, por un lado, y los jueces que controlan la investigación, por otro, referido a la existencia de una "causa razonable" o "causa justa" *(probable cause)* de la detención. Esta "causa razonable" consiste en la sospecha objetiva de que se está cometiendo o se cometerá un delito. De esta forma, se intenta prevenir que las detenciones por flagrancia o los controles policiales lo sean solo sobre la base del aspecto físico, vestimenta u otros factores externos que obedezcan a preconcepciones del funcionario respecto de sujetos más propensos a cometer delitos que otros.

En Chile, sin embargo, pueden encontrarse algunos casos interesantes. La opinión pública pudo conocer del caso del juez de garantía de San Antonio, Juan Carlos Flores, quien el 29 de mayo de 2018 declaró ilegal la detención policial de unos sujetos que se desplazaban en un automóvil de vidrios polarizados en que se descubrieron armas al interior. A juicio del juez, la policía carecía de indicios objetivos para efectuar el control de identidad del artículo 85 del CPP y solo actuó movida por los prejuicios que le generaba un automóvil con vidrios polarizados, lo que no es, en sí mismo, un antecedente objetivo de comisión de un delito. En suma, se intentaba, a través de esta decisión, fomentar una actuación policial orientada a comportamientos no discriminatorios.

La Corte Suprema, en el caso rol 24700-2020, declaró también ilegal una detención en un caso en que la policía estimó como "indicio" suficiente el que en un determinado sector de una ciudad era frecuente que se hicieran intercambios de dinero por drogas. En el caso particular se detuvo a dos personas que a simple vista se habían encontrado en la calle para intercambiar un papel por dinero. Para la Corte Suprema ese antecedente no resultó aceptable como indicio, siendo más bien indicativo de una discriminación en contra de ciertas personas, por el solo hecho de habitar en cierto sector de la ciudad. En otro caso (rol 1542-2024) la Corte Suprema estimó como indicio suficiente de la comisión de un delito, y por lo mismo declaró legal el procedimiento y la evidencia recogida, el que el imputado haya efectuado "maniobras imprudentes" en su automóvil (exceso de velocidad y apagar las luces) al momento de ser controlado por Carabineros. En otra sentencia (rol 103.119-2013) se estimó que era indicio suficiente para controlar un vehículo el que se percibiera desde afuera, por parte de la policía, "un fuerte olor a marihuana".

vi) Obligaciones y prohibiciones de la policía y de los particulares posteriores a la detención por flagrancia

En los casos de detención por flagrancia, rige el mismo plazo máximo de veinticuatro horas para que la policía ponga al detenido a disposición del tribunal, pero con una exigencia adicional de "informar de ella al Ministerio Público dentro del plazo máximo de doce horas" (artículo 131 inciso segundo del CPP). En este caso, el fiscal puede dejar sin efecto la detención practicada por la policía u ordenar que se ponga a disposición del juez al detenido; si el fiscal nada dice, la policía igualmente debe ponerlo a disposición del juez. También puede el encargado del recinto policial dejar sin efecto la detención por flagrancia si "considerare que existen suficientes garantías para su oportuna comparecencia [ante el juez]" (artículo 134 inciso final).

El artículo 133 del CPP restringe el acceso de personas detenidas a los establecimientos penitenciarios en la medida que lo sean por orden judicial previa; por lo mismo, respecto de personas detenidas en flagrancia en que no existe orden judicial, estas deberán ser mantenidas bajo *custodia policial* en sus propios establecimientos y ponerles a disposición del juez en el plazo legal que ya vimos. Es decir, no deberán ser detenidas en establecimientos penitenciarios; de esta forma, se evita su "contaminación criminógena".

Existe la discusión acerca de si el fiscal tiene la facultad de ordenar la libertad de una persona detenida por flagrancia, ya sea por la policía o por un particular, o si ello es prerrogativa exclusiva del juez. En nuestra opinión, habiendo resistencia de la policía en la liberación, esta debiera poner simplemente al detenido a disposición del juez y que sea este quien resuelva. Si la policía, por el contrario, accede a la liberación ordenada por el fiscal, no vemos problema en que se le libere, en circunstancias en las que es el Ministerio Público el único autorizado por ley para sostener la acción penal en contra del detenido.

El artículo 131, reformado por la Ley 20.074, agregó la obligación que pesa sobre las policías para informar de la detención de la persona al abogado de su confianza o a la Defensoría Penal Pública.

Aunque es evidente, no está de más recordar que la detención por flagrancia —ya sea practicada por particulares o las policías— no autoriza a retener al imputado por un plazo superior al legal de veinticuatro horas para ponerlo a disposición del Tribunal de Garantía, a riesgo de configurar el delito de secuestro. Tampoco autoriza a quien detiene a agredir, lesionar, torturar o someter al detenido a un trato degradante o humillante, a riesgo de incurrir en delitos como el de lesiones o tortura. En rigor, quien detiene por flagrancia solo tiene la prerrogativa de reducir (inmovilizar) al detenido, solo si ello es necesario en las circunstancias particulares de la detención, y a ponerlo a disposición de la policía o del juez en el más breve plazo, según sea el caso.

El artículo 138 dispone que la detención de personas que hayan desplegado alguna conducta que pudiera ser estimada como constitutiva de legítima defensa en los términos del artículo 10.6 del CP deberá practicarse en su residencia. Esto, porque eventualmente la conducta podría ser estimada como exenta de responsabilidad penal.

Finalmente, los artículos 417 y 426 del CPP disponen reglas especiales para ciertas autoridades que son sorprendidas en situación de flagrancia (senadores, diputados, gobernadores regionales, delegados presidenciales regionales, delegados presidenciales provinciales, jueces, fiscales judiciales y fiscales del Ministerio Público), los que deben ser puestos por el fiscal a disposición de la Corte de Apelaciones respectiva en forma inmediata, es decir, para ellos no corre el plazo máximo de veinticuatro horas.

vii) Detención por incomparecencia o arresto

Como ya vimos, esta clase de detención, también llamada "arresto" se gatilla cuando el imputado incumple su deber de comparecencia a la presencia judicial, al haber sido previamente citado.

A diferencia de la detención imputativa, aquí no se pretende que el imputado comparezca para que se formalice investigación en su contra y eventualmente se decreten otras medidas cautelares, sino que solo se persigue asegurar su presencia a algún acto procesal, y una vez cumplido este, el imputado recuperará su libertad.

Opera cuando el imputado no comparece a una citación despachada por el juez (artículo 33 del CPP), o por el Ministerio Público (artículo 23), o cuando su presencia es requisito para la validez de alguna actuación del procedimiento (artículo 127 inciso cuarto).

Una reforma legal de 2016 (Ley 20.931) hizo procedente el recurso de apelación respecto de la resolución que deniegue una orden de detención por incomparecencia, recurso respecto del cual solo tiene legitimación activa el Ministerio Público. *Contrario sensu*, ninguno de los otros intervinientes estaría legitimado para recurrir ni tampoco procede respecto de la resolución que conceda el arresto; esto sin perjuicio de los problemas de constitucionalidad que genera esta norma, en evidente perjuicio de los derechos del imputado y la asimetría generada a favor del ente persecutor.

c) Otras clases de detenciones

Junto con la detención imputativa y la detención por incomparecencia o arresto, existen otras modalidades que revisaremos a continuación.

i) Detención como medida ejecutiva en contra del condenado y del imputado sujeto a prisión preventiva

Aquí existen tres hipótesis: aquel acusado que, estando en libertad, es condenado a una pena privativa de libertad; aquel condenado que quebranta su condena; y al imputado que estando en prisión preventiva se fuga del establecimiento penitenciario (artículos 468 y 129 inciso quinto del CPP, respectivamente).

Respecto del primer caso, hay que aclarar que el imputado por un delito que merezca una pena efectiva de privación de libertad puede afrontar el juicio en libertad, dándose la situación —nada infrecuente— que se encuentre en libertad al momento de su condena (lo usual, sin embargo, es que se encuentre en prisión preventiva). Entonces, estando en libertad durante el juicio, pero al imponérsele la condena penal el imputado se fuga, se gatilla esta especial forma de detención.

El quebrantamiento de condena, en cambio, se refiere al condenado que interrumpe voluntariamente el cumplimiento de la sentencia impuesta, ya sea porque se fuga del establecimiento penitenciario (si es una pena privativa de libertad) o si despliega conducta u omite hacer algo en cumplimiento de una pena no privativa de libertad. El quebrantamiento de condena es, adicionalmente, un delito penal sancionado en el artículo 90 del CP y puede dar lugar, además, a que se sustituya la pena por una más gravosa, según sea el caso. En el caso del artículo 129 del CPP, solo se autoriza la detención del condenado que quebranta la condena privativa de libertad.

ii) Detención por incomparecencia de testigos y peritos

Se refiere al incumplimiento de una citación previa para prestar declaración en el juicio oral, o juicio simplificado, o por delito de acción penal privada (artículos 298, 393 y 405 del CPP, respectivamente), según ya vimos.

iii) Detención en el contexto del control de identidad del artículo 85 de Código Procesal Penal

El control de identidad del artículo 85 se refiere a la entonces novedosa regulación que derogó la "detención por sospecha" que existía bajo la vigencia del Código de Procedimiento Penal de 1906. El control de identidad lamentablemente se ha visto desfigurado a partir de sucesivas reformas legislativas (leyes 19.942 de 2004, 20.253 de 2008 y 20.931 de 2016) que han rigidizado este instrumento, restituyéndole los tintes de discriminación y marginación de ciertos grupos etarios y socioeconómicos que tenía originalmente.

Esta norma permite que la policía pueda solicitar la identificación de cualquier persona cuando exista algún indicio de que la persona se ha visto o se verá involucrada en la comisión de un hecho constitutivo de delito, o incluso una falta.

Requerido que sea por la policía, si se identifica, no hay mayor problema; pero si por cualquier razón no lo hace, esta norma faculta a las policías para proceder a su detención solo para efectos de "dar facilidades" al detenido para que se identifique. La verdad, cuesta entender cómo se puede facilitar la identificación de una persona privándola de su libertad personal.

También se permite solicitud de identificación cuando los funcionarios policiales "tengan algún antecedente que les permita inferir que una determinada persona tiene alguna orden de detención pendiente" y cuando "existan indicios de que ha ocultado su verdadera identidad o ha proporcionado una falsa".

En este procedimiento se permite a la policía el registro de vestimenta, equipaje o vehículo de la persona cuya identidad se controla y cotejar la existencia de órdenes de detención que estén pendientes. También permite tomar las huellas dactilares, aun sin autorización del afectado y sin instrucción del fiscal ni orden judicial.

Hoy, esta detención no puede durar más de ocho horas —lo que ya es un plazo bastante dilatado— y la negativa a identificarse constituye una falta penal del artículo 496.5 del CP, autorizando a la policía a —paradójicamente— practicar una *nueva detención*, esta vez, sobre la base de esa falta penal, cuestión que no resiste el más mínimo test de coherencia con las normas ya estudiadas, debido a su evidente desproporción.

La Ley 20.931 en su artículo 12 instauró un nuevo "control de identidad preventivo", que existe "sin perjuicio" (o sea, adicional) al del artículo 85 del CPP, y que está regulado de forma muy similar a este último, con la diferencia, claro está, que no se exige al policía constatar la existencia de indicio alguno de un posible ilícito.

De hecho, este control se ejerce simplemente "en cumplimiento de las funciones de orden y seguridad pública". Autores como el profesor Andrés Cruz Carrasco han notado que "esta institución se encuentra altamente desperfilada, por cuanto en la práctica no existen registros fiables de la forma en que se verifican, se ha constatado que no hay claridad por parte de los funcionarios policiales respecto de sus requisitos y procedencia, no hay criterios claros para diferenciarlo del control de identidad investigativo, por lo que no existe claridad en torno a cuándo se realiza uno u otro y cuándo se muta de uno a otro". No podemos estar más de acuerdo con esta opinión.

El artículo 21 de la Ley 19.327 sobre Violencia en los Estadios, permite también a Carabineros de Chile efectuar un control de identidad ajustado a lo dispuesto en el artículo 85 del CPP.

Asimismo, se autoriza a las Fuerzas Armadas, a partir de la entrada en vigencia del Decreto con Fuerza de Ley 1 del 9 de febrero de 2023, a efectuar controles de identidad dentro de sus funciones de resguardo de las zonas fronterizas, pero siempre que existan indicios de que se ha cometido o se cometerá un delito, o que la persona oculte su identidad.

Es importante tener presente que la Ley 21.694 dispuso, para efectos de que el juez de garantía decrete la prisión preventiva, que se estimará como que existe peligro de fuga en los casos en que se desconozca la identidad del imputado o cuando "carezca de documentos de identidad que den cuenta de manera fidedigna de ella, o cuando se niegue a entregar dicha documentación o utilice documentos falsos o adulterados". Como vemos, con esto se ha "cerrado el círculo", de forma tal que la negativa a identificarse no solo acarreará una detención policial y una persecución penal, sino que adicionalmente podría servir de fundamento para la prisión preventiva. Sobre esto último hay que decir lo obvio: la negativa de una persona para identificarse ante un funcionario policial puede deberse a múltiples razones, y no solo a que haya cometido o se disponga a cometer un delito. Esta brutal positivización del que "nada hace nada teme" resulta un lamentable retroceso en los derechos del ciudadano.

iv) Detención ordenada por jueces con competencias distintas al juez penal.

Finalmente, existen jueces que no tienen competencia penal y que están facultados por ley para despachar órdenes de detención o arresto en algunas circunstancias determinadas.

Estas facultades han sido seriamente cuestionadas por la jurisprudencia, la que las ha estimado como desproporcionadas, siendo frecuente que se acojan recursos de amparo (artículo 21 de la CPR) a favor del detenido.

En el CPC abundan estos apercibimientos, por ejemplo, para hacer cumplir las resoluciones del juez civil (artículo 238); en contra del demandado que se niega a prestar declaración jurada como medida prejudicial (artículo 274); contra el litigante que se niega a exhibir la cosa que sea objeto del litigio (artículo 276); y contra el testigo que se niegue a declarar (artículo 380), entre varias otras hipótesis.

También se contempla esta posibilidad, con similar alcance, respecto de los jueces de policía local (artículos 40 al 42 de la Ley 18.287 que establece procedimiento ante los tribunales de policía local).

d) Control de la legalidad de la detención

i) Aspectos generales

Como vimos, la detención es practicada en la mayoría de los casos por agentes de la policía que funcionan natural y cotidianamente fuera del control de fiscales y jueces. Por lo mismo, es en ese contexto en que pueden producirse vulneraciones a las garantías fundamentales del imputado. No solo por los eventuales malos tratos que pudieran darse en casos de resistencia a la detención, sino también por la ejecución de prácticas "poco ortodoxas" o derechamente ilegales para obtener cierta información del imputado.

Es por esto que el legislador ha dispuesto que la detención siempre debe ser revisada por el Tribunal de Garantía en breve plazo.

La detención, cualquiera que sea esta, puede ser controlada a través de al menos tres mecanismos, en cuanto a su legalidad. Los revisaremos a continuación.

Partiremos por lo más breve. La legalidad de la detención siempre podrá controlarse a través de un amparo ante el juez de garantía (artículo 95 del CPP); de una cautela de garantías ante el mismo juez (artículo 10 del CPP); e incluso también por un recurso de amparo del artículo 21 de la CPR, que es competencia de la Corte de Apelaciones respectiva, según ya estudiamos en detalle más arriba.

Sin perjuicio de ello, el mecanismo por excelencia será en la audiencia de control de la detención que tiene lugar tan pronto el detenido es puesto a disposición del juez, reglada en el artículo 132 del CPP.

Como ya vimos, no pueden transcurrir más de veinticuatro horas desde practicada la detención sin que el juez revise la situación del detenido.

El control de la detención es una garantía que la encontramos en el artículo 7 número 6 de la Convención Americana de Derechos Humanos y en el artículo 9 número 4 del Pacto Internacional de Derechos Civiles y Políticos, que son vinculantes para Chile por disposición del artículo 5 de la CPR, y que disponen que es derecho del detenido ser puesto a disposición del juez "a la brevedad posible" para que se decida "sobre la legalidad de su prisión y ordene su libertad si la prisión fuere ilegal".

ii) Objeto de la audiencia de control de la detención

La persona que es traída a la presencia judicial para el control de su detención pudo haber sido detenida, como vimos, de forma imputativa, por incomparecencia o arresto, o por flagrancia.

Tratándose de una detención imputativa o de un arresto, en esta audiencia el juez debe imponerse de las circunstancias en que se efectuó la detención, esto es, si existía una orden de detención válida y vigente. El control de legalidad de la detención por flagrancia se referirá, naturalmente, al examen que debe hacer el juez respecto de la concurrencia de los presupuestos legales para que dicha detención fuere procedente, según los requisitos que ya vimos.

Asimismo, el juez debiera cerciorarse de que el imputado esté en una condición física y psíquica aceptable, y, por supuesto, instruir al Ministerio Público que investigue si detecta que el imputado fue víctima de agresiones por parte de los funcionarios que lo detuvieron.

Hay que tener presente que la ley y los protocolos aplicables solo permiten que al imputado se le reduzca en caso de que se oponga físicamente a la detención, empleando los funcionarios la "fuerza estrictamente necesaria" para ello; por lo mismo, quedan en el terreno de la ilegalidad otro tipo de malos tratos, golpes, lesiones o agresiones sexuales. El artículo 20 del Decreto Ley 2.460 de 1979 Orgánica de la Policía de Investigaciones de Chile dispone que es prerrogativa de dicha policía requerir que el detenido sea examinado por un médico legista para constatar sus lesiones antes de ingresar al recinto de detención.

En la misma audiencia el tribunal debiera controlar la identidad del imputado, esto es, cerciorarse que la persona que tiene al frente es quien dice ser. Puede parecer algo evidente, pero no son pocos los casos de imputados que se han presentado con identidades suplantadas.

El tribunal debe también cerciorarse de que se haya practicado la lectura de derechos al imputado; si ello no ocurrió, el juez deberá leérselos y oficiar a la autoridad competente para que instruya los procedimientos y sanciones que correspondan al funcionario que incurrió en tal omisión.

La audiencia de control de la detención reviste una gran importancia estratégica y puede ser fundamental para el futuro del proceso. La teoría del caso y lo que la defensa alegue o deje de alegar respecto de la legalidad del procedimiento policial que condujo a la detención tendrá consecuencias gravitantes respecto de las medidas cautelares que se puedan decretar, ya que estas últimas se apoyarán en la evidencia recogida durante ese procedimiento policial. Además, no puede perderse de vista, como ya vimos, que la audiencia de control de la detención puede transformarse en una audiencia de formalización y, además, en que se proponga y se celebre un juicio abreviado o simplificado con admisión de responsabilidad; es decir, el imputado podría ser condenado en esta misma audiencia, celebrada pocas horas después de ocurrido el hecho.

iii) Presencia obligada de ciertos intervinientes

La Ley 20.074 autorizó a que a esta audiencia pueda concurrir no solo el fiscal, sino también el abogado asistente de la Fiscalía (artículo 132 del CPP). Hasta antes de la entrada en vigencia de la Ley 20.253 del año 2008, surgía la duda de si el abogado asistente tenía facultades adicionales para formalizar la investigación y solicitar medidas cautelares en esa misma audiencia, cuestión que quedó aclarada en la actual redacción del artículo 132 CPP, que expresamente lo permite.

La norma no señala expresamente como requisito de validez de esta audiencia la presencia del abogado defensor del imputado, aunque lo normal es que ello ocurra y que al detenido —si no cuenta con defensa privada— se le asigne un defensor penal público de turno para dichas audiencias (los Tribunales de Garantía suelen destinar "bloques" de audiencias para estos propósitos).

Sin perjuicio de ello, la presencia del defensor será obligatoria si la Fiscalía pretende formalizar investigación en la misma audiencia de control de la detención.

iv) Facultades del juez de garantía y prerrogativas de la fiscalía en la audiencia de control de la detención

Una vez que el detenido es traído a presencia del juez de garantía, lo usual es que este disponga que se celebre la audiencia de control de la detención en un "bloque de audiencias" del mismo tipo, esto es, que se examine la legalidad de la detención de varios imputados que han sido detenidos en las horas anteriores en audiencias sucesivas en que se revisa la situación de cada uno individualmente. En estos casos, lo usual es que el Ministerio Público disponga de un fiscal "de audiencia" que actuará en todas ellas. Lo mismo la DPP, que asignará a un defensor de turno para todos aquellos imputados que no cuenten con defensa particular.

Si el fiscal no está presente en esta audiencia, el juez tiene la obligación de liberar al imputado; sin perjuicio de ello, el juez podría no liberarlo y solamente suspender la audiencia por "un plazo breve y perentorio no superior a dos horas" para que el fiscal se apersone a la audiencia (artículo 132 inciso primero del CPP). Pero, como decimos, lo usual es que el fiscal sí esté presente, ya que se trata del "fiscal de audiencia".

Celebrada sea la audiencia de control de la detención, el juez deberá revisar los aspectos que ya hemos señalado anteriormente y podrá declarar que la detención fue legal, o bien, ilegal.

En rigor, el examen de legalidad, como dijimos, debiera referirse a si se dio cumplimiento a los requisitos legales para que procediera una detención imputativa, un arresto o por flagrancia. Se ha señalado por alguna jurisprudencia que la omisión en la lectura de derechos al imputado, o que se le haya maltratado, son cuestiones ajenas a la legalidad de la detención y que no acarrean que este sea ilegal; ello sin perjuicio de las denuncias administrativas o criminales que el juez estime procedente formular.

Revisaremos a continuación qué sucede luego del examen de legalidad de la detención por parte del juez de garantía.

Si la detención fue declarada legal, es obligación del juez disponer la inmediata libertad del detenido sin mayor trámite. Sin perjuicio de ello, en este escenario el fiscal podría de todas formas hacer una de dos cosas para mantener al imputado bajo custodia: podría formalizar investigación y solicitar medidas cautelares personales en la misma audiencia, si es que cuenta con antecedentes suficientes; o bien, podría solicitar un plazo adicional de hasta tres días al juez para recabar antecedentes adicionales que le permitan formalizar y solicitar medidas cautelares a futuro, solicitando que en el intertanto se mantenga detenido al imputado. El juez debiera acceder a la solicitud del fiscal solo "cuando estimare que los antecedentes justifican esa medida" (artículo 132 inciso tercero).

El artículo 22 de la Ley 21.732 de febrero de 2025, que reemplazó a la Ley 18.314 del año 1984 sobre delitos terroristas, permite que este plazo de detención adicional se prolongue hasta por cinco días, prorrogable por otros cinco adicionales; diez en total. Esta norma estableció una particularidad, porque la fijación de los primeros cinco días adicionales de detención podría ocurrir "sin necesidad de que el imputado sea conducido al tribunal". Es decir, el juez podría adoptar su decisión en forma escrita, a solicitud del fiscal.

Esta última norma era parte del diseño original del CPP, sin perjuicio de lo cual no deja de ser llamativo que una persona pueda permanecer hasta cuatro días detenida a la espera de una eventual formalización, que podría no ocurrir.

Naturalmente, si la detención fue declarada ilegal, no podrá pedirse una ampliación de esta, sino que el fiscal deberá formalizar en la misma audiencia y solicitar a continuación medidas cautelares personales.

En todo caso, existen leyes especiales que permiten prolongar aún más el plazo de detención. Así, el artículo 39 de la Ley 20.000 sobre Tráfico Ilícito de Estupefacientes, el artículo 19 B de la Ley de Control de Armas y el artículo 33 de la Ley 19.913 sobre Blanqueo de Activos permiten que sea de hasta cinco días. En el mismo sentido, la Ley 21.694 permite ampliar también el plazo hasta en cinco días, pero solo para practicar diligencias investigativas, cuando lo que se investiga son asociaciones delictivas o criminales y también "de investigaciones dirigidas contra personas cuya identidad no puede ser determinada o de investigaciones dirigidas contra personas de nacionalidad extranjera cuyos antecedentes criminales son desconocidos".

De todas formas, en la audiencia de control de detención el juez de garantía podría estimar que se configuró, por parte de los agentes estatales que practicaron la detención —o del particular que lo hizo por flagrancia—, la comisión del delito de privación de libertad ilegal y arbitraria perpetrada por funcionario público del artículo 148 del Código Penal,[1] o incluso el secuestro del artículo 141 del CP; en ese caso, debiera denunciarlo al Ministerio Público.

---

1 Aunque afortunadamente no son frecuentes, han existido condenas penales en contra de fiscales que han incurrido en prácticas delictivas al momento de detener a imputados. En 2018 el Tribunal de Juicio Oral en lo Penal de Puerto Montt condenó al entonces fiscal del Ministerio Público, Sergio Coronado Rocha, como autor del delito de detención arbitraria (rit 123-2017): "Que en el marco de la investigación ruc 1100751833-3 por la desaparición de doña Mariela Barra, el entonces fiscal Sergio Coronado Rocha junto a funcionarios de Carabineros que conformaban el equipo investigador se constituyeron el domingo 15 de abril de 2012 aproximadamente a las 17:30 horas en la cancha del sector La Marca, comuna

v) ¿Es legal la evidencia recogida a propósito de una detención declarada ilegal?

La pregunta que queremos responder ahora es si la evidencia recogida en el contexto de una detención declarada ilegal puede ser utilizada en el proceso, sea para sustentar peticiones del Ministerio Público durante la indagatoria o como prueba en el juicio oral que se celebre más adelante.

Naturalmente, si la detención fue legal, dicha evidencia también lo sería, salvo que aparecieran antecedentes que permitieran desvirtuarlo.

Pero si la detención fue ilegal, surge la duda de si dicha ilegalidad contamina también la evidencia recogida en ese contexto.

Esta pregunta está respondida en el penúltimo inciso del artículo 132 del CPP: la ilegalidad de la detención "no producirá efecto de cosa juzgada en relación con las solicitudes de exclusión de prueba que se hagan oportunamente, de conformidad con lo previsto en el artículo 276".

O sea, aun siendo ilegal la detención, las pruebas obtenidas en dicha detención podrían ser estimadas como lícitas más adelante en el proceso.

Esta última disposición fue agregada en una reforma de 2008 (Ley 20.253 de "agenda corta"). Anterior a esta ley, la DPP había planteado, con cierto éxito, que la ilegalidad de la detención producía un efecto de nulidad procesal respecto de la evidencia recogida en dicho contexto, lo que impedía al fiscal formalizar la investigación, ya que "el imputado nunca debió haber estado en la sala de audiencias".

A juicio del profesor Guillermo Oliver esta reforma legal lo que hizo fue contravenir expresamente las disposiciones de los artículo 7 número 6 de la Convención Americana de Derechos Humanos y en el artículo 9 número 4 del Pacto Internacional de Derechos

---

de Puerto Montt, donde citaron a «Reservado» y un tercero, para concurrir de inmediato a prestar declaración en la Fiscalía Local de Puerto Montt, ubicada en Pedro Montt N° 56 de esta ciudad, trasladándolos en vehículos a dichas dependencias. Hernández Vargas ingresó a la oficina del Fiscal Coronado, en el cuarto piso de la Fiscalía local aproximadamente a las 18:19 horas, siendo interrogado por el fiscal y los policías. La descrita situación se prolongó hasta las 02:31 horas aproximadamente, del lunes 16 de abril de 2012, hora en que el Fiscal Coronado, junto a funcionarios policiales, abandonaron la Fiscalía y se dirigieron con «RESERVADO» al sector La Vara donde realizaron diligencias de búsqueda del cuerpo de Mariela Barra, luego de lo cual fue llevado a una unidad policial y a las dependencias de la Fiscalía Local de Puerto Montt, desde donde nuevamente regresaron con Hernández Vargas al Sector La Vara para continuar en las diligencias de búsqueda ya referidas, las que concluyeron aproximadamente a las 18:00 horas en que lo condujeron a su domicilio. Durante ese lapso de aproximadamente 24 horas, Hernández Vargas estuvo de hecho privado de libertad, sin orden judicial de detención y sin que mediara tampoco una detención formal. Que los hechos descritos precedentemente, —y habiéndose advertido a los intervinientes conforme lo dispuesto en el artículo 341 inciso segundo del Código Procesal Penal— en cuanto importan que un empleado público ilegal y arbitrariamente detuvo a una persona, constituyen exclusivamente el delito previsto y sancionado en el artículo 148 del Código Penal".

Civiles y Políticos, que disponen, como vimos, que el imputado debe ser liberado si se resuelve que su detención fue ilegal. De acuerdo con la actual redacción del artículo 132 del CPP, el imputado puede permanecer privado de libertad aun declarándose ilegal su detención, si en la misma audiencia se decreta su prisión preventiva luego de la formalización de investigación.

Sobre la evidencia recogida a propósito de la detención del imputado, se ha planteado la cuestión, tanto a nivel doctrinario como jurisprudencial, acerca de si es procedente que en esta audiencia la defensa pueda solicitar la exclusión de la evidencia obtenida con infracción de garantías fundamentales.

En contextos de detenciones y de entradas y registros, pueden no ser infrecuentes las situaciones en que la policía actúe sin que exista una orden judicial previa, o bien, excediéndose de los términos de una orden existente; o también efectuando controles de identidad sin que existan indicios de la comisión de un delito.

Hay quienes postulan que la única etapa procesal en que procede una solicitud de la defensa para la exclusión de prueba sería en la audiencia preparatoria de juicio oral, según dispone el inciso cuarto del artículo 276 del CPP. Sin embargo, autores como Rodrigo Cerda San Martín han dicho que la exclusión de evidencia puede plantearse en cualquier etapa del procedimiento y ciertamente en la audiencia de control de detención, y podría perfectamente invocarse el artículo 10 del CPP referido a la cautela de garantías del imputado, a falta de otra norma que establezca un mecanismo procesal *ad hoc*.

Este autor ha dicho también que "aceptar lo contrario significaría romper la unidad del sistema generando en la práctica dos investigaciones paralelas: una, en la que prácticamente todo estaría permitido, otra, en la que se exigiría el respeto de los derechos fundamentales con el objeto de asegurar la prueba para el juicio oral". Adherimos a esta última postura. Como se dirá más adelante, el control sobre la licitud de la evidencia y de la prueba puede darse durante todo el proceso, a cargo del Tribunal de Garantía que controla la investigación; por el tribunal de juicio oral al momento de apreciar la prueba rendida en el juicio oral al dictar la sentencia definitiva; y por las Cortes superiores por la vía del recurso de nulidad en contra de la sentencia definitiva. En Alemania, sin ir más lejos, la doctrina mayoritaria adhiere a la "concepción unitaria", esto es, que las prohibiciones probatorias rigen indistintamente en todas las etapas del procedimiento.

Dicho lo anterior, surge la duda de cuál sería el alcance de esta exclusión de evidencia en etapas tempranas del proceso, porque puede parecer ciertamente extraño que el Tribunal de Garantía excluya evidencia sin un propósito determinado. En este sentido, la exclusión de evidencia debiera darse mediante una resolución jurisdiccional del tribunal, pero vinculada a alguna solicitud de la Fiscalía en que se esté haciendo valer dicha evidencia como apoyo de alguna solicitud al tribunal, como sería el caso de la mantención en el tiempo de la detención del imputado, la imposición de medidas cautelares reales o personales, la rendición de prueba anticipada, por ejemplo.

Ahora, si la formalización y solicitud de medidas cautelares personales tiene lugar en la misma audiencia de control de detención, declarada ilegal la detención, es altamente probable que el tribunal de garantía se vea inhibido de imponer cautelares personales intensas, justamente porque la evidencia recogida a propósito de la detención ilegal podría ser también descartada como prueba ilícita más adelante. Por lo tanto, será razonable que el juez estime que no existe "humo de buen derecho" que justifique decretarlas.

El profesor Gonzalo Hoyl ha dicho que, por la remisión que hace el artículo 52 del CPP a las reglas del libro I del CPC, sería plausible plantear la apertura de un "término de prueba incidental" en la audiencia de control de detención (artículo 90 del CPC), ciñéndose a los principios de oralidad, concentración, libertad probatoria e inmediatez de las audiencias ante los juzgados de garantía. La verdad, no es necesario "ir tan lejos" para sustentar que es perfectamente plausible rendir antecedentes en dicha audiencia —los que en todo caso no son "prueba" en el sentido procesal del término—, aunque en la práctica ello puede ser irrealizable si se tiene en cuenta que la defensa en general no tendrá acceso a mayores antecedentes en esta etapa, más allá del parte policial u otra evidencia recogida en las horas anteriores cuando se practicó la detención.

vi) Recursos procesales en contra de la resolución que se pronuncia sobre la legalidad de la detención

La ley de "agenda corta" de 2008 (Ley 20.253) hizo apelable, en el solo efecto devolutivo, la resolución que declaró la ilegalidad de la detención respecto de los detenidos por los delitos de los artículos 141, 142, 361, 362, 365 bis, 390, 391, 433, 436 y 440 del Código Penal y los de la Ley 20.000 que tengan pena de crimen.

La misma norma dispuso que "en los demás casos no será apelable", es decir, la resolución que declara legal la detención no es apelable por la defensa, lo que obviamente genera una asimetría difícil de justificar a favor del Ministerio Público.

Tampoco será apelable la resolución que declara la legalidad o la ilegalidad de la detención respecto de cualquier otro delito distinto de los mencionados en la norma recién transcrita.

El profesor Gonzalo Hoyl en una investigación reciente señalaba que apenas el 1% de las alegaciones de ilegalidad de la detención finalmente prosperan. Esto puede ser indicativo de que el actuar de las policías ha sido cercano a la perfección, o bien, que el estándar que están exigiendo los tribunales para apreciar estas ilegalidades es absolutamente inalcanzable por las defensas.

vii) Reglas flexibles de competencia territorial de los Tribunales de Garantía

Como vimos más arriba en este trabajo, el CPP ha tendido a la simplificación de las reglas sobre competencia territorial, parta evitar que se dejen sin efecto las actuaciones de los Tribunales de Garantía en situaciones en que han debido actuar respecto de hechos acaecidos fuera de su territorio jurisdiccional.

El artículo 70 del CPP sufrió una modificación en 2005 (Ley 20.074) para otorgar competencia tanto al juez de garantía que controla la investigación del Ministerio Público como al del lugar en que se produjo la detención cuya legalidad debe ser controlada (en el entendido que el imputado sea detenido en un lugar distinto), siempre que el juez de garantía que controla la investigación funcione en una comuna asiento de Corte.

Si la detención la controla un juez distinto del que controla la investigación, y se ordena la prisión preventiva, el juez debe ordenar la remisión del imputado al establecimiento penitenciario que corresponda al territorio del juez que controla la investigación. Estas reglas no aplican, en todo caso, si esta situación se produce entre juzgados de garantía de la región Metropolitana, en donde el control de detención debe celebrarse en una audiencia ante el juez que controla la investigación.

Capítulo IX

Prisión preventiva

PRISIÓN PREVENTIVA

1. Aspectos generales

1.1 Concepto

La prisión preventiva es la más intensa de las medidas cautelares personales, y corresponde a la resolución judicial, esencialmente provisoria y revocable, que priva efectivamente de su libertad ambulatoria al imputado en contra de quien se ha formalizado investigación, en un recinto penitenciario, con el fin de asegurar los fines del procedimiento y/o de la investigación o de resguardar la seguridad del ofendido o de la sociedad toda.

Como punto de arranque de las reflexiones que compartiremos a continuación, nos pareció plenamente pertinente una frase que resulta inspiradora la consignada por el profesor Ramon Ragués i Valles en un reciente trabajo de 2023: "Del mismo modo que hoy nos parecen aberrantes ciertas prácticas como el tormento, los castigos corporales o la pena de muerte, llegará un día en el que nos lo parecerá también la decisión de privar de su libertad a personas inocentes".

La prisión preventiva, a pesar de su denominación, no debe confundirse con la pena de prisión que el CP dispone para las faltas (artículo 21 CP).

1.2 Carácter excepcional de la prisión preventiva

La libertad ambulatoria constituye la situación por defecto y la regla general en nuestra Constitución Política y los tratados internacionales ratificados por Chile. Por lo tanto, el encarcelamiento, y sobre todo el preventivo, debe ser siempre una situación enteramente excepcional y sometida a rigurosos controles estatales.

En este sentido, el artículo 19.7 b) y e) de la CPR es muy claro al disponer que "nadie puede ser privado de su libertad personal ni ésta restringida sino en los casos y en la forma determinados por la Constitución y las leyes"; y que "la libertad del imputado procederá a menos que la detención o prisión preventiva sea considerada por el juez como necesaria para las investigaciones o para la seguridad del ofendido o de la sociedad".

En 2005, a través de la reforma de la Ley 20.050 se adecuó esta regla constitucional, según el texto actualmente vigente, eliminándose la antigua nomenclatura de "libertad provisional", que daba a entender justamente que la situación normal del procesado era su presidio preventivo, siendo su libertad excepcional y "provisional".

Por su parte, el artículo 9 del Pacto Internacional de Derechos Civiles y Políticos dispone que "la prisión preventiva de las personas que hayan de ser juzgadas no debe ser la regla general".

En el mismo sentido el artículo 139 del CPP es claro al disponer que "la prisión preventiva procederá cuando las demás medidas cautelares personales fueren estimadas por el juez como insuficientes para asegurar las finalidades del procedimiento, la seguridad del ofendido o de la sociedad".

Así también el artículo 122 del CPP que establece como principio general el siguiente: "las medidas cautelares personales solo serán impuestas cuando fueren absolutamente indispensables para asegurar la realización de los fines del procedimiento y solo durarán mientras subsistiere la necesidad de su aplicación".

Actualmente, se alude a la teoría de "ponderación de derechos" elaborada por el jurista alemán Robert Alexy para argumentar cuándo y en qué circunstancias es procedente la prisión preventiva. Esta teoría permite a los jueces, de acuerdo a las directrices de "absoluta necesidad" y "excepcionalidad", que entregan las normas recién transcritas. Para ello debemos recurrir a los principios de necesidad, idoneidad y proporcionalidad en sentido estricto, que ya vimos en detalle en otra parte de este trabajo.

La prisión preventiva siempre será una medida idónea para conjurar el peligro de reiteración de delitos que pudieren atentar contra el ofendido o poner en riesgo la seguridad de la sociedad, ya que, como es evidente, el imputado estará privado de libertad y resguardado por funcionarios de Gendarmería de Chile en un recinto penal.

Sin perjuicio de ello, no siempre la prisión preventiva superará el test de necesidad (o subsidiariedad, como también se le conoce); incluso es más: es muy posible que en la gran mayoría de los casos existan otras medidas que permitan cumplir con el mismo fin —seguridad para el ofendido y para la sociedad— sin ser necesaria una privación total de libertad.

Lamentablemente no existen estudios empíricos en nuestro medio que hayan determinado cuál es el porcentaje de imputados que, habiendo estado sometidos a alguna de las medidas cautelares personales alternativas del artículo 155 del CPP, igualmente reinciden. Este insumo sería de mucha utilidad para los jueces para ponderar la necesidad de esta medida a futuro, caso a caso por los jueces.

1.3 Orígenes históricos

Según consigna el jurista italiano Luigi Ferrajoli, la prisión preventiva no era conocida en la Roma clásica y solo se instauró durante la Edad Media como elemento importante del proceso inquisitivo, que, como hemos dicho, se apoyaba importantemente en la confesión del acusado que debía obtenerse mediante el tormento que se aplicaba mientras esperaba su juicio, naturalmente privado de libertad.

Durante la Ilustración se cuestionó severamente el uso de esta herramienta, cuyo clímax y abuso se alcanzó durante el *Ancien Régime*.

La prisión preventiva volvió en gloria y majestad con los fascismos del siglo XX, y en general su defensa va casi siempre —en forma explícita o velada— vinculada estrechamente a la supresión de la garantía de la presunción de inocencia, como sucedió con mucha claridad con la escuela positivista italiana de la segunda mitad del siglo XIX.

1.4 La prisión preventiva en el Código de Procedimiento Penal de 1906

Como decíamos más arriba, a propósito del recurso de amparo, la realidad anterior a la entrada en vigencia del CPP bajo el régimen del Código de Procedimiento Penal de 1906 era que la prisión preventiva fuera la medida cautelar personal "por defecto", ya que no existían otras menos intensas y esta se empleaba con fines de resguardo de la "seguridad de la sociedad", además de la existencia de delitos inexcarcelables, en que era improcedente la libertad provisional del reo.

Para peor, la prisión preventiva se decretaba una vez que el reo era sometido a proceso, esto es, una vez que se dictaba una resolución judicial que determinaba que sobre él existían fundadas sospechas de que el delito se había cometido y que él era el responsable.

A lo anterior se sumaba que el proceso penal tenía una duración tremendamente dilatada en el tiempo y la sentencia definitiva era sometida a la revisión de dos Cortes superiores, por lo que la condena —de llegar— finalmente se imponía cuando sus fines preventivos se habían diluido por el paso del tiempo. La prisión preventiva pasaba así a ser un sucedáneo de la condena.

1.5 La prisión preventiva hoy en Chile y en el mundo

En 2020, el reporte del World Prison Brief arrojaba que en el mundo existen cerca de tres millones de personas que se encontraban en prisión preventiva.

Lo alarmante, en todo caso, es el porcentaje del total de personas privadas de libertad correspondiente a inocentes en espera de ser enjuiciados que cumplen prisión preventiva. Según datos de ese año, en Chile era del 37,4% del total de privados de libertad, lo que contrasta, por ejemplo, con las cifras de España (15%), e Inglaterra y Gales (16%).

Además, desde que se han hecho estas mediciones en el año 2000, el número de presos preventivos ha tenido un incremento acumulado del 15%. Actualmente, calculados sobre cien mil habitantes, Chile arroja 79 personas en prisión preventiva, frente a los 146 de los Estados Unidos y los 20 de España.

Bajo el régimen del antiguo sistema procesal penal, se estimaba que aproximadamente la mitad de las personas privadas de libertad estaban en un régimen de prisión preventiva, o sea, eran personas en rigor inocentes. Cuando entró en vigencia el actual CPP, esta cifra bajó drásticamente, pero con los años y las sucesivas reformas legislativas al CPP, a 2020 la proporción de personas en prisión preventiva del universo de privados de libertad asciende a un 37%, según los datos de Gendarmería de Chile. Esta proporción está ligeramente por sobre el promedio mundial de personas encarceladas sin condena: aproximadamente un 33% del total de privados de libertad a nivel global.

1.6 Prisión preventiva y populismo penal

La prisión preventiva es justamente uno de los aspectos que ha sufrido mayor y más dramáticas reformas en nuestro CPP, de la mano de múltiples leyes que son la peor manifestación del populismo penal, pero que, como sabemos, atrae a los votantes en las democracias occidentales bajo la falsa promesa de que el "endurecimiento" de las medidas cautelares —que no es más que restringir el margen de acción de los jueces— acarreará un descenso de la criminalidad.

Así, políticos de todas las tendencias —generalmente en los extremos del espectro— prometen a los cuatro vientos el "fin de la puerta giratoria", o sea, básicamente prisión preventiva automática por el solo hecho de ser sometido a un proceso penal.

Detrás del eslogan del "fin de la puerta giratoria" está la idea de que el único castigo que finalmente podrá recibir el imputado (insistimos: en rigor, inocente) será la prisión preventiva. Esto, porque el sistema de persecución penal, en concepto del populismo penal, no es sino un aparato burocrático, corrupto e inútil, plagado de garantías a favor del imputado, ninguna a favor de la víctima, y en que la dictación de una condena es algo demasiado remoto e incierto. Por lo mismo, se insta, sin mayor tapujo, por verdaderas penas anticipadas, sin pruebas y arrasando con la presunción de inocencia del ciudadano.

1.7 La prisión preventiva y la presunción de inocencia

A pesar de que se insiste en la doctrina y en la jurisprudencia de que la prisión preventiva no constituye una "pena anticipada", lo cierto es que el resguardo de la seguridad de la víctima y/o de la sociedad finalmente constituyen justamente un adelantamiento de la pena, e incluso, una suerte de derecho penal de autor, de acuerdo a alguna de las hipótesis que contempla el artículo 140 c) del CPP, como veremos más adelante.

La privación de libertad de personas no condenadas es, como he dicho, uno de los aspectos más sensibles en la administración de justicia de las democracias occidentales, y es ciertamente una paradoja su sola existencia, teniendo en cuenta que se trata de personas que son en rigor inocentes. Salvo los criterios que atienden a los fines del procedimiento (resguardo de la investigación y peligro de fuga) la justificación de la prisión preventiva parece... no tener justificación.

La concesión de la prisión preventiva, como medida que conculca en forma evidente la libertad personal del imputado, debe ser ponderada por el juez con los fines que ella persigue, que son, como veremos, el éxito de la investigación, el peligro de fuga, el riesgo para el ofendido o para la seguridad de la sociedad. Esta ponderación debe efectuarse poniendo en la balanza los valores y garantías en juego, de modo tal —siguiendo a Robert Alexy— que "cuanto mayor sea el grado de lesión o afectación de un principio o derecho, tanto mayor ha de ser la importancia, urgencia y necesidad de ofrecer tutela al principio en pugna".

Esta idea de la "ponderación de las garantías constitucionales" no es, en todo caso, pacífica. Así, filósofos como Jürgen Habermas la han controvertido, afirmando que las garantías fundamentales son un verdadero "cortafuegos" entre los intereses individuales y los de la comunidad. Otros autores como Ronald Dworkin han aceptado que se conculquen las garantías fundamentales pero solo para "casos marginales" o "de manera atenuada", que no sería el caso de la prisión preventiva, que consiste, como veremos, en una limitación particularmente intensa de la libertad ambulatoria y una conculcación de la presunción de inocencia.

Como ha acotado Joseph Raz, también filósofo del derecho: la libertad ambulatoria es el requisito mínimo y básico para ejercer muchas otras libertades personales, y le permite a la persona dirigir su vida a través de sus propias decisiones. Además, podemos agregar: sin presunción de inocencia el juicio penal es solo pantomima procesal.

Desde las doctrinas del *Common Law*, el profesor Andrew Stumer, ha señalado que el sistema de persecución penal debiera tolerar intromisiones intensas en las libertades personales del individuo y un sacrificio importante de la presunción de inocencia allí donde lo que se investigue sean conductas especialmente peligrosas.

Así, en respuesta a la conocida frase de Blackstone ("es mejor que diez culpables sean absueltos a que un inocente sea condenado"), autores como James Stephen han respondido "todo depende de lo que los culpables hayan hecho"; o como cínicamente acotó Michael Dorf: "creo que la gente está un poco inquieta por la aplicación de la máxima por la que los diez hombres culpables que van a quedar libres puedan tener armas biológicas".

En el Convenio Europeo de Derechos Humanos (artículo 15) expresamente se permite suspender las garantías fundamentales para investigaciones "en caso de guerra o de otro peligro público que amenace la vida de la nación"; dentro de esta categoría estarían los delitos terroristas y de tráfico de drogas (que tienen regulación en leyes especiales en Chile). En estos casos, para algunos autores parece razonable y proporcionado sacrificar estas garantías personales en forma preventiva mientras se investigan ciertos hechos cuyas consecuencias, de repetirse, podrían resultar catastróficas. Para otros, ni aun en estos casos sería legítimo sacrificar la libertad de algunos individuos para la consecución de objetivos colectivos o difusos, como "la seguridad pública".

1.8 Efectos colaterales de la prisión preventiva en el imputado y en el proceso

El uso y abuso de las medidas cautelares personales durante el proceso penal es, sin lugar a dudas, uno de sus aspectos más sensibles. No es posible imaginar situación más injusta que la del ciudadano privado de libertad preventivamente durante meses o años y que finalmente es absuelto en la sentencia definitiva; o peor aún, a quien nunca se somete a juicio oral, sino que es objeto de una salida anticipada. Sin embargo, esta es la situación que se vive diariamente en Chile y en muchas otras democracias occidentales.

La prisión preventiva trae aparejada una serie de efectos colaterales tremendamente perniciosos para el imputado y para la administración de justicia. Para el imputado, obviamente, significa estar privado de libertad, lejos de su hogar y su familia, sin poder trabajar ni generar ingresos, con las limitaciones y precariedades sobradamente conocidas del sistema penitenciario chileno.

Pero hay otros efectos quizás menos estudiados. Las posibilidades de defensa material del imputado se ven severamente limitadas, por ejemplo, desde que su tiempo y disponibilidad para reuniones quedará sujeto a los horarios de visitas que disponga Gendarmería de Chile y los tribunales, en condiciones generalmente precarias y en que suele no haber la debida privacidad.

Asimismo, la prisión preventiva se usa muchas veces como "moneda de cambio" por parte de fiscales y querellantes para forzar acuerdos con la defensa, o para obtener colaboración en la causa.

Existen estudios que sostienen que los jueces y jurados son más proclives a condenar a un imputado privado de libertad que a uno que ha afrontado el juicio oral en libertad. Es más: para jueces y jurados el absolver a un imputado privado de libertad durante la indagatoria solo reflejaría los insalvables y gravísimos problemas del sistema de administración de justicia.

No es infrecuente, por otra parte, que los fiscales al momento de formalizar la investigación y de solicitar la concesión de la prisión preventiva construyan un "gran caso" de múltiples delitos graves, los que finalmente no corresponderán a los que se consignarán en la acusación con la que se lleve a juicio al imputado.

Uno de los efectos colaterales menos estudiados respecto de la prisión preventiva es justamente el daño a la imagen —muchas veces irreparable— que se produce en la persona del imputado. Este daño se ve exacerbado dado el estado actual de comunicaciones instantáneas, del auge de las redes sociales y de los motores de búsqueda en internet que "nunca olvidan".

Si vivimos en un mundo de personas que trabajan muy duramente en la construcción de su imagen, la que se utiliza para la proyección de ciertos atributos, con fines laborales o personales (de ahí el auge de los *influencers*), la prisión preventiva representa una estigmatización que puede ser difícil o imposible de superar. Hasta hace algunos años el imputado vivía su proceso en el anonimato, o quizás solo en conocimiento de su círculo íntimo; pero hoy su sometimiento a proceso y su encarcelamiento será seguido en tiempo real por millones de personas a través de las redes sociales en sus aparatos móviles.

1.9 La prisión preventiva como "equivalente funcional de la pena"

El jurista alemán Günther Jakobs y sus seguidores del ámbito hispanoamericano (Jesús Silva Sánchez y Ramon Ragués i Vallés, entre otros) han planteado la idea de que la prisión preventiva sería un *equivalente funcional de la pena*, esto es, una herramienta procesal que cumple un fin análogo al castigo criminal. Esto, porque para la persona del imputado la prisión preventiva y la condena son indistinguibles, desde que se le priva totalmente de su libertad ambulatoria en recintos idénticos o muy similares; la sociedad, de hecho, lo percibe como una condena anticipada por lo mismo.

Simbólicamente, por así decirlo, serían muy parecidas. Incluso, puede decirse que la prisión preventiva resulta incluso más gravosa que la pena privativa de libertad propiamente tal que finalmente se imponga al condenado, como se verá más adelante. Así, a través de la libertad condicional, por ejemplo, que solo aplica a las condenas, el condenado podría acceder a cumplir parte de la condena en libertad; pero esta institución no aplica a la prisión preventiva.

Como se verá en detalle más adelante, esta idea de considerar a la prisión preventiva como un equivalente funcional de la pena sirve como argumento para justificar el abono del tiempo que se empleó en la prisión preventiva para disminuir el tiempo que se imponga en una condena privativa de libertad.

1.10 Hipótesis legales en que nunca procede la prisión preventiva

Los tribunales con competencia penal deberán ponderar caso a caso si es procedente la prisión preventiva, o bien, si procede una medida cautelar menos gravosa para el imputado; o ninguna medida cautelar personal. Es decir, gozan de un espacio de discrecionalidad para decretar la prisión preventiva o no hacerlo, aplicando las leyes procesales y penales al caso concreto, que veremos con más detalle en este capítulo.

Sin perjuicio de ello, el artículo 141 del CPP en su actual redacción se encarga de señalar al juez los casos en que nunca procede la prisión preventiva, que son los siguientes:

a) Si el delito que se imputa está solamente sancionado por penas pecuniarias (multas) o privativas de derechos. Aquí hay que señalar que hasta una reforma legal del 2002 —Ley 19.789— la prisión preventiva era improcedente respecto de delitos cuya pena no excedieran el presidio menor en su grado mínimo. La redacción actual es más desfavorable para el imputado, claramente.
b) Si se trata de un delito de acción penal privada. Esto, aun cuando estos delitos pueden acarrear, eventualmente, una condena efectivamente privativa de libertad. En este caso el legislador refuerza el interés privado subyacente a estos delitos.
c) Si el imputado se encontrare cumpliendo una pena efectivamente privativa de libertad. Respecto de este caso, la letra c) del artículo 141 contempla una excepción para el caso en que el imputado se encuentra cumpliendo una pena privativa de libertad pero está siendo enjuiciado por otro delito que posiblemente también merezca otra pena privativa de libertad. En este caso se puede decretar la prisión preventiva apenas cese el cumplimiento de la pena en curso. La razón de esta regla parece ser que no se beneficie al condenado que cumple una pena privativa de libertad con un estatus "nuevo" de "imputado" y, por lo mismo, que deba cumplir una nueva privación de libertad —esta vez como prisión preventiva— en un recinto segregado de la población penal condenada.
d) A consecuencia de una reforma de 2023 (artículo 124 bis del CPP, incorporado por la Ley 21.560) tampoco es procedente la prisión preventiva ni las medidas cautelares personales del artículo 155 del CPP, salvo las de las letras d) y g), "tratándose del caso previsto en los párrafos tercero y final del numeral 6 del artículo 10 del Código Penal". En este caso sí procedería la citación, como medida cautelar personal.

La regla anterior de la letra d) contiene una contra excepción. Es decir, sí procede la prisión preventiva si "durante la investigación surgen antecedentes calificados que justifiquen la existencia de un delito". La regla se pone en la hipótesis —entendemos— de que el imputado alegue en su beneficio la concurrencia de alguna de las hipótesis de legítima defensa del artículo 10.6 del CP que se señalan; si ello ocurre, el juez no debiera decretar la prisión preventiva. Ahora, de la redacción no queda claro qué quiso decir el legislador: si basta con que se alegue esta legítima defensa o si deben presentarse ciertos antecedentes que sirvan de indicios para acreditarla a futuro. Parecería más razonable esta última interpretación. En cualquier caso, esta regla no agrega nada nuevo, sino que solo explicita el buen criterio que cualquier juez de garantía está en condiciones de aplicar: si tiene al frente un caso en que razonablemente pareció existir legítima defensa, y por lo mismo la conducta estaría exenta de responsabilidad penal, no es procedente decretar medida cautelar intensa alguna.

En todo caso, el inciso final del artículo 141 dispone que aun en los casos anteriores (a, b y c) podrá proceder la prisión preventiva en las siguientes hipótesis; o sea, una *contraexcepción:*

- Si el imputado incumple con otras medidas cautelares de menor intensidad decretadas previamente.
- Si el tribunal estima que el imputado incumplirá con su obligación de permanecer en el lugar del juicio.
- Si existen motivos para estimar que el imputado no se presentará a los actos del procedimiento o de la dictación de la sentencia.
- En el caso del imputado que derechamente se ausenta de la audiencia de juicio oral, o a la de juicio simplificado, pero siempre a solicitud del fiscal o del querellante. Esta referencia al procedimiento simplificado fue agregada por la Ley 21.635 del año 2023, y ciertamente resulta problemática si se tiene en cuenta que el procedimiento simplificado se aplica para criminalidad de bagatela (penas inferiores a 540 días), muy posiblemente elegible para cumplimientos sustitutivos en libertad. Por lo mismo, la prisión preventiva podría resultar desproporcionada. Así, por ejemplo, si lo que se le imputa al acusado es un delito de acción penal privada, pero no se presenta al juicio oral, podrá decretarse la prisión preventiva en su contra, en una interpretación extensiva de esta regla.

Esta hipótesis de prisión preventiva se denomina comúnmente "prisión preventiva anticipada" y recibe ese nombre porque se decreta respecto de una persona que no está presente en la audiencia en que ello ocurre; lo anterior porque la situación que motiva esta medida cautelar personal es justamente su ausencia a la audiencia de juicio oral.

Además de las hipótesis legales antes vistas, la Corte Suprema en un fallo reciente (rol 251101-2023) acogió un recurso de amparo a favor de un imputado respecto de quien se había decretado prisión preventiva, sustituyéndola por la medida cautelar personal de arresto domiciliario nocturno. Como fundamento, la Corte esgrimió la vinculatoriedad del Convenio N°169 de la Organización Internacional del Trabajo, cuyo artículo 10.2 dispone que, tratándose de personas pertenecientes a una etnia indígena, deben preferirse sanciones diferentes a las del encarcelamiento. En este caso, se trató de una medida cautelar, pero la Corte aplicó el mismo principio contenido en dicho instrumento internacional.

2. Requisitos copulativos para la imposición de la prisión preventiva

Los requisitos de la prisión preventiva están contenidos en el artículo 140 del CPP y son los mismos que para las restantes medidas cautelares del artículo 155, que estudiaremos más adelante.

Estos requisitos son el humo del buen derecho o *fummus boni iuiris* (artículo 140 a y b) y el peligro en la demora o *periculum in mora* (artículo 140 c).

Estos requisitos son copulativos y puede decirse que tienen un orden en que deben ser apreciados por el juez, de acuerdo con la posición en que el legislador los colocó en la norma del artículo 140. Así, el juez debe ponderar, como primera cuestión, si existió el delito (artículo 140 a). Si, por ejemplo, el juez se convence que el hecho que es objeto de la imputación penal ni siquiera es típico, no debiera entrar a evaluar los restantes requisitos del artículo 140, esto es, la participación del imputado, además de los restantes de la letra c) de dicha norma.

Estudiaremos a continuación ambos requisitos.

2.1 *Fummus boni iuris*

a) Concepto

Está contenido en las letras a) y b) del artículo 140, o sea, se refiere a "antecedentes que justificaren la existencia del delito investigado" y a los "antecedentes que permitan presumir fundadamente que el imputado ha tenido participación en el delito como autor, cómplice o encubridor".

Al *fummus boni iuris* también se le ha denominado *fummus commisi delicti* (humo de que se cometió el delito).

Respecto de la voz "delito", existe alguna discusión en la doctrina respecto de si deben ponderarse solamente los elementos típicos de la conducta, o bien, todos los elementos de la teoría del delito, incluidos causas de exención de responsabilidad criminal que pudieren afectar la antijuridicidad.

En nuestra opinión, el tribunal debiera ponderar todos los elementos de la teoría del delito, incluidos ciertamente la eventual antijuridicidad, o la falta de ella, y los elementos de la imputabilidad. Lo anterior, en la medida que los intervinientes —en especial la defensa— así lo planteen en la audiencia en que se discuta la prisión preventiva.

Por ejemplo, si la defensa se opone a la concesión de la prisión preventiva solicitada por el fiscal, alegando que su defendido adolece de una perturbación mental que afecta su culpabilidad, ese antecedente debiera ser ponderado por el juez en la audiencia de discusión de cautelares. Asimismo, el juez no debiera imponer una medida cautelar personal intensa si de los antecedentes aparece como plausible o evidente que la acción penal está prescrita o si operó una excusa legal absolutoria; aun cuando la conducta sea formalmente típica, antijurídica y culpable.

b) Estándar de convicción

Como dijimos, el artículo 140 b) exige que existan "antecedentes que permitan presumir fundadamente que el imputado ha tenido participación en el delito como autor, cómplice o encubridor". Esta redacción viene del Código de Procedimiento Penal y, por lo mismo, puede sonar fuera de lugar en la actual legislación, al referirse a "presunciones fundadas", que hoy equivaldrían casi al estándar de condena.

Lo cierto es que se trataba de un nivel de convicción inferior si se contrasta con el estándar de prueba legal o tasada del CdPP. La doctrina comparada habla de sospecha con fundamento, probabilidad, verosimilitud y apariencia de derecho.

La legislación italiana habla de "serios indicios de culpabilidad", mientras que la alemana de individuos "altamente sospechosos". Por su parte, el Código Procesal Penal Modelo para Iberoamérica exige "la existencia de elementos de convicción suficientes para sostener, razonablemente, que el imputado es, con probabilidad, autor de un hecho punible o partícipe en él". La Corte Suprema de Estados Unidos ha dicho que deben existir "motivos probables para creer que el delito imputado se ha cometido por el arrestado".

Estos "antecedentes" que el juez debe ponderar para verificar los requisitos de la prisión preventiva, en especial de las letras a) y b) del artículo 140, se refieren a la evidencia recogida o producida durante la etapa de investigación desformalizada.

El fiscal, y eventualmente el querellante que solicite esta medida cautelar, deberá llevar preparada una exposición en que le señalen al juez qué evidencia se ha logrado acopiar durante la indagatoria que sustentan una eventual futura condena. Pueden ser declaraciones de testigos, partes policiales, informes forenses, peritajes de toda clase, resultados de exámenes toxicológicos o de fluidos corporales (ADN), la declaración del propio imputado que confiesa el delito, registros de video o de audio, escuchas telefónicas, etc. En la audiencia el fiscal señalará al juez la evidencia que ha recogido, y posiblemente relatará someramente el contenido de las más importantes. La labor de la defensa será la de controvertir esos antecedentes, ya sea cuestionando la credibilidad de los testigos, o de los peritos, o bien, exponiendo su propia evidencia e investigación particular a través de metaperitajes u otras pruebas.

No debe perderse de vista que la prisión preventiva se evalúa por el juez sobre la base de la exposición oral que hacen las partes en la audiencia.

No se trata, por lo tanto, de que el juez esté llamado a ponderar pruebas o que deba generarse su convicción "más allá de toda duda razonable". Por lo mismo, las expresiones que usa el artículo 140 a) y b) sobre "antecedentes que justificaren la existencia del delito" y de "antecedentes que permitieren presumir fundadamente" la participación no deben entenderse como estándares probatorios.

Se trata, en rigor, de un pronunciamiento *prima facie*, a primera vista de cierta evidencia. En todo caso, se ha dicho, con razón, que aun cuando no se pondere propiamente prueba en esta audiencia, el juez sí debiera obtener un convencimiento acerca de la seriedad o verosimilitud del caso presentado por la Fiscalía y/o el querellante a partir de la evidencia recogida durante la indagatoria.

No se exige certeza sobre la existencia del delito y la participación del imputado, pero sí de una cierta "preponderancia de la evidencia" o "prueba prevalente", en el sentido de que haya resultado más persuasivo y convincente el caso de la fiscalía que la tesis alternativa de la defensa, en el evento de haber esgrimido una. Lo que se pretende es que las exigencias del humo de buen derecho no se den por establecidas sobre la base de meras conjeturas o de antecedentes inconexos o aislados.

Se ha dicho que esta formación de convicción del juez sobre la base de los antecedentes que presenten los acusadores en una audiencia sería más desventajosa que —por ejemplo— el antiguo sistema de persecución penal, en que el juez decretaba la prisión preventiva sobre la base de la evidencia respecto de la cual el juzgador había tenido contacto directo, al ser también un juez instructor. Creemos que esa afirmación es equivocada, desde que el juez del crimen del sistema antiguo, como ya hemos dicho, era no solo investigador, sino además acusador (al dictar el auto de procesamiento) y sentenciador (decretaba la prisión preventiva), por lo que estimo que no hay punto de comparación.

Todo lo anterior no quita que puedan —y deban— formularse agudas críticas a nuestro sistema de audiencias orales, en que la prisión preventiva se decreta en forma muchas veces apresurada, con complacencia del juez a la labor del fiscal, "vista gorda" respecto de ilegalidades cometidas durante la indagatoria (con la esperanza de que serán resueltas más adelante en el proceso), en que la defensa muchas veces tiene escaso o nulo contacto con el imputado (si este ha sido detenido en flagrancia, por ejemplo), entre otros factores.

Es también relevante tener en cuenta que la discusión sobre la concesión de la prisión preventiva viene —generalmente— inmediatamente a continuación de la formalización de investigación, en la misma audiencia en que tuvo lugar esta última. Esto es ciertamente desventajoso para la defensa, desde que previamente debió oír pasivamente los cargos criminales que se comunicaron —los cuales no están sometidos a control jurisdiccional alguno— para luego tener que oír, nuevamente, los mismos cargos, pero ahora como sustento de una solicitud de prisión preventiva. Es frecuente que en muchos casos la defensa no cuente con el tiempo ni el acceso a la carpeta investigativa para controvertir adecuadamente estos antecedentes. Y, como decíamos, se trata de un enjuiciamiento *prima facie*, en que el juez "dará por buenos" los antecedentes que la fiscalía o el querellante presenten, en la medida que parezcan razonables y verosímiles, y en que no haya controversia con la defensa acerca de su legalidad. Es decir, la carga argumentativa para controvertirlos, una vez presentados los antecedentes por los acusadores, será de la defensa.

c) Solicitud de exclusión de evidencia en que se apoye el **fummus boni iuris**

¿Es esta la instancia para que la defensa plantee exclusiones de evidencia o antecedentes por haberse obtenido con infracción de garantías fundamentales durante la investigación?

Como hemos dicho, la solicitud de prisión preventiva debe apoyarse en la exposición oral que hacen los acusadores respecto de la evidencia recogida en la investigación. Si la defensa cree que dicha evidencia ha sido obtenida en forma ilegal o con infracción de garantías fundamentales, naturalmente querrá que el juez no la considere al momento de evaluar la procedencia de esta medida cautelar personal.

El asunto es debatido a nivel doctrinario, pero en este trabajo adherimos a la posición de los profesores Julián López, Héctor Hernández, Rodrigo Cerda y Jaime Salas, en el sentido que es perfectamente plausible que la defensa cuestione la solicitud de prisión preventiva —o de cualquier otra medida cautelar personal de menor intensidad— sobre la base de que los antecedentes en que se apoya fueron obtenidos con infracción de las garantías fundamentales del imputado.

Lamentablemente, este tipo de alegaciones suelen ser inadmitidas por los Tribunales de Garantía bajo la excusa de que es un asunto que debe discutirse exclusivamente en la audiencia preparatoria de juicio, según dispone expresamente el artículo 276 inciso cuarto del CPP.

Lo cierto es que si lo que se debatirá es algo de tanta importancia como la privación de libertad del imputado, creemos que no es solo un derecho, sino hasta un deber profesional de la defensa el plantear que la evidencia recogida por la Fiscalía vulneró los derechos constitucionales del imputado o se obtuvo ilegalmente.

Como se dijo en otra parte de este trabajo: el juez de garantía en esta etapa del procedimiento no puede excluir dicha evidencia —cuestión que deberá ser resuelta en la audiencia preparatoria de juicio— pero sí puede perfectamente declarar que a su parecer dicha prueba es ilícita, y que la decisión sobre la solicitud de medidas cautelares personales estará determinada justamente por esa ilicitud. En conclusión, sobre esa base el juez podría rechazarla o bien, morigerar su intensidad.

2.2 *Periculum in mora* o *periculum in libertatis*

Este requisito está contenido en la letra c) del artículo 140.

Sin duda, es el requisito que suscita mayor debate en las audiencias en que se discute la prisión preventiva, el que más modificaciones ha tenido en el CPP y que más controvertido resulta en la ciencia procesal, como enunciamos y estudiaremos ahora. En todo caso, la norma original es tributaria de la redacción del artículo 363 del Código de Procedimiento Penal de 1906, que estaba concebida en términos similares.

Al *periculum in mora* también se le ha denominado *periculum in libertatis* (peligro de que el reo sea liberado).

La norma del artículo 140 c) corresponde al desarrollo legal de la del artículo 19 número 7 e) de la CPR: "La libertad del imputado procederá a menos que la detención o prisión preventiva sea considerada por el juez como necesaria para las investigaciones o para la seguridad del ofendido o de la sociedad".

Este peligro en la demora consiste en tres aspectos detallados en la misma norma del artículo 140 c), que pasaremos a estudiar a continuación.

Estos aspectos son los siguientes: que la prisión preventiva resulte necesaria para el éxito de diligencias precisas y determinadas de la investigación; que la libertad del imputado resulte peligrosa para la seguridad de la sociedad o del ofendido; y que la prisión preventiva impida que el imputado se dé a la fuga.

a) El éxito de diligencias precisas y determinadas de la investigación

Dispone la letra c) del artículo 140 que la prisión preventiva será procedente cuando ella sea "indispensable para el éxito de diligencias precisas y determinadas de la investigación".

Este requisito no genera mayor discusión en la doctrina y parece perfectamente razonable, dado el carácter cautelar que se predica de la prisión preventiva.

La misma norma se encarga de precisar en qué consiste este requisito en forma más que satisfactoria:

> Se entenderá especialmente que la prisión preventiva es indispensable para el éxito de la investigación cuando existiere sospecha grave y fundada de que el imputado pudiere obstaculizar la investigación mediante la destrucción, modificación,

ocultación o falsificación de elementos de prueba; o cuando pudiere inducir a coimputados, testigos, peritos o terceros para que informen falsamente o se comporten de manera desleal o reticente.

Dentro de estas hipótesis no se incluye, ciertamente, la sola negativa del imputado de someterse a exámenes corporales u otro tipo de pruebas ni menos su resistencia a prestar declaración, todas cuestiones que, como vimos, quedan amparadas por su derecho a guardar silencio.

Sobre este asunto, hay un aspecto poco estudiado, pero mencionado por el profesor Marcelo Hadwa. Por un lado, el proceso penal se apoya íntegramente en la carga de la prueba que pesa para el acusador de acreditar los hechos que son objeto de su acusación; pero, por otro, no existen instituciones que sancionen el bloqueo probatorio del imputado o que establezcan apercibimientos ante su negativa a declarar en juicio o de exhibir ciertos antecedentes.

El imputado, como veremos, puede perfectamente mantener una conducta absolutamente pasiva en el proceso y no tiene deber de colaboración alguno. En este sentido, el artículo 503.1.3 b) de la Ley de Enjuiciamiento Criminal española dispone que "no procederá acordar la prisión provisional por esta causa cuando pretenda inferirse dicho peligro únicamente del ejercicio del derecho de defensa o de falta de colaboración del investigado o encausado en el curso de la investigación".

La prisión preventiva puede ser, en ciertos casos, la única forma de proteger la evidencia existente de los ataques del propio imputado o de conductas que pretendan ocultarla.

Por otra parte, es requisito de validez del juicio oral, como veremos, la presencia ininterrumpida del imputado, lo que solo podría lograrse, eventualmente, a través de la imposición de una medida cautelar personal de alta intensidad. Es, por lo demás, lo que recoge la regla del artículo 33 inciso tercero del CPP, que permite que se decrete la prisión preventiva respecto del imputado que se ausenta injustificadamente de un acto del procedimiento al que estaba previamente citado.

Sobre esto último, valga anotar las prevenciones del profesor Ramon Ragués i Valles, en el sentido de que resulta perturbador que se prive de libertad en forma tan radical al imputado, para *beneficiarlo* al permitirle ejercer su garantía de estar presente durante su propio enjuiciamiento. En este sentido, si de garantías procesales se trata, podría perfectamente autorizársele a comparecer de forma telemática (remota), o bien, a representado por su abogado defensor.

Se ha llamado la atención acerca de que esta norma abarcaría solamente las diligencias "de investigación", no así el juicio oral y la prueba que en este debe producirse. Es muy posible que la redacción actual obedezca a que se tomó de modelo la antigua norma del CdPP vigente en el anterior sistema inquisitivo, en que el sumario penal —la investigación— tenía una importancia desmedida frente al juicio plenario propiamente tal. En todo caso, la referencia indistinta que se hace a los "testigos y peritos" abarca también a aquellos que deban declarar en el juicio oral.

b) Si la libertad del imputado es peligrosa para la seguridad de la sociedad o del ofendido

i) Controversia sobre este requisito

Como dijimos más arriba, el requisito de "peligro para la seguridad de la sociedad o del ofendido" convierte a la prisión preventiva en un verdadero adelantamiento de la pena, desde que exige al juez de garantía ponderar un aspecto que es propio de los fines de la pena, como son la prevención general y especial.

Reafirma esta tesis que al condenarse al acusado a una pena privativa de libertad, se podrá abonar el tiempo transcurrido en prisión preventiva (artículo 348 inciso segundo del CPP). Antes de la entrada en vigencia de la Ley 20.253 de 2008 ("agenda corta") el "peligro para la seguridad de la sociedad" estaba asimilado al "peligro de fuga", pero hoy son asuntos diversos, de acuerdo a la actual redacción.

Autores como los profesores Duce y Riego han argumentado que bajo este requisito de "peligro para la seguridad de la sociedad" lo que existe realmente son razones para que el juez decrete una privación de libertad cuando esta "pudiera producir en la sociedad un impacto que deslegitime al sistema", criterio que no compartimos por las razones que se expondrán.

El profesor Marcelo Hadwa, en cambio, y así lo ha sostenido la doctrina mayoritaria, ha señalado que la procedencia de la prisión preventiva en casos en que exista un "riesgo para la seguridad de la sociedad" —esto es, que no persiga fines estrictamente cautelares— establece una incompatibilidad entre la legislación interna y los tratados internacionales ratificados por Chile. Estos instrumentos sí conciben que se prive de libertad al imputado antes de su condena por sentencia firme, pero no como un adelantamiento de pena ni para satisfacer fines de alarma general o de seguridad pública, sino solo como remedio para el peligro de fuga del imputado (artículo 7 de la Convención Americana de Derechos Humanos y artículo 9 del Pacto Internacional de Derechos Civiles y Políticos).

Hay autores como Ramon Ragués i Vallés que han dicho que la prisión preventiva como medida para resguardar la seguridad del ofendido o de la sociedad la convierte en una verdadera medida de seguridad inocuizadora de inocentes sospechosos. Es decir, una "medida de seguridad predelictual encubierta". El jurista español Pablo Gutiérrez de Cabiedes ha propuesto, sin ir más lejos, que se deje de hablar de la prisión preventiva como una medida cautelar y se adopte la denominación de una "medida preventiva" de nuevos delitos, que no necesariamente están vinculados al delito investigado que motivó dicha prisión.

ii) Orígenes históricos

El origen de este fundamento de la prisión preventiva para resguardar "la seguridad de la sociedad" tiene su origen en el Acta Constitucional 3 de 1976, en que se establecía la "libertad provisional" como derecho del imputado, el que podía verse limitado por la prisión preventiva. Esta idea se apoya en la llamada Escuela Positivista Italiana y surgió con los totalitarismos del siglo XX, en que se estimó que la libertad del individuo podía y debía ser sacrificada para proteger ciertos intereses colectivos o aplacar la alarma general que desataba la comisión del delito. En el fondo, se atiende a criterios de peligrosidad criminal y de riesgos de reincidencia.

En Estados Unidos fue a partir de la *Bail Reform Act* de 1984 que se permitió la prisión provisional en caso de riesgo para terceras personas o para la comunidad, a consecuencia de la libertad del imputado. La constitucionalidad de esta norma quedó refrendada a partir de la sentencia de la Corte Suprema de ese país en 1987 del *leading case United States v. Salerno*. En todo caso, en esa sentencia la Corte restringió el uso de la prisión preventiva por razones de "peligro para la seguridad de la sociedad", en el contexto de persecución de delitos graves: en el caso de Anthony "Fat Tony" Salerno, este era miembro de una organización criminal mafiosa de la ciudad de Nueva York denominada Genovese. Adicionalmente, falló dicha Corte que la prisión preventiva debía ser compensada mediante la posibilidad de que el imputado tuviera derecho a una audiencia contradictoria para defenderse, debiendo esta medida cautelar tener un límite temporal máximo y cumplirse en un recinto distinto al del cumplimiento de penas.

iii) Redacción actual de la norma y análisis de las hipótesis que contempla

El detallado estándar que la norma establece hoy, fruto de múltiples reformas, concede muy poco espacio de discreción al juez, quien deberá ceñirse a patrones que parecen propios del derecho penal de autor.

Pasaremos a trascribirlo a continuación:

> Para estimar si la libertad del imputado resulta o no peligrosa para la seguridad de la sociedad, el tribunal deberá considerar especialmente alguna de las siguientes circunstancias: la gravedad del hecho; la gravedad de la pena asignada al delito; el número de delitos que se le imputare y el carácter de los mismos; la existencia de procesos pendientes, y el hecho de haber actuado en grupo o pandilla o formando parte de una organización o asociación.

> Se entenderá especialmente que la libertad del imputado constituye un peligro para la seguridad de la sociedad, cuando los delitos imputados tengan asignada pena de crimen en la ley que los consagra; cuando el imputado hubiere sido condenado con anterioridad por delito al que la ley señale igual o mayor pena, sea que la hubiere cumplido efectivamente o no; cuando los delitos imputados consistieren en atentados contra la vida o la integridad física de miembros de Carabineros de Chile, de la Policía de Investigaciones de Chile, funcionarios de las Fuerzas Armadas y de los servicios de su dependencia o de Gendarmería de Chile en razón de su cargo o con motivo u ocasión del ejercicio de sus funciones, que tengan asignada una pena igual o superior a la de presidio menor en su grado máximo en la ley que los consagra; cuando haya actuado haciendo uso de arma de fuego o de las armas señaladas en el artículo 3 de la ley No17.798, sobre control de armas; cuando se encontrare sujeto a alguna medida cautelar personal como orden de detención judicial pendiente u otras, en libertad condicional o gozando de alguno de los beneficios alternativos a la ejecución de las penas privativas o restrictivas de libertad contemplados en la ley; cuando, en los últimos dos años, ha sido reiteradamente sometido a las medidas cautelares personales de detenido, prisión preventiva o a la señalada en el literal a) del inciso primero del artículo 155, si estas se han decretado por delitos que tengan asignada pena aflictiva.
>
> Se entenderá que la seguridad del ofendido se encuentra en peligro por la libertad del imputado cuando existieren antecedentes calificados que permitieren presumir que este realizará atentados en contra de aquél, o en contra de su familia o de sus bienes.
>
> Para efectos del inciso cuarto, solo se considerarán aquellas órdenes de detención pendientes que se hayan emitido para concurrir ante un tribunal, en calidad de imputado.

En esta norma se agrupan circunstancias referidas tanto al hecho, que es objeto de la investigación, como otros que se refieren propiamente a las circunstancias personales del imputado.

Dentro de los primeros está, evidentemente, la gravedad de la pena; en este caso la ley habla expresamente de la pena de crimen. La doctrina y jurisprudencia ha entendido que esta pena debe ser entendida en abstracto y no en concreto, que resultaría aplicable al caso de ser condenado el imputado. La razón es que el imputado no estará motivado para abstenerse de conductas que ataquen bienes jurídicos especialmente valiosos si ya ha demostrado en el pasado que no se ha motivado a hacerlo, al punto de imputársele un delito especialmente grave. O sea, el argumento sería el siguiente: si ya cometió un delito grave, podría cometer otros si nada lo detuvo la primera vez.

Las hipótesis contempladas en esta regla dan a entender en forma clara que se trata de prevenir la reiteración delictiva, es decir, el juez debe efectuar una prognosis de conductas eventuales futuras a partir de la —supuesta— conducta pasada del imputado. Como dijimos, se trata de verdaderas medidas de seguridad predelictuales, y también de una manifestación del "derecho penal de autor" y "del enemigo"; es decir, la marginación de individuos que se consideran "sospechosos y peligrosos". En general, estas hipótesis están pensadas para organizaciones criminales. Aquí, la prisión preventiva adquiere un carácter de verdadero adelantamiento de la pena y su fin preventivo general parece evidente.

Respecto del carácter del delito, habrá que ver caso a caso, ya que muchas de las generalizaciones que se han hecho pueden resultar erróneas. Se ha dicho que, por ejemplo, los llamados "crímenes pasionales" no darían lugar a reincidencia, sino que son fruto de arrebatos de violencia momentáneos y fugaces, cuestión que debiera ser revisada a la luz de los conocidos casos sobre violencia de género, en que se puede constatar un maltrato constante en el tiempo que culmina con la muerte de la víctima.

El haber actuado "en grupo o pandilla" debiera ser interpretado en forma restrictiva, en el sentido que el sujeto sea parte de una organización criminal que convierta al delito desplegado en uno especialmente peligroso o dañino; o bien, que el imputado puede seguir operando en libertad con dicha banda. De lo contrario, la prisión preventiva en atención a este factor aislado parecerá una cuestión meramente retributiva. Lamentablemente, es frecuente oír en audiencias la argumentación de que el imputado actuó "en grupo o pandilla" por el solo hecho de existir coimputados en la causa.

Sobre la personalidad del imputado, será relevante la existencia de anotaciones penales, su gravedad y, por supuesto, la antigüedad de las mismas. Asimismo, resulta sumamente discutible que se considere como un factor para la concesión de la prisión preventiva el que el imputado se encuentre sujeto a una medida cautelar personal al momento de cometer el delito, ya que podría tratarse de una medida de baja intensidad, como la firma mensual, por ejemplo. O, como se agregó en 2023, que el imputado haya sido sometido "reiteradamente" a ciertas medidas cautelares. Como es obvio, a esos imputados no se les ha condenado por delito alguno y puede que jamás se les condene.

Otras características personales del imputado que debieran ser ponderadas por el juez son sus vínculos laborales y familiares, su estado de salud y su edad, siendo procedente, según algunos autores, que en la etapa de discusión de medidas cautelares se hagan valer los informes psicosociales (llamados anteriormente "presentenciales") del artículo 15 bis de la Ley 18.216, generalmente elaborados por una dupla de psicólogo y asistente social. También debiera ser relevante la capacidad del imputado para seguir delinquiendo: si se trata de delitos funcionarios y el imputado ya no detenta esa calidad, es claro que dicho riesgo desaparece, por ejemplo.

iv) Las reformas de 2023, a propósito de la denominada Ley Naín Retamal y de la Ley 21.635

La actual redacción de los incisos finales del artículo 140 c) del CPP es consecuencia de dos reformas legales recientes: la Ley 21.560 también llamada "Naín Retamal", de abril de 2023, y la Ley 21.635 de diciembre de 2023.

Como se puede apreciar de su simple lectura, el legislador ha ido añadiendo nuevos criterios "orientadores" para que los tribunales penales amplíen el rango de situaciones en que debieran decretar prisión preventiva, lo que en la práctica ha ido provocando que esta medida cautelar haya ido perdiendo su carácter excepcional.

La llamada Ley Naín Retamal hace aplicable la prisión preventiva cuando el delito investigado consista en atentados contra el personal de las fuerzas armadas y de orden, y de la PDI.

Por su parte, la Ley 21.635 estableció como nuevos parámetros para estimar que la libertad del imputado resulta peligrosa para la seguridad de la sociedad, el que se trate de una organización criminal, el haber hecho uso de armas de fuego y, también, el solo hecho de haber estado sometido en los últimos dos años a prisión preventiva o arresto domiciliario total en investigaciones por delitos que merezcan pena aflictiva (superiores a los tres años de privación de libertad). Esto último resulta bastante paradójico, porque perfectamente podría suceder que el imputado haya sido absuelto, sobreseído definitivamente o haya sido objeto de una suspensión condicional en aquel procedimiento en que se le sometió a prisión preventiva o arresto domiciliario total.

v) La creación de delitos inexcarcelables a partir de la denominada Ley Emilia

Existe también una preocupante tendencia a la creación de verdaderos delitos inexcarcelables, de *prisión preventiva automática*. Sería el caso del delito de conducción de vehículo motorizado bajo la influencia del alcohol, o en estado de ebriedad, con resultado de lesiones graves o muerte de la Ley 18.290.

En 2014 comenzó a regir la Ley 20.770, también denominada Ley Emilia, que introdujo el artículo 196 ter en la Ley del Tránsito, que obliga a los tribunales a establecer una condena de *presidio efectivo de al menos un año*, aun cuando el condenado sea elegible a una pena sustitutiva de la Ley 18.216, es decir, no privativa de libertad.

El Tribunal Constitucional ha declarado inaplicable esta norma en muchos casos por su desproporción con el sistema de penas general del Código Penal. De todas formas, esta regla sigue estando vigente y, por lo tanto, los tribunales tienen buenos argumentos para imponer la prisión preventiva en estos casos si tienen antecedentes suficientes para proyectar una condena que, como decimos, será de al menos un año de presidio efectivo.

vi) Aplicación de este estándar por los tribunales

Corresponde a una práctica extendida de los tribunales el aplicar automáticamente uno o varios de estos criterios para conceder la prisión preventiva solicitada por los fiscales, sin ponderar debidamente si en el caso concreto del que están conociendo existe realmente dicho peligro para la seguridad de la sociedad.

Esto se ve reflejado en la muy alta tasa de éxito de la Fiscalía al momento de solicitar la prisión preventiva, que es superior al 80%.

Asimismo, se ha malentendido por parte de alguna jurisprudencia que el juez siempre conserva la prerrogativa de denegar la solicitud de prisión preventiva, aun cuando concurran una o más de las circunstancias enumeradas en el artículo 140 c); es decir, se trata de *criterios orientadores*, pero no de instrucciones perentorias al juez ni menos de presunciones de derecho de peligrosidad.

c) En concreto, el riesgo para la seguridad del ofendido

Respecto de la seguridad del ofendido, ese propósito parece estar resguardado lo suficientemente bien a través de otros institutos, como son las *medidas de protección* que se pueden decretar a favor de la víctima (artículos 6, 78, 83 a), 109 inciso 1 a) y 171 del CPP) y también de la medida cautelar personal de menor intensidad del artículo 155 g) del CPP; esto es, la prohibición de acercamiento a la víctima y su familia o la de abandonar el hogar común, si fuere el caso.

En consecuencia, el juez debiera preferir estas medidas a la prisión preventiva y solo decretar esta última cuando exista una absoluta necesidad apoyada en hechos comprobables y concretos.

En la práctica, ello no siempre ocurre. Autores como Marcelo Hadwa Issa han señalado que esta hipótesis de "peligro para la seguridad del ofendido" trastoca el carácter cautelar de la prisión preventiva y lo convierte en un verdadero mecanismo de protección a favor de las supuestas víctimas. Si ello es así, entonces parece razonable la postura del profesor Julián López, en el sentido que en la ley se contemplan otras medidas de protección menos gravosas que permiten cumplir el mismo objetivo, como las señaladas más arriba.

d) Peligro de fuga del imputado

i) Justificación

La fuga del imputado o acusado puede ser doblemente problemática para el proceso: por un lado, el juicio oral no podrá celebrarse legalmente en ausencia del imputado; y por otro, la pena no podrá aplicarse respecto de un imputado ausente.

Es decir, la persona del imputado se convierte en absolutamente esencial como requisito de validez del juicio y como requisito evidente para el cumplimiento de la condena. Ello permite cumplir el fin simbólico del derecho penal como institución retributiva, preventiva y resocializadora.

Es propio de la naturaleza humana el efectuar análisis costo-beneficio en cualquier situación, y el proceso penal no escapa de esto. El acusado ponderará la gravedad de la pena asignada al delito, sus posibilidades reales de ser absuelto y la probabilidad de que deba cumplir efectivamente una pena privativa de libertad. Si la pena solicitada por el acusador es muy elevada, si es probable que se le condene y, sobre todo, si en concreto resulta altamente probable que la cumpla privado de libertad, el incentivo para fugarse puede ser mayor. *Contrario sensu*: si es casi seguro que se aplicará una pena sustitutiva de la Ley 18.216 (no privativa de libertad), puede decirse que el peligro de fuga desaparece.

ii) Criterios de apreciación del peligro de fuga

La norma del artículo 140 c) no nos da un concepto de "peligro de fuga".

La Ley 21.694 de 2024 agregó un nuevo inciso al artículo 140 c) del CPP del siguiente tenor: "se entenderá especialmente que existe peligro de fuga del imputado cuando se desconozca su identidad; cuando carezca de documentos de identidad que den cuenta de manera fidedigna de ella, o cuando se niegue a entregar dicha documentación o utilice documentos falsos o adulterados".

Pero más allá de este inciso, no existe una conceptualización de este peligro. Por lo mismo, debe entenderse de acuerdo a ciertos parámetros presentes que permiten proyectar posibles conductas futuras que decantarán en una fuga del imputado.

De acuerdo a la doctrina y jurisprudencia, estos criterios o parámetros son: el comportamiento desplegado por el imputado durante el proceso; la gravedad de la pena; la naturaleza del delito; las circunstancias personales del imputado y los antecedentes penales del imputado.

Revisaremos someramente cada uno de ellos.

Respecto de la conducta desplegada por el imputado, deben constatarse actos positivos de resistencia a comparecer a los actos del procedimiento, o bien, actos positivos tendientes a ausentarse del territorio nacional para evadir la acción de las policías o de los tribunales, y sobre todo para obstaculizar actos del proceso que requieran de su presencia.

La inasistencia injustificada del imputado a la audiencia de formalización, o bien, la presentación de justificativos médicos de dudosa verosimilitud pueden ser cuestiones que motiven a la Fiscalía o al querellante a solicitar la prisión preventiva. Lo mismo que los casos de imputados que, ante la inminencia de una audiencia de formalización, deciden viajar intempestivamente al extranjero sin una motivación justificable y lícita.

Hay autores como Ramon Ragués i Valles que han dicho que el peligro de fuga no debe consistir solamente en la incomparecencia injustificada a las actuaciones del proceso, ya que en dicho caso —estando el imputado ubicable en su domicilio, por ejemplo— habría otras formas de asegurar su comparecencia. Para este autor el peligro de fuga correspondería solo a casos en que se ignora el paradero actual del imputado, por haber salido de las fronteras del país en que se le enjuicia. Lo que dice este autor es que, aun estando en el extranjero, pero en un domicilio comprobable, el imputado en rigor no se ha fugado. Discrepamos con este criterio, por una razón práctica: si el imputado ya abandonó el país, puede ser sumamente difícil aprehenderlo, qué decir someterlo a prisión preventiva. Como veremos más adelante, en estos casos procederá iniciar un proceso de extradición que exigirá tiempo y recursos estatales, y cuyo éxito no siempre está asegurado.

Las circunstancias personales del imputado pueden ser también relevantes. Un imputado con mayores medios económicos, o con varias nacionalidades, que carece de familia directa o redes laborales y sociales en el país, y que es parte de una organización criminal (sobre todo si es internacional), puede objetivamente tener un mayor riesgo de fuga que un imputado que no cumple con esas características.

Lo mismo que un imputado de avanzada edad o con problemas de movilidad o de salud que le impidan desplazarse, pueden ser estimados de bajo riesgo de fuga. Lamentablemente, muchas veces los tribunales no prestan atención a estos importantes aspectos. La ausencia de estadísticas y de estudios empíricos acerca de la efectividad de las medidas cautelares alternativas del artículo 155 del CPP para evitar el riesgo de fuga, provoca que los jueces decidan "a ciegas" respecto de la necesidad de decretar la prisión preventiva, posiblemente apoyados en ciertos elementos que les resultan familiares, casos aleatorios de los que han tenido conocimiento y generalizaciones de todo tipo.

La regla del artículo 503.1.3 de la Ley de Enjuiciamiento Criminal española resulta muy ilustrativa, ya que da algunos parámetros para estimar este riesgo de fuga del imputado: "para valorar la existencia de este peligro se atenderá conjuntamente a la naturaleza del hecho, a la gravedad de la pena que pudiere imponerse al investigado o encausado, a la situación familiar, laboral y económica de este, así como a la inminencia de la celebración del juicio oral".

Respecto del requisito de gravedad de la pena, valga lo ya dicho más arriba. El mismo análisis costo-beneficio también estará en la mente del juez para adelantar el posible curso de acción del imputado.

Además de estos factores, hay otros menos estudiados, sobre los que vale la pena dedicar algunas líneas.

El jurista italiano Luigi Ferrajoli ha dicho, por ejemplo, que la eventual fuga del imputado puede estar motivada no solo por la posibilidad de enfrentar un juicio criminal, sino quizás principalmente por el mismo hecho de quedar sometido a la prisión preventiva. Así, paradójicamente, un instrumento creado para evitar la fuga, finalmente termina favoreciéndola. Por lo tanto, por redundante que parezca, un factor a considerar sería justamente la posibilidad de que se decrete prisión preventiva para ponderar si procede la prisión preventiva.

Ahora, el asunto del peligro de fuga, que suele ser tratado con bastante liviandad por los operadores jurídicos, es más complejo de lo que parece. Salvo algunos casos de personas extranjeras que han viajado especialmente a Chile para delinquir —y cuyo riesgo de fuga es evidente—, para la enorme mayoría de los imputados el fugarse puede ser una "solución" peor que el proceso y la condena misma. No solo por las naturales dificultades que puede significar radicarse en un país extranjero, lejos de la familia, amigos, redes de apoyo, sino que también por lo complejo de insertarse en una cultura y modos de vida ajenos; sin contar con que la persona jamás estará tranquila sabiendo que sobre ella pende una orden de captura internacional o una solicitud de extradición. Así, esta fuga se convertirá en muchos casos en una verdadera "pena natural", peor que el castigo penal. Todo esto también debiera ser ponderado por los jueces al momento de pronunciarse sobre una solicitud de prisión preventiva.

Un argumento plausible para decretar la prisión preventiva, y sobre todo para mantenerla en el tiempo, es cuando se trata de imputados que están *ad portas* de la celebración del juicio oral, o bien, respecto de quienes ya pesa en su contra el veredicto condenatorio a una pena muy posiblemente privativa de libertad (en cuyo caso la prisión preventiva se mantendrá mientras la Corte superior resuelve los recursos procesales posiblemente deducidos en contra de la sentencia condenatoria). En estos casos, los tribunales suelen estimar que el incentivo para fugarse es mayor que respecto del imputado contra quien no se ha dictado veredicto alguno, o si la fecha de juicio oral se ve lejana en el tiempo y ni siquiera se ha fijado.

En estos casos pesa además un criterio eminentemente práctico: en el caso del imputado que está muy cerca de la celebración del juicio oral, la prisión preventiva debiera ser breve, como son breves —generalmente— los juicios orales. Y respecto del imputado ya condenado por sentencia que no está firme, la ponderación de intereses juega naturalmente a favor de mantenerlo bajo custodia del sistema, dada la menor posibilidad —estadística— de que dicha sentencia sea revocada.

La determinación del peligro de fuga puede ser un asunto bastante difícil cuando el juez se enfrenta a situaciones en que concurren elementos que contribuyen a estimar que el peligro existe y otros que van en la dirección de que se desestime. Un ejemplo clásico es el del sujeto que mantiene familia y actividades económicas o empresariales en el territorio nacional (factores de arraigo), pero arriesga una pena grave y dispone de bienes económicos para viajar e instalarse en cualquier otro país. Por lo mismo, los jueces deberán evaluar caso a caso.

iii) Sustitución de la prisión preventiva por una caución monetaria cuando concurre el peligro de fuga

El artículo 146 del CPP permite sustituir la prisión preventiva por una caución monetaria solamente en aquellos casos en que la primera se haya decretado "para garantizar la comparecencia del imputado al juicio y a la eventual ejecución de la pena". En otras palabras: la prisión preventiva puede ser dejada sin efecto y ser sustituida por una garantía que ofrezca el imputado, pero solo cuando el único criterio para decretar dicha medida cautelar era que existía peligro de fuga.

El artículo 146 permite que esta caución sea un depósito de "dinero o valores, la constitución de prendas o hipotecas o la fianza de una o más personas idóneas calificadas por el tribunal". Esta caución puede ser solicitada por la defensa en la misma audiencia en que se decretó la prisión preventiva —y después también, evidentemente. A juicio del profesor Marcelo Hadwa el tribunal podría decretar, adicionalmente en estos casos, una medida cautelar especial del artículo 155 del CPP.

Existe jurisprudencia vacilante respecto de la procedencia del recurso de apelación de esta resolución, pero mayoritariamente se ha estimado que sí es procedente.

Esta caución funciona como una garantía económica que el imputado, o un tercero, entregan al tribunal, que se hará efectiva si el imputado finalmente termina fugándose y no estando disponible para los actos del procedimiento.

La "libertad bajo fianza" es la regla general en algunos sistemas comparados, como en Estados Unidos, en que incluso ha surgido una industria de prestamistas y avales de las fianzas exigidas por los tribunales penales *(bail bonds)*. En Chile, por la restricción recién apuntada, no es lo usual que se otorgue; además de los cuestionamientos que podrían existir respecto del favorecimiento del "imputado rico" en desmedro del que tenga menos recursos.

El artículo 9 del PIDCP y el artículo 7.5 del CADH disponen expresamente la procedencia de esta clase de cauciones, en reemplazo de la prisión preventiva y como garantía de ella.

La regla del artículo 146 no establece parámetros para determinar la cuantía de esta caución, más allá de que emplea la escueta calificación de que debe ser "suficiente". El tribunal debiera pedir antecedentes al imputado y a su defensa para formarse una idea aproximada acerca de las posibilidades económicas del imputado, en orden a que la caución no resulte inalcanzable como tampoco irrisoria.

Es decir, debe tratarse de un monto significativamente alto, en términos relativos, que actúe como poderoso incentivo para que el imputado se inhiba de fugarse. En materia de delitos tributarios existe una norma especial en el artículo 163 inciso segundo del Código Tributario que dispone que para determinar la cuantía de la caución "el tribunal tomará especialmente en consideración el hecho de que el perjuicio fiscal se derive de impuestos sujetos a retención o recargo de devolución de tributos", además del monto del impuesto evadido o indebidamente obtenido y la capacidad económica del imputado.

Esta caución quedará sin efecto si el imputado comienza a cumplir efectivamente la prisión preventiva, por la razón que sea. La caución también quedará sin efecto si finalmente es absuelto, y naturalmente si es condenado y comienza a cumplir la pena privativa o sustitutiva de libertad. En todo caso, para liberar esta fianza se exige que el imputado haya pagado la multa y las costas impuestas en la sentencia (artículo 148 del CPP). Es llamativo que el legislador no haya discurrido en que esta fianza podría emplearse como garantía para satisfacer la acción civil de comiso, o la acción civil de las víctimas.

El artículo 147 del CPP establece algunas reglas de ejecución de esta caución en los casos en que ello sea necesario por haberse el imputado fugado. Antes de ejecutarse, la ley le da una "última oportunidad" al imputado, otorgándosele un plazo de cinco días para que comparezca y no se ejecute la fianza. Quien actúa como ejecutante es el Consejo de Defensa del Estado, y los fondos quedarán a beneficio de la Corporación Administrativa del Poder Judicial.

iv) Inteligencia artificial para establecer el riesgo de reiteración delictiva

Aunque puede parecer lejano a nuestra realidad, es muy posible que en un futuro no muy distante se extienda el uso de herramientas de inteligencia artificial como auxiliar de la labor jurisdiccional. En Estados Unidos se ha comenzado a usar desde mediados de la década pasada con resultados no exentos de controversia. Así, en 2016, la Corte Suprema del Estado de Wisconsin validó el uso de un *software* denominado Compas, sigla que corresponde a *Correctional Offender Management Profiling for Alternative Sanctions*, desarrollado por la empresa Northpointe Inc.; algo así como "manejo de perfiles de delincuentes para evaluar sanciones alternativas" (aunque no puede dejar de notarse que *compass* en inglés significa brújula). En la sentencia del caso *State v. Loomis* de ese año, dicho tribunal estableció que el uso de esta herramienta era viable para evaluar el riesgo de reincidencia de un imputado, siempre que se ponderara con otros elementos de prueba por parte de los jueces.

Compas es un programa computacional que funciona sobre la base de un algoritmo que pondera una serie de factores del caso y personales del imputado, con el objeto de emitir una conclusión acerca de su riesgo de reincidencia, y así facilitar a los jueces su decisión acerca de, por ejemplo, decretar una medida cautelar intensa o visar un cumplimiento de una condena en libertad.

El algoritmo corresponde a una patente industrial de la empresa que lo diseñó, pero ponderaría, entre otros, los antecedentes penales del sujeto, la existencia de detenciones previas, su pertenencia a una banda criminal organizada, su consumo de drogas y alcohol, su nivel educacional, su situación laboral y la criminalidad en su sector de residencia, entre otros 137 factores.

La aplicación de esta herramienta, en todo caso, no ha estado exenta de polémica. Existen estudios en que se la ha acusado de estar prejuiciada y de ser derechamente racista en contra de la población de raza negra de ese país. Asimismo, se ha cuestionado que el algoritmo no sea conocido por las defensas de los imputados, lo que atentaría contra su garantía a un debido proceso.

3. Procedimiento para decretar la prisión preventiva

3.1 Tribunal competente

El tribunal competente para conocer la solicitud de prisión preventiva será normalmente el Tribunal de Garantía, aunque también podría serlo el Tribunal de Juicio Oral en lo Penal cuando el juez de garantía ha perdido competencia para seguir conociendo del caso una vez remitido el auto de apertura del juicio oral al TJOP.

No puede perderse de vista que no existen en Chile —por razones presupuestarias— tribunales especializados en el conocimiento de medidas cautelares personales que se soliciten durante el proceso. Esto no sería problemático si el juez de garantía, por ejemplo, solo ejerciera funciones de control de la investigación. Pero, como veremos, el Tribunal de Garantía dictará sentencia definitiva cuando se celebre un juicio simplificado o abreviado, y también será el competente para aprobar o rechazar salidas alternativas, como la suspensión condicional del procedimiento y los acuerdos reparatorios, además de pronunciarse acerca de las solicitudes de sobreseimiento definitivo. Como ya hemos dicho, estos procedimientos especiales y salidas alternativas corresponden, estadísticamente, a la regla general en nuestro sistema de persecución penal.

Por lo mismo, se tratará de un tribunal que finalmente será forzado a emitir pronunciamientos tempranos acerca de la verosimilitud o viabilidad de los "indicios" o "antecedentes" de la comisión del delito y participación criminal, el mismo quien luego deberá fallar el fondo. Será muy difícil, y quizás imposible, esperar una perfecta imparcialidad objetiva de parte de un juzgador quien ya resolvió, por ejemplo, privar preventivamente de libertad al imputado.

Misma situación ocurre, naturalmente, respecto del Tribunal de Juicio Oral en lo Penal, quien también es competente para pronunciarse acerca de las solicitudes de prisión preventiva a partir del momento en que el juez de garantía le remite el auto de apertura del juicio oral. El asunto ha sido tratado en algunas sentencias de organismos internacionales, como el Tribunal Europeo de Derechos Humanos en el conocido caso *Cubber v. Bélgica* de 1984, entre otros.

3.2 Momentos procesales en que puede plantearse la solicitud de prisión preventiva

La prisión preventiva deberá siempre discutirse con posterioridad a la formalización de investigación (artículo 140 inciso 1 del CPP); no es exigencia que sea en la misma audiencia de formalización, pero lo usual es que así sea, en cuyo caso se solicitará verbalmente a continuación de la formalización de cargos.

La prisión preventiva debe siempre decretarse en audiencia, ya sea en la formalización de investigación, de preparación de juicio o de juicio oral.

Justamente la lectura de cargos criminales que hará el fiscal al imputado, en presencia del juez en la audiencia de formalización, servirá de base para su solicitud de medidas cautelares. Es usual que existan comunicaciones previas entre el fiscal y la defensa —mera deferencia profesional—, en el sentido que la defensa ya estará al tanto de que se solicitará la prisión preventiva, lo que permitirá preparar sus argumentos.

Ello ocurre en aquellos casos de investigaciones de cierta complejidad en que existe una solicitud del fiscal para que se fije audiencia de formalización. Naturalmente ello no ocurrirá en los casos de detención por flagrancia en que la audiencia de formalización y de discusión de la prisión preventiva ocurrirá en un máximo de veinticuatro horas desde practicada la detención, junto con la de control de la legalidad de la detención, según ya vimos en detalle en otra parte de este libro.

En la audiencia en que se discute la prisión preventiva deben estar presente el imputado y su defensa, disponiendo la norma que se trata de un "requisito de validez" (artículo 142 inciso tercero), es decir, su omisión acarrea la nulidad del acto. La misma norma en su inciso cuarto obliga al juez a oír los argumentos no solo del fiscal o querellante que la pide, sino del defensor y del imputado, si quisiere. La única excepción a esta regla, en el sentido que se puede decretar en ausencia del imputado, es cuando este no asiste a la audiencia de juicio oral, siendo justamente ese el motivo para ordenar su prisión preventiva (artículo 141 inciso final).

3.3 La audiencia en que se discute la prisión preventiva

Cuando la norma procesal penal dispone que un determinado asunto debe discutirse y resolverse "en audiencia" —como es el caso de las medidas cautelares personales—, ello significa que el tribunal debe citar judicialmente a los intervinientes a una audiencia, fijando día y hora para dichos efectos. En los tribunales que funcionan en más de una sala, suele indicarse adicionalmente la sala a la que deben asistir los intervinientes. Dicha citación se notifica en forma legal, típicamente al correo electrónico señalado por los intervinientes en su primera presentación al tribunal, como ya vimos. El día, hora y lugar de la audiencia deben concurrir personalmente los intervinientes o conectarse remotamente, según autoriza el artículo 107 ter del COT.

Durante la audiencia el juez dará la palabra, en primer lugar, al interviniente que solicitó la audiencia y luego a los restantes intervinientes. Se espera que sus participaciones sean verbales, breves, concisas y no una lectura de antecedentes (esto último no siempre se cumple), aunque sí es aceptable usar una breve guía escrita o minuta. También pueden los intervinientes dar lectura resumida a algún antecedente de la carpeta investigativa o exhibir alguna fotografía, o grabación de audio o de video de ser necesario.

Sobre la base de lo alegado, el juez finalmente resuelve, también en forma verbal, en la misma audiencia. En rigor, lo que sucede es que se contrastan las versiones de uno y otro interviniente, y así el juez o jueza se forma su convicción, aunque nunca tiene contacto directo con los antecedentes de la carpeta investigativa ni con testigos; *contrario sensu*, aquellos hechos sobre los que no existe controversia serán estimados como efectivos por el tribunal.

La prisión preventiva corresponde a una decisión *prima facie* que adopta el tribunal sobre la base de las alegaciones verbales que formulan los intervinientes. Aquí claramente la defensa estará en desventaja en muchos casos, desde que el Ministerio Público es quien en forma exclusiva ha dirigido la indagatoria y quien mejor la conoce; es quien ha "construido el caso" para apoyar la solicitud de cautelares personales.

Por lo mismo, en muchos casos las defensas estarán severamente limitadas en cuanto a la posibilidad de producir evidencia de descargo, salvo que se trate de defensas privadas y de imputados con recursos económicos. Pero ni aun en casos de imputados solventes la desventaja desaparece: la Fiscalía tiene herramientas procesales que son exclusivas, como la de requerir información a los funcionarios públicos, quienes no pueden excusarse de proporcionarla (artículo 180 del CPP), y la de citar bajo apercibimiento de arresto a los testigos (artículo 190).

Tampoco puede perderse de vista que en el CPP se contemplan reglas, lo mismo que en leyes especiales, que permiten a la Fiscalía decretar el secreto de parte de la carpeta investigativa, lo que dejará a la defensa "a ciegas" respecto de la evidencia recogida en contra del imputado (así, artículo 182 inciso tercero, artículo 226 B inciso final y artículo 226 J del CPP; artículo 36 de la Ley 20.000; y artículo 31 de la Ley 19.913).

A propósito de las audiencias sobre discusión de prisión preventiva en la causa RUC 240176776-4 de la Fiscalía Regional de Los Lagos sobre cohecho y lavado de activos (conocida en los medios como el caso "muñeca bielorrusa"), se planteó si es lícito que la Fiscalía *produzca nueva evidencia en forma coetánea a la audiencia*, a propósito de los reproches de la defensa, referidos a que la investigación era parcial e incompleta. En ese caso, las defensas de los imputados alegaron que no era posible decretar esa medida cautelar porque faltaban las declaraciones de ciertos testigos, que la fiscalía no había interrogado. Como las audiencias se desarrollaron durante varios días, la Fiscalía instruyó a las policías a interrogar a dichos testigos antes del término de éstas. Finalmente, el tribunal terminó validando dichas diligencias a efectos de establecer que existían indicios respecto de la comisión del delito y la participación de los imputados en él. En nuestra opinión, sin embargo, dichas diligencias debieran practicarse antes de la audiencia de formalización, con el propósito de que la defensa no solo las conozca, sino que además pueda defenderse; cuestión que naturalmente es muy difícil o imposible si ellas solo se revelan durante la audiencia.

3.4 Legitimación activa para solicitar la prisión preventiva

Los únicos legitimados para solicitar la prisión preventiva del imputado son el Ministerio Público y la parte querellante.

Es decir, el juez no puede decretarla de oficio ni a instancias de la víctima. Aunque parezca obvio, no tiene legitimación activa el imputado para solicitar su propia prisión preventiva. Mencionamos esto porque puede suceder que el imputado efectivamente desee estar en prisión preventiva para protegerse de las amenazas de otros miembros de la banda delictual a la que pertenece, por ejemplo.

Sin perjuicio de lo dicho, el juez sí puede revisar de oficio los presupuestos que sirvieron de base para decretarla, con el objeto de revocarla o sustituirla por una medida cautelar menos intensa (artículo 144 del CPP). En todo caso, la regla del artículo 144 da a entender que, teóricamente, la prisión preventiva podría ser decretada de oficio por el juez de garantía; pero lo cierto es que los tribunales de garantía han entendido —correctamente— que ello es improcedente de acuerdo a los principios que inspiran nuestro sistema de corte marcadamente acusatorio. Por lo mismo, en la práctica, la prisión preventiva debe siempre venir precedida de una solicitud formal del fiscal y/o del querellante.

3.5 La resolución que se pronuncia sobre la prisión preventiva

La prisión preventiva debe decretarse a través de una "resolución fundada" (artículo 143 del CPP, en concordancia con el artículo 36), "en la cual expresará claramente los antecedentes calificados que justificaren la decisión". Esta resolución puede ser simplemente verbal. En todo caso, la falta de fundamentación ha sido motivo para que una numerosa jurisprudencia de las Cortes superiores deje sin efecto estas resoluciones por la vía del amparo constitucional. Para su ejecución, el artículo 154 del CPP dispone que el juez deberá expedir una orden escrita con las siguientes menciones: nombre y apellidos del imputado o, en su defecto, las circunstancias que permitan individualizarlo; el motivo de la prisión preventiva; y la indicación de ser conducido de inmediato al establecimiento penitenciario o lugar público de prisión que determinará.

Es nuestra opinión que el juez debiera ceñirse exclusivamente a los argumentos otorgados por los acusadores al momento de decretar la prisión preventiva y no echar mano a antecedentes o argumentos que no se dieron en la audiencia, pero que, por ejemplo, son hechos públicos y notorios, o pertenecen al conocimiento privado del juez; ni aun si esos antecedentes fueron parte de la formalización previa pero el fiscal o el querellante no los empleó para sustentar su petición. Sobre esto, la Corte de Apelaciones de Iquique (rol 56-2013, citado por el profesor Rodrigo Ríos Álvarez) acogió el amparo de una defensa en un caso en que se había decretado la prisión preventiva del imputado, en que el juez de garantía "bajó de su estrado y procedió a revisar directamente la carpeta investigativa del fiscal". A juicio de esa Corte, esa conducta del juez comprometió los "principios de contradicción y bilateralidad de la audiencia".

Así, si la petición de prisión preventiva es por el peligro de seguridad para la sociedad, no debiera el juez decretarla por estimar que existe un riesgo de destrucción de prueba. Esto, en el entendido que nos tomemos en serio que estamos dentro de un sistema plenamente acusatorio, en que al juez le está vedado ejercer funciones persecutoras, y que no puede actuar de oficio salvo que la ley lo autorice (artículo 10 del COT). En cambio, sobre la base del principio *pro reo*, sí podría el juez rechazar la solicitud del fiscal o del querellante sobre la base de argumentos distintos que los esgrimidos por la defensa.

La prisión preventiva, al igual que todas las medidas cautelares, es esencialmente provisional y destinada a mantenerse solo en la medida en que se permanezcan los presupuestos de hecho que la motivaron. Por lo mismo, es "modificable de oficio [por el juez] o a petición de cualquiera de los intervinientes, en cualquier estado del procedimiento" (artículo 144 inciso 1). La Corte de Apelaciones de Concepción (rol 122-2009) acogió un recurso de amparo a favor de la defensa de un imputado que había solicitado al juez de garantía que se fijara una audiencia para revisar la prisión preventiva, la que había sido denegada.

El artículo 145 da la pauta al juez para sustituirla por cualquier otra cautelar menos intensa del artículo 155; y, en todo caso, el juez está obligado de oficio a revisarla luego de seis meses de haberse decretado, si es que la defensa no solicitó su revisión antes (antes de la reforma de la Ley 20.253 eran solo dos meses). Esto es indicativo de que *el* mero transcurso del tiempo debe estimarse como un nuevo antecedente que amerita la revisión y eventual revocación de la prisión preventiva. Detrás de ello está que la alarma social o la indignación pública —argumentos muchas veces velados detrás de una prisión preventiva decretada— van disminuyendo o derechamente cesan luego de transcurrido cierto lapso de tiempo.

Este carácter provisional de la prisión preventiva, como decimos, está vinculado al cambio de circunstancias en el tiempo. Por lo mismo, se ha forjado alguna jurisprudencia que ha estimado que para que proceda su sustitución o revocación deben hacerse valer nuevos antecedentes por parte de la defensa favorables al imputado o a su teoría del caso, no siendo suficiente el mero transcurso del tiempo. Estos "nuevos antecedentes" que podrían motivar al juez a dejar sin efecto la prisión preventiva serían, por ejemplo, ciertos hechos que permitirían configurar circunstancias atenuantes que rebajarían la pena al delito formalizado, como serían la reparación celosa del mal causado, indemnizando a la víctima, o la declaración del imputado en Fiscalía, que podría estimarse como una colaboración sustancial con el esclarecimiento de los hechos.

Dogmáticamente se ha dicho que las resoluciones que decretan medidas cautelares de cualquier tipo —reales o personales— solo producen un efecto de cosa juzgada formal y no material o permanente.

En materia procesal penal podría decirse, con mayor precisión, que las resoluciones que decretan medidas cautelares solo producen un efecto de cosa juzgada formal y están destinadas a ser revisadas permanentemente en el tiempo, incluso de oficio por el tribunal, en la medida que cambien las circunstancias que motivaron su concesión.

En cambio, la resolución que sustituye una cautelar intensa por otra menos gravosa, o aquella que la deja sin efecto, suele tener un efecto permanente, si bien dogmáticamente tienen este efecto de cosa juzgada formal. Es decir, en la práctica, una vez que se ha suavizado o se ha dejado sin efecto una medida cautelar, esa situación suele afianzarse en el tiempo con carácter de permanencia. Este efecto es bien evidente cuando la resolución es dictada por una Corte superior, en cuyo caso el tribunal de primera instancia no cuestionará la *auctoritas* de su superior jerárquico. Ahora, naturalmente, si las circunstancias cambian en perjuicio del imputado —se formaliza investigación por nuevos delitos, o intenta fugarse, por ejemplo— es posible que se vuelvan a decretar medidas cautelares personales intensas.

Aunque el artículo 144 inciso tercero da a entender que si se rechaza la prisión preventiva podría eventualmente más adelante decretarse en el procedimiento, lo cierto es que ello es infrecuente en la práctica, dado que los jueces entienden que la mayor necesidad de cautela se da al comienzo del proceso o al menos, próximo a la formalización de cargos.

El inciso segundo del artículo 144 también da a entender que el juez podría rechazar de plano una solicitud de la defensa, en orden a revisar la prisión preventiva, pero ello rara vez ocurre dado el carácter eminentemente garantista —al menos, en teoría— de nuestro sistema de persecución penal. En general, frente a una solicitud de esta clase, los jueces van a citar a una audiencia a todos los intervinientes para discutir la solicitud de la defensa, y si no hay nuevos antecedentes desde la última revisión, es posible que lo rechace.

Algunos jueces de garantía entienden que la presencia personal del imputado en la audiencia es solo obligatoria respecto de aquellas en que se decreta la prisión preventiva —o cualquier otra cautelar personal— pero no en aquellas en que se debate su sustitución o cese, al estar establecido este derecho en su beneficio.

4. Recursos procesales en contra de la resolución que se pronuncia sobre la prisión preventiva

4.1 Qué recursos proceden

La resolución que se pronuncia sobre la prisión preventiva en audiencia —sea para concederla, mantenerla, negarle lugar o revocarla— es apelable por cualquiera de los intervinientes. Esta apelación se rige por las reglas generales, esto es, debe ser por escrito, fundada, tener peticiones concretas y deducirse en el plazo final de cinco días contados desde pronunciada la resolución.

Esta apelación es solamente devolutiva, o sea, no suspende los efectos de la resolución que se impugna.

Así, si el imputado quedó en libertad por orden del juez de garantía, permanecerá en esa calidad hasta que se resuelva la apelación. Y al revés: si se decretó su prisión preventiva por el tribunal de garantía, deberá esperar a que se resuelva la apelación por la respectiva Corte de Apelaciones para recuperar su libertad.

Como veremos más adelante, estas apelaciones gozan de preferencia para su vista y fallo, y la ley ordena que deben resolverse el mismo día o al día hábil siguiente a su ingreso a la respectiva Corte de Apelaciones (artículo 69 del COT). Por lo mismo, la incertidumbre del imputado respecto de su situación una vez resuelta la petición de prisión preventiva por el Tribunal de Garantía no debiera extenderse más allá de los siete u ocho días siguientes a la audiencia, contando las veinticuatro horas que suele tomarse por ley el Tribunal de Garantía para admitir a trámite las apelaciones que se deduzcan, las que suelen interponerse el último día del plazo de cinco días.

La sentencia de segunda instancia que se dicte en la apelación no es susceptible de recurso alguno, aunque se han intentado recursos de queja para ante la Corte Suprema en contra de los ministros que fallaron (artículo 545 del COT), y también amparos del artículo 21 de la CPR ante Cortes de Apelaciones y la Corte Suprema con resultados más bien disímiles, pero generalmente en una tendencia a la inadmisión de plano, según veremos en detalle más adelante.

Como ya vimos, el amparo ante el juez de garantía del artículo 95 del CPP sería improcedente para recurrir de la prisión preventiva según dispone el inciso final de dicha norma, al señalar que debe ocurrirse por la vía recursiva regular si la privación de libertad fue decretada en una resolución judicial. Sin perjuicio de ello, y como adelantáramos a propósito del amparo constitucional, en los últimos años se ha consolidado la tendencia jurisprudencial que permite la revisión de la prisión preventiva por la vía del amparo, permitiendo que sea la Segunda Sala Penal de la Corte Suprema, quien por la vía de apelación, conozca del caso.

4.2 Legitimados para apelar

Todos los intervinientes gozan de legitimación para apelar de la resolución que se pronuncia sobre la prisión preventiva.

No existe duda de que el Ministerio Público está legitimado para apelar de la resolución que denegó la prisión preventiva solicitada, o que el imputado está legitimado para apelar si esta fue concedida.

Pero existen algunos casos dudosos que veremos a continuación.

Surge la duda acerca de si el Ministerio Público tendría legitimación para apelar respecto de aquella prisión preventiva concedida por una causal distinta a la invocada; por ejemplo, si lo que se alegó es el peligro para la seguridad de la sociedad y fue decretada por peligro de fuga. Creemos que en ese caso no hay agravio que justifique una legitimación para apelar, aunque hay opinión en contra del profesor Javier Castro Jofré.

También podría plantearse la pregunta acerca de si el imputado respecto de quien se deniega la prisión preventiva estaría legitimado para apelar en el caso que se desestime por una causal distinta de la invocada; por ejemplo, si lo alegado fue la inexistencia del delito (artículo 140 a) y lo que dictaminó el juez es que el delito sí estaría acreditado *prima facie*, pero que no vislumbra un peligro para la seguridad de la sociedad (artículo 140 c). En este último caso parece evidente que el imputado sí cuenta con legitimación para apelar.

En un fallo reciente, la Corte de Apelaciones de Santiago terminó por estimar admisible una apelación (a través de un recurso de hecho acogido) y declarar que Gendarmería de Chile sí sería un interviniente legitimado para apelar, por cuanto "no puede ser considerada como una suerte de tercero completamente ajeno o extraño al procedimiento penal" (NIC 573-2024, de 26 de febrero de 2024). Dicho fallo se refería, en todo caso, a ciertas condiciones en el cumplimiento de la prisión preventiva, asunto que efectivamente está a cargo de Gendarmería de Chile.

4.3 Regla especial aplicable a delitos terroristas

En materia de delitos terroristas, existe la regla especial del artículo 19 número 7 e) de la CPR, que dispone que "la apelación de la resolución que se pronuncie sobre la libertad del imputado por los delitos a que se refiere el artículo 9, será conocida por el tribunal superior que corresponda, integrado exclusivamente por miembros titulares. La resolución que la apruebe u otorgue requerirá ser acordada por unanimidad. Mientras dure la libertad, el imputado quedará siempre sometido a las medidas de vigilancia de la autoridad que la ley contemple".

Esta regla establece un régimen especial y más gravoso para el imputado, pero solo respecto de la resolución que, por la vía de apelación, revoque la prisión preventiva decretada por el tribunal de primera instancia. Así, si la regla general para toda clase de delitos es que solo se exija mayoría de miembros titulares en la sala de la Corte de Apelaciones, tratándose de delitos terroristas es obligatorio que la integren solo ministros titulares. Del mismo modo, la decisión de libertad debe ser unánime, por lo cual, en caso de disidencia (digamos, dos votos a favor de liberar al reo y uno por mantener la prisión preventiva), el imputado por delito terrorista deberá permanecer privado de libertad.

Los delitos terroristas están actualmente regulados en dos cuerpos legales: la Ley 18.314 del año 1984, que estuvo vigente para los hechos cometidos hasta febrero de 2025, en que comenzó a regir la Ley 21.732.

4.4 La apelación verbal

La regla general respecto de la apelación de la resolución que se pronuncia sobre la prisión preventiva es que sea fundada y por escrito en el plazo de cinco días, y que su interposición no sea suspensiva, como vimos más arriba.

La aplicación de esta regla procesal fue muy cuestionada desde los inicios de la Reforma Procesal Penal en aquellos casos en que la Fiscalía y/o el querellante solicitaban la prisión preventiva y esta era denegada por el Tribunal de Garantía. Ello provocaba que los acusadores debían apelar en el plazo de cinco días, por escrito y fundadamente, y esperar, en la práctica, entre siete a ocho días para que la respectiva Corte de Apelaciones resolviera la situación del imputado. En ese plazo, podía suceder que el imputado se fugaba, o bien, existía el riesgo de que ello ocurriera. A lo anterior, se sumó la percepción de que entre los Tribunales de Garantía operaba un criterio "excesivamente garantista", en contraposición a las Cortes de Apelaciones, que solían conceder con más facilidad las cautelares intensas solicitadas por el Ministerio Público o los querellantes.

Esta situación motivó una serie de reformas al artículo 149 del CPP (Ley 20.253, Ley 20.931, Ley 21.212, Ley 21.523, Ley 21.577 y Ley 21.694), las que fueron incorporando una serie de delitos graves en los cuales operaría la regla inversa: si el imputado estaba previamente privado de libertad (por detención o por prisión preventiva en causa diversa) y se formalizaba investigación en su contra, la resolución que se pronunciara sobre la prisión preventiva sería apelable verbalmente en la misma audiencia y dicha apelación provocaría un verdadero efecto suspensivo de la situación del imputado privado de libertad.

Es decir, si el Tribunal de Garantía denegaba la solicitud de prisión preventiva, el imputado permanecería privado de libertad hasta que la Corte de Apelaciones respectiva no resuelva la apelación deducida verbalmente por la defensa en la misma audiencia.

El catálogo de delitos graves que impone esta obligación de apelar verbalmente se ha ido ampliando a partir de estas reformas legales más arriba mencionadas, y desde el 2020 abarca las siguientes figuras típicas en el Código Penal: artículos 141 (secuestro), 142 (sustracción de menores), 292 (asociación delictiva), 293 (asociación criminal), 361 (violación), 362 (violación de menores), 363 (estupro), 365 bis (violación calificada), 390 (parricidio), 390 bis (femicidio), 366 incisos primero y segundo (abuso sexual de mayor de catorce años), 366 bis (abuso sexual de menor de catorce años), 390 ter (homicidio agravado por razones de género), 391 (homicidio), 433 (robo con violencia o intimidación calificado), 436 (robo con violencia o intimidación simple y robo con sorpresa), 411 bis (tráfico de migrantes), 411 ter (facilitación de la entrada y salida de Chile de personas que ejerzan la prostitución), 411 quáter (trata de personas) y 440 (robo con fuerza en lugar habitado o destinado a la habitación); y todos los delitos de las leyes 17.798 (control de armas) y 20.000 (tráfico ilícito de estupefacientes y sustancias psicotrópicas), y los delitos de castración, mutilaciones y lesiones perpetrados en contra de funcionarios de Carabineros de Chile, la Policía de Investigaciones de Chile y Gendarmería de Chile en ejercicio de sus funciones.

Estas reglas sobre apelación verbal resultan ciertamente problemáticas, porque puede suceder perfectamente —y es justamente lo que motivó estas reformas legales— que el juez de garantía estime improcedente la prisión preventiva, a pesar de lo cual el imputado permanecerá privado de libertad hasta que la Corte de Apelaciones competente no resuelva la apelación de su defensa. Por lo mismo, se trata de una privación de libertad desproporcionada y que contraviene lo dispuesto en el artículo 19.7 de la CPR, ya que no se trata de una privación de libertad ordenada por un funcionario competente autorizado por ley ni tampoco ha sido "considerada necesaria por el juez" para los fines de la investigación, la seguridad de la sociedad o del ofendido.

A pesar de ello, el Tribunal Constitucional ha declarado que estas normas no contravienen la Carta Fundamental. Como ha advertido el profesor Guillermo Oliver, se trata de una norma que refleja la profunda desconfianza del legislador al criterio de los jueces de garantía.

La regla sobre la apelación verbal no especifica si esta debe ser fundada y contener peticiones concretas; a falta de regla específica, debiera entenderse que ello es así por aplicación de las normas generales. Aunque vale la pena preguntarse si el legislador no quiso instaurar una apelación verbal similar a la del Código de Procedimiento Penal de 1906, que no requería fundamentación alguna. Asimismo, estas reglas deben entenderse aplicables en aquellos casos en que el Tribunal de Garantía rechaza la solicitud de prisión preventiva del fiscal o querellante, como también cuando la sustituye por alguna de las medidas cautelares personales del artículo 155 del CPP.

La reforma que operó por la Ley 20.253 incorporó también un inciso tercero al artículo 149 del CPP, que autorizó expresamente la posibilidad de que la Corte de Apelaciones respectiva decrete una orden de no innovar (artículo 192 del CPC) en los restantes casos de delitos no graves en que solo sea procedente la apelación escrita dentro del quinto día, según las reglas generales.

Es decir, si el fiscal o querellante temen que el imputado se dé a la fuga luego de que fuera rechazada la solicitud de prisión preventiva por el Tribunal de Garantía, podrán solicitar a la respectiva Corte de Apelaciones que mantenga al imputado privado de libertad.

Hay autores como el profesor Andrés Cruz Carrasco que han dicho que el Ministerio Público está igualmente legitimado para apelar por escrito y dentro del plazo de cinco días en los casos en que rige esta apelación verbal en audiencia. No estamos de acuerdo con esta postura. Primero, porque el inciso segundo del artículo 149 usa la voz perentoria "deberá interponerse en la misma audiencia", lo que no deja lugar a dudas. Sin perjuicio de ello, asumir la posición del profesor Cruz significaría prolongar por al menos cinco días adicionales esta verdadera retención legal —mas no jurisdiccional— que ha creado esta norma, cuestión con la que no estamos de acuerdo.

También se ha discutido si esta apelación verbal es procedente en aquellos casos en que el juez de garantía ha estimado que los hechos descritos en la formalización de cargos no corresponden a ninguno de los delitos que habilita a esta especial formal de apelación. Por un lado, se argumenta que el artículo 149 inciso segundo hace referencia a los "delitos objeto de la formalización", por lo que bastaría con que el fiscal mencionara cualquiera de dichas figuras típicas en la formalización de cargos para que operara la regla de la apelación verbal. En contra de esta postura, autores como Marcelo Hadwa opinan que ello es incorrecto y que la apelación verbal solo será procedente cuando el Tribunal de Garantía tenga por establecidos los presupuestos de las letras a) y b) del artículo 140, esto es, la existencia de uno de los delitos habilitantes de esta norma y la participación del imputado en él.

Existe discusión, asimismo, sobre si esta apelación verbal sería procedente en el caso de juzgamiento de adolescentes regidos por la Ley 20.084 que hayan cometido los delitos del artículo 149 del CPP. El profesor Guillermo Oliver se inclina favorablemente a dicha posibilidad, por la expresa remisión del artículo 27 de la Ley 20.084 a las reglas generales del CPP. Otros autores como Marcelo Hadwa han señalado estar en contra, por las consecuencias perniciosas y sumamente gravosas que origina esta privación de libertad *sui generis* (sin orden judicial) que afectará al imputado mientras se resuelve su situación en el tribunal de alzada, que es contraria a la utilización de la privación de libertad en general como herramienta de última *ratio* en el juzgamiento de adolescentes.

4.5 Plazo máximo de la prisión preventiva y su revisión en el tiempo

En la ley chilena la prisión preventiva no tiene un plazo máximo de duración, más allá de la obligación de revisión de oficio por parte del tribunal cada seis meses, que ya vimos. También dijimos que los intervinientes pueden pedir su revisión en cualquier tiempo, las veces que lo deseen; aunque para que este tipo de solicitudes prospere, los tribunales suelen exigir que se hagan valer "nuevos antecedentes" favorables al imputado, o al menos, que haya transcurrido cierta cantidad de tiempo.

El inciso segundo del artículo 152 del CPP dispone también un control de oficio por pare del juez en aquellos casos en que la prisión preventiva hubiere durado "la mitad de la pena privativa de libertad que se pudiere esperar en el evento de dictarse sentencia condenatoria, o de la que se hubiere impuesto existiendo recursos pendientes".

Esta ausencia de plazo máximo para la prisión preventiva en la ley se explica porque las investigaciones están destinadas a tener plazos judiciales breves, como hemos dicho; o bien, un plazo legal máximo de dos años. Pero entre la teoría y la práctica pueden existir diferencias relevantes.

En la práctica, la prisión preventiva será bastante extensa en los casos en que las investigaciones se prolonguen por el plazo máximo legal de dos años, al que debe sumarse el periodo de tiempo que lleva la preparación de juicio y el juicio oral mismo, que podría ser de varios meses o, en casos complejos, de algunos años. Por lo tanto, la prisión preventiva podría prolongarse por un lapso muy superior a los dos años sin que se contravenga norma legal alguna.

El asunto es ciertamente muy delicado, desde que ciertas investigaciones particularmente complejas pueden extenderse excesivamente, dando lugar a prisiones preventivas que se convierten en verdaderas condenas anticipadas y que, en no pocos casos, terminan por exceder el tiempo de condena que se impone finalmente en la sentencia definitiva.

La Corte Interamericana de Derechos Humanos ha establecido algunos parámetros importantes para concretar el contenido del derecho a ser juzgado en un plazo razonable. La Corte no ha establecido "tiempos fijos" máximos de duración de un proceso, sino que este debe ser interpretado de acuerdo a un triple parámetro referido a la complejidad del asunto, la actividad procesal desplegada por el imputado y la conducta de las autoridades judiciales.

Así, puede que un asunto relativamente sencillo haya dado origen a un proceso particularmente extenso si el imputado no ha estado disponible para los actos del procedimiento; en cuyo caso, no puede hablarse con propiedad de que ha sido transgredida su garantía de ser juzgado en un plazo razonable.

Frente a la ley chilena, que establece una prisión preventiva sin plazos, parece más respetuosa de los derechos del imputado la solución del legislador español que, en el artículo 504 de la Ley de Enjuiciamiento Criminal, dispone de plazos máximos para la prisión preventiva: un año si el delito tiene una pena asignada de tres años y dos años si la pena supera los tres años. En ambos casos, prorrogables (seis meses en el primero, dos años en el segundo). Si el imputado resulta condenado, la prisión preventiva puede llegar a durar el equivalente a la mitad del tiempo de la condena dispuesto en la sentencia (asumiendo que esta no está firme aún, lo que ello justifica su mantención en prisión preventiva, claro está).

Como vimos, la prisión preventiva puede ser dejada sin efecto en cualquier momento del procedimiento, de oficio o a solicitud de cualquiera de los intervinientes, generalmente de la defensa.

También se le pone fin si el proceso termina por sentencia condenatoria, en cuyo caso se comienza a cumplir la pena propiamente tal, abonándose el periodo cumplido bajo esta medida cautelar, como veremos más adelante. Si la causa se sobresee definitivamente (artículo 153 del CPP), se absuelve (artículo 347 del CPP) o se arriba a cualquier salida alternativa que no sea un juicio abreviado en que se haya condenado a una pena efectiva; también se pondrá término a la prisión preventiva. La prisión preventiva también termina si se comunica la decisión de no perseverar en el procedimiento por parte del Ministerio Público (artículo 248 inciso final del CPP).

Es muy frecuente que la prisión preventiva no sea revocada sin más, sino que sea sustituida a lo largo del proceso por alguna otra cautelar de menor intensidad del artículo 155 del CPP; o bien, por una caución económica en el caso del artículo 146.

Aunque la norma no lo dice expresamente, el inciso segundo del artículo 153 del CPP permite al juez sustituir la prisión preventiva por alguna de las medidas cautelares especiales del artículo 155 (menos intensas), en los casos en que se decrete el sobreseimiento definitivo o la absolución del imputado y mientras dichas sentencias no se encuentren firmes.

5. Condiciones para el cumplimiento de la prisión preventiva

5.1 Aspectos generales

El artículo 150 del CPP dispone ciertos requisitos mínimos en la forma de cumplimiento de la prisión preventiva, siendo el órgano encargado de dicho control el Tribunal de Garantía o de Juicio Oral en lo Penal que la decretó.

No existen en Chile tribunales de ejecución especializados, lo que es un sensible vacío en nuestro sistema.

La forma de cumplimiento de la prisión preventiva debe sujetarse a los estándares que revisaremos a continuación.

Segregación de la población penal que se encuentra condenada cumpliendo penas privativas de libertad, para evitar la contaminación criminógena entre imputados y reos rematados.

En primer lugar, el derecho de ser tratado como inocente. Este es un objetivo muy difícil de cumplir, ya que la prisión preventiva externamente no se diferencia en nada del cumplimiento de una pena privativa de libertad. Incluso, puede decirse que resulta más gravosa que la pena misma, como veremos más adelante. El inciso tercero del artículo 150 da la idea de que el establecimiento debiera ser "menos carcelario", y no provocar "otras limitaciones que las necesarias para evitar la fuga y garantizar la seguridad de los demás internos", funcionarios y visitas del recinto.

En todo caso, la ley impone por igual —a imputados cumpliendo prisión preventiva y a reos rematados cumpliendo condenas firmes— el cumplimiento del Reglamento de Centros Penitenciarios, y por lo mismo quedarán todos por igual, sin distinción, sometidos al mismo régimen de visitas en el recinto penal y a eventuales restricciones de comunicaciones con personas externas por razones de seguridad.

Asimismo, a unos y otros se aplica exactamente el mismo régimen disciplinario y podrían aplicarse las mismas sanciones, que van desde la restricción de las visitas o su supresión por hasta un mes, como también el aislamiento los fines de semana, o bien, por un periodo de hasta diez días (artículo 81 del Reglamento de Centros Penitenciarios).

En segundo lugar, la protección de la integridad física del imputado, permitiendo al tribunal adoptar las medidas necesarias para que los imputados jóvenes y primerizos no se vean amenazados por población penal de mayor peligrosidad.

En tercer lugar, el derecho a tener permiso de salida, que puede ser concedido por el juez en resolución fundada; suelen concederse para visitas a personas del exterior al penal o trámites médicos (artículo 150 inciso quinto). Hasta la entrada en vigencia de la Ley 20.53, se permitían salidas por tiempo indefinido; actualmente debe entenderse que este permiso de salida es solo por un tiempo razonable para atender el asunto puntual que motivó la solicitud.

Finalmente, la segregación de la población penal que se encuentra condenada cumpliendo penas privativas de libertad, para evitar la contaminación criminógena entre imputados y reos rematados.

5.2 Estatuto jurídico del detenido o preso

Tanto la ley procesal penal chilena como diversas disposiciones constitucionales y los tratados internacionales reconocen una serie de derechos a la persona privada de libertad, sea que esté detenida o cumpliendo prisión preventiva.

Los revisaremos a continuación.

- *Derecho a la información*: comprende tanto que se informe al detenido acerca de los hechos que se le imputan (artículo 94 a) del CPP) como la lectura de los derechos del detenido del artículo 135, que ya revisamos (guardar silencio, ser asistido por un abogado desde los primeros actos del procedimiento, etc.).
- *Derecho a ser llevado ante un juez*: consagrado en el artículo 19.7 d) de la CPR y 94 c) del CPP, y materializado en el artículo 133 del CPP que establece el control judicial obligatorio de la detención, en un plazo máximo de veinticuatro horas, que ya vimos.
- *Ser juzgado en un plazo razonable o ser puesto en libertad*: consagrado en el artículo 7.5 de la Convención Americana de Derechos Humanos y en el artículo 9.3 del Pacto Internacional de Derechos Civiles y Políticos. En la práctica, este objetivo muchas veces no se cumple, aunque existen algunos mecanismos legales que facilitan al menos una duración acotada de la prisión preventiva, como el plazo máximo de dos años para que el fiscal concluya su investigación, una vez formalizada esta y decretada la prisión preventiva, y los plazos acotados para acusar, fijar la preparación de juicio y el juicio oral mismo.
- *Comunicación de la privación de libertad*: consagrado en el artículo 94 e) del CPP, consiste en que el encargado del recinto penitenciario informe a los familiares del detenido, u otra persona que señalare, que ha sido detenido o preso, el motivo por el cual se le detuvo y el lugar donde cumplirá la reclusión. La Ley 20.074 agregó un inciso al artículo 131 del CPP que dispone que es deber del fiscal el poner en conocimiento del abogado de confianza o de la Defensoría Penal Pública la detención del imputado.
- *Entrevistarse privadamente con su abogado*: consagrado en el artículo 94 f) del CPP, derecho que se puede ejercer aun cuando el juez restrinja o prohíba las comunicaciones del detenido o preso en ejercicio de la facultad del artículo 151. Corresponde a la materialización legal de la garantía consagrada en el artículo 19.3

inciso segundo de la CPR, por el cual "toda persona tiene derecho a la defensa jurídica en la forma que la ley señale y ninguna autoridad o individuo podrá impedir, restringir o perturbar la debida intervención del letrado si hubiere sido requerida". En la práctica, muchas veces la reunión entre imputado y detenido o preso puede no ser especialmente "privada", dadas las precarias condiciones del sistema penitenciario, según constató un estudio que se hizo en 2010, a propósito de los diez años de la reforma procesal penal.

- *Procurarse comodidades y ocupaciones compatibles con la seguridad del recinto en que se encontrare* (artículo 94 g) del CPP): dependerán finalmente de los recursos y la disposición que tenga quien administra los recintos penales, que es Gendarmería de Chile.
- *Recibir visitas y comunicarse*: siendo la incomunicación enteramente excepcional en los términos del artículo 151, o sea, siempre a solicitud del fiscal y por un máximo de diez días, y siempre que sea absolutamente necesario para el éxito de la investigación. Como dijimos, esta incomunicación no restringe el derecho del imputado de comunicarse con su abogado de confianza, con el tribunal o recibir atención médica. Esta incomunicación, en todo caso, no podrá consistir en recluir al preso en una "celda de castigo", según dispone el inciso segundo de la misma norma. El artículo 19.7 d) inciso tercero de la CPR consagra esta garantía, en el sentido que el encargado del recinto debe poder siempre comunicarse con el detenido. Esta incomunicación ha sido calificada por algunos autores como una verdadera "tortura psicológica" y corresponde a un tratamiento particularmente hostil del imputado, que incluso supera al del condenado por sentencia firme. La incomunicación puede ser total, esto es, respecto de toda persona del exterior al penal; o bien, parcial, solo respecto de determinadas personas, y abarca no solo el contacto personal, sino también por cualquier otro medio escrito o telemático. La incomunicación solo puede solicitarla el Ministerio Público, y el Tribunal de Garantía siempre debiera estar alerta de que no se utilice indebidamente como una herramienta para procurar el "ablandamiento" del imputado para que "colabore" o confiese.
- *Recurrir ante un tribunal para que revise la legalidad de la detención*: esta garantía está bien resguardada a través de los institutos que ya estudiamos (audiencia de control de la detención del artículo 132 del CPP, amparo ante el juez de garantía del artículo 95 del CPP y amparo constitucional del artículo 21 de la CPR). Además, como vimos, se puede controlar la permanencia de la prisión preventiva en cualquier momento del procedimiento a través de los mecanismos procesales ya revisados.
- *Obtener una reparación por la detención ilegal*: aunque el artículo 19.7 i) de la CPR solo admite la indemnización por error judicial respecto de la persona que fue sometido a proceso o condenado, no así al sujeto a prisión preventiva que luego es absuelto o sobreseído definitivamente. Sin perjuicio de ello, en los últimos años

se ha inaugurado una interesante jurisprudencia civil en este sentido, invocando la responsabilidad por falta de servicio del Estado. Más adelante en este trabajo abordaremos en detalle este asunto.

5.3 Internación provisoria de adolescentes infractores y enajenados mentales

Respecto de los menores de dieciocho y mayores de catorce años infractores de la ley, no aplica la prisión preventiva, sino la internación provisoria en un centro cerrado (artículo 32 de la Ley 20.084), que en la práctica es bastante similar.

Resulta curioso que la ley emplee el mismo término "internación provisoria" respecto de la medida cautelar que se decreta respecto de los inimputables privados de razón (artículo 464 del CPP), en circunstancias que los adolescentes infractores son plenamente imputables.

El procedimiento, oportunidad y tribunal competente para decretarla, y sus mecanismos de revisión son los mismos que dispone el CPP para las medidas cautelares personales, por remisión expresa del artículo 27 de dicha ley.

En todo caso, el artículo 47 de dicha ley consagra el carácter marcadamente subsidiario que debe tener la internación provisoria respecto de otras medidas cautelares personales menos gravosas que permitan alcanzar los mismos objetivos, cuestión que en todo caso es el principio general también respecto del sistema de los adultos. En idéntico sentido, los artículos 31 y 37 de la misma ley.

El artículo 37 bis de la ley dispone que, si la internación provisoria se prolonga por más de quince días, se debe levantar un informe técnico que deberá evacuar el Servicio Nacional de Reinserción Social Juvenil; también permite que el juez le otorgue al adolescente infractor el permiso de salida durante el día, en casos calificados.

En todo caso, al disponer el artículo 38 de esta ley que la investigación en estos casos no debe durar más de seis meses, prorrogables por otros dos meses adicionales por una sola vez, la internación provisoria no debiera prolongarse más allá de los ocho meses que dure esa investigación.

Asimismo, también se contempla la internación provisoria respecto de los enajenados mentales (artículo 464), como una suerte de medida cautelar de la futura medida de seguridad. Esta internación es en un centro asistencial, no en un recinto penal. Sobre esto hablaremos en detalle más adelante en este trabajo.

Capítulo X

Medidas cautelares del artículo 155 del Código Procesal Penal y de otros cuerpos legales

MEDIDAS CAUTELARES DEL ARTÍCULO 155 DEL CÓDIGO PROCESAL PENAL Y DE OTROS CUERPOS LEGALES

1. Aspectos generales

El artículo 139 inciso segundo del CPP dispone el carácter excepcional de la prisión preventiva, la que solo procederá "cuando las demás medidas cautelares personales fueren insuficientes para asegurar las finalidades del procedimiento". Cuando la ley habla de "las demás medidas cautelares" se está refiriendo a las que están regladas en el artículo 155 del CPP, que son las que estudiaremos ahora.

Estas otras medidas cautelares tienen una intensidad más baja que la prisión preventiva. Sin perjuicio de ello, no debe olvidarse nunca que siguen siendo, la mayoría de ellas, restricciones a la libertad personal y ambulatoria, por muy leves que sean.

De acuerdo con la norma recién transcrita, el juez debiera tener siempre en la mira las medidas cautelares de menor intensidad del artículo 155 como primera opción, aplicando la prisión preventiva solo para los casos en que sea estrictamente necesario.

No se trata de medidas subsidiarias a la prisión preventiva, sino al revés: la prisión preventiva es en subsidio de estas, a pesar de que se encuentran tratadas en una norma posterior al artículo 140 del CPP, como vimos.

Asimismo, no todas las medidas cautelares del artículo 155 tienen la misma intensidad, y el juez debe ser cuidadoso al momento de decretarlas o agravarlas. En caso de incumplimiento de las condiciones impuestas en virtud de una de ellas, deberá imponerse otra más intensa, pero procurando que sea de las del catálogo del artículo 155, quedando la prisión preventiva como un último y excepcional recurso.

Estas medidas tienen la importante ventaja de que su ejecución acarrea un sufrimiento sustancialmente inferior para el imputado, y una menor alteración de su vida laboral y familiar, ya que no estará recluido en un centro penitenciario, sino que, en el peor de los casos, deberá permanecer en su domicilio.

Esto también le permite ejercer de mucho mejor forma su derecho a defensa, desde que tendrá pleno acceso a sus abogados y a los antecedentes de la investigación, cuestiones que, como vimos, están muy limitadas cuando se ha impuesto una prisión preventiva.

La contracara de estas otras medidas cautelares menos intensas es la dificultad para fiscalizar su cumplimiento, si se le compara con la prisión preventiva, en que el imputado está sujeto a una vigilancia constante. Sobre esto último se ha dicho, con razón, que las medidas cautelares del artículo 155 no deben igualar a la prisión preventiva en su eficacia cautelar, sino que solo deben ser suficientes para los objetivos que estas medidas pretenden alcanzar.

2. Estudio particular de las medidas cautelares personales del artículo 155

Estas medidas son las siguientes:

a) La privación de libertad, total o parcial, en su casa o en la que el propio imputado señalare, si aquélla se encontrare fuera de la ciudad asiento del tribunal.
b) La sujeción a la vigilancia de una persona o institución determinada, las que informarán periódicamente al juez.
c) La obligación de presentarse periódicamente ante el juez o ante la autoridad que él designare.
d) La prohibición de salir del país, de la localidad en la cual residiere o del ámbito territorial que fijare el tribunal.
e) La prohibición de asistir a determinadas reuniones, recintos o espectáculos públicos, o de visitar determinados lugares.
f) La prohibición de comunicarse con personas determinadas, siempre que no se afectare el derecho a defensa.
g) La prohibición de aproximarse al ofendido o su familia y, en su caso, la obligación de abandonar el hogar que compartiere con aquél.
h) La prohibición de poseer, tener o portar armas de fuego, municiones o cartuchos.
i) La obligación del imputado de abandonar un inmueble determinado.

En 2012 (Ley 20.585) se incorporó el artículo 156 bis del CPP que permite al juez suspender la facultad de emitir licencias médicas a los facultativos investigados por su otorgamiento fraudulento como medida cautelar especial.

El inciso tercero del artículo 155 dispone que el juez de garantía puede decretar una o más de estas medidas cautelares especiales respecto de un mismo imputado en una misma causa. Analizaremos algunos aspectos de las más importantes de ellas.

Respecto del llamado arresto domiciliario (artículo 155 a), como dice la norma, puede ser total, es decir, la permanencia ininterrumpida del imputado en el domicilio que designe; o solo parcial, esto es, por las horas que el tribunal fije, generalmente de noche, entre las 22:00 y las 6:00 del día siguiente, aunque podría ser en un horario distinto.

Para ello, el tribunal deberá oficiar a la unidad de Carabineros más cercana al domicilio para que se hagan rondas periódicas para fiscalizar si el imputado cumple, debiendo informar acerca del cumplimiento de la medida. Este arresto domiciliario es la medida cautelar personal más gravosa del artículo 155 y, por lo mismo, su incumplimiento reiterado e injustificado dará origen a su sustitución por la prisión preventiva.

La firma periódica (artículo 155 c) es por lejos la medida cautelar más utilizada en la práctica y, en rigor, consiste en que se impone al imputado la obligación de estampar su firma en un registro en Carabineros, la Fiscalía o el tribunal, con la periodicidad que el tribunal determine (cada quince días o mensual, generalmente). Obviamente, esta medida solo sirve para asegurarse que el imputado esté disponible para los actos del procedimiento, pero no para otros fines como evitar reiteración delictiva o la obstrucción a la investigación.

El *arraigo* (artículo 155 d) es también muy utilizado en la práctica y consiste en que el imputado tendrá la prohibición de desplazarse fuera de una cierta porción del territorio nacional o fuera de Chile. Para estos efectos, el tribunal enviará un oficio a la PDI y Carabineros, y también al Servicio de Registro Civil e Identificación, para que se abstenga de emitir pasaporte al imputado en caso de solicitarse. Tratándose de los delitos de la Ley 20.000 el arraigo nacional puede decretarse previo a la formalización de investigación, pero solo por un lapso máximo de sesenta días.

La prohibición de comunicarse con determinadas personas (artículo 155 f) no es, propiamente tal, una medida cautelar personal, ya que no afecta la libertad ambulatoria del imputado. Su límite estaría en las comunicaciones que puedan afectar el derecho de defensa del imputado, por lo que no sería lícito que se le prohibiera comunicarse con su abogado, por ejemplo.

La prohibición de acercamiento al ofendido o su familia, o la obligación de abandonar el hogar común (artículo 155 g), es una medida cautelar muy recurrida en los casos de violencia intrafamiliar o en el contexto de relaciones de pareja; suele fijarse con un radio máximo de acercamiento (doscientos metros, por ejemplo). En rigor, lo que se busca prevenir son posibles agresiones futuras y tiene, por lo mismo, un evidente fin preventivo especial, en aquellos casos en que la prisión preventiva —que podría cumplir el mismo fin— aparezca como excesiva y desproporcionada.

La prohibición de poseer, tener o portar armas de fuego, municiones o cartuchos (artículo 155 h) fue introducida en la Ley 20.813 de 2015. Como ha anotado la doctrina, esta medida cautelar será eficaz en aquellos casos en que el imputado cuente con armas inscritas bajo su tenencia o pretenda adquirir alguna. En sentido contrario, no surtirá efecto alguno si el imputado opera normalmente con armas robadas o hechizas. En estos casos, el tribunal deberá oficiar a Carabineros de Chile para que proceda a la incautación del arma y deberá también notificarse a la Dirección General de Movilización Nacional para que rechace una eventual solicitud del imputado para adquirir un arma a su nombre, mientras dure la medida.

Por último, la medida cautelar de abandonar un inmueble determinado (artículo 155 i) parece pensada para los casos del delito de usurpación de inmuebles. Aunque, como veremos, esta medida podría quedar en desuso con la entrada en vigencia, en 2023, de la nueva medida cautelar real del artículo 157 ter del CPP, que persigue exactamente el mismo fin, pero con menos exigencias para quien la solicite. Más adelante la revisaremos.

Es interesante notar la notable similitud de algunas de estas medidas cautelares con las condiciones que se pueden imponer en virtud de una suspensión condicional del procedimiento del artículo 238 del CPP. Así, el "abstenerse de frecuentar determinados lugares o personas" (artículo 238 b) parece imponer obligaciones muy parecidas que las del artículo 155 e), f) o g).

También, la del artículo 238 f) "asistir periódicamente al ministerio público" es prácticamente idéntica a la del artículo 155 c). Por lo mismo, el cumplimiento de estas medidas cautelares especiales por parte del imputado podrá ser un importante predictor para que juez la suspenda imponiendo condiciones similares, sin ser necesario dictar sentencia de condena.

3. Medidas cautelares personales especiales reguladas en otros cuerpos legales

Además de las del artículo 155, existen medidas cautelares especiales reguladas en otros cuerpos legales, que son las que veremos a continuación.

3.1 En leyes especiales fuera del Código Procesal Penal

- En el artículo 197 inciso cuarto de la Ley 18.290 del Tránsito se contempla la "suspensión provisoria de la licencia de conducir" para los delitos tipificados en dicha ley.
- El artículo 27 de la Ley 20.000 sobre Tráfico Ilícito de Estupefacientes contempla la posibilidad de que se decreten medidas cautelares sin previa comunicación del afectado y sin ser necesaria una formalización de investigación previa. Una de ellas es el arraigo nacional (que ya estaba contemplado en el artículo 155 d) y la

posibilidad de decretar medidas cautelares reales (que son las mismas que las del artículo 157). Respecto del arraigo nacional, se permite esta modalidad inaudita partes y sin formalización previa solo por sesenta días.

- El artículo 15 de la Ley 20.066 sobre Violencia Intrafamiliar permite que se decreten medidas cautelares personales, las que en rigor son propiamente medidas de protección a favor de la víctima.
- El artículo 15 de la Ley 19.237 sobre Derechos y Deberes en los Espectáculos de Fútbol Profesional, permite que se decrete como medida cautelar personal especial la prohibición de asistir a cualquier evento de fútbol profesional.
- La Ley 21.595 sobre Delitos Económicos incorporó un nuevo artículo 11 bis a la Ley 20.393 (con relación al artículo 17 quáter) sobre Responsabilidad de Personas jurídicas que permite que se decrete como medida cautelar especial el nombramiento de un supervisor respecto de la persona jurídica investigada, encargado de asegurarse de que se elabore, implemente o mejore un sistema adecuado de prevención de delitos, entre otras funciones.
- El artículo 372 ter del Código Penal (incorporado por una reforma legal de 1999) contiene una norma muy similar a la del artículo 155, aplicable solamente a ciertos delitos que afecten la libertad o la indemnidad sexual, y faculta al juez a decretar "en cualquier momento, a petición de parte o de oficio" ciertas medidas cautelares que se detallan en la norma (prohibición de acercamiento, de visitar el domicilio de la víctima, entre otras), o incluso las que "el juez estime convenientes". En el mismo sentido el artículo 15 de la Ley 20.066 sobre Violencia Intrafamiliar de 2005 permite que se decreten medidas cautelares "innominadas" para la protección de la víctima, aun antes de la formalización. Para autores como Guillermo Oliver estas reglas debieran entenderse como tácitamente derogadas, desde que contravienen ciertos principios y reglas básicas del sistema de persecución penal, como son que solo puede restringirse las garantías del imputado en virtud de medidas cautelares que estén expresamente contempladas en la ley y que no sean de creación judicial; lo mismo el carácter oficioso de estas medidas y la posibilidad que se decreten sin formalización previa de cargos.

3.2 En la Ley 21.675 sobre Violencia de Género de 2024

En junio de 2024 comenzó a regir la Ley 21.675 que estableció, entre otras múltiples materias, nuevas medidas cautelares personales especiales, que podrán ser decretadas tanto por los jueces de familia como por los tribunales con competencia penal.

El artículo 33 de esta ley se encarga de precisar que estas nuevas medidas debieran decretarse ante una "situación de riesgo inminente de padecer violencia de género", dando a entender que se está creando —por así decirlo—una nueva categoría de medidas cautelares especiales. Aunque a primera vista pudiera pensarse eso, lo cierto es que estas medidas se aplican frente a posibles situaciones de reiteración delictiva, lo que corresponde justamente a una de las hipótesis del artículo 140 c) del CPP como uno de los objetivos más claros y quizás menos polémicos de las medidas cautelares personales.

Lo que sí es novedoso es que esta norma se encarga de precisar cuándo existirá este "riesgo inminente" de reiteración, estableciendo hipótesis que van desde lo obvio a otras situaciones que son bastante debatibles. Dentro de las hipótesis obvias, el numeral 1 del artículo 33 dispone que hay riesgo inminente cuando "haya precedido intimidación por parte de quien agrede, en acciones tales como hostigamiento, acecho, amedrentamiento o intromisión en espacios públicos". Como se ve, aquí se asimila impropiamente el término "intimidación" —tratado en el Código Penal en los artículos 12 N°23, 144 y 361 N°1, entre otros— a conductas que no son tales.

Otras situaciones son más discutibles, como hemos dicho. Así, la del numeral 2 dispone que existe este riesgo inminente en caso de que el supuesto agresor tenga "antecedentes tales como drogadicción, alcoholismo o una o más denuncias por violencia intrafamiliar, condena previa por violencia intrafamiliar, una o más denuncias por violencia intrafamiliar o condenas previas por crimen o simple delito contra las personas" y también por otros delitos. Aquí ya se ve lo problemático de esta disposición, al asimilar situaciones de alcoholismo con imputaciones penales, y estas últimas a condenas penales en circunstancias que se trata de cuestiones absolutamente diversas.

Asimismo, la norma cae en un casuismo llamativo, estableciendo como riesgo inminente que "la persona denunciada haya opuesto mediante actos de violencia su negativa a aceptar el término de una relación afectiva que ha mantenido con la víctima" (numeral 3); o que "una persona mayor, dueña, poseedora o mera tenedora de un inmueble que legítimamente ocupa para residir, sea expulsada por quien la agrede, relegada a sectores secundarios o se le restrinja o limite su desplazamiento al interior de ese bien raíz por el denunciado" (numeral 4).

En fin, cualquiera de estas situaciones de riesgo inminente sirve de motivo para que el tribunal pueda decretar alguna o varias de las medidas cautelares especiales personales del artículo 34 de dicha ley, las que en algunos casos son idénticas o muy similares al régimen general del artículo 155. Las revisaremos someramente a continuación, según la numeración que emplea el citado artículo 34.

El numeral 1 dispone como medida cautelar especial el "obligar a quien agrede a abandonar el hogar que comparte con la víctima", la que es idéntica a la del artículo 155 g).

Los numerales 2, 5 y 6 contemplan medidas que teóricamente podrían ser decretadas por el juez con competencia penal, pero que parecen ser parte de las competencias del juez de familia, aunque la norma no hace esta distinción. Se trata de la medida de "asegurar la entrega material de los efectos personales de la víctima que haya huido u optado por no regresar al hogar común, producto de los hechos que denuncia"; fijar alimentos provisorios; y regular el régimen provisional de cuidado personal de niños, niñas o adolescentes.

El numeral 3 contempla una prohibición de acercamiento a la víctima, en idénticos términos a la del artículo 155 g).

El numeral 4 establece una prohibición de comunicaciones con la víctima, la que ya estaba contemplada en el artículo 155 f).

El numeral 7 contempla una medida cautelar real, que veremos más adelante, pero que ya estaba contemplada en el régimen general del CPC.

El numeral 8 establece el porte y tenencia de armas de fuego y municiones, en idénticos términos que lo ya establecido en el artículo 155 h).

El numeral 9 contempla como medida cautelar personal la asistencia a programas de tratamiento de rehabilitación de drogas y alcohol. Esta medida cautelar resulta altamente problemática y posiblemente sea declarada inconstitucional. Evidentemente se trata de una transgresión a la dignidad y libre desarrollo de la personalidad del imputado el que se le imponga un tratamiento médico o psicológico contra su voluntad. El asunto ha sido profusamente tratado por la ciencia penal contemporánea, en que se estima su inviabilidad, salvo que el imputado o condenado voluntariamente consienta a ello.

Estas medidas cautelares terapéuticas son también problemáticas porque el artículo 36 de la misma ley establece el deber del juez de imponer en la sentencia de condena como "medidas accesorias especiales", entre otras, "la asistencia a programas de intervención psicosocial de reeducación de la violencia, terapéuticos o de orientación familiar", además de un tratamiento por consumo problemático de alcohol y drogas. Por lo mismo, podrían superponerse estas medidas cautelares con las medidas accesorias especiales de la condena. En cualquier caso, estas medidas accesorias parecen ser verdaderas medidas de seguridad, en que se forzará al condenado a someterse a un tratamiento médico o de otro tipo, cuestión que, como hemos dicho, repugna y violenta la dignidad y los derechos humanos más básicos. Esta ley, lamentablemente, es una triste forma de regresión penal.

Sin perjuicio de todo ello, la ciencia médica ha venido señalando desde ya muchos años que los únicos tratamientos exitosos son aquellos en que el paciente se involucra voluntaria y proactivamente, lo que no sucederá, naturalmente, si este es impuesto por un tribunal en forma forzosa o coactiva.

El numeral 10 establece la "reserva de identidad de la denunciante, sus hijos o hijas o de las personas que se encuentren bajo su cuidado", la que en rigor no es una medida cautelar que pese sobre el imputado, sino una restricción a la publicidad del proceso. Asimismo, es llamativo que el numeral 11 contemple la posibilidad de recluir a la víctima en un establecimiento para personas mayores, siempre que esté en "situación de desamparo que requiera cuidados", lo que en rigor no es una medida cautelar en contra del imputado. Misma situación que la del numeral 12, que no es más que una remisión a las medidas cautelares del proceso de familia regulado en la Ley 19.968.

En suma, la Ley 21.675, en lo que atañe a medidas cautelares personales especiales, se estatuye como un régimen mayormente redundante a la regulación común del artículo 155, a ratos inconstitucional y confuso, al mezclar medidas que son propias del juez de familia y no delimitándose las competencias con el juez penal.

Sin perjuicio de todo lo dicho, el artículo 47 de la ley estableció una "medida accesoria de tratamiento para la rehabilitación de consumo problemático de drogas y alcohol", que vendría a ser prácticamente lo mismo que la medida del artículo 34 número 9, que ya vimos, y con los mismos problemas de inhumanidad e indignidad, al ser de carácter forzoso.

Finalmente, debe señalarse que el artículo 51 número 2 de la misma ley dispone que "no se atenderá al tiempo transcurrido entre la comisión de los hechos y la presentación de la denuncia para la solicitud o el otorgamiento de una medida de protección o cautelar, ni para adoptar una decisión de término, sin perjuicio de lo dispuesto en los artículos 93 y siguientes del Código Penal".

4. Requisitos para el otorgamiento de estas medidas cautelares personales especiales

El artículo 155 en su encabezado dispone que estas medias, a diferencia de la prisión preventiva, solo tienen por objeto "garantizar el éxito de las diligencias de investigación o la seguridad de la sociedad, proteger al ofendido o asegurar la comparecencia del imputado a las actuaciones del procedimiento o ejecución de la sentencia".

En su redacción original, esta norma no contenía referencia alguna a la letra c) del artículo 140 del CPP, referido al "peligro para la seguridad de la sociedad". Por lo mismo, razonablemente, este requisito debía interpretarse como se hacía antes de las reformas legales que le dieron su actual redacción al artículo 140, esto es, que se trata solo del peligro de fuga.

Autores como Marcelo Hadwa han dicho que, a diferencia de la prisión preventiva del artículo 140, no se exige para las del artículo 155 que haya riesgo para la práctica de "precisas y determinadas" diligencias de investigación, con lo cual la exigencia de estas medidas cautelares especiales sería inferior.

Autores como los profesores Duce y Riego han sostenido que el estándar de convicción para conceder estas medidas de menor intensidad debiera ser también inferior al de la prisión preventiva. No estamos de acuerdo con esto último, ya que igualmente se trata de medidas que pueden resultar bastante restrictivas a la libertad personal —piénsese en el arresto domiciliario total o nocturno— y, por lo mismo, el juez debe apreciar antecedentes convincentes de que existen indicios de la comisión del delito y participación del imputado en él.

Una diferencia importante es que estas medidas las puede solicitar no solamente el fiscal y la querellante, sino también la víctima, como se desprende del inciso primero del artículo 155.

El artículo 156 del CPP permite al juez de garantía "suspender temporalmente" estas medidas, previa audiencia con los intervinientes, en la medida que se estime que ya no están en peligro los objetivos que se tuvieron a la vista. En este caso, se pueden sustituir por una caución económica en los mismos términos del artículo 146, a propósito de la prisión preventiva decretada solamente por el peligro de fuga del imputado. La necesidad de suspender las medidas puede aparecer cuando el imputado ya ha demostrado que le dará cumplimiento en el tiempo, como también en los casos que su situación personal lo haga aconsejable por motivos de salud o laborales, por ejemplo.

Como ya vimos más arriba, a consecuencia de una reforma de 2023 (artículo 124 bis del CPP, incorporado por la Ley 21.560) no son procedentes las medidas cautelares personales del artículo 155, salvo las de las letras d) y g), ni la prisión preventiva "tratándose del caso previsto en los párrafos tercero y final del numeral 6 del artículo 10 del Código Penal". La misma regla contiene una contra excepción —es decir: sí procede la prisión preventiva— si "durante la investigación surgen antecedentes calificados que justifiquen la existencia de un delito". La regla se pone en la hipótesis —entendemos— de que el imputado alegue en su defensa la concurrencia de alguna de las hipótesis de legítima defensa del artículo 10.6 que se señalan.

Capítulo XI

Medidas cautelares reales y sus reformas a partir de las Leyes 21.577 y 21.595 de 2023

MEDIDAS CAUTELARES REALES Y SUS REFORMAS A PARTIR DE LAS LEYES 21.577 Y 21.595 DE 2023

Junto con las medidas cautelares personales que ya estudiamos, existe la posibilidad de que el fiscal y el querellante soliciten al juez de garantía la concesión de medidas cautelares reales, con el objeto de asegurar el cumplimiento de la futura sentencia que se pronuncie respecto de la acción civil del querellante o de la pena de multa a favor del Estado.

Las medidas precautorias se explican por las dilaciones propias del proceso jurisdiccional, que pueden hacer imposible o muy difícil ejecutar una sentencia.

La regulación de las medidas cautelares reales está en los artículos 157 y 158 del CPP. El primero de ellos se remite a las reglas del título V del libro II del CPC y, por lo mismo, las medidas que se pueden conceder son las del artículo 290 de este Código: secuestro de la cosa que es objeto de la demanda, nombramiento de un interventor, retención de bienes determinados y la prohibición de celebrar actos y contratos sobre bienes determinados. Las dos últimas son las más utilizadas en la práctica. También podría concederse otras medidas innominadas, según autoriza el artículo 298 del CPC.

Estas medidas se deben solicitar por escrito en cualquier etapa del procedimiento y también al presentar la demanda civil, siendo apelables las resoluciones que las concedan o las nieguen, según las reglas generales (artículo 158 del CPP). Puede solicitarse también junto con la demanda civil, en cuyo caso el juez debe resolverla en la audiencia preparatoria de juicio (artículo 273 inciso segundo del CPP).

Hay tribunales de garantía que exigen como requisito para que se concedan estas cautelares reales que la investigación esté previamente formalizada, tal y como se exige para la concesión de cautelares personales, aunque la ley no regula esta exigencia; en los últimos años parece haberse afianzado la jurisprudencia que admite la concesión de estas medidas sin previa formalización.

La formalización previa de la investigación actuaría como antecedente de *fummus boni iuris* que sí se exige en el artículo 298 del CPC y que estaba reglado en el Código de Procedimiento Penal de 1906. En este caso, deberán presentarse al tribunal antecedentes o indicios documentales que consistan en "comprobantes que constituyan a lo menos presunción grave del derecho que se reclama" (artículo 298). Estos antecedentes se refieren al derecho que ampara la acción civil ejercida. Como la acción civil *ex delicto* se apoya en los mismos hechos constitutivos del delito que se investiga, la evidencia recogida en la indagatoria servirá para este propósito, aunque habrán de agregarse también los que reflejen el perjuicio patrimonial sufrido por el solicitante.

Respecto del *periculum in mora*, aplican aquí las normas de los artículos 293, 295 y 296 del CPC, en el sentido que debe justificarse por el solicitante que efectivamente exista un riesgo cierto de que el imputado no dé cumplimiento a una sentencia civil adversa en caso de ser condenado.

El CPP no dispone cómo se sustanciarán las solicitudes de medidas cautelares reales, más allá de que deben solicitarse "por escrito". En general, los Tribunales de Garantía las resuelven de plano y también por escrito, pero nada obsta a que se convoque a una audiencia para oír a las partes y se resuelva oralmente. O bien, que se le dé una tramitación escrita, pero otorgando un plazo para que el requerido se pronuncie sobre la solicitud del interesado.

Una reforma de 2023 (Ley 21.633) introdujo un nuevo artículo 157 ter al CPP titulado "medida cautelar real especial" que permite al Ministerio Público o a la víctima del delito de usurpación de inmueble, en cualquier etapa del procedimiento, incluso antes de la formalización, solicitar al Tribunal de Garantía el desalojo de ocupantes ilegales en un inmueble con auxilio de la fuerza pública, bastando acreditar la inscripción del inmueble con el respectivo certificado y los antecedentes de la ocupación. Para ello, el juez de garantía citará a una audiencia con los que asistan.

Esta medida cautelar real del nuevo artículo 157 ter, en rigor, corresponde a un verdadero adelantamiento de la tutela solicitada en la eventual acción civil que se ejercite en el proceso penal por usurpación de inmueble. La reforma legal que introdujo este artículo tuvo su origen en el grave problema que se ha vivido en Chile en los últimos años referido a las tomas de terreno. A través de esta herramienta procesal se pretendió crear una solución rápida y satisfactoria para las víctimas del delito de usurpación. El hecho que deba resolverse en una audiencia "con los que asistan" refuerza esta idea de urgencia.

La Ley sobre Delitos Económicos 21.595, que entró en vigencia en agosto de 2023, contiene dos normas que se refieren a las medidas cautelares reales para el aseguramiento del comiso de ganancias y del pago de indemnizaciones de perjuicios por las consecuencias civiles de los delitos regulados por dicha ley.

Como ya vimos, la Ley 21.595 introdujo al Código Penal (artículo 24 bis y ter) la acción civil del comiso de ganancias provenientes del delito, aplicable a toda sentencia condenatoria penal. Adicionalmente, solo para los delitos de la Ley 21.595, procede la acción civil de comiso de ganancias respecto de imputados declarados inocentes o sobreseídos temporal o definitivamente. Se trata, en suma, de una confiscación de bienes obtenidos en provecho de una actividad delictiva, que afecta no solo al condenado penal, sino que a terceros que se han aprovechado económicamente de él (artículo 24 ter del CP), y en el caso de los delitos económicos, también repercute en contra del absuelto o sobreseído.

Para asegurar el resultado de la acción civil de comiso de ganancias, los artículos 42 y 43 de la Ley 21.595 facultan especialmente al Ministerio Público, al Consejo de Defensa del Estado y a otros legitimados institucionales para denunciar o querellarse, para solicitar medidas cautelares reales, de acuerdo a las reglas generales.

Una reforma de 2023 (Ley 21.577) estableció la obligación del Ministerio Público de solicitar medidas cautelares "para hacer efectivo el comiso de las ganancias provenientes del delito", entre otras hipótesis; en este caso, el nuevo artículo 157 bis del CPP (reformado en 2024 por la Ley 21.694) autoriza al juez de garantía a decretar estas medidas cautelares reales sin la audiencia del afectado, en cuyo caso se impondrá un plazo de entre treinta y doscientos cuarenta días para que el Ministerio Público formalice la investigación, bajo apercibimiento de dejarse sin efecto. Este plazo lo fijará el tribunal atendiendo a la complejidad de la investigación, el número de imputados, el carácter de los delitos investigados y la posible sanción. Víctima y fiscal pueden solicitar, en todo caso, su ampliación por motivos fundados.

Finalmente, la Ley 21.675 de junio de 2024 estableció como medida cautelar real (artículo 34 número 7) la "prohibición de celebrar actos o contratos sobre bienes determinados", en lo referido exclusivamente a delitos constitutivos de violencia de género. En todo caso, esta adición del legislador era innecesaria, ya que dicha medida es parte del catálogo de medida precautorias del CPC, aplicables al proceso penal, como ya vimos.

Capítulo XII

Etapa preparatoria

ETAPA PREPARATORIA

1. Aspectos generales

Haciendo un resumen de lo que hemos estudiado hasta ahora, diremos que la investigación de un hecho constitutivo de delito puede iniciarse por una denuncia, una querella o de oficio por el Ministerio Público; esta investigación será en un comienzo desformalizada y podrá dar lugar, eventualmente, a que se formalice y que se disponga por el juez de garantía la imposición de medidas cautelares personales y reales en contra del imputado.

La investigación desformalizada no tiene un plazo máximo de duración, aunque naturalmente estará apremiada por el plazo de prescripción de la acción penal. La investigación formalizada, en cambio, deberá durar como máximo dos años, por expresa disposición legal. Vencido que sea el plazo de la investigación formalizada, o en cualquier momento de la investigación desformalizada, el fiscal deberá declarar cerrada la investigación.

Dentro de los diez días siguientes al cierre de la investigación el fiscal del Ministerio Público puede acusar al imputado. Si es esta su decisión, se iniciará lo que se denomina la etapa "intermedia" o también llamada "preparatoria", que es lo que revisaremos en este capítulo.

Se le llama intermedia o preparatoria porque esta etapa está entre la investigación ya concluida y el juicio oral a celebrarse, y sirve para preparar la entrada a este último. Esta etapa intermedia comprende lo que se denomina una "fase escrita" y una "fase oral". La fase escrita corresponde a la acusación del fiscal y a la carga procesal del querellante de adherir por escrito a dicha acusación, o bien acusar particularmente, y también demandar civilmente. También por escrito, los acusadores deberán ofrecer su prueba. La fase oral, por su parte, corresponde a la audiencia preparatoria de juicio, en que generalmente la defensa hará sus descargos y ofrecerá su prueba. En esa audiencia también se dará la discusión acerca de la licitud de la prueba, entre otros asuntos. Finalmente, el tribunal dictará el auto de apertura de juicio oral que fijará el objeto del juicio y la prueba que se rendirá.

La existencia de una etapa preparatoria fue toda una innovación al momento de entrar en vigencia el CPP en 2000, ya que hasta ese momento ningún cuerpo normativo en Chile contemplaba esta fase. La idea, en todo caso, no es original, ya que esta institución está presente en muchos sistemas comparados, como los de España y Alemania, y en el Código Procesal Penal Modelo para Iberoamérica.

Posterior a la entrada en vigencia del CPP, esta institución fue incorporada a la Ley 19.968 que crea los Tribunales de Familia al Código del Trabajo, en lo referido al procedimiento en juicio laboral y también al Proyecto de Código Procesal Civil, en que se le denomina "audiencia preliminar".

La incorporación de esta fase intermedia en el proceso penal chileno tuvo una originalidad y es que se tomó la decisión de preservar su carácter marcadamente acusatorio, eliminando las prerrogativas del juez en cuanto a ponderar el mérito de la acusación del fiscal o de obligar al fiscal a presentar acusación cuando estime que haya mérito para ello. En otras palabras: la facultad de acusar o de no hacerlo será privativamente discrecional del Ministerio Público, guiado por los principios de legalidad y oportunidad que ya estudiamos; sobre ello el Tribunal de Garantía no tendrá nada que decir.

El órgano jurisdiccional competente para conocer sobre la audiencia preparatoria de juicio oral será el mismo Tribunal de Garantía que ha controlado la investigación previamente. Esto tiene la ventaja de que el Tribunal de Juicio Oral en lo Penal que conocerá del juicio oral no estará prejuiciado por los antecedentes y discusiones ventilados con anterioridad, garantizando su imparcialidad. Pero, por otro lado, se trata del mismo Tribunal de Garantía quien ya controló la investigación, por lo que es esperable que tenga ciertos sesgos frente a la causa o los imputados, sobre todo si tuvo que adoptar decisiones respecto de medidas intrusivas que afectaron las garantías fundamentales del imputado, cautelas de garantía, medidas cautelares personales, entre otras. Lo ideal habría sido que la audiencia preparatoria fuera de competencia de un tribunal que no fuera ni el de garantía ni el de juicio oral, pero por razones presupuestarias era inviable hacerlo.

Los propósitos de la etapa preparatoria son, por un lado, fijar el objeto del proceso, permitiendo sobre todo que el acusado conozca acabadamente cuáles serán los hechos y los argumentos de derecho en virtud de los que se le enjuiciará. Asimismo, en esta etapa se depurará el proceso de vicios formales y la prueba que entrará al juicio oral, evitando también que el imputado se encuentre con sorpresas respecto de las que no pueda defenderse.

Como dijimos, la fase preparatoria tiene una etapa escrita y una oral. Estudiaremos ambas a continuación.

2. Fase escrita: Acusación, adhesión, acusación particular y otras presentaciones

2.1 Acusación fiscal

a) Ausencia de control jurisdiccional respecto de la decisión de acusar o de no hacerlo

Cuando el fiscal decide acusar es porque tomó la decisión de llevar el caso a juicio oral y, dadas las estadísticas que conocemos del sistema de persecución de delitos, sabemos que la tasa de condena del Ministerio Público en los juicios orales es bastante alta, cercana al 80%. Esto significa, en los hechos que, si la Fiscalía decide acusar, asume que se trata de un "caso ganador", o sea, en que se obtendrá una condena con alta probabilidad. De lo contrario, lo usual es que se comunique la decisión de no perseverar.

Como decíamos más arriba, el fiscal, dentro de los límites que le impone el principio de legalidad matizado por el de oportunidad que ya vimos, es soberano de acusar o de no hacerlo, y su decisión no depende de ningún otro interviniente.

El querellante no puede obligar al fiscal a acusar ni tampoco puede hacerlo el juez. El imputado tampoco goza de prerrogativa procesal alguna para impedir o inhibir que el fiscal acuse. En esto, la formalización y la acusación son muy similares. Es perfectamente posible que existan casos en que se haya formalizado la investigación —incluso decretándose medidas cautelares personales intensas— y finalmente el fiscal no acuse, sino que el caso termine a través de alguna salida alternativa.

En Chile, la prerrogativa exclusiva de acusar del Ministerio Público ha sido cuestionada en múltiples oportunidades ante el Tribunal Constitucional por la vía de la inaplicabilidad por inconstitucionalidad, en el sentido de que impide que el querellante acuse, como veremos más adelante. Sin embargo, puede decirse que la jurisprudencia asentada hasta ahora es la de mantener el diseño original del CPP, en el sentido de que dicha exclusividad sigue siendo de la Fiscalía.

En algunos sistemas comparados, como el alemán, que sirvió de modelo al chileno, el juez puede cuestionar la decisión del fiscal de acusar o su decisión de no hacerlo. En el sistema procesal penal italiano también existe un control jurisdiccional respecto de la acusación fiscal (en la audiencia preliminar o *udienzia preliminare*), pudiendo el juez autorizar o no a llevar el caso a juicio oral, o incluso forzar al fiscal a hacerlo. Lo mismo en Francia, a través de un control que hace el juez instructor de la acusación fiscal (la *chambre de l'instruction*). En Inglaterra no existe este control jurisdiccional, aunque sí existe el *Code of Crown Prosecutors* que obliga a los fiscales a aplicar el *Full*

Code Test, para evaluar cuán plausible es la evidencia recogida durante la indagatoria para sustentar los cargos en un futuro juicio oral.

En Estados Unidos el acto de acusar, si bien es una prerrogativa exclusiva del fiscal del caso, está sometida a los controles del *Grand Jury* o "gran jurado" (a cargo de un jurado de legos) y del *preliminary hering* o "audiencia preliminar" (a cargo del juez). Es decir, el fiscal debe presentar su caso ante un jurado o un juez antes de poder ir a juicio propiamente tal. En todo caso, se trata de una instancia no adversarial, es decir, no participa el eventual acusado, sin perjuicio de que pueda solicitarse su declaración como evidencia. La literatura consultada da cuenta de que estos controles parecen ser más bien formales; e incluso más: estratégicamente puede resultar conveniente para la Fiscalía llegar a juicio oral precedido de una decisión favorable del gran jurado o del juez.

En Chile, en cambio, en esta fase no existe un control jurisdiccional respecto de la acusación fiscal; el Ministerio Público es absoluta y completamente soberano para acusar o no hacerlo, y si acusa, es soberano también para fijar el contenido de la misma, en cuanto a los hechos, calificación jurídica y personas a las que acusará. Esta falta de control jurisdiccional es también un rasgo distintivo del sistema de persecución penal colombiano. En todo caso, como ha anotado el profesor colombiano Camilo Quintero Jiménez, la ausencia de control jurisdiccional no es un asunto que sea propio de los sistemas acusatorios, como quedó demostrado más arriba, a partir de los ejemplos citados del sistema de los Estados Unidos. Misma cosa puede decirse también del sistema chileno. El profesor Quintero ha llamado la atención acerca de este déficit del sistema colombiano, en el sentido que los derechos de la defensa se verán sumamente mermados, al ser "arrastrada" a un juicio oral, sin posibilidad de que exista un "filtro imparcial" acerca de dicha decisión administrativa.

Lo anterior, con la sola excepción del forzamiento de la acusación, que corresponde a la prerrogativa del querellante de acusar en circunstancias que el fiscal decidió no hacerlo: en estos casos, el tribunal sí ponderará el mérito de la acusación particular del querellante antes de autorizar a seguir adelante con el proceso (artículo 258 inciso 4 del CPP).

En una sentencia de la Corte Suprema de Estados Unidos, en el caso *Wayte v. United States* de 1985, se expusieron razones muy interesantes acerca de por qué debe conservarse dicha prerrogativa en manos del Ministerio Público, referidas a la fijación de las políticas estatales de persecución del delito:

> La decisión de acusar no es particularmente apropiada para que sea objeto de revisión judicial. Varios factores, como la fortaleza del caso, el valor disuasivo de la acusación, las prioridades del gobierno y la relación del asunto con el plan

general del gobierno en materia de aplicación de ley no son adecuados para este tipo de análisis que las cortes son competentes de asumir.

b) Concepto y menciones de la acusación

La acusación es la presentación escrita que el fiscal debe efectuar ante el Tribunal de Garantía competente —el mismo que ha controlado la indagatoria— dentro de los diez días siguientes desde que se declara cerrada la investigación.

Si tuviéramos que dar un concepto sería simplemente que la acusación corresponde al ejercicio por excelencia de la acción penal, que contiene una imputación de cargos criminales y el ofrecimiento de la prueba principalmente, y que es el paso previo y necesario para que el caso llegue a juicio oral.

La acusación debe contener las siguientes menciones obligatorias del artículo 259 del CPP:

a) Individualización del o los acusados y su defensor.
b) Relación circunstanciada de los hechos que se imputan y su calificación jurídica.
c) Relación de las circunstancias modificatorias de responsabilidad penal, las que pueden ser en carácter subsidiario a la pretensión anterior. En todo caso, la discusión sobre estas circunstancias se dará propiamente en la audiencia de determinación de pena del artículo 343 del CPP, con posterioridad al juicio oral.
d) La participación que se atribuye al acusado.
e) Los preceptos legales aplicables. Respecto de esto, es muy común que solo se haga una referencia genérica.
f) Señalar los medios de prueba de los que se valdrá en el juicio oral.
g) La pena que se solicita que el tribunal imponga. Esto puede ser relevante para efectos de un posible arribo a alguna salida alternativa en la audiencia intermedia, cuya procedencia dependerá de la pena aplicable.
h) Si solicita que se proceda de acuerdo con el procedimiento abreviado. Esta mención es facultativa, y en la práctica ya no se emplea, en atención a que se puede solicitar igualmente en la audiencia preparatoria de juicio y en la llamada audiencia intermedia.
i) El *comiso de las ganancias obtenidas del delito*, si procediere, indicando el monto aproximado y fundamento de la solicitud. Esta mención fue agregada por la Ley 21.577 de 2023.

c) Principio de congruencia y su rompimiento a partir de la acción civil de comiso de ganancias

La garantía del debido proceso respecto del imputado se respetará en la medida que se cumpla con el principio de congruencia que debe existir, por un lado, entre la formalización de cargos y la acusación; y, por otro, entre esta y la sentencia definitiva de condena (artículos 259 inciso final, 340 y 341 del CPP).

Esta congruencia significa que la sentencia de condena no puede abarcar a imputados, hechos, grados de participación o calificaciones jurídicas distintas a las señaladas en la acusación.

Lo anterior, con la sola excepción de la facultad del tribunal de juicio oral de "recalificar" jurídicamente los hechos (artículo 341 inciso 2 del CPP) y la del fiscal de recalificar los hechos de la formalización en la acusación.

En todo caso, no queda clara cuál es la sanción y la vía procesal idónea para reclamar respecto de un vicio de incongruencia que afecte a la acusación fiscal, y que exceda los términos objetivos (hechos) y subjetivos (imputados) previamente contenidos en la formalización de cargos. El imputado afectado podrá recurrir de nulidad en contra de la sentencia, por las causales del artículo 374 f), e incluso 373 a), del CPP, pero quizás ese remedio va a ser tardío para un problema que, en rigor, se produjo en una etapa mucho más temprana del proceso. Podría pensarse en una nulidad procesal del artículo 161 del CPP, lo que también permitirá preparar un futuro recurso de nulidad, y también una cautela de garantías del artículo 10 del CPP.

En el reciente veredicto absolutorio del llamado "caso SQM" (RIT 90-2022 del Tercer Tribunal de Juicio Oral en lo Penal de Santiago) de 22 de octubre de 2025, el voto de mayoría apoyó su decisión absolutoria a una serie de problemas de indeterminación de las conductas descritas en la acusación y en problemas de congruencia entre la acusación y la prueba rendida en el juicio oral. Por lo mismo, podría estimarse que una acusación incongruente o defectuosa debiera derivar en una absolución del acusado, solución que parece satisfactoria.

Como decíamos más arriba, una reforma de 2023 agregó como mención obligatoria de la acusación fiscal "el comiso de las ganancias obtenidas del delito, si procediere, indicando el monto aproximado y fundamento de la solicitud".

Como ha notado el profesor Andrés Cruz Carrasco se trata de una notable excepción al principio de congruencia de nuestro sistema de persecución penal, desde que el comiso de ganancias, como vimos, es una acción civil que se dirige no solo en contra del acusado, sino que puede prosperar incluso si este es absuelto o sobreseído definitivamente, y también puede afectar a terceros ajenos al proceso penal.

El profesor Cruz propone —lo mismo que las profesoras Serra y Marcazzolo en un artículo publicado en 2023— que el tercero contra quien se dirige esta acción civil debe ser considerado como un verdadero imputado en el juicio oral para efectos de hacer valer sus derechos y poder defenderse. Sin embargo, la ley nada dice al respecto, y en rigor, dispone solo de un procedimiento de ejecución del comiso (artículos 415 y siguientes del CPP) para que el tercero pueda esgrimir sus alegaciones y rendir prueba. Es decir, nada se dice de su participación en el juicio oral.

El asunto, en todo caso, será problemático a futuro, y posiblemente el Tribunal Constitucional deberá pronunciarse acerca de una situación que parece a todas luces vulneradora de las garantías procesales básicas del tercero afectado por el comiso.

De acuerdo con el principio de congruencia, la sentencia puede condenar por menos delitos o menos imputados de los señalados en la acusación; asimismo, la acusación puede abarcar menos hechos o imputados que los consignados en la formalización de la investigación previa.

En el mismo sentido, el fiscal puede señalar como prueba en la acusación menos evidencia que la recogida durante la indagatoria; y durante el juicio oral se puede rendir menos prueba de cargo que la ofrecida en la acusación. Hay autores como el profesor Manuel Rodríguez Vega que han señalado que en estos casos el Ministerio Público debiera comunicar su decisión de no perseverar o solicitar el sobreseimiento definitivo respecto de los imputados a quienes no se acusó, postura que parece perfectamente coherente con la presunción de inocencia a la que inspira todo el sistema.

Todo lo anterior, de forma tal que el imputado pueda defenderse adecuadamente y no toparse con "sorpresas" que lo dejen en la indefensión.

Esto quedó refrendado en la sentencia de la Corte Suprema de 2019 (rol 2300-2019) que acogió el recurso de nulidad interpuesto por la defensa del imputado Aldo Motta Camp en el conocido caso *Cascadas*:

> Que el análisis detenido de la sentencia, en especial de las secciones reproducidas precedentemente, pone de manifiesto que el sustrato fáctico de la acusación del Ministerio Público, que no incluyó el plan delictivo urdido por el controlador, al que se adhirieron las querellantes y que no fue modificado por la acusación particular, fue excedido en el fallo, vulnerándose la concordancia o correspondencia impuesta como límite infranqueable a la decisión condenatoria, pues las particularidades del hecho y participación del acusado que se dieron por probados, conducentes a calificarlos de determinada manera, difieren de la acusación propuesta por el persecutor y del acusador particular, cercenando, finalmente, el derecho de defensa de que es titular todo inculpado de un delito [...].
>
> En consecuencia, como el acusado no fue perseguido criminalmente por formar parte de un plan delictivo —que supone la intervención de varios individuos, con roles diversos y un dolo común— hay infracción al principio de congruencia. Obviamente, no es lo mismo, en cuanto a los hechos, ser perseguido como único autor, que, en calidad de coautor, concertado con otro u otros partícipes, pues las posibilidades de defensa varían en uno y otro caso.
>
> Así las cosas, en el proceso de subsunción de los hechos aparece que los acontecimientos demostrados materia de la condena no satisfacen los parámetros de concordancia requeridos por el principio de congruencia, dado que los hechos

que se juzgaron y que aquí se cuestionan, consistentes en el desarrollo de un plan delictivo mayor destinado a la extracción de riqueza hacia el controlador, utilizando al Mercado de Valores como un mero medio, no son los mismos que aquellos objeto de imputación y debate, es decir, aquel sustrato fáctico sobre el cual los intervinientes desplegaron su actividad acusatoria y defensiva.

Todo aquello significó una sorpresa para el recurrente, pues constituye un dato de relevancia que el imputado y su defensa no pudieron enfrentar probatoriamente en el proceso, mediante la facultad de refutación y ejercicio de la prueba, lo que afectó su estrategia del caso y lesionó el principio de congruencia.

d) Ofrecimiento de prueba en la acusación

Respecto de la prueba, el fiscal solo debe señalarla. Esto significa que no debe rendirse, ya que ello ocurriré en el juicio oral.

En el caso de los documentos o fotografías, debe singularizarlos adecuadamente, de tal forma que permitan su identificación a la defensa.

Respecto de los testigos, el artículo 259 del CPP dispone que deben estar individualizados con su nombre completo, apellidos, profesión, domicilio o residencia (salvo el caso de los testigos cuya identidad se quiere proteger por razones de seguridad, como indicado en el artículo 307 del CPP), e indicar los *puntos de hecho* sobre los que recaerá su declaración.

En el caso de los peritos, debe individualizárseles, indicando además sus títulos y calidades.

La norma del artículo 260 del CPP permite inferir que las pruebas señaladas por el fiscal en la acusación debieran estar previamente contenidas como evidencia recogida en la carpeta de investigación (con la sola excepción de la prueba sobreviniente del artículo 336).

En este sentido, los Tribunales de Garantía parecen haber asentado cierta jurisprudencia de que el Ministerio Público solamente puede ofrecer como testigos a aquellas personas que previamente hayan prestado declaración como tales en la indagatoria, de forma tal de poder asegurar el derecho de la defensa de que sean contrainterrogados.

Se ha estimado que la inclusión de "testigos sorpresa" por parte de la fiscalía —o sea, de personas que no prestaron declaración en la indagatoria previa— contraviene el derecho de defensa del imputado y correspondería a una prueba obtenida con infracción de garantías fundamentales. Por lo mismo, es una prueba que debiera ser excluida en la audiencia preparatoria de juicio, aunque hay jurisprudencia en contrario (rol 199-2004 de la Corte de Apelaciones de Chillán). La Corte Suprema parece haber adoptado una posición más moderada al respecto, no exigiendo que el testigo ofrecido en la acusación fiscal haya declarado previamente en la indagatoria, pero sí que se fundamente su vinculación con las diligencias practicadas en el caso concreto, y su relevancia y pertinencia (rol 149240-2020).

El señalamiento de los puntos de hecho sobre los que declarará el testigo ofrecido por la Fiscalía es también fundamental para asegurar el derecho de la defensa de contraexaminarlo y controlar esta prueba, en especial para prevenir que la declaración abarque asuntos que no son pertinentes respecto del objeto del juicio. Este señalamiento, en todo caso, corre para todos los intervinientes que deseen ofrecer prueba testimonial a rendirse en el juicio oral (artículo 259 del CPP respecto del fiscal; artículo 261 respecto del querellante; y artículo 263 respecto de la defensa).

Por lo mismo, no son correctas menciones genéricas o fórmulas "tipo", como suele verse en la práctica, acerca de que el testigo declarará sobre "las circunstancias anteriores, coetáneas y posteriores a los hechos", ya que ello conculcará el derecho a contraexamen que tiene la defensa.

Todos estos deberes que la ley impone al fiscal respecto de la prueba son fundamentales para que la defensa conozca precisamente cuál es la prueba de cargo y pueda controvertirla, cuestión que es piedra angular del ejercicio de la garantía del debido proceso.

Se trata de un verdadero *discovery*, como el que existe en los sistemas del *Common Law*. En todo caso, es posible que en muchos casos la defensa, si ha sido diligente, ya conozca buena parte o toda la prueba de cargo del fiscal, ya que la garantía de imponerse de los antecedentes de la investigación corre desde el primer acto del procedimiento.

Se ha sostenido por algunos autores que, existiendo algunas normas que permiten que la Fiscalía mantenga reserva respecto de la identidad de ciertos testigos para protegerlos, en la acusación podría omitirse señalar sus datos completos; y que el debate acerca de si dicha prueba es o no procedente, y si cae en las hipótesis de testigos protegidos que dispone la ley, es un asunto que se deberá resolver en la audiencia de juicio oral. A nuestro juicio, este asunto debiera quedar resuelto antes, en la audiencia de preparación de juicio, tomando los resguardos del caso para que se mantenga la reserva de esa información durante el debate que sostengan los intervinientes.

e) ¿Qué sucede si la acusación del fiscal no cumple con los requisitos perentorios que dispone el artículo 259 del Código Procesal Penal?

Pensemos en el caso en que el fiscal, por un error, no mencionó cuál es la calificación jurídica, o bien, omitió señalar la prueba. Lo cierto es que el CPP nada dice a este respecto, pero pueden ensayarse algunas posibles soluciones.

Primero, hay que tener claro por qué es un problema una acusación defectuosa: como ya vimos, la acusación fiscal permite al imputado conocer los cargos criminales que se harán valer en su contra y las pruebas que los acreditarán.

Una acusación incompleta atenta contra el resguardo de esa garantía. Creemos que en estos casos el juez debiera inadmitir de plano la acusación, o sea, tenerla por no presentada y sobreseer definitivamente la causa; de no ocurrir así, debe ser la defensa quien deberá impugnar vía recurso de reposición la resolución del tribunal que la tuvo por presentada y que citó a la audiencia de preparación, o bien, intentar una cautela de garantías del artículo 10 del CPP. En la doctrina colombiana, sin ir más lejos, el profesor Camilo Quintero Jiménez, ha dicho que "el juez de garantías, si bien no cuenta con la facultad de controlar materialmente el acto [de la acusación], sí puede entrar a controlar imputaciones con errores manifiestos en la calificación jurídica o con evidente vulneración de garantías fundamentales".

En todo caso, creemos que siempre quedará a salvo la alternativa para la defensa de invocar esta situación como una causal del recurso de nulidad, en el evento que la sentencia definitiva sea de condena. Finalmente, este tipo de omisiones graves, de ocurrir, no debieran ser subsanables por la vía de "corrección de vicios formales" que veremos más adelante (artículo 270 del CPP), aunque la jurisprudencia ha dicho lo contrario.

f) Efectos extraprocesales de la presentación de la acusación

La presentación de la acusación fiscal irradia algunos efectos importantes fuera del proceso penal.

Puede suceder que en paralelo al proceso penal se esté sustanciando un juicio civil sobre la base de los mismos hechos. En estos casos, el artículo 167 del CPC dispone que el juez civil puede decretar la suspensión del proceso una vez presentada la acusación o requerimiento penal hasta la finalización del juicio penal, cuando "la existencia del delito haya de ser fundamento preciso de una sentencia civil o tenga en ella influencia notoria".

Esta regla, como es obvio, cautela que no se generen decisiones contradictorias en sede civil y criminal cuando en ambas se discuten los mismos hechos, y es manifestación de lo que se denomina "deferencia" del juez civil hacia el juez penal.

También, la Constitución dispone en su artículo 16.2 que se suspende el derecho de sufragio cuando la persona es acusada por un delito que merezca pena aflictiva o que la ley califique como conducta terrorista.

2.2 Actuaciones posteriores a la presentación de la acusación

a) La carga procesal de la fiscalía de poner ciertos antecedentes a disposición de la defensa

Dispone el artículo 260 del CPP que, una vez que el Tribunal de Garantía recibe la acusación fiscal, deberá notificarla a todos los intervinientes de forma legal y dentro de las veinticuatro horas siguientes a dicha notificación, y debe citarlos a la audiencia preparatoria de juicio oral en un plazo no inferior a veinticinco ni superior a los treinta y cinco días siguientes.

La norma no contempla sanción alguna en caso de que el tribunal fije un plazo inferior o superior, de hecho, algunos tribunales postergan la preparación de juicio más allá del plazo legal de treinta y cinco días.

La misma norma obliga al fiscal a poner a disposición del tribunal, y este de la defensa, tanto la acusación como "los antecedentes acumulados durante la investigación". Lo usual, en todo caso, es que se deje copia solamente de la prueba ofrecida en la acusación y no de toda la evidencia recogida en la indagatoria. Estos "antecedentes" a que se refiere el artículo 260 consisten en la prueba documental ofrecida en la acusación, como también las actas de las declaraciones prestadas por los testigos ante la Fiscalía y/o las policías, y cuyos testimonios fueron ofrecidos en la acusación. También se ha entendido por los Tribunales de Garantía que deben ponerse a disposición de los restantes intervinientes los informes periciales ofrecidos respecto de los cuales depondrán los peritos.

Esta carga procesal de la Fiscalía es de fundamental importancia para la defensa, en especial, para los efectos del control de la prueba testimonial y pericial, que son las pruebas más relevantes en un juicio oral. Como veremos más adelante, el contraexamen de testigos y peritos se efectuará justamente sobre la base de las actas en que se consignaron las declaraciones prestadas en Fiscalía o ante las policías, o, en el caso de los peritos, sobre la base del informe pericial. Si la defensa no conociera *ex ante* dicha información, sus posibilidades de controlar esta prueba se verían seriamente amagadas. La ley no dispone una sanción procesal ad-hoc en caso de que la fiscalía incumpla esta obligación de *discovery* del artículo 260 CPP, o para el caso que la cumpla parcialmente. Será la defensa quien estará en mejor posición para controlar el debido cumplimiento de esta obligación, y su incumplimiento creemos que deberá ser denunciado a través de una cautela de garantías del artículo 10 CPP. En cualquier caso, el tribunal de garantía también debiera controlar de oficio el cumplimiento de esta obligación.

b) Cargas procesales del querellante

Citados los intervinientes a la audiencia de juicio oral, y hasta quince días antes de la fecha fijada para que esta se celebre, el querellante tiene las siguientes cargas procesales (artículo 261 del CPP):

a) *Adherir a la acusación del fiscal*, o sea, hacer suyos todos los hechos y las calificaciones jurídicas expuestas por el fiscal en su acusación; o bien, acusar particularmente. Esto último no significa que el querellante puede acusar libremente, sino que quedará ceñido a los hechos e imputados indicados en la formalización, pero podrá —en esta acusación particular— calificar los hechos de forma diferente, solicitar una pena distinta, o extenderla a hechos o imputados no abarcados por la acusación fiscal que sí estaban en la formalización.
b) *Señalar los vicios formales* de los que adolezca la acusación.
c) *Ofrecer prueba* para sustentar su acusación o adherir a la que señaló el fiscal.
d) *Deducir demanda civil*, si procediere. Aunque los profesores Maturana y Montero hayan señalado que la víctima que no se hubiere querellado puede igualmente demandar civilmente, ello no es consistente con lo que dispone el artículo 261 del CPP que habla justamente de las actuaciones del querellante.

Se ha entendido por la doctrina que el ejercicio de las cargas procesales de las letras a) y b) del artículo 261 son alternativas y excluyentes. Esto es: si se adhiere a la acusación del fiscal, el querellante ya no puede acusar particularmente (sería un contrasentido), pero tampoco puede señalar los vicios de la acusación fiscal (también sería un contrasentido si está adhiriendo a ella). Asimismo, si acusa particularmente, no puede señalar los vicios de la acusación fiscal.

¿Qué sucede si el querellante no adhiere a la acusación fiscal o no acusa particularmente? El tribunal de oficio, o a solicitud de cualquiera de los intervinientes, puede declarar *abandonada la querella*, lo que significa que no podrá seguir interviniendo en el proceso (artículos 120 y 121) y quedará obligado al pago de las costas de la causa (artículo 47). Si la acusación particular o la demanda civil son manifiestamente incompletas, creemos que aplica lo ya dicho más arriba respecto de la acusación fiscal manifiestamente incompleta.

Estas actuaciones del querellante deben ser notificadas por el tribunal al acusado, a más tardar diez días antes de la fecha fijada para la celebración de la audiencia preparatoria de juicio oral (artículo 262).

c) Cargas procesales del acusado

El acusado, una vez notificado, tiene las siguientes cargas procesales, que puede ejercer por escrito hasta la víspera de la audiencia preparatoria o verbalmente el mismo día de la audiencia, siendo más frecuente en la práctica esto último (artículos 263 y 268 del CPP):

a) *Señalar los vicios formales de la acusación*, solicitando su corrección.

b) Deducir *excepciones de previo y especial pronunciamiento.* Se refiere a las del artículo 264 del CPP: incompetencia del tribunal de garantía, litispendencia, cosa juzgada, falta de autorización para proceder criminalmente conforme a la Constitución o la ley y extinción de la responsabilidad penal.

c) *Exponer los argumentos de defensa que considere necesarios y señalar los medios de prueba de los que se valdrá para sustentar su teoría del caso.* En el caso de las defensas, lo usual es que en esta etapa solamente se alegue genéricamente que "el acusado es inocente de los cargos que se han formulado" sin entrar en mayores detalles para no "mostrar las cartas" antes del juicio. Respecto de la prueba, se ha resuelto que la defensa no queda circunscrita a la prohibición de ofrecer prueba distinta de la previamente acopiada en la carpeta investigativa; es decir, sí podría ofrecer "prueba sorpresa" en contra de la acusación (digamos, que no conste en la carpeta investigativa fiscal), la que pudo acopiar durante su "investigación paralela", que ya vimos.

Sin perjuicio de ello, puede ser recomendable que la defensa al menos enuncie sus principales argumentos para controvertir la acusación fiscal, si su intención es ofrecer prueba en apoyo de su tesis. Como veremos, uno de los propósitos de la audiencia preparatoria de juicio es debatir acerca de la eventual exclusión de prueba, siendo una de las causales su impertinencia con el objeto del proceso. Entonces, si el juez de garantía ignora cuál es la tesis de la defensa, podrá ser difícil ponderar si la prueba ofrecida es pertinente respecto del objeto que se pretende probar.

Respecto del ofrecimiento de prueba de la querellante y la defensa, surge la pregunta si estos intervinientes tienen un deber de *discovery*, tal y como se le exige al Ministerio Público, en el sentido de poner a disposición del resto de los intervinientes copia de la prueba documental ofrecida y de los informes periciales.

El CPP nada dice sobre esto. Por analogía, debiera hacerse extensiva al querellante la obligación que grava a la Fiscalía, ya que se trata de una parte acusadora, máxime si hubo forzamiento de acusación.

Respecto de la defensa, en cambio, la situación parece ciertamente más discutible, aunque la práctica de los Tribunales de Garantía indica que dicha obligación también corre para la defensa, en orden a no afectar las prerrogativas y cargas procesales de la parte acusadora.

Surge la pregunta: ¿cuál es la consecuencia procesal para el caso que la defensa no satisfaga estas cargas que la ley detalla? Aunque la ley no lo dice, creemos, naturalmente, que la defensa debiera ser declarada abandonada, y la audiencia preparatoria suspenderse y reagendarse, a efectos de que asuma un nuevo abogado defensor que cuente con tiempo suficiente para interiorizarse de los antecedentes del caso.

La omisión en el cumplimiento de esta carga procesal no debe confundirse con la actitud deliberada y consciente de la defensa de no formular descargo alguno respecto de las acusaciones de la fiscalía o del querellante, que puede ser una conducta perfectamente esperable y quizás estratégicamente conveniente en algunos casos. Tal y como el imputado goza del derecho de guardar silencio durante toda la investigación y durante el juicio, y asimismo, no existe tal cosa como la "contestación de la querella", del mismo modo podría el acusado nada decir sobre la acusación. En este sentido, la carga argumentativa y de prueba no se invierte, tal y como sucede —por ejemplo— en el proceso civil, en que la omisión en contestar la demanda no significa un reconocimiento de los hechos en ella expuestos por el demandante.

3. Fase oral: Audiencia preparatoria de juicio

3.1 Principios aplicables y presencia obligada de ciertos intervinientes

El artículo 266 del CPP ordena que la audiencia preparatoria de juicio se desarrolle según los *principios de oralidad e inmediación*, lo que significa que el juez debe estar personalmente presente, oír y resolver verbalmente las peticiones de los intervinientes, y por lo mismo, "no se admitirá la presentación de escritos". La Ley 21.694 de 2024 introdujo un nuevo inciso segundo a esta norma, que permite que el juez de garantía autorice la comparecencia de las víctimas por medios tecnológicos "por motivos calificados o de seguridad", lo que debe ser solicitado hasta siete días antes de la fecha fijada para la audiencia.

También se rige por el *principio de concentración*, esto es, que en la audiencia deben ventilarse y resolverse todas las cuestiones que permitan la entrada al juicio oral, dictándose a su término el auto de apertura del juicio oral (artículo 277 del CPP), y no debe suspenderse, salvo en los excepcionales casos en que la defensa se declare abandonada, como veremos a continuación, o cuando el tribunal "comprobare que el acusado no hubiere ofrecido oportunamente prueba por causas que no le fueren imputables" (artículo 278).

No debe perderse de vista que en casos criminales complejos las audiencias preparatorias pueden durar varios meses de sucesivas audiencias, lo que no vulnera, teóricamente, este requisito de concentración.

Es requisito de validez de la audiencia la presencia del fiscal y del defensor. O dicho de otra forma: es nula la audiencia si estos intervinientes no están presentes. La presencia del imputado, en cambio, no es requisito de validez, salvo que se aprueben convenciones probatorias, un juicio abreviado, suspensión condicional del procedimiento o acuerdo reparatorio, entre otras. También, naturalmente, si se discute la concesión de una medida cautelar personal en su contra.

¿Qué sucede si el fiscal o la defensa no asisten a la audiencia preparatoria de juicio? Como ya dijimos, se debiera declarar la nulidad de la audiencia, sin perjuicio de que en la práctica resultará razonable que el tribunal ni siquiera la celebre y fije de inmediato una nueva fecha.

El artículo 269 del CPP dispone que, en caso de inasistencia injustificada del fiscal, el tribunal deberá ponerlo en conocimiento del fiscal regional "para que determine la responsabilidad del fiscal ausente". A nuestro juicio, además de esta comunicación, la causa debiera declararse sobreseída definitivamente, en forma análoga como sucede con el querellante que no asiste injustificadamente, a quien se le declaraba abandonada su querella. Parece razonable concluir que el fiscal no tiene ninguna intención de ejercer la acción penal si es que se ausenta sin justificación de la audiencia preparatoria.

Si es el abogado defensor quien no ha asistido, adicional a lo ya dicho, el juez debe declarar abandonada la defensa y designarle un defensor de oficio; en la práctica, se oficia a la Defensoría Penal Pública para este efecto. La misma norma ordena que el juez suspenda la audiencia por un plazo no superior a cinco días "a objeto de permitir que el defensor designado se interiorice del caso".

Si es el querellante quien no asiste injustificadamente, se declarará abandonada su querella, según dispone el artículo 120 b) del CPP. Si el querellante había presentado demanda civil, esta también se abandonará por la inasistencia "sin justificación" a la audiencia preparatoria (artículo 64). Aunque la norma no lo dice expresamente, debiera entenderse que este abandono de la acción civil no implica su extinción, como sí sucede con la acción penal. Por aplicación del artículo 68, la acción civil subsistirá y podrá ser ejercida en un proceso civil diverso, en la medida que no esté prescrita.

Es interesante notar que, respecto de fiscal y querellante (y demandante civil), es su inasistencia injustificada la que gatilla las consecuencias procesales que hemos visto. Es decir, si justifican su inasistencia adecuadamente, el juez podría no aplicarlas. En cambio, en el caso del defensor, no es necesario que la inasistencia sea injustificada, basta simplemente con que no se presente para que se declare abandonada su defensa; aunque en la práctica el Tribunal de Garantía estará interesado en atender a las posibles excusas que pueda dar el abogado defensor, de tenerlas.

3.2 Desarrollo de la audiencia y cuestiones que deben resolverse

Ya en la audiencia, el juez debe cerciorarse de que los intervinientes están presentes, y en caso de que no lo estén, aplicar las suspensiones y/o sanciones procesales que recién vimos. Luego, el juez hará "una exposición sintética de las presentaciones que hubieren realizado los intervinientes" (artículo 267 del CPP).

Luego, el juez deberá ir resolviendo las siguientes cuestiones:

- La solicitud de la defensa y/o del querellante de corrección de vicios formales en la acusación fiscal y/o particular o la demanda civil.
- Las excepciones de previo y especial pronunciamiento que hubiere promovido la defensa.
- La solicitud del fiscal de terminar el caso por un acuerdo reparatorio, una suspensión condicional del procedimiento o por juicio abreviado.
- Una eventual conciliación sobre la acción civil y las medidas cautelares reales.
- Unión y separación de acusaciones.
- Solicitud de convenciones probatorias.
- Solicitud de rendir prueba anticipada.
- Solicitud de los intervinientes de exclusión de prueba.
- Medidas cautelares personales solicitadas por la fiscalía o la querellante.
- Instrucciones necesarias para el trabajo de los peritos.

Pasaremos a revisar algunas de ellas.

a) Corrección de vicios formales

Parece ser que el sentido natural y obvio del concepto vicios formales refieren a asuntos que no dicen relación con el contenido de la acusación, sino con la forma —valga la redundancia— en que está consignado en el escrito del fiscal o del querellante.

Por ejemplo, errores gramaticales, de referencia o en los cálculos de la pena.

Así, si en la acusación se señala como hechos que "en días y horas indeterminados de los meses de julio y agosto del *año 2122* el imputado procedió a violar en repetidas oportunidades a la víctima", parece haber un error formal evidente, ya que ese año aún no ha llegado y lo que parece haber querido consignar era el año 2022. O, si el nombre del imputado era "*Khristopher* Osorio Bórquez" y en la acusación se le individualiza como "Cristopher Osorio Bórquez".

El artículo 270 del CPP dispone que el juez ordenará que los errores formales se corrijan en la misma audiencia, de ser posible. Si no es posible esa corrección *in situ*, el juez puede darle un plazo de hasta cinco días al fiscal y/o querellante para que presenten sus correcciones (por escrito). Esta regla debemos entenderla aplicable para errores en la acusación fiscal, en la acusación particular del querellante y en la demanda civil.

Vencido el plazo de cinco días, y no habiéndose cumplido con presentar las correcciones, la regla dispone dos tipos de sanciones procesales: si es el querellante quien omitió esta carga procesal, se tendrá por abandonada su querella y/o demanda civil. En cambio, si es el fiscal quien no cumplió con la corrección, la norma es bastante benevolente, porque el juez debe otorgarle cinco días adicionales para que lo haga, sin perjuicio de informar al fiscal regional para que aplique las sanciones administrativas que correspondan.

Si vencido este nuevo plazo el fiscal aun no cumple con la corrección ordenada, el tribunal deberá sobreseer definitivamente la causa; pero si existe querellante particular en la causa, que hubiere oportunamente acusado o adherido a la acusación fiscal, este podrá continuar con el proceso como único acusador hasta el juicio oral y no se permitirá la intervención del Ministerio Público. Esta regla consagra una suerte de "forzamiento de la acusación", muy parecida a la que ya vimos a propósito del artículo 248 del CPP, en que se celebrará un juicio oral en que solo intervendrá el querellante, pero no el Ministerio Público.

No hay que perder de vista el propósito de esta regla: impedir que a la defensa se le sorprenda con hechos, argumentos de derecho, calificaciones jurídicas o pruebas que previamente no pudo conocer, y sobre las que no pudo defenderse en el juicio oral. Así, por ejemplo, un testigo mal individualizado —el apellido estaba mal escrito— podría efectivamente comprometer el ejercicio de esta garantía si la defensa se confunde de persona.

b) Excepciones de previo y especial pronunciamiento

Las excepciones de previo y especial pronunciamiento son las mencionadas en el artículo 264: incompetencia del Tribunal de Garantía, litispendencia, cosa juzgada, falta de autorización para proceder criminalmente conforme a la Constitución o la ley, y extinción de la responsabilidad penal.

Como se ve, se trata de asuntos procesales de relevancia.

La norma del artículo 270 dispone que el juez debe resolver en la misma audiencia preparatoria las excepciones de incompetencia, litispendencia y falta de autorización para proceder criminalmente, y esta decisión es apelable.

Respecto de la *incompetencia*, que debemos entenderla como incompetencia territorial, el Tribunal de Garantía remitirá los antecedentes al tribunal que se estima competente para que siga conociendo del asunto, siendo válidas las actuaciones anteriores (artículos 72 y 73). La regla del artículo 74 inciso final obliga al juez de garantía a resolver las cuestiones de competencia antes de dictar el auto de apertura de juicio oral.

Respecto de la *litispendencia*, si se acoge, el juez debiera tomar una de dos decisiones: o suspender el procedimiento hasta que no se resuelva el proceso penal anterior, que justamente provoca la "pendencia" denunciada; o bien, darlo por terminado y sobreseerlo definitivamente.

Asimismo, respecto de la *falta de autorización para proceder criminalmente*, de acogerse, el destino de la causa debiera ser también el sobreseimiento definitivo.

Sobre la excepción de falta de autorización para proceder criminalmente conforme a la Constitución o la ley, existen varios casos. A título ejemplar pueden mencionarse los siguientes:

- El artículo 4 de la Ley 20.084 sobre Responsabilidad Penal Adolescente dispone que no podrá accionarse penalmente respecto de los hechos constitutivos de delito de los artículos 362, 365, 366 bis, 366 quáter y 367 quáter inciso segundo del Código Penal (delitos en contra de la libertad e indemnidad sexual) si la conducta se hubiere realizado con una víctima menor de catorce años, sin concurrir ninguna de las circunstancias de los artículos 361 o 363 (violación y estupro, respectivamente), salvo que entre el imputado adolescente y la víctima hubiere una diferencia de al menos dos años (para el caso del delito del artículo 362) o de tres años en los demás casos.
- En los casos de "acción penal pública restringida o condicionada" que ya vimos más arriba, es necesario una querella o denuncia de algún órgano público, como por ejemplo, en los delitos tributarios y aduaneros en que se exige la querella del SII.
- La exigencia de un desafuero previo o querella de capítulos, como "antejuicio" para evitar imputaciones irresponsables en contra de autoridades que gozan de fuero.
- Los casos de acción penal pública previa instancia particular, en que no haya habido ejercicio previo de la acción penal por parte de la víctima.

Respecto de las restantes excepciones, esto es, *cosa juzgada y extinción de la responsabilidad penal*, el artículo 270 del CPP dispone que, de acogerse, el tribunal debe decretar el sobreseimiento definitivo de la causa.

En todo caso, la norma se encarga de establecer que para acogerse estas excepciones deben estar suficientemente justificadas en los antecedentes de la investigación. Si no hay "justificación suficiente", el tribunal de garantía deberá indicar en el auto de apertura que dichas excepciones deberán resolverse por el Tribunal de Juicio Oral en la sentencia definitiva.

La norma no dice qué sucede si se rechazan estas excepciones de plano, y al parecer tal alternativa no está contemplada en la ley, debiendo el tribunal o acogerla o dejarla para la sentencia definitiva, siendo ambas decisiones inapelables. En todo caso, si las llegara a rechazar, creemos que ese pronunciamiento impide que se renueve su discusión en el juicio oral.

Finalmente, el artículo 265 del CPP permite a la defensa reservarse la alegación de la cosa juzgada y de la extinción de responsabilidad penal para el juicio oral, siendo facultativo ventilarlo en esta etapa preparatoria.

c) La cosa juzgada y la litispendencia como manifestaciones del principio del **non bis in idem** *en el proceso penal*

Hemos visto que dentro de las excepciones de previo y especial pronunciamiento que puede promover la defensa están las de cosa juzgada y de litispendencia. Por la importancia del asunto, merece detenernos un momento en estas instituciones.

La *cosa juzgada*, por un lado, evitaría que se pronuncien dos sentencias definitivas, o con el valor de sentencia definitiva, respecto de unos mismos hechos.

Por su parte, el *ne bis in idem* tendría un contenido netamente procesal, como es que no se someta siquiera al imputado a más de una investigación y juzgamiento respecto de los mismos hechos.

Muchas veces estos dos institutos son tratados indistintamente como una misma cosa. Hay autores como el profesor Juan Sebastián Vera que han dicho que *cosa juzgada* y *non bis in idem* son instituciones distintas.

El *ne bis idem* correspondería al deber del Estado —en nuestro caso, del Ministerio Público— de dirigir una única persecución en contra del imputado que abarque todos los hechos constitutivos de delito de los que razonablemente conozca y que puedan imputársele. Es decir, no puede el Ministerio Público guardarse o reservarse hechos para ser investigados más adelante, a la espera del resultado de un primer proceso en contra del imputado.

El *ne bis in idem* estaría consagrado en la garantía del inciso final del artículo 1 del Código Procesal Penal: "La persona condenada, absuelta o sobreseída definitivamente por sentencia ejecutoriada, no podrá ser sometida a un nuevo procedimiento penal por el mismo hecho".

La cosa juzgada y el *non bis in idem* persiguen, entonces, objetivos parecidos, aunque no idénticos. Se puede decir que ambas instituciones pretenden evitar que se generen sentencias contradictorias respecto de unos mismos hechos, que el ejercicio jurisdiccional se vuelva inútil al repetirse juicios respecto de hechos idénticos y, por supuesto, el uso racional de los recursos estatales.

Ahora, respecto del *ne bis in idem* pueden agregarse objetivos adicionales, como son los siguientes: i) la evitación de la ansiedad, inseguridad y hostigamiento generadas por la repersecución estatal, entendiendo que el proceso penal en sí mismo constituye una pesada carga para el ciudadano, quien se ve cuestionado en su inocencia durante un periodo de tiempo que puede ser bastante prolongado; ii) incentivar a que la Fiscalía ejerza la persecución penal de forma prudente, responsable y exhaustiva, justamente evitando una multiplicidad de juicios dispersos; y iii) evitar que se afecte el derecho de defensa del imputado, quien debió "mostrar sus cartas" en el primer juicio, las que serán conocidas por la Fiscalía cuando inicie una segunda investigación. Este es un efecto pernicioso que ha sido poco estudiado en Chile y que se produce inevitablemente cuando las indagatorias penales se inician después de un procedimiento administrativo respecto de los mismos hechos, como sucede con los procedimientos sancionatorios que abre el SII o la CMF, por ejemplo; (iv) es una manifestación de las garantías de seguridad individual, a una investigación y procedimiento racionales y justos, y asimismo un límite ante la pretensión punitiva estatal; y (v) es una manifestación del respeto de la dignidad humana en forma mediata al considerarse el principio de culpabilidad por el hecho y la proporcionalidad de la penal.

En el derecho anglosajón la garantía del *ne bis in idem* se le conoce como prohibición de *double jeopardy*; y en el derecho continental podemos encontrar un símil en la institución de la *litispendencia*, que está recogida en el artículo 303.3 del CPC. La diferencia con la litispendencia, es que esta exige que exista un *procedimiento jurisdiccional* iniciado con anterioridad a un segundo proceso, también jurisdiccional, que abarque los mismos hechos. En cambio, la prohibición de doble persecución del artículo 1 del CPP, en rigor, abarca *cualquier nueva investigación* —judicializada o no— respecto de lo mismo ya fallado, haya sido absuelto o condenado con anterioridad.

La doctrina y jurisprudencia también han señalado que la cosa juzgada y la litispendencia en materia penal no exigen la triple identidad legal del artículo 177 del CPC (iguales personas, cosa pedida y causa de pedir entre ambos procesos), sino solamente que en ambos procesos se dirija una acción penal o investigación en contra del mismo sujeto respecto de unos mismos hechos, independiente de la calificación jurídica que se les dé.

Los remedios procesales para hacer valer la cosa juzgada, litispendencia y prohibición de doble juzgamiento del artículo 1 son también distintos.

Respecto de la cosa juzgada, esta se puede hacer valer por cualquiera de los intervinientes como una causal de sobreseimiento definitivo, que ya vimos más arriba (artículo 250 letra f del CPP), y también como excepción de previo y especial pronunciamiento en la audiencia preparatoria de juicio oral que recién vimos; y también en el juicio oral, como veremos más adelante. Asimismo, la cosa juzgada es causal del recurso de nulidad en contra de la sentencia definitiva (artículo 374 f del CPP).

La *litispendencia*, en cambio, solo podría hacerse valer como excepción de previo y especial pronunciamiento en la audiencia de preparación de juicio oral. Respecto de una investigación no judicializada que abarque los mismos hechos sobre los que ya se pronunció sentencia definitiva o sobreseimiento definitivo, no existe un mecanismo *ad hoc* en el proceso penal, y no podría solicitarse el sobreseimiento definitivo, ya que se ha estimado que sus causales son solamente las dispuestas taxativamente por el legislador en el artículo 250 del CPP. En nuestro entender, el imputado que se encuentre en esa situación debiera hacerlo valer a través de una cautela de garantías del artículo 10, a falta de otras herramientas.

Como vimos más arriba, el Ministerio Público es soberano para determinar el contenido fáctico de sus investigaciones, respetando siempre los principios de legalidad, oportunidad y objetividad. De hecho, los actos de formalización y de acusación, que son los que en buena medida fijarán el objeto del proceso, carecen de controles jurisdiccionales o de los restantes intervinientes.

Por lo mismo, se ha dicho que el Ministerio Público debe abarcar en su acusación todos los hechos que razonablemente conozca o debió conocer a partir de la indagatoria, y no reservarse parte de ellos para futuras investigaciones o procesos en contra del mismo imputado. Si así lo hace, hay autores que sostienen que la cosa juzgada que abarque el primer proceso también impedirá renovar el debate sobre aquellos hechos que el fiscal indebidamente "se reservó" para más adelante; una suerte de cosa juzgada que abarca no solo lo deducido, sino lo deducible, al estilo del artículo 400 de la Ley de Enjuiciamiento Civil española. Aunque esa postura es discutible, lo cierto es que si el fiscal omite formalizar y acusar por hechos que fueron parte de su indagatoria, el plazo de prescripción de la acción penal continuará corriendo sin suspensión de ningún tipo, y eventualmente su acción penal se extinguirá.

d) Unión y separación de acusaciones

El artículo 274 del CPP contempla la facultad que tiene el Tribunal de Garantía en la audiencia de preparación de juicio oral, para unir dos o más acusaciones, con el objeto que se dicte un solo auto de apertura de juicio oral y se celebre un solo juicio oral.

La regla pone como condición que no se perjudique el derecho de defensa del imputado, y los requisitos son que se trate de unos mismos hechos, un mismo imputado, o si se trata de las mismas pruebas.

El asunto deberá ser resuelto caso a caso, naturalmente, porque es posible que esta unión de acusaciones termine por perjudicar, o bien, por beneficiar al imputado.

El perjuicio de que se mantengan acusaciones separadas por los mismos hechos, por ejemplo, es la posibilidad de que se dicten sentencias contradictorias, o que el juicio posterior al primero ya resuelto se vuelva inútil, al contravenir el efecto de cosa juzgada del primero. También puede ser perjudicial para el imputado el que se sustancien juicios separados si arriesga una condena probable en uno de los juicios orales, con lo cual ya no le beneficiaría la circunstancia atenuante de irreprochable conducta anterior del artículo 11.6 del CP.

Por otro lado, sustanciar varias acusaciones concentradas en un solo juicio podría provocar un efecto "avalancha" sobre la defensa, quien deberá hacerse cargo de múltiples imputaciones o argumentar en contra de varios acusadores, por ejemplo, en desmedro de su derecho de defensa.

El inciso segundo del artículo 274 permite separar una acusación para distintos hechos y distintos imputados, siempre que se trate de casos en que mantenerlas juntas "pudiere provocar graves dificultades en la organización o el desarrollo del juicio o el detrimento al derecho de defensa, y siempre que ello no implicare el riesgo de generar decisiones contradictorias". Como se ve, en esta norma está la amenaza de la eventual contravención del efecto de cosa juzgada.

Estas reglas deben relacionarse con la del artículo 164 del COT que dispone: "Cuando se dictaren distintas sentencias condenatorias en contra de un mismo imputado, los tribunales que dictaren los fallos posteriores al primero no podrán considerar circunstancias modificatorias que de haberse acumulado los procesos no se hubieren podido tomar en cuenta. Deberán, asimismo, regular la pena de modo tal que el conjunto de penas no pueda exceder de aquella que hubiere correspondido de haberse juzgado conjuntamente los delitos". Se trata de una regla en favor del imputado, que impide que la separación de acusaciones perjudique su situación procesal y la pena aplicable.

Asimismo, el artículo 351 del CPP contiene una norma de muchísima aplicación práctica, impregnada del mismo espíritu *pro reo* que las restantes. Se trata, en rigor, de una norma sobre la determinación de pena —y, por lo mismo, su estudio corresponde al derecho penal, más que al procesal penal, a pesar de su ubicación en el CPP:

> Artículo 351. Reiteración de crímenes o simples delitos de una misma especie. En los casos de reiteración de crímenes o simples delitos de una misma especie se impondrá la pena correspondiente a las diversas infracciones, estimadas como un solo delito, aumentándola en uno o dos grados.
>
> Si, por la naturaleza de las diversas infracciones, estas no pudieren estimarse como un solo delito, el tribunal aplicará la pena señalada a aquella que, considerada aisladamente, con las circunstancias del caso, tuviere asignada una pena mayor, aumentándola en uno o dos grados, según fuere el número de los delitos.
>
> Podrá, con todo, aplicarse las penas en la forma establecida en el artículo 74 del Código Penal si, de seguirse este procedimiento, hubiere de corresponder al condenado una pena menor.
>
> Para los efectos de este artículo, se considerará delitos de una misma especie aquellos que afectaren al mismo bien jurídico.

Todas estas reglas del artículo 351 del CPP constituyen, entonces, un tratamiento más benigno para el condenado, convirtiéndose en una importante excepción a la regla general del artículo 74 del CP, que dispone que al condenado por distintos delitos se le aplicarán las penas correspondientes a las distintas infracciones.

En el caso de los adolescentes infractores, no aplica el artículo 164 del COT, sino el artículo 25 quáter de la Ley 20.084.

En el reciente veredicto absolutorio del llamado "caso SQM" (RIT 90-2022 del Tercer Tribunal de Juicio Oral en lo Penal de Santiago) de 22 de octubre de 2025, el voto de mayoría apoyó su decisión absolutoria justamente en una vulneración de la garantía de los acusados de ser juzgados en un plazo razonable, por haber el Ministerio Público agrupado una serie de acusaciones, lo que transformó esa causa en un "mega juicio". En ese fallo, el tribunal estimó que no existía el riesgo de decisiones contradictorias ya que varios imputados se habían acogido a procedimientos abreviados; en cambio dicha agrupación sí mermó las posibilidades de las defensas, quienes debieron afrontar un juicio oral que se extendió por treinta y dos meses.

e) Convenciones probatorias

El artículo 275 del CPP permite a las partes solicitar al juez de garantía "dar por acreditados ciertos hechos, que no podrán ser discutidos en el juicio oral", facultando también al juez de garantía a proponerlas de oficio a las mismas partes.

En la ciencia procesal se habla de que el objeto de la prueba han de ser aquellos hechos sobre los que exista controversia entre las partes. Así, el artículo 318 del CPC dispone que el juez civil debe dictar la sentencia interlocutoria de prueba que recaiga sobre los hechos "sustanciales, pertinentes y controvertidos". En los procesos escritos, en que el tribunal conoce *ex ante* las posiciones de las partes —como sucede con el proceso civil, y también en el laboral, aunque este no es enteramente escrito— es relativamente sencillo identificar qué hechos son los que las partes discuten, al contrastar las versiones de ambas.

En un proceso como el civil, plenamente dispositivo, en que se discuten intereses patrimoniales renunciables, parece obvio que el tribunal omita desgastarse en establecer la verdad respecto de hechos sobre los que no hay discusión; de ahí que solo se rendirá prueba sobre hechos controvertidos y discutidos.

Ahora, en el proceso penal no existe esta fase contradictoria escrita, sino solo la acusación fiscal y la del querellante, y eventualmente la defensa verbal del imputado que, como vimos, muchas veces es una mera afirmación de inocencia y rechazo de la pretensión incriminatoria del acusador.

Es por esto que la regla del artículo 275 otorga esta prerrogativa a las partes para proponer de común acuerdo "dar por acreditados ciertos hechos", lo que resulta ciertamente llamativo, desde que los hechos sobre los que no existe controversia perfectamente podrían no haber ocurrido nunca.

Se trata de una institución antiepistémica, cuestión que parece más grave tratándose de un juicio penal en que se pueden imponer penas privativas de libertad. Al igual que sucede con el procedimiento abreviado, el CPP permite en este caso "dar por buenos" unos hechos que podrían no haber ocurrido. En todo caso, el inciso segundo del artículo 275 otorga al juez de garantía la facultad de aceptar o rechazar la solicitud. Parece razonable estimar que arribar a convenciones probatorias respecto de *todos y cada uno de los hechos* significa vaciar de contenido el juicio oral mismo y transformarlo en un procedimiento abreviado encubierto.

La Ley 21.694 introdujo dos nuevos incisos a este artículo 275, que permiten al juez asumir proactivamente el rol de proponer *de oficio* a las partes las convenciones probatorias sobre ciertos hechos "que no fueren objeto de controversia", pudiendo ser libremente aceptadas o rechazadas por las partes. Esta facultad oficiosa se extiende, de acuerdo con la norma reformada, a los hechos que permitan sustentar la circunstancia atenuante de responsabilidad criminal del artículo 11 número 9 del CP; esto es, la colaboración sustancial con el esclarecimiento de los hechos. De estas convenciones probatorias debe dejarse constancia en el auto de apertura del juicio oral.

Esta nueva facultad oficiosa del juez de garantía merece algunos comentarios. Ya hemos dicho que el juez competente para conocer de la preparación del juicio es diferente del juez del fondo y, en ese sentido, este tipo de propuestas de convenciones probatorias en nada prejuiciarán al sentenciador que deberá dictar sentencia de absolución o condena. Pero no deja de ser desaconsejable permitir que el juez de garantía proponga estas convenciones probatorias, siendo él mismo quien debe resolver sobre varios otros asuntos conexos a los hechos del juicio, como son la pertinencia y legalidad de la prueba ofrecida, o incluso la concesión de medidas cautelares personales y reales. Un juez que tiene la convicción acerca de que los hechos ocurrieron de una determinada forma y propone una convención probatoria a las partes, la que es resistida por la defensa, posiblemente no podrá desentenderse de esa convicción ya manifestada al momento de ponderar la pertinencia y legalidad de la prueba ofrecida por esa misma defensa, o su sometimiento a una medida cautelar personal.

f) Prueba anticipada

El artículo 280 del CPP permite que se rinda una *prueba anticipada* de testigos en la misma audiencia de preparación de juicio oral, o incluso en una audiencia especial posterior.

Como vimos, se trata de una notable excepción a la regla general de que toda la prueba de testigos sea producida en la audiencia de juicio oral, a través de las declaraciones presenciales.

Esta anticipación de prueba será procedente en la medida que se den las hipótesis de los artículos 191, 191 bis y 191 ter del CPP. Se trata de los casos de testigos que se ausenten a una "larga distancia" de donde se celebre el juicio, o de muerte inminente o riesgo de incapacidad física o mental; testigos menores de edad y testigos-víctimas de ciertos delitos contra la indemnidad o libertad sexual, para evitar su victimización secundaria, respectivamente.

Misma regla corre para los peritos en los casos del artículo 191 del CPC: ausencia a larga distancia del lugar en que se celebre el juicio, muerte inminente o riesgo de incapacidad física o mental.

La prueba anticipada viene a solucionar el problema que se da en la práctica, en que un determinado testigo no estará disponible para la audiencia de juicio. Pero tratándose de ciertos testigos (menores de edad, o víctimas de delitos contra la libertad o indemnidad sexual) además cautela otros dos valiosos propósitos: evitar su victimización secundaria, y también un fin epistémico, al contar con un registro más próximo a los hechos si se lo compara con la audiencia de juicio oral, que suele tener lugar meses o años después de ocurridos.

g) Instrucciones para el trabajo de los peritos

El artículo 320 del CPP, contenido en el párrafo 6 del libro II "Informe de peritos", contiene una norma bien particular titulada "instrucciones necesarias para el trabajo de los peritos". Esta norma dispone que los intervinientes, durante la investigación o incluso en la audiencia de preparación de juicio oral, pueden solicitar al juez de garantía para que emita una orden a los terceros que dispongan de cierta información, para que permitan su acceso a los peritos de alguno de los intervinientes.

Decimos que es bien particular, porque, como hemos visto, al celebrarse la audiencia preparatoria de juicio las partes ya debieron ofrecer toda su prueba, incluida, por cierto, los informes periciales. Por lo tanto, de seguirse lo que esta norma dispone, significaría una paralización del proceso para que el perito acabe su informe, lo que en la práctica no ocurre. La norma, entonces, solo tendría aplicación práctica en la medida que se solicite durante la investigación, por cierto, antes de la audiencia preparatoria de juicio; salvo que entendamos que la norma presupone que el juez de garantía deba paralizar la audiencia de preparación de juicio oral.

En la práctica, esta norma se aplica para aquellos casos en que existe información que está fuera del alcance del interviniente interesado en practicar una pericia sobre ella y en que hay certeza o será previsible que la persona que tiene dicha información se resistirá a la práctica de la pericia. Para estos casos será necesario efectuar esta solicitud al juez de garantía, quien usualmente citará a una audiencia a los intervinientes para debatir sobre el asunto y eventualmente decretar la orden para que los terceros permitan el acceso de los expertos al lugar o la cosa que debe ser periciada. Pero, como decíamos, esta norma parece estar destinada a aplicarse para pericias a efectuarse durante la etapa de investigación.

h) Debate sobre la exclusión de prueba

En sus escritos de acusación fiscal, acusación particular, demanda civil y, asimismo, la defensa el día antes de la audiencia preparatoria, o en la misma audiencia, se ha debido ofrecer la prueba que servirá de base para acreditar los hechos de sus respectivas pretensiones. Este ofrecimiento es, en rigor, un mero señalamiento de la prueba; es decir, se comunicará a los demás intervinientes en qué consistirá esa prueba, pero no se rendirá —eventualmente— sino hasta el juicio oral.

Para efectos de entender bien el debate acerca de la exclusión de prueba, es preciso conocer cuál es el contenido de las pretensiones de los intervinientes.

i) El objeto de la prueba y la carga de la prueba

A propósito de lo que estudiamos sobre la acción penal, esta siempre tendrá el mismo contenido: que se condene a una determinada persona por su participación en un hecho constitutivo de delito. Los hechos, el grado de participación, el derecho aplicable (el tipo penal), las circunstancias modificatorias de responsabilidad y la petición de pena son todos asuntos que han quedado previamente fijados en las respectivas acusaciones y que, con las prevenciones que vimos, deben ser congruentes con los cargos ya formalizados.

Todo ello es el objeto de la pretensión acusatoria y, por lo tanto, será el objeto de esa prueba. No debe perderse de vista que todo el peso de la prueba recae sobre los acusadores, quienes deben hacer el esfuerzo de acreditar, más allá de toda duda razonable, que el imputado es penalmente responsable.

Para la defensa las cosas pueden ser distintas.

El imputado no debe acreditar su inocencia, ya que, en rigor, esta se presume (o se asume, como diremos más adelante). No tiene carga probatoria que cumplir y, de hecho, sería perfectamente esperable, en ciertos casos, que la defensa ni siquiera rindiera prueba, sino que se limitara a controlar la producida por los acusadores. La defensa podría no cuestionar la ocurrencia de los hechos expuestos por los acusadores, sino solamente atribuirle una calificación jurídica diferente.

Dicho lo anterior, la defensa sí puede alegar una teoría del caso en que asuma ciertas cargas probatorias para acreditarla. Piénsese en la construcción de una hipótesis alternativa respecto de la versión de los hechos expuesta por los acusadores, en una coartada o en la alegación de circunstancias atenuantes, de justificación o eximentes de responsabilidad penal.

Respecto de estas últimas, existe cierto consenso en que es carga de la prueba de la defensa acreditar los hechos que configuran dichas causales. Así, por ejemplo, si lo que se alega es una legítima defensa o una circunstancia de inimputabilidad por demencia. Existe al menos una norma penal que consagra este principio, como es la de la llamada "excepción de verdad" en los delitos de injurias cometidos a través de medios de comunicación social, que impone al imputado la carga procesal de acreditar la veracidad de los dichos injuriosos para eximirse de responsabilidad criminal (artículo 30 de la Ley 19.733).

En la doctrina del *Common Law* se ha denominado a esta teoría la del "enfoque procesal atenuado", en contraposición al "enfoque procesal amplio", en que la acusación debiera acreditar todos los elementos. Esta inversión de la carga de la prueba —que complota en alguna medida contra la presunción de inocencia— se justifica porque de todas formas es la acusación la que tiene la carga de la prueba de acreditar todos los restantes elementos de la teoría del delito, en especial, los del tipo objetivo (conducta) y subjetivo (dolo o culpa, o lo que se denomina *mens rea* en los sistemas de *Common Law*). En el *Common Law*, la fiscalía debe acreditar las *offenses* (aspectos objetivos y subjetivos del delito), y la defensa las *defenses* (causales de exclusión de la responsabilidad penal).

Incluso al discutirse la concesión de medidas cautelares personales, como vimos, la sola existencia de indicios del tipo penal objetivo puede ser tenido como suficiente para su concesión, sin perjuicio de que la conducta eventualmente no resultare antijurídica por haber concurrido una causal de justificación. En todo caso, vale la pena acotar que, en el sistema chileno, en que opera el principio de objetividad de las actuaciones del Ministerio Público, es deber de la Fiscalía investigar con igual celo las eximentes de responsabilidad penal que beneficien al acusado. Esto también se puede predicar, como veremos, respecto de las situaciones que demuestran la inimputabilidad del sujeto, en que es la Fiscalía la que de oficio puede solicitar la imposición de medidas de seguridad, en lugar de penas.

Cuando la defensa quiere rendir prueba, las reglas aplicables son ciertamente más laxas que las que aplican a los acusadores, porque está en una posición manifiestamente más desmejorada que la del Ministerio Público, quien cuenta con todos los recursos estatales y el auxilio de las policías para producir toda clase de evidencias y pruebas durante el juicio oral. Así, la defensa podría recién en la audiencia preparatoria de juicio exponer verbalmente su "teoría del caso" y señalar los medios de prueba de los que se valdrá. Y estos medios de prueba, como dijimos, pueden no consistir en ninguna de las evidencias recogidas o aportadas en la carpeta investigativa del fiscal. Es decir, la defensa sí puede "sorprender" a los acusadores ofreciendo prueba en la audiencia preparatoria, que resulte desconocida hasta ese momento para los acusadores.

Ello no corre, en cambio, para los acusadores, quienes deben necesariamente ofrecer prueba previamente recogida en la carpeta y ponerla a disposición de la defensa al presentar la acusación (artículo 260 del CPP), y también tenerla a disposición de la defensa en todo momento (artículo 93 e) del CPP).

En suma, existen muy importantes diferencias respecto de la carga de la prueba y el objeto de la prueba, cuando se contrasta la situación de la parte acusadora con la de la defensa. La defensa tiene una posición desmejorada y pasiva en el proceso, soportando la carga de la prueba solamente respecto de ciertos y precisos elementos de la teoría del delito que pretenda desacreditar a su favor, como son los referidos a la falta de antijuridicidad o de imputabilidad. Por su parte, el Ministerio Público asume totalmente la carga de la prueba de acreditar todos los elementos de la teoría del delito, incluso aquellos que eventualmente benefician a la defensa, por el principio de objetividad.

j) La prueba ilícita

Uno de los propósitos de la audiencia preparatoria es que se ventilen y resuelvan las cuestiones sobre exclusión de la prueba ofrecida por las partes.

La regla del artículo 276 del CPP contempla cuáles son las causales en que se puede fundar la exclusión de prueba ofrecida por los intervinientes en la audiencia preparatoria:

i. Prueba *manifiestamente impertinente*: se refiere a la prueba que no tiene conexión subjetiva ni objetiva alguna con el objeto de las pretensiones acusatorias ni con la teoría de la defensa, según vimos en el apartado anterior.

ii. *Hechos públicos y notorios*: situaciones fácticas comúnmente conocidas por la normalidad de las personas que habitan un mismo tiempo y lugar.

iii. Testigos y documentos *meramente dilatorios*, que, no siendo manifiestamente impertinentes, "no guarden pertinencia sustancial con la materia que se someterá a conocimiento del tribunal de juicio oral en lo penal": nuevamente en este caso deberá contrastarse la prueba ofrecida con el objeto del proceso y las cargas probatorias asumidas por cada interviniente, según revisamos en el apartado anterior.

iv. *Prueba que provenga de diligencias de investigación que hayan sido declaradas nulas por sentencia firme*: según las reglas ya estudiadas de los artículos 159 y siguientes del CPP, se trata de casos en que se infringieron disposiciones legales en la recogida de evidencia, y así lo estableció una sentencia firme. Es una hipótesis diferente a la de ilicitud de prueba, en que se infringen las garantías fundamentales del imputado. En todo caso, no debe perderse de vista, que la frontera entre los problemas de mera legalidad y constitucionalidad suele ser difusa, y muchas veces el problema será de legalidad y de constitucionalidad al mismo tiempo.

v. *Prueba obtenida con infracción de garantías fundamentales*: prueba ilícita, asunto que estudiaremos en detalle a continuación.

El proceso penal es tierra fértil para que las garantías fundamentales del imputado sean avasalladas por las policías y fiscales. Las garantías fundamentales que pueden ser vulneradas en perjuicio del imputado serán típicamente el *derecho de defensa jurídica* (artículo 19 número 3 de la CPR), el *respeto y protección de la vida privada* (número 4), la *inviolabilidad del hogar y de toda forma de comunicación privada* (número 5), la *libertad personal* (número 7), la *prohibición de forzar al imputado a declarar en su contra* (número 7 f), el *derecho de propiedad* (número 24) y, en general, el *derecho a una investigación y a un proceso racional y justo* (número 3 inciso quinto).

¿Por qué no es admisible la prueba ilícita? En nuestra opinión, por varias razones.

La primera de ellas es que, obviamente, se afectan ciertos derechos y garantías fundamentales e indisponibles de un ciudadano que, en rigor, se presume inocente.

La segunda razón, recogida por la jurisprudencia de la Corte Suprema de Estados Unidos, es que la exclusión de prueba ilícita opera como un poderoso incentivo para que las policías actúen dentro de la legalidad al momento de recoger la evidencia en que se sustentará la imputación (*deterrence of misconduct*). En otras palabras: si la policía sabe que la evidencia que se recoja, en ciertas circunstancias, no superará el filtro del tribunal, entonces se inhibirá *ex ante* de incurrir en prácticas que el tribunal reprobará necesariamente. Por lo mismo, la investigación deberá ajustarse a ciertos parámetros, para poder acreditar la culpabilidad del sujeto. A juicio del profesor Carlos Correa Robles, citando autores estadounidenses, "el *deterrence* no resulta susceptible de ser demostrado, siendo su eficacia, en gran medida, objeto de meras conjeturas".

Una tercera razón, derivada de la anterior, es que de no excluirse la prueba ilícita en el juicio oral, finalmente se le da "patente de corso" y "carta blanca" a las policías, las que podrán actuar sin límite alguno en la averiguación de "la verdad": tortura, "sueros de la verdad", coacciones, amenazas, allanamientos de morada, confiscación de comunicaciones; todo estará permitido para lograr confesiones del imputado y condenarlo.

También se ha dicho que no puede el Estado, en la persecución de los delitos, cometer él mismo delitos en dicha tarea. Asimismo, sería inadmisible que los tribunales estatales validaran y finalmente se hicieran cómplices de estas infracciones y delitos, al "dar por buena" la evidencia recogida en forma ilícita en sus sentencias. A esta teoría se le denomina de la *integridad judicial.*

Y una cuarta razón, y quizás la más importante, es que *la prueba ilícita puede ser antiepistémica*. Es decir, la "verdad" que se obtiene a partir de métodos ilícitos no es una "verdad", sino un sucedáneo de esta. Si como sociedad aceptamos que se someta a tortura al imputado para que confiese, por ejemplo, no solo se le trata indignamente, sino que el contenido de esa confesión va a ser cualquier cosa menos lo que realmente pasó. Partiendo porque se asume que el imputado es responsable, lo que no siempre es así. Los métodos prohibidos de obtención de evidencia no buscan la verdad, sino una determinada versión de los hechos que se ajuste a la imputación del acusador, que es una cosa distinta. Por lo mismo, no se cumple con el principal propósito del proceso, que es conocer la verdad de los hechos.

En todo caso, como ha apuntado Michele Taruffo, no solo el proceso jurisdiccional contiene limitaciones en la forma de obtención de la verdad. Con otros alcances, la medicina o la física, solo por dar dos ejemplos, también limitan aquello que es posible investigar de acuerdo a criterios respetuosos de la dignidad o la vida humana.

Sin perjuicio de ello, hay autores como el profesor Carlos Correa Robles —en la línea de lo afirmado por Larry Laudan— que han sostenido que —salvo los casos de interrogatorios obtenidos mediante fuerza, tortura o engaño— en la mayoría de los casos la prueba ilícitamente obtenida será epistémicamente idónea, es decir, dará cuenta de hechos que efectivamente ocurrieron. Así, por ejemplo, una entrada y registro ilegal en un domicilio, en que se descubre un laboratorio casero de fabricación de estupefacientes: la ilegalidad en la diligencia policial *no transforma* al hecho delictivo en inexistente.

En general, se estima que no solo la prueba ilícita debe ser excluida del proceso, sino también la prueba lícita que se obtenga a propósito de dicha prueba ilícita; esto es, la prueba derivada *(derivative evidence)*. Esto se conoce como la teoría de los frutos del árbol envenenado, forma poética acuñada por el juez Frankfurter de la Corte Suprema de Estados Unidos en el conocido fallo *Silverthorne Lumbre v. United States* de 1920.

Pensemos en una entrada y registro ilegal, en que el ocupante de un inmueble termina confesando a la policía una serie de delitos. Aunque la confesión haya sido obtenida sin engaños, coacciones o apremio, el hecho de haber estado antecedida de una entrada y registro ilegal, necesariamente la contamina. Esta doctrina no tiene consagración positiva en el sistema chileno, pero alguna jurisprudencia ha dicho que en estos casos se aplica la misma razón que existe en el artículo 165 del CPP, que dispone que la nulidad de un acto procesal conlleva la nulidad de los actos procesales consecutivos que de él emanaren (Corte Suprema, rol 14781-2015).

A continuación, revisaremos las múltiples excepciones que la jurisprudencia nacional y extranjera han ido elaborando a la regla de exclusión de prueba ilícita y a la teoría de los frutos del árbol envenenado. Como detallaremos, hoy las excepciones son tantas y tan variadas, que se han convertido en la regla general.

k) La **exclusionary rule** *en la jurisprudencia de la Corte Suprema de Estados Unidos*

La posibilidad de excluir la prueba obtenida con infracción de garantías fundamentales se introdujo por primera vez en el derecho chileno en la regla del artículo 276 inciso tercero del CPP, pero sus orígenes se remontan a la construcción jurisprudencial que fue haciendo unos cien años antes, desde comienzo del siglo XX, la Corte Suprema estadounidense, donde se le denominó *exclusionary rule* o regla de exclusión.

A partir de estos criterios jurisprudenciales, que se convirtieron en normas de aplicación general, es que se hizo obligatorio, en un comienzo, la inadmisión de cierta evidencia en cuya obtención se habían infringido algunas de las garantías fundamentales, principalmente las de la cuarta, quinta y sexta enmienda de la Constitución de ese país. Esto es, la prohibición de que el Estado y sus policías efectúen registros de domicilios y detenciones arbitrarias; la prohibición de forzar al acusado a declarar contra sí mismo; y la garantía del debido proceso, respectivamente. También, fue a partir de dicha jurisprudencia que se fueron elaborando las numerosas excepciones que estudiaremos a continuación, que finalmente han terminado por desnaturalizar esta institución.

Desde sus inicios la *exclusionary rule* estuvo en la polémica. A propósito de uno de los primeros fallos de la Corte Suprema estadounidense, *Weeks v. United States* de 1914, la doctrina de dicho país había dicho que "la exclusionary rule coloca a los tribunales en la posición de ayudar a socavar los cimientos de las mismas instituciones que están para proteger. Considera que el agente de la ley demasiado entusiasta es más peligroso para la comunidad que los asesinos impunes o malversadores o proxenetas".

Como decimos, esta regla se fue desnaturalizando con el tiempo, a punta de excepciones y precisiones. Así, en *United States v. Calandra* de 1974 se instauró la teoría de que la *exclusionary rule* debía ser debidamente ponderada *(balancing test)* con los intereses persecutores del Estado, a través de un análisis de costo-beneficio, con lo cual perdió su contenido plenamente constitucional de "dique infranqueable", y pasó a ser un simple interés particular que debía ser puesto en la balanza frente a los intereses del Estado.

El *balancing test* es la misma solución a la que ha arribado el Tribunal Supremo alemán, quien ha ponderado el respeto de estas garantías con la posibilidad de obtener la verdad en el caso investigado. En España, también se ha sostenido por alguna doctrina que infracciones de garantías fundamentales "de menor entidad" deberían ser toleradas por la judicatura en el proceso, sin perjuicio de las sanciones de orden disciplinario o administrativo que se imponga a los funcionarios responsables.

A partir de la sentencia del caso *Calandra* comienza el definitivo declive de esta regla que se mantiene hasta la actualidad. Sobre las razones que entonces se dieron para atajar su alcance, estaban la desconfianza que provocaba en la ciudadanía que finalmente la judicatura asumiera que las policías habían actuado infringiendo garantías fundamentales, el que se convirtiera en un instrumento antiepistémico y en la injusticia de que sea el acusado el beneficiado y la sociedad la perjudicada por las actuaciones ilegales de la policía.

Así, en un fallo como *Hudson v. Michigan* de 2006, la Corte Suprema de Estados Unidos ha dicho que la *exclusionary rule* es un remedio de carácter enteramente excepcional. En la misma sentencia, a propósito de las excepciones elaboradas al deber de *knock-and-announce*, que ya vimos, se dijo que excluir la prueba en ciertos casos de infracción de garantías fundamentales provocaría un aumento de la litigiosidad por parte de los acusados y pondría en riesgo la integridad física o la vida de los policías, que deberían entonces, pacientemente, esperar por la orden judicial antes de efectuar una entrada y registro.

Se dio origen, entonces, a lo que se denomina las "excepciones incluso en casos de mala fe" *(exception for even bad faith violations)*. Las cifras actualmente en ese país muestran un exiguo 2,3% de casos en que finalmente se acoge la *exclusionary rule*, siendo aún más inusual que se excluyan pruebas en casos de delitos graves o de alta connotación pública.

De hecho, la Corte Suprema durante la década de los setenta concluyó que la *exclusionary rule* no iba a ser aplicable en una serie de procedimientos, como, por ejemplo, aquellos ante el *Grand Jury*, y en los procesos federales de *habeas corpus* (que en ese país tienen un alcance más amplio que en Chile, en todo caso).

En este mismo sentido, se fue acotando la legitimación para alegar la exclusión de prueba *(standing)*, restringiéndose solamente al imputado afectado con la transgresión de garantías fundamentales y excluyendo a terceros. Así, se llegó a fallar que solamente el propietario de un vehículo ilegalmente registrado estaba legitimado para alegar una exclusión de prueba ilícita, no así el imputado, quien solamente iba de pasajero en dicho automóvil (*Rackas v. Illinois* de 1978).

l) Doctrina que ha dado validez a las condenas apoyadas en prueba ilícita

La doctrina y sobre todo la jurisprudencia de la Corte Suprema de Estados Unidos ha elaborado una abundante jurisprudencia acerca de en qué situaciones sería procedente condenar al acusado, aun existiendo prueba de cargo rendida en el juicio que fue obtenida ilícitamente.

Estas doctrinas son las que revisaremos a continuación.

Doctrina de la fuente independiente (*independent source exception*): puede condenarse de todas formas al acusado, aun cuando la prueba de cargo haya sido obtenida ilícitamente, si existe otra prueba lícita que acredite el mismo hecho que sustenta la condena. Esta doctrina se elaboró a partir de la sentencia del caso *Wong v. United States* (1963) y ha sido desarrollada en muchos fallos posteriores. En *Murray v. United States* de 1988 se le dio validez a una entrada y registro en ausencia de una orden judicial *(warrant)*, en atención a que eventualmente se pudo haber obtenido una orden judicial válida para dicha entrada y registro si la policía lo hubiera solicitado debidamente.

La Corte Suprema de Chile en un fallo reciente (rol 39475-2016) rechazó un recurso de nulidad de la defensa en un caso similar a este y, por lo mismo, dio valor a la prueba que la defensa consideró que se había obtenido con infracción de garantías fundamentales. En ese caso, la policía efectuó el control de identidad de una persona para luego detenerla en forma ilegal; ya en la comisaría la detenida "sin ser objeto de presiones indebidas, sin que mediara registro alguno, y sin haber sido requerida por los agentes policiales, se despojó voluntariamente de una pequeña bolsa, arrojándola al suelo", la que contenía droga ilícita. Esta última evidencia no tendría como fuente la detención ilegal, sino la conducta voluntaria posterior de la detenida, según estableció la Corte Suprema.

Doctrina del descubrimiento inevitable (*inevitable discovery exception*): puede condenarse de todas formas al acusado, aun cuando la prueba de cargo haya sido obtenida ilícitamente, si *previsiblemente* de acuerdo al *desarrollo normal* de la indagatoria (lícita) se habría podido descubrir y probar el mismo hecho (*Nix v. United States* de 1984).

Esta hipótesis, como se ve, es diferente de la de la fuente independiente; en esta última, la evidencia no tiene un origen ilícito. En cambio, en el descubrimiento inevitable opera un criterio hipotético del tipo "de todas formas se hubiera dado con la evidencia, tarde o temprano". En la jurisprudencia de Estados Unidos y del Tribunal Supremo alemán se ha aplicado para casos en que se han obtenido confesiones del imputado mediante apremios ilegítimos acerca de la ubicación de una víctima de secuestro o el cadáver en un homicidio; en estos casos, los jueces han estimado que el hallazgo del secuestrado o del cadáver no era ilícito —aun siendo consecuencia de una confesión obtenida mediante apremios— porque de todas formas las brigadas de búsqueda iban a abarcar la zona donde finalmente se le encontró. Como se ve, se trata de un criterio fundado en meras hipótesis sobre hechos eventuales.

En Chile, la Corte Suprema aplicó este criterio en la causa rol 14781-2015 en que se rechazó anular una condena por el delito de homicidio en un caso en que se obtuvo la declaración de un imputado menor de edad con infracción de garantías fundamentales al no estar presente su abogado defensor; resolvió la Corte que la cuadrilla de búsqueda habría encontrado de todas formas el cadáver, aun sin la declaración del menor en que confesó la ubicación del cuerpo.

Alguna doctrina, como la del profesor Héctor Hernández, ha llamado la atención sobre este criterio jurisprudencial, proponiendo que el curso causal que llevó al "descubrimiento inevitable" debió haberse iniciado por medios lícitos y proactivos con anterioridad al momento en que se cometió la ilicitud que contaminó la evidencia que se pretende excluir; en consecuencia, debieran suprimirse de esta regla las construcciones meramente abstractas. Mismo criterio ha sostenido el profesor Manuel Rodríguez Vega, en el sentido de dejar fuera las meras especulaciones o conjeturas.

Doctrina del vínculo atenuado (*purged taint exception o attenuated connection exception*): puede condenarse de todas formas al acusado, si existe un vínculo demasiado difuminado entre la ilicitud originaria y la prueba cuestionada (*Nardone v. United States* de 1939). Puede decirse que esta teoría es muy similar a la de fuente independiente que ya vimos, pero con un matiz: mientras en la fuente independiente la prueba tiene un origen diferente a la ilicitud denunciada, en la de vínculo atenuado el origen es el mismo —es decir, ilícito—, pero existe tal falta de proximidad espacio-temporal con la ilicitud que finalmente deviene en irrelevante. Es decir, no existe una ruptura del vínculo causal, sino que este pierde trascendencia. Se ha aplicado por la Corte Suprema de Chile en el caso que vimos hace un momento (rol 39475-2016).

Ahora, existen naturales cuestionamientos a esta doctrina, sobre todo en los casos en que se obtiene una primera confesión ilícita del imputado, la que luego es "validada" por el propio imputado, quien concurre días después con su abogado a ratificarla ante la policía o la Fiscalía (*two-stage interrogation*, como en el caso *Missouri v. Seibert* de 2004). El principal cuestionamiento es que con esto finalmente se fomenta que los policías actúen fuera de sus atribuciones en las primeras diligencias de investigación, con la certeza de que de todas formas sus actuaciones quedarán saneadas por una revalidación posterior del imputado, cuya situación es, a esas alturas, sumamente precaria.

En el conocido caso en que se condenó a María del Pilar Pérez "la Quintrala" (rol 2095-2011), la Corte Suprema dio valor a un interrogatorio en dos etapas, señalando que "en todo caso, resulta palmario que, con su última declaración prestada en la fase investigativa, el 11 de diciembre de 2008, el acusado Ruz ratificó y validó sus dichos otorgados en forma previa, con lo cual claramente se ha saneado cualquier irregularidad que pudiera postularse al respecto", desechando de esta manera la alegación de la defensa que pedía valorar negativamente dicha prueba.

En cualquier caso, y como ha apuntado la doctrina, vale la pena preguntarse si en estos "interrogatorios de dos etapas" la segunda declaración se habría prestado si no hubiera existido la primera.

En su Oficio FN N°284/2010 la Fiscalía Nacional recogió los criterios que, a su parecer, aplican a la doctrina del vínculo atenuado: la proximidad temporal (a mayor tiempo transcurrido, mayor probabilidad de que se rechace la exclusión de la prueba); el largo de la cadena causal (mientras más extensa la cadena causal, mayor probabilidad de que se rechace la exclusión de prueba); la concurrencia de un evento voluntario del afectado por la ilicitud; y la flagrancia de la ilegalidad, o sea, mientras más "patente, evidente y manifiesta", más probable es la exclusión de la prueba.

Doctrina de la buena fe de los agentes de la policía: puede condenarse de todas formas al acusado sobre la base de prueba obtenida ilícitamente, pero en que no existió ánimo o conciencia de los agentes de estar infringiendo garantías fundamentales del imputado (*Stone v. Powell* de 1976).

Esta doctrina ha sido precisada por algunos fallos, en los casos en que la policía ha actuado sobre la base de órdenes judiciales ilegítimas. Así se ha dicho, por ejemplo en el fallo *Leon v. United States* de 1984, en que el estándar para descartar la ilicitud de esta prueba es que "un policía razonablemente bien entrenado habría creído que la orden judicial era legítima".

La jurisprudencia de la Corte Suprema estadounidense, posterior al caso *Leon v. United States*, ha profundizado en esta excepción de la buena fe policial. Así, en *Herring v. United States* de 2009 dicho tribunal resolvió no excluir la prueba obtenida a partir de una detención ilegal, al haberse efectuado en virtud de una orden que ya no tenía efecto, porque el error de la policía era un "caso aislado y no sistemático" y que el propósito de la exclusión de prueba es disuadir las infracciones constitucionales deliberadas, temerarias o groseramente negligentes imputables a la policía.

Como se puede apreciar, se ha vaciado prácticamente de todo contenido a la *exclusionary rule* a partir de estas excepciones, en circunstancias que para el ciudadano afectado por una detención o registro ilegales —por no existir orden judicial— es indiferente si se trató de un error puntual o de una negligencia deliberada. El resultado es finalmente el mismo: una vulneración de garantías fundamentales.

De acuerdo con la jurisprudencia revisada por el profesor Manuel Rodríguez Vega en un reciente trabajo, la Corte Suprema de Chile suele no acoger esta teoría, es decir, no considera como lícita la prueba obtenida por policías actuando de "buena fe". Así, el *deterrance*, en rigor, no surtiría ningún efecto en el sistema chileno. No hay que olvidar que en nuestro sistema es muy posible que las policías ni siquiera se enteren de la exclusión de prueba en la etapa intermedia, en la que participa solamente la Fiscalía; además, no dependen orgánicamente del Ministerio Público, quien no podría sancionarlos por un actuar ilícito. En el caso rol 25003-2014, la Corte Suprema confirmó la ilicitud de evidencia incautada por la policía supuestamente actuando "de buena fe" en un allanamiento a un domicilio respecto del cual no existía autorización judicial para su entrada y registro.

En la doctrina de los Estados Unidos de América, citada por el profesor Carlos Correa Robles, la regla de la buena fe de los agentes de la policía solo aplicaría en aquellas circunstancias en que la policía ignora que la orden del juez se apoyó en antecedentes equivocados; no así, si se trata de errores de la policía distintos de esa particular situación. Pero, como vimos, la Corte Suprema le da un alcance más amplio a esta excepción a la regla de exclusión.

m) Cuestionamientos y críticas a la doctrina que otorga valor a la prueba obtenida con infracción de garantías fundamentales

La doctrina procesal ha cuestionado severamente la inconsistencia de estas doctrinas, que lo que hacen —en buenas cuentas— es validar de forma más o menos velada las conductas ilícitas de la policía en la recolección de evidencia.

Autores como Jordi Nieva han denunciado que estas doctrinas sencillamente no funcionan, y que en realidad lo que habría que consagrar como principio jurisprudencial o legal es que el tribunal puede condenar, aun sobre la base de prueba ilícita, cuando los antecedentes probatorios muestran de forma notoria que el delito existió y que el acusado tuvo participación en él. En su momento, Manuel Miranda Estrampes dijo que las numerosas excepciones "han acabado por convertir a la teoría de los frutos del árbol envenenado en una verdadera excepción. En otras palabras, la Corte Suprema reconoce que el árbol envenenado puede acabar produciendo frutos comestibles y por tanto, aprovechables y utilizables en juicio".

Un estudio exhaustivo de la jurisprudencia de la Corte Suprema chilena de los últimos años, a cargo del profesor Manuel Rodríguez Vega, le permitió concluir que el máximo tribunal "ha recepcionado ampliamente las excepciones que la jurisprudencia estadounidense ha desarrollado a la doctrina de los frutos del árbol envenenado, tanto así, que la exclusión de la prueba ilícita ha dejado de ser efectivamente la regla y aparece ocasionalmente como una excepción, lo que, en otras palabras, conviene destacar, implica que la aceptación de la prueba ilícita en nuestro proceso penal es actualmente la regla general".

En un trabajo del profesor Mirjan Damaška de la Universidad de Yale se ha tomado nota de las importantes diferencias culturales que podrían explicar esta tendencia jurisprudencial de la Corte Suprema chilena, a partir del análisis comparativo de los sistemas de persecución penal de los países del *Common Law* y su contraste con los sistemas de tradición europea continental, como Chile.

Así, las reglas de exclusión probatoria, como las apoyadas en hipótesis de ilicitud en su obtención, serían características de sistemas de juicios concentrados —en una sola audiencia— por jurados (jueces legos), a quienes se entregarían instrucciones precisas sobre la apreciación de la prueba y se intentaría mantener "incontaminados" de evidencia impertinente, ilícita, o incluso macabra, que pueda ser impresionante y alterar su imparcialidad. Estos mecanismos eran totalmente ajenos al sistema europeo continental —ciertamente al chileno— y aun hoy el proceso civil chileno no contiene mecanismo alguno que permita filtrar prueba impertinente o ilícitamente obtenida. El juez profesional del sistema del CPP no necesitaría de reglas estrictas de exclusión, ya que estaría profesionalmente capacitado para apreciar dicha prueba en su correspondiente mérito, sin que sea preciso una suerte de "protección" por parte del legislador.

El mismo Damaška ha notado también que las estrictas reglas de exclusión de prueba y de orientaciones a los jurados para su apreciación, propias del *Common Law*, se explican justamente por la existencia de órganos deliberativos colegiados de muchos miembros, en cuyas discusiones dichas exclusiones pueden tener relevancia; no así en el contexto del juez unipersonal que "delibera consigo mismo" en la soledad de su despacho. Asimismo, la ausencia total de fundamentación de las decisiones por parte de los jurados exige una compensación fuerte, en el sentido de controlar estrictamente la prueba que ingresará al juicio y su forma de obtención, cuestión que no ocurre allí donde es imperioso que el tribunal fundamente la sentencia, como ocurre en Chile.

La tendencia muy marcada de la Corte Suprema chilena es la de otorgar valor probatorio a la prueba obtenida ilícitamente. El fenómeno requiere de mayores estudios para ser comprendido a cabalidad, pero las causas pueden ser más bien culturales, en el sentido de que la institución de exclusión de prueba pudo haber sido percibida por el máximo tribunal como un "injerto extranjerizante", que no terminó de consolidarse en la práctica jurisdiccional. Si se analiza detenidamente, la exclusión de la prueba ilícita tuvo en el pasado su principal desarrollo jurisprudencial en Estados Unidos, sistema en que la investigación la llevan adelante las policías, quienes solo al final presentarán su caso al fiscal para que levante cargos o acuse.

Esto contrasta con la situación institucional chilena, donde las indagatorias dependen directamente del fiscal del Ministerio Público. La investigación del fiscal, por muy "desformalizada" que sea, es finalmente una carpeta investigativa escrita, disponible para los intervinientes; es decir, reviste ciertas garantías de seriedad y profesionalismo que una simple indagatoria policial autónoma no tendrá. Quizá esta es la causa de la jurisprudencia de la Corte Suprema de "dar por buena" la prueba cuestionada por la defensa, en cuya obtención se infringieron garantías fundamentales. No puede perderse de vista que el Ministerio Público de Chile debe, al menos teóricamente, guiarse por el principio de objetividad, cuestión que es totalmente ajena al modo de actuación de las policías.

El profesor Rodríguez Vega, recogiendo otras opiniones doctrinarias, ha sostenido que la Corte Suprema aplica un criterio de "ponderación" entre los derechos fundamentales del imputado, por un lado, y las pretensiones investigadoras y punitivas de la Fiscalía, por otra. Lo que haría la judicatura es aplicar un criterio de proporcionalidad, como lo sugiere Robert Alexy, es decir: a mayor importancia del hecho a sancionar, o siendo más importantes los bienes jurídicos afectados, sería tolerable soportar la infracción de las garantías del imputado en mayor medida que en casos menos relevantes. Según este jurista alemán, debiera distinguirse entre las reglas y los principios. Mientras las reglas están destinadas a cumplirse en forma íntegra y sin mayor discusión, los principios serían *mandatos de optimización*, que admiten ciertos sacrificios que deben hacerse cuando entran en colisión con otros principios relevantes. Sin perjuicio, para autores como Carlos Correa Robles dicha ponderación sería "inadmisible en el derecho chileno" ya que ello contravendría el texto expreso del artículo 276.

Lamentablemente, la práctica de los Tribunales de Garantía ha hecho que la audiencia de preparación de juicio oral se haya convertido en una etapa procesal intrascendente a efectos de lograr efectivamente un control acerca de la pertinencia y licitud de la prueba que ingresará al juicio.

El criterio parece ser una laxa permisión para que en definitiva sea el Tribunal de Juicio Oral en lo Penal quien se haga cargo de los problemas de la prueba, si es que los hay. Este fenómeno, en todo caso, puede deberse a que la audiencia de preparación de juicio no es una instancia apta para rendir prueba acerca de la ilicitud de la prueba. También, su causa puede estar en que los problemas de ilicitud de la prueba igualmente pueden ventilarse en la audiencia de juicio —en que sí se puede rendir prueba—, y también en los recursos procesales contra la sentencia definitiva, como lo veremos más adelante. Se espera que los litigantes hagan sus reclamos sobre la ilicitud de la prueba en sus alegatos de apertura y de clausura, con miras a que el Tribunal de Juicio Oral haga una "valoración negativa" de ella en la sentencia, y no en la etapa intermedia. A juicio del profesor Carlos Correa Robles, existe una jurisprudencia uniforme de nuestras Cortes superiores respecto de la plausibilidad de dicha valoración negativa en la sentencia definitiva.

En todo caso, mientras más avance el proceso, más difícil puede ser para la defensa obtener que se excluya la prueba obtenida con infracción de garantías fundamentales. Como ha señalado el profesor Correa Robles: "en muchos casos el origen ilícito de un determinado medio de prueba será desconocido por los intervinientes y el tribunal en la audiencia preparatoria, pues la discusión sobre exclusión allí promovida se encuentra limitada a los antecedentes con que se cuentan en dicha oportunidad". Las vías para reclamarlo pueden ser múltiples, como dijimos: cautela de garantías, nulidad procesal según algunos autores; audiencia preparatoria de juicio oral, en el juicio oral mismo, vía recursos procesales. Pero no es indiferente que el proceso avance sin que la prueba haya sido excluida. Primero, porque naturalmente dicha prueba va quedando "validada" si es que la defensa no lo reclama, o bien, si es que lo ha reclamado y sus peticiones han sido rechazadas. Pero, además, el estándar que se exige para la exclusión en la etapa preparatoria es distinto al de la Corte Suprema cuando se alega como causal de nulidad.

En este último caso se exige una influencia "sustancial" de la prueba ilícita respecto de lo dispositivo del fallo (criterio de trascendencia), lo que provoca que la exclusión sea excepcional. En términos simples, el ejercicio que hace la Corte Suprema en muchos de sus fallos es examinar si la decisión de condena del fallo se puede sustentar aun suprimiendo hipotéticamente del razonamiento a la prueba que se objeta como ilícita; si dicha condena puede razonablemente fundamentarse aun excluyéndose dicha prueba, resultará en un rechazo del recurso de nulidad y en la confirmación de la condena.

¿Podría excluirse la prueba ilícita que se ha ofrecido solamente para acreditar la acción civil? Aunque la ley nada dice, ni tampoco el Código de Procedimiento Civil, en general se ha estimado que ello sería procedente, al igual que respecto de la acción penal.

n) Estándar de convicción que debe adquirir el tribunal para excluir la prueba ilícita en la audiencia de juicio oral

Como ya dijimos, aunque la ley disponga que la discusión sobre ilicitud de la prueba ofrecida debe darse en la audiencia preparatoria de juicio, esta decisión generalmente es postergada por el propio tribunal, para que el asunto sea debatido en el juicio oral.

Ahora, si el juez de garantía se avocara a resolver una solicitud de exclusión de prueba planteada por la defensa, surge la pregunta de cuál es el *estándar de convicción* que debe adquirir y, sobre todo, de quién es la carga probatoria.

Pero sucede que el único legitimado para alegar una exclusión de prueba por ilicitud sería la defensa. La defensa no tiene carga de la prueba alguna en el proceso, pues no está en posición de demostrar su inocencia, ya que ella se presume o, dicho más correctamente, se asume. Excepcionalmente, la defensa puede asumir alguna carga probatoria si su teoría del caso exige acreditar una hipótesis alternativa respecto de cómo ocurrieron los hechos, lo mismo si se trata de una circunstancia modificatoria de responsabilidad.

En el mismo sentido, la defensa asumirá la carga de la prueba al alegar que la prueba de cargo presentada por el acusador se obtuvo con infracción de garantías fundamentales. La pregunta es si en este caso corresponde exigir una convicción "más allá de toda duda razonable" del artículo 340 del CPP, y si aplica el estándar de libertad probatoria con la limitante de las reglas de la sana crítica.

Hay autores como Héctor Hernández que han dicho —en la línea de lo que se exige, por ejemplo, en los procesos de tutela laboral— que la defensa debiera solamente presentar *indicios* de la vulneración, y es el Estado quien, demostrados los indicios, tiene que acreditar que la actuación se ajustó a derecho. Otros autores como Julián López y Rodrigo Cerda San Martín han señalado que aquí debiera operar un estándar de *preponderancia de la evidencia o de prueba prevalente*, es decir, no debieran existir presunciones de ningún tipo ni a favor ni en contra de los intervinientes, debiendo presentarse los antecedentes al tribunal y resolverse sobre la base de cuáles resultan más convincentes.

Dicho lo anterior, parece razonable que en ciertos casos la existencia de indicios elocuentes pueda llevar a que el tribunal invierta la carga de la prueba en contra del Estado. Por ejemplo, si el interrogatorio del imputado duró ocho horas seguidas en un cuartel policial, habiendo renunciado a la asistencia de un abogado, resultará razonable que sea la Fiscalía quien deba acreditar cuál fue el protocolo que siguió la policía en cuanto a otorgar descansos y alimentación al imputado, para asegurarse que estuviera en la plenitud de sus facultades.

o) ¿Podría el Ministerio Público o el querellante oponerse a que la defensa ofrezca y rinda prueba de descargo ilícitamente obtenida?

Otra cuestión interesante sobre la prueba ilícita es si solamente el imputado puede solicitar excluir prueba obtenida ilícitamente y que lo incrimina, o si también podría hacerlo el Ministerio Público y el querellante respecto de la prueba de descargo obtenida ilícitamente por la defensa.

A nuestro juicio, solamente el imputado es el legitimado para solicitar esta exclusión, desde que lo que la norma pretende evitar —entre otras cosas— es el exceso y abuso policial, lo que no se generará, naturalmente, a partir de la prueba de descargo.

Es decir, y por chocante que pueda parecer, la defensa sí podría producir prueba de descargo ilícita en el juicio. Así por lo menos lo ha resuelto la Corte Suprema (rol 12003-2019), y así también lo han sostenido autores como Rodrigo Cerda San Martín. Cuestión diferente será el valor de convencimiento que le asigne el tribunal a una prueba de descargo producida por la defensa con infracción de garantías fundamentales de terceros y el reproche que el tribunal pueda hacer respecto de ese tipo de situaciones.

p) ¿Debiera excluirse la prueba obtenida con infracción de garantías fundamentales de personas distintas del imputado?

También se ha planteado si el imputado puede reclamar la exclusión de prueba incriminatoria obtenida con infracción de garantías fundamentales de la víctima, de otros coimputados, o de terceros.

En general, la jurisprudencia de la Corte Suprema se ha manifestado negativamente en todos estos casos.

Estas soluciones, en todo caso, no siempre son las correctas. Así, el Ministerio Público, bajo este criterio tendría "carta blanca" para intervenir comunicaciones de terceros —no del imputado— o para torturar a la cónyuge del imputado para obtener información incriminatoria, con la certeza de que dicha prueba no será excluida.

q) ¿Debiera excluirse la prueba obtenida con infracción de garantías fundamentales por parte de terceros distintos al Ministerio Público o las policías?

También se ha fallado por la Corte Suprema (rol 17414-2021) que no será admisible la prueba obtenida con infracción de las garantías fundamentales del imputado, aun cuando quien lo haya hecho no haya sido el Ministerio Público, sino otro particular; siempre y cuando haya existido connivencia entre el particular y la Fiscalía. Sería el caso de un "investigador privado" que obtiene pruebas ilícitas que luego facilita a la Fiscalía para incriminar al imputado.

4. El auto de apertura del juicio oral

Terminada la audiencia preparatoria de juicio, el tribunal de garantía dictará una resolución escrita denominada auto de apertura de juicio oral.

En el auto de apertura de juicio oral quedará fijado el objeto del juicio oral, y tiene, por lo mismo, gran importancia para quien conocerá del juicio, que será un tribunal diferente al de garantía, el que desconoce todos los antecedentes del caso justamente para resguardar su imparcialidad. De esta forma, su primer contacto con el caso será a través del auto de apertura.

Las menciones del auto de apertura están reguladas en el artículo 277 del CPP y son las siguientes:

a) Tribunal competente para conocer del juicio oral; será el tribunal de juicio oral en lo penal en cuyo territorio jurisdiccional se haya dado comienzo a la ejecución del delito, por aplicación de la regla del artículo 157 del COT.
b) La o las acusaciones presentadas y las correcciones formales efectuadas.
c) La demanda civil que se hubiere presentado.
d) Los hechos que se hubieren dado por acreditado por los intervinientes, en el evento de haberse arribado a una convención probatoria del artículo 275 del CPP.
e) El señalamiento de las pruebas que se rendirán en el juicio oral.
f) La individualización de las personas que deberán ser citadas a la audiencia de juicio oral, con mención a los testigos a los que deberán pagarse por anticipado sus gastos de traslado y habitación, y los montos respectivos.

El auto de apertura de juicio oral es apelable con efectos suspensivos solo por el Ministerio Público y solo respecto de la exclusión de prueba ilícita y prueba que provenga de diligencias declaradas nulas. Todas las otras hipótesis de apelación por parte de otros intervinientes, y por otros motivos, están expresamente excluidos en el artículo 277 inciso segundo.

Ello, sin perjuicio de que el Tribunal Constitucional, en algunas sentencias, ha reconocido que se trata de una regla que vulnera el derecho al recurso y la igualdad ante la ley, en especial del imputado y su defensa.[1] En otros fallos más recientes (roles 14813 y 14816 de 2024), ha sostenido la postura contraria, fallando que la norma no es contraria a la Constitución, en razón de que la defensa igualmente puede efectuar alegaciones sobre la ilicitud de la prueba en el recurso de nulidad en contra de la sentencia definitiva.

La posición del Tribunal Constitucional ha llevado a decir al profesor Andrés Cruz Carrasco que la prueba ilícita podría ser excluida no solo a instancias de la defensa en detrimento de la posición del Ministerio Público, sino también a instancias de cualquier otro interviniente, incluido el Ministerio Público, en detrimento de la defensa, si en la obtención de dicha prueba se vulneraron garantías fundamentales. De otra forma, afirma el profesor Cruz, no se explicaría la razón del legislador de haber excluido expresamente la apelación del auto de apertura por razones distintas y por otros intervinientes a las originalmente pensadas por el legislador en el artículo 277 inciso segundo. No concordamos con esta postura, por lo explicado más arriba.

Como se ha dicho en este trabajo, el rechazo del Tribunal de Garantía a la exclusión de prueba de cargo efectuada por la defensa no es impedimento para que la discusión sobre la licitud de la prueba pueda renovarse en el juicio oral, y en el futuro recurso de nulidad en contra de la sentencia definitiva.

Hay autores, como el profesor Raúl Tavolari, que han señalado que el auto de apertura de juicio oral provoca un efecto de cosa juzgada que impediría que dicho debate pueda ser renovado, quedando la discusión sobre ese asunto zanjada hasta el recurso de nulidad respecto de la sentencia definitiva. Otros autores como Rodrigo Cerda San Martín y Julián López han señalado que la admisión de prueba potencialmente ilícita en el auto de apertura no es vinculante para el Tribunal de Juicio Oral en lo Penal, quien en la sentencia podría perfectamente *valorar negativamente* esa prueba y no asignarle poder de convencimiento, justamente sobre la base de que se obtuvo con infracción de garantías fundamentales.

Efectivamente, el Tribunal de Juicio Oral en lo Penal no puede formalmente excluir dicha prueba (lo que es competencia del Tribunal de Garantía), pero sí valorarla negativamente; en uno y otro caso el resultado es el mismo. Adherimos a esta última postura, que es la que parece haber sostenido consistentemente la Corte Suprema (roles 2346-2013 y 6996-2015). En este sentido, el artículo 295 del CPP dispone que "todos los hechos y circunstancias pertinentes para la adecuada solución del caso

---

1 Sentencia del Tribunal Constitucional a partir de 2009, roles 1502, 1535, 2158, 2323, 2330, 2352, 2476, 2504, 2615, 2628, 2676, 2932, 3197, 3721, 4044 y 5666.

sometido a enjuiciamiento podrán ser probados por cualquier medio producido [...] en conformidad a la ley".

Contrario sensu, un medio de prueba ilegal no debiera ser ponderado por el tribunal al dictar su sentencia definitiva. Asimismo, es deber legal del tribunal de juicio oral en lo penal el valorar la totalidad de la prueba rendida en juicio (artículo 342 del CPP), aunque sea para desecharla. Por lo mismo, no es que el tribunal pueda excluirla, sino que lo que debe hacer, como decimos, es razonar por qué una prueba obtenida con infracción de garantías fundamentales no resulta convincente para acreditar un determinado hecho.

También, se ha sostenido que el auto de apertura sería recurrible por la vía de una aclaración, rectificación y enmienda del artículo 182 del CPC, por la emisión que hace el artículo 52 del CPP a las normas de ese cuerpo legal. Esto, para el evento que existan errores de copia, referencia o cálculos numéricos, como indica dicha norma.

Es interesante notar que el legislador, a partir de reformas legales de 2005 y 2021, se ha ido poniendo en el caso que el Ministerio Público "se quede sin un caso" —valga la redundancia— luego de celebrada la audiencia preparatoria de juicio, con motivo de la exclusión de prueba que provenga de diligencias de investigación declarada nula o de prueba ilícita, una vez que el auto de apertura quede firme al rechazarse su apelación.

Las normas que revisaremos asumen que el fiscal ya no querrá llevar el caso a juicio oral, sencillamente porque sin la prueba excluida le resulta muy difícil o imposible acreditar sus cargos. Aquí, la ley le da dos alternativas: i) pedir al tribunal "competente" el sobreseimiento definitivo del caso, podría ser al Tribunal de Garantía o al de Juicio Oral en lo Penal (artículo 277 inciso final del CPP); o ii) pedir al Tribunal de Garantía que se celebre la audiencia intermedia del artículo 280 bis del CPP, cuyo objeto será discutir un juicio abreviado, una suspensión condicional del procedimiento, acuerdo reparatorio o convenciones probatorias. La norma se encarga de aclarar que esta solicitud debe efectuarla el fiscal "de común acuerdo" con los intervinientes que correspondan. Si se trata de un acuerdo reparatorio, por ejemplo, deberá solicitarlo de común acuerdo la defensa y el querellante. Esta audiencia intermedia suspende el plazo de envío del auto de apertura desde el Tribunal de Garantía al de Juicio Oral en lo Penal. Si se arriba a convenciones probatorias, deberá dictarse un nuevo auto de apertura.

El auto de apertura de juicio oral debe ser remitido por el Tribunal de Garantía al Tribunal de Juicio Oral en lo Penal entre veinticuatro y setenta y dos horas después de que quede firme (artículo 281 del CPP), poniendo a disposición de este último a las personas sometidas a prisión preventiva u otras medidas cautelares.

Recibido el auto de apertura por el Tribunal de Juicio Oral en lo Penal, el Tribunal de Garantía perderá competencia para seguir conociendo del caso, competencia que quedará radicada en el Tribunal de Juicio Oral en lo Penal. Así, las solicitudes recaídas en medidas cautelares personales, que pueden darse durante o posterior a la celebración del juicio oral, van a ser competencia del Tribunal de Juicio Oral en lo Penal. El juez de garantía solo recuperará la competencia sobre el caso al momento de controlar la ejecución de la sentencia de condena.

Capítulo XIII

El juicio oral

EL JUICIO ORAL

1. Aspectos generales

1.1 La situación existente bajo el Código de Procedimiento Penal de 1906

El juicio oral es el centro del proceso penal chileno y constituye el derecho de todo imputado.

Esta centralidad del juicio oral es reactiva a uno de los rasgos más deplorables del antiguo sistema de persecución penal, como era la absoluta preponderancia de la investigación sumaria y secreta del juez del crimen, sometida a escasos o nulos controles de legalidad. El inculpado del antiguo proceso penal tenía pocas posibilidades no solo de controvertir la evidencia recogida en su contra, sino siquiera de conocerla.

Lo que sucedía bajo el antiguo sistema era que el juez del crimen acopiaba toda la información que necesitaba para procesar y eventualmente acusar al inculpado o reo, despachando sucesivas órdenes de investigar a las policías. Esa investigación se desarrollaba en forma escrita, ritualista, en un expediente que llevaba generalmente un funcionario subalterno del juez del crimen, y en forma secreta; es decir, el imputado no podía tomar conocimiento de ella, salvo que el juez, como una especial concesión, levantara el secreto del sumario.

Concluido que fuera el sumario, y formulada la respectiva acusación por el mismo juez del crimen que había previamente investigado, venía el juicio propiamente tal, llamado *plenario*. Pero este juicio plenario, en la práctica, se convirtió en una mera formalidad vacía, en que sencillamente se repetían o se reiteraban las diligencias de prueba ya acopiadas en el sumario en contra del imputado. El plenario era un juicio escrito, sometido a rígidas reglas rituales, en que el juez conocía de las pruebas no en forma directa y por sus sentidos, sino a través de la lectura de las actas escritas que levantaban los funcionarios del tribunal y receptores judiciales.

De este panorama queda claro que los ideales de un juicio justo e imparcial, e incluso la idea misma de la presunción de inocencia habían sido —en los hechos— renunciadas por el legislador del Código de Procedimiento Penal de 1906. La posibilidad de controlar la legalidad o constitucionalidad de las diligencias de investigación llevadas adelante por las policías era sumamente remota, sino imposible. Y era el resultado de esas diligencias lo que se utilizaba como principal prueba de cargo. Asimismo, el estándar de apreciación de la prueba, según las reglas de la prueba legal o tasada, en poco contribuía al esclarecimiento de la verdad de los hechos. A lo anterior se sumaba el nulo o muy escaso control que tenía el abogado defensor que intervenía a veces solo en etapas tardías del proceso, cuando ya el sumario estaba cerrado.

Si a lo anterior se sumaba un doble y lento mecanismo de revisión de las sentencias por parte de las cortes superiores, nuevamente a cargo de jueces que jamás habían tenido contacto directo con la prueba, el resultado era un panorama desolador.

1.2 El juicio oral como centro de la reforma procesal penal

La reforma procesal penal quiso crear y reforzar una serie de mecanismos e instituciones destinados a quitarle prácticamente todo valor probatorio a aquella evidencia que no sea debidamente rendida en el juicio oral. Es decir, ningún valor probatorio tendrá aquella evidencia que no pueda ser controlada por los restantes intervinientes y apreciable por los jueces, a través de sus sentidos en una audiencia continua y concentrada.

La sola existencia de un juicio oral tiene el efecto virtuoso de que las policías y fiscales saben *ex ante* que las diligencias que desarrollen durante la investigación serán rigurosamente sometidas a examen durante el juicio oral. Por lo mismo, no sirve cualquier forma de obtener la evidencia, sino que siempre deberá respetarse la ley y los derechos fundamentales del imputado. De lo contrario, la indagatoria será excluida en la audiencia preparatoria, o bien, no será apreciada en la sentencia de juicio oral.

A través del juicio oral se materializa en plenitud el principio acusatorio del proceso penal, desde que los jueces apreciarán, en igualdad de condiciones, los argumentos y pruebas de la acusación y de la defesa, sin que exista un sesgo a favor de ninguno; es más, es el Ministerio Público quien deberá acreditar la responsabilidad del acusado. Es a través de la confrontación de las versiones y de las pruebas de los intervinientes que los jueces podrán arribar a una verdad-correspondencia, es decir, a establecer, con las limitaciones propias del juicio jurisdiccional, qué fue lo que realmente ocurrió.

A pesar de la centralidad que el legislador quiso darle al juicio oral, lo cierto es que solo una mínima parte de todas las investigaciones terminan en juicio. El destino de la enorme mayoría de las investigaciones de hechos constitutivos de delito será alguna de las salidas anticipadas que hemos visto, o bien, aplicando las reglas de alguno de los procedimientos especiales que revisaremos más adelante. El derecho a juicio oral, entonces, resultará una garantía cuyo ejercicio es ciertamente escaso y reservado para aquellos casos más graves —delitos con penas altas—, y en que el Ministerio Público tenga expectativas reales de condena. La realidad chilena a este respecto no es diferente de la de la mayoría de los países, en todo caso. Razones presupuestarias explican que el Estado reserve sus escasos recursos en muy pocos casos que se llevan a juicio oral, dado el tiempo que toma a un número importante de funcionarios del Poder Judicial, fiscalías y Defensoría Penal Pública.

1.3 El juicio oral en su dimensión performática

Resulta interesante consignar algunas ideas del filósofo francés Michel Foucault, quien señalaba que en las democracias occidentales se han suprimido todas las formas de tortura como métodos de obtención de "la verdad" y, asimismo, se han derogado las leyes que permitían castigos físicos, crueles, indignos e inhumanos. Quizás la única excepción a esto sería la pena de muerte que sigue vigente en varios países actualmente.

Los castigos físicos —ya sea durante la indagatoria o como penas corporales al condenado— cumplían un fin ejemplificador, lo que hoy denominamos "prevención general". Así, al inculpado o al reo se le ubicaba en la plaza principal del pueblo, lugar donde se practicaban las ejecuciones públicas, que eran verdaderos espectáculos. Un ejemplo de esto podemos encontrarlo en el capítulo introductorio de la muy influyente obra de Cesare Beccaria, *De los delitos y las penas*.

Foucault apunta que con la supresión de estos castigos físicos, las indagatorias se hacen silenciosamente en oficinas de fiscales y policías, y lo mismo las penas: se ejecutan mediante el encierro del condenado en recintos especiales, que se encuentran generalmente en los extramuros de las ciudades.

Pero, apunta este filósofo, la dimensión performática del proceso penal no ha sido eliminada del todo, ya que esta se manifiesta en el juicio oral y público, que hoy, gracias a las transmisiones en directo vía *streaming* y redes sociales, se han transformado en verdaderos espectáculos y muchas veces con récord de *rating* de audiencia. Por ejemplo, en la cuenta pública del Poder Judicial del año 2023, la Dirección de Comunicaciones informó que el canal de YouTube de "PoderJudicialTV" registró casi tres millones y medio de visitas, y más de catorce millones de visitas en Twitter (hoy "X"). El público ya no espera torturas o ejecuciones: se conforma con poder ver al acusado —sobre todo si es una personalidad pública— sentado en la sala de audiencias, debiendo defenderse, posiblemente aislado, engrilletado y con un chaleco amarillo distintivo. Es el proceso penal como castigo en sí mismo, en su dimensión de humillación y sufrimiento del imputado.

1.4 Las críticas desde el *Common Law* al juicio oral como instrumento epistémicamente idóneo

Desde el *Common Law* se han levantado voces críticas sobre si el juicio oral es efectivamente un vehículo epistémicamente adecuado para arribar a la verdad de los hechos.

Lo que se ha argumentado es que el juicio oral funciona sobre la base de un debate totalmente adversarial entre los abogados de las partes, frente a un jurado o un juez silente y pasivo, que en nada interviene ni puede intervenir en la indagación de los hechos. En este contexto, los abogados de las partes son absolutamente soberanos de escoger qué prueba, de entre la ofrecida en la audiencia preparatoria, se rendirá finalmente en el juicio oral y cuál no.

Escogerá también cada litigante, en forma totalmente libre, el orden de rendición de la prueba, como, asimismo, las preguntas que se formularán a cada testigo y perito. Todo ello, sobre la base de la estrategia diseñada por cada parte y la teoría del caso que se pretende sustentar.

A los jueces del Tribunal de Juicio Oral en lo Penal se les presentarán dos versiones contrapuestas del mismo caso, que a lo mejor no "dialogan" entre sí ni en las que existan puntos de coincidencia. En muchos casos no existirá la oportunidad de contraste en la misma audiencia, sino solamente *ex post*, al momento de los alegatos finales de las partes o ya en la sentencia.

Este juez absolutamente pasivo apenas puede dirigir preguntas aclaratorias a los testigos y peritos, y nada más. Autores como Mirjan Damaska han llamado la atención acerca de esta particular forma de adquisición de conocimiento en los juicios orales, que resulta contraintuitiva y extraña si se le compara con las formas convencionales de investigación en otras áreas, como la historia, la ciencia o el periodismo de investigación: en todas ellas el sujeto que investiga va sobre la marcha contrastando versiones, haciendo preguntas, descartando hipótesis. En el juicio oral, el jurado, o el juez oral chileno en nuestro caso, está absolutamente pasivo oyendo y viendo las *performances* de cada una de las partes, sin poder intervenir ni poder confrontar a un testigo con otro o poder hacer indagaciones adicionales a las de las partes.

Asimismo, Damaska critica que la selección de pruebas que hace cada parte está condicionada por este debate adversarial en que cada litigante quiere "ganar" a su adversario y no necesariamente contribuir al esclarecimiento de la verdad. Asimismo, el juez tampoco contribuye a ello, ya que no ha participado de la indagatoria, para resguardar su imparcialidad. En el mismo sentido, los abogados preparan a los testigos a través de verdaderas sesiones de *coaching*, que necesariamente contaminarán sus declaraciones y provocan en muchos casos que el testigo se sienta parte del "equipo" que lo presenta, todo lo cual puede redundar en que la información que fluya no sea sino aquella que la parte desee que conste en el juicio y no necesariamente una versión objetiva de los mismos. Esta visión ha sido compartida por el jurista italiano Michele Taruffo, en el sentido que el proceso adversarial no contribuye, necesariamente, a la búsqueda de la verdad. En realidad, apunta Taruffo, el proceso adversarial y sus métodos de control a través de los motivos absolutos de nulidad —por ejemplo— solo garantizan una sentencia y un proceso formalmente correctos, y por lo tanto, socialmente legitimados (siguiendo de cerca la obra de Niklas Luhmann, Legitimación por el procedimiento). Taruffo apunta a que una sentencia y un proceso legalmente tramitados no significan, necesariamente, una sentencia justa. La justicia procedimental es condición necesaria, pero no suficiente, de una sentencia justa, la que exige adicionalmente de una correcta determinación de los hechos y del derecho aplicable a los hechos.

1.5 La verdad en el proceso penal

La verdad en el proceso penal presenta dos notas características: por un lado, se trata de una verdad extremadamente restringida por las garantías sustantivas y procesales; y por otro, se trata de una verdad esencialmente comunicativa.

Revisaremos esto a continuación.

a) El carácter restringido de la verdad en el proceso penal

La verdad que es relevante para el proceso penal viene previamente restringida por la ley sustantiva que describe la conducta típica, como también por la forma procesal en que dicha información puede ser obtenida y finalmente acreditada en el proceso, en que deben respetarse las garantías del imputado.

Puede decirse que el derecho penal sustantivo selecciona, de entre las infinitas conductas humanas posibles, un catálogo muy acotado de ellas que son ataques especialmente graves a ciertos bienes jurídicos. Este ejercicio del legislador "sustantivo" es en sí mismo una reducción importante de la "realidad" que deberá ser considerada.

A su vez, la descripción típica contenida en la ley deberá acreditarse en el proceso a través de la confrontación adversarial de las partes. A ella solo se puede llegar invocando ciertas formas y ritualidades preestablecidas en la ley, limitadas por las garantías fundamentalmente reconocidas del imputado, entre ellas, el derecho a no autoincriminarse.

No toda realidad importa para la ley penal, sino solo la conducta descrita en el tipo penal. Y no cualquier forma de acreditar ese tipo penal sirve para el proceso, sino únicamente en la medida que no se vulneren las garantías del imputado.

Es más: ni aun respetándose estas garantías en la acreditación de los hechos constitutivos del tipo penal, la tarea estará completa; si el juez alberga una duda razonable respecto de la responsabilidad del sujeto, deberá absolverlo, aun cuando disponga de cuantiosos antecedentes que —en otro contexto, ante la opinión pública o en un juicio político— servirían para condenarlo. Por el contrario, si existe el convencimiento de culpabilidad, el juez solo puede razonar aplicando las máximas de la experiencia, los principios lógicos y los conocimientos científicamente afianzados.

Finalmente, puede decirse que el efecto de cosa juzgada, nota característica del juicio jurisdiccional, complota contra la búsqueda de una verdad a ultranza, ya que en algún momento del proceso existirá una sentencia de término que fije para siempre lo que sucedió, impidiendo nuevas indagaciones o reaperturas del caso.

Esto, sin perjuicio de que existen otras limitaciones que son propias del proceso penal, como es la posibilidad de que las partes arriben a convenciones probatorias (artículo 275 del CPP), o la prohibición de que el juez ordene o produzca prueba de oficio.

Esto motiva el pesimismo de muchos autores de que a través del juicio penal pueda obtenerse la "verdad" o determinarse la "realidad".

Pero esto no significa que no exista una verdad que el proceso sea capaz de descubrir, o que no exista tal cosa como la verdad. Luigi Ferrajoli decía que existe una verdad-correspondencia, como "núcleo duro de la realidad", pero existen métodos de comprobación de esa verdad, a través de la "verdad-coherencia" y la "verdad-aceptabilidad".

En el Estado de derecho moderno, la obtención de la verdad solo es posible en la medida en que se respeten las garantías básicas del ciudadano, lo que implica una necesaria relativización de la misma. Se trata de una "obtención formalizada de la verdad", que sería finalmente "el único objeto del proceso"; esto es, una verdad-aceptabilidad obtenida del diálogo y confrontación procesal. Por lo mismo, no sería una realidad históricamente construida, sino intersubjetiva.

b) El carácter comunicativo de la verdad en el proceso

Siendo el proceso una sucesión de actos y situaciones eminentemente comunicativas, no debiera sorprender que la verdad que de él se obtiene también lo sea. La verdad en el proceso se predica no de los hechos que tuvieron lugar en la "realidad", sino más bien de los enunciados contenidos en la pretensión acusatoria o en la teoría del caso de la defensa, referidos necesariamente a un tipo o tipos penales concretos.

Los enunciados pueden estar compuestos no solo de la referencia a ciertos fenómenos físicos o el despliegue de energía del sujeto enjuiciado, sino también respecto de "realidades" no históricas y que es imposible percibir directamente por los sentidos, como la disposición psicológica del sujeto que actuó dolosamente o de términos derechamente normativos, que abundan en los tipos penales.

En este sentido, una imputación penal al comienzo del juicio oral es más parecido a una promesa que el fiscal debe cumplir al tribunal, y no solo a una descripción de un suceso acaecido en el pasado. Es, por tanto, un enunciado performativo, en la terminología de la filosofía del lenguaje. Asimismo, los enunciados de una acusación penal contienen necesariamente una adjudicación que el juez debe efectuar, es decir, parece ser una invitación o una forma de persuadir a un tercero para que haga algo, en este caso, condenar. Lo mismo puede decirse de las alegaciones de la defensa.

Es la propia ley la que obliga al juez a ser congruente en su sentencia con los hechos expuestos en la acusación; o sea, no hay un descubrimiento natural de la verdad, sino constreñido al acto comunicativo del fiscal. En suma, la verdad del proceso penal es inseparable del contexto en que se invoca.

Por todas estas razones, la idea propia del sistema inquisitivo de una verdad-correspondencia, esto es, de un ajuste del enunciado al mundo, parece no servir en el proceso. Dicho de otro modo: si la verdad fuera un fenómeno estático, descubrible por el investigador penal, sería superfluo que existiera un fiscal que "prometiera" en su alegato de apertura que "acreditará" todos y cada uno de los elementos del tipo penal infringido; también serían innecesarios los esfuerzos de la defensa por destruir el caso de la fiscalía, como también lo sería la obligación del juez de exteriorizar su razonamiento a través de su sentencia.

Si la verdad "está ahí afuera", lista para ser descubierta, no sería necesario una confrontación procesal ni menos que un juez finalmente la declarara.

La verdad necesita entonces ser comunicada: prometida, acreditada, razonada, fallada, constituyendo finalmente un fenómeno comunicativo en sí mismo. El fiscal no señala simplemente una "verdad" que el juez debe apreciar; por el contrario, el fiscal enuncia y comunica una determinada verdad de la que debe persuadir al juez. Y aún más: el tipo penal —que es la primera limitante de la verdad en el proceso— tampoco puede considerarse como la mera descripción neutra de cierta conducta humana, que el juez simplemente contrasta con la prueba rendida en el proceso, adjudicándola mediante un silogismo. El tipo penal está indisolublemente ligado al uso que de él se hace en el lenguaje.

1.6 Teoría del caso y la importancia de la estrategia

La evidencia recogida durante la etapa de investigación, y ofrecida como prueba en la audiencia preparatoria, deberá ser rendida o producida como prueba propiamente tal en las audiencias de juicio oral, frente a un tribunal que no conoce absolutamente nada del caso y que lo juzgará desde su imparcialidad e ignorancia inicial.

En el juicio oral, los intervinientes están —quizás por primera vez— en igualdad de condiciones, en el sentido que los juzgadores no tienen (o no debieran tener) predisposición alguna ni favorable ni adversa respecto de ninguno de los litigantes; en rigor, es el Ministerio Público quien debe acreditar la responsabilidad criminal del imputado más allá de toda duda razonable. Esto significa que el juicio oral es una instancia eminentemente dialógica o dialéctica, y que funciona sobre la base de una lógica falsacionista, en que los enunciados, promesas y pruebas de una parte son controlados por su contradictor, y posiblemente refutadas por este, en la lógica del filósofo Karl Popper. Esto no significa —como apunta Michele Taruffo— que los relatos de las partes no tengan una pretensión de verdad: son una verdad, pero aquella realidad que resulta funcional o conveniente a la teoría del caso de la parte que la presenta. La contrastación de ambas versiones permite, en la lógica de Popper, arribar al conocimiento, siquiera aproximado, de lo que realmente ocurrió.

Lo anterior obliga a los litigantes a plantear lo que se denomina "teoría del caso", o sea, una versión, una narración respecto de los hechos, que sea coherente, lógica y más persuasiva que la de su contradictor, y que tenga corroboración con la prueba que se rendirá. En un juicio oral puede haber tantas teorías del caso como intervinientes haya. Esto exige que los litigantes elaboren relatos de sus casos, ya no desde una verdad incontrarrestable, sino más bien desde la modestia de las limitaciones del caso, pero como la respuesta más plausible que permita explicar los hechos.

Estas limitaciones están dadas, naturalmente, por la prueba de que dispone cada parte. Así, se dice que la teoría del caso se construye y argumenta desde la prueba disponible, y no al revés. Es decir: no se elabora la teoría y luego se busca qué prueba sirve para sustentarla. Los litigantes "jugarán el juego del proceso", en palabras de Calamandrei, con las "cartas" que les tocan, que son la evidencia que logró recogerse de la indagatoria y que pasó el filtro de la audiencia preparatoria.

Desde hace algunos años existen interesantes herramientas que funcionan con inteligencia artificial y que permiten diseñar, con resultados más que satisfactorios, teorías del caso para procesos de todo tipo, incluidos los criminales. Programas como Stevie, Echo, Peirce-IGT y Alibi, lo mismo que el muy conocido ChatGPT, permiten diseñar, por ejemplo, hipótesis alternativas en la defensa de los intereses de los imputados, lo mismo que ordenar y organizar la evidencia. Asimismo, permiten, con bastante éxito, explorar distintas líneas de argumentación y su plausibilidad, de acuerdo a la evidencia de que se disponga en el caso.

2. Principios generales del juicio oral

2.1 Continuidad y concentración del juicio

Los artículos 282 y 283 del CPP disponen que el juicio oral debe desarrollarse en "sesiones sucesivas", o sea, "aquellas que tuvieren lugar en el día siguiente o subsiguiente de funcionamiento del tribunal", reforzado por la regla que exige la presencia ininterrumpida de los jueces durante todo el juicio, que veremos en el siguiente apartado.

Respecto de las normas que consagran este principio, el juicio oral debiera desarrollarse ininterrumpidamente en el horario de funcionamiento normal del tribunal, es decir, de lunes a viernes, generalmente comenzando a las 9:00 y terminando cerca de las 16:00.

Estas reglas del juicio oral pretenden evitar justamente el fenómeno que se produce en los procesos escritos, o parcialmente escritos, de la fragmentariedad. Cuando el juicio se desarrolla a través de presentaciones escritas y/o audiencias que están demasiado separadas en el tiempo, es posible que los jueces pierdan el hilo y olviden lo que se dijo o se probó en alguna audiencia anterior. Esto se ve exacerbado cuando quien juzga es finalmente un juez diferente al que conoció de la prueba.

La suspensión del juicio oral es enteramente excepcional y solo se permite hasta dos veces y por "razones de absoluta necesidad", o hasta tres veces si el juicio ha durado por más de seis meses. Las razones de "absoluta necesidad" no debieran ser otras que la ausencia de alguno o algunos de los intervinientes cuya presencia es requisito para la validez del juicio.

Una reforma de 2021 especificó que estas suspensiones no pueden durar en total más de treinta días en el primer caso, esto es, si el juicio duró menos de seis meses, y sesenta días en el segundo, significa que el juicio duró más de seis meses.

Es usual que los tribunales orales también hagan algunos recesos por razones de agenda interna del tribunal —audiencias breves en otros casos, por ejemplo—, y también breves recesos para almorzar. Esto último no está regulado en la ley, constituyendo un "uso forense". Cuando ocurren estas suspensiones, el tribunal debe comunicar verbalmente en la audiencia cuándo se continuará (día y hora), constituyendo dicha comunicación suficiente citación en los términos del artículo 33 del CPP, con las sanciones por incomparecencia que ya vimos. Así, si es viernes por la tarde y el juicio no ha concluido, lo usual es que el presidente del tribunal comunique a los intervinientes que se hará un receso por el fin de semana y se continuará el día lunes o hábil siguiente a las 9:00.

Como vimos, el juicio oral también puede suspenderse cuando se sobresee temporalmente la causa por la ausencia del imputado que ha sido declarado en rebeldía (artículo 252 b) del CPP), y permanecerá suspendido hasta que el imputado compareciere o fuere habido (artículo 101 inciso segundo del CPP).

La infracción a las reglas que consagran estos principios constituye un *motivo absoluto de nulidad* (artículos 283 y 374 d) del CPP) y, por lo mismo, si el juicio se llegare a suspender por un lapso superior al legal, o por razones que no son las contempladas en la ley, el juicio debiera ser declarado nulo por la respectiva Corte que lo revise. Las razones de esta sanción tan dura es que el legislador asume que si el juicio tuvo suspensiones demasiado frecuentes o demasiado extensas, los sentenciadores verán afectadas sus capacidades de memoria y análisis al momento de resolver; además de que el imputado podría no ser juzgado en un plazo razonable.

El principio de concentración, por su parte, significa que toda la prueba se rendirá, que todas las alegaciones se oirán y todos los incidentes se resolverán en forma inmediata en la audiencia de juicio. Por lo tanto, salvo contadas excepciones respecto de prueba que pudo rendirse anticipadamente, nada quedará por rendirse o resolverse fuera del juicio oral. Todos los incidentes deben sustanciarse y fallarse en la misma audiencia, sin ulterior recurso (artículo 290 del CPP).

Los principios de continuidad y concentración tienen su origen en la particular forma de administrar justicia de los juicios por jurado de los sistemas del *Common Law*, en que se emplean los juicios de audiencias no solo para asuntos penales, sino de todo tipo, incluidos los civiles.

En dichos sistemas se ha acuñado la frase de que todo imputado tiene derecho "a su día en la Corte" *(your day in Court)*; y, al menos en sus orígenes, los juicios por jurados estaban destinados a durar un solo día. Aun en la actualidad, los juicios por jurados suelen ser breves, en parte porque no se trata de tribunales profesionales establecidos, sino de jueces legos que tienen otras obligaciones y que son asignados excepcionalmente a esta labor.

Esta exigencia de juzgar en un tiempo breve —apremiado por la escasa disponibilidad de los jurados— redundó en los principios de concentración y continuidad que recogió el CPP chileno, entre muchas otras legislaciones.

Que toda la prueba se rinda en una sola audiencia implica que el juicio no se suspenderá jamás para "salir a buscar prueba fuera de la sala de audiencias", aun cuando dicha prueba pueda parecer necesaria o incluso imprescindible para confrontar la información que va fluyendo en el juicio oral.

Esto ciertamente es un problema, ya que complota muchas veces contra la obtención de información relevante que puede esclarecer los hechos y permitir una sentencia más justa. Ahora, el modelo adversarial implantado en Chile endilga toda la responsabilidad de planificar la prueba a los litigantes, quienes deberán rendirla en una sola audiencia continuada ante un tribunal perfectamente pasivo. Se sacrifica así la "obtención de una verdad a toda costa", aun en un proceso dilatado, en aras de la celeridad y del derecho del imputado a ser juzgado en un plazo razonable.

2.2 Presencia ininterrumpida de los intervinientes

Para que el juicio oral sea válido y no sea nulo, es requisito que estén presentes tanto los jueces del Tribunal de Juicio Oral en lo Penal, el defensor y el fiscal, con ciertas excepciones que revisaremos a continuación.

La presencia del acusado, en cambio, no es obligatoria, aunque sí recomendable. En el mismo sentido, la presencia del querellante tampoco es obligatoria.

Estudiaremos estas reglas a continuación.

a) Jueces del Tribunal de Juicio Oral en lo Penal

Los jueces del Tribunal de Juicio Oral en lo Penal deben estar presentes durante todas las audiencias de juicio, bajo sanción expresa de la nulidad del juicio oral y la sentencia (artículos 284 y 374 b) del CPP). El artículo 107 ter del COT, agregado en 2021, permite que en ciertos casos se autorice que los jueces puedan sesionar mediante videoconferencia, como estudiaremos más adelante.

Esta presencia ininterrumpida cumple el propósito de que los jueces siempre puedan conocer la versión y las pruebas de contraste de todos los intervinientes respecto de un hecho, y así poder establecer la verdad de lo que sucedió.

El artículo 76 del CPP contempla algunas excepciones en caso de que se inhabilite alguno o algunos de los jueces. Esta norma dispone que la inhabilidad de los jueces debe ser planteada por los intervinientes a más tardar dentro de tres días contados desde la notificación de la resolución que fija la fecha del juicio oral (artículo 281 inciso 3 del CPP). En esta resolución, según dispone el inciso 5 de esta última norma, se indica quiénes serán los jueces que integrarán la sala del tribunal.

La regla autoriza a que se convoque un número mayor de tres jueces "cuando existieren circunstancias que permitieren presumir que con el número ordinario no se podrá dar cumplimiento a lo exigido en el artículo 284". Se trata de los llamados "jueces alternos" del artículo 17 del COT.

Si llega a inhabilitarse alguno de los jueces, el tribunal deberá completarse con alguno de los jueces alternos convocados; y, si ello no es posible, podrá funcionar con dos jueces, en cuyo caso la sentencia de condena debe acordarse por unanimidad.

El COT regula algunos aspectos importantes respecto de las reglas sobre la toma de decisiones de los jueces de los tribunales colegiados, que se aplican a los del tribunal de juicio oral en lo penal. No solo a la sentencia definitiva, sino también a todas las otras resoluciones —orales y escritas, dentro y fuera del juicio oral— que el tribunal debe ir adoptando en el proceso para darle curso. Estas resoluciones pueden ser de mucha importancia, como, por ejemplo, si se pronuncia sobre la objeción de una pregunta a un determinado testigo, siendo esa información fundamental para resolver el caso.

La ley dispone que sus decisiones se adopten por mayoría absoluta (dos de tres jueces, artículo 72 del COT) y los acuerdos en forma privada (artículo 81), los que deben resolverse en orden primero los hechos, en forma separada, para luego adoptarse las decisiones sobre el derecho a aplicar (artículo 83), y vota en primer lugar el juez menos antiguo y en último lugar el presidente de la sala, para no influir en el voto del primero (artículo 84); y en los autos, decretos e interlocutorias debe señalarse qué jueces han concurrido al voto de mayoría y quién sostiene la disidencia (artículo 89).

Existen, en todo caso, ciertas resoluciones de mero trámite que las puede adoptar solo uno de los jueces del Tribunal de Juicio Oral en lo Penal, como son la fijación del día y hora para la celebración de audiencias, pedir cuenta de informes o la tramitación de los exhortos.

b) El acusado

También el acusado debe estar presente durante todo el juicio oral, pero la ley autoriza que los jueces lo eximan de dicha obligación, siempre que el acusado lo solicite (artículo 285 del CPP). La presencia del acusado es exigida por ley como forma de resguardar su derecho de defensa material: quien mejor conoce los hechos será normalmente el acusado, y su presencia le permitirá orientar las intervenciones de su abogado defensor durante la audiencia.

En ese caso, el acusado esperará en una sala próxima, debiendo estar disponible para reintegrarse; y deben los jueces informarle de lo ocurrido en su ausencia cuando se reintegre.

El nuevo artículo 107 bis del COT autoriza a que el imputado pueda comparecer mediante videoconferencia en algunos casos, que veremos en detalle más adelante.

Su ausencia, en todo caso, no es causal de nulidad del juicio ni de la sentencia (artículo 374 b) del CPP).

En noviembre de 2023, el Tribunal Constitucional (rol 14169) declaró inaplicable por inconstitucionalidad la del artículo 285 del CPP, respecto de los acusados del llamado caso SQM cuyas audiencias de juicio oral se prolongaban por varios meses, impidiéndoles desarrollar otras actividades:

> Atendida la particular extensión y características del juicio oral que se realiza en la gestión pendiente, la carga así prevista por el legislador, en abstracto, se vuelve intolerable —en este caso concreto— sujetando a los acusados a concurrir presencialmente al juicio, más allá de lo necesario para lograr esa finalidad,

afectando su libertad de desplazamiento, al extremo de supeditar su vida cotidiana a los términos en que se fijen las distintas sesiones.

La Corte Suprema había llegado a una conclusión similar en abril de 2023 (rol 68334-2023) autorizando a los acusados a ausentarse cuando se rindiera prueba en el juicio oral que no le concierne, en un caso en que se juzgaba a muchos imputados en un mismo juicio.

La lógica que está detrás de estas sentencias es que la presencia del acusado, como garantía de su derecho a defensa, no puede convertirse en una carga tan gravosa que termine por perjudicar otros aspectos de su vida, en los casos en que las audiencias de juicio se prolonguen por varios meses.

c) El abogado defensor

La presencia del abogado defensor es requisito de validez del juicio y de la sentencia (artículos 103, 286 y 374 b) del CPP), y su ausencia acarrea su nulidad.

Si el defensor se ausenta de la audiencia, el tribunal puede declarar abandonada la defensa y designarle al acusado un defensor penal público, al que "se concederá un período prudente para interiorizarse del caso".

Adicionalmente, el abogado defensor puede ser sancionado disciplinariamente, incluso con la suspensión del ejercicio de la profesión, si no se presenta (artículo 103 bis del CPP) o renuncia intempestivamente a la representación de su defendido (artículo 106 del CPP).

Asimismo, según dispone el artículo 104 del CPP, "el defensor podrá ejercer todos los derechos y facultades que la ley reconoce al imputado, a menos que expresamente se reservare su ejercicio a este último en forma personal". Un ejemplo claro de lo anterior es que el abogado defensor no puede prestar declaración por delegación del imputado, como sí se admite, por ejemplo, en los juicios civiles regidos por el CPC. Otros casos son el consentimiento personal, libre e informado que debe prestar para arribar a acuerdos reparatorios, procedimientos abreviados o suspensiones condicionales del procedimiento, que no pueden ser suplidos por el abogado defensor.

La ley permite que un mismo abogado defensor asuma simultáneamente la defensa de más de un acusado en el mismo juicio, siempre y cuando las posiciones de cada uno de ellos no sean incompatibles (artículo 105 del CPP). Esto sucedería, por ejemplo, si uno de los acusados alega que el responsable es otro de los acusados en el mismo proceso.

También puede más de un abogado —un equipo de abogados— representar a un solo imputado, aunque en estos casos el presidente de la sala les pedirá que coordinen previamente sus intervenciones en el juicio, en orden a evitar descoordinaciones dentro de la misma defensa (artículo 292 del CPP).

Aunque la ley no lo dice, no se ve inconveniente en que el acusado, que al mismo tiempo es abogado habilitado para el ejercicio, se represente a sí mismo; aunque la literatura disponible lo desaconseja, por múltiples razones, las que debieran tenerse en cuenta por el tribunal al momento de autorizarlo y así evitar la indefensión del acusado.

d) El fiscal

La presencia del fiscal es también obligatoria (artículo 287 del CPP), aunque su ausencia no está sancionada con la nulidad del juicio ni tampoco con la absolución o sobreseimiento definitivo de la causa, como habría sido lo lógico; sobre todo teniendo en cuenta que la omisión en presentar la acusación acarrea justamente esa consecuencia.

Esto no aplica, obviamente, para las causas en que el fiscal no participa, como cuando se forzó la acusación o se trata de un delito de acción penal privada.

Si el fiscal se llega a ausentar del juicio oral, el tribunal debe comunicarlo al fiscal regional, según el mecanismo que ya vimos para la audiencia preparatoria (artículo 269 del CPP); aunque esta última norma no dispone si debe suspenderse la audiencia de juicio, lo lógico es que así ocurra. La suspensión durará el tiempo que tarde el fiscal regional en asignar a un nuevo fiscal para el caso, siempre que dicho tiempo de suspensión no supere los máximos legales que vimos más arriba.

Una reforma legal de 2017 suprimió la facultad que tenía el tribunal de sancionar con la suspensión del ejercicio de la profesión al fiscal que se ausentara injustificadamente de la audiencia de juicio (antiguo artículo 287 del CPP, modificado por la Ley 21.004).

e) El querellante

Por otra parte, la presencia del querellante no es obligatoria en el juicio oral, y su ausencia solo acarrea el abandono de la querella (artículos 288 y 120 c) del CPP).

Si se trata de un caso en que hubo forzamiento de acusación —no interviene el fiscal— y en el juicio oral por delito de acción penal privada, este abandono debiera motivar el sobreseimiento definitivo de la causa, aunque la norma del artículo 250 del CPP no lo estable expresamente como causal.

En rigor, la ausencia del querellante en la audiencia de juicio no es más que una renuncia o desistimiento de la acción penal. Naturalmente, si el querellante es el único acusador, su ausencia en el juicio oral impide seguir adelante con el proceso, desde que la presencia del acusador es presupuesto procesal de existencia del proceso mismo. Mismo destino debiera tener la acusación particular del querellante en los casos en que esta abarcó imputados y/o hechos no comprendidos en la acusación fiscal, pero que sí eran parte de la formalización. En esos casos, la causa debiera sobreseerse definitivamente respecto de esos imputados y esos hechos no abarcados en la acusación fiscal, pero sí en la particular del querellante; aunque, como decimos, no hay norma expresa que así lo disponga.

En cualquier caso, y en el evento que el tribunal rechazara el sobreseimiento definitivo, los imputados y hechos abarcados exclusivamente por el querellante debieran finalmente ser absueltos.

2.3 Publicidad

a) Regla general

La regla general del artículo 289 del CPP es que la audiencia de juicio sea pública, es decir, que se permita libremente el acceso a la sala de audiencia de cualquier persona interesada, incluidos los medios de comunicación social para que informen sin limitaciones al público.

Este requisito de publicidad está íntimamente ligado al de oralidad, ya que solo aquello que se celebra mediante el lenguaje hablado puede ser presenciado por otros; a diferencia del proceso escrito que naturalmente solo puede ser leído. Esta norma es coherente con el principio general contenido en el artículo 9 del COT: "los actos de los tribunales son públicos, salvo las excepciones expresamente establecidas en la ley".

Este principio garantiza que el imputado pueda ejercer equitativamente sus derechos en igualdad de condiciones con el acusador, y al mismo tiempo el juzgador se vería inhibido de cometer arbitrariedades.

Por otro lado, el juicio público satisfaría los fines de prevención general de la pena, exponiendo las consecuencias del delito (proceso y castigo) a la ciudadanía toda. En Chile, este principio es pilar fundamental del sistema, al punto de que su afectación constituye un *motivo absoluto de nulidad* (artículo 374 d) del CPP). Lo que el legislador quería evitar a toda costa es que el proceso penal volviera a ser lo que era antes de la reforma: un juicio secreto, caldo de cultivo para arbitrariedades y corrupción de funcionarios.

b) Los problemas de la publicidad del juicio oral

Este es un rasgo particular del sistema chileno, ya que en sistemas comparados estas reglas están morigeradas, por una razón que el legislador chileno no previó, y es que en algunos casos la publicidad del juicio puede jugarle severamente en contra al imputado, cuando el juicio jurisdiccional se transforma, al mismo tiempo, en un juicio mediático y de la opinión pública; la "farandulización" del proceso.

En casos de interés nacional se ha criticado esta regla de publicidad irrestricta al transformar la administración de justicia en un "show televisivo". La presión mediática, en muchos casos, puede constituir un factor que puede afectar la imparcialidad de los jueces. En una sociedad de masas y de redes sociales, no debe perderse de vista que la publicidad irrestricta del juicio permite el acceso permanente e inmediato de cualquier persona a toda la información del proceso. Ya no ocurre como antaño, en que un periodista especializado informaba al público y contextualizaba; hoy se transmiten las audiencias vía *streaming*, a veces durante los programas matinales de televisión abierta, para un público que no siempre comprenderá los alcances de lo que se discute en la sala de audiencias.

c) *Excepciones a la publicidad del juicio*

La regla del inciso final del artículo 289 del CPP dispone que se restringirá la divulgación del juicio a través de los medios de comunicación solo en la medida que *todas las partes lo acuerden*; de lo contrario, si solo una lo solicita, el tribunal deberá resolver.

La regla citada dispone algunas excepciones a la publicidad de las audiencias, pero solo por razones de "proteger la intimidad, el honor o la seguridad de cualquier persona que debiere tomar parte en el juicio o para evitar la divulgación de un secreto protegido por ley".

Esto es coincidente con la regla del artículo 14 del Pacto Internacional de Derechos Civiles y Políticos. En estos casos, el tribunal fundadamente puede prohibir que asistan determinadas personas o público general a la sala de audiencias, o que se informe a los medios de comunicación sobre el desarrollo del juicio.

La infracción a estas prohibiciones puede generar sanciones disciplinarias a los abogados infractores, de acuerdo con las reglas de los artículos 530 y 532 del COT (artículo 294 del CPP).

Para mantener el orden y la disciplina de los comparecientes a la audiencia, el presidente del tribunal puede impedir el acceso a la sala "de personas que se presentaren en condiciones incompatibles con la seriedad de la audiencia" (artículo 292 inciso final del CPP). En general, se espera del público asistente que mantenga silencio durante las audiencias y una actitud de respecto acorde con la importancia del juicio y la dignidad de los jueces.

En general, puede decirse que estas restricciones son infrecuentes en la práctica y que los jueces hacen un uso acotado y excepcional de ella, respetándose la regla de que las audiencias sean públicas, incluidos los medios de comunicación social.

En 2022 entró en vigencia la Ley 21.253 que introdujo el artículo 109 bis del CPP y reformó el artículo 33 de la Ley 19.733 sobre Libertad de Prensa, estableciendo notables excepciones al principio de publicidad del juicio oral.

El nuevo artículo 109 bis del CPP estableció especiales medidas de protección para víctimas de delitos de violencia sexual, las que podrán ser adoptadas por el tribunal de oficio o a petición de parte. Estas medidas, si bien pueden proteger a la supuesta víctima, atentarán necesariamente contra la publicidad del juicio y los derechos de la defensa, en algunos casos.

Así, esta regla permite suprimir de las actas de la audiencia toda, referencia a la identidad de la víctima, sus familiares y testigos; también puede prohibirse a los intervinientes formular declaraciones sobre el caso a los medios de comunicación social; impedir el acceso de personas determinadas a la sala de audiencia; y prohibir el acceso a los medios de comunicación social a la sala de audiencia.

Asimismo, el nuevo artículo 33 de la Ley 19.733 sobre Libertad de Información estableció ciertas restricciones para que los medios de comunicación informen acerca de la identidad de las víctimas de ciertos delitos, y víctimas que sean niños, niñas y adolescentes, debiendo solamente informarse sus iniciales y "evitando el uso del recurso editorial que dé cuenta de estereotipos o prejuicios respecto de su condición de víctima".

Finalmente, en junio de 2024 entró en vigencia la Ley 21.675 sobre Violencia de Género que estableció también algunas excepciones al principio de publicidad acerca de la identidad de la víctima (artículos 34 número 10 y 51 número 3).

2.4 Oralidad e inmediación

El artículo 291 del CPP adhirió a ultranza al principio de la oralidad, prohibiendo expresamente la incorporación de documentos al juicio si no fuera verbalmente mediante su lectura. Pero el CPP fue más allá e incluso estableció una prohibición absoluta de lectura de documentos, como sucede con las actas y partes policiales, y las actas de las declaraciones de quienes prestaron declaración ante la Fiscalía y las policías (artículo 334 del CPP), entre otros casos que veremos más adelante.

La inmediación se refiere a que no existirá intermediario alguno entre el juez y la prueba, esto es, que quien resolverá el caso percibirá directamente y por sus sentidos la prueba producida oralmente. Esto, en contraposición a los sistemas escritos en que el sentenciador toma conocimiento de la prueba mediante la lectura de actas escritas preparadas por funcionarios subalternos del tribunal.

La razón de esto es que la verbalización de la prueba a través de las declaraciones de testigos y peritos permite una forma muy efectiva de control, como es el contraexamen de los restantes intervinientes; cuestión que no ocurre con la prueba documental.

Así, el tribunal podrá contrastar las versiones de los intervinientes en la audiencia respecto de la misma prueba, y formarse una idea acabada de los hechos. El propósito es que el juicio oral sea una instancia en que se pueda exponer la mayor cantidad de información y que esta sea de la mejor calidad; el contraexamen de la prueba y las objeciones que las partes planteen serán la forma de que la información fluya depuradamente.

En el mismo sentido, las resoluciones que se dicten durante el juicio deberán ser también orales.

Para las personas que no hablen o comprendan el idioma castellano, se autoriza la asistencia de un intérprete.

Como veremos a propósito del estudio de los recursos procesales, el principio de inmediación tiene relación directa con la decisión que tomó el legislador del CPP de que la sentencia definitiva no fuera apelable para ante un tribunal superior, ya que sería imposible que un tribunal diferente pudiera apreciar las pruebas, las que se rindieron en forma directa e inmediata frente a unos jueces que ya resolvieron el asunto. Es decir, no sería posible disponer de una segunda instancia para que un tribunal de apelación conociera de los hechos del caso, si esos hechos ya quedaron fijados de forma única e irrepetible por el tribunal que presenció las audiencias.

En este sentido, el legislador del CPP adhirió a lo que se denomina una *concepción persuasiva o psicologista* del principio de inmediación, por contraposición a una concepción *racional* de este principio. De acuerdo con esta última concepción, el principio de inmediación consistiría únicamente en que *un* juez esté presente al momento de rendirse la prueba, permitiendo el contradictorio; pero no es imprescindible que sea ése el mismo juez que dicte la sentencia de término del caso, la que podría ser pronunciada por un tribunal diferente, quien podría hacer suya la apreciación de las pruebas efectuada por el tribunal inferior.

En cambio, en la concepción *psicologista* de la inmediación, se le da un valor superlativo a las percepciones que puede tener el juez respecto de a prueba (como son el lenguaje no verbal de testigos y peritos, por ejemplo), las que serían determinantes al momento de apreciar la prueba, y no transferibles a un juicio distinto.

En 2021 la Ley 21.394 reformó el COT, creando el nuevo título VI bis "De la realización de audiencias bajo la modalidad semipresencial o vía remota en los procedimientos penales en trámite ante los juzgados de garantía, los tribunales de juicio oral en lo penal, las Cortes de Apelaciones y la Corte Suprema". El nuevo artículo 107 bis del COT dispuso, como regla general, que en cualquiera de los tribunales con competencia penal antes indicados se podrá autorizar la comparecencia vía remota de uno o más intervinientes, pero estando el tribunal siempre físicamente presente. Para ello bastará que las partes lo soliciten por escrito al tribunal. Será decisión de cada litigante ponderar la conveniencia de comparecer vía remota y las desventajas que ello podrá generar si los restantes intervinientes lo hacen presencialmente. En general, está comprobado que genera mayor persuasión la presencia física del abogado, comparado con su conexión por videoconferencia.

Esta regla general tiene, sin embargo, la excepción de que no aplica para las audiencias de juicio oral, en las que todos los intervinientes deberán estar físicamente presentes en la misma sala de audiencia en que funcione el tribunal.

Esta excepción tiene, a su vez, algunas contraexcepciones puntuales, en que igualmente se podrá autorizar la comparecencia vía remota de ciertas personas en el juicio oral: víctimas y testigos que requieran protección, imputados privados de libertad, si el traslado de la víctima o imputado al lugar del juicio resulta muy dispendioso, cuando el perito tenga su domicilio o se encuentre fuera del lugar del juicio (o, siendo funcionario público, si su traslado al lugar del juicio pueda afectar sus funciones), y si el perito es funcionario público y estuviera gozando de permiso o feriado.

Para todos estos casos en que se autorice la comparecencia de estas personas vía remota, el tribunal tiene la facultad de ordenar que comparezcan a prestar su declaración en el tribunal con competencia penal más cercano al lugar en que se encuentren, para poder contar con un ministro de fe que se cerciore de que la persona citada sea efectivamente quien presta declaración y que está prestando el testimonio sin coacciones o interferencias de terceros. Antes de la entrada en vigencia de esta regla, a propósito de las audiencias telemáticas celebradas durante la emergencia sanitaria de los años 2020 y 2021, sucedía que los testigos declaraban desde su casa o desde la oficina del abogado, coaccionados o "pauteados" en sus declaraciones por parte de terceros. Cuando ello ocurrió, y fue comprobado por el tribunal, se llegaron a anular algunos juicios (roles 316-2021 del 4° TJOP de Santiago, y 122148-2020 de la Corte Suprema).

Aquí la norma dispone que el tribunal deberá resguardar que no se vulneren las garantías del debido proceso. Al igual que lo señalado respecto de los abogados, la presencia física de testigos y peritos en la sala de audiencia es lo recomendable, ya que generan mayor persuasión que la conexión remota; por lo mismo, los litigantes deberán ponderar los costos y beneficios de solicitar que parte o toda su prueba se rinda bajo esa modalidad.

El artículo 107 ter del COT, también incorporado en la Ley 21.394 de 2021, autoriza a la Corte Suprema a permitir que en circunstancias excepcionales los tribunales con competencia penal operen a través de conexión remota o semipresencial. En estos casos, el tribunal deberá citar a los intervinientes a una "audiencia de factibilidad" para determinar entonces cómo funcionará el tribunal en las audiencias: si será presencial, semipresencial o vía remota enteramente. Se contempla en la misma norma la posibilidad de que los intervinientes se opongan por estimarse que se está afectando la garantía del debido proceso. En caso de decretarse una modalidad de funcionamiento por vía remota o semipresencial, el tribunal debe velar porque se respete la garantía de que el imputado pueda comunicarse en forma permanente y confidencial con su abogado defensor.

La Ley 21.694 de 2024 agregó un nuevo inciso al artículo 226 N del CPP, permitiendo que el tribunal autorice a los testigos protegidos, agentes encubiertos, reveladores e informantes a declarar por vía remota, previa solicitud del fiscal, como una medida de protección para estas personas. Para estos casos rige también la regla del artículo 107 ter del COT, que recién vimos, por disponerlo así expresamente esta ley. La misma ley incorporó un nuevo artículo 226 Z del CPP, que permite que "en casos graves y calificados por motivos de seguridad y por resolución fundada" se pueda disponer de la comparecencia del imputado privado de libertad por medios tecnológicos, pero permitiendo la comunicación directa y privada con su abogado.

La misma ley agregó un nuevo inciso quinto al artículo 291 del CPP, permitiendo que el tribunal autorice la comparecencia de las víctimas por medios tecnológicos "por motivos calificados o de seguridad", debiendo solicitarse hasta con siete días de antelación a la fecha fijada para la audiencia.

Surge inevitablemente la pregunta: ¿son contrarias al principio de inmediación estas reglas que permiten la comparecencia de jueces, imputados, testigos, víctimas y peritos por videoconferencia? Podría afirmarse que en todos estos casos existe un intermediario entre el juez y la prueba, que sería la plataforma tecnológica empleada para la transmisión de la información, con lo que se vulneraría dicho principio. Sin embargo, no debe perderse de vista que se trata de excepciones expresamente reguladas en la ley. Además, no es claro que dicho principio se vea conculcado, aunque sí es innegable que en mayor o menor medida puede verse afectado. Esto, porque parece haber consenso que el nivel de atención que se presta en una videoconferencia es menor que en un encuentro presencial.

Alguna doctrina ha llamado la atención sobre este asunto. En concreto, sobre las interrupciones que en la práctica se presentan en estas declaraciones por medios telemáticos, a consecuencia de dificultades técnicas o desconocimiento en el empleo del software o del hardware necesario; aunque también por la natural desorientación que puede experimentar una persona quien debe prestar declaración fuera de una sala de audiencias, teniendo al frente una pantalla de un dispositivo en que solo ve una cuadrícula rellenadas con caras de personas que no conoce y cuyos roles en el proceso también ignora. Esto no ocurre en las audiencias presenciales, en que el declarante puede ubicar en la sala a los distintos intervinientes y entender el rol de cada uno, muchas veces solo por la disposición arquitectónica de ella.

Aunque la ley procesal no contempla una sanción *ad hoc* para las infracciones al principio de oralidad e inmediación, hay autores que han sostenido que aplicaría la causal de nulidad del juicio oral o la sentencia del artículo 373 a) del CPP por infracción de garantías fundamentales de la defensa, en la medida que dicha infracción efectivamente las haya conculcado. De lo contrario, a nuestro juicio, una actuación procesal apartada de la oralidad del juicio oral —valga la redundancia— sería solo procesalmente nula, de acuerdo a los artículos 159 y siguientes del CPP y, por lo mismo, no debiera ser considerada como prueba a valorarse en la sentencia definitiva.

3. Estructura general del juicio oral

A continuación, estudiaremos las etapas que tiene el juicio oral. Respecto de la forma en que se rendirá y apreciará cada medio de prueba, lo revisaremos en un capítulo aparte.

3.1 Trámites anteriores al inicio del juicio

Antes de que comience el juicio, el Tribunal de Juicio Oral en lo Penal recibe el auto de apertura desde el Tribunal de Garantía y dicta una resolución en que fijará la fecha y lugar de celebración, y qué jueces integrarán la sala, ordenando la citación de todas las personas obligadas a asistir, según ya vimos (artículo 281 del CPP).

La fecha de celebración de juicio debe ser entre quince y sesenta días desde notificada esta resolución. En el caso de imputados adolescentes, la audiencia debiera fijarse no antes de quince ni después de treinta días desde la notificación del auto de apertura del juicio oral (artículo 39 de la Ley 20.084).

Sin embargo, la norma no dispone una sanción procesal si este plazo se incumple. Creemos que no hay problema si el juicio oral se celebra antes de los quince días desde la notificación, salvo que algún interviniente alegue que ello le significa algún perjuicio que pueda demostrar. Los problemas más frecuentes se darán cuando el juicio se fije para celebrarse en una fecha posterior a los sesenta días legales. Podría sostenerse que, en estos casos, el proceso sería anulable, posición que compartimos parcialmente, como se explicará.

En efecto, al no existir una causal específica de nulidad, debiera constatarse una afectación relevante en las garantía del imputado de ser juzgado en un plazo razonable. En un reciente fallo de abril de 2024, la Corte Suprema (rol 11.983-2024) acogió un recurso de amparo deducido en contra del Cuarto Tribunal de Juicio Oral de Santiago, que había reprogramado en nueve oportunidades la fecha de inicio de un juicio oral, ordenando su celebración para una fecha próxima; en ese caso había medidas cautelares decretadas respecto del imputado desde octubre de 2017.

3.2 Actuaciones del tribunal al comienzo del juicio

El día de la audiencia, el tribunal debe constituirse a la hora y en el lugar fijados en la resolución ya referida, y se verificará la disponibilidad de testigos, peritos y demás personas citadas a la audiencia. En caso de no haber asistido alguno de los intervinientes al proceso, se aplicarán las sanciones procesales y suspensiones que procedan, según ya vimos (artículo 325 inciso primero del CPP). La "disponibilidad" de testigos o peritos no significa, necesariamente, su presencia física en la sala audiencia, sino que, en caso de ser requerida su declaración, puedan presentarse sin mayor dilación. Esto dependerá de la extensión del juicio, en todo caso: por ejemplo, si son solo dos testigos los ofrecidos en el auto de apertura, deberán estar presentes en la sala del juicio el día que comience, ya que previsiblemente deberán prestar declaración ese día.

Luego, el presidente de la sala "señalará las acusaciones que deberán ser objeto del juicio contenidas en el auto de apertura de juicio oral, advertirá al acusado que deberá estar atento a lo que oirá y dispondrá que los peritos y los testigos hagan abandono de la sala de audiencia" (artículo 325 inciso segundo del CPP). Los testigos y peritos no podrán comunicarse entre sí antes de la declaración ni tampoco presenciar o ser informados respecto de lo que se diga en el juicio (artículo 329 inciso final), en orden a no contaminar sus declaraciones con la información que se vierta en el juicio y evitar que las acomoden a los intereses de las partes.

3.3 Alegatos de apertura de las partes

Luego, tienen lugar los alegatos de apertura de la Fiscalía, del querellante y demandante civil, si los hubiere (artículo 325 inciso tercero del CPP), y de la defensa (artículo 326 inciso segundo).

Para estos alegatos de apertura el presidente de la sala suele fijar un tiempo máximo (artículo 292 inciso segundo del CPP). Estos alegatos de apertura —a diferencia de otros tipos de alegatos— tienen la particularidad de estar formulados, en la práctica, como "hojas de ruta" o "promesas al tribunal" de las que los acusadores se harán cargo en el juicio, en términos como estos: "Este tribunal podrá escuchar el testimonio desgarrador de las víctimas del acusado, en este caso, de las ocho mujeres atacadas sexualmente, y se convencerá de la total responsabilidad en estos hechos que han estremecido a la opinión pública"; etc.

Estratégicamente lo que se sugiere es que el alegato de apertura sirva para dar a conocer el caso a jueces que, en rigor, nada saben de él. Por lo mismo, es la oportunidad para exponer la teoría del caso. La recomendación, por lo mismo, es ahorrarse opiniones personales, presentar las "proposiciones fácticas" y qué pruebas servirán para acreditarlas, y no "saltar a las conclusiones" argumentativas, que serán materia del alegato de clausura.

3.4 Declaración del acusado

A continuación, procede la declaración del propio acusado, quien tiene la facultad —no la obligación— de declarar al comienzo y al final del juicio oral, y en cualquier momento que lo solicite (artículos 8 y 326 del CPP), haya o no declarado en forma previa en la indagatoria ante el fiscal o las policías. Más adelante revisaremos en detalle las reglas bajo las que se presta esta declaración y cómo debiera ser valorada por los jueces.

3.5 Planteamiento de ciertas alegaciones impeditivas de la celebración del juicio oral

Durante el juicio oral —aunque lo lógico sería que se planteara en los alegatos de apertura— podrían plantearse las excepciones de cosa juzgada y de falta de autorización para proceder criminalmente (artículos 263 y 264 del CPP), si no se hubieren planteado en la audiencia preparatoria de juicio.

La norma no aclara si es que podrían plantearse en la audiencia preparatoria y, adicionalmente, en la audiencia de juicio, en el evento que el tribunal no la resolviera en la preparación ni tampoco la hubiese rechazado en ese momento. Pensamos que ello sí es posible. El tribunal podría acoger o rechazar de inmediato estas excepciones si les da tramitación incidental (artículo 290 del CPP), aunque lo usual es que dejen su resolución para la sentencia definitiva. Si se acoge la cosa juzgada en el juicio mismo, lo razonable es que se sobreseyera definitivamente la causa en ese momento.

También podría plantearse en el juicio oral —en el alegato de apertura sería lo lógico— la existencia de una causal de extinción de la responsabilidad penal y solicitarse el sobreseimiento definitivo de la causa, siempre que se hubiere planteado previamente en la etapa de preparación (artículo 271 inciso tercero del CPP) y el tribunal hubiere dejado su resolución para el juicio oral. En todo caso, y aun no habiéndose planteado previamente, si concurre una causal de extinción de responsabilidad penal —la muerte del acusado, por ejemplo, o una ley que derogó el delito objeto del juicio—, parece inoficioso continuar con el juicio sin resolverla antes. En todo caso, el tribunal podría dejar su resolución para la sentencia definitiva, en caso de que tenga dudas o necesite de la prueba para tomar su decisión.

También podría el fiscal solicitar el sobreseimiento definitivo de la causa, en el evento de que se le hubiere excluido prueba de cargo esencial para acreditar su caso. Ya vimos que una reforma legal reciente le permite solicitar, previo al juicio oral, una "audiencia intermedia" para consensuar una salida alternativa o procedimiento especial.

Si dicha audiencia intermedia no tuvo lugar, o fracasó el acuerdo propuesto, el fiscal podría solicitar el sobreseimiento definitivo del caso y el tribunal debiera acogerlo sin mayor cuestionamiento, dado el principio estrictamente acusatorio de nuestro sistema.

La ley procesal chilena no permite que las partes exploren nuevas salidas alternativas o rebajas de pena una vez iniciado el juicio oral, aunque hay opiniones divergentes como la del profesor Andrés Cruz Carrasco, quien se manifiesta de acuerdo por razones de economía procesal, argumentando que algunos tribunales lo han permitido en casos de delitos económicos.

3.6 Producción de la prueba en juicio

Luego, corresponde que los intervinientes rindan la prueba ofrecida en el auto de apertura de juicio oral. Primero es el turno del fiscal, luego del querellante y, finalmente, de la defensa.

Cada interviniente es libre tanto de rendir una prueba previamente ofrecida en el auto de apertura como de no hacerlo, pudiendo retirarla o desistirse; y también es libre de decidir el orden en que quiere rendir esa prueba, no existiendo una ritualidad establecida en la ley (artículo 328 del CPP).

3.7 Alegatos de clausura de las partes

Una vez que la defensa termina de rendir su prueba, tienen lugar los alegatos de clausura, en el mismo orden ya visto: primero la fiscalía, luego querellante y, por último, la defensa.

También estos alegatos están sujetos a un tiempo máximo fijado por el presidente de la sala, que deberá fijarse tomando en cuenta la extensión del juicio (artículos 292 inciso segundo y 388 inciso primero del CPP).

Cada parte tiene derecho a réplica, pero solo respecto de lo afirmado por los restantes intervinientes y en el mismo orden de los alegatos de clausura (artículo 338 del CPP). Si existen varias defensas asumidas por varios abogados, que son incompatibles entre sí, parece lógico que estas también repliquen respecto de lo dicho por las restantes defensas.

Los alegatos de clausura, a diferencia de los de apertura, debieran ser *conclusivos*. Es decir, un ejercicio en que el abogado logre guiar al tribunal a través de la prueba rendida y cómo esta ha acreditado las proposiciones fácticas prometidas en el alegato de apertura, para finalmente explicar y argumentar cómo esos determinados hechos corresponden —o no— a los delitos que fueron objeto de las acusaciones. Es, posiblemente, la única etapa en que el abogado está llamado a efectuar argumentaciones conclusivas y a exponer las teorías sobre la aplicación del derecho al caso concreto.

3.8 Palabras finales del acusado y fin del debate antes de deliberar

Luego, se le dará la palabra al acusado "para que manifestare lo que estime conveniente" (artículo 338 inciso final). La ley no lo dice, pero esta declaración parece estar pensada para que el acusado manifieste arrepentimiento, en caso de ser inminente su condena, de acuerdo con la prueba rendida, cuestión que en todo caso es controvertida por la doctrina.

Se ha dicho también —y los tribunales lo permiten— que es facultad de los intervinientes someter a un nuevo examen y contraexamen al acusado, en el evento que decida hacer uso de esta palabra final. Sobre esto último, hay un fallo en contra de esta postura (Corte de Apelaciones de Talca, rol 1185-2003).

¿Puede el fiscal solicitar el sobreseimiento definitivo después de rendida la prueba en el juicio oral?, y ¿es esa solicitud vinculante para el tribunal? La pregunta es válida para el caso en que el fiscal se haya convencido de la inocencia del imputado, debido a un giro en la información que fluyó de la prueba vertida en el juicio.

Nuestra opinión es que el tribunal debiera sobreseer definitivamente, ya que no podría actuar oficiosamente condenando allí donde el fiscal simplemente no desea seguir ejerciendo la acción penal. Esta opinión no es pacífica, en todo caso, y autores como la profesora María Inés Horvitz han dicho que el tribunal no está vinculado por esta petición "de última hora" y puede soberanamente condenar si así lo concluye de las pruebas percibidas en juicio.

Finalmente, se declara cerrado el debate y los jueces pasarán a deliberar en privado (artículo 339 del CPP), para luego comunicar su veredicto de absolución o condena y abrir un debate acerca de la forma de cumplimiento, en caso de condena (artículo 343), y finalmente su sentencia definitiva (artículo 346), según veremos en más detalle más adelante.

4. La prueba en el juicio oral

4.1 Aspectos generales

Dispone la ley que se admitirá como prueba en el juicio oral "cualquier medio apto para producir fe" (artículo 323 del CPP) y "cualquier medio producido e incorporado en conformidad a la ley" (artículo 295), existiendo en este sentido una plena libertad probatoria. Por lo mismo, ningún medio de prueba está excluido *ex ante* como inadmisible en la ley procesal.

Como ya hemos dicho más arriba, los intervinientes solo pueden rendir aquella prueba previamente ofrecida en el auto de apertura de juicio oral, no estando obligados a rendirla toda. Es decir, pueden libremente desistirse de ella, según lo estimen conveniente para su caso.

La ley regula la forma de rendir los medios de prueba: testigos, peritos, declaración del acusado, documentos y "otros medios de prueba" (fotografías, videos, pistas de sonido, entre otros).

La regla general es que toda la prueba se rinda en el juicio oral, salvo muy contados casos (artículo 296 del CPP, en relación con la prueba anticipada del artículo 280 del CPP).

4.2 Prueba de testigos

a) Ausencia de testigos inhábiles en la ley procesal y la ponderación de sus declaraciones

Se afirma en la doctrina procesal que los testigos son aquellos "terceros ajenos al proceso", cuya declaración puede servir para esclarecer los hechos que son su objeto. Es decir, las partes mismas del proceso no serían, en rigor, testigos.

La decisión del legislador del CPP fue simplificar y difuminar esta distinción entre "testigos" y "partes" al momento de fijar las reglas de sus respectivas declaraciones, y también para valorar esta prueba.

En la ley procesal penal chilena no existe ningún testigo inhábil (artículo 309 del CPP), sino que, en rigor, todos los testigos son de parte y el juez ponderará libremente, pero ajustado a la sana crítica si el testimonio le resulta o no convincente. Es decir, el legislador no adoptó ningún criterio *ex ante* que impida al juez penal considerar un determinado testimonio, asumiendo que determinadas personas carecen de ciertas facultades o se encuentran en determinada posición que los inhabilita para proveer información útil para el proceso. Esa decisión fue trasladada íntegramente al juez: es el sentenciador en su decisión quien, libremente, valorará el testimonio de quienes han depuesto en el juicio. Y esa valoración no se hará sobre la base de rígidos parámetros legales, sino a través de las reglas de la sana crítica.

Para ello es fundamental el contraexamen de los testigos, a cargo del abogado de la parte contra quien se presenta: es la única forma de controlar la información aportada por el testigo al proceso y, sobre todo, su falta de imparcialidad respecto de quien lo ofreció o contra quien se ofreció. Como decimos, será admitido el testimonio de cualquier persona, independiente de su edad o condición; así, a diferencia del proceso civil, un niño puede ser testigo, lo mismo que el "vago sin oficio conocido" o "el loco o demente" (que, de acuerdo con la ley civil chilena, serían inhábiles). Cuestión distinta es el valor probatorio que el tribunal dé a esas declaraciones en su sentencia. Incluso, pueden declarar testigos sordos o mudos, pero siempre a través de un intérprete (artículo 311 del CPP).

Que no existan testigos *per se* inhábiles en el proceso penal, podría llevar a pensar que el juicio oral se reduce a una batalla de declaraciones de testigos parciales o derechamente mendaces. En rigor, lo que sucede no es que los litigantes busquen testigos mendaces dispuestos a reproducir la información que el abogado les dé y que se acomode a su teoría del caso; es justo al revés: los abogados propondrán a aquellos testigos que tengan información que les sirva para su teoría del caso y no presentarán a quienes no les sean útiles para ese objetivo, los que posiblemente serán testigos de la contraparte.

Los testigos son también muy relevantes, como veremos, porque es a través de su testimonio que se logra acreditar el origen, relevancia y pertinencia de los documentos, objetos u otros medios de prueba que se rinden en el juicio, a través de su reconocimiento en juicio, lo que es ciertamente más persuasivo que su simple lectura y exhibición en la audiencia.

La ausencia de reglas legales o tasadas para apreciar esta prueba ha obligado a los jueces a aplicar distintas teorías. Las más extendidas ponen el acento en una serie de manifestaciones físicas del testigo para ponderar si es creíble o no. Así, si el testigo titubea, baja la vista, transpira copiosamente, mueve nerviosamente las manos, su pulso se acelera, se toca la nariz, etc., su declaración no sería fiable. En Estados Unidos, por ejemplo, está muy extendido el uso del polígrafo o "detector de mentiras".

En general, estimamos que este tipo de teorías no son sino una pseudociencia y que la forma de apreciar debidamente esta prueba no es otra que atender al contenido de lo que el testigo declara y su coherencia con la restante prueba, basado en las teorías que se han elaborado en la psicología del testimonio. Así, el juez debiera prestar más atención a que el relato sea debidamente circunstanciado, incorporando referencias al lugar, día y hora de los hechos, y sobre todo a la presencia de matices y detalles que lo hagan verosímil; así también, a la ausencia de intenciones espurias que el testigo haya manifestado ni de comentarios oportunistas.

Parece a todas luces más lógico poner el acento en estos últimos aspectos, que pueden ser más razonablemente argumentados en la sentencia que en las manifestaciones físicas de la persona al declarar. No debe perderse de vista que un juicio oral penal es una instancia que suele ser bastante tensa para los intervinientes que son abogados expertos; qué decir de los testigos que son personas, por lo general, ajenas a los procesos penales. Por lo mismo, será razonable que den muestras externas de nerviosismo, por ejemplo.

b) Obligaciones de los testigos

Al igual que en todos los sistemas procesales, los testigos tienen las obligaciones de comparecer al tribunal, prestar declaración y decir la verdad. Revisaremos estas tres obligaciones y sus excepciones a continuación.

i) Obligación de comparecer y personas exceptuadas

La regla general es que toda persona que ha sido propuesta como testigo por los intervinientes, y cuyo nombre figure en la nómina del auto de apertura de juicio oral, debe comparecer al tribunal, para lo cual será judicialmente citado en virtud del artículo 33 CPP.

Su incomparecencia injustificada, alegada por el interviniente interesado en su declaración, podría gatillar su detención para ponerlo a disposición del tribunal, sin perjuicio de incurrir en el delito de desacato del artículo 240 CPC (artículos 298 y 299 CPP).

En la práctica, suele existir una comunicación más o menos fluida entre los intervinientes, los testigos propuestos y el tribunal, para coordinar su comparecencia, sobre todo si el juicio se prolonga por muchos días. Por lo mismo, estas medidas de apremio suelen no ser necesarias.

No están obligados a comparecer al tribunal una serie de autoridades de los principales poderes del Estado (artículo 300 a) CPP), de las Fuerzas Armadas y de Orden (artículo 300 b) CPP), las personas que gozan de fuero diplomático (artículo 300 c) CPP), y las personas que padezcan una enfermedad grave u otro impedimento calificado (artículo 300 d) CPP).

Salvo las personas que gozan de fuero diplomático, todas las otras no están eximidas de declarar, pero pueden hacerlo en su domicilio o desde el lugar donde ejercen sus funciones; pudiendo renunciar, claro está, a este beneficio. Es decir, se les eximen de tener que asistir al tribunal solamente. En ese caso, concurrirán los miembros de la sala y los intervinientes al lugar donde la autoridad disponga, y se les interrogará según las reglas generales.

Las personas que gozan de fuero diplomático pueden no comparecer y no están obligadas a declarar, y lo pueden hacer mediante un oficio escrito (artículo 301 CPP).

ii) Obligación de declarar y personas exceptuadas

Todos los testigos tienen, además de la obligación de comparecer, la de prestar declaración; o sea, no pueden dejar de responder las preguntas que se les formulen en la audiencia de juicio.

El incumplimiento de esta obligación puede acarrearle consecuencias penales adversas al testigo, ya que podría incurrir en el delito de desacato (artículo 299 CPP en relación con el artículo 240 CPC).

Sin embargo, hay personas que están eximidas de declarar, ya sea por motivos *personales* (artículo 302 CPP) o por motivos de *secreto* (artículo 303 CPP).

Los *motivos personales* se refieren a personas que tienen algún grado de parentesco con el acusado. La razón del legislador para prescindir de las declaraciones de estas personas es bastante evidente, y se refiere a que la información que pudieren prestar se verá necesariamente contaminada por la cercanía estrecha con el acusado, quien arriesga un castigo penal en el proceso. Lo que el legislador quiso evitar es poner a estos parientes en una posición imposible de tener que mentir en juicio para proteger a un ser querido. Además de eso, la cercanía con el acusado podría acarrear represalias de este en contra del testigo, en caso de perjudicarlo. En todos estos casos, el legislador asigna una alta probabilidad de que la información que den estas personas al tribunal no sea veraz, y por lo mismo, las exime de su obligación de declarar.

Respecto de las personas exceptuadas de declarar por motivos personales, el inciso segundo del artículo 302 CPP dispone que en los casos en que el testigo no comprenda esta prerrogativa por razones de inmadurez o por alteración de sus facultades mentales, deberá intervenir el curador *ad litem* o el representante legal. La norma parece, en todo caso, algo superflua, ya que si el testigo tiene sus facultades mentales alteradas es posible que su testimonio carezca de valor epistémico a juicio del tribunal.

También dispone la ley que el solo hecho de ser menor de edad no es impedimento para prestar declaración. La Ley sobre entrevistas videograbadas dispuso un mecanismo especial, y bastante sofisticado, justamente para optimizar la obtención de información de estas personas.

Las personas exceptuadas de declarar por motivos personales pueden renunciar a este derecho establecido en su favor, y prestar declaración. La norma del artículo 302 CPP, en todo caso, les permite retractarse de esta renuncia en cualquier momento.

Es importante no confundir dos asuntos distintos: por un lado, la decisión del legislador de eximir a estas personas de su obligación de declarar; y por otro, el valor probatorio que el juez puede dar a esas declaraciones en caso de que deseen renunciar a esta prerrogativa, y prestar declaración. Si estas personas deciden declarar, el juez deberá necesariamente ponderar esa información en su sentencia definitiva, pero teniendo en consideración que se trata de una persona muy cercana al acusado.

Por otra parte, las razones de secreto como eximente de la obligación de prestar declaración, se refieren a deberes éticos y profesionales que deben guardar ciertos profesionales y consejeros, como es el caso de médicos, abogados, psicólogos, confesores, entre otros, respecto de la información que le dio el acusado, protegida por ese secreto. En todo caso, el acusado puede relevar a estas personas de esta obligación de secreto, y en este caso, deberán prestar declaración. A diferencia del caso de los parientes, estas personas no pueden renunciar a esta obligación de secreto.

En el caso del abogado, se ha dicho que, si este privilegio no existiera, el efecto que se generaría es que el acusado ocultaría aquellos hechos que perjudican su caso o que lo incriminan, lo que debilitará sensiblemente la defensa que pueda construir su abogado, quien estará "a ciegas".

Tanto los testigos que tengan motivos personales como razones de secreto deberán comparecer a la audiencia de juicio y explicar, antes de su declaración, por qué debe relevárseles de su obligación de declarar. El artículo 304 CPP libera al tribunal de hacer mayores indagaciones respecto de la veracidad de lo que digan estas personas para justificar su abstención, bastando su solo juramento o promesa sobre los hechos fundantes.

Un asunto interesante, prácticamente omitido en la doctrina nacional, es si pueden extraerse conclusiones adversas al *acusado que decide no relevar de su obligación de secreto* a las personas que ya vimos, que están eximidas de declarar como testigos por razones personales o profesionales de secreto. Autores como Larry Laudan han dicho que esta prerrogativa es profundamente antiepistémica, y que finalmente un jurado podría extraer la conclusión de que el acusado "algo tiene que ocultar" respecto de los hechos que puso en conocimiento de estas personas. Efectivamente la regla, como está concebida, naturalmente impide que cierta información llegue al juicio oral, por razones más que atendibles. Pero como fluye de estas mismas razones, si el privilegio no existiera se generarían consecuencias perniciosas ex ante, es decir, inhibirían al posible acusado de revelar ciertos hechos a otras personas que podrían serle de importante ayuda en su defensa o apoyo personal, médico, o espiritual.

Finalmente, todos los testigos están eximidos de responder preguntas "cuya respuesta pudiere acarrearle peligro de persecución por un delito" (consistente con el principio general del CPP) o que pudiere incriminar a algún pariente (artículo 305 CPP). Como ha anotado la profesora Horvitz, parecen ser razones de "preservación de la unidad familiar" lo que motivan esta decisión del legislador. Y, como dijimos más arriba: que no se fuerce al testigo en un "dilema imposible" como sería mentir en juicio y así no ser incriminado, o bien decir la verdad y afrontar un futuro juicio penal. El artículo 228 bis CPP, agregado en una reforma del 2024, referido al *cooperador eficaz*, que veremos en detalle más adelante, dispone que "*cuando una de las obligaciones que contrae el cooperador consista en declarar en juicio, no procederá a su respecto lo previsto en el artículo 305, salvo que se acredite incumplimiento del acuerdo*". Es decir, el cooperador eficaz sí deberá responder preguntas cuyas respuestas le puedan significar una persecución penal; esto porque los acuerdos de cooperación eficaz justamente impiden que se le persiga criminalmente.

iii) Obligación de decir verdad

Los testigos tienen la obligación de decir verdad sobre lo que se les preguntará. La "verdad" puede entenderse, en términos muy generales como la correspondencia entre el enunciado fáctico que profiere el testigo y el mundo externo. Por lo mismo, apreciaciones personales u opiniones sobre hechos —en el evento que se las pregunten— no quedarían abarcadas por este deber de decir verdad.

Las declaraciones de los testigos no solo deben ser veraces, sino también circunstanciadas (artículo 309 CPP), o sea, el testigo debe explicar su fuente de información: si presenció el hecho, si lo dedujo de otros antecedentes o si lo oyó de otra persona. También, según dispone la misma norma, pueden tener que declarar —verazmente— acerca de circunstancias de hecho que comprometan su credibilidad o falta de imparcialidad, las que serán apreciadas por los jueces en la sentencia, desde que no existen testigos inhábiles para declarar, como se dijo. Esto es lo que se logra a través de las llamadas "preguntas de acreditación" que formulará el interviniente contra quien se presente el testigo.

Aunque el CPP expresamente le otorga valor probatorio a los testigos de oídas —cuestión prohibida en los sistemas del *common law*— naturalmente que no producirá el mismo convencimiento en el juez aquel testigo presencial que aquel que solo tomó conocimiento de boca de terceros; sobre todo si la fuente original de la información no fue ofrecida a declarar en el juicio. El artículo 12 de la Ley 21.057 sobre entrevistas videograbadas de víctimas menores de edad proscribe expresamente los testigos y peritos "de oídas" respecto de la entrevista videograbada que hayan prestado estos menores durante la indagatoria.

La obligación de decir verdad está reforzada por el juramento o promesa que se le deberá tomar al inicio de su declaración (artículo 306 CPP), ritual que en nuestra opinión no tiene mayor sentido y que constituye a estas alturas un resabio de las antiguas ordalías. En todo caso, no se le toma juramento a los testigos menores de edad ni a aquellos que el tribunal sospeche que puedan tener responsabilidad en los hechos objeto del proceso.

Lo que sí constituiría —teóricamente— un incentivo para decir verdad, es que la mentira en juicio está penalmente castigada bajo la figura del delito de perjurio, cuya pena se agrava en los casos en que la declaración se presta en juicio penal contra el acusado (artículo 206 CP). Esta figura típica también abarca a la parte y al abogado que presenta al testigo falso.

El artículo 306 CPP dispone que el tribunal debe informar al testigo acerca de este deber de veracidad y los delitos que configura su incumplimiento. Sin embargo, los estudios empíricos efectuados en España y los Estados Unidos muestran una escasa y casi nula persecución de este delito, y lo que es más preocupante, una verdadera tolerancia de los operadores jurídicos, incluidos los propios tribunales, respecto de los testigos mendaces. En las sentencias no es raro encontrar considerandos en que el juez, enfrentado a una mentira evidente por parte de algún testigo, se limita a restarle crédito probatorio, pero sin instruir al Ministerio Público, por ejemplo, para que investigue la comisión de un posible delito.

Pero más allá de las consecuencias penales, estratégicamente nunca es conveniente para el litigante que el testigo mienta en juicio, por la sencilla razón de que si esa mentira es descubierta —al contrastarse la declaración con la restante prueba por el tribunal— ese testimonio no debiera ser considerado por el tribunal en la sentencia. Esto, sin perjuicio de que una conducta procesal de este tipo puede resultar en la natural predisposición adversa del tribunal respecto del interviniente que ha incurrido en ella, comprometiendo el éxito de sus pretensiones en el proceso.

c) Protección de testigos y víctimas

El legislador asume que en algunos casos existirá el justo temor de los testigos en declarar por las consecuencias adversas que pueda tener para él o su familia. Por ejemplo, por las represalias que podría desplegar el acusado u otras personas si el testimonio le es desfavorable.

Para estos casos, la ley contempla algunos mecanismos de protección, que revisaremos a continuación.

En el CPP encontramos las siguientes:

- Que se omita mencionar su identidad en el juicio, antes de prestar su declaración, prohibiéndole a los intervinientes revelarla públicamente (artículo 307 CPP);
- Que se autorice a que el testigo declare por videoconferencia o "*mediante algún sistema de obstrucción visual*" (biombos) o evitando que tenga contacto directo con los intervinientes (artículo 308 CPP);
- Cuando se trata de testigos menores de edad, las preguntas se le dirigen solamente a través del presidente de la sala debiendo prevenirse de que se le formulen preguntas que revictimicen al testigo o afecten su dignidad (artículo 310 CPP). Sobre esto, valga lo que se dirá en detalle más adelante, a propósito de la entrada en vigencia de la Ley 21.057;
- Todos los testigos tienen derecho a que se les solventen anticipadamente sus gastos de comparecencia (traslado y alojamiento) por la parte que solicitó su testimonio (artículo 312 CPP);
- Para efectos de la ley laboral y obligaciones educativas, se considera justificación legal suficiente la comparecencia a declarar (artículo 313 CPP).

La necesidad de estas medidas de protección suele justificarse a través de un informe de la Unidad Regional de Víctimas y Testigos que aportará el fiscal al tribunal de juicio oral en lo penal. El inciso final del artículo 308 CPP dispone que los casos "graves y calificados" para que se decreten estas medidas corresponden a aquellos en que "existen malos tratos de obra o amenazas".

El año 2022 se introdujo el artículo 109 ter CPP (Ley 21.523) que protege a las víctimas de la llamada "victimización secundaria". A pesar de que la norma no lo dice expresamente, el profesor Andrés Cruz Carrasco ha entendido que una manifestación de esta regla sería que no se debieran dirigir contrainterrogatorios que humillen, causen sufrimiento, intimiden o lesionen la dignidad de la víctima. En todo caso, estos riesgos parecen estar bien cubiertos a través de las prohibiciones establecidas para los interrogatorios a los testigos del artículo 330 inciso 4 CPP, esto es, la de dirigir preguntas destinadas a "coaccionar o acosar ilegítimamente al testigo".

En leyes extravagantes fuera del CPP encontramos también alguna regulación especial para proteger a los testigos, que revisaremos a continuación.

La Ley 20.000 (artículos 30-33) que sanciona el tráfico ilícito de estupefacientes y sustancias psicotrópicas, contempla algunas medidas de protección para testigos, agentes encubiertos, cooperadores eficaces, agentes reveladores e informantes, similares a las del artículo 307 CPP, en orden a proteger su identidad, incluso de los restantes intervinientes (en especial, de la defensa). Esto, en la práctica los convierte en "testigos anónimos", cuyo testimonio se puede hacer muy difícil de controlar por la defensa a través del contraexamen.

Reglas muy parecidas contemplaba la Ley 18.314 que determina conductas terroristas y fija su penalidad (artículos 15-18), que aplica a los hechos cometidos durante su vigencia (para los hechos posteriores a febrero de 2025, aplicará la Ley 21.732, que hace aplicables las mismas reglas en virtud del nuevo artículo 226 X).

Como vimos más arriba, la Ley 21.577 hizo extensiva esta reserva para los agentes encubiertos, agentes reveladores e informantes, respecto de las investigaciones de criminalidad organizada.

En el mismo sentido, la Ley 19.913 que tipifica el delito de lavado y blanqueo de activos, también contempla medidas similares para la protección de testigos (artículo 33 a).

Lamentablemente, este tipo de reglas, que pueden amagar sensiblemente las garantías del imputado, comienzan a transformarse en "excepciones cada vez más recurrentes", y a generar inconsistencias sistémicas relevantes. De momento hay escaso desarrollo jurisprudencial, y habrá que ver el alcance que se le da por los tribunales. En la jurisprudencia de los Estados Unidos es interesante conocer el fallo de Smith vs. Illinois del año 1968, en que la Corte Suprema de ese país resolvió que las garantías del debido proceso para la defensa no solo se materializan mediante el contraexamen de los testigos de cargo, sino también a través de las preguntas de acreditación del testigo, lo cual presupone, naturalmente, conocer de antemano su identidad para preparar dichas líneas de interrogatorio.

Decimos que se generan inconsistencias relevantes porque, por ejemplo, tratándose de los agentes encubiertos, agentes reveladores e informantes, la condena no puede fundarse únicamente en su testimonio, lo que es coincidente con los estándares que han elaborado los tribunales internacionales que han conocido de casos análogos. Pero dicha limitación no existe para otros testigos de identidad reservada. En todo caso, los tribunales estarán llamados a efectuar un ejercicio de ponderación al momento de aplicar estas reglas, entre la debida protección del testigo y las garantías de la defensa.

Para que el tribunal se incline por autorizar la declaración de testigos con identidad reservada, la doctrina ha sugerido que existan antecedentes concretos —y no meras suposiciones— que permitan inferir que de revelarse la identidad del testigo este se verá amenazado en su vida o integridad física, o la de su familia.

d) Reglas del interrogatorio de los testigos

i) Aspectos generales

Las reglas que veremos a continuación se aplican respecto de todas las personas que declaren en el juicio oral, esto es, testigos, víctima, acusado y peritos (artículo 319 y 330 inciso final del CPP).

Como decíamos más arriba, el CPP estableció estrictas reglas de oralidad para el juicio y, por lo mismo, las declaraciones de los testigos deberán prestarse en forma personal y verbal ante los jueces del tribunal; y no se pueden sustituir por la lectura de declaraciones escritas anteriores, o declaraciones juradas, o actas o registros de ningún tipo que se hayan levantado durante la indagatoria (artículo 329 inciso primero, con las excepciones del artículo 331 del CPP).

Luego de prestar juramento o promesa, el testigo es interrogado primeramente por el interviniente que ofreció su testimonio y luego por los restantes. El interrogatorio del propio testigo se denomina *examen directo*, y el del testigo de los otros intervinientes, contraexamen. Este último es respecto del denominado "testigo hostil" (artículo 329 inciso 3 del CPP). El inciso quinto del artículo 329 permite que los intervinientes formulen nuevas preguntas al testigo una vez finalizado el examen directo y contraexamen, siempre que el tribunal lo autorice (digamos, una nueva ronda de preguntas).

Es importante saber que los testigos y peritos deben declarar sobre los puntos de hecho previamente fijados en el auto de apertura del juicio oral (artículos 259 inciso segundo, 261 y 263 del CPP). Si los intervinientes formulan preguntas que escapan al objeto previamente fijado, debieran esas preguntas ser objetadas por impertinentes.

ii) Prohibición de preguntas sugestivas en el examen directo

Los métodos de interrogación están regulados en el artículo 330 del CPP y consisten en que en el examen directo el interviniente no puede formular preguntas que "sugirieren la respuesta". Se trata de preguntas que se contestan con "sí o con no".

Por ejemplo: "¿Estuvo usted el 30 de julio de 2023 en la casa del imputado, ubicado en la comuna de Providencia?".

Usualmente se les denomina preguntas cerradas, pero lo correcto sería preguntas sugestivas. Una pregunta cerrada del tipo "¿De qué color era el auto?" no sugiere la respuesta, a pesar de que exige del interlocutor una información muy precisa.

La razón por la que la ley procesal penal no permite este tipo de preguntas respecto del testigo propio es el riesgo evidente de que el testigo termine diciendo lo que el abogado le pide, limitándose a afirmar o negar la información contenida en las preguntas.

Si esta prohibición no existiera, lo que posiblemente sucedería es que el testigo irá adecuando su relato a lo que el abogado que lo presenta le pide, de acuerdo con su teoría del caso. Esto produce un efecto antiepistémico, que dificulta o imposibilita que fluya la información desde la prueba al juicio.

En el contraexamen que hace el interviniente contra quien se presenta el testigo no existe esta predisposición, sino la contraria: es muy probable que el testigo resista las afirmaciones de las preguntas sugestivas del abogado de la contraparte. Por lo tanto, en el contraexamen sí se permiten las preguntas que sugieran su respuesta, como veremos a continuación.

Respecto del testigo propio, la mejor forma de obtener información es a través del relato o narración libre que dé la persona en el estrado, ojalá con la menor intervención del abogado que lo presentó.

Veamos a continuación algunos ejemplos de este tipo de preguntas sugestivas que el interviniente no puede formular a su propio testigo en el examen directo:

- ¿Es efectivo que usted vio al imputado salir de su casa y tomar un taxi a eso de las 19:00 horas del domingo 1 de enero de 2023?
- ¿A usted le consta que el acusado tenía un arma de fuego en el auto?

Veamos a continuación dos ejemplos de preguntas abiertas, que no sugieren su respuesta. Estas preguntas pueden hacerse en el examen directo:

- "Cuéntele al tribunal qué hizo el día domingo 1 de enero de 2023 en la tarde".
- "¿Pudo ver algo que le llamara la atención del auto del acusado?"; etc.

La Ley 21.694 agregó un nuevo artículo 330 bis del CPP del siguiente tenor: "testigo hostil. Las partes que hubieren presentado a un testigo o perito podrán ser autorizados por el tribunal a formular preguntas sugestivas o indicativas, cuando al declarar mantenga una actitud evidentemente hostil para responder las preguntas que se le formularán. Con todo, deberá darse cumplimiento estricto a lo dispuesto en las letras b) y h) del inciso segundo del artículo 109, cualquiera sea el delito de que se trate".

Esta última referencia es a los nuevos derechos de la víctima introducidos en la Ley 21.253 de 2022, para prevenir su victimización secundaria a través de las preguntas en el juicio oral.

Esta regla es sumamente interesante y permite darle el tratamiento de testigo hostil a un testigo propio, estableciendo una excepción a la prohibición de preguntas sugestivas cuando el testigo se niegue a responder o responda evasivamente. Esto último es algo que en todo caso deberá ponderar el tribunal caso a caso.

iii) Reglas y estrategia en el contraexamen

Cuando se trata de testigos hostiles, como vimos, está permitido formularle preguntas sugestivas y, de hecho, estratégicamente puede ser conveniente hacerlo.

En las *Federal Rules* de Estados Unidos se permiten las preguntas sugestivas —*leading questions*— no solo para interrogar a los testigos presentados por la parte contraria, sino también para un testigo propio pero "identificado con la parte contraria". El nuevo artículo 330 bis, que ya vimos, recoge justamente esta tendencia.

El contraexamen no es obligatorio para el abogado contra quien se presenta el testigo, pero no puede perderse de vista que omitir toda pregunta a un testigo en este podrá transmitir el mensaje a los jueces de que se "está dando por bueno" lo afirmado por el testigo en el examen directo, lo que ciertamente es desaconsejable si dicho testimonio desacredita la teoría del caso de la contraparte. En caso de que dicho testimonio haya sido impertinente o irrelevante, podría justificarse el omitir el contraexamen.

Esta es una herramienta fundamental para controlar esta prueba, o sea, para enfrentar al testigo con sus propias inconsistencias y contradicciones, y con las que existan entre su declaración y la restante prueba del proceso. Como dijo John Henry Wigmore, profesor norteamericano del siglo XX: "el contraexamen es, sin lugar a duda, la mejor herramienta legal que alguna vez se inventó para el descubrimiento de la verdad".

Sin perjuicio de lo anterior, formular preguntas abiertas a testigos hostiles puede ser estratégicamente desaconsejable, si bien la ley no lo prohíbe: será una invitación para que un testigo que el interviniente no conoce se explaye sobre los hechos del caso. Esto puede ser un error que puede costar muy caro en el juicio oral.

La posibilidad de contraexaminar a los testigos de la contraparte está establecida no solamente en el CPP (artículo 329), sino que también puede ser entendida como expresión de la garantía del debido proceso del artículo 19 número 3 de la CPR; y está consagrado expresamente como garantía en el artículo 3 e) del Pacto Internacional de Derechos Civiles y Políticos ("a interrogar y hacer interrogar a los testigos de cargo"), lo mismo que en el artículo 8.2. f de la Convención Americana de Derechos Humanos. La Cuarta Enmienda de la Constitución de Estados Unidos dispone también "el derecho de encontrarse cara a cara con el testigo que declara en su contra".

El artículo 309 del CPP dispone que las preguntas del contraexamen pueden estar dirigidas a comprobar los siguientes aspectos del testigo: falta de credibilidad, la existencia de vínculos con alguno de los intervinientes que afectaren o pudieren afectar su imparcialidad, y algún otro defecto de idoneidad. La doctrina ha señalado que los objetivos del contraexamen serán el obtener el testimonio favorable del testigo hostil (cuestión que es bastante difícil en la práctica), desacreditar el testimonio o limitarlo.

Aunque es un tema discutido, el contraexamen puede abarcar hechos no afirmados por el testigo en su examen directo, siempre que digan relación con el objeto del proceso, en orden a poder incorporar el máximo de información al juicio. Hay autores como el profesor Pelayo Vial, quien ha sostenido que son muy pocos los asuntos que un contraexamen no podría abarcar, pudiendo las preguntas referirse a todo tipo de asuntos, como las actuaciones u omisiones durante la investigación, su interés en que el fiscal obtenga una condena, la existencia de procesos anteriores en contra del imputado, su inconsistencia respecto de sus propias declaraciones anteriores o de otros documentos (que obren o no en la investigación), o las discrepancias respecto de lo afirmado por otros testigos o peritos en el juicio o durante la investigación.

La dinámica para testigos hostiles en la práctica requiere de cierto oficio por parte de los abogados, y su ejercicio puede ser bastante distinto de lo que se ve en las superproducciones de Hollywood o Netflix. De hecho, un interrogatorio particularmente agresivo o despectivo puede provocar que el tribunal "tome partido" por el testigo acosado y no por el abogado que intenta probar su caso. Por lo mismo, la sugerencia es que el abogado intervenga solo lo necesario para que la información que le interesa fluya naturalmente desde el deponente.

En general, en el contraexamen la sugerencia es formular preguntas cortas, abarcando un solo hecho por pregunta, yendo de lo general a lo particular, absteniéndose de preguntar sobre juicios de valor y que sean siempre sugestivas.

Por ejemplo, se sugiere preguntar: "¿Ese día ya era de noche a las seis y media de la tarde, no es así?", que preguntar "¿a las seis y media de la tarde estaba oscuro, no?". Respecto de la primera pregunta, se inquiere sobre un hecho, como es que ya es de noche. La segunda, en cambio, introduce una apreciación subjetiva, como es la "oscuridad". Cuando se pregunta sobre una apreciación personal del testigo, es posible que la respuesta que se obtenga no sea aquella que el abogado desea.

Ahora, debe tenerse presente que el artículo 329 del CPP previene que "la declaración de los testigos se sujetará al interrogatorio de las partes", lo que significa que el testigo tiene plena libertad para contestar lo que desee frente a las preguntas del abogado, y no solamente con "sí" o con "no", por muy sugestiva que sea la pregunta. Por lo mismo, es parte del oficio del abogado litigante mantener el control del testigo que contraexamina, para evitar que perjudique su caso con información que no se le ha consultado.

La ley no aclara si estas reglas de interrogatorio aplican a otros intervinientes que, aunque no hayan presentado al testigo, tengan una posición concurrente con la parte que lo presentó. Como sería el caso del querellante respecto del fiscal; defensas de coimputados con posiciones compatibles en el proceso.

iv) Preguntas prohibidas en el examen directo y en el contraexamen

Ya vimos que en el examen directo están prohibidas las preguntas sugestivas; y que en el contraexamen dichas preguntas no solo no están prohibidas, sino que además serían estratégicamente convenientes.

Sin perjuicio de ello, hay preguntas que están prohibidas tanto en el examen directo como en el contraexamen.

Se trata de las preguntas engañosas, que coaccionen ilegítimamente al testigo o las formuladas en términos poco claros (artículo 330 inciso 4 del CPP).

A las preguntas engañosas también se les denomina "capciosas", y se trata de aquellos cuestionarios en que se induce a error al interrogado para obtener una respuesta conveniente al caso del interrogador. La coacción, por su parte, implica el empleo de violencia física o psíquica sobre el interrogado, esta última en forma de amenaza.

Nuevamente, la prohibición absoluta del legislador para que se formulen este tipo de preguntas se fundamenta en su nulo valor epistémico: ninguna información veraz o de calidad surgirá allí donde hay un testigo engañado, confundido o amedrentado.

Los profesores Baytelman y Duce han agregado que permitir un trato denigrante a los testigos mermaría la confianza de la sociedad en el sistema de persecución penal.

Aunque la ley no lo dice expresamente, los tribunales tampoco admiten preguntas reiterativas, o sea, ya contestadas por el testigo; y las impertinentes, esto es, si versan sobre hechos que no son objeto del proceso o sobre opiniones personales.

Las preguntas reiterativas pueden producir un efecto amedrentador en el testigo, quien se enfrenta a un abogado que sencillamente no se conforma con la respuesta que le han dado. Y las preguntas impertinentes provocarán una extensión inútil de la audiencia de juicio oral.

También se estiman como improcedentes las preguntas que versan sobre opiniones o conclusiones del testigo sobre un determinado asunto y no sobre un hecho relevante para el caso.

Esto no corre para los peritos, quienes sí emiten opiniones profesionales o técnicas respecto del objeto de su pericia.

Las opiniones son juicios de valor sobre algo, que pueden estar apoyadas en ciertos conocimientos específicos. Así, no debiera ser admisible que se consultara al testigo "¿por qué cree que el imputado lo hizo?", ya que entra al terreno de las subjetividades; como tampoco preguntas hipotéticas del tipo "¿si alguien hubiera asistido a la víctima antes de que usted llegara, habría sobrevivido?", porque ello requiere conocimientos específicos que el testigo lego no tiene.

Sí serían admisibles, en cambio, las preguntas sobre opiniones o conclusiones sobre hechos directamente percibidos por el testigo y respecto de los cuales no se requiera experticia alguna. Un ejemplo de lo anterior sería la pregunta: "¿cuál era la intención del imputado cuando se abalanzó sobre usted con el cuchillo?". Asimismo, se estima que sí serían admisibles las preguntas sobre las "realidades subjetivas" del testigo, como son sus sentimientos respecto de algo. Ahora, como ya dijimos más arriba, estas preguntas sobre juicios de valor o aspectos subjetivos pueden arrojar respuestas que no son las que el abogado desea, ya que las impresiones personales que el abogado cree que es esperable en un caso puede que no hayan sido compartidas por el testigo.

Otros casos de preguntas prohibidas especialmente regulados:

- Preguntas sobre una suspensión condicional del procedimiento fracasada (artículo 335 del CPP).
- Sobre hechos que podrían incriminar al testigo o sus parientes (artículos 302 y 305 del CPP), como ya vimos.
- También, a partir de la entrada en vigencia de la Ley 20.057 sobre Entrevistas Videograbadas, corre la siguiente regla: "Los testigos citados a declarar al juicio oral no podrán hacer alusión al contenido de la entrevista investigativa que hubiere prestado el niño, niña o adolescente. Esta prohibición no se aplicará a los peritos" (artículo 12).

v) Algunos ejemplos de preguntas prohibidas

A continuación, daremos algunos ejemplos de preguntas prohibidas para que se entienda mejor lo que hemos estudiado recién.

Un ejemplo de *pregunta engañosa* es aquella que incorpora información que el testigo no ha dado (también denominados *implícitos semánticos*); aquellas que si bien no incorpora información que el testigo no ha dado, ésta se puede deducir del contexto en que se hace la pregunta (un *implícito pragmático*); aquellas en que se mezclan comentarios del abogado; o aquellas en que se pretende que el testigo extraiga conclusiones o incluso calificaciones jurídicas respecto de los hechos.

También aquellas en que se repite una y otra vez la misma pregunta para cansar al testigo y finalmente lograr que conteste lo que el abogado desea que le digan. En este sentido, una pregunta reiterativa podría ser también calificada de engañosa, si el testigo cree erróneamente que no ha respondido lo que se le ha preguntado.

Daremos un ejemplo a continuación:

Testigo: Entonces, resulta que salíamos de la fuente de soda, como a las siete o siete y cuarto de la tarde....

Fiscal: ¿Tomaron algo en la fuente de soda?

Testigo: Sí, una cerveza con mi amigo...

Fiscal: Entonces, ¿Ud. dice que salen de la fuente de soda con su amigo, y que habían bebido varias cervezas cuando se encuentran con el Pepe?

Defensor: Objeción, señor presidente.

Juez presidente: (al testigo): No conteste aún la pregunta. (Al defensor): ¿cuál sería la causal de la objeción, abogado?

Defensor: Es una pregunta engañosa, señoría, primero, porque el testigo no ha dicho que habían bebido "varias" cervezas, sino que aquí todos oímos que dijo que había tomado "una cerveza" con su amigo. Y además, el testigo no ha dicho nada del Pepe, eso lo dice el fiscal. Lo que el fiscal quiere probar aquí es que nuestro testigo prácticamente estaba borracho cuando se encuentra con el Pepe.

Juez presidente: Le doy traslado, señor fiscal.

Fiscal: Gracias, señor presidente. Voy a oponerme a la objeción, y pido que se haga la pregunta. De lo que llevamos de declaración, el testigo no es exacto en el lenguaje que emplea, entonces que él mismo aclare si estaba bebido o no. Y sobre el encuentro con el Pepe, bueno, el propio defensor admite que se encontró con él, así que no hay mayor asunto sobre eso.

Juez presidente: Este tribunal resuelve acoger la objeción en los términos planteados, ya que efectivamente es una pregunta engañosa que introduce información que el testigo no ha dado. Fiscal, ¿retira su pregunta o la reformula?

Un ejemplo clásico de pregunta engañosa son las preguntas compuestas por varias premisas que son discutidas en las teorías del caso de los intervinientes, como se aprecia en el siguiente ejemplo:

Fiscal: Entonces, el imputado muy rápidamente sacó el arma no inscrita que traía oculta en la chaqueta y disparó al aire dos veces, al interior del salón en que estaba usted con otras doce personas, ¿es así?

Aquí, el fiscal en rigor está preguntando muchas cosas a la vez y el testigo puede entender que se le pregunta solo por la última (que había disparado), pero sin tener antecedentes sobre lo otro que la pregunta afirma (que el arma no estaba inscrita o que estaba oculta en la chaqueta). Si esa información no había aparecido en el juicio oral con anterioridad, se tratará de una pregunta engañosa.

Finalmente, un ejemplo de pregunta que coacciona ilegítimamente al testigo es cuando se le amenaza velada o explícitamente:

Fiscal: Entonces, ¿usted llega como a las once de la noche al domicilio de Sandra, es así?

Testigo: Sí, más o menos.

Fiscal: ¿Lo acompañaban otras personas?

Testigo: No me acuerdo.

Fiscal: Concretamente lo que quiero preguntarle es si lo acompañaba el imputado aquí presente.

Testigo: Como le digo, no me acuerdo.

Fiscal: Le recuerdo que está bajo juramento y que además, mentir en juicio penal es delito, ¿se lo explicó el tribunal, es así?

Testigo: Sí.

Fiscal: Entonces, le pregunto de nuevo, ¿quién lo acompañaba ese día?

Testigo: Le digo que no lo recuerdo.

Fiscal: Su madre declaró también en este juicio, ¿lo sabía?

Testigo: Sí.

Fiscal: Su madre dijo aquí en estrados que Ud. era una persona que iba a la iglesia todos los domingo y que siempre decía la verdad… déjeme revisar… "temeroso de Dios" dijo que era, ¿eso es cierto?

Defensor: Objeción, señoría. El fiscal insiste en amedrentar a nuestro testigo. Primero le hace un recordatorio innecesario, sobre sus deberes legales de decir la verdad, que él los tiene perfectamente claros. Y luego trae a colación asuntos religiosos y familiares para presionarlo a decir algo que nunca ha dicho. Pedimos que retire esta pregunta: el testigo ha dicho que no recuerda quién lo acompañaba.

Juez presidente: El tribunal acoge la objeción e invita al fiscal a centrarse en los hechos del caso, y no en aspectos familiares o religiosos que no son pertinentes. Asimismo, recuerda nuevamente al testigo que está bajo juramento.

vi) Oposición a las preguntas formuladas por la contraparte

Como se ve en estos ejemplos, en el caso de incumplimiento de las reglas de interrogación de testigos, las partes pueden oponerse a que se formule la pregunta, debiendo el tribunal resolver; sin perjuicio de la facultad de quien la hizo de retirarla o reformularla.

Esta oposición corresponde a un incidente en el juicio oral y, por lo mismo, se resuelve de inmediato, sin ulteriores recursos procesales (artículo 290 del CPP).

Esta objeción debe plantearse una vez formulada la pregunta, pero antes de que el testigo conteste. Usualmente, quien lo promueve debe manifestar al presidente del tribunal que se opone a la pregunta, apenas formulada esta. Puede usarse la fórmula "objeción" o también "me opongo a la pregunta".

Es frecuente que el tribunal le indique al testigo que no conteste aún la pregunta y le solicite abandonar la sala de audiencia mientras se resuelve la oposición a la pregunta, a riesgo de inducir su posterior respuesta, ya que quien formula la oposición deberá fundamentar sus motivos verbalmente frente a los intervinientes.

Una vez planteada la oposición, y retirado el testigo de la sala, el presidente del tribunal solicitará al incidentista que la fundamente, es decir, que exprese si la pregunta formulada por su contraparte corresponde a alguna de las hipótesis de preguntas prohibidas en la ley, que ya revisamos.

Estas objeciones puede el tribunal resolverlas de plano, o bien, dar traslado a la parte que formuló la pregunta. Esto significa que la parte que hizo la pregunta tendrá la oportunidad de hacer sus descargos respecto de por qué dicha pregunta no corresponde a ninguna de las hipótesis prohibidas en la ley. La parte que formuló la pregunta puede también allanarse a la objeción y optar por reformularla en términos distintos; o bien, retirar la pregunta.

Con esos antecedentes, el tribunal deberá resolver la objeción y podrá ordenar que se formule la pregunta, o que sea retirada; o bien, podrá sugerir al interviniente que la hizo que la reformule. Luego, se hará entrar nuevamente al testigo a la sala de audiencia para continuar con el examen.

Como toda herramienta procesal, las oposiciones a las preguntas debieran ejercerse por los intervinientes con prudencia y siempre fundamentando debidamente las razones que la sustentan. Como han notado algunos autores, las oposiciones tienen como objeto que la información de testigos, peritos, víctima y acusado fluya de la forma más completa y veraz posible, libre de elementos introducidos por los litigantes que acomoden las respuestas a sus respectivas teorías del caso. Es una poderosa *herramienta epistémica*.

Pero, adicional a lo anterior, es también una *herramienta estratégica* que permite interrumpir una declaración cuyo contenido es perjudicial para la teoría del caso de quien objeta. Si estas objeciones se hacen recurrentes y el tribunal detecta que no tienen mayor fundamento, podría aplicar alguna de las medidas disciplinarias del COT en contra del abogado, sin perjuicio de que un juez perspicaz detectará "la jugarreta" y prestará especial atención al contenido de la declaración que el abogado pretende interrumpir indebidamente. Lamentablemente, el CPP no contienen norma alguna que consagre la buena fe procesal como principio inspirador del comportamiento de los litigantes.

Puede suceder en el contraexamen que haga la defensa que el fiscal o el querellante sean extremadamente pasivos a la hora de oponerse a las preguntas del abogado defensor y permitir que se hagan preguntas que objetivamente pueden estimarse como prohibidas. ¿Podría el tribunal de oficio oponerse a las preguntas de la defensa?

Para el profesor Pelayo Vial, las objeciones respecto de las preguntas del contraexamen que formule la defensa deberán ser siempre a instancias del fiscal o querellante, jamás de oficio, a riesgo de que la sentencia de condena que se dicte en el juicio sea anulable por la causal del artículo 374 c) del CPP. Esto es, por haberse impedido a la defensa el ejercicio de las facultades establecidas en la ley a su favor; siendo el contraexamen una de las más relevantes, sin duda.

En cambio, en la situación inversa, esto es, una defensa extremadamente pasiva al momento de oponerse a las preguntas prohibidas formuladas por los acusadores, el tribunal debiera *de*clararla abandonada, advirtiendo al abogado que su pasividad perjudica claramente a su representado.

Queda la duda de si intervinientes que están en una posición procesal concurrente pueden objetarse mutuamente sus preguntas. Por ejemplo, si el abogado defensor de un imputado puede objetar las preguntas del defensor de otro imputado; o si el fiscal puede objetar las preguntas del querellante particular o institucional. Las normas del CPP nada dicen al respecto, pero es perfectamente posible que en un juicio en que haya varias defensas y múltiples acusadores, las posiciones de unos y otros sean no solo incompatibles, sino que derechamente estén confrontados. Por lo mismo, no hay razón legal ni de otro tipo para restringir esas oposiciones.

vii) La confrontación del testigo con sus declaraciones previas

La ley procesal penal chilena, como dijimos, estableció el principio de oralidad a ultranza, prohibiendo la incorporación mediante la lectura de las actas de las declaraciones previas prestadas por los testigos, el acusado y la víctima, entre otras hipótesis que veremos en detalle más adelante. Sin embargo, el artículo 332 del CPP, que estudiaremos a continuación, permite incorporar esa información al juicio oral, bajo ciertas condiciones.

Lo usual es que el Ministerio Público y la parte querellante ofrezcan las declaraciones de testigos que hayan prestado previamente declaración ante la policía o la Fiscalía. De hecho, hay autores que sostienen que no es procedente que los acusadores ofrezcan testigos "sorpresa" en la acusación, esto es, que no hayan declarado previamente. La jurisprudencia que revisamos anteriormente da cuenta que el criterio de la Corte Suprema es más permisivo, permitiendo que se ofrezcan como testigos las declaraciones de personas cuya pertinencia con los hechos del caso pueda ser debidamente justificada por los acusadores.

Ahora, si el testigo ofrecido —lo mismo que el acusado— ya prestó declaración ante la Fiscalía o la policía durante la indagatoria, y dichas actas constan en la carpeta investigativa, puede suceder que la declaración prestada en el juicio oral difiera, en mayor o menor medida, de lo que previamente señaló el testigo en la investigación. Estas diferencias pueden consistir en que en el juicio oral el testigo olvidó mencionar algo que sí dijo en la investigación; o bien, que en el juicio afirma algo distinto de lo declarado previamente.

El artículo 332 se pone en ambas hipótesis y permite confrontar al testigo y al acusado con sus declaraciones anteriores, a través del ejercicio de superar contradicciones y refrescar memoria.

Se trata de un ejercicio que debe ser solicitado por cualquiera de los intervinientes al momento de dirigir su examen directo o su contraexamen. En rigor, solo procede respecto de declaraciones prestadas ante el fiscal, el abogado asistente de fiscal o el tribunal de garantía[1] (de acuerdo con la actual redacción fruto de la reforma de la Ley 20.253 de 2008). Sin embargo, en la práctica de los tribunales se ha permitido este ejercicio también con declaraciones prestadas ante las policías "por delegación del fiscal" (artículo 91 del CPP), lo que evidentemente contraría el texto expreso de la ley. En este sentido, la Corte Suprema ha fallado que no puede sustentarse una condena apoyada en este tipo de declaraciones (rol 6934-2009).

---

[1] La Corte Suprema ha dicho que el ejercicio también puede hacerse para contrastar la declaración del testigo en juicio con lo afirmado en un juicio previamente anulado (rol 2866-2012).

Para hacer este ejercicio, el interviniente debe solicitarlo al presidente del tribunal. En esta solicitud debe señalar que existe una omisión o una contradicción entre lo que el testigo acaba de decir en la audiencia con una declaración escrita anterior, debiendo singularizarla, indicando la fecha y ante quién se prestó. El interviniente subrayará la parte pertinente de la declaración anterior y la dará a leer al testigo, además de pedirle que reconozca su firma en la misma. Con esto quedará claro que el testigo olvidó algún hecho o se contradijo, y podrá el testigo —si quiere— aclarar las razones para su olvido o contradicción, o el interviniente formular nuevas preguntas para esclarecerlo si estratégicamente conviene a su caso.

Estas herramientas pueden usarse tanto en el examen directo como en el contraexamen, pero naturalmente merman la credibilidad del testigo o perito, quien posiblemente proyecte una imagen de olvidadizo o derechamente de mentiroso frente al tribunal. Asimismo, el abuso de estas técnicas en audiencia puede producir la impresión de que es el abogado quien está dirigiendo la declaración, y no el testigo quien declara espontáneamente. Por lo mismo, su uso en el examen directo debiera ser reservado para situaciones estrictamente necesarias desde el punto de vista estratégico. Por contrapartida, son herramientas muy útiles si lo que se busca es desacreditar el testimonio de los testigos de la contraparte en el contraexamen. Sobre esto último, debe tenerse presente que los olvidos o imprecisiones son usuales en los testimonios que se prestan en juicio oral, y si estos recaen en asuntos sin importancia, el abogado deberá evaluar si vale la pena utilizar estas herramientas.

En el reciente veredicto absolutorio del llamado "caso SQM" (RIT 90-2022 del Tercer Tribunal de Juicio Oral en lo Penal de Santiago) de 22 de octubre de 2025, el voto de mayoría apoyó su decisión absolutoria en el "ejercicio reiterado del artículo 332 del Código Procesal Penal" respecto de algunos testigos de la fiscalía en los siguientes términos:

> "El paso del tiempo afecta la memoria de las personas, empleándose esta herramienta procesal de manera repetida y/o en algún aspecto fundamental por la Fiscalía, traduciéndose aquello en la obtención de información relevante desde las actas de declaraciones prestadas en Fiscalía en etapa investigativa, desembocando la testimonial en una reproducción mediante lectura de registros de investigación, mermándose de esta manera el valor probatorio de testigos y peritos".

viii) Ejemplos de los ejercicios de refrescar memoria y superar contradicciones

Antes de seguir con el estudio de estas importantes herramientas procesales, daremos un par de ejemplos para que se entienda la utilidad de su uso y en qué situaciones se emplean.

Veremos a continuación un ejemplo del ejercicio de “refrescar memoria”:

Fiscal: ¿El vehículo que conducía el acusado era una camioneta de color rojo, no?
Testigo: La verdad, no recuerdo haber dicho eso.
Fiscal (dirigiéndose al presidente de la sala): Señor presidente, pido hacer uso de la facultad del artículo 332 CPP en orden a refrescar la memoria del testigo.
Presidente: Ningún problema, señor fiscal. Cuénteme: ¿con qué declaración quiere hacer el ejercicio?
Fiscal: Con la que prestó el testigo ante la fiscal de la causa el 27 de febrero de 2021.
Presidente: Proceda, entonces, exhibiéndosela al testigo.
Fiscal: Gracias. (dirigiéndose al testigo ahora, exhibiéndole el acta de la declaración): ¿recuerda haber prestado declaración ante la fiscal adjunto de la causa el 27 de febrero de 2021?
Testigo: Sí, creo que sí.
Fiscal: Gracias. ¿Es esta su firma al final de esta acta?
Testigo: Sí, es mi firma.
Fiscal: ¿Esta declaración la prestó en forma libre y voluntaria ante los funcionarios de Carabineros de Chile, cabo Ordóñez y cabo segundo Fernández el 27 de febrero de 2021?
Testigo: Sí, así es.
Fiscal: ¿Usted la pudo revisar —me refiero al acta— antes de firmarla?
Testigo: Sí, es lo que recuerdo.
Fiscal: Gracias. ¿Me haría el favor de leer el pasaje subrayado?
Testigo: Sí… déjeme ver. Ya. Voy a leer: “en ese momento me doy vuelta y veo que el Richard se había subido a una camioneta Ford color rojo con otros dos muchachos que no conocía, la hizo partir y aceleró, llevándose las cosas que habíamos sacado”.
Fiscal: Gracias.

Aquí se comprobó, entonces, que el testigo no recordó en la audiencia de juicio el color de un determinado automóvil, información que sí había entregado en una declaración previa ante el fiscal de la causa.

A continuación, un ejemplo de “superar contradicción”:

Defensor: ¿Recuerda cómo andaba vestido la persona que la atacó?
Víctima/testigo: Sí, por supuesto. Como le decía, entré a mi casa con mi llave, prendo la luz de la entrada y me topo con este sujeto, alto, macizo, de acento extranjero, estaba vestido con un polerón rojo o morado y unas zapatillas grandes, blancas, que parecías nuevas, y pantalón de buzo, es lo que recuerdo.
Defensor: ¿Está segura de eso?
Víctima/testigo: Sí, han pasado algunos meses, pero lo recuerdo bien, para mí ha sido un trauma todo esto.

Defensor: Ok. (dirigiéndose al presidente de la sala): señor presidente, quería ejercer la facultad del artículo 332 CPP para superar una contradicción de la testigo.

Presidente: ¿Con qué declaración quiere hacer el ejercicio?

Defensor: Con la que prestó la testigo en la fiscalía el 30 de mayo de 2022.

Presidente: Proceda, defensor, y se la exhibe a la testigo, por favor.

Defensor: Gracias, señor presidente. (dirigiéndose a la testigo): ¿puede contarnos si es esta su firma en esta declaración del 30 de mayo de 2022 en la fiscalía?

Víctima/testigo: mmmm déjeme ver… sí, es mi firma.

Defensor: Gracias. Le quería preguntar: aquí dice que usted estuvo 45 minutos en la fiscalía, desde las 12:05 a las 12:50 de ese día. Me imagino que pudo revisar el contenido de la declaración antes de firmarla.

Víctima/testigo: Sí, recuerdo haberla revisado.

Defensor: …y, además, la prestó varios días después de ocurridos los hechos, una semana exacto, si no me equivoco.

Víctima/testigo: Sí, es así.

Defensor: …y por lo mismo, ya había pasado la conmoción del momento

Víctima/testigo: Del momento sí, pero yo sigo traumatizada.

Defensor: Claro. Le quería pedir si podía leer el párrafo subrayado.

Víctima/testigo: Déjeme sacar mis anteojos. Ya. La leo: "entonces entré a mi casa, y me topo con un hombre, grande, parecía extranjero, y a su pregunta, estaba vestido con una polera color café de manga larga, zapatillas grandes, negras, pantalón de buzo azul o celeste, no recuerdo bien porque estaba un poco oscuro a esa hora".

Defensor: Gracias.

En ambos ejemplos se aprecia claramente que el abogado *acredita la declaración anterior*, es decir, formula preguntas destinadas a obtener información referida a las circunstancias en que dicha declaración fue prestada, para evitar más adelante que el mismo testigo se justifique o excuse en su contradicción u olvido debido a las circunstancias apremiantes del momento (apuro, conmoción emocional, presión de la policía o del fiscal, etc.)

ix) ¿Puede hacerse el ejercicio del artículo 332 del Código Procesal Penal con documentos distintos a declaraciones anteriores del testigo?

Lo que el artículo 332 dispone literalmente es que el ejercicio de confrontación puede hacerse con las declaraciones previas del testigo prestadas ante el fiscal, su abogado asistente o ante el juez de garantía. Los tribunales suelen extenderlo también a las declaraciones prestadas ante las policías "por delegación del fiscal", a pesar de que la ley no lo contempla.

Ahora, surge la duda acerca de si este ejercicio puede practicarse también con otro tipo de documentos.

Hay autores como los profesores Baytelman y Duce, y así también el profesor Pelayo Vial, quienes han dicho que dentro de las "declaraciones previas" se incluye también cualquier otro documento ofrecido en la audiencia preparatoria cuya autoría corresponda al testigo. En esta hipótesis se incluyen las declaraciones prestadas por el mismo testigo o perito en un juicio oral anterior por los mismos hechos, pero que fue declarado nulo, y así lo ha reconocido la Corte Suprema (rol 2866-2013).

En contra de esta postura se ha manifestado el profesor Andrés Cruz Carrasco, para quien esta práctica correspondería a una "distorsión y permite burlar la prohibición contemplada en el artículo 228 inciso final y 334 inciso primero del CPP". Este autor, en todo caso, acota que esta práctica estaría permitida para las defensas, no así para la Fiscalía, para quien sí aplica la prohibición absoluta de lectura de documentos en el juicio oral, ni aun a pretexto de "refrescar memoria o superar contradicciones".

Creemos que los documentos distintos a las declaraciones prestadas en la indagatoria pueden ser reconocidos en juicio por el testigo, pero no tienen la idoneidad de poder ser contrastados con las declaraciones que presten en juicio, como veremos. En la práctica, hay tribunales que permiten que en el contraexamen se practique el ejercicio de superar contradicciones y refrescar memoria con declaraciones previas prestadas en documentos o causas judiciales, o incluso administrativas, ajenas al proceso penal que se está enjuiciando, aunque no hayan sido ofrecidos como documentos de prueba en el auto de apertura del juicio oral.

En cualquier caso, se trata de un asunto sobre el que hay bastante discusión doctrinal y cuya aplicación práctica varía de tribunal en tribunal.

x) ¿Puede confrontarse al testigo con una declaración anterior sin efectuar el ejercicio del artículo 332 del Código Procesal Penal?

La respuesta a esta pregunta es sí. Como ya vimos, el artículo 330 inciso tercero del CPP dispone expresamente que "durante el contrainterrogatorio las partes podrán confrontar al perito o testigo con sus propios dichos u otras versiones de los hechos presentados en el juicio".

Esta es la forma más natural y fluida de dejar en evidencia a un testigo olvidadizo o mentiroso. El problema es que en muchos casos dará origen a una discusión con el testigo en que el asunto se resumirá en "la palabra del testigo contra la del abogado", y obligará a los jueces a revisar sus apuntes o registros de audios, una vez concluida la audiencia, para poder corroborar lo que el abogado alega en el interrogatorio.

Esta confrontación, como dice la norma, puede hacerse con toda otra clase de antecedentes presentados en el juicio. Así, podría confrontarse al testigo con las declaraciones del acusado, o de otros testigos, o con lo señalado en el alegato de apertura por el abogado de la parte que lo presentó.

Veamos un ejemplo para que se entienda lo que estamos diciendo.

Fiscal: ¿Entonces usted dice que cuando llegaron a la fiesta la víctima ya se había ido, que eso le dijo el guardia que estaba a la entrada?

Testigo: Sí, señor fiscal. Es lo que acabo de decirle. Llegamos tipo dos de la mañana, y el guardia nos dice que la Tamara y sus amigas ya se habían ido en un auto blanco, con otras personas…

Fiscal: Perdone que lo interrumpa, pero en este juicio declaró la víctima Tamara el día de ayer y dijo una cosa distinta. A ver, déjeme revisar mis apuntes… aquí está. Dijo textual, porque lo anoté: "nos fuimos pasadas las tres de la mañana, cuando ya quedaba poca gente en la fiesta".

Testigo: Bueno, eso es lo que dice ella. Yo me acuerdo que no eran más que las dos de la mañana porque miré el celular a esa hora porque tenía un mensaje de mi pareja para que me fuera para la casa, si quiere se lo muestro…

Fiscal: No es necesario, gracias.

Como se ve, aquí el ejercicio tiene un resultado que no puede calificarse de exitoso en la audiencia, a menos que los jueces al fallar hagan el contraste entre lo que los testigos han ido declarando, para hacerse una idea de cómo ocurrieron los hechos.

Esta contrastación se puede hacer también como paso previo del ejercicio del artículo 332, y si resulta exitoso, puede volver en innecesario hacer este último, en el evento que el testigo advierta que ha cometido un error o ha olvidado algo.

Veámoslo en un ejemplo para que quede más claro.

Defensor: Usted describió al agresor como un sujeto alto, de más de un metro ochenta, moreno, de unos treinta años, y con un tatuaje en forma de serpiente que se le asomaba por el lado derecho del cuello y le llegaba hasta la oreja, ¿no es así?

Testigo: De lo que me acuerdo, la persona que nos asaltó en el local sí era bien alto y moreno, pero del tatuaje que usted dice no me acuerdo nada.

Defensor: Ya, pero mire… yo estoy leyendo lo que usted dijo en la policía, cuando declaró el 20 de febrero de 2022, ¿se acuerda lo que dijo ahí? Porque si quiere hago que se la lean aquí en la audiencia, pero nos vamos a demorar un poco más.

Testigo: No se preocupe, lo que pasa es que ha pasado tanto tiempo, déjeme hacer memoria, porque eran dos tipos los que nos asaltaron. Sí, ahora me acuerdo. Había uno, que era el que llevaba el arma, que tenía un tatuaje en la cara, y le llegaba a la oreja.

Defensor: Perfecto, era lo que tenía aquí en el acta. Pasemos a otro tema ahora…

Ahora, no puede perderse de vista que una contraparte puntillosa podría manifestar su oposición a las preguntas del ejemplo, amparándose que la única forma de confrontar al testigo con declaraciones anteriores es a través del ejercicio del artículo 332. No compartimos ese criterio, en razón del tenor literal del artículo 330 inciso tercero del CPP.

xi) ¿Puede hacerse el ejercicio de confrontar al testigo con su declaración previa en los casos en que omita señalar algo en juicio que sí había dicho en una declaración anterior?

Como vimos recién, el artículo 332 se pone en dos hipótesis: que en su declaración en juicio el testigo se contradiga con lo que había afirmado en una declaración anterior prestada durante la indagatoria; o bien, que diga en juicio no recordar algo que sí había dicho en una declaración anterior.

Pero puede ocurrir una situación distinta a las anteriores, y que parece ser la más frecuente en la práctica: que el testigo no incurra en contradicción alguna ni tampoco manifieste no recordar algo de su declaración previa, sino sencillamente que lo omita en su declaración en el juicio oral.

Para que quede claro, daremos un ejemplo a continuación.

En un caso, el testigo ante el fiscal del caso había afirmado lo siguiente y así quedó consignado en la respectiva acta: "entonces, cuando entramos a la pieza, encontramos una de esas típicas pipas de marihuana, varias cajetillas de cigarrillos, un carnet de manejar que se le había quedado a alguien, botellas de cervezas vacías, estaba todo muy desordenado, y en la cama se veía al Franco que parecía dormido, pero le caía un hilo de sangre por la boca".

En el juicio, el fiscal le pregunta lo siguiente:

Fiscal: ¿Recuerda usted qué vieron cuando entraron a la pieza el día de los hechos?

Testigo: Sí, perfectamente. Había botellas de cerveza vacías, una pipa de marihuana, cigarrillos, y en la cama estaba el Franco tirado, inconsciente, con un hilo de sangre en la boca.

Fiscal: ¿Recuerda si había algo más en la habitación?

Testigo: Es lo que acabo de decir, me acuerdo perfectamente porque fue un shock ver a Franco así, si habíamos estado carreteando hasta hace un rato con él en el asado.

Aquí, el fiscal no puede superar contradicciones ni refrescar memoria, porque, en rigor, el testigo no ha incurrido en olvidos —al menos no lo ha manifestado— ni se ha contradicho. Simplemente omite parte de la información que ya había dado con anterioridad, que era la presencia de este *carnet* de manejar.

Aquí el litigante tiene dos opciones. O seguir preguntando al testigo si recuerda si había algo más en la habitación que no haya mencionado, en cuyo caso se arriesga a que el testigo conteste que no ha olvidado nada. En ese supuesto, el ejercicio de "refrescar memoria" podría parecer forzado y eventualmente ser rechazado.

Este problema no tiene una solución clara. El profesor Pelayo Vial propone que el abogado podría solicitar al tribunal que le entregaran la declaración completa al testigo para que la leyera, y pudiera así salvar la omisión, lo que pudiera sin embargo contradecir el tenor literal del artículo 332 que solo permite la lectura de "parte" o "partes" de la declaración anterior, pero no de su totalidad. Justamente para evitar lo que la norma quiere que no suceda, que es que se sustituya la declaración oral por el acta escrita.

Ahora, este riesgo la verdad que es más bien teórico, desde que al testigo se le podrá contrainterrogar en la audiencia, al tenor de lo previamente declarado, que es el sentido de la regla, y no otro.

e) La relevancia en el juicio oral de la información levantada durante la indagatoria, a propósito del examen y contraexamen de los testigos

Uno de los principios cardinales del nuevo sistema de enjuiciamiento criminal es la centralidad del juicio oral y la relegación de la etapa investigativa a una fase preliminar, administrativa y solo orientada a la recogida de simple "evidencia", que para ser valorada como prueba —en el sentido procesal del término— debía ser producida y controlada en el juicio oral, público e inmediato.

Sin embargo, hay autores que han llamado la atención acerca de la relevancia que pueden llegar a tener en el juicio oral las piezas de evidencia recogidas durante la investigación del Ministerio Público, al punto de configurar y determinar de forma gravitante el contenido y alcance de este.

Si bien las piezas de evidencia no ingresan "en bruto" al juicio oral, lo cierto es que sí lo hacen de muchas otras maneras. Partamos por los documentos que, en la práctica, rara vez son filtrados durante la etapa preparatoria de juicio, y cuya incorporación en el juicio oral se hará mediante su exhibición y lectura, sin posibilidad de contradicción, como estudiaremos más adelante.

Es cierto que están excluidos de ser incorporados de esta forma los partes de actuaciones policiales, lo mismo que las actas de las declaraciones de imputados y testigos que finalmente no declaren en el juicio oral; pero no puede perderse de vista que esa información sí puede ingresar al juicio justamente a través de las técnicas de "refrescar memoria" y "superar contradicciones", que recién revisamos. Y cuando un acusado se niega a declarar en el juicio oral, veremos que los tribunales han aceptado que se supla dicha declaración mediante la declaración como testigos de oídas de los policías que estuvieron presentes en la declaración previa prestada ante la Fiscalía durante la investigación.

Asimismo, ¿qué sucede si el acusado niega su participación en los hechos al declarar en el juicio oral, por ejemplo, habiendo previamente confesado en la etapa de investigación que precedió al juicio? El fenómeno no ha sido estudiado en Chile, aunque sí en España, donde se constató que los jueces tienden a creerle a la versión autoincriminatoria prestada por el acusado en sede investigativa, y no a la exculpatoria prestada en el juicio oral. Esto, en circunstancias que, de acuerdo a la presunción de inocencia, debería ser al revés.

Como se ve, la información que se recogió en la indagatoria previa es sumamente relevante para el juicio oral, y aun cuando el tribunal oral en lo penal no conozca nada del caso —más allá de la información contenida en el auto de apertura del juicio oral—, lo cierto es que mucha de esa información ingresará al juicio a través de los mecanismos recién revisados.

Podemos decir que, en el sistema chileno —a diferencia de los juicios por jurados del *Common Law*—, la situación juega en contra del acusado, desde que la indagatoria no la llevaron simples policías, que están claramente contaminados por un sesgo incriminador. Aquí, la indagatoria estuvo a cargo de un ente público de rango constitucional, con supuestos criterios de objetividad, lo que reforzará en muchos casos la tendencia de los jueces de "dar por buena", incluso acríticamente, la información que proviene desde la indagatoria del Ministerio Público.

Por lo mismo, la "muralla china" entre la investigación del fiscal y el juicio oral puede ser mucho más aparente que real, constituyendo, según algunos autores, una verdadera y espuria "primera instancia" del juicio penal, transformando al juicio oral en una mera reiteración de la información ya vertida en la indagatoria, plagada muchas veces de sesgos incriminadores.

La profesora Silvana Adaros ha propuesto en un *paper* de su autoría que la información que ingresa al juicio oral por la vía de los ejercicios del artículo 332, esto es, mediante la lectura de las declaraciones previas del testigo, perito o acusado, no tendría la virtualidad de poder ser considerada como prueba de la responsabilidad criminal del acusado; sino que solamente serviría para que el tribunal estimara que el testimonio del testigo, perito o acusado es mendaz o, al menos, registra contradicciones u omisiones en algunos aspectos, que pueden ser más o menos relevantes, según cual sea el objeto del proceso.

Lo cierto es que no parece ser ese el sentido y alcance de la norma, como tampoco la práctica que de ella han hecho los tribunales de juicio oral en lo penal; ni tampoco la de las Cortes superiores al conocer de recursos de nulidad intentados en contra de sentencias que se han apoyado en dichas declaraciones previas que han salido a la luz en el juicio oral por la vía del ejercicio del artículo 332.

La autora reprocha, como ya se expuso, que dichas declaraciones previas se hayan prestado por fuera del juicio oral, en un contexto en que no se pudo controlar su producción a través del contraexamen; es decir, se le da preponderancia a una pieza de evidencia, pero no a una prueba rendida en juicio a través de las técnicas de control que la ley establece a favor de los intervinientes. Algunas legislaciones, como la italiana, contemplan algunos casos en que expresamente se le da valor a la declaración previa del testigo en sede policial o de Fiscalía, como cuando existen antecedentes de que el testigo ha estado amenazado, coaccionado o ha recibido algún tipo de estímulo monetario o alguna otra retribución para variar su testimonio ante los jueces, respecto de lo previamente declarado.

Creemos que la norma no ha restringido el uso de declaraciones previas, y estas pueden emplearse legítimamente por el tribunal tanto para estimar que todo o parte del testimonio es mendaz, si existe contradicción entre una y otra; o bien, que es plausible creer a una de las dos versiones en conflicto.

En todo caso, lo que muchas veces se ve en las declaraciones ante los jueces del TJOP es que el testigo *precisa o adiciona* elementos que no había dado previamente, o bien, omite algunos que sí había dado previamente. En esos casos, lo razonable sería que el tribunal considerara que la declaración del testigo está integrada por toda la información dada en la audiencia, incluidas la confrontación con declaraciones previas y las explicaciones que ha dado el testigo cuando ha habido inconsistencias u omisiones entre una y otra. El asunto, creemos, debe examinarse caso a caso. Efectivamente habrá testigos mendaces, pero en muchos casos ello no será así y se tratará simplemente de una manifestación más de la fragilidad propia de la memoria humana.

f) La preparación de la declaración de los testigos y peritos

En los sistemas adversariales siempre se sugiere que los abogados se reúnan previamente con los testigos y peritos que han ofrecido, con el objeto de "preparar" sus declaraciones.

El asunto ha sido —y sigue siendo— particularmente controvertido. Por una parte, los defensores del sistema adversarial "a ultranza" argumentan que sería absurdo pretender que los abogados querrán incorporar información al juicio oral, sin previamente cerciorarse acerca de su contenido y sin perjuicio de la responsabilidad profesional para con su cliente. Autores como los profesores Baytelman y Duce han dicho, con razón, que al juicio el abogado no va a buscar información que no conoce de los testigos, sino solamente a exponer la que ya sabe que tienen.

Sin embargo, las cosas parecen no ser tan sencillas. Muchas críticas se han levantado respecto de esta práctica de los abogados de hacer *coaching* intensivo a sus testigos y peritos, y finalmente "pautear" sus declaraciones en juicio oral. A lo anterior se suma, como vimos, que las actas de las declaraciones prestadas durante la investigación suelen no contener toda la información dada por el testigo, ni existe registro audiovisual del interrogatorio que permita conocer cómo el investigador lo dirigió, con la notable excepción de lo que dispone la Ley 21.057 (Ley de Entrevistas Videograbadas).

Tratándose de los testigos de la Fiscalía esto es particularmente crítico, desde que lo usual es que el abogado defensor no se encuentre presente en dichas declaraciones prestadas durante la investigación. Lo que es más grave: no hay registro alguno de las reuniones previas que sostenga la Fiscalía con los testigos y peritos para preparar sus testimonios en el juicio oral.

Asimismo, ya en el juicio oral, los jueces están llamados a tener un rol absolutamente pasivo respecto de los exámenes y contraexámenes de los testigos y peritos, solo permitiéndoseles preguntas aclaratorias finales sobre asuntos puntuales, como veremos a continuación. Además, las preguntas que aborden la forma en cómo los abogados prepararon a los testigos suelen ser consideradas improcedentes por los jueces.

A nivel comparado, se ha dicho que la preparación o entrenamiento de los testigos no es *per se* algo que contribuya a generar información errónea, pero sí es una herramienta que admite un uso abusivo por los litigantes. En la sentencia *Geders v. United States* de 1976, la Corte Suprema de ese país estableció la prohibición general de que los abogados litigantes *influencien* inapropiadamente el testimonio de los testigos.

En nuestra opinión, parece fundamental que el abogado se reúna previamente con los testigos y peritos que declararán en el juicio oral y que hayan sido por él ofrecidos. Creemos que no existe expectativa alguna por parte de los jueces de que ello no ocurra ni menos una valoración negativa de este tipo de reuniones.

Estas reuniones previas no deben tener por objeto, ciertamente, que el abogado le instruya al testigo qué decir o derechamente conminarlo a mentir. Por lo demás, el testigo mentiroso será sometido al contraexamen de los intervinientes, por lo que ese tipo de "estrategia" nunca es conveniente para el litigante. Como decíamos más arriba: es a través de estas reuniones que el abogado sabrá si la información que el testigo tiene es funcional o no a la teoría de su caso, y si conviene o no presentarlo a declarar en el juicio oral.

g) Testigos de oídas y su valor probatorio

Cuando el testigo no está disponible para declarar en el juicio, una práctica habitual del Ministerio Público es incorporar al juicio oral la declaración testifical (oral, se entiende) de los funcionarios policiales que presenciaron en la indagatoria la declaración del testigo ahora renuente a declarar. O sea, "testigos de un testigo"; o, lo que es lo mismo, un testigo de oídas.

Como ya dijimos, la ley procesal permite los testigos de oídas y, por lo tanto, los tribunales lo han admitido como prueba que deba ser ponderada en la sentencia, con la virtualidad de generar convicción sobre un hecho (artículo 309 inciso 2 del CPP). Este mismo criterio se ha seguido también respecto del imputado que había prestado declaración en la indagatoria, pero se niega a declarar en el juicio oral, como vimos.

Ha surgido la pregunta acerca de si el fiscal que presenció la declaración del testigo o del imputado durante la indagatoria puede comparecer más tarde como testigo "de oídas" respecto de lo que estos dijeron, en el evento que se nieguen o que no puedan declarar en el juicio oral. En 2003 la Fiscalía Nacional emitió un oficio (oficio FN 558) desaconsejándolo, ya que se trata de un interviniente en el proceso, y no propiamente un testigo ajeno a los hechos, existiendo una incompatibilidad entre su rol de persecutor penal y de ser prueba en las mismas causas que investiga y persigue. Además, el fiscal puede tener deberes de confidencialidad en razón de ser abogado y estar obligado legalmente a no revelar ciertos secretos; estando su infracción está penalmente sancionada en el artículo 246 del CP. También se ha dicho que permitir este doble rol de fiscal/testigo pondría en desventaja a la defensa.

En todo caso, hay que distinguir los casos en que es la defensa quien solicita la declaración de un fiscal, como medio de prueba, de aquellos casos en que la Fiscalía presenta como testigos a sus propios fiscales. En el primer caso, esta prueba estaría permitida, justamente para no dejar en desventaja al imputado.

En este sentido hay autores que han calificado la postura contraria —o sea, que el fiscal sí puede declarar como testigo en las causas penales— como una "preconstitución de prueba". No vemos inconveniente de que se admitan esas declaraciones de fiscales en los juicios orales, aunque los jueces debieran tener siempre claro que quien declara es parte interesada en el caso, cuestión que en todo caso no está proscrita para los testigos de acuerdo con las reglas del CPP, ya que no existen testigos inhábiles.

En el derecho comparado ha surgido el problema de si es admisible suplir la declaración de un testigo o del acusado —que se niega o que no puede declarar en juicio oral— por testigos *particulares* —no ya policías— *de oídas*. Esto se ha dado en los casos en que el testigo es un "compañero de celda" o un coimputado que "escuchó decir" algo al imputado.

Bajo la regulación chilena, no hay regla que lo proscriba. No debe olvidarse que el sistema chileno funciona sobre la base de jueces profesionales que debieran contar con las herramientas para ponderar este tipo de testimonios "de segunda mano", y asimismo los intervinientes debieran indagar en sus líneas de contraexamen acerca de las intenciones espurias que puedan tener estos testigos para —por ejemplo— incriminar al acusado.

La prohibición que existe en algunos sistemas de juicios por jurados de admitir a los testigos de oídas se sustenta en la falta de control sobre su declaración, ya que no se puede contraexaminar a la fuente de información, quien, naturalmente, no está presente. Pero en el caso chileno, los jueces debieran ser capaces de ponderar dicha prueba adecuadamente.

En el reciente veredicto absolutorio del llamado "caso SQM" (RIT 90-2022 del Tercer Tribunal de Juicio Oral en lo Penal de Santiago) de 22 de octubre de 2025, el voto de mayoría apoyó su decisión absolutoria justamente en el uso abusivo de los testigos "de oídas" que, en algunos casos, fueron catalogados por el tribunal como "pruebas de leídas", o sea, un testigo que fue a deponer acerca de lo que leyó en el acta escrita de un testigo ante el Ministerio Público.

h) Preguntas finales que pueden formular al testigo los miembros del tribunal a través de su presidente

Terminados los interrogatorios de las partes, los miembros del tribunal pueden dirigirle preguntas al testigo para "aclarar sus dichos".

Esta facultad fue bastante criticada por la doctrina por constituir un rasgo "inquisitivo" alojado en el nuevo sistema acusatorio, desde que sería una suerte de prueba de oficio del tribunal. En la práctica, sin embargo, los tribunales suelen ser prudentes en hacer uso de esta prerrogativa, y formular breves preguntas aclaratorias, que en caso alguno pueden entenderse como una actuación oficiosa.

El asunto, en todo caso, no es pacífico y se enmarca dentro de una discusión mucho más amplia, sobre si las facultades oficiosas del tribunal en cuanto a la prueba comprometen la imparcialidad del tribunal. Esta discusión se ha dado, por ejemplo, a propósito de las medidas para mejor resolver del CPC; así, autores como Hugo Botto han dicho que se trata de disposiciones derechamente inconstitucionales.

Se ha argumentado que, si los jueces se ven en la necesidad de formular preguntas aclaratorias al testigo, es que finalmente están subsidiando el déficit de alguna de las partes que no la formuló en su examen directo o en su contraexamen. Dicho de otra forma: el juez se "baja del estrado", se coloca en el mesón del litigante y deja de ser un tercero pasivo e imparcial.

De lo que se puede apreciar en las audiencias, creemos que el ejercicio de esta facultad es más bien excepcional, y no es para abanderizarse con algún interviniente, sino por legítimas dudas que pueden surgir en quien debe fallar el asunto respecto de cómo ocurrieron los hechos. Por lo demás, es probable que durante la audiencia del juicio los jueces ni siquiera hayan adoptado una decisión sobre el fondo; por lo mismo, no se aprecia que en abstracto y para todos los casos se trate de una norma de por sí problemática.

Sí es indiscutible que la posibilidad de oponerse a las preguntas del tribunal parece sumamente difícil, ya que él mismo resuelve; aunque no inviable.

Es interesante, en todo caso, notar que ha habido sentencias que han acogido recursos de nulidad al estimar que se hizo un uso abusivo de esta facultad. Así, la Corte Suprema en la causa rol 6165-2009 anuló una condena sobre la base de que "el magistrado no solo intermedió en las preguntas que formuló el fiscal, sino que agregó en ellas facilidades o elementos que propendían a la respuesta de la víctima". En el mismo sentido, rol 39732-2021: "ha resultado agraviante para el debido proceso que el tribunal concurriera a suplir o corregir eventuales deficiencias del acusador", anulando el fallo; y rol 13.895-2025, este último caso referido a las preguntas efectuadas por el tribunal a un perito de la defensa las que a juicio de la Corte "claramente exceden el ámbito excepcional que el artículo 329 del Código Procesal Penal permite para la intervención de los jueces".

i) Testigos que son niños, niñas o adolescentes a partir de la entrada en vigencia de la Ley 21.057

La Ley 21.057 introdujo una serie de normas que se aplican en forma preferente a las del CPP en lo referido a las declaraciones de testigos que son niños y niñas (menores de catorce años) y adolescentes (mayores de catorce y menores de dieciocho años). Como se dijo, esta ley pretende evitar la victimización secundaria de estas personas, esto es, el especial sufrimiento que acarrea el verse expuesto a un proceso penal; asimismo, pretende obtener más y mejor información de testigos y víctimas menores de edad, cuyas características de madurez y de cognición pueden dificultar la labor de los intervinientes.

Revisaremos a continuación algunas normas especiales que se aplican para la declaración de estas personas.

i) Si el menor de edad prestó declaración judicial previa, por regla general no deberá declarar nuevamente en el juicio oral

Como primera cuestión, si el menor de edad prestó su declaración judicial en forma anticipada, según regula el artículo 16 de dicha ley, ese registro audiovisual será reproducido en la audiencia de juicio oral, según las reglas del artículo 331 del CPP y, en consecuencia, el menor no tendrá la obligación de comparecer nuevamente a prestar declaración en el juicio oral. En esto, aplica entonces la misma lógica que la del artículo 331, en el sentido que no será necesario reiterar esta prueba, ya que la declaración judicial anticipada se celebró ante el juez de garantía y en presencia de los intervinientes, quienes pudieron practicar el examen y contraexamen del testigo.

Esta regla, sin embargo, tiene una excepción, que permite al menor de edad volver a declarar en juicio oral, habiendo ya prestado declaración judicial anticipada. Ello ocurrirá si el menor lo solicita libre y espontáneamente, o si existe una petición fundada de alguno de los intervinientes "por la existencia de nuevos antecedentes que la justifiquen y que pudieren afectar sustancialmente el resultado del juicio".

Hasta antes de la entrada en vigencia de esta ley, regía únicamente lo dispuesto en el artículo 310 del CPP, norma que aún está vigente y que dispone que los intervinientes no pueden dirigir directamente las preguntas al menor de edad que declara en juicio, sino que debe hacerse a través del presidente del tribunal, quien se las formulará al menor.

ii) La declaración del menor de edad tendrá lugar en una sala especial y se practicará a través de un entrevistador capacitado

A partir de la entrada en vigencia de esta ley, las declaraciones de niños, niñas y adolescentes deberá efectuarse en una sala especialmente destinada a este efecto, distinta de la sala de audiencia de juicio oral, pero contigua a esta. En esta sala especial solo estarán presentes el menor de edad y el entrevistador designado por el tribunal, que en todo caso no podrá ser un funcionario policial ni un fiscal del Ministerio Público que hubieren participado en la indagatoria.

Los entrevistadores son personas especialmente capacitadas y acreditadas por el Ministerio de Justicia y DD. HH., para efectos de interactuar con los menores de edad que han sido víctimas o testigos de delitos. Los entrevistadores deben seguir un protocolo preestablecido respecto de la forma, lenguaje y extensión de las preguntas a formular, evitando un sufrimiento del menor o afectación a su dignidad, y también para poder obtener mejor y más información útil para el proceso.

La sala en que se practica esta declaración debe ser visible por los intervinientes y los jueces, pero no viceversa, o sea, el niño no puede ver ni oír lo que sucede en la sala de juicio.

Es el juez presidente quien recoge las preguntas de los intervinientes, y efectúa una primera ponderación acerca de su pertinencia y adecuación a los propósitos de la ley; entre otros, evitar victimización secundaria. Si el juez presidente la estima conforme, la hará saber al entrevistador a través de un sistema de comunicación remoto solo entre ambos, de forma tal que el menor no oiga lo que sucede en la sala de juicio. El entrevistador, que está físicamente en la sala especial con el menor, interactuará con él y hará las adaptaciones y adecuaciones a la pregunta transmitida por el juez que le parezcan pertinentes de acuerdo con la edad, capacidades y estado emocional del niño, aplicando también técnicas de contención emocional.

Mientras los intervinientes y los jueces resuelven acerca de las objeciones a las preguntas, en la sala de entrevistas se genera un "espacio de silencio", en que el menor no sabe qué sucede en la sala de juicio, ya que nada oye de lo que allí se discute y debe, junto con el entrevistador, permanecer callado mientras se evalúa si se le formula la pregunta y su contenido.

El sistema así descrito parece un tanto engorroso y quizás se asemeja al "juego del teléfono"; hasta el momento las evaluaciones que se han hecho acerca del funcionamiento de esta ley han sido positivas. No debe perderse de vista que el contexto de un juicio oral puede ser tremendamente hostil, burocrático y hasta incomprensible para los adultos ajenos al sistema de persecución penal; con mayor razón para los niños.

En la práctica, sin embargo, se han presentado algunas dificultades. Más allá de la demora que se genera en esta dinámica de traspaso de preguntas desde el interviniente al juez presidente, de este al entrevistador y del entrevistador al menor, existe este "filtro" y "adecuación" del contenido de las preguntas.

Así, puede suceder que el entrevistador "adapte" la pregunta al lenguaje del menor y cambie el sentido de lo que el interviniente quería preguntar, lo que puede complotar contra la entrega fiel de información en el contexto del juicio oral. En todo caso, el interviniente que se estime perjudicado por las adecuaciones que haga el entrevistador puede formular sus objeciones al tribunal en el momento en que se hace la pregunta, antes de que el menor responda.

Los adolescentes (mayores de catorce y menores de dieciocho años) podrán declarar voluntariamente sin la intermediación del entrevistador, si así lo manifestaran libre y voluntariamente, previa autorización del tribunal. La ley contempla, asimismo, una serie de normas con mecanismos para resguardar la reserva y privacidad del contenido de estas declaraciones y de la declaración videograbada.

iii) Ejemplo del interrogatorio de un menor de edad

Revisemos a través de un ejemplo cómo debiera ser el interrogatorio de un niño, niña o adolescente por aplicación de las reglas recién estudiadas.

Defensor: (dirigiéndose al juez presidente) Quisiera preguntarle a Josefina si tenía una relación de cercanía con el tata Oscar o con otras personas del núcleo familiar del tata Oscar.

Juez presidente: ¿Existe alguna oposición del fiscal a que se formule esta pregunta?

Fiscal: Ninguna, señoría.

Juez presidente: Mire, lo conversé aquí con los otros jueces. Vamos a reformularla un poco para que la niña la entienda, ¿le parece? Vamos a preguntarle si veía muy seguido al tata Oscar o a su familia.

Defensor: De acuerdo.

Juez presidente: (dirigiéndose al entrevistador por un sistema de comunicación privado) Señor entrevistador, aquí de nuevo. Quiero pedirle que le pregunte a Josefina si ella visitaba regularmente al tata Oscar o a su familia.

Entrevistador: De acuerdo, procedo. (Dirigiéndose a Josefina): Josefina, mira los señores que están en la sala de al lado, ¿te acuerdas que te conté? Bueno, ellos querían ver si tú podías responderles algunas preguntas que te quieren hacer…

Testigo: Ya, ¿qué tengo que decirles?

Entrevistador: Bueno, primero te voy a transmitir la pregunta, y luego tú me tienes que decir lo que te acuerdas. Puede que no te acuerdes tanto, y eso también me lo tienes que decir, ¿ya?

Testigo: Bueno.

Entrevistador: Mira, lo que ellos quieren saber es si tú te veías seguido con el tata Oscar o su familia. ¿Te acuerdas que hablamos del tata Oscar antes?

Testigo: Sí, él era el tío del transporte que nos llevaba al colegio.
Entrevistador: Claro, eso es lo que tú nos contaste. ¿Te acuerdas algo más?
Testigo: Sí, cuando íbamos a dejar al Felipe, el tío Oscar pasaba a veces por su casa, que quedaba cerca de la casa del Felipe, y ahí nos invitaba a tomar el té con los niños que quedábamos en la liebre.
Entrevistador: Perfecto, entonces te acuerdas. Los señores quieren saber si tú habían visto a la familia del tío Oscar también.
Testigo: Sí, estaba su hijo, que era un señor un poco más joven que el tío Oscar, que se llamaba Ramiro.
Entrevistador: Gracias. ¿Y cuántas veces fueron a su casa?
Testigo: No me acuerdo, pueden haber sido seis o siete veces el año pasado…

iv) Los peritajes de credibilidad del relato del menor que es supuesta víctima

Lamentablemente, esta ley no aprovechó de regular un aspecto sumamente sensible respecto de los testimonios de los testigos menores de edad, como son los llamados "peritajes de credibilidad del relato", generalmente a cargo de funcionarios de la PDI, quienes finalmente son colaboradores del ente acusador.

Las metodologías y los resultados de estos peritajes son controvertidos en la ciencia de la psicología, aunque los tribunales suelen admitirlos como prueba en la audiencia preparatoria y darles valor probatorio en la sentencia de fondo.

Los profesores Duce y Riego han llamado la atención acerca de la práctica de la Fiscalía de presentar "peritos de credibilidad o veracidad de relato" respecto de los testimonios de víctimas de delitos sexuales que son menores de edad, quienes son psicólogos de la PDI y que, en rigor, lo que hacen es intentar suplir el ejercicio de ponderación de la prueba testifical de la víctima, que es labor del juez.

En este sentido, una sentencia de la Corte de Apelaciones de Temuco (rol 267-2024) llamó la atención al denegar el recurso de nulidad deducido por el Ministerio Público en contra de la absolución de un imputado por el delito de violación de una menor de catorce años de edad, en los siguientes términos:

> Un defecto adicional y fundamental en la prueba de cargo está dado por las deficiencias que presentaba el peritaje, de Cavas Concepción, y que salieron a la luz mediante una sólida exposición de la perita psicóloga de la defensa, explicando esta última profesional que el peritaje de Cavas no da cuenta del historial previo de la víctima, que se trata de un historial de infancia y adolescencia complejo, cruzado por múltiples episodios de maltrato y abuso previo que pudieron gatillar los numerosos síntomas que la psicóloga atribuye al incidente de violación relatado por la afectada, lo que ciertamente contamina todo el trabajo de esta última experta e impide otorgarle valor probatorio a su exposición […].

La experta utilizó preguntas inductivas para provocar el relato de un segundo incidente, lo que también constituye una falta a la *lex artis* de esta clase de instrumentos, pues induce a la evaluada a proporcionar información a la medida de las preguntas sugestivas que se le formulen, todo lo cual debilita aún más esta probanza y la despoja de todo valor epistémico.

v) Prohibición de testimonios de oídas

El artículo 12 de esta ley dispone que los testigos y peritos en el juicio oral no podrán hacer referencia en sus declaraciones al contenido de la entrevista videograbada que hubiere prestado el niño, niña o adolescente durante la investigación, de forma tal que no se pueda suplir el testimonio de estas personas a través de testimonios "de oídas".

vi) Reglas especiales de confrontación con declaraciones previas

El artículo 18 de la Ley 21.057 dispone en sus letras a) y b) ciertas hipótesis en que se puede reproducir el registro de la entrevista investigativa videograbada en el juicio oral, que son muy similares a las reglas generales que permiten la incorporación mediante lectura de la declaración de testimonios prestados durante la investigación del artículo 331 a) del CPP (casos de incapacidad física o mental de gravedad que los inhabilita para declarar en juicio).

Fuera de estas hipótesis, el registro de las declaraciones investigativas videograbadas puede ser incorporado en el juicio oral mediante un ejercicio de contrastación con el objeto de "demostrar contradicciones o inconsistencias" entre lo que dijo el menor en dicha entrevista y lo que ha señalado en la audiencia de juicio oral (artículo 18 c) del CPP).

Se puede efectuar el mismo ejercicio de contrastación entre la entrevista investigativa videograbada y la declaración en juicio del entrevistador, en el caso de que hubiere sido ofrecido como testigo por alguno de los intervinientes (artículo 18 d)

A diferencia de lo que dispone el artículo 332, que es la regla general, las normas del artículo 18 no permiten hacer el ejercicio de contrastación durante el interrogatorio en juicio del menor de edad, es decir, no se le reproducirá la parte de la entrevista que resulte contradictoria con lo que dijo en el juicio oral. Por el contrario, este ejercicio se practicará "una vez concluida la participación del niño, niña o adolescente en la audiencia de juicio y bajo ninguna circunstancia se autorizará a que se reanude su participación".

A juicio del profesor Nicolás Orellana Solari, la regla general del artículo 332 sería más beneficiosa para la defensa, ya que permite hacer una contrastación "inmediata" en el juicio con el testigo menor de edad, a través del juez presidente (artículo 310), lo que no permite la regla especial recién vista.

Esto puede ser relevante para aquellas investigaciones ya iniciadas cuando entró en vigencia la Ley 21.057, por aplicación del artículo 11 del CPP, en el sentido que la ley procesal rige *in actum*, salvo si las nuevas disposiciones resultan más perjudiciales para la defensa que las anteriores en vigencia.

vii) ¿Pueden mentir los niños?

Vale la pena destinar algunas palabras respecto de la apreciación de la prueba testifical por parte de los jueces, cuando quien declara es un niño, niña o adolescente.

Los estudios científicos que se han efectuado, citados en un trabajo del profesor Cristián Contreras de 2022, muestran que en sus testimonios los menores de edad "no solo son capaces de mentir, sino que de hecho mienten".

Esto es importante tenerlo en cuenta, porque la capacidad de mentir no es exclusiva de los adultos y, por lo mismo, sería un error asumir que el menor de edad siempre dirá la verdad.

La psicología ha comprobado que los niños adquieren la capacidad de faltar a la verdad desde edades muy tempranas, como mecanismo de gratificación de sus interlocutores o para obtener ciertas ganancias; sin embargo, la conciencia moral acerca de la incorrección de esta conducta no llegará sino hasta los ocho años, aproximadamente.

Asimismo, los menores de edad son más susceptibles que los adultos a sufrir distorsiones y contaminaciones externas en sus recuerdos, a partir de la interacción con otros adultos, y tienen mayor dificultad en recordar sucesos pasados, sobre todo los niños menores de ocho años.

Las preguntas abiertas en los interrogatorios, si bien previenen que se sugestione al menor, tampoco es la panacea, ya que en niños pequeños los relatos a partir de preguntas abiertas tienden a ser sumamente escuetos e incompletos, existiendo una gran dificultad en situar sus recuerdos en un momento concreto del tiempo.

Todo lo anterior no significa que los niños siempre o casi siempre mientan en juicio ni mucho menos. Solo permite ilustrar que, al igual que cualquier adulto, los menores de edad pueden mentir, y de hecho lo hacen. Cuestión que es importante tenerlo en cuenta para ponderar debidamente esta prueba por parte de los jueces y, sobre todo, para apoyar sus conclusiones en prueba periférica que corrobore lo que el menor ha afirmado en juicio.

4.3 La declaración del acusado

Como primera cuestión, diremos que el acusado no tiene obligación alguna de declarar en el juicio oral ni tampoco a decir la verdad.

a) Las razones para eximir al acusado de la obligación de declarar y decir verdad en juicio

Uno de los aspectos más revolucionarios del sistema procesal penal vigente fue justamente el eximir al acusado de su deber de colaborar, al punto de permitírsele incluso mentir impunemente en juicio. Como afirma el profesor argentino Ignacio Tedesco: "la sola circunstancia de ocupar el estrado es algo a lo que hay derecho a resistirse", y como ha señalado la Corte Suprema de Estados Unidos en el fallo Wilson v. United States del año 1893, existe un sentido intimidante y embarazoso que, aun para quien sea totalmente inocente, puede tener el solo hecho de ser puesto en el banquillo del testigo.

En el antiguo sistema de procedimiento penal, en cambio, la "confesión" del inculpado era la meta de todo proceso, dado que el artículo 481 del CdPP disponía expresamente que "la confesión del procesado podrá comprobar su participación en el delito" bajo ciertas circunstancias.

Hoy, en el artículo 340 del CPP, se señala en contraste que "no se podrá condenar a una persona con el solo mérito de su propia declaración".

Así, el artículo 93 g) del CPP consagra expresamente que el imputado no solo tiene derecho a guardar silencio, sino que además no se le tomará juramento de decir verdad.

En el mismo sentido el artículo 19.7 f) de la CPR que dispone que "en las causas criminales no se podrá obligar al imputado o acusado a que declare bajo juramento sobre hecho propio".

La profesora María Inés Horvitz ha señalado que el juramento respecto del acusado sería una forma de coacción, ya que pone al inculpado en la situación de inculparse bajo amenaza de cometer el delito de perjurio.

Citando a la Corte Suprema de los Estados Unidos, esta autora ha dicho que el juramento pondría al acusado en un *cruel trilemma*: o dice la verdad y eventualmente se autoincrimina; o bien miente y no se autoincrimina, pero podría ser procesado por el delito de falso testimonio en juicio; o bien, se niega a declarar, incurriendo así en el delito de desacato.

Desde el punto de vista epistémico estas reglas son bastante lógicas: parece irrazonable pensar que el acusado confesará el delito y su participación si con ello contribuye a que se le imponga una sanción penal. El legislador asume esto y lo libera de esta obligación, poniendo de cargo del acusador el producir otros medios de prueba que así lo acrediten.

Asimismo, el dotar de valor probatorio a la confesión del imputado crea, necesariamente, incentivos perversos para fiscales y policías para obtenerla, y será caldo de cultivo para excesos y abusos.

Aunque la doctrina insiste en que "la declaración del acusado no es un medio de prueba, sino sujeto del proceso penal", esta dicotomía es a nuestro juicio falsa.

El imputado es sujeto del proceso, qué duda cabe, pero su declaración también puede, en ciertas circunstancias, ser un importante medio de prueba. No tiene el valor probatorio de una "confesión" como sucede en el CPC, en que se le da el tratamiento de "plena prueba", pero eso no significa que no tenga ninguno. Así, en una sentencia de la Corte de Apelaciones de Santiago (rol 1155-2006), anuló una sentencia de un tribunal de juicio oral en lo penal, justamente por haberse valorado erróneamente la declaración del acusado prestada en juicio; lo que da a entender inequívocamente de que se trata de un medio de prueba relevante. (en el mismo sentido, la Corte de Apelaciones de Antofagasta en causa rol 320-2009), que anuló una sentencia al haberse recogido "una versión parcial de lo declarado por el co-imputado").

Si el imputado da una declaración libre, voluntaria, veraz, completa y corroborada por otras pruebas en el proceso, no cabe duda de que podrá condenársele en forma perfectamente legal.

La declaración del imputado es también manifestación y parte esencial de su derecho a defensa material, en el sentido de poder hacerse cargo y eventualmente controvertir personalmente la imputación que se sostiene en su contra. Así lo consagra el artículo 8 de la Convención Americana de Derechos Humanos, que establece el derecho de todo imputado de "ser oído, con las debidas garantías y dentro de un plazo razonable, por un juez o tribunal competente".

En este sentido, la Corte de Apelaciones de Concepción ha dicho (rol 178-2015) que "la confesión se encuentra en una situación intermedia, constituyendo un verdadero híbrido, porque por un lado es un medio de defensa, pero, a la par, es análogamente un medio probatorio, y sin que un aspecto obste al otro".

b) Reglas de interrogatorio respecto del acusado

Aunque a primera vista el interrogatorio del acusado puede parecer muy similar al de cualquier testigo, existen importantes diferencias entre uno y otro. En todo caso, desde ya diremos que las técnicas de examen y contraexamen son las mismas en uno y otro caso. Y también son las mismas que aplican respecto de los peritos.

Es decir, respecto del acusado regirán el mismo catálogo de preguntas prohibidas, y la posibilidad de ser confrontado con sus declaraciones anteriores para superar contradicciones o refrescar memoria del artículo 332. También puede ser confrontado con la restante prueba del juicio o con declaraciones prestadas fuera de la investigación, según ya tuvimos oportunidad de estudiar a propósito de los testigos. Asimismo, al acusado se le podrán exhibir documentos para que los reconozca en juicio, según estudiaremos en el capítulo dedicado a los documentos como medio de prueba. Esto, por disposición expresa del artículo 330 inciso final del CPP: "estas normas se aplicarán al imputado cuando se allanare a prestar declaración"; se refiere a las normas sobre métodos de interrogación de testigos.

El artículo 291 del CPP en su inciso final, referido al principio de oralidad, dispone que la declaración del acusado, naturalmente, debe ser verbal. Excepcionalmente, podrá ser por escrito si no supiera darse a entender oralmente o no supiera hacerlo en idioma castellano, o bien, mediante un traductor o intérprete.

El acusado puede declarar al comienzo del juicio oral, una vez concluido el alegato de apertura de la defensa (artículo 326 incisos primero y tercero del CPP). En el juicio oral, el juez presidente le consultará al acusado si renuncia a su derecho a guardar silencio. Si este manifiesta que renuncia a él y que desea declarar, se le tomará declaración, señalándosele por el presidente de la sala que "manifieste libremente lo que creyere conveniente respecto de la o las acusaciones formuladas".

El acusado también puede pedir la palabra para dar su declaración en cualquier momento del juicio oral "con el fin de aclarar o complementar sus dichos" (artículo 326 inciso final del CPP).

Sobre esta última regla, en 2016 la Corte Suprema pronunció un fallo (rol 37593-2016) en que señaló que el acusado puede prestar declaración al comienzo del juicio oral, como dispone la norma del artículo 326, pero si no la presta en ese momento, no puede declarar más adelante en el mismo juicio. Dijo la Corte que las declaraciones posteriores que preste el acusado en el mismo juicio serán solo para efectuar aclaraciones de esa primera declaración. Como consecuencia de ello, si no declara al comienzo, no podrá volver a hacerlo.

A nuestro juicio, esta interpretación contraviene el texto expreso de la ley, que dispone literalmente: "durante todo el procedimiento y en cualquiera de sus etapas el imputado tendrá siempre el derecho a prestar declaración" (artículo 98 del CPP). Efectivamente, puede ser tedioso para los jueces tener que oír declaraciones extensas, confusas, mendaces o autoindulgentes de los acusados; pero ello será objeto de la ponderación que de ella se haga en el juicio oral. No deben los jueces coartar el ejercicio de este derecho, aun cuando sea evidente la intrascendencia de esta prueba en un caso concreto.

En todo caso, esta interpretación que hizo la Corte Suprema tiene su causa en que el artículo 326 inciso final efectivamente dispone, como vimos, que las declaraciones que preste el acusado después de su declaración inicial lo serán "con el fin de aclarar o complementar sus dichos", regla que gozaría de especialidad respecto del artículo 98.

El artículo 98 también señala que, al tomársele declaración, el juez debe limitarse a exhortar al acusado a decir la verdad y que no se le tomará juramento. Es decir, el legislador no ha renunciado a la obtención de la verdad, aunque no al punto de obligar al acusado a ser veraz en su declaración.

El inciso final del artículo 338 del CPP dispone que el acusado tiene el derecho de una "última palabra", nuevamente para que manifieste lo que estime conveniente.

Ahora, si el acusado decide declarar, podrá ser sometido "directamente" al interrogatorio del fiscal, luego del querellante y, finalmente, del defensor, en este orden, según dispone el artículo 326 inciso segundo.

En rigor, debería la ley haber dispuesto el orden inverso, ya que el acusado se asemeja a un testigo de la defensa, obviamente. Esta regla es justo la opuesta a la que aplica para el interrogatorio de los testigos del artículo 330 inciso final del CPP, que dispone que el interrogatorio comienza por quien presentó el testigo y luego viene el contraexamen de los restantes intervinientes, contra quien se hace valer el testimonio.

Esta inconsistencia entre estas dos normas, los artículos 326 y 330, ha sido resuelta por algunos tribunales disponiendo lo siguiente: si el acusado presta declaración al comienzo del juicio, antes de que se rinda la prueba, aplica el orden de interrogatorio "invertido" del artículo 326. Por el contrario, si presta declaración en cualquier momento durante el juicio, se le interroga según el orden general para los testigos del artículo 330.

La expresión que usa la ley, sobre que el acusado será interrogado "directamente" por el fiscal y el querellante, ha motivado la duda de si podrían estos intervinientes dirigir preguntas cerradas o inductivas, ya que se tratará, naturalmente, de un testigo hostil a su caso; y la misma duda surge respecto de las facultades de la defensa. En la práctica, los tribunales suelen permitir que al acusado se le formulen todo tipo de preguntas —inductivas y abiertas— por parte de todos los intervinientes. En todo caso, esto puede entenderse que fue solucionado por la Ley 21.694 de 2024, que introdujo el artículo 330 bis al CPP y que permite formular preguntas sugestivas a cualquier testigo que "mantenga una actitud evidentemente hostil para responder las preguntas que se le formulen", las que aplican a testigos, peritos y al acusado por la remisión que hace expresamente el artículo 330 inciso final.

En todo caso, es usual que los tribunales autoricen, a petición de la defensa, invertir este orden de interrogación. En consecuencia, podría comenzar el defensor por examinar al acusado, seguido del fiscal y luego el querellante.

El acusado puede comunicarse durante todo el juicio con su abogado defensor, salvo mientras está prestando declaración (artículo 327 del CPP).

Por aplicación supletoria de las reglas de los testigos, podrán dirigirse al acusado preguntas sobre su credibilidad y deberá dar razón circunstanciada de sus dichos. Esta es la opinión de los profesores Duce y Riego, que compartimos. Esto último, en todo caso, no es pacífico. El profesor Francisco Hermosilla Iriarte ha dicho que las reglas sobre interrogatorio de testigos aplican al acusado solamente en lo referido al catálogo de preguntas prohibidas que ya vimos.

c) El silencio del acusado en el juicio oral

Respecto del acusado que decide guardar silencio en juicio, existen dos asuntos que merecen atención.

El primero de ellos es si dicho silencio puede ser suplido mediante testigos de oídas. Y el segundo de ellos, se refiere a si puede extraerse alguna consecuencia desfavorable para el acusado, a partir de su decisión de guardar silencio. Los abordaremos ambos a continuación.

i) ¿Puede suplirse el silencio del acusado en el juicio por testigos de oídas?

Puede suceder que el acusado haya prestado declaración durante la indagatoria, ya sea ante la policía o ante la fiscalía, o bien, ante ambas, en distintos momentos del proceso. Sin embargo, ese mismo imputado que ya había declarado y, supongamos, aportado información relevante para el caso, decide guardar silencio durante el juicio oral. Los fiscales que se han enfrentado a esta situación han discurrido en la siguiente solución: ofrecer como testigos a los policías que intervinieron o presenciaron la declaración del imputado en la investigación. Esto, apoyado en la regla del artículo 309 inciso final del CPP que permite que los testigos puedan aclarar si la fuente de la información que relatan consista en lo que "hubiere oído referir a otras personas".

Esta solución ha sido criticada por alguna doctrina, pero puede decirse que ha sido ampliamente aceptada por los tribunales, en razón del tenor de la norma recién señalada. Sin perjuicio de ello, no puede dejar de criticarse, ya que justamente lo que provoca es lo que la regla del artículo 98 y 326 quieren evitar, que es vulnerar la garantía de que el acusado guarde silencio en el juicio que se sigue en su contra. Frente a esta crítica podría argumentarse que lo que la norma resguarda es que no se fuerce o coaccione —a través de sanciones procesales— al acusado a declarar, y no que la información de que dispone llegue por otras vías al juicio oral.

Se han dado en la práctica los casos de peritos —sobre todo los institucionales del Ministerio Público— que obtienen información del imputado y que luego son citados a declarar como testigos cuando el imputado decide guardar silencio en el juicio oral. Una sentencia de la Corte de Apelaciones de Antofagasta (rol 124-2007) resolvió excluir este tipo de pruebas, por la razón evidente de que no se había advertido al imputado que tenía derecho a guardar silencio y que lo que dijera al perito que lo examinó podría ser usado en su contra.

En todo caso, como apuntan algunos autores, frente a los testigos de oídas presentados por el acusador, el acusado tiene la posibilidad siempre de romper su silencio y prestar declaración en el juicio oral para aclarar lo que otras personas —sean policías, peritos o particulares— supuestamente le oyeron decir.

ii) ¿Puede extraerse alguna conclusión del silencio del acusado en el juicio oral?

La segunda cuestión que planteamos se refiere a si es posible que los jueces extraigan alguna conclusión incriminatoria a partir del silencio del acusado en el juicio oral.

Sobre esto, la ley nada dice, y por aplicación de las reglas generales que ya veremos sobre apreciación de la prueba, ninguna conclusión —favorable o desfavorable— podría extraerse de una información probatoria que, en rigor, no existe. Incluso podría argumentarse que, aun cuando el acusado confesare en juicio, tampoco podría ser condenado únicamente sobre la base de dicha confesión (artículo 340 inciso tercero del CPP). En los Estados Unidos de América, la Corte Suprema de ese país resolvió, a partir de la sentencia del caso Griffin v. California del año 1965, que ninguna conclusión desfavorable puede extraerse del silencio del acusado. En el fallo del caso *Doyle v. Ohio* del año 1976 se estableció como regla que no podía siquiera ponerse en conocimiento del jurado el hecho que el acusado hubiera guardado silencio durante la indagatoria; esto como resguardo adicional.

La doctrina ha señalado, con razón, que ninguna conclusión desfavorable podrá extraerse por el sentenciador a partir del silencio del acusado en el juicio oral, al menos, que los jueces puedan explicitar en su sentencia. Los profesores Duce y Riego estiman que el silencio del acusado durante la indagatoria, sin que haya justificación razonable para ello, trae como consecuencia que su credibilidad debiera verse mermada. También podría un acusado mentir por diversas razones, y no solo para exculparse. En psicología se estudia el fenómeno de la mitomanía, en que la persona confunde sus recuerdos verdaderos con imágenes de eventos que nunca sucedieron, distinguiéndose varias especies de mitomanía (delirante, vanidosa, maligna, psicopática, entre otras). Asimismo, existen personas que por su personalidad son altamente sugestionables, que muchas veces terminan confesando hechos que jamás perpetraron solo por la presión del interrogador.

Sobre esto último, diremos que una conducta procesal obstruccionista no puede servir de base para presumir o acreditar su responsabilidad penal. El acusado podría mentir o guardar silencio por múltiples razones, y no solamente porque sea culpable. Así, un imputado querría guardar silencio, porque se siente amenazado por terceras personas o para proteger a otros.

El asunto es, en todo caso, controvertido. Los jueces muchas veces sí asumen consecuencias importantes del silencio del acusado, invirtiendo así la carga de la prueba, y arrasando con la presunción de inocencia. Esta idea ya estaba en autores clásicos como Jeremy Bentham, quien se preguntaba "¿puede el acusado tener alguna otra razón para callarse que no sea el temor de inculparse él mismo más gravemente?".

En un fallo del Tribunal Europeo de Derechos Humanos, *Telfner v. Austria* de 2002, se resolvió que un tribunal nacional había vulnerado la presunción de inocencia al asumir la responsabilidad del imputado a partir de su reticencia a dar explicaciones satisfactorias respecto de cómo habían ocurrido los hechos. Sin embargo, el mismo tribunal en un fallo de 2003 en el caso *Beckles v. Reino Unido* resolvió que sí es posible extraer consecuencias desfavorables del silencio del acusado cuando "no existe una explicación razonable del silencio del acusado distinta de la culpabilidad", argumento que ya venía del caso *Murray v. Reino Unido* de 1996.

En Chile, alguna jurisprudencia ha señalado que el silencio del acusado solo impide tener por acreditada una hipótesis alternativa de los hechos planteada por el propio imputado (TJOP de Valparaíso, rol 207-2008), criterio que sería aplicable, como vimos, a las circunstancias eximentes de responsabilidad y de inimputabilidad (legítima defensa, demencia, etc.).

Como veremos más adelante a propósito de la presunción de inocencia, el silencio del imputado también puede traer consecuencias negativas cuando los tipos penales contienen —veladamente— ciertas presunciones de responsabilidad, como sucede en ciertos delitos en que se adelanta la protección penal. Así, la posesión de drogas en pequeñas cantidades resultará ilícita (artículo 4 inciso primero de la Ley 20.000), salvo que el imputado alegue y pueda acreditar que estaban destinadas a su consumo personal y próximo en el tiempo, o que se destinarían a un tratamiento médico.

iii) La declaración del acusado en juicio y la circunstancia atenuante de colaboración sustancial con el esclarecimiento de los hechos del artículo 11 número 9 del Código Penal

Como ya vimos, el acusado no está obligado a declarar en juicio, pero puede hacerlo, y si lo hace, no será bajo juramento; es decir, no tiene obligación de decir verdad.

Ahora, una actitud refractaria u obstruccionista del acusado durante el juicio oral —si se niega a declarar o incurre en falsedades evidentes— sí podría acarrearle consecuencias negativas, en el sentido que no se le reconocerá como circunstancia atenuante el haber colaborado eficazmente en el esclarecimiento de los hechos del artículo 11 número 9 del Código Penal, lo que podría redundar en una pena mayor.

Alguna doctrina ha sostenido una tesis restrictiva respecto de esta circunstancia atenuante, la que solo debiera ser apreciada por el tribunal en la medida que el acusado ratifique en juicio la declaración previamente prestada ante la Fiscalía o la policía durante la indagatoria, ya que la declaración en juicio no sería un medio de prueba.

Esta tesis restrictiva sostiene que si el imputado presta declaración solamente en el juicio, sin haberlo hecho durante la indagatoria, en rigor, el caso de la Fiscalía ya estaría listo y afinado al momento de rendirse la prueba en el juicio oral, y la declaración del acusado nada aportaría al establecimiento de la verdad.

Creemos que lo anterior debe ser matizado caso a caso, ya que es perfectamente posible que la declaración en juicio del acusado —aun habiendo guardado silencio durante la indagatoria— puede ser fundamental para el establecimiento de la verdad, si la prueba de la Fiscalía es insuficiente para fundar una condena y exista coherencia entre los hechos declarados por el acusado y dicha prueba. En estos casos, no vemos problema alguno en que el tribunal considere que al acusado le favorece esta circunstancia atenuante de colaboración sustancial.

Hay autores como Francisco Hermosilla Iriarte que estiman que el hecho que no se aprecie por los tribunales la circunstancia atenuante del artículo 11 número 9 respecto del imputado que decide guardar silencio en el juicio, corresponde a una "consecuencia legal adversa", expresamente proscrita por el artículo 93 g) del CPP, y así lo ha reconocido una sentencia de la Corte de Apelaciones de Arica (rol 126-2017).

En todo caso, surgen legítimas dudas de si el tribunal efectivamente considerará la falta de colaboración del acusado para apreciar solo esta circunstancia atenuante, o si dicha apreciación contaminará su decisión respecto de la responsabilidad criminal del sujeto, en especial cuando el acusado miente y se le condena. Es un asunto que no ha sido tratado en la doctrina nacional, desde que no existe consagración positiva —ni en el sistema procesal penal ni en el civil— respecto del deber de buena fe procesal y las consecuencias de su transgresión (con la sola excepción de lo dispuesto en el artículo 2 d) de la Ley 20.886 sobre Tramitación Electrónica). Ante esta omisión del legislador, el asunto queda entregado a la discrecionalidad y prudencia de los juzgadores, con resultados que pueden ser difíciles de prever.

Puede apreciarse un ejemplo de lo anterior en la sentencia pronunciada por el Tercer Tribunal de Juicio Oral en lo Penal de Santiago, de 11 de enero de 2024 (rit 234-2024) que condenó a diecisiete años de presidio a los acusados por el delito de homicidio y ejercicio ilegal de la profesión de médico:

> Y si bien, los tres acusados, en el delito de ejercicio ilegal de la profesión reconocieron haber pagado por títulos de médicos falsos, lo cierto es que negaron haber realizado actos propios de dicha profesión, sus relatos impresionaron a estos jueces su evidente intención de atenuar su reprochabilidad, faltando a la verdad, siendo que la contundente prueba aportada por el Ministerio Público dio cuenta de lo contrario, por lo que sus testimonios si bien contribuyeron al esclarecimiento de los hechos, no lo fueron de manera esencial, más bien fue parcial y sesgado, no como lo requiere la norma en comento para la configuración de la atenuante en análisis.

4.4 Peritos

a) Concepto

Los peritos son expertos que ilustran al tribunal respecto de una determinada ciencia o arte.

En rigor, los jueces son expertos en una sola cosa, que es el derecho. Para muchas otras áreas del conocimiento requerirán de la ayuda de personas especialistas, y su opinión será relevante en el juicio oral.

Así, es frecuente que en los juicios orales presenten informes y declaren médicos forenses, expertos balísticos, psicólogos, expertos contables, entre las especialidades más recurridas.

b) Forma en que se rinde la prueba de peritos en juicio

La prueba pericial en el juicio oral tiene dos partes: la entrega del informe que hace el interviniente ofrecida al Tribunal de Juicio Oral en lo Penal y la declaración del perito en la audiencia del juicio oral.

El solo informe escrito es necesario, pero insuficiente para rendir esta prueba, ya que solo a través de su interrogatorio y contraexamen podrá controlarse debidamente. La única excepción a esto son los exámenes de ADN y de sustancias estupefacientes y psicotrópicas que se pueden incorporar solamente mediante la entrega al tribunal, salvo que alguna de las partes pida la comparecencia del perito (artículo 315 inciso 2 del CPP). Esta norma, en todo caso, merece algún reparo, desde que es posible concebir errores también en este tipo de exámenes, para lo cual puede ser pertinente contar con la declaración del experto.

La norma chilena no es clara acerca de si el informe debe entregarse al Tribunal de Garantía o al Tribunal de Juicio Oral en lo Penal, o a ambos.

En la práctica, el tribunal de juicio oral tendrá una copia del informe, pero ese informe por sí solo —insistimos— no tiene valor probatorio alguno sino hasta que el perito comparece en estrados y es interrogado por los intervinientes. Es fundamental que esta prueba sea controlada por la parte contra quien se presenta, a través del contraexamen, bajo las mismas reglas de interrogación de los testigos.

Hay autores como el profesor Andrés Cruz Carrasco —y así lo entienden muchos tribunales por lo demás— que sostienen que en el juicio oral se puede incorporar como prueba, mediante su exhibición, los diagramas, fotografías, gráficos o tablas que contenga el informe escrito, para que el perito pueda explicar adecuadamente el contenido de su informe.

La interpretación parece razonable, como también sería razonable una reforma legal que le permitiera al perito contar con el informe en la audiencia al menos como "ayuda memoria", en especial en casos complejos en que puede ser ilusorio pretender que el experto memorice todo el contenido. Esto, en aras de que el juicio pueda contar con mejor información experta. Ahora, es razonable la intención del legislador de prohibir la lectura del informe en juicio, justamente para evitar que se transforme en un juicio de "lectores" cuyo control pueda ser imposible a través del contraexamen.

El contenido del informe de peritos está detallado en el artículo 315 inciso 1 del CPP, y debe señalar mínimamente la descripción de la persona o cosa periciada, la relación circunstanciada de las operaciones practicadas y su resultado, y las conclusiones conforme a los principios científicos o reglas de la ciencia o arte. Hay autores como el profesor Andrés Cruz Carrasco, que han señalado que un informe pericial que no cumpla con este estándar igualmente debiera ser admitido en el juicio como prueba documental, y el perito en calidad de testigo experto. Lo cierto es que ello supondría que los intervinientes pueden ofrecer la prueba en la audiencia de juicio oral bajo categorías "principales y subsidiarias", lo que al menos la ley procesal no permite. Ahora, cierto es que en la práctica los Tribunales de Garantía se han mostrado poco rigurosos para controlar la admisibilidad de esta prueba, lo que podría haber redundado en algunos casos en la situación que propone el profesor Cruz.

Previo al examen y contraexamen que harán las partes en juicio, el perito debe hacer una relación sobre su informe y las conclusiones a las que arribó, y las preguntas luego versarán sobre esa primera declaración. Sería admisible, en todo caso, que la parte que presenta al perito solicite iniciar con un examen directo, y no con esta exposición libre que regula la norma. Esto, para evitar reiteraciones durante la audiencia, que se extienda a asuntos irrelevantes para la teoría del caso de quien lo presenta o que se explaye acerca de asuntos excesivamente técnicos. Estratégicamente puede ser recomendable que la exposición inicial sea breve, y luego sea el litigante quien dirija las preguntas al perito.

La imparcialidad e idoneidad profesional de los peritos puede ser acreditada o cuestionada por los intervinientes mediante sus interrogatorios, incluidas las preguntas sobre si sus honorarios están ajustados al mercado (artículo 318 del CPP). El perito que tenga relación de parentesco o razones de secreto para abstenerse de declarar puede hacer uso de esta facultad (artículo 317).

La declaración de los peritos se rige por las mismas reglas que ya vimos sobre los testigos (artículo 330 inciso final del CPP), con la precisión de que la facultad de "superar contradicciones" y "refrescar memoria" se ejercita contrastando la declaración en juicio con el informe escrito presentado al tribunal (artículo 319, en relación con el artículo 332 del CPP). A diferencia de los testigos, los peritos sí pueden emitir opiniones respecto de un asunto, basados en el "estado del arte" de la ciencia que profesan.

Asimismo, los organismos técnicos auxiliares del Ministerio Público en la labor investigadora están autorizados por el artículo 321 del CPP a presentarse como peritos de cargo (Servicio Médico Legal, Lacrim, Labocar, entre muchos otros).

Los intervinientes pueden también presentar "peritajes sobre peritajes" o "metaperitajes", para desacreditar, a través de una voz experta, la prueba de peritos que han presentado otros intervinientes.

La Ley 20.931 agregó un inciso final al artículo 329 del CPP que permite sustituir la declaración del perito que suscribió el informe ofrecido en la audiencia preparatoria, en casos de fallecimiento o incapacidad sobreviniente. En este caso, se puede ofrecer la declaración de otro perito de la misma especialidad y que forme parte de la misma institución que el perito que se incapacitó o que falleció. La norma dice que esto debe ser solicitado por la parte interesada, y que se trata de un asunto "excepcional" que obligará a suspender el juicio oral mientras se resuelve.

c) Los peritos son siempre "de confianza" de las partes, pero se ponderará su independencia y cumplimiento de las reglas de su ciencia o arte

Al igual que sucede con los testigos, no existen peritos inhábiles, sino que todos los peritos son "de parte", y así el artículo 314 del CPP refiere a que los intervinientes pueden presentar informes elaborados por "peritos de su confianza".

Aquí hay una diferencia importante con el sistema procesal civil. Las reglas del CPC de 1903 establecen un control *ex ante* sobre qué expertos serán admitidos en el proceso, a través de listas cerradas con las nóminas de peritos inscritos en las respectivas Cortes de Apelaciones, lo que sería una garantía de imparcialidad.

En el CPP, en cambio, se asume que los peritos no son imparciales, sino que siempre serán de parte; al igual que sucedía con los testigos, las partes buscarán y presentarán a aquellos expertos cuyas líneas de investigación y conclusiones les sean funcionales a sus respectivas teorías del caso. Es decir, no debiera ocurrir el fenómeno inverso, que el perito adapte sus conclusiones para encajar en la teoría del caso de un interviniente en particular.

Por lo mismo, no existen listas cerradas de peritos hábiles para declarar en juicio, sino que cualquier experto en una determinada ciencia o arte será apto. Es importante saber que no solo científicos pueden ser peritos, sino expertos en oficios u otras áreas del conocimiento que no son propiamente científicas. La única limitante es, según el artículo 314 del CPP, que en los informes se respeten "los principios de la ciencia, las reglas del arte u oficio que profese el perito".

Que se asuma que los peritos no son imparciales, en todo caso, no redundará, necesariamente, en que se generen decisiones equivocadas o condenas injustas por el tribunal. Como decíamos, el legislador y los jueces asumen que cada parte presentará a los expertos que sostengan las tesis funcionales a su teoría del caso, y la labor jurisdiccional justamente será contrastar esa información y extraer conclusiones.

La dinámica adversarial del juicio oral permitirá a los litigantes obtener información del propio perito, y de otros declarantes eventualmente, de si su informe se ajustó a las reglas de su ciencia o arte, o bien, es un conveniente "traje a medida" para la teoría del caso del litigante. En este sentido, la independencia del perito es fundamental.

Resulta problemático para muchas defensas la declaración de peritos "institucionales" que prestan servicios para órganos colaboradores del Ministerio Público, como el Servicio Médico Legal o las mismas policías, y cuya independencia puede ser al menos cuestionable, sobre todo cuando se trata de los mismos profesionales que son llevados por la Fiscalía a sucesivos juicios orales, para sostener siempre la postura en apoyo del persecutor estatal. Estos peritos institucionales orgánicamente son "auxiliares" del Ministerio Público y, funcionalmente, dependen de las policías (Labocar, por ejemplo, depende de Carabineros de Chile).

Frente a esta realidad, la Defensoría Penal Pública puede también encargar la confección de peritajes privados, según autoriza el artículo 20 h) de la Ley 19.718, siempre que exista aprobación del respectivo defensor regional, con cargo a su presupuesto.

En general, los tribunales estarán atentos a ciertos aspectos del perito y de su informe, al momento de otorgarle o no valor probatorio en la sentencia. Uno de los más sensibles es justamente el interés que pueda tener en el éxito del juicio, si fuere el caso de que parte o todas sus remuneraciones estuvieran condicionadas a un resultado. Por lo mismo, el artículo 318 del CPP autoriza a los intervinientes a formular preguntas acerca de "su remuneración y la adecuación de esta a los montos usuales para el tipo de trabajo realizado".

d) Control de admisibilidad de la prueba de peritos y valoración del contenido de su informe

Como ya vimos, es en la audiencia preparatoria de juicio en que se hace un examen de admisibilidad de esta prueba, y es el Tribunal de Garantía quien podría inadmitir el informe y la declaración de un perito.

Aquí, hay que distinguir el control que se hace sobre la admisibilidad de esta prueba por parte del Tribunal de Garantía, y la valoración que se hará de ella por el juez del fondo en la sentencia definitiva una vez que el perito ha depuesto en el juicio oral.

En jurisdicciones en que existen juicios por jurados, como en los sistemas del *Common Law*, se refuerza el control de admisibilidad de esta prueba, en orden a impedir que entre al juicio prueba impertinente o que valiéndose de conocimientos pseudocientíficos sea capaz de generar impresiones equivocadas en los miembros del jurado.

En el sistema chileno, en cambio, el criterio es de libertad probatoria, y la regla general, según se desprende de las normas del CPP y lo que ha sugerido la doctrina, es que la inadmisibilidad de esta prueba sea enteramente excepcional y solo por motivos de impertinencia o sobreabundancia. Cosa distinta es el mérito probatorio que se le asignará a dicha prueba en la sentencia.

La doctrina ha señalado —no solo respecto del proceso penal— que un riesgo de la prueba pericial es que se sustituya el ejercicio jurisdiccional por pruebas de expertos ajenos al derecho, ya que al abordar muchas veces asuntos científicos que son por completo desconocidos para el juzgador, este puede sentir muy condicionada su decisión por lo que el experto sugiere en su dictamen.

Asimismo, las partes pueden tener pocas herramientas para cuestionar las opiniones expertas presentadas por los contendores en juicio, con lo cual una prueba pericial de dudosa calidad podría no ser debidamente controlada.

Otro problema que acarrea la prueba pericial en el juicio es que, en general, tiende a extender la duración de las audiencias, lo que desde la perspectiva de las políticas públicas encarece el sistema de persecución penal. Por lo mismo, el juez de garantía debiera permitir el ingreso de prueba pericial al juicio que fuera estrictamente necesaria para dilucidar un asunto pertinente al objeto del juicio, e impedir el ingreso de esta prueba si razonablemente puede adquirir ese mismo conocimiento por una vía distinta. Así, podría ser innecesario que declarara como perito el fotógrafo de la policía que hizo el levantamiento de imágenes del sitio del suceso, si los juzgadores pueden obtener la misma información apreciando las fotografías mediante su revisión visual en el juicio oral.

En la jurisprudencia de Estados Unidos se han elaborado algunos estándares que pueden ayudar al tribunal a apreciar esta prueba (*test Frye*), entre otros: la falseabilidad o posibilidad de que la teoría del perito sea testeada; que haya sido sometida a revisión de pares o publicada; la tasa potencial de error; la aceptación general de la metodología que subyace tras la teoría en la comunidad científica.

Existen también pautas complementarias a esta, como las que sugieren atender a si el perito tuvo contacto personal y directo con el objeto de estudio; y también las que refieren a la idoneidad profesional, para lo cual será relevante revisar los grados académicos del perito, el número de publicaciones, la calidad de estas (si ha publicado en revisas indexadas, por ejemplo, si ha sido citado por pares o no, etc.).

Hay alguna jurisprudencia de la Corte Suprema (roles 2866-2013 y 448-2015) que han acogido recursos de nulidad en contra de juicios en que se han dictado condenas apoyadas en las declaraciones de peritos cuyo contenido ha excedido el contenido de su informe, al estimarse que dicho exceso atenta contra el derecho de defensa del imputado.

También, la doctrina ha llamado la atención acerca de la ausencia, en nuestro CPP, de reglas que permitan una confrontación o debate directo entre peritos que sostengan posturas u opiniones diferentes sobre un mismo asunto.

e) La situación de los informantes en derecho

Parece ser un criterio asentado que los informantes en derecho no son, en rigor, peritos, y que deben ser excluidos como prueba en fase de admisibilidad.

El profesor Mauricio Duce ha sostenido que no debieran ser admitidos como peritajes propiamente tales, ya que el juez es experto en derecho y no requiere de un tercero que lo auxilie en la comprensión de los puntos jurídicos en debate; asimismo, ha señalado que la prueba debe recaer sobre los *hechos* y no sobre su ponderación jurídica.

En cualquier caso, hoy existe una muy extendida práctica en procesos de todo tipo en que las partes proporcionan opiniones legales para ilustrar al tribunal acerca de la aplicación de la ley al caso concreto. No vemos razones valederas para que el proceso penal sea una excepción a ello, en la medida que en el caso efectivamente exista un debate entre las partes acerca de la calificación jurídica de los hechos que son objeto de la acusación, u otros asuntos de aplicación de las normas penales o procesales que hayan promovido los restantes intervinientes.

Por lo demás, no puede olvidarse que el derecho, y ciertamente el derecho penal, corresponde a una ciencia social, y por lo mismo, podría ser apreciada como una prueba en el proceso, de acuerdo con el criterio del artículo 297 inciso primero CPP que obliga a los sentenciadores a no contradecir los conocimientos científicamente afianzados.

f) Ejemplos de preguntas de acreditación en la audiencia de juicio oral

Como hemos dicho, no existe testigo o perito inhábil alguno para declarar en el juicio oral, y el valor probatorio de su declaración será apreciado por el tribunal en la sentencia definitiva.

Tanto la parte que presenta la prueba como aquella que la controla estarán interesados en acreditar, o bien, desacreditar al testigo o perito, a través de sus interrogatorios. En el caso de los peritos interesará que se trate de un profesional experto en su especialidad y con dilatada experiencia; asimismo, que dé garantías de independencia y que su informe no haya estado condicionado por instrucciones, coacciones, o estímulos de cualquier clase.

A continuación, daremos un ejemplo de las preguntas de acreditación que pueden hacerse en un juicio oral para desacreditar a un perito, en este caso, un funcionario de la policía presentado por el Ministerio Público.

Defensor: Buenos días, señor Fernández. Cuénteme, usted señaló recién que había elaborado más de dos mil informes en su carrera, que ya se extiende por más de veinte años.

Perito: Buenos días. Sí, es como usted dice.

Defensor: Gracias. ¿Estos veinte años de carrera han sido siempre dentro de la Policía de Investigaciones?

Perito: Sí, aunque he estado en distintas brigadas.

Defensor: Así estoy leyendo. Estuvo en delitos sexuales, luego en la brigada de homicidios, en la unidad de delitos funcionarios y ahora en la Bridec, de delitos económicos, ¿es así?

Perito: Sí, así es.

Defensor: La especialidad contable entonces la desarrolló en estos últimos dieciocho meses en que ha estado en la Bridec.

Perito: Lo que pasa es que se abrió una oportunidad laboral en la institución, y comencé en la Bridec en la época que usted dice. Yo tenía estudios contables de antes, porque soy contador auditor de profesión.

Defensor: Ya, pero nunca se dedicó a eso, sino que a informes forenses para otras brigadas...

Perito: Sí, pero como le digo, tenía los estudios.

Defensor: Le entiendo. Pero, de los más de dos mil informes, ¿cuántos diría usted que son informes contables, como el que ha expuesto en este juicio?

Perito: Yo diría unos treinta, más o menos. No son muchos, porque son demorosos de elaborar.

Defensor: No encuentro aquí en su currículum en qué universidad estudió contabilidad. ¿Nos podría aclarar ese punto?

Perito: Lo que pasa es que yo tengo estudios de contabilidad, que no es lo mismo. La PDI nos reconoce como peritos certificados.

Defensor: Perdón, a lo mejor me perdí. Entendí que había dicho que era...a ver déjeme revisar mis apuntes... "contador auditor de profesión", y cito sus palabras. ¿No dijo eso?

Perito: Me pude haber expresado mal. Lo que quiero decir es que la PDI nos certifica.

Defensor: O sea, no es contador auditor titulado en alguna universidad reconocida por el Estado, ¿no?

Perito: En estricto rigor, no.

Defensor: Gracias.

4.5 Documentos, objetos y otros medios de prueba

a) Conceptos

Revisaremos qué son los documentos, los objetos y los "otros medios de prueba".

Los documentos consisten en cualquier soporte material o electrónico en que conste una determinada información.

En el juicio oral la prueba documental consistirá en documentos en papel, libros, registros electrónicos, documentos contables, contratos, facturas y un largo etcétera. En general, puede decirse que se trata de soportes materiales o electrónicos que pueden leerse.

Los objetos a que hace referencia el artículo 333 del CPP, se refieren a determinadas cosas, que no son documentos, y que sirven para acreditar el hecho enjuiciado. Por ejemplo, el arma homicida, o una prenda de ropa que usó el acusado el día de los hechos.

Los otros medios de prueba consisten en "películas cinematográficas, fotografías, fonografías, videograbaciones y otros sistemas de reproducción de imagen o del sonido, versiones taquigráficas y, en general, cualquier medio apto para producir fe" (artículo 323 inciso 1 del CPP).

b) Forma en que se incorporan estas pruebas al juicio oral

Respecto de los documentos, estos no pueden simplemente ser entregados al tribunal, sino que deben leerse y exhibirse por el interviniente que lo ofreció, en la audiencia de juicio, con indicación de su origen (artículo 333 inciso 1 del CPP).

Es decir, debe indicarse —si se conoce— quién es el autor del documento. Aunque no es obligatorio, generará mayor convicción aquel documento que se incorpora con la declaración testifical de su autor, como ya hemos visto.

La ley procesal penal no distingue entre instrumentos públicos y privados, y no asigna un mayor valor probatorio a los primeros sobre los segundos, como sucede en el sistema procesal civil. Los jueces tienen plena libertad probatoria para apreciar unos y otros.

Los objetos deben ser exhibidos a los intervinientes, permitiendo que estos los examinen. Los objetos generalmente vienen acompañados de su cadena de custodia, que ya estudiamos, lo que es garantía de que no han sido alterados desde que se recogieron (artículo 216 del CPP).

Respecto de los otros medios de prueba, "se reproducirán en la audiencia por cualquier medio idóneo para su percepción por los asistentes". Si es una grabación de circuito cerrado de televisión, debe proyectarse dicho registro de video en la sala de audiencia, por ejemplo. Generalmente el interviniente que desee rendir este tipo de prueba en juicio querrá justificar el origen del video, fotografía o archivo de audio para provocar el mayor convencimiento en el tribunal, y que la prueba no sea desechada en la sentencia justamente por no constar su origen, o por existir dudas sobre su integridad. En este sentido, es usual que, tratándose de archivos multimedia encontrados en un dispositivo electrónico de propiedad del acusado, deponga en el juicio un perito que examinó dicho dispositivo y explique al tribunal los mecanismos de extracción.

La regla del artículo 333 autoriza a que el juez permita, con acuerdo de las partes, a que el interviniente haga una lectura parcial o resumida del documento, o una reproducción parcial o resumida de los otros medios de prueba, siempre que "ello pareciere conveniente y asegurare el conocimiento de su contenido". No existiendo acuerdo entre las partes, los documentos debieran ser leídos en forma íntegra.

Aunque la ley no lo dice, la práctica usual en los juicios orales es que el tribunal conserve los documentos, objetos y los otros medios de prueba que se han incorporado en la audiencia de juicio, los que le son entregados al juez presidente.

Un problema bastante grave que se venía produciendo en los juicios orales de casos "de alta complejidad" —especialmente en casos de delincuencia económica o de empresa— es lo demoroso y engorroso que se había vuelto la incorporación de grandes volúmenes de documentos en las audiencias de juicio, lo que debía necesariamente hacerse a través de su lectura, aunque fuera resumida. Esto tenía como resultado largas jornadas dedicadas a que los abogados de las partes se limitaran a ir leyendo, uno por uno, todos los documentos que se pretendían incorporar como prueba, cuestión que —como decimos— hacía del juicio oral un momento procesal sumamente tedioso e inútil, tratándose por ejemplo de documentos contables, facturas o cheques.

La Ley 21.694 quiso solucionar este problema e incorporó un nuevo inciso al artículo 333 del CPP del siguiente tenor: "Con todo, si no hubiere controversia sobre el origen y veracidad del documento que se quiere incorporar como evidencia, será suficiente para este propósito la singularización de dicho documento, debiéndose entregar copia del mismo al tribunal. La parte que acompañe el documento deberá señalar, al momento de acompañarlo, qué parte de él solicita que sea apreciada por el tribunal, sin perjuicio de la facultad de este de valorar la prueba".

Sobre esta nueva norma, algunos comentarios. Resulta criticable que el legislador sea tan desprolijo en el uso del lenguaje, al punto de emplear indistintamente las voces "evidencia" y "prueba". Como hemos dicho, los documentos que se producen en el juicio oral son procesalmente una prueba, que es diferente de la evidencia que se ha recogido durante la indagatoria. Y lo otro criticable es que se emplee la voz "acompañar" referida a los documentos, como si se tratara de un expediente escrito. La norma lo que da a entender es que se suprime la obligación de lectura o de lectura resumida y de exhibición del documento, bastando su mera entrega al tribunal. La voz "acompañar", en cambio, implica una cosa distinta, como es la posibilidad de que la parte contra quien se presenta el documento pueda formular observaciones u objetarlo, como sucede en las reglas del CPC, que en este caso no aplican.

c) Control de esta prueba por los restantes intervinientes

A diferencia de las declaraciones de testigos, peritos y del propio acusado, la prueba documental, de objetos y los "otros medios de prueba" no puede ser controlada mediante un contraexamen.

La única forma de control de esta prueba por parte del interviniente contra quien se presenta sería la posibilidad de examinar —visualmente y mediante el tacto— los objetos que se incorporan al juicio. Respecto de los documentos y otros medios de prueba, el interviniente contra quien se presenta podrá también examinarlos y naturalmente percibir por sus sentidos el contenido de audio o visual.

Sin perjuicio de ello, no existen otras formas de control respecto de esta prueba, es decir, no se contempla la posibilidad de que, una vez incorporados, las partes puedan efectuar alegaciones sobre su contenido, las que deberán hacerse únicamente en los alegatos de clausura.

Una forma de controlar esta prueba sería a través del contraexamen de los testigos, perito o del acusado, que en sus declaraciones hagan referencia a estos medios de prueba. A estas personas podrán formulársele preguntas acerca del origen de los documentos u objetos, el sentido y alcance de su contenido, el contexto en que se emitieron, su destinatario, etc.

d) Documentos que no pueden incorporarse al juicio oral y sus excepciones

Hemos dicho que el CPP permite que se incorpore como prueba al juicio oral toda clase de documentos. Sin embargo, el legislador ha establecido ciertas excepciones a esta regla general, de documentos que no se podrán incorporar al juicio oral como prueba. Lo revisaremos a continuación.

i) Registros de diligencias policiales y del Ministerio Público

El artículo 334 del CPP prohíbe que se incorpore como medio de prueba mediante su lectura "los registros y demás documentos que dieren cuenta de diligencias o actuaciones realizadas por la policía o el ministerio púbico" (artículo 334 inciso 1). Para incorporar esta información al juicio oral, lo que corresponde es que declare, en calidad de testigo, el funcionario policial que participó en la diligencia de investigación.

Como ya hemos dicho, la intención del legislador era prevenir que el juicio oral se transformara en una sesión de lectura de partes e informes policiales, cuyo control, como hemos dicho, es sumamente difícil por parte de la defensa.

ii) Actas de las declaraciones de testigos ante el Ministerio Público o las policías

Tampoco se puede suplir la declaración de un testigo por la lectura de los registros en que consten sus declaraciones ante el Ministerio Público o las policías (artículo 329 inciso 1 del CPP).

Excepcionalmente, el artículo 331 del CPP permite incorporar mediante lectura los registros de una declaración de un testigo en la indagatoria, en los siguientes casos:

a) Cuando se tratare de declaraciones de testigos o peritos que hubieren fallecido o caído en incapacidad física o mental, o estuvieren ausentes del país, o cuya residencia se ignorare o que por cualquier motivo difícil de superar no pudieren declarar en el juicio, siempre que ellas hubieren sido recibidas por el juez de garantía en una audiencia de prueba formal, en conformidad con lo dispuesto en los artículos 191, 192 y 280;
b) Cuando constaren en registros o dictámenes que todas las partes acordaren en incorporar, con aquiescencia del tribunal;
c) Cuando la no comparecencia de los testigos, peritos o coimputados fuere imputable al acusado;
d) Cuando se tratare de declaraciones realizadas por coimputados rebeldes, prestadas ante el juez de garantía,
e) Cuando las hipótesis previstas en la letra a) sobrevengan con posterioridad a lo previsto en el artículo 280 y se trate de testigos, o de peritos privados cuya declaración sea considerada esencial por el tribunal, podrá incorporarse la respectiva declaración o pericia mediante la lectura de la misma, previa solicitud fundada de alguno de los intervinientes.
f) Cuando existan antecedentes fundados sobre la retractación de la víctima, los que serán valorados por el tribunal de acuerdo a lo dispuesto en el artículo 297 teniendo en especial consideración los informes psicológicos acompañados y los antecedentes relativos a la evaluación del riesgo en que se encuentra.

Asimismo, se puede dar lectura en la audiencia de juicio oral a las convenciones probatorias pactadas entre las partes y aprobadas por el juez de garantía, como se consignó en el auto de apertura del juicio oral.

Fuera de estos casos, la única forma de incorporar estas declaraciones anteriores —en forma acotada, ciertamente— es a través del ejercicio de "superar contradicciones" y "refrescar memoria" (artículo 332 del CPP), que ya vimos anteriormente.

iii) Otras prohibiciones legales

Existe prohibición absoluta de hacer referencia, y menos leer, en el juicio oral respecto de las diligencias declaradas nulas (artículo 334 inciso 2 del CPP) y de los registros referidos a suspensiones condicionales, acuerdos reparatorios o juicios abreviados fracasados en la misma causa (artículo 335), según ya vimos.

iv) Actas de declaraciones de testigos en procedimientos administrativos y canónicos previos

Una situación particular y no regulada en el CPP, puede producirse a propósito de los registros de declaraciones de testigos e imputados que previamente habían prestado declaración ante instancias administrativas, respecto de hechos que fueron objeto de un procedimiento administrativo, y que luego son objeto de una indagatoria y juicio penal. Es lo que sucede con las investigaciones que lleva adelante, por ejemplo, el Servicio de Impuestos Internos y la Comisión para el Mercado Financiero.

Es posible que esas declaraciones, tratándose de futuros imputados, no se hayan prestado con asistencia letrada o previa lectura de derechos. Cuando el SII o la CMF, siguiendo el ejemplo, advierte que el asunto investigado puede constituir, adicionalmente, un ilícito penal, remitirá los antecedentes al Ministerio Público. No está claro el estatus bajo el cual ingresa esa información al juicio oral ni si puede usarse como evidencia o cómo debiera emplearse. Por respeto de las reglas del debido proceso, lo razonable sería que dicha información —tratándose de declaraciones de testigos e imputados— no pueda ser incorporada como simples documentos al juicio oral, mediante su exhibición o lectura, sino que debieran comparecer personalmente los declarantes a deponer al juicio oral, y someterse al examen y contraexamen de las partes. El artículo 5.5 de la Ley 21.000 intentó regular esta situación, pero de forma deficiente, al limitarse a homologar la autorización judicial de ciertas medidas intrusivas solicitadas por el Fiscal de la CMF, con el propósito de que "dichos antecedentes podrán ser utilizados en el proceso penal ya iniciado". El efecto de esta homologación es que, según la misma norma, dichos antecedentes administrativos cumplen con la autorización exigida por el artículo 9 CPP. La misma regla deja a salvo las alegaciones sobre nulidad de dicha prueba (artículo 276 inciso tercero CPP). Pero esta norma, insistimos, nada dice acerca de su incorporación al juicio oral, y así tampoco lo aclaró el TC en el control preventivo de la Ley 21.000 (rol 6180-2019), citado por el profesor Sánchez Egaña en un trabajo reciente.

Una situación muy similar es la que se produce en las investigaciones canónicas que lleva adelante la Iglesia católica respecto de hechos que constituyen, al mismo tiempo, delitos canónicos y penales. En los últimos años, se ha podido constatar la práctica del Ministerio Público de incautar los registros de la investigación canónica, constituida mayormente por actas de declaraciones de testigos y víctimas.

e) Incorporación de documentos mediante su exhibición a un testigo y su reconocimiento en audiencia

Estratégicamente la mejor forma de incorporar un documento no será a través de su lectura y exhibición, lo que puede resultar ciertamente tedioso para los intervinientes y jueces. Una forma más persuasiva de que esta información entre al juicio es a través de la herramienta que dispone el artículo 333 del CPP. Esta norma dispone que "todos estos medios [documentos, objetos y otros medios] podrán ser exhibidos al acusado, a los peritos o testigos durante sus declaraciones, para que los reconocieren o se refirieren a su conocimiento de ellos".

Esta especial forma de incorporar un documento permite darle contexto al contenido de este, y también despejar las dudas —o introducir la duda— acerca de su origen y autoría.

Algunos tribunales exigen, adicionalmente, que el documento u objeto haya estado incorporado previamente al juicio mediante su lectura. Si es la propia parte la que ha ofrecido el documento y el testigo que lo reconocerá en juicio, no habrá mayor problema. El asunto que no parece tener solución es cuando se pretende que un testigo propio se refiera o reconozca un documento que ha sido ofrecido por la contraparte, pero que aún no ha sido incorporado al juicio oral mediante su exhibición y lectura.

Veamos a continuación un ejemplo acerca de la forma de incorporar un documento mediante su exhibición y reconocimiento de un testigo:

Fiscal: Entonces, usted contrató los servicios del supuesto médico, el acusado López, ¿no es así?

Testigo: Sí, así fue.

Fiscal: Y me imagino que habrá pagado por sus servicios, ¿no?

Testigo: Sí, me emitió una boleta con sus honorarios.

Fiscal: ¿Recuerda la fecha de esa boleta?

Testigo: Tiene que haber sido del 19 o 20 de mayo del 2019.

Fiscal: Gracias. Señor juez, pido su autorización para incorporar mediante la lectura la boleta número 1145 de 20 de mayo de 2019 a que ha hecho referencia el testigo.

Jueza: Proceda, señor fiscal.

Fiscal: Gracias, magistrado. La leo: "arriba a la derecha viene con un timbre de impuestos internos, dice boleta exenta electrónica número 1145, emitida por doctor Oscar López Petersen RUT 14.879.005-K, en la fecha consigna 20 de mayo de 2019, en la glosa dice "procedimiento botox paciente Yolanda Gómez F".

Jueza: Gracias, fiscal, exhíbasela a la defensa por favor.

Fiscal: Aquí la dejo para que el colega de la defensa la revise.

Jueza: ¿Alguna objeción por parte de la defensa?

Defensor: Ninguna, señoría.

Jueza: Bien, proceda a exhibirla al testigo.

Fiscal: Gracias. Señora Gómez, ¿es esta la boleta a la que usted refirió en su declaración recién?

Testigo: Déjeme verla… sí, esta es.

Fiscal: Gracias.

Fuera de los casos del artículo 331 del CPP, no puede suplirse la declaración de un testigo ajeno al caso por un documento que contenga su declaración. Quizás el ejemplo más claro sería el caso de una declaración jurada efectuada por una persona respecto de los hechos del caso, en que afirma que el acusado es el autor del hecho o que participó en él. Ese tipo de documentos no podrían incorporarse mediante su sola lectura, sino que requieren adicionalmente de que el suscriptor o autor lo reconozca en juicio para poder ser debidamente controlado por las partes.

En cambio, se ha fallado que, si se trata de un documento suscrito por el imputado o la víctima, sí podría incorporarse solamente mediante su exhibición y lectura en el juicio, en la medida que diga relación con los hechos del caso. Así, aunque el acusado no declare en el juicio y no reconozca el documento en audiencia, sí sería admisible, por ejemplo, leer y exhibir en juicio la carta de amenazas que envió a la víctima, ya que constituye prueba del delito que se enjuicia.

f) Apreciación de la prueba documental

Para apreciar la prueba documental el juez tiene libertad probatoria pero limitada por las reglas de la sana crítica, que veremos más adelante. El CPP, por lo mismo, se aparta de las reglas de la prueba legal o tasada que le da plena prueba a un instrumento público, o el mismo valor al documento privado que no ha sido objetado por la contraparte. El juez penal no está condicionado por ese tipo de reglas, y podría no asignarle valor alguno a una escritura pública, si se convence de la falsedad de las declaraciones de los comparecientes, por ejemplo.

En materia de prueba documental cobra importancia la semiótica como herramienta de apreciación, ciencia que evalúa los contextos en que se dan las comunicaciones humanas: por ejemplo, es esperable que un intercambio de mensajes de Whatsapp no exista un apego a la literalidad de las palabras empleadas por los interlocutores, como sí sería esperable en un contrato escrito celebrado entre las partes.

Los profesores Baytelman y Duce han dicho que existe un contexto de desconfianza, aunque también un contexto del sentido común respecto de esta prueba. Lo explicaremos a continuación.

Las normas que vimos recién permiten la incorporación de esta prueba mediante su lectura, exhibición o reproducción; pero así rendida, el tribunal no sabrá si son auténticos ni qué relevancia tienen para el caso (contexto de la desconfianza), a menos que la parte que los haya rendido presente el testimonio de alguna persona (perito, testigo, víctima, etc.) que pueda avalar su origen o su autoría, e idealmente, explicar su contenido o relevancia.

Ahora, hay documentos cuya autenticidad o autoría son autoexplicativas o evidentes (contexto del sentido común). Así, el tribunal tenderá a darle crédito a un recorte de un periódico de circulación nacional, o a un certificado del Registro Civil, salvo que la parte contra quien se presente alegue y pruebe su falsedad. En estos casos, no será necesario que comparezca el director del Registro Civil, por ejemplo, para reconocer el documento en juicio.

En muchos casos —no en todos— los problemas acerca del origen de ciertos objetos o documentos se soluciona con la cadena de custodia, que ya vimos.

4.6 Constitución personal del tribunal en el lugar de los hechos

El artículo 337 del CPP permite que el tribunal se constituya en un lugar distinto al de la sala de audiencias, "cuando lo considerare necesario para la adecuada apreciación de determinadas circunstancias relevantes del caso". No es un medio de prueba propiamente tal regulado en la ley, pero la constitución *in situ* del tribunal en el lugar de los hechos, a través de reconstituciones de escena, por ejemplo, pueden generar un grado alto de convicción e impresiones en el tribunal.

Esta norma permite que esta diligencia de prueba pueda practicarse de oficio, lo que constituye una notable excepción al principio de la pasividad que rige para los tribunales de justicia, según la regla del artículo 10 del COT.

No queda claro de la norma cuándo se debe solicitar esta inspección, ni ante qué tribunal; si debe solicitarse en audiencia preparatoria ante el tribunal de garantía o ante el tribunal de juicio oral en el juicio mismo. Tampoco se regula quién solventará los gastos de traslado de los jueces, entre otros aspectos que quedarán entregados así al criterio de la sala. Lo razonable es que se haya solicitado junto con la acusación fiscal o del querellante, como medio de prueba.

4.7 Producción en juicio de prueba no ofrecida oportunamente

El juicio oral está diseñado para que sea una etapa procesal en que los intervinientes tengan todos las mismas oportunidades de probar su caso y controlar la prueba ajena. Uno de los principios que lo informan es que se evite "sorprender" a los intervinientes con antecedentes, hechos o pruebas que no se habían conocido durante la indagatoria ni durante la etapa de preparación. Esto corre principalmente a favor del acusado, como ya vimos. Es al acusado a quien deben ponerse a disposición todos los antecedentes de la carpeta investigativa al formularse la acusación fiscal (artículo 260 del CPP) y, como vimos, la prueba ofrecida por la Fiscalía debe ser de entre la evidencia recogida durante la indagatoria.

El proceso siempre tiene por objeto un hecho acaecido en el pasado y, por lo mismo, la situación normal es que la evidencia que sirva para acreditar ese hecho se haya producido en forma coetánea al hecho y que esa evidencia sea conocida de las partes al momento de producirse el hecho.

Sin embargo, puede suceder una situación anormal, y es que el proceso haya avanzado, se tome conocimiento de evidencia que era desconocida con anterioridad y que, por lo mismo, no se ofrezca en la etapa preparatoria.

El artículo 336 inciso primero del CPP se pone en esta hipótesis y permite rendir en el juicio oral prueba que no haya sido previamente ofrecida, siempre y cuando se "justificare no haber sabido de su existencia hasta ese momento", circunstancia que el tribunal apreciará con suma detención, justamente para evitar perjudicar a la parte contra quien se presenta dicha prueba.

En estos casos, creemos que el tribunal debiera exigir al interviniente interesado en rendir esta prueba que justifique una absoluta imposibilidad de haberla conocido previo al inicio del juicio oral. Esto no será difícil si la prueba es un documento —por ejemplo, una sentencia judicial— fechada con posterioridad a la audiencia preparatoria. Pero en otros casos, en la que prueba estuvo disponible para el interviniente, deberá justificarse debidamente las razones de su desconocimiento previo.

4.8 Prueba sobreviniente sobre prueba rendida en el juicio oral

En los procesos pueden no solo surgir discrepancias respecto del grado de convencimiento y calidad de cierta prueba, sino que a veces pueden darse verdaderas imputaciones respecto de su falta de autenticidad o integridad de la prueba.

Puede que estas controversias ya se hayan dado durante la etapa de investigación a propósito de la prueba de cargo del fiscal, en cuyo caso la defensa razonablemente ofrecerá en la audiencia preparatoria y producirá en la audiencia de juicio "prueba sobre prueba de cargo" para desvirtuarla, típicamente a través de informes de expertos.

Pero puede suceder que, por distintos motivos, la defensa no conoció a cabalidad esa prueba sino hasta que se rindió en el juicio oral.

El inciso segundo del artículo 336 del CPP se pone en esta hipótesis y permite "la presentación de nuevas pruebas" no ofrecidas previamente, sobre la autenticidad o integridad de la prueba rendida en el juicio oral, "siempre que no hubiere sido posible prever su necesidad", cuestión que el tribunal deberá ponderar con bastante cuidado por las razones ya apuntadas sobre el factor "sorpresa". Asimismo, y como apunta el profesor Carlos Correa Robles, podría perfectamente en esta instancia darse un debate respecto del origen lícito de esta nueva prueba que pretende rendirse, en los mismos términos del artículo 276 que se aplica para la exclusión de prueba en la audiencia de preparación de juicio, que ya vimos.

Por lo mismo, si el interviniente pudo razonablemente prever que en el juicio oral se suscitaría un debate sobre la autenticidad o integridad de cierta prueba, no será admisible que el tribunal lo autorice a producir nueva prueba sobre ello. Esta hipótesis está pensada, por lo tanto, para situaciones imprevisibles, en que, por ejemplo, un testigo que siempre mantuvo una versión durante la indagatoria, se desdice sorpresivamente en el juicio oral.

Capítulo XIV

La sentencia definitiva

LA SENTENCIA DEFINITIVA

1. Sistema de valoración de la prueba y de convicción para condenar

1.1 Aspectos generales

Al momento de resolver el caso, la ley procesal dispone de ciertas guías mínimas y estándares respecto de la decisión de los jueces.

El primero de ellos se refiere a la apreciación o ponderación de la prueba, y se encuentra contenido en el artículo 297 del CPP que dispone que los jueces gozan de libertad en la apreciación, "pero no podrán contradecir los principios de la lógica, las máximas de la experiencia y los conocimientos científicamente afianzados".

El segundo estándar se refiere al convencimiento que debe alcanzar el tribunal para condenar al acusado, contenido en el artículo 340 del CPP: "Nadie podrá ser condenado por delito sino cuando el tribunal que lo juzgare adquiriere, más allá de toda duda razonable, la convicción de que realmente se hubiere cometido el hecho punible objeto de la acusación y que en él hubiere correspondido al acusado una participación culpable y penada por la ley".

Esta convicción de culpabilidad "más allá de toda duda razonable" está directamente relacionado con la presunción de inocencia, como veremos en este capítulo en detalle.

Alguna doctrina ha señalado que el ejercicio que deben hacer los juzgadores en nuestro sistema procesal penal es primeramente fijar o sentar los hechos que se tienen por probados, de acuerdo con la regla del artículo 297 CPP, esto es, apreciando libremente la prueba, pero con el límite de la sana crítica. Una vez fijados estos hechos, el juzgador deberá evaluar si dicha prueba es suficiente para generarle una convicción de condena "más allá de toda duda razonable". Este ejercicio sería distinto al que se debiera hacer, por ejemplo, en los sistemas en que la prueba se pondera según el estándar de preponderancia de la evidencia, en que el juez logra su convicción a través de los medios de prueba rendidos, y no después.

Otras dos reglas las encontramos en el mismo artículo 340 del CPP: la primera de ellas es que "el tribunal formará su convicción sobre la base de la prueba producida durante el juicio oral", y la segunda de ellas es que "no se podrá condenar a una persona con el solo mérito de su propia declaración", cuestión a la que ye hemos hecho referencia.

La primera de estas reglas está desarrollada a su vez artículo 297 en los incisos segundo y tercero del CPP:

El tribunal deberá hacerse cargo en su fundamentación de toda la prueba producida, incluso de aquella que hubiere desestimado, indicando en tal caso las razones que hubiere tenido en cuenta para hacerlo.

> La valoración de la prueba en la sentencia requerirá el señalamiento del o de los medios de prueba mediante los cuales se dieren por acreditados cada uno de los hechos y circunstancias que se dieren por probados. Esta fundamentación deberá permitir la reproducción del razonamiento utilizado para alcanzar las conclusiones a que llegare la sentencia.

Finalmente, el artículo 341 del CPP dispone que el contenido de la sentencia de condena no puede exceder el contenido de la acusación, en el sentido que no puede abarcar a imputados o a hechos distintos de los que fueron objeto de la acusación. Ello, sin perjuicio de que el tribunal sí puede calificar jurídicamente los hechos de forma diferente de lo consignado en las acusaciones. Esto es lo que se conoce como el mandato de congruencia.

Todas estas reglas podrían resumirse en el siguiente enunciado: para dictar su sentencia, el tribunal debe ponderar la totalidad de la prueba producida en juicio oral, no podrá recurrir a información ajena a la vertida en el juicio y su decisión debe estar razonablemente fundamentada; los medios de prueba deben apreciarse libremente pero sin transgredir las reglas de la sana crítica; y si la decisión es de condena, debe respetarse la congruencia con la acusación y no puede basarse únicamente en la declaración del acusado.

Vamos a revisar los elementos de este enunciado en este capítulo.

1.2 Deber de fundamentación y estándar de apreciación de la prueba según las reglas de la sana crítica

El deber de los jueces de fundamentar su sentencia está íntimamente ligado con el estándar de apreciación libre de la prueba, pero limitado a los principios lógicos, las máximas de la experiencia y los conocimientos científicamente afianzados.

Este estándar se conoce como el de la "sana crítica", aunque el legislador del CPP no le dio esa nomenclatura, para evitar su asimilación a categorías elaboradas en el derecho comparado.

Decimos que ambas cosas están íntimamente ligadas porque cuando el juez fundamenta su fallo debe hacerlo a través de la explicitación de razones que sean intersubjetivamente válidas. Explicaremos esto a continuación.

La forma en que los jueces se convencen de alguna de las tesis en disputa en un juicio sigue siendo, en muchos aspectos, un asunto ciertamente misterioso, y en que los procesos mentales internos y la psicología tienen mucho que decir. Pero para el derecho lo relevante es cómo se justifica la decisión en forma externa, esto es, en la sentencia que se comunica a los intervinientes y la sociedad toda.

El sistema de apreciación de la prueba, según las reglas de la sana crítica, consiste en un "voto de confianza" del legislador a los jueces, en el sentido que la ley no le dice al juez cómo resolver, sino que solo enuncia ciertos límites mínimos.

El Código de Procedimiento Penal de 1906 seguía las reglas de la "prueba legal o tasada", que son herencia de la legislación hispánica de la Baja Edad Media (las VII Partidas del siglo XIII).

Aunque hoy quizás cueste verlo así, la "prueba legal o tasada" fue un avance en su momento, porque puso término a la discrecionalidad ilimitada de los jueces para resolver, incluso en alguna época y lugares de Europa, mediante las "ordalías" o "juicios de Dios". En ese arcaico sistema, la resolución del caso criminal no era mediante una explicitación racional de argumentos de hecho y razones de derecho, sino que se entregaba a rituales que hoy nos pueden parecer curiosos o incluso brutales, como la forma en que volaban determinadas aves o comprobar si el acusado sobrevivía al ser arrojado amarrado a un río.

La "prueba legal o tasada", en cambio, pretendía establecer reglas muy rígidas que por ley le dirían al juez qué "peso" debía tener una determinada prueba, prescindiendo de las particularidades del caso y de la prueba. Entonces, la confesión de la parte será una "prueba completa", lo mismo que un instrumento público será "plena prueba", independiente de su contenido o de las razones espurias que haya tenido el confesante para decir lo que dijo. Otras reglas ordenaban al juez convencerse en la medida que varios testigos corroboraran un mismo hecho.

La verdad sea dicha, este sistema nunca fue aplicado a cabalidad por los jueces, y hoy, en los procesos civiles donde sigue vigente, parece completamente sobrepasado, porque resulta inidóneo como vehículo epistémico. Es absurdo, por ejemplo, dar el valor de plena prueba a una "confesión ficta" de un absolvente que no se presentó a declarar; o dar mayor valor a tres testigos contestes que a solo a uno, en circunstancias que esos tres testigos, por muy contestes que estén, pudieran estar mintiendo, y ese único estar diciendo la verdad. En la práctica, los jueces no lo aplican, y en su lugar lo que hacen es resolver muchas veces sobre la base de exposiciones meramente formales de los antecedentes del caso, pero sin explicitar por qué se ha arribado a una conclusión y no a otra. De hecho, en la discusión parlamentaria del texto del CPP se dijo lo siguiente: "se pasará de un sistema de prueba en conciencia, que se tiene actualmente, sin fundamentación o con una puramente formal, a otro que reconoce efectivamente la libertad de los jueces para apreciar la prueba y exigirles una fundamentación precisa".

En los sistemas de juicios por jurados, al no haber obligación alguna de fundamentar la decisión, se admite que se falle por "íntima convicción", es decir, no hay estándar probatorio, y los jurados tienen plena y absoluta libertad para estimar que un determinado testigo o prueba les resultó más convincente que los otros de los que depusieron en el juicio.

En Chile se adoptó este estándar de la sana crítica, que ya existía en el CPC pero solo para apreciar la prueba de peritos. Este estándar obliga a los jueces a apreciar la prueba sin contradecir los principios lógicos, las máximas de la experiencia y los conocimientos científicamente afianzados. Haremos una breve explicación sobre cada uno de ellos.

a) Conocimientos científicamente afianzados

Los conocimientos científicamente afianzados se refieren a dos cosas: primero, que se trate de una ciencia; y en segundo lugar, que se trate de ciertos avances, estándares o realidades sobre las que no existe controversia en la comunidad científica, o bien, que las discrepancias que haya sean marginales.

Como apuntara el profesor Rodrigo Cerda San Martín, este conocimiento científico debe cumplir con las siguientes características:

- Es un saber crítico y fundamentado y, por lo tanto, debe justificarse y dar pruebas de su verdad.
- Es sistemático, esto es, es un saber ordenado lógicamente, no disperso ni inconexo, lo que permite relacionar a los hechos entre sí. Así, la ciencia se estructura en "leyes", "axiomas" y "modelos", que no son más que representaciones simplificadas de la realidad que muestran su estructura y funcionamiento.
- Es explicativo, a través de estas teorías, leyes y modelos.
- Es verificable, o sea, es posible comprobarlo experimentalmente o por lo menos, contrastado experiencialmente.
- Es metódico, ya que se adquiere a través de procedimientos rigurosos (observación, reflexión, contrastación, experimentación) que en su conjunto conforman el llamado método científico.
- Es objetivo, esto es, válido para todas las personas y no solo para grupos determinados
- Es comunicable a través de un lenguaje científico estandarizado y uniforme, en que se evitan las ambigüedades.

- Es racional.
- Es provisorio, ya que más que "la verdad" se pretende adquirir ciertas certezas sobre las cosas y, por lo mismo, está en constante revisión y desafío por parte de la comunidad científica. Sobre esto último, el conocimiento científicamente afianzado es aquel que ha permanecido durante un periodo importante de tiempo, y ha subsistido como válido a pesar de los desafíos y cuestionamientos de la propia comunidad científica.

Suele clasificarse a las ciencias como abstractas (matemática, geometría, lógica), físicas o naturales (medicina, biología, física, química, astronomía), y las ciencias humanas o sociales (sociología, antropología, y ciertamente, el derecho).

Más allá de los casos evidentes de "disciplinas" que claramente no son ciencias (astrología, tarot, iridología, magias de todo tipo, y un largo etcétera), existe cierta preocupación por la inclusión "de contrabando" de *pseudociencias* o *junk science* en los procesos jurisdiccionales.

Por ejemplo, en el sistema procesal penal de Estados Unidos se empleó profusamente durante las décadas de 1970 y 1980 una supuesta ciencia forense odontológica, que permitía establecer la identidad del supuesto agresor en delitos sexuales, al comparar la dentadura del sujeto con las huellas de mordidas que quedaban en las víctimas en muchos de estos casos. Posteriormente, se comprobó que un gran número de las condenas arribadas eran equivocadas, al emplearse la técnica de comparación de ADN del supuesto agresor con los restos biológicos encontrados en la víctima o en el sitio del suceso, que era un método muchísimo más preciso. Como este, existe una lamentable y larga lista de métodos forenses cuya falibilidad ha sido denunciada en muchas oportunidades; así, el análisis comparativo de huellas de pisadas, de huellas de manos manchadas de sangre u otras sustancias, fisonomía de rostros a través de grabaciones en circuito cerrado de televisión, etc.

En todo caso, que un conocimiento esté científicamente afianzado no significa que sea infalible. Como decimos, durante muchos años se consideró, por ejemplo, que la técnica comparativa de las huellas de mordida era un método fiable, hasta que se demostró lo contrario.

Asimismo, el conocimiento científico no es la única fuente válida de conocimiento en el proceso para ser ponderada por los jueces, sino que todo conocimiento podrá ser valioso y relevante para el proceso (el llamado conocimiento gnoseológico). No puede perderse de vista que la prueba pericial, expresamente, admite que informen y declaren en el juicio oral, personas que son expertos en una ciencia, pero también en un "arte". A nivel comparado, en la sentencia de la Corte Suprema de los Estados Unidos de América, Kumho Tire Company v. Carmichael del año 1999, se señaló que lo relevante no era si el conocimiento producido en juicio era científico, sino más bien, si dicho conocimiento (que podía no ser científico, pero sí técnico o especializado en un área) era fiable o de calidad, de acuerdo con ciertos parámetros. En nuestro caso, de acuerdo con la regulación del artículo 297 CPP, esas otras fuentes de conocimiento técnico o especializado —aunque no científico— debieran ser apreciados de acuerdo a los criterios y consensos de esa determinada área del conocimiento.

b) Las máximas de la experiencia (y su relación con la justicia con perspectiva de género)

Puede decirse que estas máximas corresponden a ciertas normas o reglas de conocimiento o uso común, en un lugar y momento determinados, que pueden aplicarse a una generalidad de casos.

Así, una máxima de la experiencia sería que de noche hay menor visibilidad que de día, cuando se está en la vía pública; o que la presencia de "moretones que nunca curan" en lugares inusuales del cuerpo (espalda, pantorrillas) en la víctima menor de edad son sintomáticos de golpizas frecuentes por parte de un agresor, posiblemente cercano a la víctima; o que portar un solo cigarrillo de marihuana está destinado al uso personal y próximo en el tiempo, y no al tráfico.

Posiblemente, la idea de dotar a la experiencia del carácter de estándar probatorio puede remontarse a la tesis de John Locke (1632-1704), filósofo inglés, quien propuso que la experiencia humana individual era sin duda una importante fuente de conocimiento.

Como estándar de prueba, el concepto fue acuñado en una muy conocida obra del jurista alemán Friedrich Stein de 1893, *Los conocimientos privados de los jueces*, y ha sido adoptado por una gran cantidad de legislaciones comparadas, incluida la chilena.

En esta obra, Stein concibió que existían ciertas "reglas de la vida" (Lebensregel) que correspondían a "definiciones o juicios hipotéticos de contenido general, desligados de los hechos concretos que se juzgan en el proceso, procedentes de la experiencia, pero independientes de los casos particulares de cuya observación se han inducido, y que, por encima de esos casos, pretenden tener validez para otros nuevos".

El concepto resulta útil para resolver muchos casos, pero ha sido muy criticado, principalmente porque lo que hace es dar "carta blanca" al juez para aplicar prejuicios, o ciertas concepciones particulares de la vida o de la experiencia, que no necesariamente tienen el carácter de generales para todas las personas.

Dicho en términos simples: lo que es una máxima de la experiencia para un determinado sujeto, para otro puede no serlo. El procesalista italiano Michele Taruffo ha dicho que se trata de un concepto erróneo, que se estructura sobre la base de un silogismo, en que la premisa mayor está constituida por la experiencia del juez; pero esa experiencia, por muy vasta que sea, no puede tener el carácter de generalidad, sino solo de recurrencia estadística, es decir, de alta probabilidad.

Por lo mismo, la lógica deductiva (premisa mayor-premisa menor) no sirve en estos casos, salvo que se asuma que la premisa mayor no es un hecho cierto, sino un evento de alta probabilidad. Y por lo mismo, la conclusión a la que se llega es también una de alta probabilidad, pero no de certeza.

Taruffo fue especialmente crítico de este concepto, llegando a decir que los jueces recurren a ellas "cada vez que no sea posible recurrir directamente a pruebas científicas". En este sentido, se ha dicho por este autor que allí donde la ciencia es capaz de acreditar un hecho, las máximas de la experiencia debieran dejarse de lado.

Como apunta este autor, las llamadas máximas de la experiencia pueden corresponder efectivamente a leyes científicas de carácter universal, como sería el hecho de que un cuerpo de mayor masa cae más rápido desde la altura que uno de menor masa. En este caso, se trata de la ley de gravedad, que es fácilmente constatar por los sentidos de cualquier persona. Pero en otros casos puede tratarse de generalizaciones que tengan un muy alto grado de verificación en la realidad (digamos, un 98% de probabilidad), aunque también grados inferiores; o incluso, de generalizaciones espurias que no tienen correspondencia alguna en la realidad.

Las máximas de la experiencia pueden ser especialmente problemáticas cuando se trata de apreciar la prueba en casos que involucran violencia de género en contra de mujeres, o en que la imputada es una mujer.

Las generalizaciones de expectativas y comportamientos que puede aplicar el juzgador pueden obedecer a ciertos estereotipos que no necesariamente corresponden a una conducta mayoritaria, ni tampoco a la que se dio en el caso concreto. En los últimos años, han surgido algunas voces en la doctrina comparada, y también chilena, que ha llamado la atención acerca de la necesidad de que, en la apreciación de la prueba, y en la decisión de los casos penales, el tribunal obre con "perspectiva de género".

El problema, como la misma doctrina ha notado, rebasa el momento del juzgamiento, y tiene que ver más bien con el diseño de normas —muchas de ellas centenarias— que obedecen a ciertos estereotipos que pueden no corresponder a la realidad social actual. Ese es un problema que traviesa a las máximas de la experiencia como categoría en sí misma, no solo cuando se aplica a casos que involucren a mujeres.

En un trabajo reciente de la profesora Paula Vial Reynal, se citan algunos casos jurisprudenciales, en que lo llamativo es la utilización de estos estereotipos no solo por parte de los tribunales, sino también de la defensa de imputadas mujeres (en orden a aplicar una pena más tenue, en atención a su rol de madre), y por parte de un querellante en un caso de violencia de género en contra de una mujer.

Así, se dijo por la querellante, hablando de la víctima: no se trataba de "una mujer convencional [...] bebía alcohol, se había ido a vivir con otro hombre, y no respondía a los cánones de lo que debe ser una mujer en esta sociedad". Como se ve, este tipo de asertos se apoyan en una idea de "normalidad" y "cánones" que no son necesariamente extrapolables a una generalidad de personas.

Esto se ve también en algunas sentencias en que, velada o explícitamente, se aminora la responsabilidad del sujeto, o incluso se le absuelve, cuando ciertas conductas "esperables" de la víctima mujer no tienen lugar. Así, una víctima que tarda demasiado tiempo en denunciar a su agresor; o que se contradice en sus declaraciones posteriores a la denuncia; o que no fue lo suficientemente enfática al resistirse a una agresión sexual; o, como en el ejemplo citado más arriba, cuando la víctima mujer no obedece a una persona conservadora, queriendo decir que es la víctima la que "provocó" a su agresor, o al menos que "se expuso imprudentemente al daño".

El artículo 51 número 1 de la Ley 21.675 de 2024 sobre Violencia de Género agregó un interesante parámetro a este respecto, al disponer que "la credibilidad o disponibilidad sexual de la víctima o de un testigo no podrá inferirse de la naturaleza sexual del comportamiento anterior o posterior de la víctima o del testigo".

La apreciación de la prueba con perspectiva de género, a nuestro entender, corresponde a uno más de los problemas que producen las generalizaciones sobre las que se apoyan las llamadas "máximas de la experiencia", las que, en casos de violencia de género, por ejemplo, se apoyan en prejuicios o derechamente en concepciones machistas de la sociedad. En estos fallos se constatan razonamientos más o menos velados acerca de ciertos roles de género y ciertos comportamientos estandarizados respecto de las mujeres, que, como decimos, no necesariamente corresponden a una generalidad de casos.

La perspectiva de género cumple entonces, como ya hemos dicho más arriba, una función epistémica; también de garantía de igualdad ante la ley; y para que el juzgador carezca de prejuicios que comprometan su imparcialidad.

Alguna doctrina ha llamado la atención acerca de dos clases de generalizaciones que se efectúan a partir de la aplicación del estándar de las máximas de la experiencia. Por un lado, generalizaciones *que tienen base estadística*, pero que resultan discriminatorias en contra de las mujeres; y aquellas generalizaciones que *ni siquiera tienen base estadística* y que igualmente resultan discriminatorias. Como ejemplo de esta última estaría la conocida máxima de que "si la mujer no opone resistencia a la agresión sexual, es que ésta fue plenamente consentida". Respecto de aquellas generalizaciones sin base estadística, su aplicación por parte de los jueces tiene naturalmente un efecto anti-epistémico. Sin embargo, surge la duda respecto de aquellas generalizaciones que sí tienen base estadística, y que la filosofía feminista denuncia como estructuralmente discriminadoras: ¿debe el juez considerarlas? Por un lado, se trata de la comprobación empírica de un fenómeno que efectivamente se presenta recurrentemente en la realidad; por ejemplo, que generalmente son las madres —y no los padres— quienes están al cuidado de los hijos pequeños. Esta situación sería, a juicio de algunas corrientes feministas, estructuralmente injusta y discriminadora, aunque correcta desde el punto de vista de la constatación de la realidad.

Respecto de esta situación, la profesora Alejandra Corvalán Helbig ha planteado, por ejemplo, que las sentencias debieran tener un "efecto pedagógico" y "lograr una transformación cultural" en orden a visibilizar los estereotipos de género y evitar las consecuencias negativas que pudieran generar. Si bien estos objetivos son ciertamente loables, surge inmediatamente la inquietud de si el proceso penal es el instrumento adecuado para alcanzarlos. No puede perderse de vista que el enjuiciamiento penal tiene un objetivo sumamente modesto, pero no por eso poco importante: aplicar la ley a un hecho y un sujeto individualmente considerado, en su mérito. Las políticas públicas y lineamientos de la sociedad, por muy valiosos que sean, debieran quedar fuera de lo que se pretende al fallar un caso penal.

Vale la pena preguntarse también por las áreas de coincidencia entre las "máximas de la experiencia" como categoría dogmática y los "hechos públicos y notorios" o las mismas presunciones. No deja de ser llamativo que en muchos casos estas tres categorías podrían parecer indistinguibles, pero sería inconcebible que un juez fundamentara su sentencia de condena en presunciones o hechos públicos y notorios; no así en las máximas de la experiencia.

c) Los principios de la lógica

Finalmente, los principios lógicos son los que se estudian en la filosofía clásica: no contradicción, identidad, razón suficiente y tercero excluido.

El principio de *identidad* se refiere a que una cosa solo puede ser igual a sí misma; una cosa no puede ser dos cosas opuestas a la vez. Una misma cosa puede cambiar sus aspectos accidentales, pero debe mantener su sustancia que la diferencie de las restantes.

El principio de *no contradicción* ordena que una misma cosa no puede ser explicada por dos proposiciones contrarias entre sí; es decir, no puede ser y no ser a la vez. No se puede negar y afirmar a la vez un determinado hecho sobre una misma cosa, pues los argumentos que se contradicen se excluyen mutuamente. Así, si el juez resuelve en la sentencia que el imputado se encontraba fuera de la casa donde ocurrieron los hechos constitutivos de abuso sexual al momento que estos ocurrieron, pero finalmente lo condena como autor de ese hecho, contradice este principio.

En una sentencia de la Corte de Apelaciones de San Miguel (rol 1177-216), citada por el profesor Ignacio Barrientos Pardo, se dijo que "se infringe el principio de la no contradicción, ya que la conclusión del tribunal a quo, al dar por establecida la participación del imputado, es contraria a la declaración del único testigo, la víctima del delito, quien ha declarado que el hechor no estaba presente en estrados. Si los jueces dan por afirmado lo que ha declarado el testigo, no pueden luego negarlo, estableciendo luego [sic] que el hechor sí estaba presente en la sala, porque entonces uno de los dos enunciados resultaría falso".

El principio de *tercero excluido* ordena que, entre dos proposiciones contradictorias, una es falsa, sin que exista una tercera posibilidad de que sea verdadera, si existe incompatibilidad entre todas.

Y el de *razón suficiente* —quizás uno de los más utilizados por los litigantes— significa que toda proposición debe estar debidamente justificada con una corroboración que le sirva de motivo. O sea, que las cosas existen y son conocidas por una causa que es capaz de justificar su existencia. Como bien apunta el profesor Rodrigo Cerda San Martín, el principio de razón suficiente se refiere a la fundamentación del argumento, a diferencia de los otros tres principios que solo se ocupan de su corrección estrictamente formal (identidad, no contradicción y tercero excluido). Pero la corrección formal es solo el punto de partida, ya que lo que interesará en la sentencia es cuán robustamente apoyada esté la decisión en los argumentos dados en el juicio y en la prueba producida en él. De hecho, una sentencia podría ser formalmente correcta, quizás impecable, pero ser un fallo injusto por lo pobremente fundamentado.

El principio de razón suficiente tendría su origen en los postulados del filósofo alemán Leibniz, y por lo tanto, sería de data muy posterior a los otros principios "clásicos". Respecto de su contenido, suele confundirse con el principio de causalidad, en el sentido que no es posible concebir un determinado hecho o fenómeno sin un motivo o razón que lo explique.

Para entender el contenido de estos principios puede ser útil revisar una sentencia reciente dictada por la Corte de Apelaciones de Valparaíso, que anuló una sentencia absolutoria dictada a favor de un acusado por el delito de usurpación (rol 856-2024):

> Efectivamente, la sentenciadora al analizar la declaración de uno de los testigos que declararon en el juicio, quebrantó las reglas del correcto entendimiento humano, cambiando su sentido, afirmando que declaró determinada cosa, para posteriormente negarlo, sin explicitar razones de tiempo y/o circunstancias que lo explicaran. Así queda en evidencia que se infringe el principio de identidad y el de no contradicción ya que todo ser es idéntico consigo mismo y, por lo tanto, una cosa no puede ser y no ser al mismo tiempo y desde un mismo punto de vista, infringiendo el artículo 297 del Código Procesal Penal, en cuanto ordena que el tribunal no puede contradecir los principios de la lógica para alcanzar las conclusiones fácticas de la sentencia.

Asimismo, los jueces suelen apoyar sus razonamientos en las formas lógicas *deductivas e inductivas*. En el primer caso, el juez parte de una hipótesis o regla general que es confrontada con cierta información o datos de los que dispone a partir de la prueba producida en el juicio, para corroborarla o descartarla. En la lógica inductiva, en cambio, el juez extrae una conclusión que no conocía hasta ese momento a partir de ciertos datos concretos de los que dispone a partir de la prueba del juicio, aplicando una regla general.

Estas formas lógicas de deducción e inducción, como se ve, están estrechamente emparentadas con el razonamiento que es propio de las ciencias; y es también la forma en que funcionan las máximas o reglas de la experiencia, que ya vimos. En el caso de la ciencia, para construir nuevas hipótesis se acude a la lógica inductiva; y para corroborar las ya existentes a partir de nuevos fenómenos, a la deductiva. Y las máximas de la experiencia funcionan bajo la forma de una deducción, como ya vimos.

d) La apreciación de la declaración de la víctima en casos de violencia de género

Un asunto que resulta particularmente espinudo al momento de apreciar la prueba se refiere al valor que puede asignársele al testimonio de la víctima en los casos de violencia de género, en especial, cuando se trata de la única prueba de cargo que se ha rendido en el juicio oral, y cuando existen contradicciones en las distintas versiones que ha dado la víctima durante el proceso.

La solución a este problema no está en la ley chilena; como dijimos más arriba, la reciente Ley 21.675 del año 2024 sobre violencia de género no abarcó este importante asunto. El proceso penal, históricamente, ha transitado desde un sistema de prueba legal o tasada, en que el testimonio de una sola persona parecía siempre insuficiente para el legislador al momento de sustentar una condena, al sistema actual de libertad probatoria, que ninguna guía le da al juez del fondo. El llamado *movimiento feminista* ha venido reaccionando en los últimos años enarbolando el conocida lema "*amiga, yo te creo*", intentando instalar en el debate público la idea de que sería suficiente el *mero testimonio de la víctima* para que el juez condene, o aplique medidas cautelares personales al imputado en una etapa temprana.

La jurisprudencia española ha elaborado un triple criterio para que el juez aprecie esta prueba, que ha sido también adoptado por la judicatura chilena en muchos casos. Así, se habla de que debe existir una "ausencia de incredibilidad subjetiva", "verosimilitud del relato", y "persistencia en la incriminación". Estos criterios, en todo caso, no se refieren únicamente a los procesos por violencia de género, sino a cualquier juzgamiento en que la única prueba de cargo sea el testimonio de la supuesta víctima.

La "ausencia de incredibilidad subjetiva" se refiere a que no existan "motivos espurios" en la declaración prestada, debido a las relaciones familiares o de otro tipo que existan entre acusador y acusado. Un caso que puede ser usual en la práctica son las acusaciones de violencia sexual para intentar una ganancia secundaria en un proceso ante un tribunal de familia en que se debaten asuntos referidos al cuidado personal de los hijos comunes. La "verosimilitud del relato", por su parte, se trata de que los hechos expuestos por la supuesta víctima tengan, idealmente, corroboración periférica con otras probanzas rendidas en el juicio, o al menos, no resulten contradictorias con la prueba rendida por la defensa. Finalmente, la "persistencia en la incriminación" consiste en que la supuesta víctima haya mantenido los aspectos esenciales de los hechos de su denuncia durante el proceso, ante las autoridades que tomaron su declaración. Será esperable que existan variaciones de aspectos accidentales de las declaraciones, sobre todo si éstas se han prestado distanciadas en el tiempo. Alguna jurisprudencia ha estimado que no puede valorarse negativamente que haya existido una dilación importante en presentar una denuncia, desde que se cometió el supuesto delito.

Tal y como señalamos en otra parte de este trabajo, no parecen convincentes los criterios que ha elaborado alguna jurisprudencia para apreciar la credibilidad de un testigo o víctima sobre la base de aspectos externos, tales como la seguridad gestual, la ausencia de titubeos, el mantener la mirada, o la falta de nerviosismo. Como hemos dicho, la *psicología del testimonio* aconseja centrarse en el contenido de los hechos que el testigo o víctima declara, más que en esos otros asuntos, que son por lo demás reacciones esperables de quien se haya en un tribunal debiendo enfrentar a su supuesto agresor.

Tampoco puede perderse de vista que es sumamente distinto prestar declaración en la "intimidad" de la oficina del fiscal o de la policía, que hacerlo en una sala de audiencias frente al agresor y su abogado. En este entendido, parece razonable esperar ciertas imprecisiones o titubeos de la supuesta víctima que no digan relación con los aspectos sustanciales de su relato.

Dicho todo lo anterior, y como diremos en otra parte de esta obra al tratar la *presunción de inocencia*, en muchos casos la sola existencia de una denuncia por violencia de género en contra de una persona puede comprometer —a veces gravemente— el deber del juez de asumir ex ante la inocencia del imputado y de no tratarlo como culpable. Por lo mismo, el juzgador deberá estar especialmente atento a que se respeten los criterios jurisprudenciales que hemos expuesto recién, y a ponderar el testimonio de la víctima con los límites de la sana crítica, en especial, en lo que se refieren a las máximas de la experiencia.

1.3 Deber de fundamentación y el saber privado del juez

En la fundamentación de la sentencia, el juez debe ser capaz de explicitar los argumentos y la prueba que sirve de apoyo para la decisión que toma. Pero esta explicitación está limitada a lo debatido por las partes y sobre todo, a la prueba producida en el juicio oral, según ya vimos de la regla del artículo 297 del CPP.

Ahora, puede suceder que el juez carezca de los elementos argumentativos y/o probatorios para fundamentar su decisión, y sienta la natural inclinación a buscar insumos fuera del proceso. Esto es lo que se llama "el saber privado del juez", y corresponde al acervo de conocimientos que el juez pueda tener acerca del caso, o las extrapolaciones que pueda efectuar a partir de otros casos que haya conocido, o incluso, a las averiguaciones que por su cuenta haya hecho respecto de ciertos elementos científicos debatidos a propósito de la prueba pericial producida en juicio.

En general, puede decirse que el juez no puede y no debe fundamentar su decisión en estos elementos externos, principalmente porque complota contra el derecho de defensa del imputado, si condena; o contra la garantía del debido proceso de los acusadores, si absuelve. En suma, al resolver sobre la base de su saber privado, el juez impidió la argumentación, el debate y la prueba sobre ese hecho o ese argumento que dio por acreditado.

Esto está morigerado para los casos en que el juez atiende a una fundamentación legal, doctrinaria o jurídica en general distinta a la esgrimida por las partes, lo que está permitido en virtud del principio del *iura novit curiae*.

Del mismo modo, el juez sí podría fundamentar a partir de ciertos hechos públicos o notorios sobre los que no fue necesario rendir prueba. O bien, recurriendo a las máximas de la experiencia que recién estudiamos, cuya frontera con el "saber privado" del juez a veces puede ser muy difícil de trazar.

1.4 Deber de condena con una convicción de culpabilidad más allá de toda duda razonable

a) Concepto

La regla del artículo 340 del CPP obliga a los jueces a adquirir un convencimiento "más allá de toda duda razonable" de la responsabilidad criminal del acusado, para el evento en que su decisión sea de condena.

Se ha dicho que este estándar exige una "cuasi-certeza", es decir, el tribunal puede tener ciertas dudas sobre la culpabilidad del acusado, pero si no son razonables, es decir, si no son argumentables ni explicitables, debe desecharlas y condenar. Se trata, entonces, de que el juzgador no considere aquellas dudas irrazonables, o bien, corazonadas o meras apreciaciones subjetivas.

En el juicio penal, el tribunal no debe condenar o absolver según si le resultó más convincente la versión de la Fiscalía o de la defensa; sino que debe tener un convencimiento casi total de que la prueba del fiscal es capaz de sustentar una sentencia de condena.

Muchas veces esta duda razonable puede consistir en que fue acreditada al menos una "hipótesis alternativa" respecto de la versión de los hechos del fiscal; o sea, que las cosas pudieron razonablemente ocurrir de manera diferente. La jurisprudencia ha dicho que una duda razonable "no es cualquier duda, sino solo aquella que va más allá de una mera consideración probabilística de que los hechos pudieren ser otro modo".

Ha sido siempre una tarea difícil llenar de contenido este concepto. Autores como Sabas Chahuán han dicho que este convencimiento que exige la norma es el mismo que se emplea por una persona juiciosa al momento de tomar decisiones importantes. Sobre esto último se ha criticado que no es equivalente una "decisión importante" que el condenar penalmente a alguien, cuyas consecuencias son sumamente gravitantes.

La aplicación de este estándar en la jurisprudencia en casos de absolución es patente allí donde la defensa del imputado ha sostenido proactivamente una hipótesis alternativa de cierta plausibilidad, de acuerdo con la prueba rendida en juicio, lo que motiva a los jueces a cuestionarse si los hechos pudieron ocurrir de un modo diferente al que plantea el o los acusadores. También se ha aplicado en casos en que los tribunales han detectado una insuficiencia de la prueba de cargo para acreditar los hechos de la acusación.

Así, en el conocido caso por el homicidio de Viviane Haeger, se absolvió a uno de los imputados por insuficiencia de prueba en los siguientes términos (causa rit 70-2017 del Tribunal de Juicio Oral de Puerto Montt):

> La convicción legal descrita precedentemente encuentra su fundamento en que no se determinó en la forma exigida por el legislador adjetivo, esto es, más allá de toda duda razonable, que existiera algún tipo de encargo criminal por parte de Jaime Anguita Medel al acusado José Pérez Mancilla, teniendo presente que si bien se incorporó durante el juicio la declaración de Pérez Mancilla, en la que se advirtió que este refirió —en términos generales—, que fue contratado por el primero de los nombrados para acudir al inmueble en que residía la familia Anguita Haeger, en donde debía dar muerte a Viviana Haeger Masse, a cambio de lo cual le fue ofertado la suma de $5.000.000, de los cuales dijo haber recibido sólo $2.000.000 una vez cumplida la tarea encomendada, dicho atestado —en lo que dice relación a esta parte de él—, resultó carente de suficiencia, toda vez que, no obstante el principio de libertad de prueba consagrado en el artículo 297 del Código Procesal Penal, tal atribución de responsabilidad penal no fue refrendado en el lugar en que se rinde la prueba —la audiencia de juicio oral—, por pruebas serias e idóneas que permitieran extraer una conclusión útil para arribar a una convicción diversa de la que se adoptó.

El origen de la expresión "más allá de toda duda razonable" estaría en las instrucciones que los jueces daban a los jurados en los sistemas de enjuiciamiento penal del *common law* ("*beyond any reasonable doubt*"), como una forma de guiar las decisiones de este último, en un sistema que —como hemos dicho— no existe la justificación de la condena. En el sistema chileno, de corte acusatorio, pero de tradición europea-continental, la introducción de este estándar puede parecer *superflua*, desde que los jueces profesionales tienen siempre el deber de fundamentar razonadamente sus decisiones, y este estándar de convicción parece apuntar más bien a los procesos mentales internos de los jurados. En los Estados Unidos de América, a partir del caso *In Re Winship* del año 1970, la Corte Suprema de ese país impuso como obligación para todos los casos que el juez instruyera al jurado que su decisión de condena debía superar un convencimiento más allá de toda duda razonable.

En la doctrina y jurisprudencia de los Estados Unidos el contenido de este concepto ha sido sumamente discutido y debatido, pero insistimos, dicha polémica está estrechamente vinculada a la ausencia de justificaciones de las decisiones de condena del jurado. Por lo mismo, la polémica, que sepamos, no ha sido trasladada al sistema chileno.

Autores como Michele Taruffo han llamado la atención acerca de que la "convicción" sobre la culpabilidad del sujeto no tiene nada que ver con la certeza ni sobre la verdad sobre un hecho. Como ejemplifica este autor, perfectamente una persona puede estar absolutamente convencida de que la Tierra es plana, pero ese hecho ser falso.

b) El estándar de condena bajo la vigencia del Código de Procedimiento Penal de 1906

Este estándar de convencimiento de condena se introdujo en el CPP en la última parte de la discusión parlamentaria, es decir, no fue parte del proyecto original del Ejecutivo. Lo que se pretendía era apartarse del estándar de convicción absoluta o certeza moral que imponía el Código de Procedimiento Penal de 1906, que fomentaba la obtención de confesiones del imputado a toda costa por el juez del crimen, o bien, que solo aplicaba a delitos flagrantes; es decir, casos de prueba directa y evidente.

Además, el estándar de apreciación de la prueba "legal o tasada" contribuía a que las sentencias fueran construcciones argumentales apoyadas en presunciones, o en "plenas pruebas" establecidas apriorísticamente por el legislador.

Este estándar de "convicción más allá de toda duda razonable" pretendía rebajar esa "total certeza" apoyada en confesiones, muchas veces forzadas o derechamente ilícitas, y legitimar condenas aun teniendo ciertas dudas que no fueran relevantes, y aun cuando la defensa no colaborara en nada en la indagatoria.

c) La carga de la prueba en el proceso penal y el convencimiento de condena más allá de toda duda razonable

Se dice que este estándar de condena "más allá de toda duda razonable" no es sino una manifestación de la presunción de inocencia, y no una carga de la prueba.

En el proceso civil el estándar es el de la "preponderancia de la evidencia", es decir, el juez falla a favor de la parte que logró acreditar mejor su caso, teniendo en cuenta —en el derecho chileno— que la carga de la prueba es siempre del demandante, salvo contadas excepciones.

Pero en el proceso penal las cosas son distintas, y aquí opera esta presunción de inocencia "reforzada" por este estándar de convencimiento.

La carga de la prueba en el caso chileno viene apoyada por una regla de antigua data, como es el artículo 1698 del Código Civil de 1857: "Incumbe probar las obligaciones o su extinción a quien alega aquéllas o esta".

Se ha dicho que esta regla —existente en términos similares en la mayoría de los sistemas comparados de tradición europea continental— tiene un doble carácter. Por un lado, la de una "carga procesal", es decir, una prerrogativa para que el litigante produzca prueba en el juicio, cuya omisión acarreará que su pretensión sea rechazada. Por otra, es una instrucción del legislador al juez, quien obligado por el mandato de inexcusabilidad del artículo 3 del COT debe resolver el caso, aun a falta de prueba que acredite la pretensión de quien formuló la acción o la excepción. Por lo tanto, en el caso que haya habido un déficit probatorio, el juez debe rechazarla. Y como los procesos terminan con una sentencia definitiva con efecto de cosa juzgada, ello impedirá todo otro debate sobre la misma cuestión a futuro.

En el proceso penal puede decirse que la carga de la prueba no solo está plenamente vigente y operativa, sino que, además —como se dijo— viene reforzada por un sistema acusatorio en toda regla y adversarial, en que se presume la inocencia del imputado. Por lo mismo, es el acusador quien debe acreditar los hechos objeto de su acusación. Si no logra acreditarlos, el imputado será indefectiblemente absuelto, ya que el juez no puede dejar el caso sin resolver. Dicho de otro modo: la decisión por defecto debiera ser la absolución.

Las críticas a la institución de la carga de la prueba, que también atraviesan el proceso penal, es que la permite que se dicten sentencias absolutorias en casos en que no pudo establecerse verdad alguna sobre los hechos de la acusación, sencillamente porque no se rindió prueba, o la que se rindió fue insuficiente.

Esta institución, que es de muy antigua data a nivel comparado, se apoya en la creencia de que quien no logró acreditar los hechos de su acusación, lo que hizo fue acusar por hechos falsos o inexistentes. El problema es que esta creencia en muchos casos será equivocada, y el déficit de prueba puede deberse a múltiples factores, quizás ajenos a la voluntad de acusador, como pudo ser la existencia de testigos amedrentados que se negaron a declarar, una víctima que se retractó, o documentos que son destruidos.

Entonces, lo que se genera, a ojos de la víctima y muchas veces de la sociedad, es un imputado injustamente absuelto. Hay autores como Jordi Ferrer y Jordi Nieva que han ensayado algunas soluciones, por ejemplo, reforzar los deberes de colaboración procesal de las partes, o aumentar las facultades oficiosas del tribunal en materia probatoria. En el proceso civil, en Argentina se creó la regla de la "inversión de la carga de la prueba", que también existe para algunos procesos en Chile, en que es el demandado quien en ciertas circunstancias debe acreditar ciertos hechos para exonerarse de responsabilidad. El profesor Andrew Stumer ha dicho que esta inversión de la carga de la prueba sería razonable cuando la única forma de acceder a cierta evidencia sería a través del acusado; por ejemplo, tratándose de su conocimiento específico sobre un determinado asunto al que la acusación no pueda acceder de otra forma.

Esta inversión de la carga de la prueba existe veladamente, no bajo esa etiqueta, en algunos tipos penales. Así, por ejemplo, en el artículo 4 de la Ley 20.000 sobre Tráfico Ilícito de Estupefacientes, se castiga el porte y posesión de pequeñas cantidades de droga "a menos que justifique que están destinadas a la atención de un tratamiento médico o a su uso o consumo personal exclusivo y próximo en el tiempo". Si estas decisiones legislativas son adecuadas o no, exceden el propósito de este trabajo, pero según alguna doctrina corresponden efectivamente a inversiones de este importante principio, y a una conculcación de la presunción de inocencia. Otros ejemplos son el castigo de delitos tentados, o los delitos de peligro abstracto, y en general, el adelantamiento del derecho penal en el castigo de muchas conductas cuya lesividad para el bien jurídico protegido sería muy discutible.

También la carga de la prueba se invertiría en aquellos casos en que es la defensa la que levanta la existencia de una causal de justificación para la conducta típica que desplegó el acusado. En estos casos parece razonable que ello ocurra, porque lo que tiene entre manos la fiscalía es una conducta aparentemente delictiva, en el sentido de que es típica, y por lo mismo, *prima facie*, prohibida y peligrosa para el bien jurídico protegido. La situación extraordinaria, y que por lo mismo debe ser acreditada, es que la conducta a pesar de ser típica, está justificada por el derecho.

Las soluciones al problema de "absoluciones injustas" que genera la carga de la prueba no nos parecen, en cualquier caso, atendibles. Sería difícil de defender a nivel doctrinario que sea el acusado quien deba acreditar su inocencia, o prestar colaboración a las policías y fiscales para acopiar prueba incriminatoria en su contra; y menos transformar al juez en un inquisidor más, con facultades de producir prueba de oficio. Todas estas soluciones son desaconsejables, porque la ya precaria situación del imputado dentro del proceso se vería aún más desmejorada, y el proceso penal sería simplemente un trámite para confirmar los hechos de la acusación con pruebas del fiscal o del juez.

Lo que muchas veces se aprecia es que, en ciertos casos de supuestos delitos que han causado gran conmoción pública, el fenómeno es justo el inverso: los jueces no absuelven por falta de prueba, sino que condenan a pesar de que la prueba es claramente insuficiente. Es decir, los jueces suplen la deficiencia probatoria del acusador, condenando, y echando por tierra la presunción de inocencia y la carga de la prueba. En estos casos, efectivamente, serían recomendables algunas de las soluciones antes reseñadas, en el sentido de que el juez pudiera contar con mayores herramientas de averiguación, en especial respecto de las hipótesis alternativas de la defensa. Misma cosa podría decirse respecto de una regla que incentivara a la defensa a asumir como propia una carga de la prueba en aquellos casos en que su posición esté muy desmejorada por la presión pública del caso.

d) La presunción de inocencia y el convencimiento de condena más allá de toda duda razonable

La presunción de inocencia no corresponde, a pesar de su nombre, a una presunción legal en los términos del artículo 47 del Código Civil, o sea, no corresponde a un hecho desconocido que se infiere a partir de hechos conocidos. La presunción de inocencia es, en cambio, una verdadera asunción o suposición: al imputado se le asume o se le supone inocente hasta que no recaiga sobre él una sentencia condenatoria firme.

El artículo 4 del CPP dispone que "ninguna persona será considerada culpable ni tratada como tal en tanto no fuere condenada por sentencia firme"; en el mismo sentido, el artículo 19 número 3 inciso séptimo de la CPR dispone que "la ley no podrá presumir de derecho la responsabilidad penal".

La presunción de inocencia no es solamente una regla de convicción del juzgador, sino también una *regla de trato* que debe dársele al imputado durante el procedimiento, como manifestación de su derecho a la libertad y a lo que la Cuarta Enmienda de la Constitución de Estados Unidos ha denominado "derecho a la tranquilidad".

La presunción de inocencia es una institución de larga data; hay autores que afirman que ya en el Digesto de Justiniano se decía que "es preferible que el delito de un hombre culpable no resulte castigado, a que un inocente sea castigado", aunque parece haber consenso en que la frase es de Blackstone (citado por Bentham): "Es mejor que diez culpables escapen a que un inocente sufra".

Como ya hemos dicho en otra parte de este trabajo, el estándar de convicción de condena "más allá de toda duda razonable" lo que hace es materializar la opción del legislador por tolerar absoluciones erróneas en lugar de condenas erróneas.

Esta opción se adoptó, entre otras razones, porque en caso de una condena errónea, las consecuencias pueden ser dramáticas o hasta irreversibles en perjuicio de un solo individuo; pensemos, por ejemplo, en la pena de muerte. En cambio, respecto de una absolución equivocada, no puede hablarse de que la víctima haya sido personalmente perjudicada, desde que, como vimos, no le asiste una garantía de persecución penal en contra de nadie. En el peor de los casos, las consecuencias deberán sufrirlas la "sociedad toda", y también el sistema de enjuiciamiento criminal, que se demostrará como incapaz de procesar adecuadamente a los verdaderamente responsables.

Hay autores como el español Jordi Nieva que dicho que en el proceso penal no existe, en los hechos, presunción de inocencia alguna respecto del imputado: tanto las policías, como fiscales, la opinión pública, y es posible que los mismos jueces vean al imputado como un culpable desde el primer momento de la investigación iniciada en su contra. Detrás de este fenómeno existirían razones psicológicas y sociológicas, que irían desde la búsqueda de protección en el "grupo", la necesidad de unirse en contra de un culpable, el sentirse virtuoso frente a la maldad ajena, hasta el simple morbo colectivo.

Por lo mismo, la tendencia natural de los jueces —de no existir este mandato del legislador— sería simplemente "dar por bueno" todo lo obrado por fiscales y policías, y condenar. En contraste, lo que la ley ordena a los jueces es descreer de todo lo obrado por policías y fiscales, y forzadamente tratar al acusado como una persona inocente. Y no solo eso, la ley ordena absolver siempre, salvo que el fiscal logre acreditar su tesis acusadora de un modo rayano en la certeza. La presunción de inocencia, en este entendido, sería una institución fundamental del proceso penal, sin la cual el imputado no tendría chance alguna de un juicio justo.

A pesar de la consagración normativa de la presunción de inocencia, lo cierto es que, en la práctica, como explicaremos más adelante, la tendencia de los medios de comunicación, de las víctimas, y la opinión pública suele ser justo la inversa, en el sentido de presumir la responsabilidad del acusado o del imputado, aun en etapas muy tempranas del proceso. Incluso, es más: aun declarado inocente por la justicia, la víctima seguirá viendo al acusado como culpable.

Un ejemplo de esto último lo pudimos ver a propósito de la sentencia de la Corte Suprema, que en agosto de 2023 absolvió a todos los acusados del supuesto homicidio del expresidente Eduardo Frei Montalva. Una autoridad como el entonces gobernador de la región Metropolitana, Claudio Orrego afirmó que "el hecho que el magnicidio del presidente Frei Montalva no haya sido probado judicialmente no significa que no haya sido tal".

Asimismo, la doctrina ha recogido la tendencia existente en las investigaciones y juicios de ciertos delitos, en que, en la práctica, la presunción de inocencia sencillamente desaparece: delitos de lesa humanidad, terrorismo, corrupción política, violencia de género y delitos sexuales contra menores.

Autores como Andrew Stumer le asignan un doble propósito a la presunción de inocencia: por un lado, la protección del inocente y, por otro, la promoción del Estado de derecho.

Respecto de la protección de los inocentes, Stumer hace una conexión con las teorías retribucionistas y de prevención general para justificar el derecho del Estado a imponer penas a las personas. Desde un punto de vista de la prevención general, se ha dicho que la pena actuaría como un disuasivo respecto de la sociedad toda, para que sus integrantes se inhiban de incurrir en la comisión de delitos, al poder ver las consecuencias que ha tenido en el individuo enjuiciado y condenado. En este sentido, sería indiferente que se condenara a un culpable o a un inocente, ya que de todas formas —desde la prevención general— dicha condena (errónea o correcta) generará el mismo efecto disuasivo.

Pero, por otra parte, las teorías retributivas lo que hacen es limitar ese propósito de prevención general, consagrando que el derecho de castigar lo es solo respecto de la persona del criminalmente responsable, y solo en la medida en que haya proporción entre la falta y el castigo impuesto; esta es la conocida teoría desarrollada por Claus Roxin. Por lo tanto, de acuerdo con los fines de la pena, la retribución haría insoportable que el Estado castigara a un inocente, desde que esa condena carecería de justificación, sería una simple imposición de fuerza bruta estatal deslegitimada.

Respecto de la promoción del Estado de derecho, como se viene esbozando, la imposición de condenas injustas o arbitrarias, aun en contra de verdaderos culpables, pero indebidamente fundamentadas, deviene en un poder estatal que se reduce a la imposición de fuerza bruta ilegítima y en un descrédito de la sociedad respecto de los órganos de investigación y juzgamiento.

e) La presunción de inocencia y los medios de comunicación social

Los medios de comunicación social cumplen una función insustituible en las democracias occidentales, al ser un importante factor de control del poder estatal. Siendo el proceso penal una instancia especialmente sensible de coerción estatal en contra de los ciudadanos, es fundamental que los medios de comunicación social y el periodismo independiente informen a la ciudadanía acerca del funcionamiento del sistema.

Ahora, no debe perderse de vista que los medios de comunicación social funcionan con lógicas completamente distintas que las que son exigibles a los operadores del sistema de persecución y enjuiciamiento penal, en especial respecto de los jueces.

El periodismo no tiene deber alguno de presumir la inocencia del imputado, y además, tampoco tiene un deber estricto de corroboración fehaciente acerca de la verdad de lo que se publica o informa. Ellos funcionan sobre la base de la inmediatez, de la novedad y la noticia, y no sobre la base del ejercicio reflexivo acerca de la inocencia o culpabilidad del imputado, como lo hace el juez; están interesados en ganar audiencia y de satisfacer las expectativas de esta. En todo esto no hay ningún problema, más allá de que hay que tenerlo muy presente, ya que la convivencia de los medios de comunicación social en el proceso penal suele ser tensa. Principalmente, porque en muchos casos la presunción de inocencia del imputado será descartada desde el primer momento.

Ya vimos más arriba que una de las directrices del legislador del CPP es el permitir la total publicidad —salvo excepciones— de los juicios orales, justamente para prevenir que los jueces resuelvan "a puerta cerrada". Hemos dicho que aquello que no se puede ver no es posible de controlar. La presencia de los periodistas en la sala de audiencia será en muchos casos un importante freno a las arbitrariedades que en otros contextos podrían darse.

El punto es que los medios de comunicación social no son ni deben ser objetivos. Ellos representan las directrices y lineamientos de sus dueños o controladores, e interpretan a una audiencia amplia que está de acuerdo con dichas líneas de pensamiento, que puede ser económica, política, filosófica, o moral, entre otras. Así, no es difícil identificar a ciertos medios de comunicación con determinados grupos de influencia y de poder.

Los medios de comunicación social no son meros amplificadores de hechos "objetivos" ni se espera que lo sean.

En 1955, el antropólogo Gregory Bateson acuñó el término *framing* (encuadre), que consiste en que los medios de comunicación no informan asépticamente sobre los hechos que ocurren, sino que los enmarcan en un determinado contexto, dando preeminencia a algunos aspectos y suprimiendo otros. Esto es, en todo caso, lo que los seres humanos hacemos: la realidad nunca es percibida objetivamente, sino siempre interpretada desde nuestro punto de vista personal y particular. La interpretación que hacen los medios de comunicación social "crea una realidad" distinta de la que a simple vista se puede apreciar del hecho que se informa. Así, se ha dicho que la complejidad de la realidad actual exige necesariamente una simplificación y encuadre, a riesgo de hacerse incomprensible su sentido para el común de las personas.

A partir de la década de 1960 surge, en los Estados Unidos, el "nuevo periodismo" de la mano del periodista y escritor Tom Wolfe; es decir, un periodismo que incorporaba no solo la información esencial que el lector esperaba (qué, cómo, cuándo, quién y dónde), sino que también los personales y subjetivos puntos de vista del narrador, en una mezcla entre lo literario y lo informativo. Así, varios exponentes de ese país cultivaron este particular estilo: Norman Mailer, Truman Capote y Ernest Hemingway.

Hoy los medios de comunicación social funcionan de esta forma, y así los procesos judiciales son interpretados y simplificados de forma tal de poder llegar e interesar a la gran audiencia. El proceso se transforma en una lucha entre "buenos" (el fiscal y las víctimas) y "malos" (el imputado), exacerbando el morbo, la indignación, la sorpresa, el asco y también la compasión de la audiencia. Se usa y abusa de los pseudónimos y motes: un fiscal "implacable", un verdadero "zar anti-delincuencia", un imputado "frío" y "ambicioso". También se buscan muchas veces rasgos que humanizan al imputado, o que explotan aspectos inusuales o llamativos.

A todo lo anterior se agrega que el interés por información de los casos criminales es sustancialmente mayor al comienzo de la indagatoria, y cae abruptamente con el transcurso del tiempo, cuando ya la opinión pública asimiló el caso, o derechamente lo olvidó, posiblemente por la irrupción de otro caso tan o más llamativo.

Por lo mismo, el público siempre estará más interesado en la formalización y la solicitud de medidas cautelares personales que en el juicio oral; existen estudios empíricos al respecto. Lo problemático es que —como ya hemos dicho— la indagatoria es controlada por el fiscal, quien maneja toda la información que se produce junto con las policías, teniendo la defensa un rol secundario en esta instancia. Por lo mismo, los medios de comunicación social suelen alimentarse del material que "filtran" fiscales o querellantes durante la indagatoria.

Ya en el juicio oral, los periodistas tendrán acceso pleno a las audiencias de juicio, como cualquier persona. La policía y la fiscalía como fuentes de información son vistas por el público como "oficiales", a diferencia de la defensa, que es vista como parte parcial e interesada. Por lo mismo, la primera suele ser mucho más creíble para la opinión pública, que a poco andar ya se habrá formado una opinión plenamente alineada con la de los persecutores, en el sentido de que el imputado es culpable, aunque aún no haya sido juzgado.

Los jueces y fiscales no son inmunes a esta realidad mediatizada y reinterpretada, como ya hemos dicho. Y por supuesto, que ello podría comprometer la presunción de inocencia de la que legalmente goza el imputado.

1.5 Prohibición de condena basada únicamente en la declaración del acusado

Existe la prohibición de que al acusado se le condene con el solo mérito de su declaración (artículo 340 inciso tercero del CPP); es decir, la confesión del acusado debe estar corroborada con otros medios de prueba periféricos que haya podido producir la Fiscalía y/o el querellante en la audiencia de juicio. Autores como Larry Laudan han agregado que este estándar se satisfaría también en los casos en que la confesión del acusado "contenga información sobre el delito que únicamente su autor podría conocer"; interpretación esta última que no se corresponde al tenor literal de la ley chilena, como hemos visto. La regla chilena, en todo caso, es tributaria del criterio establecido a partir de la sentencia del caso Escobedo v. Illinois del año 1964 de la Corte Suprema de los Estados Unidos.

Y, como vimos, tampoco puede ser condenado únicamente sobre la base de las declaraciones de testigos que hayan fungido de agentes encubiertos o reveladores, o de informantes, o de funcionarios policiales que hayan participado de una entrega vigilada (artículo 226 U inciso segundo del CPP); por lo tanto, dicha prueba deberá también contar con corroboración periférica. Aunque la ley no lo dice, parece evidente que estas últimas declaraciones no podrán ser corroboradas solamente con la del acusado.

Como hemos dicho en este trabajo, el juicio oral puede celebrarse respecto de varios imputados, en cuyo caso se les denominará coimputados o coacusados. ¿Puede condenarse a un acusado con el mérito de la declaración de un coacusado? Esa es la pregunta que se intentará responder ahora.

Las reglas procesales chilenas no contienen restricción alguna para que se valore probatoriamente por los jueces las declaraciones de los coimputados para fundar una condena; esto es, la hipótesis en que uno de los coimputados incrimine a los restantes. La única restricción, como vimos, es que se condene al acusado sobre la base de su propia confesión.

Para algunos autores, como Francisco Hermosilla Iriarte, no podría condenarse al acusado sobre la base únicamente de la declaración de los coimputados, sin que exista una debida corroboración periférica de dicha prueba con la restante prueba rendida en el juicio oral. Para este autor, sostener lo contrario llevaría al absurdo de que se tendría que absolver al coimputado que "confiesa" su delito en el juicio sin que exista corroboración con otra prueba —no se le puede condenar solo con esa prueba— pero sí podría condenarse a otro de los acusados al que también incrimina en su declaración.

En estos casos, la mayor o menor credibilidad que generen este tipo de testimonios estará dada porque se pueda descartar un interés espurio en declarar en uno u otro sentido. Así, el profesor Hermosilla se ha puesto en la hipótesis —para nada infrecuente en la práctica— que respecto de un mismo hecho se hayan celebrado procesos independientes: algunos de ellos que concluyeron con un procedimiento abreviado, otros en juicio simplificado, u otras salidas alternativas. Pero resulta que al acusado "principal" se le lleva a juicio oral, sirviendo de testigos de la Fiscalía los restantes imputados cuyos respectivos procesos ya fueron afinados.

Para el profesor Hermosilla estos coimputados (en procesos diversos, por así decirlo) están revestidos de la calidad de imputados hasta la completa ejecución de sus respectivas sentencias (artículo 93 g) del CPP), y por lo mismo, eximidos de su obligación de declarar y de decir verdad. Por lo tanto, a juicio de este autor, dichas declaraciones carecen de valor probatorio para sustentar una condena del tercero a quien se llevó a juicio.

Esta postura recién expuesta, en todo caso, no termina por ser convincente. No solo porque no hay norma que lo disponga, sino porque la ley procesal penal chilena establece justamente lo contrario: que no existen testigos inhábiles (artículo 309 del CPP). Además, la calidad de imputado se tiene respecto de su propio proceso, y no respecto de procesos ajenos, en el evento que el Ministerio Público decidiera, como en el ejemplo, llevar procesos paralelos en contra de cada uno de los imputados.

Por lo mismo, mientras no exista regla expresa, los coimputados podrían estar obligados a prestar declaración como testigos en otros juicios, siempre que hayan sido enjuiciados en procesos independientes en cada uno de ellos. Es en este sentido que lo ha resuelto la Corte Suprema (rol 3003-2010). Cuestión distinta —y nos parece que es la solución correcta— es si dichas declaraciones debieran merecer crédito a los jueces, lo que deberá ser ponderado caso a caso. Así, la Corte de Apelaciones de Temuco (rol 929-2017) señaló expresamente que esas declaraciones debían estar apoyadas en antecedentes adicionales de la investigación que se rindieran como pruebas en el juicio oral. Esto, debido a la natural desconfianza que pueden generar los relatos de personas cuyas motivaciones para declarar pueden no ser necesariamente el esclarecimiento de los hechos, sino el protegerse, o incriminar a terceros, exculparse a sí mismo, o satisfacer algún acuerdo previo con la Fiscalía.

1.6 Deber de congruencia de la sentencia de condena con el contenido de la acusación

La sentencia definitiva condenatoria debe cumplir, como hemos dicho, con el deber de congruencia, esto es, no puede abarcar a imputados diferentes ni hechos distintos que los abarcados por la acusación; ni esta última abarcar imputados o hechos no comprendidos en la formalización de investigación.

Este deber resguarda las posibilidades de defensa del imputado, desde que solo es posible controvertir y desacreditar aquellos cargos que son previamente conocidos, en lo que se denomina congruencia objetiva y subjetiva. Como ya vimos, los cargos e imputados abarcados en la condena pueden ser *menos* que aquellos comprendidos en la acusación; pero nunca distintos.

Lamentablemente, la jurisprudencia ha ido relajando esta exigencia, y permitiendo que se admitan condenas fundadas en acusaciones que pueden ser sumamente vagas. Así, en casos de delitos sexuales, en que razonablemente la víctima pudo no recordar en detalle los hechos, la formalización, acusación y condena están redactadas en términos como el siguiente ejemplo: "en días y momentos indeterminados entre los meses de marzo y septiembre del año 2017 y junio y noviembre de 2018, en distintos domicilios de las comunas de Providencia, San Pedro de la Paz y Curacaví, el imputado procedió a abusar sexualmente de la menor de catorce años de iniciales T.H.F.O., en ese momento de once años…".

Esta esperable congruencia subjetiva (mismos imputados) y objetiva (mismos hechos) no corre, necesariamente, respecto del derecho aplicable; es decir, respecto del o los tipos penales ni las circunstancias modificatorias de responsabilidad penal. Lo normal es que la calificación jurídica se mantenga entre la formalización, la acusación y la condena; pero esta podría variar sin problema, en la medida que lo que la defensa debe controvertir son propiamente los hechos. Así, una indagatoria originalmente calificada como robo, podría terminar en una condena por hurto; o una formalización por estupro terminar en una condena por violación.

Esta recalificación jurídica de los hechos es un fenómeno no solo permitido sino reconocido por la doctrina y jurisprudencia respecto de todo tipo de procesos, en aplicación del principio del *iura novit curiae* (el juez conoce el derecho).

La aplicación de este principio no es problemática en la medida que los intervinientes tengan la posibilidad de conocer previamente de esa posible recalificación, y por supuesto, decir algo sobre ella. Eso es justamente lo que está regulado en el artículo 341 incisos segundo y tercero del CPP. El inciso segundo permite que los jueces recalifiquen los hechos y las circunstancias agravantes "siempre que se hubiere advertido a los intervinientes durante la audiencia". Si dicha advertencia no tuvo lugar, el inciso tercero permite a los jueces reabrir el debate para ese solo efecto.

Hay autores como Jaime Salas Astrain que han señalado que esta recalificación solo puede ser *pro reo*, o sea, para atenuar la pena a imponer, y no para agravarla; criterio que compartimos plenamente, en orden a que el juez mantenga su pasividad que solo lo autoriza excepcionalmente a actuar de oficio, y sobre todo, al estarle prohibido asumir funciones propias de la acusación.

2. Los tres momentos en el pronunciamiento de la sentencia de condena: Veredicto, audiencia de determinación de pena y sentencia definitiva

Terminado el juicio oral, los jueces deliberarán y deberán absolver o condenar al acusado.

La condena puede ser total o parcial, es decir, pueden abarcar a todos los imputados o solo a algunos de ellos; y puede abarcar a todos los delitos materia de la acusación o solo a algunos de ellos.

Si la decisión es de absolución completa y total del acusado, el tribunal deberá dictar su veredicto absolutorio, y luego, en el plazo legal, su sentencia definitiva.

En cambio, tratándose de una sentencia que sea total o parcialmente de condena, su pronunciamiento tendrá tres momentos: primero, se dicta el veredicto o "decisión de condena"; luego, tiene lugar la llamada "audiencia del artículo 343" para discutir la forma de cumplimiento de la condena; y finalmente, se dicta y notifica la *sentencia definitiva* propiamente tal.

Lo revisaremos a continuación.

2.1 Veredicto

Una vez concluido el juicio oral, hemos dicho que los jueces deben deliberar privadamente sobre el caso para adoptar su decisión, es decir, sin la presencia de los intervinientes. La ley no dice cuánto dura esta deliberación, pero da a entender que no debe ser mucho tiempo, ya que el veredicto debe dictarse "en la audiencia respectiva" (de juicio, se entiende). Usualmente, el tribunal da por concluido el debate, y comunicará su veredicto inmediatamente, o tomará un receso de un par de horas para deliberar y comunicarlo.

El artículo 343 del CPP dispone que, si el juicio oral se extendió por más de dos días, esta deliberación puede durar hasta veinticuatro horas desde que terminó el juicio oral.

El veredicto se refiere a la decisión de absolución o condena respecto de cada uno de delitos y cada uno de los imputados "indicando respecto de cada uno de ellos los fundamentos principales tomados en consideración para llegar a dichas conclusiones".

Se trata, en la mayoría de los casos, de la lectura de la "parte resolutiva" y de los principales considerandos del fallo, que a esas alturas es un borrador de las notas que concienzudamente debió haber tomado uno de los jueces durante todas las audiencias de juicio. Como veremos más adelante, es en la sentencia definitiva en que se contendrá íntegramente la parte expositiva, considerativa y resolutiva de la decisión. Dicha sentencia se comunicará un tiempo después del veredicto.

Se ha visto en algunos casos que estos "fundamentos principales" que se comunican en el veredicto pueden ser a veces ligera o incluso sustancialmente distintos de los que se contienen en la sentencia definitiva que se dicta más adelante. La norma no contempla una solución para este problema, y por lo mismo, debiera entender que la resolución definitiva del tribunal comprende no solo la sentencia definitiva sino también lo que se afirme como razones principales en el veredicto de absolución o condena, en el caso de que uno y otro no sean exactamente idénticos.

La norma del artículo 343 del CPP sanciona con la nulidad del juicio, "el que deberá repetirse en el más breve plazo posible" si ocurrió una dilación superior a la legalmente permitida en la comunicación de este veredicto. Como decimos, el único plazo legal máximo es el de veinticuatro horas desde terminado el juicio, pero solo si el juicio duró más de dos días. Si su duración fue inferior, no existe un plazo legal y fatal, pero por simple lógica e interpretación sistemática, no deberá ser superior a veinticuatro horas.

Lo anterior, para resguardar la garantía del imputado de ser juzgado en un plazo razonable. Sin perjuicio de ello, autores como Emilio Pfeffer y Francisco Hermosilla han señalado que este brevísimo plazo para resolver es consecuencia de la desconfianza del legislador respecto del juez, ya que al acotarlo un máximo de veinticuatro horas, minimiza el riesgo de corrupción o de tráfico de influencias, debiendo los sentenciadores basarse únicamente en lo visto y escuchado durante las audiencias de juicio, nada más.

Si el veredicto es absolutorio, ordena el artículo 347 del CPP que el tribunal debe disponer de inmediato el alzamiento de las medidas cautelares personales que pesen sobre el acusado. O sea, literalmente, el acusado saldrá libre desde la audiencia de comunicación de veredicto, sin esperar la sentencia definitiva. Esto, sin perjuicio de que más adelante la sentencia se revoque vía los recursos procesales que interponga la fiscalía o el querellante.

Si el veredicto, por el contrario, es condenatorio, y por la pena solicitada por los acusadores puede preverse que ésta será de efectiva privación de libertad, la fiscalía y/o el querellante podrían solicitar la prisión preventiva del acusado, recién condenado, en el evento que el juicio oral se haya celebrado con el acusado en libertad. En todo caso, la Corte Suprema parece haber asentado el criterio, conociendo de amparos constitucionales, que esta prisión preventiva no es en caso alguno automática, sino que debe tratarse de casos en que efectivamente haya habido una actitud refractaria a los actos del procedimiento o un real peligro de fuga (rol 17252-2022).

2.2 Audiencia de determinación de forma de cumplimiento de la pena del artículo 343 del Código Procesal Penal

Comunicado que sea el veredicto de condena, el tribunal convocará "inmediatamente después" a una audiencia para debatir acerca de la forma de cumplimiento de la pena, y para estos efectos "recibirá los antecedentes que hagan valer los intervinientes para fundamentar sus peticiones, dejando su resolución para la audiencia de lectura de sentencia" (artículo 343 inciso final).

La audiencia de determinación de pena se celebrará apenas comunicado el veredicto de condena, aunque es usual también que los tribunales otorguen a los intervinientes un breve receso para poder preparar sus exposiciones y antecedentes que se harán valer. En esta audiencia se le dará la palabra a los intervinientes para que expongan lo que estimen conveniente a sus intereses en el proceso. Así, lo esperable es que la defensa solicite, de ser aplicable, la imposición de una pena sustitutiva de la Ley 18.216 que revisaremos a continuación.

La ley no da muchas luces acerca del desarrollo de esta audiencia. Por aplicación de las reglas generales, aplican los mismos principios que ya vimos a propósito del juicio oral. Lo usual es que el tribunal oiga las alegaciones y solicitudes de los intervinientes y reciba los informes y documentos que las partes presenten, como los certificados de anotaciones penales, o los informes psico-sociales respecto del condenado. También el tribunal querrá escuchar el testimonio de los expertos que prepararon el informe psicosocial encargado por la defensa, de ser el caso.

Terminadas las exposiciones y las declaraciones de los expertos, si los hubiere, el tribunal dará por terminada la audiencia, y su resolución sobre la pena a imponer se comunicará en la parte resolutiva de la sentencia definitiva, cuando esta sea notificada más adelante.

En la audiencia de determinación de pena se decide uno de los asuntos por lejos más relevantes de todo el proceso penal, como es su forma de cumplimiento.

Explicaremos a continuación este asunto.

Nuestro sistema de leyes penales y de persecución penal se basa sobre un conjunto de normas dispersas e inorgánicas, que hacen bastante difícil, para quienes no son operadores jurídicos, prever cuál será el castigo concreto que se aplicará a un determinado imputado por un hecho específico. El Código Penal y las restantes leyes penales contemplan solamente la "pena en abstracto" asignada al hecho, y, además, usando la nomenclatura barroca de "presidio menor en su grado máximo", "presidio mayor en su grado mínimo", etc., en desuso actualmente en otros sistemas comparados. Esta pena, en rigor, no es una pena, sino un *rango de pena*, que puede ser más o menos amplio, y cuya determinación quedará entregada al juez. Así, el "presidio mayor en su grado mínimo" permite al juez aplicar cualquier pena entre los cinco años y un día y los diez años.

Este rango de pena debe ser además ponderado con las circunstancias modificatorias de responsabilidad criminal (atenuantes y agravantes) contenidas en el libro I del Código Penal. Asimismo, el rango de pena a imponer dependerá también del *grado de participación* del acusado en el hecho; por ejemplo, la autoría merecerá mayor pena que el simple encubridor.

Asimismo, se aplicarán también las reglas del artículo 351 del CPP referidas a los delitos reiterados o continuados, que podrían redundar en una rebaja de la pena a imponer.

Finalmente, para poder determinar concretamente qué clase de pena cumplirá el condenado, deberá aplicarse o desecharse la aplicación de las normas de la Ley 18.216 que establece penas sustitutivas a la de privación de libertad. Dada la importancia de esta norma, destinaremos un apartado a continuación para su estudio.

Se han hecho algunos estudios empíricos respecto de la aplicación concreta de penas que efectúan los tribunales con competencia penal. Uno de los más recientes fue el de 2019, a cargo del profesor Javier Wilenmann, del cual se extrajeron interesantes conclusiones, aunque no sorpresivas para los operadores jurídicos.

Una de ellas es que los tribunales tienden en un 73% de los casos a fijar la pena en el mínimo del rango legal, y en la mayoría de las veces (63%) los jueces no justifican sus razones. También hay un porcentaje menor (4,5%) de casos en que el rango que se impone es superior al mínimo legal para saldar el tiempo que el imputado estuvo en prisión preventiva o sometido a otras medidas cautelares intensas. Asimismo, el estudio mostró una masiva aplicación mecánica de circunstancias atenuantes de baja complejidad (irreprochable conducta anterior, colaboración sustancial, reparación celosa del mal causado), generalmente sin mayor argumentación, existiendo reticencia importante a conceder otro tipo de atenuantes solicitadas por la defensa, diferentes a las ya apuntadas.

Los estudios empíricos muestran que en la gran mayoría de los casos los tribunales establecen el cumplimiento de penas sustitutivas de la Ley 18.216 con solo constatar que el condenado cumple con los requisitos formales que veremos más adelante, sin indagar mayormente sobre la situación particular del condenado o del delito por el que se le condenó.

Este estudio mostró una aplicación sumamente estandarizada de las normas, lo que podría ser respetuoso con la garantía fundamental de igualdad ante la ley; pero ha vuelto en irrelevante los rangos de pena legales, desde que mayoritariamente se aplica el mínimo establecido. Lo negativo es la baja capacidad del sistema para procesar casos distintos de los casos "comunes", cuyas soluciones óptimas podrían ser distintas.

2.3 Ley 18.216 sobre Penas Sustitutivas

a) Objetivos y principales aspectos de esta ley

Esta ley tiene como objetivo evitar que las penas de corta duración, inferiores a cinco años, deban cumplirse efectivamente bajo un régimen de privación de libertad, ya que lo que ha demostrado la evidencia disponible son una serie de efectos perniciosos en esa clase de condenas, como son la pérdida de empleo, el descrédito social, disfunción familiar, riesgo de reincidencia, al verse el reo contaminado criminológicamente.

Por lo mismo, es preferible que dichas condenas se cumplan bajo un régimen distinto. Lamentablemente, en Chile, no hay consagración constitucional del principio de resocialización de las penas, pero en varias de las disposiciones de la Ley 18.216 está implícito este objetivo. Así, entre los requisitos que se exigen para que el tribunal conceda estas formas de cumplimiento debe ponderarse que el sujeto "no volverá a delinquir" y que la sustitución de la pena "lo disuadirá de competer nuevos delitos". Esta ley materializó ciertos principios de la Resolución 45/110 de la Asamblea General de las Naciones Unidas del año 1990, también conocida como las "Reglas de Tokio".

La Ley 18.216 sufrió una importante modificación en 2012 con la entrada en vigencia de la Ley 20.603, que eliminó, entre otras cosas, la antigua nomenclatura que se refería a estas penas sustitutivas como "beneficios" o "penas alternativas". Este cambio no fue solamente de nombre, sino que refleja una concepción garantista de la pena, en el sentido de que se les considerarán verdaderas penas —no beneficios— pero sustituidas por un régimen de cumplimiento menos severo. Es decir, se consagra normativamente una política pública que finalmente logra que la mayor cantidad de penas que se impongan no sean de presidio efectivo.

En otras palabras: existirá un reproche penal al sujeto, y ciertamente una condena, con lo que se cumple con el fin comunicativo de la sanción penal, que es el "reafirmar la vigencia de la norma infringida", en términos jakobsianos. Pero dicho reproche no significará una privación de libertad, salvo para las penas y delitos más graves. Hay autores como Jesús Silva Sánchez, quien en un trabajo reciente ha afirmado que todo el derecho penal debiera tender hacia este tipo de sanciones, y que debiera incluso incorporarse a la teoría del delito lo que él denomina "causas de exclusión de la ejecución de la condena".

Según las estadísticas de Gendarmería de Chile, al 2019 aproximadamente un tercio de los condenados estaba cumpliendo penas sustitutivas a la privación efectiva de libertad, cifra que ha ido en aumento luego de la entrada en vigencia de la última reforma legal en 2012. Asimismo, cifras de ese mismo año muestran que un 40% de las sentencias condenatorias aplican penas sustitutivas; antes de ese año, la cifra solo alcanzaba al 30%. Entre otras fuentes, la reforma de 2012 tomó normativa comparada como el Criminal Justice Act de Inglaterra y Gales de 2003, y el Código Penal español de 1995.

En el sistema procesal penal de Estados Unidos existe una institución muy interesante en esta etapa que es el *victim impact statement*, en que el tribunal, luego del veredicto condenatorio, pero antes de fijar la pena, invita a la o las víctimas a que den su parecer respecto de las consecuencias que les trajo la comisión del delito que se acaba de condenar, lo que deberá ser considerado al dictar la condena. En Chile, existe una prerrogativa similar, pero solo para los delitos de acción penal privada o previa instancia particular (artículo 35 inciso segundo de la Ley 18.216), en que la víctima podrá dar su parecer sobre la imposición de una pena sustitutiva.

b) Estudio en particular de las penas sustitutivas

Revisaremos a continuación los aspectos esenciales de estas medidas de cumplimiento sustitutivas.

i) Remisión condicional

La remisión condicional consiste en "la discreta observación y sometimiento a asistencia del condenado" por Gendarmería de Chile durante el tiempo de la condena. En la práctica, se traduce en la obligación del condenado de concurrir a firmar mensualmente un registro en Gendarmería, y de fijar residencia y acreditar un oficio. Aplica para penas no superiores a los tres años, y solo reos primerizos.

ii) Reclusión parcial

La reclusión parcial consiste en la privación de libertad en el domicilio del condenado o en un establecimiento designado por Gendarmería de Chile, y puede ser diurna, esto es, de ocho horas entre las 8:00 y las 22:00 de cada día; nocturna, esto es, entre las 22:00 y 6:00 del día siguiente; o de fin de semana, esto es, entre las 22:00 del viernes y las 6:00 del lunes siguiente.

Aplica para penas no superiores a los tres años, y solo reos primerizos o con condenas anteriores que no hayan excedido los dos años. Para la ejecución de esta pena sustitutiva el juez debe privilegiar el monitoreo telemático en el domicilio del condenado, esto es, la llamada "tobillera", dotada de un sistema de georreferencia. En ausencia de los medios técnicos para implementar el monitoreo telemático, el control debe efectuarse a través de rondas periódicas y aleatorias por la policía en el domicilio del condenado.

Uno de los cuestionamientos que se ha hecho de esta pena sustitutiva es justamente la falta de disponibilidad de tobilleras por parte de Gendarmería de Chile, lo que obliga a que las policías deban efectuar controles periódicos en el domicilio del condenado. En la práctica, dichos controles no siempre tienen lugar con la periodicidad recomendada para inhibir su incumplimiento.

Por el límite de pena aplicable tanto a la remisión condicional como a la reclusión parcial, de hasta tres años, en la práctica es frecuente que muchos de estos casos no lleguen a sentencia de condena cuando se trata de primerizos, sino que a alguna salida anticipada, como la suspensión condicional o el acuerdo reparatorio.

iii) Libertad vigilada

La libertad vigilada simple e intensiva, consiste en un *plan de intervención individualizado*, bajo la vigilancia y orientación permanente de un delegado de Gendarmería de Chile, cuyo objetivo es la resocialización del condenado.

Solo aplica a reos primerizos, y para condenas entre dos y tres años, en el caso de la libertad vigilada simple; y entre tres y cinco años, en el caso de la intensiva. Para ciertos delitos de violencia intrafamiliar y contra la libertad e indemnidad sexual, también aplica a penas superiores a los 540 días, y hasta cinco años; en estos casos la intención del legislador sería que se aplicara la libertad vigilada intensiva —y no la remisión condicional o reclusión parcial— para estas especiales categorías de delitos que se estiman como más graves.

La exigencia de que no haya condenas anteriores para la concesión de estas penas sustitutivas ha sido cuestionado por alguna doctrina, en el sentido de que se trata de un verdadero "derecho penal de autor" que estaría sancionando, o, en este caso, negando una pena más benigna, sobre la base de asuntos ajenos al hecho mismo, y vinculados al autor. Es decir, se trataría de normas que contravienen el principio de *nulla poena sine culpa*.

Para la concesión de la *libertad vigilada intensiva*, el artículo 15 de esta ley dispone como requisito lo siguiente:

> Que los antecedentes sociales y características de personalidad del condenado, su conducta anterior y posterior al hecho punible y la naturaleza, modalidades y móviles determinantes del delito permitieren concluir que una intervención individualizada de conformidad al artículo 16 de esta ley, parece eficaz en el caso específico, para su efectiva reinserción social. Dichos antecedentes deberán ser aportados por los intervinientes antes del pronunciamiento de la sentencia o en la oportunidad prevista en el artículo 343 del Código Procesal Penal.

Antes de la reforma de 2012, a estos informes se les denominaba "presentenciales". En cumplimiento de lo que dispone esta norma es que la defensa debe aportar uno o más de los llamados "informes psicosociales" preparados por expertos en el área de la psicología y trabajo social.

¿Es carga procesal de la defensa solicitar y aportar los antecedentes referidos a la elegibilidad del condenado para un cumplimiento de pena alternativa? De la redacción del artículo 343 del CPP ("abrirá debate", "recibirá los antecedentes") parece ser que el tribunal tiene un rol más bien pasivo en esto, pero a nuestro juicio nada obsta a que el tribunal de oficio aprecie si procede un cumplimiento alternativo, en resguardo de las garantías del condenado.

La Corte Suprema en un reciente fallo vía recurso de queja (rol 43.432-2024) ha resuelto que el tribunal con competencia penal goza de un ámbito de discrecionalidad para rechazar la imposición de una pena sustitutiva, aun cuando el informe psicosocial del condenado le sea favorable. En otras palabras, que estos informes no son automáticamente vinculantes para el juez.

Las condiciones que el juez debe imponer al condenado en los casos que se aplique una libertad vigilada simple o intensiva son:

- La obligación de residencia en un lugar determinado por el propio condenado, que en principio debe corresponder a una ciudad en que preste funciones el delegado de Gendarmería. Esto es importante, porque el condenado no está sujeto a arraigo, es decir, puede abandonar el país, pero sí tiene obligación de residir en un lugar que él mismo fije dentro del territorio nacional.
- La vigilancia y orientación permanente del delegado que permita la eficacia del plan de intervención.
- El ejercicio de un empleo, oficio, arte, industria o comercio que se determinen en el referido plan.

Si se trata de la libertad vigilada intensiva, adicionalmente, el juez puede imponer al condenado alguna o varias de estas condiciones:

- Prohibición de asistencia a determinados lugares, o de acercarse a la víctima, sus familiares u otras personas.

- Mantenerse en el domicilio o lugar que determine el tribunal por un máximo de ocho horas diarias y continuas.
- Cumplir programas formativos, laborales, culturales, de educación, control de impulsos, violencia, etc.
- En el caso de condenados con consumo problemático de drogas o alcohol, también se puede imponer como condición la asistencia a programas ambulatorios o la internación en un centro especializado de tratamiento de adicciones.

El artículo 466 del CPP dispone que al delegado de libertad vigilada se le considerará un interviniente en el proceso, para la etapa de ejecución de la pena sustitutiva, y deberá informar al tribunal de los avances del condenado en los objetivos trazados en el plan de intervención individual, pudiendo incluso proponer al juez una reducción o término anticipado de la condena, en la medida que los objetivos se encuentren cumplidos.

Como vimos a propósito de la detención, el incumplimiento de alguna de las condiciones impuestas en el contexto de la libertad vigilada intensiva obliga a los funcionarios a detener al condenado (artículo 129 inciso 4 del CPP; en relación con el artículo 17 ter letras a), b), c) y d) de la Ley 18.216).

iv) Prestación de servicios a beneficio de la comunidad

La prestación de servicios a beneficio de la comunidad, como indica su nombre, es la prestación de servicios no remunerados a favor de la colectividad o de personas o instituciones en situación precaria, detalladas en el artículo 4 de la ley (mantenimiento del ornato, aseo, reparación de bienes públicos, etc.).

Aplica para penas iguales o inferiores a trescientos días, y siempre que sea improcedente la aplicación de cualquier otra pena sustitutiva.

Es muy relevante notar que se exige la anuencia del condenado, para evitar que se convierta en una pena de "trabajos forzados", prohibida por instrumentos internacionales.

La pena consiste en cuarenta horas de trabajo por cada treinta días de condena. Por ejemplo, si son trescientos días de condena, debieran imponerse cuatrocientas horas efectivas de trabajo comunitario.

v) Expulsión de extranjeros

También se contempla como pena sustitutiva la expulsión de extranjeros y su prohibición de regresar a Chile en un lapso de cinco o diez años desde la fecha de sustitución de la pena.

Esta pena aplica a extranjeros sin residencia legal en el país, y en rigor, lo que hace es adelantar la expulsión administrativa que con seguridad aplicaría la autoridad. Aplica para penas inferiores a los cinco años.

vi) La pena mixta

La Ley 18.216 contempla también la llamada "pena mixta" que permite sustituir una pena efectiva de presidio que está en ejecución por la de libertad vigilada intensiva, que contempla adicionalmente un monitoreo telemático.

Aplica solo a penas inferiores a los cinco años, de los que el condenado ya haya cumplido una tercera parte de ese tiempo de condena, sin que registre nuevas condenas por crimen o simple delito al momento de discutirse esta pena mixta, y con un informe de buen comportamiento por parte de Gendarmería de Chile.

Es interesante notar, como veremos después, que la pena que está siendo efectivamente cumplida también puede sustituirse por la libertad condicional del Decreto Ley 321 de 1925; pero en este último caso solo una vez cumplida la mitad de la condena.

También se puede sustituir una pena sustitutiva por otra de menor intensidad (por ejemplo, libertad vigilada intensiva por una simple) una vez cumplida la mitad del tiempo de condena, previo informe favorable de Gendarmería y aprobación del tribunal de garantía.

c) Personas y delitos no elegibles para ser sancionados por penas sustitutivas

El artículo 1 de la Ley 18.216 contiene una nómina de delitos no elegibles para las penas sustitutivas; entre otros, el delito de secuestro, violación, tortura, homicidio, y delitos de la ley de control de armas. A partir de la entrada en vigencia de la nueva Ley 21.732 sobre delitos terroristas, de febrero de 2025, tampoco aplicarán estas penas a los delitos terroristas.

Tampoco son elegibles los condenados que registren condenas anteriores por delitos de la Ley 20.000 sobre Tráfico Ilícito de Estupefacientes o algunas de sus antecesoras (leyes 19.366 y 18.403, ambas derogadas).

Asimismo, el artículo 196 ter de la Ley 18.290 del tránsito hace inelegible estas penas sustitutivas para los delitos de conducción de vehículos motorizados bajo la influencia del alcohol o en estado de ebriedad con resultado de muerte o lesiones graves, para el primer año de condena ("Ley Emilia"), norma que ha sido declarada inconstitucional por el Tribunal Constitucional por su evidente desproporción con el sistema de penas en Chile.

La Ley 21.595 sobre Delitos Económicos y Ambientales, en vigencia desde agosto de 2023, significó un cambio sustancial en la aplicación de penas sustitutivas de la Ley 18.216 para esta clase de delitos, restringiéndolo. Así, de acuerdo con el artículo 20 de esta ley, ya no será posible optar a una libertad vigilada o libertad vigilada intensiva, sino solamente a la remisión condicional, la reclusión parcial en el domicilio y la "reclusión parcial en un establecimiento especial", que será (el "establecimiento especial") determinado en un reglamento que deberá dictarse para este efecto.

d) Reglas especiales en la Ley de responsabilidad penal adolescente

El artículo 37 bis de la Ley 20.084 sobre responsabilidad penal adolescente dispone que en la audiencia de determinación de pena, se puede solicitar por los intervinientes que se confeccione un informe técnico al Servicio Nacional de Reinserción Social Juvenil, que se referirá a los criterios objetivos de determinación de la pena que establece el artículo 24 de dicha ley.

Estos criterios se refieren a la gravedad del delito, el bien jurídico protegido afectado, la utilización de armas, el móvil delictivo, y la edad del condenado, entre otros.

En estos casos la audiencia debiera suspenderse, aunque la norma no lo dice expresamente. En todo caso, el informe no estará disponible antes de ocho días, como señala este artículo, así que la suspensión debiera durar al menos ese lapso. Asimismo, el artículo 40 bis de dicha ley establece que respecto del adolescente condenado penalmente se dispondrá por el tribunal la confección de un plan de intervención individual, a partir de las reglas técnicas que determine el Servicio Nacional de Reinserción Social Juvenil.

e) Otros aspectos relevantes de la Ley 18.216

Esta ley contempla otras reglas que son especialmente beneficiosas para el condenado.

Se ha fallado que las penas accesorias a la de presidio efectivo también quedan abarcadas por la sustitución que se imponga por aplicación de la Ley 18.216; y que para efectos de esta ley no se considerarán como condenas anteriores las impuestas al sujeto al amparo de la Ley 20.084 sobre responsabilidad penal adolescente.

La imposición de cualquiera de las penas sustitutivas de la Ley 18.216 no acarrea la anotación de antecedentes prontuariales del condenado, justamente para favorecer su reinserción; aunque sí quedará la condena consignada en registros administrativos de las policías y del Ministerio Público. En todo caso, estos registros administrativos quedarán definitivamente sin referencia a la condena una vez cumplida satisfactoriamente.

El incumplimiento grave y reiterado de las condiciones impuestas en las penas sustitutivas, lo mismo que el quebrantamiento de la condena, pueden dar origen a su revocación, esto es, que el tribunal ordene el cumplimiento efectivo del tiempo restante, abonando el tiempo ya satisfecho de cumplimiento. Si no son incumplimientos graves ni reiterados, el tribunal podría intensificar las condiciones de la pena sustitutiva ya decretada.

El artículo 27 de esta ley dispone que se considerará "por el solo ministerio de la ley" que la condena ha sido quebrantada "si durante su cumplimiento el condenado cometiere nuevo crimen o simple delito y fuere condenado por sentencia firme". Esta disposición merece algunos comentarios.

Lo primero es que las penas de la Ley 18.216 admiten una forma de quebrantamiento por excelencia, que no es otra que el incumplimiento de las obligaciones impuestas al condenado respecto de la condena decretada. Esto estaba bastante claro en la ley previo a su reforma del año 2012; sin embargo su redacción actual parece dar a entender que el quebrantamiento ocurre exclusivamente si el condenado comete nuevos delitos durante su cumplimiento, y es condenado por sentencia firme. La verdad, es que este "quebrantamiento por el solo ministerio de la ley" es adicional al quebrantamiento por defecto, que, como decimos, corresponde al incumplimiento de las obligaciones de la condena.

Lo segundo es que esta hipótesis de quebrantamiento "por el solo ministerio de la ley" abarca nuevas condenas penales dictadas durante el cumplimiento de la pena sustitutiva, en la medida que se refiera a hechos delictivos perpetrados durante dicho cumplimiento. En otras palabras: quedan excluidas las condenas dictadas durante el cumplimiento sustitutivo referidas a hechos perpetrados con anterioridad a su inicio. El sentido de la regla es bastante obvio, y no es otro que revocar una condena benigna allí donde el condenado parece no haber recapacitado respecto de sus actos, al punto de seguir delinquiendo.

El quebrantamiento de la condena es relevante porque interrumpe el plazo de prescripción de la pena (artículo 98 CP). El artículo 99 CP se encarga de aclarar que la comisión de nuevos delitos durante el cumplimiento de la condena también interrumpe la prescripción (de la acción penal y de la pena). Como ya dijimos, el artículo 27 de la Ley 18.216 asimila ambas situaciones al quebrantamiento de la condena.

Respecto de las penas sustitutivas opera también la llamada "media prescripción de la pena" del artículo 103 CP, que permite disminuir la pena impuesta al aplicarse por el juez "dos o más circunstancias atenuantes muy calificadas y ninguna agravante" si el condenado se apersona a cumplirla, habiendo ya transcurrido más de la mitad del tiempo de condena impuesto. El criterio detrás de esta norma es el mismo que para todas las prescripciones de nuestro sistema, esto es, el "olvido" de nuestra sociedad respecto de la necesidad de perseguir y penar ciertos hechos, cuando ya ha transcurrido un tiempo considerable.

Como ya hemos dicho, todos los asuntos referidos al cumplimiento de la condena son competencia del juez de garantía.

2.4 Sentencia definitiva

Comunicado el veredicto de absolución o condena, y concluida la audiencia de determinación de la forma de cumplimiento de la pena del artículo 343 del CPP si se condenó, el tribunal de juicio oral en lo penal debe citar a los intervinientes a una audiencia para comunicar su sentencia. La regla del artículo 344 del CPP dispone plazos estrictos para este trámite, que revisaremos a continuación.

La diferencia entre el veredicto y la sentencia es que esta última contiene todos los fundamentos de hecho y de derecho que sustentan la decisión del tribunal, como veremos más adelante. El veredicto solo contenía los principales razonamientos de la parte considerativa y resolutiva, como ya vimos.

Al igual que los relatos de las partes durante el juicio, o de las versiones que testigos y peritos han vertido en el juicio oral, la sentencia definitiva —como apunta Taruffo— también tiene una pretensión de verdad. Pero a diferencia de aquellas, es una verdad neutral y supra partes, no competitiva.

a) Plazo para que se dicte la sentencia definitiva

La regla general es que la comunicación del fallo tenga lugar en un plazo no superior a los diez días desde comunicado el veredicto, de acuerdo con la nueva redacción del artículo 344 del CPP, reformado por la Ley 21.694 de 2024 (antes de esta reforma eran cinco días).

Ahora, si el juicio duró más de cinco días, se puede posponer la comunicación de sentencia en "un día adicional por cada dos de exceso de duración del juicio".

Revisemos estas reglas con un ejemplo. Si el juicio duró siete días, la comunicación de sentencia puede tener lugar al décimo primer día desde comunicado el veredicto (diez días con uno adicional porque el juicio duró más de cinco días). Decimos "puede", porque evidentemente el tribunal puede comunicar su sentencia antes de ese plazo. Todo esto en resguardo del derecho del acusado a ser enjuiciado en un plazo razonable.

Si el tribunal no cumple estos plazos, no se anula el juicio, sino que solo acarreará una eventual sanción disciplinaria para los jueces. En este caso, se debe fijar una nueva audiencia de comunicación de sentencia, para un plazo no superior a los dos días contados desde el plazo vencido. En nuestro ejemplo, en que el juicio había durado siete días: el tribunal debía comunicar su sentencia en un plazo máximo de once días; vencido este, tiene dos días adicionales para ello, o sea, puede hacerlo válidamente hasta el décimo tercer día desde comunicado el veredicto. Si se incumple este plazo adicional, se anula el juicio, salvo que la sentencia haya sido absolutoria. Y si en la misma sentencia se condenó a algunos de los imputados, pero se absolvió a otros, solo se anulará para los condenados.

El artículo 346 del CPP dispone que la sentencia definitiva se comunicará en una audiencia, aunque lo frecuente es que se les notifique adicionalmente por correo electrónico a los intervinientes. En todo caso, no hay sanción alguna para los intervinientes que no asistan a la audiencia de lectura de sentencia.

Hasta una reforma legal de 2005 era obligación que la sentencia se leyera íntegra por uno de los jueces en esta audiencia, obligación hoy suprimida. Actualmente, a pesar de que sigue llamándose "audiencia de comunicación de sentencia", lo cierto es que los jueces no la leen, sino que se la entregan materialmente a los intervinientes que asistan, o la notifican por correo electrónico.

b) Menciones obligatorias de la sentencia definitiva

El artículo 342 del CPP dispone de un riguroso estándar de fundamentación de la sentencia, la que debe contener las siguientes menciones:

a) La mención del tribunal y la fecha de su dictación; la identificación del acusado y la de el o los acusadores;
b) La enunciación breve de los hechos y circunstancias que hubieren sido objeto de la acusación; en su caso, los daños cuya reparación reclamare en la demanda civil y su pretensión reparatoria, y las defensas del acusado;
c) La exposición clara, lógica y completa de cada uno de los hechos y circunstancias que se dieren por probados, fueren ellos favorables o desfavorables al acusado, y de la valoración de los medios de prueba que fundamentaren dichas conclusiones de acuerdo con lo dispuesto en el artículo 297;
d) Las razones legales o doctrinales que sirvieren para calificar jurídicamente cada uno de los hechos y sus circunstancias y para fundar el fallo;
e) La resolución que condenare o absolviere a cada uno de los acusados por cada uno de los delitos que la acusación les hubiere atribuido; la que se pronunciare sobre la responsabilidad civil de los mismos y fijare el monto de las indemnizaciones a que hubiere lugar;
f) El pronunciamiento sobre las costas de la causa, y
g) La firma de los jueces que la hubieren dictado.

El artículo 349 del CPP ordena también que el fallo debe consignar la decisión sobre la *demanda civil*, haya sido condenatoria o absolutoria en lo penal.

La sentencia definitiva puede ser absolutoria o condenatoria. Y puede ser totalmente condenatoria o absolutoria, como ya explicamos. Para los efectos de la regla del artículo 348, que veremos ahora, una sentencia parcialmente condenatoria se considera como sentencia condenatoria.

Si la sentencia fue de condena, el artículo 348 dispone una serie de menciones adicionales que debe contener:

1. Referencia a si se aplica alguna de las penas sustitutivas de la Ley 18.216 sobre la base del debate y los antecedentes recibidos en la audiencia del artículo 343 inciso final del CPP, que ya vimos.
2. Desde cuándo comenzará a cumplirse la sentencia: si será desde que quede firme el fallo, naturalmente, o un plazo razonable desde ese momento.
3. El tiempo cumplido por el condenado sometido a medidas cautelares personales intensas, esto es, prisión preventiva y arresto domiciliario total o parcial (artículo 155 a) del CPP) que sirve de abono a la condena impuesta.
4. El comiso o restitución de los instrumentos o efectos del delito;
5. La modificación, reconstitución o cancelación del instrumento público declarado falso en la sentencia, si procediere.
6. Revisión de las medidas cautelares personales impuestas al acusado "atendido el tiempo transcurrido y la pena probable", a solicitud de alguno de los intervinientes.

Respecto de esta última mención: si la pena impuesta fue efectiva de presidio y cuya duración fijada en el fallo es por mucho más extensa que el tiempo que el acusado ya lleva sometido, por ejemplo, a arresto domiciliario total, es posible que la fiscalía pida que se imponga la prisión preventiva. A la inversa, si la condena no es privativa de libertad, y el acusado estaba cumplimiento prisión preventiva, lo razonable es que su defensa pida que se deje sin efecto esta última. Es decir, primará un criterio de proporción entre el tiempo que se lleva sometido a una medida cautelar personal y el tiempo de la condena efectivamente impuesta en la sentencia.

c) La importancia de la fundamentación de la sentencia

La fundamentación de la sentencia constituye una garantía de enorme importancia para el condenado, desde que le permite conocer cuáles son las razones de los jueces, y asimismo, le permite ejercitar los recursos procesales adecuadamente para impugnarla.

En este sentido, la sentencia fundamentada cumple un rol pedagógico no solo para el condenado y los restantes intervinientes, sino para la sociedad toda, como verdadero hecho jurídico que declara la aplicación de la ley y restablece la legalidad que ha sido quebrantada por el delito.

La adecuada fundamentación de la sentencia permite también dar cumplimiento a la función nomofiláctica de la jurisdicción, es decir, a la aplicación igualitaria de la ley para todas las personas que se encuentran en idénticas circunstancias.

La infracción en la consignación de los fundamentos de las letras c), d) y e) del artículo 342 del CPP acarreará la nulidad del fallo, según dispone el artículo 374 e), que veremos en el capítulo siguiente. Esto es relevante, porque una sentencia cuya fundamentación no cumple con el estándar mínimo de la ley impide, justamente, el ejercicio pleno de la carga procesal de los recursos procesales por parte del agraviado con la sentencia. Y por lo mismo, la falta de fundamentación deviene, en sí mismo, en un fallo nulo.

En particular, la mención de la letra e) se refiere a que el tribunal no puede excederse en la competencia específica que le han otorgado las partes, y que viene circunscrita por la o las acusaciones. En consecuencia, no puede abarcar otros imputados ni otros hechos que los mencionados en ellas. Su infracción correspondería a una forma de *ultrapetita*.

Sobre el requisito de la letra c) del artículo 342 del CPP, un fallo reciente de la Corte de Apelaciones de Valparaíso (rol 556-2024) lo matizó sustancialmente, y resolvió lo que sigue:

> La carga que grava a los jueces en orden a analizar toda la prueba tiene ese sentido: velar porque la decisión jurisdiccional obedezca a una operación racional, motivada en elementos de prueba legítimos que justifiquen racionalmente sus afirmaciones. Tal sistema, en todo caso, no puede llevar al extremo de pretender el análisis de todas y cada una de las afirmaciones vertidas por los declarantes en el juicio, por cuanto ello significaría imponer a los jueces una carga imposible de satisfacer: sólo se busca garantizar la exposición de razones en la construcción de las premisas que sustentan el establecimiento de los hechos de la causa, que en el caso en estudio descartan, mediante un análisis de elementos de convicción en número plural, precisamente los puntos que la defensa levanta en apoyo de su tesis.

El criterio del fallo recién transcrito parece ser el predominante en la jurisprudencia actual, a juicio del profesor Ignacio Barrientos Pardo en una reciente monografía. Pero, según este autor, estos fallos "conspiran contra la original afirmación de meticulosidad en el tratamiento del material probatorio, transformándolo en mera declaración de intenciones, carente de contenido. ¿Puede garantizarse sin mayores problemas que se podrá estar en buenas condiciones epistémicas para justificar la selección de un pasaje de un testimonio, mientras que se desecha otro?". En el mismo sentido, el procesalista italiano Michele Taruffo se ha manifestado en contra de que el juez en su sentencia tome en cuenta solo aquellas probanzas que refuerzan su tesis, desechando las que no lo hacen.

La redacción de la letra c) del artículo 342 CPP establece la obligación del juez penal de justificar por qué se dio por probado tanto los hechos favorables como los desfavorables al acusado y de "la valoración de los medios de prueba que fundamentaren dichas conclusiones de acuerdo con lo dispuesto en el artículo 297". Esta última norma, como vimos, dispone que el tribunal "deberá hacerse cargo en su fundamentación de toda la prueba producida, incluso de aquélla que hubiere desestimado, indicando en tal caso las razones que hubiere tenido en cuenta para hacerlo".

Este estándar garantiza que el juez deba, forzadamente quizás, mantener su imparcialidad al momento de ponderar los medios de prueba, sin que le sea permitido arribar, de entrada, a una conclusión que luego irá justificando a través de la explicitación de razones a partir de la prueba que refuerce su tesis. El legislador le ordena, en cambio, hacer la *operación inversa*: valorar todas y cada una de las pruebas, incluso las que no confirmen su tesis condenatoria o absolutoria, en orden a neutralizar lo que se denomina *confirmation bias* (sesgo de confirmación). Ahora, es muy posible que en la práctica los jueces no resuelvan de esta forma dispuesta por el legislador, sino que a partir de una conclusión ya arribada apenas concluyen las audiencias de juicio, que luego se irán justificando. Ahora, lo que la ley obliga, en rigor, es que el sentenciador debe *explicitar sus razones* para arribar a esa conclusión, haciéndose cargo de todos los hechos ventilados y probados en el juicio, incluidos los que desacreditan la tesis sostenida en la sentencia definitiva. En este sentido, es importante distinguir lo que se denomina el "contexto de la justificación" (es decir, aquello que es susceptible de expresarse a través de argumentos racionales) del llamado "contexto del descubrimiento" (razones íntimas acerca del convencimiento sobre un hecho, no explicitables racionalmente). Al legislador solamente le interesa que el juez sea capaz de cumplir con lo primero.

Esta obligación que le impone el legislador al sentenciador está también relacionada con el llamado *derecho a la prueba*, como elemento integrante de la garantía a un justo y racional procedimiento y del derecho a la acción. Este derecho tiene una doble faz: derecho a ofrecer y rendir toda prueba de acuerdo con la ley, y adicionalmente, el derecho a que el juez la pondere (que no es lo mismo que falle a favor de la parte que la rindió). Como ya hemos dicho en otra parte de este trabajo, al momento de terminar de rendirse la prueba en el juicio oral, la prueba ya fue aprobada, en su admisibilidad, en la audiencia preparatoria de juicio. Y si el interviniente adicionalmente la rindió en el juicio oral, y ésta fue sometida al contradictorio de las partes, el juez no puede sino valorarla, aunque sea negativamente; es decir, no otorgarle mérito probatorio, como sucede, por ejemplo, con aquella que a su juicio fue obtenida con infracción de garantías fundamentales o proviene de diligencias de investigación declaradas nulas.

Alguna doctrina ha tomado nota acerca de la importancia de la fundamentación de la sentencia, en el sentido que permite que a través de los recursos procesales que se ejerzan en su contra, el tribunal superior conozca de la ponderación de los hechos del caso efectuada por el tribunal inferior. Como ya vimos a propósito del principio de inmediación que informa al juicio oral, este no es un tema pacífico. En la concepción "psicologista" de la inmediación, se ha dicho que el único tribunal que podría ponderar los hechos a partir de la prueba sería aquel que presenció personalmente las audiencias de juicio. Ahora, desde una posición "racionalista" del principio de inmediación, ello no sería correcto.

Las normas antes citadas obligan a los sentenciadores a hacer una ponderación individualizada de cada uno de los medios de prueba, pero ello no parece incompatible con apreciaciones globales, "holísticas", o que sean funcionales a un determinado relato general coherente, plausible y verosímil acerca de cómo debieron haber sucedido los hechos. Aunque, hay que decirlo, hay autores que han señalado que esta forma de razonar la prueba tiende a favorecer la sobreponderación de los medios de prueba que sean compatibles con el relato al que adhiere el sentenciador.

Sin perjuicio de todo lo dicho, y como advierte el profesor Ignacio Barrientos Pardo, la práctica de muchos tribunales —especialmente de garantía al dictar sentencia en los procedimientos simplificados— lo que hacen es una simple enumeración de los medios de prueba, y una parte considerativa de ponderación de esa prueba más bien exigua. En cierto sentido, bastante similar al problema que se advierte en la justicia civil. Creemos que en muchos casos será muy difícil, o quizás imposible, pretender que el juez efectivamente se haga cargo y pondere todos y cada uno de los medios de prueba rendidos en un juicio oral, en especial si éste tuvo una duración de tiempo considerable. Pero parece sensato el criterio que propone el profesor Barrientos, en el sentido de que parece exigible al juez que pondere aquellas pruebas sobre las que hubo mayor controversia o debate durante el juicio oral, en concreto aquellas declaraciones de testigos y peritos en que existió un examen y contraexamen particularmente intenso por los intervinientes y extenso en el tiempo.

d) Fallo unánime, disidencias y prevenciones

El fallo lo redactará uno de los jueces designados por el mismo tribunal, quien debe consignar esa circunstancia en la sentencia. Es frecuente que el juez redactor vaya tomando nota de todo lo que se va diciendo en el juicio oral, y el fallo será una compilación de dichas notas, con los respectivos considerandos.

La sentencia puede ser unánime, es decir, que todos los jueces hayan concurrido a la misma decisión. Pero puede suceder que contenga una disidencia o voto de minoría, es decir, que uno de los jueces haya instado por una decisión distinta a la adoptada por la mayoría. En este caso, el fallo no será unánime, sino que será solo de mayoría (2-1).

O bien, puede suceder que exista uno de los tres jueces que, concurriendo a la decisión de la mayoría, haya manifestado una prevención, o sea, argumentos distintos a los dados en el fallo mayoritario.

En caso de que haya habido una disidencia o una prevención, esta debe ser consignada por escrito por el respectivo juez en la sentencia.

Que en el fallo se consignen disidencias o prevenciones puede ser estratégicamente conveniente para la parte agraviada que desee recurrir de nulidad, naturalmente. Es señal de que la decisión adoptada por la mayoría es al menos debatible.

Hay autores como los profesores Alfredo Etcheberry o Raúl Carnevali que han sostenido que la sola existencia de un voto de minoría significará que no se ha alcanzado una certeza de responsabilidad criminal más allá de toda duda razonable. Creemos que dicha interpretación no corresponde al tenor de la ley, ni al entendimiento de la jurisprudencia, que disponen que dicha certeza debe ser arribada por al menos dos de tres jueces. Además, no puede obviarse que si la sentencia es revisable por una Corte superior, nuevamente podrían existir votos de minoría; en el caso de la Corte Suprema, podría existir el disenso de dos quintas partes de la sala penal.

e) ¿Puede el tribunal imponer una pena superior a la solicitada por el fiscal y/o el querellante en sus acusaciones?

En rigor, esta situación no violentaría el principio de congruencia, ya que no se habrían alterado los hechos que sirven de fundamento a la condena.

Sin embargo, parece evidente que en un sistema plenamente acusatorio como el nuestro, resulta intolerable que el tribunal aplique *contra reo* penas más gravosas que las solicitadas por los acusadores.

El asunto, en todo caso, no es pacífico. Autores como el profesor Andrés Cruz Carrasco han señalado que ello es perfectamente plausible, al existir restricciones que aplican únicamente para los procedimientos simplificados (artículo 395 inciso final del CPP) y abreviados (artículo 412 inciso primero del CPP). En el mismo sentido, un reciente fallo de la Corte de Apelaciones de Santiago ha sostenido dicha postura *contra reo* (rol 3405-2023).

f) La condena de adolescentes infractores

La Ley 20.084 sobre Responsabilidad Penal Adolescente no estableció un sistema diferenciado de juzgamiento, en cuanto a normas de procedimiento distintas ni a tribunales especiales.

En rigor, se trata del mismo procedimiento con las ligeras variaciones que ya hemos visto, y ante los mismos tribunales que se encargan del juzgamiento de adultos.

La única gran diferencia se refiere al sistema de penas, que se aparta del régimen general del Código Penal, y que se aplica con preferencia a este.

Así, se dispuso que la privación de libertad —ya sea como medida cautelar y como sanción penal— sería siempre una medida excepcional y último recurso (artículos 26 y 47 de la Ley 20.084), en atención al estado de desarrollo e inmadurez cognitiva del niño, y su incapacidad para ser debidamente motivado en su conducta por la norma penal.

Se establecieron como fines de la pena y de la privación de libertad en general, la resocialización y la educación del menor infractor. Así, a cifras de 2010, solo un

10% de las condenas correspondían a penas privativas de libertad, y solo el 3,4% a internación en régimen cerrado, aunque se mostraba una preocupante tendencia en aumento.

El artículo 6 contempla las "sanciones", que van desde la "internación en régimen cerrado con programa de reinserción social", a la multa y amonestación. También se contemplan "penas accesorias" como la prohibición de conducir vehículos motorizados y el comiso de las especies empleados en el delito.

Asimismo, en los artículos 8, 9 y 10 se contemplan las "sanciones no privativas de libertad", que son la "amonestación", que es básicamente una reprimenda verbal del juez al imputado; la multa; y la "reparación del daño" a favor de la víctima, que es independiente de la responsabilidad civil que genere el hecho constitutivo de delito.

También se establecen los "servicios en beneficio de la comunidad", la "libertad asistida" y la "libertad asistida especial".

Todas estas sanciones, privativas y no privativas de libertad, van en la línea de evitar la imposición de penas corporales a los adolescentes, en orden a propender a su reinserción y evitar al máximo su exposición al sistema carcelario, que ha probado ser el causante de muchos más males que beneficios.

En el artículo 22 de dicha ley se limitaron sustancialmente los rangos de penas a aplicar, fijándolos en un máximo de cinco años para los menores de dieciséis años, y de diez años de pena para los mayores de esa edad.

La Ley 20.084 de 2005 puso fin al anterior sistema "tutelar" a cargo del juez de menores, y regulado por la Ley 16.618 de menores, que daba un mismo tratamiento a los niños en estado de abandono, de desprotección y que delinquían, considerándolos a todos ellos un objeto de protección.

En el caso de los infractores, este afán proteccionista terminaba por excluir a los menores de dieciocho años de la esfera de protección de las garantías procesales mínimas que sí operaban para los adultos. Respecto de estas personas, se aplicaba un procedimiento sin mayores formas y sin posibilidad de que el menor infractor realmente se defendiera. Es a partir de la Convención de los Derechos del Niño de la Asamblea General de las Naciones Unidas de 1989 que esto comenzó a cambiar, ordenando a los países signatarios a implementar leyes nacionales para otorgarle al menor infractor un estatus de sujeto de derechos dentro del proceso. Ello dio origen a que en 2005 finalmente entrara en vigencia la Ley 20.084.

g) Abono al tiempo de condena del periodo de sometimiento a medidas cautelares personales intensas: ¿Procede el abono en causa diversa?

Durante el proceso penal puede suceder que al imputado se le imponga la medida cautelar personal de prisión preventiva, o el arresto domiciliario total o parcial (artículo 155 a) del CPP), y finalmente se le condene a una pena efectiva de privación de libertad.

En estos casos, la ley procesal penal dispone que el tiempo transcurrido bajo dichas medidas cautelares se abonará al que deba cumplirse como pena privativa de libertad impuesta en la sentencia de condena. Es decir, del tiempo de condena se restará el tiempo que se estuvo bajo estas cautelares.

Como vimos, una de las menciones obligatorias de la sentencia de condena es que se señale el tiempo que se abonará a dicha condena, que corresponda al tiempo transcurrido en prisión preventiva y a arresto domiciliario total o parcial.

La regla del artículo 348 inciso segundo del CPP dispone que "se abonará a la pena impuesta un día por cada día completo, o fracción igual o superior a doce horas, de dichas medidas que hubiere cumplido el condenado".

Aunque la aplicación de esta regla no ha sido pacífica, puede decirse que una interpretación asentada y razonable es que por cada día en que el imputado estuvo en prisión preventiva o en arresto domiciliario total, se debe descontar un día de condena; y por cada hora en que estuvo en arresto domiciliario parcial (nocturno), debe hacerse el descuento en la misma proporción. O sea, deben sumarse todas las horas de arresto nocturno y descontarla de los días de condena. Por ejemplo, si el arresto domiciliario nocturno era entre las 22:00 y las 6:00 de cada día (ocho horas), por cada tres días de arresto nocturno debiera descontarse un día de condena.

Este abono también corre si lo que se aplica es una pena sustitutiva de la Ley 18.216 que ya vimos.

Esta figura no es desconocida en ordenamientos comparados, y así en el artículo 58 del Código Penal español se contiene una regla similar. En Alemania incluso se ha elaborado por algunos autores el *Kompenzationprinzip*, en virtud del cual al condenado debiera abonársele de alguna forma cierta cantidad de tiempo por los padecimientos sufridos a consecuencia del proceso penal mismo, posición que ha sido recogida en España por autores como Jesús Silva Sánchez.

Esto, en la línea de que el proceso es en sí mismo una forma de castigo, que podría volver superfluo en algunos casos que se imponga una pena adicional. Como se decía más arriba, el jurista Günther Jakobs ha elaborado la teoría de que la prisión preventiva corresponde a un equivalente funcional de la pena, es decir, corresponde a una institución que, sin ser formalmente una pena, cumple la misma función de esta última. Existe también una recomendación del Comité de Ministros del Consejo de Europa en el sentido de que se abone el tiempo de prisión preventiva a la condena impuesta.

Esta regla del artículo 348 del CPP es concordante con lo dispuesto en el artículo 26 del CP, que dispone que "la duración de las penas temporales empezará a contarse desde el día de la aprehensión del imputado".

Resulta evidente que esta regla resulta favorable al reo, desde que la condena impuesta —si estuvo sometido previamente a medidas cautelares intensas— se verá rebajada, o incluso suprimida en los hechos, si las cautelares personales tuvieran una extensión que finalmente superó al tiempo de condena establecido en la sentencia definitiva.

Ahora, que la norma sea favorable al reo no impide que puedan hacerse algunos cuestionamientos acerca de su lógica y racionalidad.

La doctrina ha intentado explicar las razones detrás de esta regla, y a nuestro juicio las explicaciones no son en absoluto satisfactorias. Esto porque las razones que sustentan la existencia misma de la prisión preventiva tampoco lo son.

Francesco Carnelutti decía que esta regla se explica porque la condena produciría una suerte de "efecto retroactivo" hasta el momento en que se restringió la libertad del entonces imputado, hoy condenado. En Chile, el profesor Jaime Salas Astrain ha dicho que desde que el imputado es sometido a medidas cautelares personales, en rigor lo que sucede es que "la pena queda sujeta a una condición suspensiva" de que en la causa en que dicha cautelar se decretó se dicte condena contra el imputado. En general, muchos fallos hablan de razones de "equidad natural". Otros autores ven en esta regla una concreción del principio de *proporcionalidad de las penas*, y también de la prohibición del *ne bis in idem*, desde que no resultaría procedente castigar dos veces al imputado respecto del mismo hecho: una vez por la vía de las medidas cautelares personales, y luego al imponerse la pena.

Todas estas razones nos parecen insatisfactorias, salvo que sumamos sin tapujos que la prisión preventiva no es sino una forma velada de pena anticipada, cuestión que el legislador (artículo 20 del CP), la judicatura y los autores han negado en forma consistente.

Autores como Claus Roxin o Santiago Mir Puig han dicho que la nota distintiva entre la prisión preventiva y la pena establecida en la condena, es que en esta última existe un carácter retributivo de reproche al condenado, quien ya ha sido declarado criminalmente responsable. Este reproche no existiría en las medidas cautelares personales, en que solo operarían criterios de prevención especial, esto es, evitar la comisión de nuevos delitos y resguardar los objetivos del proceso.

Sin embargo, autores como María Inés Horvitz y Julián López han dicho —y con razón— que cuando se decreta una prisión preventiva el juez lo que hace es abandonar la presunción de inocencia que favorece al imputado, respecto de quien existen antecedentes, sospechas o indicios de su participación en la comisión del delito, "avanzando desde el estado de duda hasta el de certeza". Se podría argumentar que no es lo mismo que el juez tenga "indicios" o "sospechas" sobre la existencia del delito y la participación criminal del imputado, a que exista un reproche sobre su actuar. Y que esos indicios solo sirven para calibrar aspectos netamente preventivos. Pero creemos que en este punto la frontera entre una y otra cosa es demasiado delgada, sino inexistente.

Y toda esta confusión conceptual entre prisión preventiva y condena se ve coronada por la regla que permite abonar el tiempo de aquélla a esta, asimilándose la una a la otra.

Todas estas confusiones entre la prisión preventiva y la pena de presidio podrían tener un origen histórico. En la década de 1970 fueron muy conocidas las investigaciones desarrolladas por el filósofo francés Michel Foucault, quien afirmaba que la pena de presidio no existió como tal hasta fines del siglo XVIII; hasta esa fecha se aplicaban otro tipo de castigos, mucho más crueles, hay que decirlo. Señalaba Foucault en "La sociedad punitiva" lo siguiente: "la prisión penal se utilizaba en realidad no para castigar sino para tener una garantía respecto de la persona. Se trataba de una caución física [...] Por sí misma, la prisión no es una pena. La detención del acusado es una precaución necesaria para asegurar a la persona y tenerla a disposición", citando a un autor francés de fines del 1700.

Adicional a todo lo dicho, existe otro asunto relacionado al anterior, que es la posibilidad de que se abone al tiempo de condena el tiempo transcurrido en prisión preventiva (o arresto domiciliario) pero en una causa distinta, también llamado "abono heterogéneo".

Esto presupone que el imputado afrontó dos procesos penales coetáneamente: uno en que se le sobreseyó o absolvió, y otro en que se le condenó. Lo que la jurisprudencia y muchos autores vienen diciendo —Héctor Hernández es quizás su máximo exponente— es que el tiempo de privación de libertad vía cautelares en el primer proceso absuelto o sobreseído debe ser descontado del tiempo establecido en el segundo proceso en que se condenó al mismo imputado. Esto, aun cuando se trate de procesos respecto de hechos diversos, cuyo único punto de conexión sea que se trata del mismo imputado, y que se tramitaron en forma coetánea.

Este abono heterogéneo no tiene consagración positiva, y nuevamente se apoya en razones de "equidad natural", ya que se trata de una regla que beneficia al reo. Algunos fallos han dicho que su apoyo positivo está en la regla del artículo 164 del COT, que en rigor, puede entenderse parcialmente derogado a partir de la entrada en vigencia del CPP. Quizás la razón más plausible detrás de esta práctica, como anota Mario Garrido Montt, es que finalmente se trata de una *analogía in bonam partem*, que no está prohibida por ley. Para el profesor Jaime Salas Astrain, en cambio, se trata de un ejercicio excesivo y arbitrario de las facultades jurisdiccionales, al no existir texto legal expreso que lo permita. Asimismo, para este último autor, aquí no hay analogía alguna porque derechamente no hay vacío legal alguno que deba ser llenado.

A nuestro juicio, tanto abono homogéneo del artículo 348 del CPP, como el heterogéneo no regulado y que aplican los jueces, comparten el mismo problema fundamental, que es esta asimilación que se genera —en los hechos— entre la prisión preventiva y la condena. Y todo esto deriva, como se dijo más arriba, de que es difícil de justificar por qué debiera privarse de libertad preventivamente a un sujeto que, en rigor, es inocente.

En todo caso, hay autores que, aun admitiendo la procedencia de este abono heterogéneo, han establecido ciertos casos en que debiera excluirse, como son los casos en que la prisión preventiva había sido decretada sobre la base de hechos objetivamente comprobados de huida del imputado o de destrucción de pruebas; en que esta fue consecuencia de un relato de autoincriminación falso; o, como afirma el profesor Guzmán Dálbora, cuando no se cumple con el requisito de que se trate de causas coetáneas.

Otro asunto a revisar es qué sucede si el tiempo que pasó el condenado sometido a medidas cautelares supera al que se impone como pena en la sentencia definitiva. La ley nada dice, pero estamos evidentemente frente a una situación injusta, y que no tiene solución legal ni —que se sepa— jurisprudencial. Parece improbable que la judicatura acoja una demanda indemnizatoria a favor de un condenado debido a que las medidas cautelares resultaron *ex post* desproporcionadas respecto de la condena efectivamente impuesta; aunque, ello no resultaría descabellado si la desproporción es grosera.

Autores como Ramon Ragués i Vallés han ido más allá de estos argumentos recién expuestos, proponiendo no solo un abono en causa homogénea y heterogénea —esta última expresamente reconocida en el Código Penal español— sino incluso proponiendo que el abono no debiera ser "uno por uno" sino que la prisión preventiva debiera dar lugar a un abono superior. Esto es, que cada día en prisión preventiva debiera servir, por ejemplo, para abonar un día y medio, dos o más días de condena efectiva.

Sus razones son más que atendibles.

Una de ellas, que nos parece la más poderosa, es que la prisión preventiva no tiene, en el ordenamiento chileno, un plazo máximo de duración. Esto significa que el imputado podría estar privado de libertad por un lapso indefinido, que puede ser de meses o de varios años, a la espera de ser definitivamente enjuiciado. Teóricamente, las indagatorias en Chile no debieran durar más de dos años, pero lo cierto es que los procesos suelen tener dilaciones que los extienden muy por sobre ese plazo, sobre todo en causas complejas. Es decir, la prisión preventiva se erige como una pérdida de libertad "eterna e indefinida" a los ojos del imputado, sin que tenga certeza alguna de cuándo terminará.

Otra de las razones dadas por este autor es que las condiciones físicas de la privación de libertad bajo el régimen de prisión preventiva son más duras y restrictivas que las de la condena, como veremos. Por ejemplo, en Chile, el condenado puede obtener una suspensión de la condena o acogerse a cumplir solo una parte y el resto bajo libertad condicional; ninguna de ellas corre para quien se encuentra en prisión preventiva. Todo esto sin contar que la prisión preventiva suele decretarse en forma intempestiva, sin que el imputado tenga tiempo de prepararse adecuadamente ni organizar debidamente sus asuntos; lo que no ocurre en los casos de condenas, que son fruto de un proceso en que el acusado sí contó con dicho tiempo para prepararse.

Estas ideas, que pueden parecer revolucionarias para el ordenamiento chileno, ya se han aplicado en Canadá (sentencia *R. v. Wust* de 2000) y en Alemania en algunos casos; en este último país, sin ir más lejos, se permitió un abono de "cuatro por uno" a un imputado que había estado recluido preventivamente en una prisión iraquí donde fue sometido a malos tratos.

h) La absolución o sobreseimiento definitivo del imputado que estuvo sometido a prisión preventiva durante el proceso

Finalmente, nos parece pertinente revisar qué sucede si al imputado se le absuelve o sobresee definitivamente respecto de la causa penal en que estuvo sometido a medidas cautelares personales, en especial a la prisión preventiva. Estamos frente a un caso en que a una persona reconocidamente inocente se le privó de libertad bajo criterios que *ex post* aparecen como injustos. Obviamente, es imposible "devolver el tiempo" a la persona absuelta, y las indemnizaciones de perjuicios por error judicial del artículo 19.7 i) de la CPR han sido negadas en la gran mayoría de los casos. La Corte Suprema ha hecho una aplicación restrictiva, entendiendo que la regla solo aplica para sentencias condenatorias que finalmente se anulan, o bien, para personas procesadas bajo el antiguo sistema de procedimiento penal. También ha dicho —y en esto parece tener razón— que la prisión preventiva exige un estándar de apreciación diferente al de condena, en que el juez solo pondera meros antecedentes o indicios en una etapa temprana del proceso; además, el error de decretarla no es solamente achacable al juez, sino al fiscal que presentó el caso, y posiblemente a una defensa poco proactiva.

Sin perjuicio de ello, en 2021 la tercera sala de la Corte Suprema condenó al Fisco de Chile a indemnizar por la conducta "injustificadamente errónea y arbitraria" del Ministerio Público al haber solicitado la prisión preventiva de una persona que erróneamente había sido reconocida por la supuesta víctima como el autor del delito de robo con violación en la ciudad de La Serena. Luego de setenta y nueve días privado de libertad, el Ministerio Público practicó un examen de ADN de las muestras biológicas extraídas de la supuesta víctima, que no coincidían con las del imputado, quien fue puesto de inmediato en libertad (rol 14741-2020, *Zarricueta con Fisco de Chile*). No hay que olvidar que el artículo 5 de la Ley 19.640 Orgánica del Ministerio Público dispone que "el Estado será responsable por las conductas injustificadamente erróneas o arbitrarias del Ministerio Público". De acuerdo con la jurisprudencia recogida por el profesor Jaime Salas Astrain, este fallo sería parte de una —de momento— tímida tendencia de la Corte Suprema, que viene desde al año 2015.

En España, autores como Gabriel Doménech han dicho que este deber resarcitorio del Estado solo debiera aplicar respecto de imputados "cuya inocencia haya quedado suficientemente demostrada", volviendo, como vimos, al nefasto criterio de "inocentes de primera y de segunda categoría". Es decir, sería procedente que se indemnizara al imputado que estuvo sometido a prisión preventiva solo si luego fue sobreseído definitivamente o absuelto por inexistencia del delito o falta de participación en él. No así en los casos en que dicha absolución o sobreseimiento fueron consecuencia de la prescripción de la acción penal, de una causal eximente de responsabilidad criminal, de una causal de inimputabilidad, o una excusa legal absolutoria. El Tribunal Europeo de Derechos Humanos ha dicho expresamente que no resulta lícito hacer este tipo de distingos en función de las razones de la absolución; criterio este último que compartimos.

Capítulo XV

Ejecución de las sentencias

EJECUCIÓN DE LAS SENTENCIAS

En este capítulo estudiaremos la ejecución de la sentencia de condena, y algunos asuntos accesorios de importancia, como son la libertad condicional, la reducción y suspensión de la condena, la eliminación de los antecedentes penales del condenado, y si existe en Chile el reconocimiento del llamado "derecho al olvido".

También revisaremos las reglas sobre la ejecución de la condena civil dictada en el proceso penal, la ejecución de la sentencia que establece el comiso de ganancias y la ejecución de las medidas de seguridad.

1. Ejecución de la sentencia de condena

1.1 Concepto y objeto de la ejecución

Solo la sentencia de condena que se encuentre firme y ejecutoriada podrá ser ejecutada en la persona del condenado. Por lo tanto, ni la sentencia absolutoria ni la sentencia de condena que no esté firme son susceptibles de ser ejecutadas.

La sentencia de condena firme es aquella respecto de la cual ya transcurrieron todos los plazos para su impugnación por la vía de los recursos procesales; o bien, aquella que, siendo impugnada por los recursos procesales, estos ya fueron resueltos en el sentido de mantener la condena. Como veremos más adelante, en el sistema chileno los recursos contra el fallo definitivo se conceden con un *efecto suspensivo*, por lo que el condenado no deberá cumplir la pena sino hasta que se resuelvan por la respectiva Corte superior. Esto, sin perjuicio de su sometimiento a medidas cautelares en el tiempo intermedio.

La forma de ejecución de la sentencia de condena dependerá de la pena impuesta, que puede ser privativa de libertad por un tiempo determinado o indeterminado, en el caso de presidio perpetuo. Y también puede consistir en una pena sustitutiva de la Ley 18.216 que estudiamos en el capítulo anterior. En Chile, no está vigente la pena de muerte como castigo para ninguno de los delitos aplicables respecto de la población civil.

Tanto el presidio efectivo, como las penas sustitutivas de la Ley 18.216 pueden tener, adicionalmente, *penas accesorias* determinadas por ley, como suele ser la inhabilitación para postular a cargos de elección popular o para ejercer ciertos derechos civiles y políticos.

La ley penal chilena contempla una nomenclatura que puede ser confusa, al referirse a las penas de "presidio", "reclusión" y de "prisión"; esta última para las faltas. En realidad, se trata de la misma cosa, esto es, de la privación de libertad en un recinto a cargo de Gendarmería de Chile. Teóricamente los condenados a presidio deben satisfacer ciertas obligaciones de trabajos en el respectivo establecimiento en que se cumpla la condena, a diferencia de los condenados por reclusión y prisión; pero en la práctica ello no ocurre (artículos 32 y 89 CP), según ha constatado la doctrina. Las penas que contempla la ley chilena pueden ser penas simples, copulativas o conjuntas, o alternativas. Por ejemplo, hay muchos tipos penales que disponen que el juez debe aplicar una pena privativa de libertad en forma adicional a una pena de multa y de inhabilitación. En otros casos, le da al juez la prerrogativa discrecional de aplicar solamente una de ellas.

1.2 Reglas aplicables a la ejecución de las penas

La ejecución de las condenas en Chile tiene tres problemas de gravedad que han sido detectados por la doctrina y los tribunales desde hace ya bastante tiempo: la ausencia de un *tribunal especializado e imparcial*; la ausencia de un *procedimiento ad hoc* ante un tribunal especializado para el control de la ejecución; y una *regulación dada por un decreto* dictado por el Poder Ejecutivo, que no tiene rango legal.

A lo anterior se suma un muy deficiente sistema de fiscalización del cumplimiento de las condenas por parte del Poder Judicial, y una lamentable situación de abandono de las cárceles en Chile por parte de Poder Ejecutivo.

Examinaremos estos asuntos a continuación.

a) Ausencia de un tribunal especializado e imparcial

La ejecución de la sentencia de condena está regulado escuetamente en el título VIII del libro IV (artículos 466 y siguientes) del CPP, que no contempla mecanismo procesal ad hoc alguno para que el condenado formule sus peticiones ante el tribunal. La ley solo se encarga de disponer que el tribunal de garantía es el competente para conocer de este tipo de peticiones, nada más.

No existe un tribunal de ejecución especializado para resolver este tipo de asuntos, que es lo que se recomienda a nivel comparado. Esto es perjudicial para el condenado no solo por la falta de especialización del tribunal, sino además por su posible falta de imparcialidad, ya que muchas veces están seriamente predispuestos en contra del reo, respecto de quien en su hora decretaron medidas cautelares personales, o incluso lo condenaron en un procedimiento abreviado o simplificado.

b) Ausencia de un procedimiento* ad hoc *para el control de la ejecución de la pena

El artículo 468 del CPP regula los trámites que debe efectuar el Tribunal de Garantía una vez que la sentencia de condena está firme y ejecutoriada. Si se trata de una pena de cumplimiento efectivo, deberá emitir la orden de ingreso destinada a Gendarmería de Chile. Si el condenado está en libertad en ese momento, deberá despacharse orden de arresto en su contra, la que quedará sin efecto si el condenado se apersona voluntariamente a cumplir la pena, naturalmente. Si la pena es sustitutiva, se enviará el correspondiente oficio a la institución encargada de implementar su cumplimiento. Asimismo, el Tribunal de Garantía deberá oficiar al Registro Civil para que se tome nota de la condena en los distintos registros existentes, dependiendo del delito (agresores sexuales, violencia intrafamiliar).

Una vez que el condenado comienza a cumplir la pena, podrá plantear sus peticiones al tribunal de garantía en lo que respecta a la ejecución misma. Esta es una importante forma de control de la ejecución. Sin embargo, como dijimos al comienzo, no existe un procedimiento *ad hoc* o especializado para este tipo de peticiones.

En las peticiones que se formulen ante el tribunal de garantía puede intervenir no solo el condenado, sino también su abogado defensor, el fiscal y el delegado de Gendarmería, si se tratare de una pena sustitutiva de la Ley 18.216 (artículo 466 del CPP). En la práctica, el condenado puede pedir por escrito que se celebre una audiencia ante el juez de garantía con el objeto de que se revise algún aspecto del cumplimiento de su sentencia, y el tribunal deberá convocar a todos los intervinientes ya referidos para oírlos y resolver en la misma audiencia. Una reforma del año 2023 (Ley 21.575) agregó como intervinientes en el artículo 466 al Ministerio de Interior y Seguridad Pública y al Servicio Nacional para la Prevención y Rehabilitación para el Consumo de Drogas y Alcohol "hayan o no comparecido en la causa respectiva", pero solo para procedimientos de ejecución referidos a delitos de la Ley 19.913 de la Unidad de Análisis Financiero, y la Ley 20.000.

Todo lo anterior no obsta a que el condenado intente, adicionalmente, una cautela de garantías del artículo 10 del CPP, un amparo ante el mismo juez de garantía (artículo 95 del CPP), una acción de protección (artículo 20 de la CPR) o un amparo constitucional (artículo 21 de la CPR); estos dos últimos ante la respectiva Corte de Apelaciones o la Corte Suprema.

En Chile, la Defensoría Penal Pública cuenta con una *unidad especializada de Defensa Penitenciaria*, regulado por el Manual de Actuaciones Mínimas para la Defensa Penitenciaria (Resolución Exenta 219 de 2017). Este servicio también lo proveen, en todo caso, abogados particulares. La ejecución de las penas en Chile es también fiscalizada por el Instituto Nacional de Derechos Humanos, por la propia Gendarmería de Chile encargada de su ejecución, por los tribunales y el Ministerio Público. La doctrina ha llamado la atención acerca de esta preocupante dispersión de esta competencia entre tantos actores del sistema, lo que acarrea duplicidad de funciones y soluciones muchas veces contradictorias.

c) El Decreto 518 de 1998 que regula la ejecución de las penas

Como decíamos, el estatuto de la ejecución de las penas no tiene rango legal, sino que es un reglamento, el Decreto 518 de 1998, dictado por el propio poder Ejecutivo.

Es te decreto regula todo lo referido al cumplimiento de las penas en los recintos que administra Gendarmería de Chile. La clase de recinto dependerá del sexo y edad del condenado y del tipo de pena impuesta. Para los condenados a penas privativas de sexo masculino corresponden los llamados "recintos penitenciarios" (artículo 11 Decreto 518), comúnmente llamados "cárceles" o "penales". Las mujeres, en cambio, estarán internas en los llamados Centros Penitenciarios Femeninos (artículo 19 Decreto 518), también llamados "cárceles de mujeres"; es decir hombres y mujeres estarán en centros diferenciados.

Los condenados adultos, hombres y mujeres, que cumplan alguna pena sustitutiva de la Ley 18.216, en cambio, deberán asistir a los llamados Centros de Reinserción Social (CRS).

Todos los condenados menores de edad, por su parte, se regirán por la Ley 20.084 de Responsabilidad Penal Adolescente y el cumplimiento de las penas impuestas tendrá lugar en recintos especiales, separados de la población adulta, administrados por el Servicio Nacional de Menores, en que solo la seguridad es garantizada por Gendarmería. Se trata de los Centros para Internación en Régimen Semicerrado, Centros Cerrados de Privación de Libertad y Centros de Internación Provisoria.

El artículo 58 del Decreto 518 dispone un mecanismo de reclamación administrativo ante el alcaide del respectivo penal, que en todo caso deja a salvo la posibilidad de formular reclamos o peticiones ante el respectivo órgano jurisdiccional.

Los profesores Eduardo Cordero Quinzacara y Alfredo Etcheberry le han atribuido a esta etapa de ejecución de la sentencia de condena un *carácter exclusivamente administrativo*, y no jurisdiccional. Opinión en contra es la del profesor Enrique Cury, a la que adherimos plenamente. No pueden quedar las garantías del proceso penal relegadas en la etapa más sensible del proceso y donde justamente mayores vulneraciones de garantías fundamentales podrán cometerse en perjuicio del condenado.

Que un simple decreto del Poder Ejecutivo regule la ejecución de las penas en Chile no es un asunto que interese solamente a los juristas: tiene real incidencia en el trato que se da a los presos, no ya como sujetos de derechos, al amparo de la ley, sino como verdaderos "súbditos" del Estado.

La poca doctrina disponible sobre este asunto ha señalado que nuestro país debiera contar con una ley de la República que regulara los derechos y obligaciones de los privados de libertad, tales como los traslados, las visitas, salidas, uso de la fuerza, aplicación de sanciones disciplinarias, entre otros. En rigor, el único derecho que ha perdido el privado de libertad es a residir donde desee; y por lo mismo, las restricciones a otras clases de derechos distintos a la libertad ambulatoria, debieran estar legalmente regulados. Lamentablemente, hoy la única preocupación del Estado parece ser la *custodia* de los privados de libertad, pero no así su *reinserción social.*

¿Cuál es el estatus en que queda el condenado que debe cumplir la sentencia en un establecimiento penal, privado de libertad? El Tribunal Constitucional español, por ejemplo, ha dicho que entre el condenado y el Estado existe una "relación de sujeción especial de la que deriva una potestad sancionatoria disciplinaria", lo que avala la legalidad de las sanciones que se aplican dentro de los penales a los reos rematados. El profesor Eduardo Cordero ha dicho que existe una mayor flexibilidad en las exigencias del principio de legalidad, la tolerarse una mayor apertura a la regulación reglamentaria en asuntos que son de reserva legal.

En este sentido, como apunta María Inés Horvitz, el Tribunal Constitucional chileno ha rechazado que en este ámbito esté vigente el principio de taxatividad respecto de las infracciones y sanciones disciplinarias a los privados de libertad, en circunstancias que dicho principio sí es exigible en el derecho administrativo sancionador. A pesar de ello, no existe hasta la fecha un pronunciamiento del Tribunal Constitucional chileno acerca de la constitucionalidad del Reglamento Penitenciario. En todo caso, los órganos pertenecientes al sistema interamericano de protección de los derechos humanos han dicho que *el Estado se encuentra en una especial posición de garante respecto de los privados de libertad*.

1.3 Fiscalización del Poder Judicial y del Instituto Nacional de los Derechos Humanos a los recintos penales

El artículo 567 del COT contempla el deber de los jueces de garantía de efectuar visitas a las cárceles una vez por semana, para indagar acerca de posibles tratos indebidos, o si el proceso en contra del preso se prolonga indebidamente. Misma obligación tienen el presidente de la Corte de Apelaciones respectiva, un ministro y el fiscal judicial respecto de los penales situados en comunas que son asiento de Corte.

En un fallo de 8 de marzo de 2024, la Corte de Apelaciones de Santiago (rol 997-2024) anuló una resolución adoptada por el magistrado del Séptimo Juzgado de Garantía de Santiago, Daniel Urrutia Labreaux, quien, en ejercicio de la facultad del artículo 567 del COT sobre las visitas que puede efectuar el juez de garantía a los establecimientos penitenciarios respecto de las personas privadas de libertad.

En ese caso, se trató de una serie de personas de nacionalidad venezolana, quienes se encontraban en prisión preventiva en razón de conductas relacionadas, supuestamente, a la organización criminal denominada "el tren de Aragua". En esa resolución, el juez de garantía inició una nueva causa a propósito de la visita efectuada —paralela a la ya iniciada en el mismo tribunal en control de la indagatoria del Ministerio Público— con el objeto de autorizar ciertas medidas de comunicación de los imputados con sus familiares (videollamadas). A juicio de la Corte, la resolución del juez correspondió a una extralimitación de sus competencias particularmente grave.

Más allá de ese caso puntual, estos mecanismos se han ejercido en la práctica como meras formalidades, y no ha habido avances sustantivos en el respeto de las garantías fundamentales de los presos.

Por su parte, la Ley 20.405 de 2009 faculta al Instituto Nacional de Derechos Humanos (INDH) a que su personal efectúe visitas a los recintos en que existan personas privadas de libertad, aunque esta facultad solo puede ejercerse previa denuncia de algún afectado que así lo requiera, lo que ha redundado en una escasa aplicación práctica.

1.4 La situación de las cárceles en Chile

Son muchos los estudios y los expertos que llevan años advirtiendo que las condiciones de vida en las cárceles chilenas son indignas e inhumanas, que existen graves problemas de salubridad y hacinamiento, y sobre todo que resulta imposible cumplir mínimamente con los propósitos de rehabilitación y resocialización del condenado.

Los problemas de hacinamiento y las pésimas condiciones de las cárceles en Chile contravienen cualquier estándar mínimo internacional de derechos humanos. Las cárceles en Chile son lugares severamente hacinados, funcionando muy por sobre su capacidad máxima, en donde existen problemas graves de contaminación criminógena (la cárcel como "escuela del delito") y en que la idea de reinserción social es sencillamente una utopía.

Los presos en Chile dependen de la buena voluntad de parientes o amigos en libertad que les provean de alimentos y ciertas comodidades, como artículos de higiene personal y doméstico, alimentos, libros. En las cárceles operan también las oscuras "cadenas de favores", que muchas veces involucran al personal de Gendarmería a cargo.

Existen muy pocos recintos en que existan actividades en que los presos puedan distraerse, capacitarse o trabajar; y en muchos casos solo disponen de unas pocas horas de desencierro al día. La cárcel en Chile es un lugar sucio, oscuro, triste, desesperanzado, y donde literalmente el privado de libertad no tiene nada qué hacer. El sistema post penitenciario chileno dispone de 17 unidades, los llamados Centros de Apoyo para la Reinserción Social (CAIS), que reemplazaron en el año 2013 al antiguo Patronato Nacional de Reos, creado en el año 1943. Este sistema tiene dos programas, el *programa de apoyo post penitenciario* y el *programa de reinserción laboral*. Lamentablemente los resultados de estos programas no han sido significativos hasta la fecha, posiblemente como consecuencia de que en antiguo patronato nacional era una entidad externa de Gendarmería, y solo recientemente esta asumió dichas funciones.

El personal de Gendarmería de Chile no da a abasto, y son recurrentes no solo las licencias médicas por problemas de salud mental, sino también los suicidios en los últimos años, como ha recogido la prensa. Nuestro país está "al debe" en esta materia, y en incumplimiento flagrante de la Regla 5.1 de las Reglas Mínimas de las Naciones Unidas para el Tratamiento de los Reclusos: "el régimen penitenciario procurará reducir al mínimo las diferencias entre la vida en prisión y la vida en libertad que tiendan a debilitar el sentido de responsabilidad del recluso o el respeto a su dignidad como ser humano".

El año 2009 la fiscal de la Corte Suprema, Mónica Maldonado preparó un informe que envió a la Comisión de Constitución, Legislación, Justicia y Reglamento del Senado, en que constataba una serie de problemas de las cárceles en Chile: hacinamiento, horario de encierro y desencierro de los internos, falta de políticas y planes de rehabilitación de los internos y falta de actividades laborales, capacitación, educación, deportivas, espirituales y recreativas, deficientes condiciones sanitarias e higiénicas, aplicaciones de castigos como la internación en celda solitaria, asilamiento de internos por razones de seguridad, y muertes de internos al interior de los penales.

En la misma época, en 2010, el ministro de Justica de la época, Felipe Bulnes afirmaba en una entrevista que "algunas cárceles son comparables a la prisión de [la película] *El expreso de medianoche*", a propósito del incendio que afectó a una cárcel en la comuna de San Miguel, en que murieron ochenta y un internos.

El total abandono de este importantísimo aspecto del sistema de persecución penal se debe a varios factores, pero responsablemente se puede sostener que no ha existido, ni existe hoy, voluntad política alguna en mejorar las condiciones de vida de la población penal, porque es un asunto que no solo no suma réditos políticos, sino que los resta. Por lo mismo, ninguna urgencia o prioridad se le ha dado a este asunto en el poder Legislativo. La "voluntad popular" y los sondeos de opinión han ido en forma persistente en la dirección no solo de no mejorar las condiciones de vida de las personas condenadas y privadas de libertad, sino también de crear nuevos castigos, como volver a la pena de muerte, trabajos forzados, castración química, entre otras ideas; o endurecer los ya existentes.

Si ya los votantes muestran escasa simpatía y en el mejor de los casos una incómoda tolerancia respecto de los imputados y acusados, respecto del condenado solo queda el desprecio y el olvido de la sociedad.

A lo anterior se suma el nulo o muy escaso interés que existe en el foro científico por los asuntos referidos al derecho penitenciario, no solo en Chile. Puede decirse que el derecho penal, el derecho procesal penal y el derecho penitenciario, a pesar de estar íntimamente relacionadas, son ramas del derecho cuyos especialistas rara vez dialogan.

En la jurisprudencia de la Corte Suprema estadounidense existen interesantes sentencias que han considerado que las condiciones de privación de libertad de algunas cárceles de ese país contravienen la Octava Enmienda de la Constitución, al constituir "castigos crueles e inusuales", como el caso del fallo *Brown v. Plata* del año 2011. En Costa Rica, el año 2016 un juez de ejecución de penas obligó al Estado de ese país a cerrar un recinto penitenciario que no cumplía con las condiciones mínimas de dignidad y seguridad de los internos (medida correctiva 1023-2016).

1.5 El perfil del condenado en Chile

El perfil de los condenados en Chile corresponde mayoritariamente a hombres entre 18 y 39 años, un 75% de acuerdo a los datos de Gendarmería de Chile; de origen urbano, con trabajos que requieren de baja calificación; un 45% de ellos posee al menos un pariente que ha pasado por el sistema penal; y un 60% registra consumo problemático de sustancias psicotrópicas.

La mayor parte de los delitos por los que cumplen condena los hombres corresponden a delitos contra la propiedad (43%); mientras que en las mujeres condenadas, se trata de delitos de la ley de drogas y hurtos.

También alguna doctrina ha llamado la atención acerca de la especial situación de vulnerabilidad de la población penal femenina, que está "invisibilizada" al ser minoritaria, de un 10% aproximadamente, del total de personas privadas de libertad. Se trata de internas con situaciones de vida diferentes a las de los hombres: la gran mayoría con hijos, dedicadas al sustento de las familias, y que arrastran graves problemas de dependencia de drogas y de salud mental, en mayor proporción que la población penal masculina. En el universo de la población penal, las mujeres cumplen una mayor proporción de penas de corta duración, y generalmente en una dinámica de reincidencia.

Un asunto muy poco atendido es el preocupante 26,8% de condenados que padece algún tipo de trastorno mental (en datos de 2012), lo que duplica las cifras de personas con trastornos mentales de la población general que arrojó el censo de ese año. Esto puede deberse a que estas personas son propensas a cometer más delitos que la población general, o bien, que la privación de libertad actúa como un desencadenante de enfermedades mentales (o ambas cosas).

Los objetivos de reinserción social en este contexto humano son ciertamente muy complejos: la comunidad en que los privados de libertad deben reinsertarse es también muy precaria, consistente en viviendas también hacinadas en los extramuros o periferias de las ciudades, con trabajos mal remunerados, estigmas sociales y laborales a propósito de la privación de libertad; y en los últimos años el surgimiento de una verdadera cultura delictiva vinculada al narcotráfico y delitos violentos.

1.6 El traslado de menores de edad condenados a centros penitenciarios de adultos

Como vimos más arriba, respecto de los *adolescentes infractores condenados*, el cumplimiento de la pena debe tener lugar en centros diferenciados de los adultos, por las especiales necesidades de este grupo de personas, y sobre todo, para evitar la llamada contaminación criminógena.

Por lo mismo, resulta sumamente cuestionable que el artículo 56 de la Ley 20.084 sobre Responsabilidad Penal Adolescente permita *el traslado de internos menores de edad*, que están normalmente segregados de la población adulta en recintos diferenciados, *a los centros de adultos*, previa orden judicial, en caso de que el menor infractor cumpla los dieciocho años de edad mientras cumple la condena, y faltándole más de seis meses de cumplimiento.

La norma exige un informe del Sename para evaluar este traslado, lo que en la práctica implica que este traslado corresponda a una suerte de castigo al mal comportamiento del menor infractor.

1.7 La situación de los condenados pertenecientes a los pueblos originarios

Algunos autores han llamado la atención acerca de que el sistema penitenciario chileno vulneraría los derechos de las personas pertenecientes a los pueblos originarios.

En concreto, según lo dispuesto en el artículo 10 del Convenio 169 de la Organización Internacional del Trabajo OIT: "Cuando se impongan sanciones penales previstas por la legislación general a los miembros de dichos pueblos deberán tenerse en cuenta sus características económicas, sociales y culturales. Deberá darse preferencia a tipos de sanción distintos del encarcelamiento".

En el mismo sentido, el artículo 9.1 dispone que "deberán respetarse los métodos a los que los pueblos interesados recurren tradicionalmente para la represión de los delitos cometidos por sus miembros", en la medida que ello "sea compatible con el sistema jurídico nacional y con los derechos humanos internacionalmente reconocidos".

Alguna doctrina ha planteado que las personas pertenecientes a los pueblos indígenas u originarios corresponden a un sector de la población especialmente vulnerable, y que se justificaría un trato diferenciado en materia de persecución penal. En concreto, se ha dicho que debieran otorgarse facilidades por parte de Gendarmería de Chile a los internos que desempeñan funciones de *machi*, por ejemplo, para poder celebrar sus rituales u ocupar sus trajes característicos.

A propósito de la propuesta constitucional rechazada en septiembre de 2022 se planteó también la existencia de tribunales indígenas diferenciados, con competencia en asuntos penales. En general, en Chile existe una sostenida resistencia a crear diferencias en materias penitenciarias o de enjuiciamiento a favor de los miembros de los pueblos originarios, prevaleciendo la idea ilustrada de plena igualdad ante la ley, criterio que compartimos plenamente.

1.8 Libertad condicional del Decreto Ley 231 de 1925

Un aspecto relevante referido a la ejecución de la condena es la posibilidad de que el condenado pueda *cumplir parte de ella en libertad*, acogiéndose al régimen de libertad condicional, regulado en el Decreto Ley 321 de 1925. A partir de la reforma del 2019 por la Ley 21.124, se la considera expresamente un "beneficio" para el reo, y no un derecho.

La libertad condicional consiste en que se reemplaza la condena privativa de libertad por una en medio libre, con obligación de residir en un determinado lugar y a asistir a un establecimiento educacional, en caso que no tenga trabajo, bajo el control de Gendarmería, exigiéndose ciertos requisitos. Estos requisitos son los siguientes: haber cumplido la mitad de la condena, tener conducta intachable, haber aprendido un oficio, y contar con un informe "de postulación psicosocial elaborado por un equipo profesional del área técnica de Gendarmería de Chile" respecto de los riesgos de reincidencia y posibilidades de reinserción social. Es bastante llamativo que en este informe se evalúen "las características de personalidad de la persona condenada, dando cuenta de la conciencia de la gravedad del delito, del mal que éste causa y de su rechazo explícito a tales delitos". Decimos que es llamativo porque aquí la ley parece exigir la verificación de una suerte de confesión del condenado y de su arrepentimiento; cuestiones ambas que no corresponden necesariamente a los propósitos del proceso penal contemporáneo.

Se trata de una institución similar a lo ya visto a propósito de las penas sustitutivas de la Ley 18.216, en el sentido que corresponde a otro mecanismo adicional cuyo objetivo es disminuir el ámbito de aplicación de las penas efectivas de privación de libertad. En las estadísticas de la Defensoría Penal Pública, la libertad condicional es por lejos la gestión más solicitada en el contexto de la defensa penitenciaria.

Existen algunas reglas especiales para ciertos delitos: así, en condenas a presidio perpetuo calificado, debe haberse cumplido con cuarenta años de presidio; en las de presidio perpetuo simple, con veinte años; y para otros delitos graves (homicidio, robo con homicidio, delitos sexuales, entre otros) con dos terceras partes de la condena. Con la entrada en vigencia de la Ley 21.732 de febrero de 2025 sobre delitos terroristas, que reemplazó a la Ley 18.314 del año 1984, la libertad condicional no aplica para los condenados por delitos terroristas.

La concesión de la libertad condicional la resuelve la *Comisión de Libertad Condicional*, que funcionan en cada Corte de Apelaciones, integrada por un ministro de cada Corte y por jueces penales. Asimismo, existe un Tribunal de Conducta de Gendarmería de Chile que remite un informe a la respectiva Comisión, respecto del solicitante a libertad condicional. Las decisiones de la Comisión si bien no son formalmente apelables, sí son revisables en la práctica a través del procedimiento de amparo del artículo 21 de la CPR y de la acción de protección del artículo 20.

La libertad condicional puede ser revocada en caso de incumplimiento por parte del beneficiario de las condiciones impuestas para su concesión, que ya vimos. Por otro lado, su cumplimiento equivale al cumplimiento efectivo de la pena.

El procedimiento para hacer valer este beneficio es sumamente confuso, y el peticionario prácticamente no participa. En sistemas comparados este tipo de asuntos se resuelven de manera bastante más formal y reglado. La evidencia internacional disponible en países como Inglaterra y Gales, y Canadá, muestran que el riesgo de reincidencia se mantiene en los casos en que el condenado vuelve en forma abrupta a la comunidad en libertad; siendo recomendable, en cambio, un retorno paulatino y un proceso de acompañamiento por parte de instituciones especializadas, cuestiones que están ausentes en la institución chilena de la libertad condicional.

Se trata, evidentemente, de una institución sumamente polémica, ya que implica en la práctica, una revisión *ex post* —aunque jurisdiccional— respecto de un fallo condenatorio firme, con el objetivo de suavizar las condiciones de cumplimiento de la condena.

Solo como ejemplo de lo controvertida de esta institución, en 2020 el Senado conoció de una *acusación constitucional* en contra de la ministra de la Corte de Apelaciones de Valparaíso, Silvana Donoso, quien presidiera la comisión de libertad condicional del condenado Hugo Bustamante, concediéndosela. El condenado cumplía entonces una pena por el delito de homicidio y fue liberado en aplicación de esta normativa; y una vez en libertad cometió otro homicidio (caso *Ámbar Cornejo*).

Según las estadísticas citadas por el profesor Javier Castro Jofré, el número de concesión de libertades condicionales habría bajado en forma importante a partir de

2020. Así, si en 2018 y 2019 se habían concedido un 74% y un 68% de las libertades solicitadas, al año siguiente ese porcentaje bajó a un 59%; en 2021, a 38%; en 2022, a 19,5%; y en el primer semestre de 2023 apenas alcanzaba a un 9%.

La Ley 21.627 del 2023 estableció como un nuevo derecho de la víctima, como vimos, que se le informe de las postulaciones que haga el condenado a la libertad condicional, lo mismo que respecto de los permisos de salida ordinarios. En rigor, el Decreto 321 dispone que la Comisión de Libertad Condicional deberá informar de dicha solicitud al juez de garantía encargado de la ejecución, y este ponerlo en conocimiento de la víctima dentro de un plazo de cinco días. La misma ley estableció que los planes de intervención individual regulados en ella deben propender a prevenir la victimización secundaria de la víctima, obligándose al condenado a suscribir un compromiso de omitir realizar acciones de amedrentamiento u hostigamiento. Estas reglas, a juicio del profeso Castro Jofré serían solo de aplicación futura, es decir, para personas condenadas con posterioridad a la entrada en vigencia de dicha ley, por aplicación del artículo 11 CPP; ello a pesar de que el artículo 3 transitorio de la Ley 21.627 dispone una aplicación retroactiva.

1.9 Reducción de la condena

En la misma línea de la libertad condicional, la Ley 19.856 de 2003 permite también que se reduzca la condena impuesta, en la medida que se acredite un "*comportamiento sobresaliente*" por parte del condenado, por el equivalente a dos meses de disminución por cada año de cumplimiento; y a partir de la mitad de la condena, de tres meses por cada año.

1.10 Suspensión de la condena en casos especiales

El artículo 29 de la Ley 20.393 sobre responsabilidad de las personas jurídicas dispone que la pena impuesta a la empresa sancionada puede suspenderse por un lapso de entre seis meses y dos años en ciertos casos calificados y excepcionales "considerando especialmente el número de trabajadores o las ventas anuales netas o los montos de exportación de la empresa"; lo mismo respecto de empresas del Estado o empresas que presten un servicio de utilidad pública "cuya interrupción pudiere causar graves consecuencias sociales y económicas o daños serios a la comunidad".

En el mismo sentido, los artículos 41 y 53 de la Ley 20.084 sobre Responsabilidad Penal Adolescente permite que el juez suspenda o sustituya las penas privativas de libertad que sean inferiores a los 540 días, incluso si esta ya se comenzó a cumplir, permitiendo también remitirla si ya fue cumplida más de la mitad de ella. Todo ello con el fin de favorecer la integración y educación del menor infractor, ya condenado (artículo 44).

En ambos casos el legislador prevé que el cumplimiento de las penas impuestas resultará en efectos colaterales indeseados, posiblemente peores que los que generó el delito que se está castigando.

1.11. Rebaja de hasta un tercio del tiempo de condena por arribarse a un acuerdo de cooperación eficaz calificado

Como veremos más adelante en detalle, la Ley 21.694 de 2024 introdujo un nuevo artículo 228 quinquies del CPP, que permite la revisión de una sentencia firme por parte del juez de garantía, *rebajando hasta un tercio del tiempo de condena*, en los casos en que el fiscal arribe a un *acuerdo de cooperación eficaz calificada* con el condenado.

Se trata de aquellos casos en que el condenado, que ya está cumpliendo la pena, aporta información relevante en los términos del artículo 228 quáter del CPP que permita identificar a los líderes o financistas de bandas criminales, o rastrear el dinero o bienes ilícitos. Aquí el juez sí goza de la prerrogativa de rechazar la solicitud si esta "no está suficientemente fundada o no concurren los requisitos establecidos en este artículo" (artículo 228 quiquies). Esta "revisión" de la sentencia (según la nomenclatura de esta norma) es competencia del juez de garantía.

1.12 Prescripción de la pena

Al igual que sucede con la acción penal, la pena también prescribe, según disponen expresamente los artículos 97 y siguientes del Código Penal. Esta especial forma de prescripción opera cuando el condenado —por la razón que sea— no cumple la pena impuesta. Es decir, cuando el Estado no es capaz de que el condenado satisfaga el tiempo de cumplimiento. La dogmática ha dicho que en estos casos la pena no permanece como una amenaza perpetua en contra del condenado, sino que eventualmente quedará sin efecto por el solo paso del tiempo, porque se asume que la necesidad de penar un hecho particularmente grave decae con el tiempo por el "olvido" de la sociedad.

Los plazos de prescripción de las penas están fijados en el artículo 97 CP, y dependerán de la gravedad de la pena; y este plazo comienza a contarse desde la fecha de la sentencia de término, o bien, desde que se quebrantó la condena, si ya empezó a cumplirse ésta. El quebrantamiento de la condena consiste en la interrupción voluntaria del condenado a su cumplimiento. También se interrumpe el plazo de prescripción de la pena si el condenado comete nuevos delitos mientras está cumpliendo la condena, y ello queda establecido en sentencia firme (artículo 98 CP). Esta hipótesis de interrupción, por lo tanto, no abarca aquellas condenas por hechos cometidos antes de comenzarse a cumplir la condena.

A favor del condenado opera también la llamada "media prescripción" de la pena del artículo 103 CP, que se pone en el caso que el condenado se apersone a cumplir una pena impuesta, habiendo ya transcurrido más de la mitad del tiempo de condena impuesto. En este caso, el juez debe disminuir el tiempo de la pena, aplicando "dos o más circunstancias atenuantes muy calificadas y ninguna agravante".

La prescripción puede ser declarada a solicitud del condenado, o incluso de oficio por el juez de garantía "con tal de que el condenado se halle presente en el juicio" (artículo 102 CP).

1.13 Ley penal posterior más favorable al reo (artículo 18 del Código Penal)

Según dispone el artículo 18 del Código Penal, es posible que una sentencia firme sea modificada de oficio por el juez o a petición de parte, en la medida que con posterioridad a que haya adquirido firmeza se haya promulgado una ley penal "que exima el hecho de toda pena o le aplique una menos rigurosa". Esta norma consagra un principio que está recogido en el artículo 19 N°3 de la Constitución Política, como en el artículo 15 N°1 del Pacto Internacional de Derechos Civiles y Políticos y en el artículo 9 del Pacto de San José de Costa Rica.

Aunque pudiera pensarse que se trata de casos de escasa ocurrencia, la proliferación de las llamadas "leyes penales en blanco" han motivado esta suerte de "revisión" de sentencias firmes. Esto es, aquellos casos en que la prohibición penal se complementa con una remisión a una regla infra-legal que sufre de permanentes modificaciones sin solución de continuidad.

1.14 Eliminación de los antecedentes penales

La condena penal, como dijimos, comprende no solo la privación efectiva de libertad, o eventualmente su sustitución por una pena no privativa de libertad, sino también ciertas penas accesorias que para cada caso detalla el Código Penal y las demás leyes penales.

Adicionalmente a estas penas, ya de por sí muy gravosas, el Decreto Ley 645 de 1925 ordena a los tribunales con competencia penal remitir las sentencias de condena al Servicio de Registro Civil e Identificación, para que se tome nota de ellas en el Registro General de Condenas y/o en el Registro Seccional de Inhabilitaciones.

Este registro, que hoy es electrónico, corresponde al *prontuario* del condenado, que es confidencial para todas las personas, salvo para el propio condenado y las autoridades de persecución penal (artículo 6). Dicho lo anterior, la exhibición del certificado de anotaciones penales emitido por este registro es comúnmente solicitada, por ejemplo, en procesos de selección laboral. Por lo mismo, figurar con una condena en dicho registro contribuye a la estigmatización y discriminación del condenado, y dificulta o derechamente impide su resocialización y reinserción.

Por todo lo anterior es que Decreto 409 de 1932 permite la eliminación de los antecedentes penales del condenado de dicho registro, cumpliendo ciertas condiciones. Se trata de una *gestión administrativa* que puede efectuarse directamente ante el Servicio de Registro Civil e Identificación.

En este sentido, resulta necesario reparar en lo expresado en este último decreto:

> Que el régimen establecido en las prisiones, que tiende a la regeneración del delincuente y, como su complemento, al mejoramiento moral y material de su familia, pierde una gran parte de su eficacia por el hecho de que el penado, después de cumplir su condena, queda marcado para toda su vida con el estigma de haber sido presidiario;
>
> Que, en efecto, esta condición infamante queda anotada en el prontuario que se le lleva en el Gabinete de Identificación y, por lo tanto, en su hoja de antecedentes;
>
> Que, es innecesario mantener esta anotación en el prontuario de aquellos ex-penados que han demostrado fehacientemente estar regenerados y readaptados a la vida colectiva;
>
> Que, como un medio de levantar la moral del penado para que se esfuerce por obtener su mejoramiento por medio del estudio, del trabajo y de la disciplina, debe dársele la seguridad de que, una vez cumplida su condena y después de haber llenado ciertos requisitos, pasará a formar parte de la sociedad en las mismas condiciones que los demás miembros de ella y de que no quedará el menor recuerdo de su paso por la prisión; y
>
> Que, por otra parte, el Estado debe velar porque los egresados de las prisiones que estén sin trabajo no carezcan de techo ni de alimentación, y se les ayude en toda forma, como una medida de protección al individuo y de defensa de la sociedad.

Esta norma permite que el condenado pueda solicitar la eliminación de la anotación de la condena en el respectivo registro para que "se le considere como si nunca hubiere delinquido para todos los efectos legales y administrativos", y para ello deben haber transcurrido dos años desde haber cumplido la pena, si es la primera condena, o cinco años, si ha sido reincidente.

En todo caso, este beneficio no cubre la eliminación del registro de inhabilitaciones perpetuas de los artículos 372 y 403 quáter del Código Penal, referidos al trabajo en contacto con menores de edad y para ejercer ciertos cargos y profesiones en el área de la salud y educación, para los condenados por algunos delitos contra la libertad sexual.

Los requisitos para optar a este beneficio están en el artículo 2 del decreto, y son los siguientes:

a) Haber observado muy buena conducta en la prisión o en el lugar en que cumplió su condena, cuando se trate de pena de prisión, presidio, reclusión o relegación.
b) Conocer bien un oficio o una profesión.
c) Poseer conocimientos mínimos de cuarto año de escuela primaria.
d) Haber estado en contacto con el Patronato de Reos durante dos años, por lo menos, si es primera vez condenado, y cinco años si ha sido condenado dos o más veces, y ser recomendado por este organismo.

Respecto del último requisito, debe entenderse en referencia a los Centros de Apoyo para la Reinserción Social, que reemplazaron a los Patronatos de Reos, según ya estudiamos más arriba.

1.15 ¿Derecho al olvido?

Una vez cumplida íntegramente la condena, y eliminados los antecedentes penales del condenado, el sujeto vuelve a la sociedad con miras a su reinserción, en el evento que haya podido rehabilitarse.

La reinserción del condenado puede ser sumamente difícil, y en algunos casos imposible, cuando el delito por el que se le condenó fue particularmente grave, el periodo de cumplimiento de la pena fue extenso, y la ciudad o país en que debe reinsertarse es el mismo en que se cometió el delito por el que fue condenado.

Adicionalmente a lo anterior, en los motores de búsqueda en internet y en las redes sociales, el sujeto que ya cumplió su condena seguirá figurando en muchos registros de libre acceso como un delincuente, en forma permanente.

Esto ha llevado a la elaboración de la doctrina del llamado "derecho al olvido", que justamente pretende dar soporte argumental a la pretensión de que se suprima de los registros históricos de los medios de comunicación y los motores de búsqueda, toda referencia al delito y al proceso criminal, cuando la condena ya ha sido cumplida.

Este derecho al olvido conlleva una natural colisión entre ciertos derechos del individuo que es objeto de la información divulgada a través de los medios de comunicación y reproducida en redes sociales, y el derecho a la información y la libertad de prensa. En general, puede decirse que la tendencia jurisprudencial en los Estados Unidos es privilegiar de forma irrestricta el derecho a la información. Por el contrario, los tribunales superiores e internacionales del ámbito europeo se han mostrado más receptivos a la hora de autorizar ciertas limitaciones en la información que se divulga al público respecto de causas criminales ya afinadas.

Recientemente, la Corte Suprema acogió parcialmente el recurso de protección deducido por el exsenador Jorge Lavandero Illanes (rol 248.030-2023) en contra de la Dirección de Comunicaciones del Poder Judicial por una cápsula informativa publicada en su sitio web bajo el título "Noticiero Judicial: fallo histórico - Senador Lavandero, abusador de niños", ordenado que el título fuera cambiado a "Noticiero Judicial: fallo histórico - Senador Lavandero". La Corte rechazó suprimir totalmente dicha información de la página web, señalando que "la información publicada, vinculada con la comisión de delitos reiterados de abuso sexual por parte del recurrente, quien a la fecha de su pesquisa ostentaba el cargo de Senador de la República, ciertamente está dentro del ámbito protegido por el derecho fundamental de la libertad de información".

2. Ejecución de la sentencia civil pronunciada en el proceso penal

Como vimos, la sentencia penal —sea esta absolutoria o condenatoria— debe contener una decisión respecto de la acción civil ejercitada por el querellante, y esa decisión puede ser de acoger o de rechazar la demanda.

La independencia de ambos estatutos, civil y penal (artículo 67 del CPP), permite concebir sentencias penales absolutorias penales en que se acoja la demanda civil contra el declarado inocente; y viceversa, una sentencia condenatoria penal que rechace la demanda civil en contra del penalmente condenado. Y, por supuesto, los casos más frecuentes, en que la condena penal irá alineada con la condena civil, y en que la absolución penal será consistente con el rechazo de la demanda civil.

Todo esto, como se dijo más arriba, en la medida en que la decisión sobre la acción civil esté contenida en la sentencia penal. En caso contrario, esto es, que posterior al juicio penal se inicie un juicio civil diverso, regirán las reglas que vimos de los artículos 178 a 180 del CPC.

El artículo 472 del CPP dispone que "en el cumplimiento de la decisión civil de la sentencia, regirán las disposiciones sobre ejecución de las resoluciones que establece el Código de Procedimiento Civil", por lo que habrá de estarse a dichas reglas.

Las sentencias condenatorias civiles admiten dos modalidades de ejecución: a través del llamado *cumplimiento incidental* de los artículos 231 y siguientes del CPC, dentro del plazo de un año desde que quedó firme y ejecutoriada; o bien, a través de un juicio ejecutivo regulado en el título I del libro III del CPC, en que la sentencia firme cobra valor como título ejecutivo (artículo 434.1 del CPC). La acción ejecutiva en este último caso prescribe en el plazo de tres años desde que la sentencia adquirió firmeza.

El artículo 171 inciso cuarto del COT dispone que, para la ejecución de la decisión civil contenida en la sentencia definitiva dictada por el juez penal, será competente el juez civil de acuerdo con las reglas generales. Aunque la norma nada dice, debiera entenderse que este cumplimiento ejecutivo deberá sustanciarse de acuerdo con las reglas del juicio ejecutivo (título I del libro III del CPC), es decir, iniciarse un nuevo juicio; y no como un cumplimiento incidental, desde que no será posible iniciar un incidente al no existir aun un juicio principal al que este acceda.

3. Ejecución del comiso

Como vimos a propósito de la acción civil de comiso, este puede ser respecto de los instrumentos del delito y de las ganancias del delito. De acuerdo con las últimas reformas legales, existirán normas diferenciadas para cada uno de ellos, que son las que veremos a continuación.

3.1 Ejecución del comiso de los instrumentos del delito

El artículo 469 del CPP quedó como la norma residual ("fuera de los casos previstos en el artículo precedente…", que habla del comiso de ganancias), pero al referir renglón seguido a los "dineros y otros valores", queda la duda de si abarca también a los instrumentos del delito, aptos o no aptos para el delito, que definen los artículos 31 y 31 bis del CP. A falta de otra norma que regule esta ejecución, y dada la modalidad que se describe, debiera entenderse que se refiere justamente a los instrumentos, pero del nuevo inciso primero, introducido por la Ley 21.595, queda la duda.

La norma distingue si se trata de dineros y otros valores, en cuyo caso se destinarán a la Corporación Administrativa del Poder Judicial (CAPJ). Si se trata de otras cosas distintas de dineros y valores, se destinarán a la Dirección General de Crédito Prendario para su enajenación, subasta o destrucción (en este último caso, si carecieren de valor); en cualquier caso, el producto de esa venta o subasta irá a la CAPJ. Si se trata de dispositivos tecnológicos, se destinarán al Servicio Nacional de Menores o "a los departamentos especializados en la materia de los organismos policiales que correspondan".

El artículo 23 de la Ley 17.798 sobre Control de Armas contiene una regla especial respecto de las armas decomisadas por sentencia ejecutoriada, las que quedarán bajo el control de las Fuerzas Armadas o de Carabineros, según corresponda, para su posterior destrucción, salvo que se trate de armas que tengan algún interés histórico o científico-policial, en cuyo caso se conservarán para un museo, según dictamine la Dirección General de Movilización General.

En todo caso, respecto de las armas que se destruyan, se les tomará muestras del disparo y casquillos de balas, además de los cartuchos, para su incorporación a un registro y futuras pericias en hechos constitutivos de delitos en que se hubiesen empleado armas de fuego.

3.2 Ejecución del comiso de ganancias obtenidas por el delito, en contra de un condenado

El inciso primero de 468 bis del CPP aclara que en estos casos la sentencia de condena se "ejecutará como decisión civil dictada por un tribunal con competencia penal", regla que viene complementada de acuerdo a la nueva redacción del artículo 171 del COT: "La acción civil que tenga por objeto la restitución de la cosa o la imposición del comiso de las ganancias provenientes del delito o, en los casos en que la ley lo disponga aun sin sentencia condenatoria, del hecho ilícito que corresponde al delito, deberán interponerse siempre ante el tribunal que conozca las gestiones relacionadas con el respectivo procedimiento penal".

Es decir, la ejecución del comiso de ganancias es un asunto que es competencia del juez penal, cuando se ejerce contra el penalmente condenado.

Tratándose de dineros o de "derechos a sumas de dinero", la norma dispone que deben transferirse al Fisco de Chile. En el caso de inmuebles decomisados, se establece un procedimiento en que se le entrega esta función de ejecución a la Dirección General de Crédito Prendario, con la colaboración de los Conservadores de Bienes Raíces, notarios, y archiveros que correspondan. En cualquier caso, los bienes inmuebles deberán ser inscritos a nombre del Fisco de Chile para luego ser rematados en pública subasta.

El artículo 348 bis del CPP agregado en 2023 por la Ley 21.577, dispuso que solo en el caso de comiso de ganancias y de comiso por valor equivalente superiores a cuatrocientas UTM, el juez penal deberá citar a una "audiencia especial". Si el comiso afectó solo al condenado, esta audiencia debe tener lugar al décimo día desde que la sentencia quede ejecutoriada. Si afectó a terceros, debe tener lugar entre treinta y sesenta días después de que ello ocurra.

Esta audiencia se regulará de acuerdo con los artículos 415 quinquies y septies del CPP que veremos a continuación, debiendo el tribunal acoger o rechazar el comiso solicitado. Si lo acoge, debe determinar el monto por el cual se impone, e identificar los bienes asegurados para hacer efectivo su pago. La norma del artículo 415 septies e) CPP resulta bastante particular, porque le da la prerrogativa al juez de rechazar la acción de comiso, cuestión que —en el caso de quien ya fue objeto del proceso penal— debió quedar zanjada en la sentencia definitiva. Teóricamente, según esta norma, podría dictarse una primera sentencia definitiva que se pronuncia sobre la acción de comiso, y luego una posterior, en la etapa de ejecución, que vuelve a pronunciarse sobre lo mismo, generando el riesgo evidente de que se dicten sentencias contradictorias. Para darle una interpretación razonable, debiera pensarse que el juez de la ejecución del comiso no puede dictar una sentencia que contradiga lo previamente resuelto respecto del penalmente sentenciado.

3.3 Ejecución del comiso de ganancias del delito sin condena previa

En estos casos se le otorga competencia al tribunal penal que puso fin al proceso, sea por sentencia o por otra salida alternativa o anticipada.

Como se decía más arriba, estas reglas trajeron de vuelta "en gloria y majestad" la acción civil al proceso penal. Como el comiso de ganancias del delito puede afectar a terceros ajenos al proceso, se irradiará un efecto de cosa juzgada respecto de ellos, quienes quedarán vinculados por una sentencia pronunciada en un juicio penal del que no fueron parte.

Para solucionar este problema, es que se introdujeron las reglas que veremos a continuación, de los artículos 415 y siguientes del CPP, que les permitirá a los terceros defenderse. Es una solución que se ha adoptado en varios ordenamientos comparados, como el italiano, donde se le denomina *opposicione di terzo*.

Una vez firme la resolución que puso fin al proceso, ya sea por sobreseimiento, sentencia definitiva, o la que aprueba cualquier salida anticipada o alternativa, el Ministerio Público o el querellante pueden solicitar al juez de garantía, en un plazo máximo de diez días, que cite a una audiencia especial para hacer efectivo el comiso respecto de dineros, valores u otros bienes previamente incautados o sujetos a medidas cautelares reales del artículo 157 del CPP. Esta solicitud es una carga procesal que los acusadores pueden ejecutar. La ley se pone en el caso que dicha carga sea omitida, es decir, que no se solicite esta audiencia especial. En este caso el juez de garantía otorgará cinco días adicionales para que el fiscal se manifieste, ya sea a favor o en contra, dando cuenta de esta omisión al fiscal regional. Si no hay pronunciamiento por parte del fiscal de la causa, el juez debe dejar sin efecto la incautación y las medidas cautelares decretadas (artículo 415 ter del CPP) que aseguraron la acción civil de comiso.

El requerimiento del fiscal debe individualizar a las personas afectadas por el comiso, los bienes y monto afectados, una referencia a la resolución que puso término al proceso, y la exposición de los antecedentes en que se funda la solicitud; además de la firma del requirente (artículo 415 quáter del CPP).

Una vez recibido el requerimiento, el juez debe citar a una audiencia que no puede tener lugar antes de treinta ni después de sesenta días, y debe ser notificada juntamente con el requerimiento a las personas afectadas, al menos quince días antes de la audiencia. En la citación se ordenará a las partes concurrir con sus medios de prueba, pudiéndose ofrecerse también la prueba de testigos y peritos (artículo 415 quinquies del CPP).

En la audiencia se leerá el requerimiento y se rendirá la prueba ofrecida, siendo facultativo para el tribunal el celebrar, adicionalmente, una audiencia "de preparación" (de juicio, se entiende).

Para apreciar la prueba, hay remisión expresa a la posibilidad de rendir todo medio de prueba que sirva para formar convicción producido en conformidad a la ley, y existiendo una libre valoración según la sana crítica (artículos 295 y 297 del CPP). Si no hay oposición del requerido, se resolverá por el juez sobre la base del requerimiento. Esta resolución no se debe ajustar al estándar de "convicción más allá de toda duda razonable", sino solo de la "prueba preponderante", lo que constituye una notable excepción en el sistema de persecución penal, sobre todo tratándose de una verdadera confiscación de bienes en contra de personas inocentes, ajenas al proceso penal (artículo 415 sexies del CPP). En caso de no haber oposición, el juez puede fallar con el solo mérito del contenido del requerimiento presentado y debidamente notificado.

Este estándar de "prueba preponderante" debiera ser entendido como el de convicción para los juicios civiles —aunque en el CPC no se emplee formalmente ese concepto— y consiste en que el juez debe fallar a favor de quien presente un caso más convincente que su contraparte. Dicho en términos de porcentajes: si la "convicción más allá de toda duda razonable" exige una cuasi certeza de un 99%, la "prueba preponderante" sería solo de un 51%. La doctrina ha estimado que el "tercero afectado" por el comiso debiera ser considerado como un interviniente —aunque la ley procesal no lo señala así— con las mismas prerrogativas que el imputado.

La sentencia debe estar debidamente fundamentada (artículo 415 septies del) y en su contra es procedente el recurso de nulidad (artículo 415 octies); aunque si solo se reclama del monto —no del fundamento del comiso— será procedente la apelación. La nulidad podrá decretarse respecto de la audiencia de prueba, o de la sentencia, pero solo por error de derecho, en cuyo caso además se dictará sentencia de reemplazo. Los legitimados para apelar serían cualquiera de los intervinientes agraviados con la sentencia, pero con una limitación. Así, tratándose del fiscal y querellante, solo estarán legitimados para apelar "si concurrieron al juicio". Surge naturalmente la pregunta sobre qué sucede si el comiso se determina en una sentencia en que no existió propiamente un juicio, sino que terminó a través de las muchas formas anticipadas o alternativas que contempla la ley procesal penal. Una interpretación literal debiera sugerir que solo hay legitimación para apelar por parte del fiscal y querellante allí donde hubo un juicio al que efectivamente concurrieron; pero esa solución parece caprichosa e injusta. Quizás una forma de aplicar esta norma, que resulte razonable, sería la de permitir la apelación del fiscal y querellante en la medida que hayan comparecido en la investigación o en el proceso previo a la sentencia.

Como se decía más arriba, ni la ley penal ni la procesal-penal entrega estándar o guía alguno para el juez a efectos de fundamentar esta sentencia definitiva, que evidentemente será siempre compleja, desde que el sentenciador deberá hacer el ejercicio de confiscar bienes respecto de una persona declarada inocente, o bien, de terceros que pueden ser completamente ajenos al hecho investigado.

No hay claridad alguna en la ley, por ejemplo, de si se exige que la sentencia deba dar por establecida la existencia del delito, cuestión que solo se desprende oblicuamente a partir de las exclusiones que hace el artículo 41 de la Ley 21.595 y el artículo 294 bis del CP respecto de las causales de sobreseimiento definitivo que son procedentes. Ni tampoco de cuán atenuado o evidente debe ser el origen ilícito de los dineros o bienes que se pretende decomisar. Todos estos asuntos deberán irse llenando —esperamos— a partir de la jurisprudencia y la doctrina que se vaya produciendo sobre este importantísimo asunto.

Hay otro asunto que resulta problemático en esta ejecución de la acción civil de comiso respecto de terceros ajenos al proceso penal, cuando en la sentencia penal se absolvió o sobreseyó definitivamente al acusado. Si bien aquí hablamos de un supuesto "procedimiento de ejecución", para el tercero afectado por el comiso se tratará, en rigor, de la única instancia en que será oído y podrá producir prueba en su defensa. Si bien el artículo 259 g) CPP obliga al fiscal a señalar en su acusación los bienes y las personas afectadas por la acción civil de comiso, las reformas implementadas en 2023 no incorporaron innovación alguna que permita afirmar que el tercero puede intervenir en el proceso penal para defender sus intereses civiles amenazados por la acción de comiso.

En suma, estas reglas de ejecución del comiso serán un nuevo y único juicio en contra del tercero afectado, y la única oportunidad en que podrá defenderse.

Hemos dicho que el artículo 67 del CPP dispone la total independencia de la acción civil respecto de la penal cuando ambas se sustancien en un mismo proceso penal. ¿Ocurre lo mismo en este caso de ejecución de un comiso en contra de un tercero ajeno al juicio penal? Al parecer, no.

Aquí se generarán dos sentencias: la sentencia definitiva propiamente tal, en que se declaró que se acogía la acción civil de comiso; y luego, la sentencia de ejecución del comiso, en que el afectado sí puede participar y defenderse. Y esto tiene algunas consecuencias importantes, que es la aplicabilidad de las reglas del artículo 179 del CPC, que permite al tercero civilmente responsable —como es este el caso— aprovecharse de la absolución o sobreseimiento definitivo decretado en el juicio penal anterior, siempre que la condena civil no se declare en la misma sentencia, que es lo que ocurre en este caso. Y este régimen del artículo 179 es ciertamente más beneficioso para el civilmente responsable, al establecer, por ejemplo, como causal de exención civil que en la sentencia penal se haya absuelto por falta de participación del acusado en los hechos (lo que no ocurre con las reglas de la Ley 21.595 y artículos 294, 294 bis y ter del CP).

En fin, todas estas incongruencias entre estos distintos cuerpos legales darán origen a problemas y situaciones en la práctica, que la jurisprudencia o el legislador deberán ir resolviendo.

Finalmente, el artículo 470 del CPP contempla las reglas acerca del destino de las especies retenidas durante el proceso penal, y no decomisadas que no hubiesen sido reclamadas por su legítimo titular. En síntesis, estas cosas se venderán en pública subasta y su producto se entregará a la Corporación Administrativa del Poder Judicial.

4. Ejecución de las medidas de seguridad

4.1 La inimputabilidad del sujeto y la teoría del delito

La teoría clásica del llamado derecho penal liberal, concibe al delito penal como aquella conducta humana, típica, antijurídica y culpable. En la ciencia penal suelen distinguirse entre los elementos objetivos del delito (digamos, la conducta externa), y los elementos subjetivos (digamos, lo que sucede "en la mente del sujeto"). Uno de los elementos subjetivos que es relevante para la teoría del delito es el dolo, que envuelve la conducta objetiva desplegada por el sujeto. El dolo no es más que el conocer y querer ejecutar la conducta. Son relevantes también otros elementos subjetivos que permiten excluir la antijuridicidad, como el miedo insuperable o la fuerza irresistible (artículo 10.9 del CP), es decir, ciertos elementos que actúan como eximentes de responsabilidad criminal.

Finalmente, y en lo que nos interesa aquí, también es relevante la culpabilidad, como último de los elementos subjetivos de la teoría del delito. Parte de la doctrina asimila el término "culpabilidad" a los otros elementos ya vistos, sobre todo al dolo; pero en la tesis que me parece más clara, de Santiago Mir Puig, este elemento actúa como un factor de inimputabilidad, y este factor es entendido como una simple "normalidad psicológica del sujeto". En otras palabras, ciertas condiciones mentales del sujeto que excluyan su inimputabilidad como "loco o demente" o "privado totalmente de razón" del artículo 10.1 del CP.

El derecho penal liberal ha levantado como dogma el principio de *nulla poena sine culpa*, que se traduce en que no se puede castigar penalmente al sujeto que carece de cierta normalidad psicológica. Puede decirse que esta "culpa" que exige la teoría del delito consiste en que el sujeto sea capaz de actuar racional y libremente, es decir, que el sujeto comprenda el acto que ha ejecutado, y que haya tenido la posibilidad de actuar de otra forma a como lo hizo. El "loco o demente" en muchas ocasiones, y dependiendo de la patología, no comprenderá los alcances de su conducta, y posiblemente actuará por impulsos que están fuera de su control racional.

El dogma de *nulla poena sine culpa* se apoya en la dignidad del ser humano, ya que el Estado solo castigará criminalmente a aquel sujeto susceptible de ser reprochado en la incorrección de su conducta, lo que presupone la capacidad de comprender qué hizo y las consecuencias que el Estado impone por ello. Así, el sujeto podrá ser motivado a actuar correctamente, y su ejemplo servirá a la sociedad toda. Detrás de estas ideas están, como se puede ver, los fines de a pena misma: retribución, prevención especial y prevención general. Si el sujeto es incapaz de comprender su conducta y que el castigo penal es consecuencia de ella, entonces el castigo penal debe retroceder. Y es aquí donde entran las llamadas medidas de seguridad.

4.2 Momentos procesales en que se pueden plantear las discusiones sobre inimputabilidad

Como se explicará en más detalle a continuación, los debates acerca de la inimputabilidad del sujeto a quien se atribuye la comisión de un delito pueden plantearse en varios momentos procesales.

Uno de ellos es a propósito de la solicitud de medidas de seguridad, que debe promoverse ante el juez de garantía competente.

El otro momento procesal es también ante el juez de garantía, o incluso ante el tribunal de juicio oral en lo penal, promoviéndose una solicitud de sobreseimiento definitivo (artículo 250 c) del CPP, en relación con el artículo 10.1 del CP). No queda claro de la regulación del sobreseimiento definitivo si, una vez declarado sobre la base de la inimputabilidad del sujeto, puede darse una discusión sobre la concesión de medidas de seguridad. Creemos que no hay obstáculo para ello, y el fiscal o querellante debiera solicitarlo en la misma audiencia en que se debata acerca del sobreseimiento.

Finalmente, la inimputabilidad del sujeto podría debatirse, adicionalmente, en la audiencia de juicio oral, obligando al tribunal de juicio oral a pronunciarse al respecto en la sentencia definitiva. Decimos que puede plantearse adicionalmente, porque de las normas del CPP que estudiaremos a continuación queda claro que el rechazo de una medida de seguridad no produce cosa juzgada para que el asunto de la inimputabilidad pueda volver a debatirse en el juicio oral. Asimismo, el rechazo del sobreseimiento definitivo, como vimos, no produce cosa juzgada material, y no impide que se renueve el debate en el juicio oral mismo.

4.3 Concepto y clases de las medidas de seguridad

Las medidas de seguridad son la solución que el CPP ideó para el problema del sujeto que, por un lado, despliega una conducta típica y antijurídica, pero por otro, resulta que dicha conducta no es culpable. Es decir, no se trata, propiamente tal, de un delito. Pero, sí estamos frente a una conducta típica, que *prima facie*, repugna al ordenamiento jurídico, y por lo mismo, deberá motivar una reacción estatal, pero solo por razones de prevención de la peligrosidad del sujeto.

El artículo 455 del CPP establece, entonces, como principio general, que las medidas de seguridad se aplicarán "al enajenado mental que hubiere realizado un hecho típico y antijurídico siempre que existieren antecedentes calificados que permitieren presumir que atentará contra sí mismo o contra otras personas". Lo cierto es que las medidas de seguridad se extienden no solo a los sujetos inimputables, sino a sujetos que, siendo imputables al cometer el hecho, caigan en enajenación mental posteriormente, durante el proceso (artículo 465 del CPP) o incluso, una vez condenados penalmente (artículo 482).

Por su parte, el artículo 1 del CPP dispone la garantía de que "ninguna persona podrá ser condenada o penada, ni sometida a una de las medidas de seguridad establecidas en este Código, sino en virtud de una sentencia fundada, dictada por un tribunal imparcial. Toda persona tiene derecho a un juicio previo, oral y público, desarrollado en conformidad con las normas de este cuerpo legal". Es decir, las medidas de seguridad deben ir precedidas necesariamente de un juicio y deben ser decretadas jurisdiccionalmente en forma razonada a través de un fallo.

El artículo 457 del CPP establece dos clases de medidas de seguridad: la internación en un establecimiento psiquiátrico o su custodia y tratamiento. La primera de ellas más gravosa que la segunda. La misma regla dispone que estas medidas no podrán ejecutarse en los establecimientos penales, y que la sentencia que la fije deberá indicar el establecimiento en que el imputado deberá ser internado. Si se trata de la custodia o tratamiento, dispone la ley que el imputado debe ser entregado a su familia o guardador, o a alguna institución pública o particular de beneficencia, socorro o caridad.

4.4 Críticas desde la doctrina a las medidas de seguridad

La doctrina ha formulado severos reparos respecto de las medidas de seguridad.

Estas críticas se refieren a que el juez debe atender a criterios de peligrosidad del sujeto para otorgarlas, es decir, no se refieren únicamente al hecho cometido, sino a ciertas características personales del imputado, y su proyección en conductas futuras, la que naturalmente será meramente hipotética.

Es decir, no se juzga solo un hecho pasado —derecho penal del hecho—, sino que se juzgan hechos hipotéticos y futuros —más parecido a un derecho penal de autor.

Son, en todo caso, los mismos reparos que se hacen respecto del requisito de que la libertad del imputado represente un "peligro para la seguridad de la sociedad" en lo que atañe a la prisión preventiva (artículo 140 c) del CPP), que ya vimos. Tratándose de las medidas de seguridad podría decirse que esto está exacerbado, desde que se autoriza su concesión solo por existir un peligro de que el imputado atente contra su propia vida, cuestión que no deja de ser llamativa, ya que el suicidio no es una conducta ilícita.

En todo caso, como vimos, las reglas de los artículos 455 y 463 del CPP se encargan de aclarar que las medidas de seguridad, si bien no son una pena, sí están asociadas a que se establezca jurisdiccionalmente la existencia de un hecho constitutivo de delito. Es decir, no se aplicarán respecto de un sujeto inocente.

Las medidas de seguridad que se decreten por el juez de garantía y la inimputabilidad que eventualmente se decrete en la sentencia definitiva son ambas cuestiones que merecerían de mucha mayor atención por el legislador y la doctrina. Como apuntara el profesor Wilenmann, y como muestran estudios empíricos que hemos citado en otra parte de este trabajo, la prevalencia de problemas de salud mental es muchísimo mayor entre los condenados privados de libertad. Esto debe llevar a preguntarnos si quienes cometen delitos están, en mayor medida, con sus facultades mentales alteradas; o bien, si es que la cárcel es la causa de dicha alternación.

Finalmente, no puede dejar de mencionarse que la nomenclatura que emplea el CPP y otras leyes resulta hoy desactualizada respecto de las tendencias internacionales contemporáneas que recomiendan utilizar términos que no humillen o estigmaticen a personas que padecen problemas de salud mental.

4.5 En qué hipótesis procede decretar una medida de seguridad

La ley procesal se pone en dos hipótesis: i) si durante el curso del procedimiento aparecen "antecedentes calificados que permitieren presumir fundadamente la inimputabilidad por enajenación mental", según la redacción del artículo 458 del CPP reformado por la Ley 21.694. Se refiere, naturalmente, al sujeto que estaba privado de razón al momento de ejecutar la conducta que se investiga o se enjuicia (artículos 458-464 del CPP); y ii) si una vez iniciado el procedimiento, el imputado cayere en enajenación mental; es decir, se trata de un sujeto que era imputable al momento de cometer el hecho (artículo 465 del CPP).

4.6 Procedimiento

a) Solicitud de informe psiquiátrico

Respecto de la primera hipótesis, esto es, que existan antecedentes de que el sujeto ejecutó la conducta estando privado de razón, cualquiera de los intervinientes, o el juez de oficio, puede solicitar un informe psiquiátrico en que se explique al profesional de la salud la conducta que se investiga (artículo 458 del CPP).

Paradójicamente, la norma no señala cuál es el propósito de este informe, que no sería otro que ilustrar al tribunal acerca de la eventual inimputabilidad del sujeto, en los términos estudiados más arriba.

Solicitado que sea este informe, en el intertanto se suspenderá el proceso.

La regla del artículo 458 no aclara cuáles son los efectos de esta suspensión. El profesor Manuel Rodríguez Vega ha sostenido en una reciente investigación, que dicha suspensión no es obstáculo para que el fiscal lleve adelante algunas diligencias de investigación, como la toma de declaraciones de testigos o una prueba pericial respecto del arma empleada en el delito, por ejemplo. Sin perjuicio de ello, no podría desarrollar diligencias de investigación cuya validez esté condicionada a la capacidad procesal del imputado, como sería, por ejemplo, la declaración del propio imputado. La infracción de este deber de abstención implicará que dicha evidencia podría ser considerada como ilícita. El asunto, en todo caso, no es pacífico en la doctrina.

Asimismo, a juicio del profesor Rodríguez, esta suspensión no sería obstáculo para que el fiscal formalizara investigación.

La Ley 21.694 intentó aclarar esto, introduciendo un nuevo inciso segundo al artículo 458 del CPP: "mientras no se reciba el informe del inciso anterior, el juez podrá otorgar, mantener, sustituir o revocar las medidas cautelares señaladas en el Título V del Libro I, o bien disponer la internación provisional prevista en el artículo 464, según resulte más idóneo a los fines del proceso y la condición del imputado, conforme a los antecedentes del procedimiento".

b) Designación de curador ad litem

El artículo 459 del CPP obliga al juez a designar a un curador *ad litem* para la persona respecto de quien existan antecedentes acerca de la enajenación mental.

El curador *ad litem* es un representante en el proceso que resguarda los intereses del posible inimputable. Por lo tanto, es quien asume su defensa material, que es distinta de la que asume el abogado defensor, que es la defensa técnica. Ha surgido la duda en la doctrina respecto de si el curador *ad litem* puede, por ejemplo, prestar declaración en el juicio oral en representación del acusado. El profesor Nicolás Orellana estima que ello sería procedente, pero siempre el acusado tendría derecho a prestar declaración personalmente en el juicio, adicionalmente.

c) Prerrogativas del fiscal para solicitar una medida de seguridad

De acuerdo con el artículo 460 del CPP, el fiscal tiene la prerrogativa de solicitar el sobreseimiento temporal o definitivo de la causa en la oportunidad del artículo 248 del CPP, esto es, al cerrarse la investigación; y adicionalmente, puede solicitar la aplicación de una medida de seguridad en caso de que a su juicio sea procedente la causal de extinción de responsabilidad penal del artículo 10.1 del CP. Es decir, la causa podría terminar con sobreseimiento definitivo y sin una solicitud de medida de seguridad, si así lo estima el fiscal.

Ahora, si el fiscal desea que se imponga al imputado una medida de seguridad debe solicitarlo formalmente cumpliendo con los requisitos del escrito de acusación (artículo 461 del CPP), quedándole vedado solicitar una suspensión condicional del procedimiento o un procedimiento abreviado. Esto último es bastante obvio, desde que la persona no estará capacitada para manifestar su consentimiento válido para aceptar las condiciones de la suspensión condicional, o para aceptar los hechos en el juicio abreviado. El querellante puede formular un requerimiento independiente —o adherir al del fiscal— y puede acompañar antecedentes que acrediten la imputabilidad del sujeto.

El profesor Manuel Rodríguez ha señalado que la solicitud de medida de seguridad, que se asimila a la acusación, debe ser congruente con la formalización de investigación que debió tener lugar en forma previa. Dicho de otra forma: si no se formalizó previamente investigación, no puede solicitarse una medida de seguridad. La formalización cumplirá la función garantista general que ya hemos visto: permitirá a la defensa producir prueba en la investigación respecto de los cargos comunicados, y además, fijará un límite temporal a la indagatoria.

d) Facultades del tribunal

El tribunal de garantía puede rechazar o acoger el requerimiento del fiscal. Si lo acoge, es decir, si declara inimputable al sujeto investigado, la causa terminará normalmente, y se impondrá la medida de seguridad solicitada, o una menos gravosa.

Pero, si el juez lo rechaza, la norma del artículo 462 del CPP permitirá que la acusación la formule el querellante, en la medida que se haya opuesto al requerimiento del fiscal, "en los mismos términos que el Código establece para el ministerio público". Si el querellante no lo hiciere, el juez "ordenará al ministerio público la formulación de la acusación conforme al trámite ordinario". En todo caso, los escritos de acusación, tanto del fiscal como del querellante, permiten que los acusadores soliciten subsidiariamente a las penas, la imposición de medidas de seguridad (artículo 462 inciso final).

Es decir, la discusión sobre la inimputabilidad del sujeto podrá igualmente darse en el juicio oral, no produciendo cosa juzgada alguna la discusión sobre medidas de seguridad que se diera previamente ante el juez de garantía.

El artículo 463 del CPP establece algunas reglas procesales interesantes respecto de las audiencias sobre discusión de medidas de seguridad: primero, no podrá seguirse un mismo procedimiento en contra de enajenados mentales y contra personas imputables; segundo, el juicio se realizará "a puerta cerrada" —debemos entender que en ausencia del público— y sin la presencia del sujeto privado de razón, cuando su estado imposibilite la audiencia.

En tercer lugar, aunque es bastante obvio, dispone que la sentencia debe absolver si no se logra probar que existió un hecho típico y antijurídico en que el imputado tuvo participación. Si se logra probar, se impondrá una medida de seguridad. Esto, para evitar que el juez decrete una medida de seguridad solo apoyada en prejuicios o criterios vagos de peligrosidad, pero sin que se haya acreditado el hecho delictivo.

Como vimos más arriba, el artículo 455 del CPP dispone que la medida de seguridad debe decretarse "al enajenado mental que hubiere realizado un hecho típico y antijurídico siempre que existieren antecedentes calificados que permitieren presumir que atentará contra sí mismo o contra otras personas". El profesor Manuel Rodríguez ha planteado que esta norma establece dos cosas: un estándar de convicción "más allá de toda duda razonable" respecto de la existencia del delito y la participación del acusado, y un estándar de convicción inferior ("antecedentes calificados") respecto de la peligrosidad futura del sujeto. Por el contrario, si la medida de seguridad es rechazada por el tribunal de garantía, y la discusión sobre inimputabilidad vuelve a darse ante el tribunal de juicio oral en lo penal, dicha inimputabilidad debe acreditarse provocando una convicción más allá de toda duda razonable.

e) Prerrogativas de la defensa

De la lectura de estas normas, puede parecer que el único legitimado para solicitar la imposición de medidas de seguridad es el ministerio público, y ello es efectivamente así.

Esto no obsta a que la defensa pueda plantear, por la vía del sobreseimiento definitivo (artículo 250 c) del CPP en relación con el artículo 10.1 del CP) que se declare inimputable al sujeto y se ponga término a la causa.

Esto es lo que sucedió, por ejemplo, en el conocido caso de la "secta de Colliguay" sobre un infanticidio, en que uno de los imputados lo solicitó, dictándose sentencia desfavorable por la Corte de Apelaciones de Valparaíso (rol 519-2016 de 11 de abril de 2016) que lo declaró imputable.

f) Internación provisoria del enajenado mental

El artículo 464 del CPP permite que al privado de razón se le "interne provisoriamente" en un establecimiento asistencial, cumpliéndose con los requisitos para la concesión de medidas cautelares de los artículos 140 y 141 del CPP "y el informe psiquiátrico practicado al imputado señalare que este sufre una grave alteración o insuficiencia en sus facultades mentales que hicieren temer que atentará contra sí o contra otras personas".

Se trata de una medida cautelar personal, un símil de la prisión preventiva, que ya estudiamos.

Se ha dicho que para que se decrete la internación provisional es necesario que la investigación esté previamente formalizada, por la remisión que se hace a los artículos 140 y 141 del CPP. En efecto, la concesión de medidas cautelares personales presupone que tuvo lugar la formalización de la investigación. Existiendo un informe psiquiátrico que ya da cuenta de una grave alteración mental, dicha comunicación de cargos deberá practicarse ante el imputado acompañado de su curador *ad litem* y de su abogado defensor.

El profesor Manuel Rodríguez ha señalado que la formalización de investigación puede practicarse antes o después de recibido o solicitado el informe psiquiátrico y de suspendido que sea el procedimiento. Estamos de acuerdo con esta postura, pero con la siguiente prevención: al momento de solicitarse la internación provisoria dicho informe debe estar ya evacuado en los términos del artículo 464 del CPP, norma que expresamente dispone que es requisito para que se decrete la internación provisoria. Si dicho informe aún no se ha evacuado, o bien, habiendo sido evacuado ha concluido que el sujeto es imputable, lo que procederá no es la internación provisoria, sino derechamente la prisión preventiva o alguna de las restantes medidas cautelares personales del artículo 155 del CPP.

Hay autores que señalan que si dicho informe psiquiátrico no ha sido evacuado no sería procedente decretar la internación provisoria ni tampoco la prisión preventiva. No concordamos con esa postura. Si el juez de garantía está frente a un delito de gravedad, y con antecedentes que le permiten proyectar riesgos para la indagatoria, para el ofendido, o peligro de fuga, lo que deberá hacer es decretar la prisión preventiva. Si con posterioridad recibe el informe que certifica que el imputado está privado de razón, deberá cambiarse dicha cautelar por la de internación provisoria.

Las condiciones a que quedará sometido el imputado durante su internación provisoria están reguladas en el Decreto 570 del 2000 del Ministerio de Salud que "aprueba el reglamento para la internación de las personas con enfermedades mentales y sobre los establecimientos que la proporcionan".

4.7 La situación del sujeto que cae en enajenación mental durante el proceso

El inciso final del artículo 465 del CPP permite que se decreten medidas de seguridad en contra del imputado que cae en enajenación mental con posterioridad al hecho, siempre que se hubiere formalizado la investigación, o se hubiere formulado acusación. Se trata de una persona que al cometer el hecho estaba en plenas facultades, pero que sufre una alteración mental mientras afronta el proceso en su contra.

Aquí aplica lo dispuesto en el artículos 252 c) y 465 del CPP referido al sobreseimiento temporal de la causa "hasta que desapareciere la incapacidad del imputado". También se permite sobreseer definitivamente la causa si se tratare de una enajenación mental incurable, por la causal del artículo 250 c) del CPP en relación con el artículo 10.1 del CP que ya vimos.

4.8 La situación del sujeto que cae en enajenación mental durante el cumplimiento de la condena

El artículo 482 del CPP dispone que también puede aplicarse una medida de seguridad respecto del sujeto que ya fue penalmente condenado, pero que cae en enajenación mental con posterioridad a la condena. En ese caso, el condenado dejará de cumplir la pena y pasará a cumplir una medida de seguridad, una vez que el tribunal dicte una resolución fundada habiendo previamente oído al fiscal y defensor.

4.9 Duración y fiscalización de las medidas de seguridad

El artículo 418 del CPP dispone, por su parte, que las medidas de seguridad solo deben durar "mientras subsistieren las condiciones que las hubieren hecho necesarias" y en ningún caso pueden extenderse más allá de la pena que hubiere podido imponérsele al sujeto "o del tiempo que correspondiere a la pena mínima probable", es decir, el mínimo de pena establecido en el rango que determina la ley, según dispone el inciso segundo de dicha norma.

También se permite al fiscal, al curador o a los familiares del sujeto sometido a la medida de seguridad solicitar su suspensión o la modificación de sus condiciones "cuando el caso lo aconsejare".

La misma norma establece ciertos deberes de control y vigilancia de los fiscales respecto de los establecimientos en que se cumplen las medidas de seguridad, facultándose al juez de garantía para adoptar medidas para remediar todo "error, abuso o deficiencia que observare en la ejecución de la medida de seguridad".

4.10 La situación de los menores de catorce años, que también son inimputables para la ley

Como vimos más arriba, las medidas de seguridad solo se aplican a imputados privados de razón o en un estado de enajenación mental o locura. Pero estas no son las únicas situaciones de inimputabilidad en el derecho chileno.

Los niños menores de catorce años son también inimputables por expresa disposición de la ley (artículo 10.2 del CP). No se trata de personas necesariamente privadas de razón, naturalmente, sino de sujetos que por su inmadurez e inacabado desarrollo cognitivo es muy posible que no hayan actuado en forma libre, y sobre todo, incapaces de comprender las consecuencias punitivas estatales que se aplicarían a su conducta, de no existir esta norma.

Respecto de estos niños no se decretarían medidas de seguridad, quedando la incógnita de cuáles serían las facultades del tribunal de garantía respecto de un niño imputado por un hecho constitutivo de delito.

En 2002 (Ley 19.806) se derogó el artículo 32 de la Ley 16.618 de menores, que disponía lo siguiente: "Antes de aplicarse a un menor de dieciocho años algunas de las medidas contempladas en la presente ley, por un hecho que, cometido por un mayor, constituiría delito, el juez deberá establecer la circunstancia de haberse cometido tal hecho y la participación que en él ha cabido al menor. Sin embargo, aunque se llegue a la conclusión de que el hecho no se ha cometido o que al menor no le ha cabido participación alguna en él, el juez podrá aplicarle las medidas de protección que contempla esta ley, siempre que el menor se encontrare en peligro material o moral".

En ausencia de esta norma, hoy derogada, y ante la comisión de una conducta típica por parte de un menor de catorce años, los tribunales de familia lo que hacen es abrir una causa por vulneración de derechos, según dispone el artículo 30 de la misma ley de menores. Es decir, se considera al niño infractor como un sujeto vulnerado, aunque sobre el asunto hay jurisprudencia vacilante. En todo caso, se trata de un sensible vacío que debiera ser llenado por el legislador a la brevedad.

Capítulo XVI

Recursos procesales

RECURSOS PROCESALES

Un recurso procesal es aquel acto jurídico-procesal de aquella parte que ha resultado agraviada con la dictación de una resolución judicial, es decir, cuya pretensión no ha sido acogida en todo o en parte; y consiste en la solicitud para que dicha resolución, que aún no está firme, sea reformada o anulada conforme a derecho, generalmente por el tribunal superior jerárquico del que la pronunció.

1. Características generales del sistema de recursos procesales en el proceso penal

1.1 Notable disminución de la intensidad del régimen de recursos

En el proceso civil la regla general es que cualquier resolución de cierta importancia dictada durante el proceso —y por cierto la sentencia definitiva— son siempre apelables. Incluso puede decirse que la regla general es que las decisiones adoptadas por el tribunal civil de primera instancia sean revisadas no sólo por la Corte de Apelaciones respectiva, sino por la Corte Suprema.

Así, solo por dar algunos ejemplos, bajo la regulación actual del CPC chileno, es posible someter a la sentencia definitiva a una cuádruple revisión por dos tribunales distintos, esto es, apelación y casación en la forma contra el fallo de primera instancia para ante la Corte de Apelaciones respectiva, y casación en la forma y casación en el fondo en contra del fallo de segunda instancia para ante la Corte Suprema. E incluso es posible la casación en la forma de la casación en la forma.

Las razones de esta estructura barroca de recursos civiles están en la misma estructura férreamente jerárquica del Poder Judicial chileno, que se ha mantenido más o menos inalterada desde mediados del siglo XIX.

En esta estructura encontramos tribunales unipersonales en la base de la pirámide cuyos fallos deberán siempre ser controlados y fiscalizados por el superior; y los fallos del superior a su vez, controlados y revisados por el órgano que está en el vértice de la pirámide, la Corte Suprema, quien tendrá la última palabra.

En los sistemas procesales europeo-continentales esta forma de resolver los casos se explicaba también por el soporte escrito en que se llevaban los procesos: la acumulación de grandes cantidades de información escrita a través de expedientes que debían ser leídos y releídos por distintos jueces. Jueces que nunca percibían la prueba u oían a las partes por sus propios sentidos, sino "jueces lectores" de actas y escritos.

Para los profesores Duce y Riego este control vertical, final y jerárquico es incompatible con el sistema del CPP, que establece una serie de controles horizontales entre los distintos intervinientes durante todo el proceso, a través de diversas audiencias que se van sucediendo en el tiempo. En el proceso penal, las decisiones del tribunal, incluida la sentencia definitiva, se adoptan luego de debates orales en que cada interviniente contrasta y cuestiona las pretensiones y las versiones fácticas de su contendor.

El esquema de recursos procesales del CdPP de 1906, muy similar al del CPC que hemos descrito, resultó ser absolutamente incompatible con la forma oral e inmediata que proponía el CPP.

Esto, porque, en primer lugar, los tribunales de juicio oral estarían conformados por tres jueces, y por lo mismo, serían en la práctica muy similares a una sala de cualquier Corte de Apelaciones, lo que teóricamente al menos disminuía la posibilidad de errores. Y, en segundo lugar, al poner en el centro del proceso al juicio oral, concentrado y con inmediación de pruebas, cualquier revisión del caso significaría que el juicio debería repetirse ante nuevos jueces, lo que no tendría ningún sentido. Los jueces superiores ya no podrían revisar vía apelación los hechos, sencillamente porque jamás habían estado presentes al momento de rendirse la prueba y oírse a las partes, y no existirían actas escritas de lo obrado en el juicio. Su rol sería únicamente el de revisar la correcta aplicación del derecho.

Autores como Julio Maier han llamado la atención de que en los sistemas procesales penales reformados los recursos procesales pasan a ser un derecho y garantía del imputado, y no una medida de control burocrático de los tribunales superiores respecto de los inferiores. El paradigma de este control burocrático era la institución de la "consulta" del antiguo sistema de persecución penal, en que las resoluciones del tribunal inferior eran revisadas de oficio por el superior, en ciertos casos en que existía un interés público comprometido.

Es así como en el CPP la apelación se suprimió como forma de impugnación por excelencia del sistema, no solo respecto de la sentencia definitiva dictada en el juicio oral y oral simplificado, sino también para todas las resoluciones dictadas durante el juicio oral, especificándose en la ley cuándo serían apelables las resoluciones, a través de un catálogo cerrado.

Respecto de la sentencia definitiva, en el diseño original del CPP se reservó únicamente el recurso de nulidad, unificando causales de la antigua casación en la forma y en el fondo, reforzada de protección de las garantías fundamentales del acusado. Y, además, solo una fracción de las nulidades llegarían a la Corte Suprema.

A partir de una reforma legal de 2012 (artículo 37 de la Ley 18.216) también se permite la apelación en contra de la sentencia definitiva, pero no para revisar los hechos del juicio según la prueba rendida, sino solamente para revisar la procedencia de la pena sustitutiva al cumplimiento efectivo solicitada por los intervinientes.

1.2 Contenido del derecho al recurso: La doble conformidad o la garantía de revisión exhaustiva

La Convención Americana de Derechos Humanos en su artículo 8.2 (garantías judiciales) dispone que "Durante el proceso, toda persona tiene derecho, en plena igualdad, a las siguientes garantías mínimas: h) derecho a recurrir del fallo ante el juez o tribunal superior". Por su parte, la Corte Interamericana de Derechos Humanos, en el *leading case Herrera Ulloa vs. Costa Rica* de 2004 resolvió que debe existir la posibilidad amplia de revisar los fallos penales, en todos sus aspectos a petición de la parte afectada.

No existe en la CPR una consagración expresa como esta.

A partir de esta garantía ha surgido la construcción doctrinal y jurisprudencial del llamado "derecho al recurso". Puede conceptualizarse este derecho como la existencia en un determinado ordenamiento de mecanismos procesales que permitan una revisión exhaustiva, o al menos, con la potencialidad de abarcar todos los aspectos del caso; es decir, que no queden zonas de la sentencia marginadas de toda revisión. A propósito de asuntos penales (caso *Casale* en Argentina), se dijo que parece aceptable que exista un sistema en que sólo haya casación penal, y no apelación, en la medida que esa casación sea un mecanismo lo suficientemente amplio de revisión del mérito de la sentencia.

El derecho al recurso es parte fundamental del "derecho a la tutela judicial efectiva", como lo consagra, por ejemplo, la Constitución española. Sin un sistema efectivo de recursos, el justiciable ve amagada su chance de obtener satisfacción a sus pretensiones en el proceso, y se perpetuarán los errores cometidos por los jueces, no solamente en detrimento de los derechos del justiciable *(ius litigationis)*, sino consagrando la firmeza de fallos erróneos que sientan jurisprudencia *(ius constitutionis)*.

La jurisprudencia del Tribunal Constitucional de Chile ha llenado de contenido esta garantía, acotándola. Podemos decir, resumidamente, que no se asegura el derecho a ningún recurso en particular o "derecho al recurso per se". O sea, puede entenderse satisfecha esta garantía aun cuando no exista —por ejemplo— apelación en un proceso.

En general, la jurisprudencia constitucional estima que las materias referidas a recursos quedan entregadas al legislador, esto es, no son materias constitucionales.

El derecho al recurso puede verse amagado si los tribunales o el legislador finalmente hacen interpretaciones restrictivas de aquello que es revisable vía recursos procesales. Así, un sistema recursivo que solamente permita una revisión del derecho aplicable, con total prescindencia de los hechos o la ponderación de la prueba podría vulnerar esta garantía.

Muchas veces los tribunales no entienden la relevancia de esta garantía, y no hacen interpretaciones acordes: en algunos casos cunde la tendencia a declarar inadmisibles "en masa" y de entrada ciertas impugnaciones, o a fallar sin mayor fundamento en forma express.

1.3 La legitimación para recurrir la tienen todos los intervinientes, no solo la defensa

Uno de los aspectos más sensibles a nivel comparado es si debiera ser recurrible la sentencia absolutoria, o solo la sentencia condenatoria.

Desde ya diremos que el CPP resolvió este problema disponiendo expresamente que todos los intervinientes podrían recurrir de la sentencia definitiva dictada en el juicio oral u oral simplificado, sea esta condenatoria o absolutoria, incluso permitiendo revisiones sucesivas (nulidad sobre nulidad) como veremos más adelante (artículo 352 del CPP).

Pero la opción que tomó el CPP no es la obvia o evidente, y hasta cierto punto, resulta cuestionable.

La doctrina garantista, y la jurisprudencia de la Corte Suprema estadounidense, por ejemplo, han dicho que no es admisible que el acusado absuelto sea sometido a un nuevo juicio oral, a riesgo de vaciar de contenido el principio del *non bis in idem* procesal, que ya revisamos. Esto es lo que en ese país se denomina la prohibición del *double jeopardy*: una vez absuelto por una sentencia, el acusado no puede ser enjuiciado una segunda vez.

Autores como Gimeno Sendra han dicho que solo al imputado asiste el derecho al recurso; respecto de otros intervinientes es solamente el derecho genérico a la tutela judicial efectiva. Julio Maier ha dicho, por su parte, que solo el imputado debiera estar legitimado para recurrir en contra de la condena, no así el fiscal o querellante respecto de la absolución, desde que se vulneraría la garantía del *non bis in idem*.

Teniendo en cuenta la notable asimetría de recursos económicos y humanos del Estado frente a los del acusado, ciertamente puede parecer una desproporción que el Ministerio Público pueda llevar a juicio al acusado absuelto una segunda vez, ganando "por cansancio".

1.4 Prohibición de *reformatio in peius*

La prohibición de *reformatio in peius* consiste en que la situación del recurrente solo puede mejorar al conocerse y fallarse su recurso; y en el peor de los casos, quedar en la misma posición en que estaba al momento de recurrir, pero nunca empeorar.

Esto quedó consagrado expresamente en el artículo 360 del CPP ("si la resolución judicial hubiere sido objeto del recurso por un solo interviniente, la Corte no podrá reformarla en perjuicio del recurrente"), y vino a suprimir la situación inversa que existía bajo la vigencia del Código de Procedimiento Penal de 1906 (artículos 528 y 548 del CdPP), el que incluso consagraba una "consulta", esto es, una revisión de oficio, de ciertas sentencias ante las Cortes de Apelaciones, cuando había algún interés público comprometido.

En todo caso, esta prohibición de "reforma en perjuicio del imputado" no alcanza el segundo juicio que se celebre a continuación del ya anulado por el recurso deducido por la defensa. Es decir, en los hechos, el imputado podría recurrir y ver a la larga desmejorada su situación respecto del primer fallo. Pasaremos a explicar esto.

En efecto, es perfectamente posible, de acuerdo con el diseño del CPP, que el condenado tenga éxito en el recurso procesal deducido, pero que en el juicio posterior que se celebre (digamos, en el segundo juicio) se le imponga una pena superior a la aplicada en el primer juicio. Algunos sistemas comparados en el contexto latinoamericano han previsto en sus respectivas legislaciones la prohibición de que se imponga una pena superior o se condene por más delitos en el segundo juicio, si el imputado fue quien recurrió de nulidad en un primer juicio. Este asunto ha sido denunciado por la doctrina desde hace años, y se hizo un estudio empírico en 2010 en que se constató que un porcentaje importante de los defensores públicos no aconsejan a sus representados recurrir, solo por la posibilidad de que se imponga una pena superior en el segundo juicio.

Uno de los casos más conocidos fue el de Jorge Tocornal, condenado en un primer juicio oral (2006) a la pena de siete años de presidio mayor en grado mínimo por el delito continuado de violación y a cuatro años de presidio menor en grado máximo por el delito continuado de abuso sexual; anulado que fuera el primer juicio a instancias de la defensa, en un segundo juicio se le volvió a condenar a penas de diez años por la violación, y a tres años por el abuso sexual (causa ruc 00600170079-1 del Tercer Tribunal de Juicio Oral en lo Penal de Santiago).

2. Reglas comunes aplicables al sistema de recursos del CPP

El legislador del CPP adoptó una decisión muy práctica, que es concentrar el tratamiento de todos los recursos procesales en un libro independiente del CPP (libro tercero, artículos 352-387), destinando el título I del mismo libro a las "disposiciones generales" aplicables a todos los recursos procesales. Esto facilitará considerablemente su estudio. Así, se aparta de la regulación dispersa e inorgánica del proceso civil, en que existen dos cuerpos normativos que regulan los recursos procesales en paralelo (COT y CPC); y en el CPC mismo los recursos están tratados indistintamente en el libro I sobre normas comunes a todos los procedimientos, y en el libro III sobre procedimientos especiales.

Los recursos aplicables al proceso penal son la reposición, apelación, el recurso de hecho, la nulidad, el recurso o acción de revisión, y también —aunque con alcances extremadamente limitados— el recurso de queja del artículo 545 del COT.

Más adelante revisaremos las reglas aplicables a todos ellos.

2.1 Los recursos pueden desistirse, renunciarse y abandonarse.

Es importante tener siempre en cuenta —cualquiera sea el proceso en que estemos— que la facultad de recurrir es soberana del agraviado por la resolución de que se trate, o sea, de quien goza de legitimación activa porque resultó perjudicado por la sentencia.

El legitimado y recurrente es "dueño" de su facultad de recurrir y del recurso interpuesto. Ni el tribunal ni las otras partes del proceso pueden limitar esta facultad. Como carga procesal que es, el recurso puede o no ejercerse, y una vez ejercido puede terminarse anticipadamente.

En esto, el CPP rechazó la tesis de que aquí existan "intereses públicos" comprometidos, por ejemplo, en la eventual condena de determinados delitos o personas, como sucedía en el antiguo sistema.

En este sentido, una vez notificada la resolución judicial, los intervinientes pueden libremente renunciar a recurrir de ella.

Una vez interpuesto el recurso —pero antes de que se falle— el recurrente puede *desistirse* de él. La norma del artículo 354 del CPP aclara que dicho desistimiento no afecta a los restantes recurrentes de la misma resolución o a los adherentes del recurso. Para poder renunciar o desistirse de los recursos, el abogado defensor debe contar con mandato expreso del imputado, con las facultades de ambos incisos del artículo 7 del CPC (artículo 18 del CPP).

También el recurso ya interpuesto puede *abandonarse*, si el recurrente no comparece a la vista de la causa (artículo 358 inciso segundo del CPP); en cambio si el recurrido no asiste a la vista, "permitirá proceder en su ausencia". Parte de la doctrina ha criticado esta sanción tan drástica, la que, en rigor, castiga una negligencia del abogado defensor, respecto de la cual el condenado puede no tener responsabilidad alguna, y puede amagar severamente su garantía del derecho al recurso. Por lo mismo, sería razonable que el legislador morigerara esta sanción, en el sentido de distinguir si la incomparecencia del abogado a la vista es responsabilidad de este, o bien del imputado. En un fallo reciente, la Corte de Apelaciones de La Serena (rol 48-2025) acogió un recurso de amparo a favor del acusado, cuyo defensor no se presentó a la vista de la causa, declarándose abandonado el recurso de nulidad interpuesto en contra de la sentencia de condena. Dijo esta Corte que lo que procedía era declarar primeramente abandonada la defensa (artículo 106 CPP), y designar un defensor público al acusado. Como se ve, el rígido criterio de la norma original empieza a ser morigerado por el fallo recién citado, ya que las consecuencias son demasiado drásticas, y no siempre serán responsabilidad del acusado, sino del abogado.

La sanción de la deserción del recurso, contemplada en el artículo 200 del CPC, al no comparecer el recurrente en la respectiva Corte en el plazo de cinco días desde recibido el recurso, fue derogada para todos los procedimientos —incluido el penal— a partir de la entrada en vigencia de la Ley 20.886 de 2015 sobre Tramitación Electrónica.

2.2 Efectos no suspensivos de la interposición de los recursos, con excepciones

Los recursos procesales pueden concederse en el solo efecto devolutivo o en ambos efectos, esto es, devolutivo y suspensivo.

Que se conceda en el solo efecto devolutivo significa que el tribunal inferior "devuelve" su competencia al tribunal superior para que conozca del recurso, inhibiéndose el inferior de seguir conociendo del asunto (también llamado "desasimiento").[1] Por mientras se conoce del recurso, el fallo recurrido puede ejecutarse, salvo que se conceda el recurso adicionalmente en el efecto suspensivo, que impide que ello ocurra.

El artículo 355 del CPP dispone expresamente que la interposición de los recursos no suspende los efectos de la resolución recurrida, es decir, por regla general, se conceden "en el solo efecto devolutivo" y no "en ambos efectos" (devolutivo y suspensivo). Misma regla corre respecto del recurso de reposición, por norma expresa del artículo 362 inciso cuarto del CPP. Por lo tanto, aún pendiente el fallo del recurso, el proceso en primera instancia debiera continuar su tramitación regular.

---

[1] La expresión "devolutivo" tiene su origen en la época previa a la Revolución Francesa, en que efectivamente la jurisdicción correspondía a una función que se radicaba únicamente en el rey, el que simplemente la delegaba a los jueces subalternos, que dependían de él. Cuando el justiciable recurría de la sentencia, el juez subalterno enviaba el asunto "de vuelta" al rey, para que lo resolviera, devolviéndole así la competencia originalmente delegada.

Esta regla del artículo 355 parece, en cualquier caso, innecesaria, ya que justamente la regla general en materia de recursos del CPC —aplicables al CPP por remisión expresa— es que los recursos no son suspensivos. Esto aplica también respecto de la reposición, que solo excepcionalmente será suspensiva en el proceso civil.

Esta regla tiene las siguientes excepciones. Es decir, en estos casos los recursos se concederán con efecto suspensivo de ejecución del fallo recurrido:

- La interposición del recurso de nulidad en contra de la sentencia definitiva condenatoria. En estos casos, el acusado no comienza a cumplir la pena sino una vez rechazado su recurso en contra de ella, en el evento que ello ocurra.
- La apelación en contra de la sentencia definitiva pronunciada en un juicio abreviado, por disposición expresa del artículo 414 del CPP.
- La apelación en contra del auto de apertura del juicio oral, cuyo único legitimado es el Ministerio Público, cuando se ha excluido prueba por vulneración de garantías fundamentales o que provengan de diligencias declaradas nulas (artículos 276 y 277 del CPP).
- La apelación verbal que solo procede respecto de la prisión preventiva decretada en investigaciones de ciertos delitos de gravedad (artículo 149 inciso segundo del CPP). Aquí se trata de un imputado detenido y puesto a disposición del tribunal, respecto de quien se rechaza la solicitud de prisión preventiva, quien no recuperará su libertad hasta que la Corte de Apelaciones respectiva no se pronuncie sobre la apelación del fiscal o querellante. Como dijimos en otra parte de este trabajo, se trata de un efecto que no es propiamente suspensivo como consecuencia de la interposición de un recurso, sino de una verdadera privación de libertad *sui generis* ordenada por el legislador, y no por el juez; y
- También corresponde a una excepción la posibilidad de que se decrete una orden de no innovar por la Corte de Apelaciones respectiva en las apelaciones de prisión preventiva regidas por las reglas generales, como ya vimos (artículo 149 inciso tercero del CPP).

2.3 Aplicación supletoria de las reglas sobre juicio oral y las reglas del CPC

El artículo 361 del CPP dispone que supletoriamente a las reglas especiales sobre recursos del libro III se aplicarán las reglas sobre juicio oral (título III de libro II CPP).

Asimismo, debemos entender que en lo que no quedó reglado ni en el libro III sobre recursos, ni en las normas del juicio oral, se aplicarán supletoriamente las normas del libro I del CPC sobre reglas comunes a todo procedimiento, como dispone el artículo 52 del CPP.

2.4 Puede rendirse prueba en el recurso de nulidad

El artículo 359 del CPP permite que los intervinientes rindan libremente prueba respecto de la causal invocada en el recurso de nulidad "siempre que se hubiere ofrecido en el escrito de interposición del recurso". En este caso, la prueba debe recibirse en la vista de la causa, conforme a las reglas del juicio oral, pero en caso alguno la imposibilidad o demora en rendirla ocasionará la suspensión de la vista, como se encarga de aclararlo la misma norma.

Aunque la regla recién referida parece concebida en términos muy amplios, la verdad es que en la práctica las Cortes superiores admiten que se rindan dos tipos de prueba: la aportación de documentos, y la reproducción de parte de los registros de audio de las audiencias de juicio oral o de las audiencias celebradas ante el tribunal de garantía durante el control de la investigación, como forma de acreditar la causal de nulidad alegada.

Las razones no están explícitas en la norma del artículo 359, y teóricamente podría ofrecerse otro tipo de prueba, como la testimonial o pericial. Sin embargo, cuestiones prácticas y también normativas parecen inhibir a que las Cortes reciban prueba distinta de la documental y la reproducción de registros de audio.

Como asunto práctico, las salas de las Cortes superiores no están adaptadas para la rendición de prueba que consista en la declaración de personas, ni tampoco muchas de ellas cuentan con instalaciones para que ello tenga lugar con asistencia de público. Asimismo, como anota el profesor Manuel Rodríguez Vega, algunas Cortes de Apelaciones han elaborado la doctrina de que los registros de audio los debe recibir la sala "en forma privada", apoyado en una interpretación del artículo 381 del CPP que obliga a que el tribunal inferior remita las pistas de audio superior. Dicha interpretación es claramente contraria al tenor literal del artículo 359.

También la Corte Suprema (rol 2519-2018) ha elaborado la teoría de que en lo que respecta al recurso de nulidad, no es posible avocarse al conocimiento de los hechos del caso, y por lo mismo, la prueba que pueda rendirse en la audiencia resultaría superflua. Como se ve, aquí la Corte confunde lo que son los hechos que sustentan la causal de nulidad con los hechos de la prueba del caso. Como dijimos, la regla del artículo 359 permite al recurrente de nulidad rendir prueba sobre los hechos que sustentan la causal de nulidad.

Adicional a lo anterior, la misma norma del artículo 359 dice que no se retrasará la vista de la causa por la imposibilidad o demora en rendirla. En buenas cuentas, al legislador le es indiferente si el recurrente la rinde o no, porque la vista debe celebrarse de todas formas, y mandata a la Corte a resolver con o sin prueba, lo que evidentemente es un poderoso mensaje acerca de que la prueba que se quiera rendir debe ser expedita, lo que no sucede con testigos o peritos, por ejemplo.

Finalmente, la prueba que se ofrece es sobre la configuración de la causal de nulidad, y no sobre los hechos del caso, cuya prueba ya se rindió en el juicio oral. Aunque la frontera entre una y otra cosa en algunos casos puede ser inexistente, las Cortes superiores entienden que el recurso de nulidad es de derecho estricto, es decir, es de mera apreciación jurídica respecto de hechos ya asentados en la causa, lo que resultará incompatible con la producción de prueba nueva; salvo que esta prueba se refiera a la infracción misma denunciada como motivo de nulidad.

Es muy posible que detrás de esta reticencia a recibir prueba distinta de la documental o los registros de audios de audiencia esté también la idea de que el juicio oral no puede repetirse ante jueces distintos de aquellos que conocieron de él; es decir, el juicio oral como acto procesal único e irrepetible. La labor de las Cortes será simplemente apreciar que no se haya infringido la ley durante él, en la sentencia y en la investigación que lo precedió.

En fechas recientes, la opinión pública chilena pudo apreciar de primera fuente cómo funcionan sistemas procesales distintos, a propósito del juzgamiento del ciudadano chileno Nicolás Zepeda en la Corte de Casación de Francia, quien había solicitado la anulación de la condena impuesta por el delito de homicidio de la ciudadana japonesa Narumi Kurosaki. En dicha Corte las partes pudieron rendir prueba nueva, y en la práctica, replicar buena parte de las audiencias de juicio oral ante una Corte superior. No es el caso explayarse aquí sobre esto, pero las razones de ello son las imposiciones de los tribunales internacionales que estimaron que el sistema francés no cumplía con garantizar un debido acceso al recurso a los intervinientes del proceso penal.

2.5 Reglas sobre la vista de la causa

El CPP contempla algunas reglas referidas a la vista de la causa, con el propósito de hacer más expedito el conocimiento y fallo de los recursos procesales.

En general, puede decirse que la vista de la causa se rige bajo las mismas reglas que dispone el libro I del CPC y el COT, en lo que resulten aplicables, con las excepciones que veremos a continuación.

La norma del artículo 358 del CPP dispone que la vista "se efectuará en una audiencia pública", que es también la regla para los recursos civiles. La diferencia es que en los recursos penales no habrá relación, aunque sí alegatos y con derecho a réplica por parte de todos los intervinientes que comparezcan a la vista.

Aunque la ley no lo dice, es frecuente que en algunas Cortes se fije al comienzo de la vista un tiempo máximo para los alegatos de cada una de las partes, que puede ser sustancialmente inferior al solicitado. La regla del artículo 358 inciso cuarto dispone que los miembros del tribunal tienen la prerrogativa de "formular preguntas a los representantes de las partes o pedirles que profundicen su argumentación o la refieran a algún aspecto específico de la cuestión debatida".

Concluida la vista, el inciso final del artículo 358 dispone que "el tribunal dictará sentencia de inmediato, o si no fuere posible, en un día y hora que dará a conocer a los intervinientes en la misma audiencia". Las resoluciones de las Cortes superiores, si bien se comunican verbalmente, son escritas, por aplicación de las reglas generales supletorias.

El artículo 69 del COT dispone que se agregarán extraordinariamente para la tabla del día siguiente hábil al de su ingreso a la Corte de Apelaciones respectiva, o el mismo día del ingreso, las apelaciones sobre prisiones preventivas u otras medidas cautelares personales, y los recursos de amparo. Por lo mismo, el recurrente de este tipo de resoluciones debe estar extremadamente atento al momento que la Corte reciba los antecedentes del recurso provenientes del tribunal *a quo*.

Salvo la excepción que veremos sobre recursos referidos a personas privadas de libertad, se puede suspender la vista solo si lo solicita el recurrente, o todos los intervinientes de común acuerdo; pero este derecho se puede ejercer solo por una vez, y debe ejercerse por escrito hasta las 12:00 horas del día hábil anterior a la audiencia fijada, o bien, antes del comienzo de la audiencia, si la causa se hubiera agregado con menos de setenta y dos horas de antelación al día de su vista (artículo 357 inciso final del CPP).

El artículo 357 dispone que no es posible suspender la vista de las causas penales por las causales del artículo 165 número 1, 5, 6 y 7 del CPC (es decir, por existencia de causas preferentes en la tabla; solicitud de alguna de las partes o de común acuerdo; comparecencia ante otra Corte u otra sala debido a otro recurso; trámites pendientes en la causa, respectivamente).

Cuando el objeto del recurso se refiere a una persona privada de libertad, la suspensión de la vista solo será posible si muere el abogado recurrente, su cónyuge o conviviente civil o algún ascendiente o descendiente dentro de los ocho días anteriores para la vista del recurso. En suma: se trata de causas que no debieran suspenderse nunca.

El artículo 356 del CPP dispone que no le está permitido a las Cortes superiores suspender la vista de la causa por falta de integración del tribunal, disponiendo que de ser necesario "se interrumpirá la vista de los recursos civiles para que se integren a la sala jueces no inhabilitados". Por lo tanto, dispone esta norma, "la audiencia solo se suspenderá si no se alcanzare, con los jueces que conformaren ese día el tribunal, el mínimo de miembros no inhabilitados que debieren intervenir en ella".

3. Estudio particular de los recursos procesales

A continuación, estudiaremos los recursos regulados en el CPP, esto es, reposición, apelación, de hecho y nulidad. También estudiaremos el llamado recurso o acción de revisión, y la queja.

3.1 Recurso de reposición

La reposición es el recurso procesal que se intenta ante el mismo tribunal que dictó la resolución, para que sea este quien la enmiende conforme a derecho. Aplica para resoluciones dictadas dentro del proceso, no para la sentencia definitiva. Se trata de una herramienta de mucha utilidad práctica.

En materia penal, son susceptibles de reposición las sentencias interlocutorias, autos y decretos dictados por el Tribunal de Garantía y por el Tribunal de Juicio Oral en lo Penal.

En el caso del tribunal de juicio oral procederá solo si se dictaron fuera de la audiencia de juicio oral (artículo 290 del CPP); es decir, las decisiones adoptadas por el TJOP en audiencia no son susceptibles de reposición, pero sí se pueden promover incidentes en las audiencias, según dispone el artículo 290.

La ley procesal penal no define qué son las "sentencias interlocutorias, autos y decretos", y por lo mismo, habrá que remitirse a la muy confusa definición que de ellos hace el artículo 158 del CPC.

La ley procesal penal hace susceptibles de reposición las resoluciones dictadas por el juez de garantía, dictadas tanto fuera de audiencia (por escrito) como en audiencia (verbales).

Si se pide reposición de una resolución dictada fuera de audiencia (escrita), debe hacerse en el plazo fatal de tres días, también por escrito y fundadamente. El tribunal puede resolver de plano, o bien dando traslado a las restantes partes (artículo 362 incisos primero y segundo del CPP). También puede deducirse apelación subsidiaria junto con la reposición, para el evento que esta última sea rechazada, siempre que la misma resolución sea susceptible de reposición y de apelación, según las reglas que veremos. Si no se deduce apelación, se entiende renunciada (artículo 362 inciso tercero). Esta misma regla corre para las resoluciones dictadas por el TJOP fuera de audiencia.

También puede pedirse reposición de las resoluciones dictadas verbalmente por el juez de garantía en una audiencia, pero siempre que la misma resolución no se haya dictado luego de un debate entre las partes. En este caso, la reposición se debe pedir verbalmente inmediatamente luego de pronunciada la resolución, y el juez debe resolverla en el momento, también verbalmente (artículo 363 del CPP). Si no se pide reposición en el momento, las resoluciones dictadas en audiencia gozarán de firmeza, salvo que la misma sea susceptible de apelación, o de otro recurso procesal. Aunque la ley no lo dice, el juez debiera abrir debate con los restantes intervinientes respecto de la reposición promovida en audiencia.

3.2 Recurso de apelación

a) Concepto

El recurso de apelación es la solicitud que formula la parte agraviada por una resolución judicial, ante el mismo tribunal que la dictó, para que esta sea enmendada conforme a derecho por el superior jerárquico (artículo 186 del CPC). El CPP contiene algunas reglas especiales que estudiaremos a continuación.

Como decíamos más arriba, el diseño del sistema de persecución penal se estructura sobre la base de que la revisión de las sentencias definitivas será a través de un recurso de derecho estricto, como es la nulidad, y no la apelación. Es decir, no existirá una segunda instancia para la revisión de las sentencias definitivas, que permita al tribunal superior avocarse a los hechos y el derecho del caso, debido a que se estimó que sería imposible o impracticable (o derechamente inútil) que se repitiera todo el juicio oral ya celebrado ante el tribunal *ad quem*.

Sin perjuicio de ello, la apelación siguió existiendo en la regulación del CPP, y dadas las múltiples vías de término que tiene el proceso distintas del juicio oral, que estadísticamente son muchísimo más frecuentes que este, resulta que la apelación es un recurso procesal de amplia aplicación, como veremos a continuación.

b) Resoluciones apelables

Son apelables las siguientes resoluciones:

1. Las dictadas por el tribunal de garantía que pongan término al procedimiento, que hagan imposible su continuación o que lo suspendieren por más de treinta días.

Aquí el legislador en lugar de atender a la muy confusa naturaleza jurídica de las resoluciones —como hace el CPC— atiende a los *efectos de las resoluciones* (artículo 370 a) del CPP). En esta categoría no quedan incluidas las sentencias definitivas dictadas por el tribunal de garantía en los procedimientos simplificados y por delito de acción penal privada, que solo son recurribles de nulidad, y no de apelación, por expresa disposición legal.

2. Las dictadas por el tribunal de garantía cuando la ley lo señale expresamente (artículo 370 b) del CPP).

En esta categoría encontramos las siguientes resoluciones:

- Las referidas a la prisión preventiva y medidas cautelares reales (artículo 149 y 158 del CPP).
- El sobreseimiento definitivo (artículo 253).
- La que declare inadmisible la querella criminal (artículo 115).

- La que declare el abandono de la querella (artículo 120).
- La que apruebe la suspensión condicional del procedimiento (artículo 237).
- La que declare la ilegalidad de la detención (artículo 132 bis).
- El auto de apertura de juicio oral, en ciertas hipótesis (artículos 276 inciso tercero y 277).
- La sentencia definitiva en el juicio abreviado (artículo 414).
- La resolución del juez de garantía que autoriza la revelación de la identidad de los agentes encubiertos, agentes reveladores e informantes (artículo 226 B, reformado por la Ley 21.694 de 2024).
- La resolución del juez de garantía que autoriza la mantención o levantamiento de una medida de protección de testigos en investigaciones de criminalidad organizada, con efectos suspensivos (artículo 226 J, reformado por la Ley 21.694 de 2024).
- La sentencia definitiva que se pronuncia sobre la ejecución del comiso de ganancias del delito sin condena previa en que solo se reclama del monto (artículo 415 octies).
- La que deniega la detención imputativa solicitada por el Ministerio Público (artículo 127 inciso quinto);
- La sentencia definitiva, en el plazo de cinco días, o en el mismo plazo para recurrir de nulidad (de diez días) si se ejercen ambos recursos conjuntamente, pero solo respecto de la aplicación o denegación de una pena sustitutiva al cumplimiento efectivo, según dispone el artículo 37 de la Ley 18.216, reformado por la Ley 20.603 del 2012. Sobre esto, haremos algunos comentarios a continuación.

La sentencia definitiva tiene, por así decirlo, dos partes: i) una en que se absuelve o condena al acusado a una determinada pena; esta decisión es recurrible de nulidad y no apelable; y ii) si es de condena, una en que se aplica o se rechaza una forma de cumplimiento sustitutivo de la pena, reglado en la Ley 18.216; solo esta última decisión es apelable.

El interviniente agraviado con el fallo puede recurrir solo de nulidad, o solo de apelación, o interponer ambos recursos conjuntamente.

Si solo pide nulidad, debe hacerlo en quince días (ampliable, como veremos más adelante) y se regula por las reglas generales. Si solo apela, debe hacerlo en cinco días, y lo conocerá la respectiva Corte de Apelaciones. Esta apelación no tiene efectos suspensivos. Si pide nulidad y apelación conjuntamente, debe hacerlo en el plazo de la nulidad (quince días), y en este caso, se resuelve primero la nulidad por la Corte competente según las reglas generales, y solo si se mantiene la condena, se conocerá de la apelación. Si se mantiene la absolución, la apelación naturalmente pierde su objeto y se tendrá por no interpuesta.

Esta reforma legal de 2012 vino a solucionar un problema bastante serio que se produjo desde la entrada en vigencia del CPP el 2000, que era la jurisprudencia sistemática de la Corte Suprema de inadmitir los recursos de nulidad respecto de la parte de la sentencia que se pronunciaba respecto de los entonces llamados "beneficios" de la Ley 18.216, aduciendo que no eran parte de la sentencia definitiva, o que era un asunto meramente administrativo. La doctrina se hizo cargo en forma muy crítica del asunto, lo que motivó esta reforma legal, que permitió al imputado tener un tribunal de apelación con plena competencia para revisar quizás el asunto más relevante de la condena, como es la forma de cumplimiento.

Si bien el artículo 364 del CPP dispone categóricamente que "serán inapelables las resoluciones dictadas por un tribunal de juicio oral en lo penal", lo cierto es que esta regla debe entenderse derogada a partir de una reforma legal de 2012 (Ley 20.603) que le dio la actual redacción al artículo 37 de la Ley 18.216. La sentencia definitiva de condena pronunciada por el tribunal de juicio oral en lo penal, lo mismo que la condena dictada en un juicio oral simplificado por el juez de garantía, sí son apelables, pero solo en lo referido a la concesión o denegación de alguna pena sustitutiva de las dispuestas en dicha ley.

La apelación solo se concede en el efecto devolutivo por regla general; y excepcionalmente cuando la ley lo señale, se concederá en ambos efectos, o sea, devolutivo y suspensivo (artículo 368 del CPP).

c) ¿Son apelables otras resoluciones dictadas por los tribunales de juicio oral en lo penal?

La mayoría de la doctrina se ha mostrado reacia a admitirlo, por aplicación de la regla del artículo 364 del CPP que parece ser bastante clara. La pregunta surge a propósito de la posibilidad de que el TJOP se pronuncie sobre la prisión preventiva u otras medidas cautelares que afectan al imputado sometido a juicio, según dispone el artículo 141 del CPP, la que, si fuera dictada por el tribunal de garantía, sería apelable.

La mayoría de la doctrina nacional ha estimado que las resoluciones dictadas por el TJOP referidas a las medidas cautelares personales no son apelables. Minoritariamente los autores Duce y Riego, lo mismo que el profesor Rodrigo Ríos estiman que sí sería apelable, sobre la base de que el artículo 149 CPP contendría una regla de aplicación especial y preferente respecto de la del artículo 364 CPP. En este mismo sentido de que es procedente la apelación se ha manifestado el Fiscal Nacional en su Oficio N°060-2014.

También existe jurisprudencia vacilante respecto de la posibilidad de apelar de las costas impuestas por decisión de un TJOP, existiendo posturas a favor (roles 130-2016 de la Corte de Apelaciones de Punta Arenas; 106-2012 de Concepción) y en contra (rol 913-2009 de la Corte de Apelaciones de Temuco), todas citadas por el profesor Rodrigo Ríos.

En todo caso, como vimos en otra parte de este trabajo, en los últimos años la Corte Suprema ha abierto la puerta para que estas decisiones puedan ser revisadas por la vía del amparo del artículo 21 de la Constitución Política, en la medida que restrinjan o priven de libertad al acusado.

d) Forma y plazos en que debe interponerse la apelación

La apelación debe presentarse por escrito, fundadamente, con peticiones concretas, ante el tribunal que pronunció la resolución, en el plazo fatal de cinco días desde notificada la resolución de la que se recurre (artículos 365, 366 y 367 del CPP). Esta regla tiene algunas excepciones:

- La apelación verbal del inciso segundo del artículo 149 del CPP referida a la prisión preventiva en ciertos delitos particularmente graves, la que no es escrita, y debe deducirse en la misma audiencia, como ya vimos.
- La apelación que se deduce en carácter de subsidiaria respecto de un recurso de reposición, solo respecto de resoluciones dictadas por un tribunal de garantía fuera de audiencia, en cuyo caso el plazo es de tres días, y no es necesario reiterar los fundamentos ya expuestos a propósito de la reposición.
- Respecto de la apelación subsidiaria a una reposición de una resolución dictada en audiencia, no hay claridad acerca del plazo. Podría estimarse que la apelación debiera deducirse verbalmente en el mismo momento de recurrir en la audiencia, o por el contrario, que opera el plazo general de cinco días; todas cuestiones que deberá resolver el juez de la audiencia, naturalmente, a falta de norma que lo aclare.
- La apelación subsidiaria a la nulidad de la condena establecida en la sentencia condenatoria, respecto de la forma de cumplimiento por aplicación del artículo 37 de la Ley 18.216. Como vimos, en este caso se interpone en el mismo plazo de la nulidad, que son quince días.

e) Adhesión a la apelación

Las sentencias pronunciadas por los tribunales pueden resultar agraviantes a uno o a varios intervinientes. Los agraviados podrán apelar cada uno por su cuenta, o bien, adherir a la apelación ya interpuesta por otro interviniente. A pesar del nombre, se trata de una verdadera apelación independiente.

Aunque no es frecuente en la práctica, a juicio nuestro sí sería admisible la adhesión a la apelación, por la aplicación supletoria de las reglas del libro I del CPC que ya vimos, desde que no se advierte contradicción alguna con las reglas particulares del proceso penal, y existen al menos dos normas del CPP que se refieren a la posibilidad de esta adhesión (artículos 354 y 382 del CPP, esta última referida al recurso de nulidad).

En este sentido, cualquier interviniente podría adherirse a la apelación interpuesta por otro de ellos, reclamando de aquella parte de la resolución que le resultó desfavorable, en el evento que la resolución recurrida haya resultado también agraviante a otros intervinientes distintos del recurrente. El plazo para adherirse sería de cinco días desde ingresado el recurso a la respectiva Corte por aplicación del artículo 382 del CPP, a propósito del recurso de nulidad.

En todo caso, el desistimiento o abandono del recurso principal no afectará a los adherentes.

f) Legitimación para apelar

El legitimado para apelar será el interviniente agraviado, es decir, quien no obtuvo lo que había solicitado en primera instancia. Tratándose del imputado, lo correcto será decir que puede apelar de cualquier resolución que le resulte perjudicial, haya o no agravio en el sentido procesal.

También se ha dicho por la doctrina que el Ministerio Público podría recurrir de apelación a favor del imputado, aun cuando este no lo haga, en cumplimiento del mandato de objetividad, que ya vimos.

3.3 Recurso de hecho

Está tratado en términos muy breves, pero bastante claros en el artículo 369 del CPP. Como sabemos, el recurso de hecho es un "recurso dentro de un recurso", es decir, pretende cuestionar la admisibilidad de la apelación deducida.

Así, a través del recurso de hecho se puede dejar sin efecto la resolución i) que declaró inadmisible la apelación, debiendo haberla admitido a trámite; ii) que la declaró admisible, debiendo haberla rechazado de plano; iii) que la concedió en ambos efectos, debiendo haberla concedido en el solo efecto devolutivo; y iv) que la concedió en el solo efecto devolutivo, debiendo concederla en ambos efectos.

El caso i) se denomina "verdadero recurso de hecho", y los tres restantes "falsos recursos de hecho". En el proceso civil están reglados en los artículos 203 a 206 del CPC.

En materia penal el plazo para recurrir de hecho son solo tres días, y debe hacerse directamente ante la Corte de Apelaciones competente. La respectiva sala puede requerir los antecedentes necesarios para resolver y resolverá en cuenta. Asimismo, la norma ordena que, en el caso de acogerse el verdadero recurso de hecho, la misma Corte debe pronunciarse sobre la apelación.

El recurso de hecho ha cumplido una función de bastante importancia respecto de la legítima pretensión de muchos litigantes de someter a control jurisdiccional por parte de las Cortes de Apelaciones ciertas decisiones de los tribunales de garantía —e incluso, algunas decisiones administrativas de la fiscalía— respecto de las cuales la apelación es improcedente.

Esto, como reacción, por un lado, al limitado alcance de la apelación respecto de ciertas resoluciones, lo que contrasta, por ejemplo, con el alcance mucho más amplio que tiene en el proceso civil. Asimismo, por esta vía se intenta controlar jurisdiccionalmente la falta de fundamento de decisiones de la fiscalía, que es un problema severo del sistema. No es infrecuente que se recurra de hecho, por ejemplo, respecto de la resolución inapelable que declara cerrada la investigación, o incluso, de la comunicación de no perseverar, respecto de las cuales existe una jurisprudencia vacilante.

3.4 Recurso o acción de revisión

a) Concepto y naturaleza jurídica

La revisión es una acción jurisdiccional que pretende atacar una sentencia de condena penal firme, por haber sido pronunciada en un proceso manifiestamente irregular o viciado, o en que se contravino el efecto de cosa juzgada, de acuerdo con las causales establecidas en la ley, para que dicha sentencia sea dejada sin efecto y absuelto el condenado, o bien, para que se celebre un nuevo juicio oral.

En la revisión se sacrifica la llamada "certeza jurídica" que es propio del efecto de cosa juzgada, cuando el resultado de la sentencia aparece, *ex post*, como aberrantemente injusto.

No es propiamente un recurso procesal, ya que no pretende impugnar ni dejar sin efecto sentencias cuya firmeza está pendiente, sino sentencias que ya estén firmes. Tratándose de la revisión penal, no existe plazo para intentarlo. Por lo mismo, no está tratado en el libro III sobre recursos procesales, sino en el libro IV sobre procedimientos especiales (artículos 473-480 del CPP), y correctamente tampoco se le denomina "recurso" en el CPP.

b) Plazo, resoluciones recurribles, legitimados y tribunal competente

Se trata, como dijimos, de una acción que *no tiene plazo de interposición* (artículo 474 del CPP), es decir, puede intentarse respecto de cualquier sentencia penal dictada en el pasado, siempre que sea *condenatoria* (artículo 473). Como el actual CPP comenzó a regir en forma escalonada en distintas regiones a partir del 2000, debe entenderse que abarca solo fallos dictados bajo la vigencia de este cuerpo legal. Las sentencias dictadas bajo el antiguo sistema debieran invalidarse bajo el recurso de revisión del Código de Procedimiento Penal de 1906.

Se trata de una acción que solo es competencia de la Corte Suprema (artículo 473 del CPP).

Son legitimados para intentarlo no solo el condenado, sino también su cónyuge o conviviente civil, ascendientes, descendientes y sus hermanos; y en general los herederos del condenado si este hubiere muerto. La regla no establece un orden de prelación, ni de exclusión, así que no habría problema en que lo intente cualquiera de estas personas, aun sin consentimiento o conocimiento del condenado, o varias de estas personas en forma separada o simultánea.

También tiene legitimación para intentar esta acción el Ministerio Público.

c) Causales de procedencia y otros asuntos procesales

Las causales de procedencia de esta acción son las del artículo 473 del CPP:

a) Cuando, en virtud de sentencias contradictorias, estuvieren sufriendo condena dos o más personas por un mismo delito que no hubiere podido ser cometido más que por una sola;
b) Cuando alguno estuviere sufriendo condena como autor, cómplice o encubridor del homicidio de una persona cuya existencia se comprobare después de la condena;
c) Cuando alguno estuviere sufriendo condena en virtud de sentencia fundada en un documento o en el testimonio de una o más personas, siempre que dicho documento o dicho testimonio hubiere sido declarado falso por sentencia firme en causa criminal;
d) Cuando, con posterioridad a la sentencia condenatoria, ocurriere o se descubriere algún hecho o apareciere algún documento desconocido durante el proceso, que fuere de tal naturaleza que bastare para establecer la inocencia del condenado, y
e) Cuando la sentencia condenatoria hubiere sido pronunciada a consecuencia de prevaricación o cohecho del juez que la hubiere dictado o de uno o más de los jueces que hubieren concurrido a su dictación, cuya existencia hubiere sido declarada por sentencia judicial firme.

De estas causales, los estudios empíricos que se han efectuado dan cuenta que solo se han acogido revisiones fundadas en la de la letra d) del artículo 473 del CPP. Es decir, nunca la Corte Suprema ha acogido revisiones fundadas en causales de las otras letras. Como diría el procesalista Francisco Ramos Méndez: una ley procesal "de electroencefalograma plano"; o sea, muerta. Respecto de la causal de la letra c), según consigna el autor Fernando Ugarte Vial, solo se registran tres casos, el último en un reciente fallo de 2025 (rol 250.710-2023).

Es importante saber que es indiferente que la condena esté cumplida íntegramente, ya que esta revisión puede intentarse solo para "rehabilitar la memoria" del condenado, si estuviere muerto, por ejemplo.

Interesante es que el artículo 476 del CPP prohíbe acreditar estas causales por medio de testigos, lo que puede ser la razón de la escasa aplicación que ha tenido esta herramienta procesal.

El artículo 477 del CPP dispone que la interposición de la acción de revisión no suspende los efectos de la sentencia cuestionada, pero sí podría excepcionalmente hacerlo y aplicar, a cambio, alguna medida cautelar personal al condenado mientras se sustancia la revisión. Aunque la norma no lo dice, debiera entenderse que se refiere a medidas cautelares personales de menor intensidad que la prisión preventiva, en el entendido que el condenado está cumpliendo una pena efectiva privativa de libertad.

La Corte Suprema ha entendido que la acción de revisión no es procedente si el litigante lo que hizo fue "forjarse" un documento —aunque sea un peritaje— *ex post* a la sentencia de condena. O dicho de otro modo: debe tratarse de un documento que existía al momento de dictarse la condena, pero que no fue conocido de las partes ni del tribunal.

En este sentido, es elocuente la sentencia rol 28364-2016 en que la Corte Suprema rechazó una revisión que se apoyaba en un examen comparativo de la sangre del condenado con la encontrada en el sitio del suceso "pues no se trata de elementos nuevos y desconocidos al momento de producirse el juzgamiento, puesto que los peritajes acompañados no pueden ser considerados como documentos desconocidos durante la sustanciación del proceso en los términos que exige la causal invocada desde que los mismos han sido forjados con posterioridad".

Una cuestión interesante que ha sido planteada por la doctrina es si la revisión constituye una herramienta que permitiría corregir una condena injusta, cuando el testigo que en su día falsamente incriminó al acusado, termina por retractarse una vez afinado el proceso. Y en relación con esto: si la acción de revisión favorecería estas retractaciones. Lo cierto es que la causal de la letra c) del artículo 473 del CPP no exige propiamente una retractación voluntaria del testigo que faltó a la verdad, es decir, prescinde de su colaboración. Lo que se exige es un proceso afinado por sentencia firme que haya declarado que su testimonio fue mendaz. Como ya dijimos, los estudios empíricos disponibles arrojan que las condenas por este delito (falso testimonio en juicio) son absolutamente infrecuentes, lo que puede ser la razón de por qué jamás se ha acogido una revisión fundada en esta causal. En este sentido, es interesante notar que el Código Procesal Federal de Argentina en su artículo 366 no exige un pronunciamiento jurisdiccional previo acerca de la falsedad del testimonio o del documento.

El resultado de todo esto es que una sentencia equivocada debido a un testimonio mendaz resultará prácticamente imposible de corregir. Por lo demás, existiendo la amenaza penal sobre el testigo que se retracta, no hay incentivo alguno para que corrija su declaración, si ese fuere el caso.

d) Facultades de la Corte Suprema al conocer de la revisión

El artículo 478 del CPP da a entender que la decisión de la Corte Suprema puede ser la de acoger la revisión, o la de rechazarla. También es frecuente que la Corte haga un examen de admisibilidad, y de hecho lo hace, declarando inadmisibles una proporción no menor de las revisiones sometidas a su conocimiento.

Si se acoge la revisión, se puede adicionalmente anular el juicio oral, ordenando que se celebre otro juicio; o bien anular solamente el fallo condenatorio, dictando sentencia de reemplazo. Aunque la norma no lo dice, esta sentencia de reemplazo será de absolución.

Hasta ahora, no se registra caso alguno en que se haya ordenar un nuevo juicio oral a continuación de una acción de revisión acogida. Al parecer la Corte Suprema ha entendido que solo tiene dos opciones, en circunstancias que legalmente tiene tres, como se desprende claramente del artículo 479 inciso primero y 480 del CPP (es decir: rechazar, acoger y ordenar que se celebre un nuevo juicio, o acoger y dictar sentencia de reemplazo absolutoria). Esto ha llevado a que en muchos casos "de culpabilidad dudosa", esto es, en que la inocencia del condenado no queda fehacientemente acreditada en la revisión, finalmente esta se rechace sin más, lo que afianza una jurisprudencia muy inconveniente y adversa a la corrección de las condenas erróneas, como veremos un poco más adelante. En esos casos dudosos, esta herramienta procesal permitiría que se celebrara un nuevo juicio oral.

e) Pronunciamiento sobre un eventual error judicial

Si anula la sentencia, la Corte Suprema podrá adicionalmente pronunciarse sobre la existencia de error judicial; como se desprende del artículo 479 inciso segundo del CPP. La declaración de error judicial conllevará la condena civil del Fisco, cuyo cumplimiento se podrá solicitar al juez civil competente en un juicio sumario. Estos derechos los pueden ejercer también los herederos del erróneamente condenado.

Si se anula la sentencia de condena, al acogerse la revisión, el absuelto podrá pedir que se ordene la publicación de la sentencia en el *Diario Oficial* a costa del Fisco, y solicitar la restitución de las sumas pagadas por concepto de costas, multas e indemnizaciones de perjuicios. Naturalmente se ordenará la libertad inmediata del condenado, si fuere ese el caso, y la cesación de su inhabilitación.

Si se anula la sentencia, pero no se dicta fallo de reemplazo, sino que se ordena la celebración de un nuevo juicio, el fiscal tiene la obligación de acompañar en el nuevo juicio la copia de la sentencia que acogió la revisión (artículo 480 del CPP).

Respecto de la posibilidad de que el injustamente condenado, y luego absuelto, deduzca una acción civil en contra del Fisco por error judicial (artículo 19 número 7 i) de la CPR), existe un interesante estudio empírico del profesor Mauricio Duce de

2019, que arroja algunas cifras que demuestran el muy escaso uso de esta herramienta en el tiempo (apenas 140 casos entre los años 1980 y 2018), aunque con un aumento progresivo en el tiempo (entre 2022 y 2017 se presentaron 46 casos).

Lamentablemente solo ocho casos han sido acogidos desde que entró en vigencia la Constitución Política, y no existiría un solo caso en que el Fisco de Chile haya tenido que efectivamente desembolsar una suma de dinero a título de indemnización de perjuicios a favor de alguna persona errónea o injustamente condenada o sometida a proceso. Por lo mismo, se trata de una herramienta procesal de muy escasa utilización, aún más escaso éxito, y de efectividad prácticamente nula.

f) Cuestionamientos de la doctrina a la revisión como remedio procesal respecto de condenas erróneas

La doctrina tradicional ha sostenido que la revisión es el remedio procesal por excelencia para la solución de situaciones aberrantes, y por lo mismo, de escasa ocurrencia práctica. Adhiriendo a esta postura, la Corte Suprema ha hecho, en general, una interpretación sumamente restrictiva de estas causales, y así el destino de la gran mayoría de las revisiones es su rechazo. Esta interpretación sería consistente con el uso que de esta herramienta se ha hecho desde la vigencia del anterior CdPP.

Los autores José Manuel Fernández y Malva Olavarría han publicado dos muy interesantes estudios empíricos y dogmáticos sobre la acción de revisión, el primer de ellos en 2009 y el segundo en 2018. Estos autores cuestionan la aplicación que ha hecho la Corte Suprema de esta herramienta procesal.

A juicio de estos autores, la revisión no sería "la última válvula del sistema" que permitiría solucionar errores aberrantes, sino que una herramienta de aplicación más amplia, que permitiría corregir condenas erróneas no solo en aquellos casos en que existan errores manifiestos, sino sobre todo en los "casos dudosos" en que a la luz de nuevos antecedentes puede no existir claridad acerca de la responsabilidad penal del entonces condenado. Para estos casos, el CPP permite un reenvío desde la Corte Suprema al tribunal penal competente para que se celebre un nuevo juicio oral. Sin embargo, en todos los años que lleva en vigencia el CPP, ello nunca ha ocurrido; es decir, la Corte Suprema se ha limitado a rechazar mayoritariamente las revisiones intentadas, o bien, a acogerlas anulando el fallo condenatorio y dictando una absolución en reemplazo.

Estos autores argumentan que lo propio del sistema inquisitivo es la averiguación de "la" verdad, y por lo mismo, no se admitirían situaciones dudosas salvo que existan antecedentes incontrarrestables; solo en estos últimos casos procederá la revisión. En los sistemas adversariales, como el chileno, en cambio, cada parte debe acreditar "su" verdad acerca de "su" versión de los hechos. Por lo mismo, la verdad podría ser revisada en cualquier momento si aparecen antecedentes que desvirtúen la condena alguna vez impuesta.

A juicio de la doctrina de los profesores Fernández y Olavarría, el estándar para que prospere la acción de revisión no puede ser el que la Corte Suprema se convenza de que el condenado es inocente "más allá de toda duda razonable". Si ello ocurre, naturalmente debe anularse la condena, y eso es lo que ha sucedido en un puñado de casos.

Pero en muchos otros casos "dudosos" en que no hay certeza de inocencia, y que terminan por rechazarse, lo que la Corte Suprema debiera hacer es ordenar la celebración de un nuevo juicio oral. Para ello no sería necesario tener convicción acerca de la inocencia del condenado, sino solamente la certeza de que si esa nueva evidencia, ahora conocida, se hubiere hecho valer en el juicio oral, posiblemente hubiere sido absuelto.

3.5 Recurso de nulidad

a) Concepto

El recurso de nulidad corresponde al que se intenta en contra de la sentencia definitiva dictada en un juicio oral, entre otras, para que se deje sin efecto por haberse vulnerado las garantías fundamentales del imputado en la investigación, en el juicio o en la sentencia; o porque se aplicó erróneamente la ley de fondo y ello influyó sustancialmente en lo dispositivo del fallo; o porque se incurrió en infracciones procesales de cierta importancia, regladas en la ley. De acogerse, podrá dar lugar a una nueva sentencia, o eventualmente, a un nuevo juicio oral. Dependiendo de la causal invocada, será de conocimiento de la Corte de Apelaciones respectiva o de la Corte Suprema.

b) El recurso de nulidad como remedio procesal para las vulneraciones de las garantías fundamentales y procedimentales

El legislador tiene una visión pesimista del proceso, en el sentido de que en él se pueden cometer transgresiones a las garantías procesales básicas del imputado. El ejercicio del poder punitivo conlleva dotar de facultades coercitivas a una serie de funcionarios del Estado —policías y fiscales— que puede ser el "caldo de cultivo" perfecto para estas vulneraciones. Por eso es relevante que existan sucesivos controles durante el proceso, siendo el recurso de nulidad el último de ellos; sin perjuicio de lo que ya dijimos sobre la revisión de sentencias firmes.

Y decimos que es el último de ellos, porque lo esperable es que este tipo de problemas vayan quedando subsanados en etapas más tempranas del proceso, y no llegar a una sentencia condenatoria para que sea anulada por alguna de nuestras cortes superiores de justicia. Como ya hemos visto, estos controles son muchos y muy variados: cautela de garantías, audiencia de control de detención, nulidades procesales, exclusiones de prueba durante la audiencia preparatoria, entre los más relevantes.

Pero puede suceder que a pesar de todos estos controles procesales, finalmente se condene al imputado, y esa condena sea injusta porque o se ha aplicado erróneamente la ley penal de fondo, o bien, se han vulnerado las garantías fundamentales del imputado en el proceso o en la sentencia misma. Aquí es importante una aclaración: decimos "condena injusta" y no "condena de un inocente" porque no son la misma cosa, aunque el resultado, para el sistema, debiera ser siempre el mismo: absolución o sobreseimiento definitivo. Lo explicaremos a continuación.

Para el sistema de persecución penal no es relevante solamente si la persona es culpable o inocente. Obviamente esa circunstancia es muy importante, pero no es la única a considerar. Si el fiscal está convencido de la culpabilidad penal del imputado, deberá demostrar, más allá de toda duda razonable, que existió un hecho constitutivo de delito y que el imputado ha tenido participación en él. Y es deber del tribunal aplicar correctamente la ley penal a los hechos así acreditados, es decir, adjudicar o subsumir los hechos al tipo penal y demás circunstancias modificatorias de responsabilidad aplicables.

Todo lo anterior es condición necesaria, pero no suficiente, para que nuestro sistema de persecución penal funcione respetando la Constitución Política de la República y los tratados internacionales ratificados por Chile. Como hemos dicho, para que la sanción penal sea legítima —y se legitime frente a la sociedad— esta debe emanar de un proceso justo y legalmente tramitado. Por lo tanto, puede suceder que el fiscal —incluso: los medios de comunicación social y la sociedad toda— estén plenamente convencidos de la responsabilidad criminal del imputado. Y puede que el fiscal cuente con pruebas que así lo acrediten, sin dejar espacio de duda. Pero si en el proceso las garantías fundamentales del imputado han sido pasadas a llevar gravemente, el imputado debiera ser absuelto o sobreseído definitivamente.

Lo recién dicho puede resultar perturbador, y quizás difícil de entender, pero es la idea matriz de nuestro sistema de persecución penal: no puede ni debe obtenerse una condena a cualquier precio. Así, las declaraciones que se han sonsacado del imputado o testigos mediante tortura, fuerza o engaño; la información privada que la policía ha extraído de las comunicaciones del imputado sin su consentimiento ni aprobación del juez, entre las situaciones más extremas que pudieran pensarse, debieran impedir que se condene al imputado, aun cuando exista ese convencimiento de que es criminalmente responsable.

Sostener lo contrario —que es plausible obtener la "verdad" a cualquier costo— nos llevaría a una situación mucho peor, que es que todos los métodos que hoy consideramos ilegítimos, quedarían legitimados. Además, que, como hemos dicho, esa "verdad" que se obtiene ilegítimamente muy posiblemente no sea ni siquiera eso, sino un sucedáneo de la realidad de lo que sucedió.

Lamentablemente, como ya expusimos en otra parte de este trabajo, la Corte Suprema ha elaborado cada vez más numerosas excepciones a la regla de exclusión de prueba obtenida con infracción de garantías fundamentales. De esta forma, el recurso de nulidad, en lo tocante a las garantías fundamentales, ha ido vaciándose de contenido.

c) Actos procesales anulables y plazo

Los actos procesales que son recurribles de nulidad son los siguientes:

- La sentencia definitiva pronunciada por el tribunal de juicio oral en lo penal en el procedimiento ordinario.
- La sentencia definitiva pronunciada por el tribunal de garantía en el procedimiento oral simplificado, monitorio y por delito de acción penal privada.
- El juicio oral mismo (artículo 372 del CPP).
- La sentencia dictada en el proceso de extradición (artículo 450).
- La sentencia definitiva que se pronuncia sobre la ejecución del comiso de ganancias del delito sin condena previa (artículo 415 octies).

Este recurso se interpone por escrito ante el tribunal que dictó la resolución, dentro de los quince días siguientes a su notificación a los intervinientes, de acuerdo con la nueva redacción del artículo 372 del CPP, reformado por la Ley 21.694 de 2024 (antes este plazo era de solo diez días). Este plazo es ampliable por expresa disposición de la ley, como veremos a continuación.

Se ha criticado que este plazo puede ser insuficiente para poder recurrir adecuadamente en aquellos casos en que las sentencias son muy extensas y han sido dictadas en juicios orales que se han prolongado por semanas y hasta meses en casos complejos, lo que complota contra el ejercicio del derecho al recurso por parte del imputado.

En algunos sistemas comparados, como en España, el recurrente debe interponer su recurso en dos actos; en un plazo breve simplemente enunciar sus motivos resumidamente, y en un plazo superior, efectuar una presentación completamente fundada. Una solución como esta sería recomendable para nuestro sistema tratándose de fallos que superen cierta extensión.

La Ley 21.694 quiso solucionar este problema, permitiendo prorrogar este plazo de acuerdo con la siguiente regla, que se agregó al artículo 372 del CPP: "no obstante, si el juicio hubiere durado más de cinco días, el recurrente dispondrá para la interposición del recurso de un día adicional por cada dos de exceso de duración del juicio. En ningún caso este plazo podrá ser superior a treinta días". También se agregó un inciso completamente innecesario, que dispone que, si el plazo vence en domingo o festivo, se prorroga para el día hábil siguiente, lo que corresponde a la regla general sobre plazos del artículo 14 del CPP.

d) Causales del recurso de nulidad

El recurso de nulidad penal fundió en un solo mecanismo procesal lo que anteriormente correspondía a la casación en el fondo y en la forma.

Todas las causales que pasaremos a revisar pueden predicarse respecto del juicio oral y de la sentencia definitiva. Y, a partir de una reforma de 2021, invocando las causales del artículo 373 del CPP podría declararse nulo todo o tan solo parte del juicio oral y/o de la sentencia, en el sentido de afectar a algunos recurrentes y respecto de algunos delitos.

El artículo 373 del CPP dispone dos causales: i) "cuando, en cualquier etapa del procedimiento o en el pronunciamiento de la sentencia, se hubieren infringido sustancialmente derechos o garantías asegurados por la Constitución o por los tratados internacionales ratificados por Chile que se encuentren vigentes"; y ii) "cuando, en el pronunciamiento de la sentencia, se hubiere hecho una errónea aplicación del derecho que hubiere influido sustancialmente en lo dispositivo del fallo".

Las revisaremos a continuación.

i) La causal del artículo 373 a) del Código Procesal Penal por infracción de garantías fundamentales

El artículo 373 a) del CPP ha sufrido dos reformas relevantes desde la entrada en vigencia del CPP.

En 2005 (Ley 20.074) se extendió la causal de la letra a) a las afectaciones de garantías "en cualquier etapa del procedimiento", llenando así un sensible vacío que permitía a las Cortes superiores rechazar las nulidades cuando lo invocado eran infracciones cometidas durante la indagatoria, que, como sabemos, es justamente la etapa donde es más probable que se produzcan infracciones de garantías fundamentales por parte de las policías y fiscales.

En 2021 (Ley 21.394) se reformó permitiendo que la nulidad no tenga que abarcar todos los delitos e imputados, sino solo respecto de determinados delitos o recurrentes, preservando la sentencia en aquellas partes que no hubieren sido afectadas por el vicio alegado.

Respecto de la causal del artículo 373 a) por infracción de derechos fundamentales, existe cierta confusión en la doctrina y en alguna jurisprudencia, sobre todo el Tribunal Constitucional, respecto de quién es el titular de dichas garantías.

En general, puede decirse que la Corte Suprema (rol 5654-2021 de 10 de octubre de 2021) ha establecido que el único titular de estas garantías es el imputado, y por lo tanto es este el único legitimado para invocar esta causal. Hay autores como el profesor Andrés Cruz Carrasco que estiman que no sería correcto excluir a la víctima, aunque sí al Ministerio Público.

En nuestra opinión, el recurso de nulidad debiera estar concebido como herramienta procesal exclusiva del imputado, en resguardo de sus derechos constitucionalmente garantizados. Y con mayor razón la causal del artículo 373 a). No puede olvidarse que la posición débil del proceso la sustenta el imputado, y es justamente el proceso penal el caldo de cultivo de violaciones a las garantías fundamentales, como la dignidad, la integridad física y psíquica, la libertad personal, la inviolabilidad del hogar. Ciertamente que durante el proceso penal podrá infringirse la garantía del debido proceso, no solo respecto del imputado, sino en perjuicio de los restantes intervinientes. Pero esos agravios —estimamos— quedan debidamente cubiertos por los motivos absolutos de nulidad del artículo 374 del CPP que veremos a continuación.

Los profesores Bordachar y Rodríguez han tomado nota de la tendencia jurisprudencial de la Corte Suprema, que inadmitiría los recursos de nulidad apoyados en esta causal, si el titular de la garantía infringida es una persona distinta del imputado (roles 73836-2016, 122149-2020, 120032019). Sin embargo, a juicio de estos autores, ello no sería correcto, al menos no respecto de la víctima, quien sí sería titular de garantías fundamentales en el proceso.

ii) La causal del artículo 373 b) del Código Procesal Penal por aplicación errónea del derecho determinante en lo resolutivo del fallo

Respecto de la causal del artículo 373 b), es muy similar a la que dispone el artículo 767 del CPC actualmente vigente referido a la casación en el fondo civil; cuyas normas también regían en el antiguo procedimiento penal por remisión del artículo 535 del CdPP; esto es, infracción de ley que influye sustancialmente en lo dispositivo del fallo.

Se ha interpretado esta causal por el profesor Manuel Rodríguez en el sentido de que “necesariamente el tribunal, de no haber cometido el error de derecho, debió haber absuelto o impuesto una pena inferior al acusado. De esa manera, si ausente el error el tribunal igualmente podría haber impuesto la pena cuestionada, el recurso será rechazado”.

Es a través de esta causal de nulidad que los litigantes pueden controlar la aplicación de la ley penal de fondo a los hechos del caso, referida tanto a las categorías dogmáticas de la parte general como al tipo penal específico materia de la acusación. Así, a través de la invocación de esta causal podrán revisarse asuntos referidos a autoría, participación, causales de exención de antijuridicidad, inimputabilidad, y extinción de la acción penal, entre otros.

Sin perjuicio de todo lo anterior, la Corte Suprema ha señalado (roles 29.063-2019 y 244-2020) que la apreciación de las circunstancias atenuantes es meramente facultativa para el tribunal, dada la expresión verbal "podrá" que utilizan las reglas de los artículos 65 y siguientes del Código Penal. Por lo tanto, no se trataría de un imperativo legal susceptible de aplicación errónea. Creemos que dicho criterio es equivocado, ya que es evidente que la aplicación de cualquier norma, penal o no, es siempre facultativa para el tribunal. La única obligación del tribunal es resolver el caso por el mandato de inexcusabilidad del artículo 3 del COT, nada más. La aplicación de reglas determinadas siempre queda al arbitrio del sentenciador, en virtud del aforismo *iura novit curiae*.

La causal del artículo 373 b), al igual que ha sucedido históricamente con la casación civil y penal, provoca que las Cortes superiores establezcan estrictas, y a veces absurdas distinciones entre el hecho y el derecho aplicable. En general, los tribunales superemos de todo el mundo, allí donde existe el recurso de casación, han seguido en mayor o menor medida la tesis instaurada por la obra de Calamandrei. En todo caso, como han notado algunos autores, en sus orígenes dicha distinción no existía, sino solamente la prohibición de que el tribunal de casación se avocara al conocimiento del fondo del caso, cuestión que era privativa de los jueces. Es decir, el tribunal de casación solo se ocupaba de anular el fallo, y reenviaba el asunto a la judicatura ordinaria para que dictara lo que hoy conocemos como "sentencia de reemplazo".

En este sentido, la Corte Suprema ha tenido una jurisprudencia vacilante respecto de si los elementos subjetivos del tipo penal corresponden a un asunto de hecho —y cuya apreciación es privativa de los jueces del tribunal de juicio oral— o bien un asunto de derecho, susceptible de ser apreciado por las Cortes superiores (así, roles 2882-2017 y 14771-2020).

iii) Los motivos absolutos de nulidad del artículo 374 del Código Procesal Penal

El artículo 374 contempla, por su parte las siguientes siete causales denominadas "motivos absolutos de nulidad":

a) Cuando la sentencia hubiere sido pronunciada por un tribunal incompetente, o no integrado por los jueces designados por la ley; cuando hubiere sido pronunciada por un juez de garantía o con la concurrencia de un juez de tribunal de juicio oral en lo penal legalmente implicado, o cuya recusación estuviere pendiente o hubiere sido declarada por tribunal competente; y cuando hubiere sido acordada por un menor número de votos o pronunciada por menor número de jueces que el requerido por la ley, o con concurrencia de jueces que no hubieren asistido al juicio.

b) Cuando la audiencia del juicio oral hubiere tenido lugar en ausencia de alguna de las personas cuya presencia continuada exigen, bajo sanción de nulidad, los artículos 284 y 286.
c) Cuando al defensor se le hubiere impedido ejercer las facultades que la ley le otorga.
d) Cuando en el juicio oral hubieren sido violadas las disposiciones establecidas por la ley sobre publicidad y continuidad del juicio.
e) Cuando, en la sentencia, se hubiere omitido alguno de los requisitos previstos en el artículo 342, letras c), d) o e).
f) Cuando la sentencia se hubiere dictado con infracción de lo prescrito en el artículo 341 del CPP. Se trata de la infracción al deber de congruencia entre la sentencia y la acusación, y entre esta y la formalización. Esta causal comprendería no solo a aquella sentencia que abarca hechos diferentes de los de la acusación, sino también los casos de ultrapetita, es decir, que el tribunal en la sentencia aplique una pena más grave o una pena diferente a la solicitada por el fiscal o el querellante en sus acusaciones.
g) Cuando la sentencia hubiere sido dictada en oposición a otra sentencia criminal pasada en autoridad de cosa juzgada.

Como se puede apreciar, las causales absolutas de nulidad del artículo 374 podrían también corresponder a la causal genérica del artículo 373 a), que se refiere a la infracción de garantías fundamentales. Así, por ejemplo, que se hayan infringido las reglas sobre publicidad y continuidad del juicio oral (artículo 374 d) es a su vez, una infracción a la garantía del debido proceso del imputado (artículo 374 a).

Esta aparente redundancia ha sido abordada por alguna doctrina. Los profesores Duce y Riego han señalado que en el caso de las causales absolutas del artículo 374 la carga argumentativa es menor para quien la alega, ya que se trata de motivos tasados que el legislador ha identificado claramente; en cambio, dicha carga argumentativa es mayor si la infracción que se denuncia no se encuentra en este catálogo, y solo puede ser enmarcada dentro de una vulneración genérica de garantías fundamentales del artículo 373 a). Ahora, es usual que los litigantes aleguen indistinta o copulativamente unas y otras.

Asimismo, de una lectura rápida podría estimarse que la causal del artículo 373 a) abarca íntegramente a la causa absoluta de nulidad del artículo 374 c); en realidad, la primera de ellas se refiere a las garantías del imputado durante el proceso, mientras que la segunda se refiere a los derechos del abogado defensor, que son cosas diversas.

La causal de la letra e) se refiere a aquella sentencia que no cumplió con el deber de fundamentación en lo tocante a las menciones obligatorias del artículo 342 c), d) y e), esto es:

a) La exposición clara, lógica y completa de cada uno de los hechos y circunstancias que se dieren por probados, fueren ellos favorables o desfavorables al acusado, y de la valoración de los medios de prueba que fundamentaren dichas conclusiones de acuerdo con lo dispuesto en el artículo 297.
b) Las razones legales o doctrinales que sirvieren para calificar jurídicamente cada uno de los hechos y sus circunstancias y para fundar el fallo.
c) La resolución que condenare o absolviere a cada uno de los acusados por cada uno de los delitos que la acusación les hubiere atribuido; la que se pronunciare sobre la responsabilidad civil de los mismos y fijare el monto de las indemnizaciones a que hubiere lugar

Aunque la causal de la letra e) del artículo 374 podría dar a entender que el tribunal superior solo revisará si se cumplió formalmente con el deber de fundamentación mínimo exigido por el artículo 342 del CPP, lo cierto es que la tendencia jurisprudencial muestra que esta causal se ha usado para que las Cortes superiores entren a conocer de la ponderación de la prueba. A través de esta causal las Cortes superiores se han abocado a ponderar la aplicación de las reglas de la sana crítica y de los principios lógicos a los hechos del caso. Aunque las Cortes nunca lo reconocerían de esta forma, a través de esta causal finalmente se entra, siquiera oblicuamente, al conocimiento de los hechos del caso. O más propiamente, a la aplicación del derecho a los hechos del caso, evaluando la ocurrencia de los llamados errores *in iudicando*, por contraposición a los errores *in procedendo*.

Alguna literatura ha advertido, a partir de la jurisprudencia de la Corte Suprema, que el análisis que se hace acerca de la procedencia de las causales de nulidad tiene que ver, eminentemente con la sustancialidad de la infracción, y no con la infracción en sí. Esto significa que la Corte revisará, como primera cuestión, si la infracción denunciada resultó determinante en la decisión que tomó el tribunal inferior. Solo si se constata dicha sustancialidad, la Corte se abocará a revisar la infracción en sí misma.

Muchas veces este análisis implica que la Corte entre a ponderar nuevamente las distintas pruebas rendidas en juicio, para concluir, por ejemplo, que la decisión adoptada en el fallo que se viene impugnando igualmente era argumentable y sustentable a partir de prueba que no había sido cuestionada en el recurso.

El profesor Ignacio Barrientos Pardo, en una reciente monografía, ha traído el concepto de "tergiversación probatoria", existente en la doctrina y jurisprudencia italiana, a la doctrina chilena. Este concepto se refiere a aquellas sentencias en que se incurre en un vicio en la fundamentación de la sentencia definitiva por (i) haberse omitido la ponderación de una prueba que efectivamente se rindió en el juicio oral, o bien (ii) porque se consignó o ponderó equivocadamente una prueba que se rindió, adicionando información que no consta de la prueba rendida. Un ejemplo del primer problema sería el caso en que el tribunal sencillamente omite pronunciarse acerca de la declaración de un testigo o perito que declaró en juicio, y cuyo testimonio sería gravitante para que el tribunal hubiera tomado una decisión diferente de la que adoptó en su parte resolutiva. Un ejemplo de lo segundo sería el caso en que la sentencia consigna información que el testigo o perito no mencionó en su declaración, que resultó gravitante para la decisión que se adoptó en la parte resolutiva del fallo. A juicio del profesor Barrientos, esta tergiversación probatoria debiera promoverse como un motivo de nulidad absoluto del artículo 374 e); e incluso, podría calificarse como una grave infracción a la garantía del debido proceso en perjuicio del imputado, constituyendo la causal del artículo 373 a) que ya vimos. La constatación de la existencia de este vicio debiera efectuarse comparando lo que el tribunal consignó en su sentencia definitiva con lo que fluyó de la prueba rendida en el juicio oral tal y como quedó registrado en el audio de las audiencias de juicio.

e) Tribunal competente

Para saber qué tribunal será competente para conocer de un determinado recurso de nulidad habrá que estudiar las siguientes reglas, que están construidas sobre la base de complejas excepciones y contraexcepciones.

La regla general del artículo 376 del CPP dispone que el conocimiento de la causal del artículo 373 a) corresponde a la Corte Suprema, lo que corresponde un caso único de "competencia *per saltum*".

Por su parte, las restantes causales, esto es, la del artículo 373 b) y todas las del artículo 374, corresponden a la Corte de Apelaciones competente.

Esta regla general tiene a su vez dos excepciones, en el sentido de que igualmente conocerá la Corte Suprema en los siguientes casos:

- Si se invoca la causal del artículo 373 b) del CPP "y respecto de la materia de derecho objeto del mismo existieren distintas interpretaciones sostenidas en diversos fallos emanados de los tribunales superiores". En este caso, el artículo 378 inciso tercero del CPP obliga al recurrente a indicar de qué fallos precisos se trata y acompañar copia de ellos.
- Si se invocan en un mismo recurso distintas causales, y al menos una de ellas corresponde al conocimiento de la Corte Suprema.
- Si se han interpuesto varios recursos en contra de la misma sentencia, y en alguno de ellos se invoque una causal que sea de conocimiento de la Corte Suprema.

Finalmente, estas excepciones tienen a su vez, contraexcepciones, que provoca que la nulidad será conocida por la Corte de Apelaciones respectiva. Esto sucederá una vez que se interponga para ante la Corte Suprema (artículo 376 del CPP), y esta no haga el control de admisibilidad, y por el contrario, decida remitir el recurso para que sea conocido por la Corte de Apelaciones competente, respecto de todas las causales invocadas.

Esta facultad puede ejercerla la Corte Suprema en tres casos (artículo 383 inciso tercero del CPP):

a) Si se invocó la causal del artículo 373 a), y la Corte Suprema estimare que, de ser efectivos los hechos en que se sustenta esta causal, ellos corresponden a alguna de las causales del artículo 374.
b) Si se invocó la causal del artículo 373 b), y la Corte Suprema estima que no existen distintas interpretaciones sobre el punto de derecho, y que, aun de existir, no son determinantes para resolver la causa.
c) Las mismas dos reglas anteriores en caso de que se haya invocado en el recurso o en los recursos causales del artículo 373 y del artículo 374.

En la práctica, la Corte Suprema escoge qué recursos de nulidad quiere conocer y fallar; por lo mismo, solo una fracción de las nulidades son finalmente conocidos por el máximo tribunal, alrededor de un 20% de aquellos que se interponen ante dicha Corte.

f) Preparación del recurso de nulidad fundado en vicios procesales

Tal y como sucede con el recurso de casación en la forma en el proceso civil (artículo 769 del CPC), la nulidad fundada en vicios procedimentales debe ser preparada previamente (artículo 377 del CPP).

Esto significa que no se admitirá aquella nulidad fundada en vicios del proceso que no se alegaron oportunamente. Esta regla lo que hace es impedir que los litigantes se "guarden sus cartas" hasta el final del caso. Lo que está detrás de esta norma es una suerte de convalidación tácita de los problemas procedimentales conocidos durante el proceso, respecto de los cuales nada se dijo al tomar conocimiento de ellos.

En todo caso este deber de preparación tiene notables excepciones que están en el inciso segundo del artículo 377 del CPP; es decir, no es necesario haber alegado previamente el vicio en los siguientes casos:

- Si se trata de alguna de las causales del artículo 374 del CPP, los motivos absolutos de nulidad.
- Si la ley no contempló recurso alguno en contra de la resolución en que se produjo el vicio procesal.
- Si el vicio se produjo en la sentencia misma que es objeto del recurso de nulidad.
- Si el vicio es conocido de la parte que lo alega después de pronunciada la sentencia.

Como ya vimos a propósito de la exclusión de prueba ilícita en la audiencia preparatoria, parece existir consenso en la doctrina de que este tipo de vicios pueden alegarse desde etapas muy tempranas del proceso, como en la audiencia de control de la detención del artículo 132 del CPP, siendo el momento por excelencia la audiencia preparatoria. Sin perjuicio de ello, se ha dicho que el omitir esas alegaciones, o su rechazo, en nada impide a la defensa promoverlo en la audiencia de juicio oral, solicitándose su valoración negativa como prueba. Incluso, se ha afirmado que aun habiéndose omitido toda alegación en el juicio oral, podría igual promoverse como causal de nulidad.

Sin embargo, la jurisprudencia de la Corte Suprema ha tendido a rechazar los recursos de nulidad si el problema que motivó la solicitud de valoración negativa no se alegó en la audiencia preparatoria (rol 5132-2022) e incluso, reprochando que no se hizo valer "al inicio de la investigación" (rol 6816-2020).

Asimismo, la Corte Suprema ha fallado que, al acogerse el recurso de nulidad por haberse fundado la sentencia definitiva en una prueba ilícitamente obtenida, el efecto será que se ordena la celebración de un nuevo juicio en que se excluirán los medios de prueba vinculados causalmente con el vicio de nulidad del primer juicio (roles 6067-2018, 7983-2018 y 35555-2016 citados por el profesor Carlos Correa Robles).

g) Efecto suspensivo de la interposición del recurso respecto del condenado

La sentencia definitiva que se pronuncia en el proceso penal, y que es recurrida de nulidad, puede ser absolutoria o condenatoria del acusado.

Si es absolutoria, y se recurre de nulidad por la Fiscalía o el querellante, en rigor, se mantiene el *statu quo* respecto del acusado, quien nunca ha dejado de ser una persona inocente. Por lo mismo, aunque era innecesario decirlo, las reglas de los artículos 379 y 355 del CPP aclaran que el recurso de nulidad que deduzca la Fiscalía o el querellante en contra de la sentencia absolutoria no suspende los efectos de dicha sentencia mientras se sustancia. O sea, el acusado absuelto no debiera ser considerado como culpable. Como ya vimos, con la sola dictación del veredicto absolutorio, el tribunal debe dejar sin efecto las medidas cautelares que pesaban sobre el imputado, y por lo mismo, este esperará en libertad el resultado de los recursos procesales deducidos contra su absolución.

Pero si es condenado en la sentencia, su situación cambiará radicalmente, ya que es muy posible que deba cumplir efectivamente la pena en un recinto penal o a través de alguno de los mecanismos sustitutivos de cumplimiento de la Ley 18.216. En este caso, el artículo 379 del CPP aclara que la nulidad que deduzca la defensa respecto del fallo condenatorio sí tiene efectos suspensivos; es decir, mientras la Corte respectiva no resuelva el recurso de nulidad, y el fallo no quede firme, el condenado no deberá comenzar a cumplir la pena impuesta.

Esto, sin perjuicio de que podría quedar sometido a medidas cautelares personales mientras espera que el tribunal de alzada eventualmente revoque su condena.

h) Nulidad de oficio

Respecto del recurso de nulidad, el legislador se encargó de aclarar que rige el principio de la consumación procesal, o sea, que, una vez efectuada una determinada presentación al tribunal, esta no puede ser modificada por quien la hizo.

Así, la regla del artículo 379 inciso segundo del CPP dispone que "interpuesto el recurso, no podrán invocarse nuevas causales". Sin perjuicio de esto, la nulidad sigue la regla general de que puede ser desistida libre y soberanamente por el recurrente mientras no se falle (artículo 354 inciso segundo del CPP).

Dicho todo lo anterior, la Corte que conozca de la nulidad puede acogerla por una causal diferente de la o las invocadas por el recurrente, pero siempre que se trate de alguna de las del artículo 374 del CPP. Misma regla opera en el proceso civil a propósito de la casación de oficio (artículo 775 del CPC).

i) Tramitación del recurso de nulidad

Como decíamos, la nulidad debe interponerse por escrito ante el tribunal que dictó la sentencia de la que se recurre. Este escrito debe estar debidamente fundamentado y contener peticiones concretas (artículo 378 inciso primero del CPP).

Es muy interesante el inciso segundo de esta última norma, que dispone que sí pueden intentarse distintas causales de nulidad, una en subsidio de la otra o en forma conjunta, indistintamente, siempre que cada una se funde separadamente. Esto vino a solucionar el problema que hasta el día de hoy se genera a propósito de las casaciones civiles, que no admiten —según el criterio de muchas Cortes— peticiones subsidiarias.

Presentado que sea el recurso ante el tribunal *a quo*, este hace un somero examen de admisibilidad, controlando que la resolución sea recurrible y que se interpuso dentro de plazo, nada más. Si cumple con esos dos requisitos, remitirá ciertos antecedentes a la Corte superior competente: copia de la sentencia, del recurso, y del registro completo de audio del juicio o de las "actuaciones determinadas" del juicio que se impugnaren.

Esta resolución de admisibilidad es susceptible de reposición dentro de tercero día (artículos 380 y 381 del CPP).

Recibidos los antecedentes por la Corte superior, esta fijará un plazo de cinco días para que los restantes intervinientes del proceso puedan pedir la inadmisibilidad del recurso, se adhieran a él o formulen sus observaciones por escrito. Esta adhesión debe cumplir con los mismos requisitos como si se tratare de una nulidad independiente y su admisibilidad la resuelve de plano la misma Corte (artículo 382). Como ya dijimos a propósito de la adhesión a la apelación, esta adhesión a la nulidad aplicará en aquellos casos en que la sentencia definitiva resulte agraviante para más de una parte. La ley procesal permite recurrir de nulidad desde notificado el fallo, pero también recurrir en este plazo para adherir, que, a pesar de su nombre, es una nulidad independiente de la originalmente interpuesta. Típicamente quien solo adhiere a la nulidad es aquella parte que sufrió un agravio con la sentencia, pero prefirió esperar a que otra de las partes recurriera para hacerlo por su cuenta a través de esta adhesión.

Vencido este plazo, la Corte revisará nuevamente la admisibilidad del recurso; en concreto si fue interpuesto en contra de una resolución recurrible, si se hizo dentro de plazo, si está fundamentado en los hechos, si contiene peticiones concretas y si fue debidamente preparado, según sea el caso (artículo 383 inciso primero).

En todo caso, si el recurso se interpuso para ante la Corte Suprema (artículo 376), esta podría no efectuar este control de admisibilidad, y remitir el recurso para que sea conocido por la Corte de Apelaciones competente, respecto de todas las causales invocadas, en las hipótesis que ya revisamos más arriba.

De la lectura de esta norma del artículo 376, se entiende que el agraviado por la sentencia puede interponer su recurso de nulidad apoyado en distintas causales, las que pueden invocarse conjuntamente, no existiendo un orden legal ni otros formalismos que sean obligatorios. Sin perjuicio de ello, y como anotan los profesores Bordachar y Rodríguez, existe la tendencia de la Corte Suprema de inadmitir en ciertos casos los recursos de nulidad cuando no se ha cumplido un cierto orden en la invocación de las causales. Así, en la sentencia rol 132331-2020 citada por estos autores, la Corte Suprema inadmitió de plano una nulidad sobre la base de que "en primer lugar se cuestiona la forma de incorporar la prueba testimonial, para luego cuestionar su apreciación, lo cual supone el reconocimiento de su validez. Se trata, entonces, de motivos de nulidad que, en la forma propuesta, resultan del todo contradictorios".

j) Fallo del recurso de nulidad

Respecto de la vista del recurso, aplican las reglas generales con las excepciones que ya vimos que operan para todos los recursos en materia penal. Una particularidad es que en la vista del recurso de nulidad puede rendirse prueba (artículo 359 del CPP), la que generalmente consiste en acompañar documentos o antecedentes o reproducción de pistas de audio del juicio oral, según ya explicamos más arriba.

La Corte respectiva tiene un plazo de veinte días para fallar el recurso, pero no hay sanción procesal para su incumplimiento. Si el recurso es rechazado, el fallo deberá explicar las razones del rechazo de cada una de las causales; pero si lo acoge, basta que fundamente solamente la causal por la que lo hace, pudiendo omitir pronunciamiento sobre las restantes.

El fallo de nulidad también debe señalar si lo que se declara nulo es el juicio oral completo o solo la sentencia; y también podrían declararse nulos solo parcialmente, esto es, respecto de ciertos delitos o ciertos imputados, a partir de una reforma de 2021.

En este caso, la sentencia debe precisar "a qué prueba, a qué hechos y a qué imputados afecta la declaración de nulidad parcial del juicio oral y la sentencia" (artículo 386 inciso segundo del CPP).

Cuando se declara nulo el juicio, la sentencia debe señalar en qué estado quedará el procedimiento y ordenará remitir los antecedentes a un tribunal no inhabilitado para que se celebre un nuevo juicio oral (artículo 386 inciso primero).

La sentencia se comunicará en una audiencia convocada al efecto en la que se leerá su parte resolutiva o una breve síntesis de la misma (artículo 384). No hay sanción procesal si los intervinientes no asisten a esa audiencia, y lo usual es que la Corte respectiva la notifique por la Oficina Judicial Virtual o por correo electrónico.

La regla del artículo 385 dispone que la Corte respectiva puede dictar sentencia de reemplazo, adicional a la sentencia de nulidad, si el recurso se hubiere acogido porque "el fallo hubiere calificado de delito un hecho que la ley no considerare tal, aplicado una pena cuando no procediere pena alguna, o impuesto una superior a la que legalmente correspondiere".

También se dictará sentencia de reemplazo cuando se acoja el recurso de nulidad en contra de la sentencia que se pronuncia sobre la ejecución del comiso de ganancias del delito sin condena previa, cuando se incurrió en un "error de derecho" (artículo 415 octies del CPP).

k) Nulidad de la nulidad; y nulidad de la nulidad de la nulidad

Si se anula un juicio oral, ¿cuántos otros juicios orales pueden celebrarse con posterioridad? Eso es lo que estudiaremos a continuación.

La sentencia misma que se pronuncia sobre el recurso de nulidad —lo acoja o lo rechace— no es susceptible de recurso alguno (artículo 387 inciso primero del CPP señala que solo es susceptible de la acción de revisión la sentencia condenatoria firme).

Hemos dicho que la sentencia del recurso de nulidad puede decretar la nulidad del juicio o de la sentencia dictada en el juicio. En algunos casos en que se anula la sentencia, se dictará, adicional a la sentencia de nulidad, una sentencia de reemplazo, como recién vimos.

Si se decreta la nulidad del juicio oral, se ordenará que se celebre uno nuevo por un tribunal no inhabilitado.

Surge entonces la pregunta de si este segundo juicio oral, y esta segunda sentencia que se dicte podrían, a su vez, ser anuladas. Es decir, si en un mismo proceso respecto del mismo imputado y por los mismos hechos, podrían acogerse dos recursos de nulidad. La regla del artículo 387 nos da la respuesta: i) puede anularse un primer juicio oral, y celebrarse uno nuevo; pero este segundo juicio oral y esta segunda sentencia no pueden ser nuevamente anulados si hubieren absuelto al acusado; y ii) puede anularse un primer juicio oral, y celebrarse uno nuevo; y este segundo juicio oral y esta segunda sentencia sí pueden ser a su vez anulados si hubieren condenado al acusado. Es decir, podría celebrarse un tercer juicio oral, siempre que en el primero se hubiere absuelto al imputado, y en el segundo se hubiere condenado al imputado. O sea, el imputado tiene una tercera chance para ser declarado inocente. Este tercer juicio oral y esta tercera sentencia —sea esta condenatoria o absolutoria— no pueden ser nuevamente anulados.

Como dijéramos más arriba, esta solución legislativa nos parece desaconsejable, porque permite que el imputado sea llevado a juicio en tres oportunidades, lo que sin duda es un verdadero exceso. Podrían transcurrir años antes de que el imputado pudiere lograr ser declarado inocente, y el Estado disponer de varias oportunidades para demostrar lo contrario y finalmente "ganar por cansancio".

Una regla absolutamente respetuosa de las garantías del imputado habría sido la prohibición de un segundo juicio en caso de ser absuelto en el primero (el *double jeopardy* anglosajón), es decir, que la sentencia absolutoria no fuera recurrible por los acusadores, pero sí la condenatoria por el condenado. En un sentido similar se pronunció la Corte Interamericana de Derechos Humanos en 2012, en el caso *Mohamed v. Argentina*, que ordenó a dicho Estado a adoptar las medidas legislativas necesarias para proveer una tercera instancia de revisión de un fallo condenatorio, pronunciado después de que se había anulado un primer fallo absolutorio.

El artículo 387 ha sido declarado inaplicable por inconstitucional en numerosas oportunidades por el Tribunal Constitucional, en lo que a estas alturas parece ser una jurisprudencia asentada desde 2018 hasta esta fecha (roles 5878-2018, 10389-2021 y 12053-2021) por estimarse que resulta lesivo para la garantía del imputado del "derecho al recurso".

Se trata de casos en que se había celebrado un primer juicio, en que se condenó al imputado, el que fue posteriormente anulado; y luego, un segundo juicio, en que volvió a dictarse sentencia condenatoria, incluso imponiendo penas más altas que en el primer juicio. En estas situaciones el artículo 387 no permitiría recurrir al imputado, para permitir ir a juicio por tercera vez, cuestión que fue considerado por el Tribunal Constitucional como contrario a la Constitución, desde que el Ministerio Público sí goza de la prerrogativa de enjuiciar por tercera vez al imputado, como vimos más arriba, en ciertos casos. La Corte Suprema ha acogido amparos constitucionales por el mismo motivo (rol 36.130-2024).

Todo lo anterior complota contra la garantía de la prohibición de *reformatio in peius*. Es perfectamente posible que el condenado a una pena baja en un primer juicio y que decide recurrir de nulidad, finalmente resulte condenado en un juicio posterior a una pena más alta que la que se le impuso en el primer proceso. Esto trae el efecto colateral de inhibir a las defensas de recurrir de nulidad, como ya dijéramos más arriba.

Por su parte, la jurisprudencia de los tribunales internacionales, recogida por el profesor Nicolás Vargas de Argentina, ha determinado que no existiría una violación al párrafo 7° del artículo 14 del Pacto Internacional de Derechos Civiles y Políticos —es decir, a la garantía del *non bis in idem*— en los casos de múltiples recursos respecto de sentencias que aún no están firmes. En el diseño del proceso de corte europeo-continental, los recursos procesales *no se conciben únicamente como una garantía del imputado*, sino sobre todo como una etapa más dentro de un proceso con sucesivas instancias, burocráticamente reglado. En este último sentido es que no se ha estimado violatorio del *non bis in idem* estas sucesivas revisiones del mismo caso. En el *common law*, por contraste, el juicio oral es la etapa central, única e irrepetible del proceso, y si este terminó por absolución, no hay más chances para el Estado para obtener una condena.

3.6 Recurso de queja

El recurso de queja del artículo 545 del COT es aquel medio de impugnación de resoluciones que ponen fin al juicio o hacen imposible su continuación que no sean susceptibles de recurso alguno, y a la vez instrumento disciplinario de los jueces que la dictaron, que permite dejarlas sin efecto, cuando han sido dictadas con grave falta o abuso.

El recurso de queja del artículo 545, si bien no es parte de la regulación especial del CPP, y de hecho es anterior a su entrada en vigencia, ha tenido alguna aplicación en causas penales.

En la práctica, ha permitido que se someta al conocimiento de la Corte Suprema o de las restantes Cortes superiores asuntos de los que naturalmente —de acuerdo al sistema de recursos del CPP— no debieran conocer.

La actual regulación del recurso de queja del artículo 545 la debemos a una modificación legal de 1995, que redujo sustancialmente su ámbito de aplicación, en un momento en que se había convertido en un sucedáneo de las casaciones, y permitía la revisión de prácticamente cualquier resolución, y fundado en causales a lo menos imprecisas.

En la actual redacción, la queja mantiene esta causal absolutamente abierta e imprecisa ("faltas o abusos graves cometidos en la dictación de resoluciones de carácter jurisdiccional"), pero restringida a sentencias interlocutorias que pongan fin al juicio o hagan imposible su continuación o las definitivas, y en ambos casos, cuando no sean susceptibles de recurso alguno, entre otras hipótesis.

Como la norma no excluye a las sentencias penales, este mecanismo ha permitido, por ejemplo, someter al conocimiento de la Corte Suprema recursos de queja respecto de resoluciones de una Corte de Apelaciones que había sobreseído definitivamente una causa. También la Corte Suprema ha conocido de quejas respecto de la sentencia de segunda instancia que se ha pronunciado acerca de las penas sustitutivas de la Ley 18.216, por aplicación del artículo 37 de dicha ley, según ya vimos (rol 43.432-2024). En general, se ha estimado que es improcedente respecto de sentencias definitivas pronunciadas en juicio oral o juicio oral simplificado, aunque ha habido fallos en contra de esta postura (Corte Suprema, rol 3515-2007).

La queja es un recurso que está a medio camino entre lo jurisdiccional —porque permite dejar sin efecto resoluciones jurisdiccionales— y lo disciplinario, ya que al mismo tiempo autoriza al superior jerárquico a sancionar disciplinariamente a los jueces que la dictaron, aunque esto en la práctica es muy infrecuente. También la norma del COT permite que la Corte, conociendo de la queja, la rechace, pero igualmente anule de oficio la sentencia impugnada.

Puede decirse que la queja permite que el tribunal superior se avoque a conocer de todo tipo de cuestiones, referidas a la aplicación de la ley de fondo como a asuntos netamente procesales. La amplitud de la formulación de la causal para que proceda, posibilita este fenómeno.

Su plazo de interposición es de cinco días hábiles desde notificada la resolución (artículo 548) y se presenta directamente ante el tribunal *ad quem*. De la regulación del COT, no queda claro si este recurso es competencia de las Cortes de Apelaciones o de la Corte Suprema, aunque sí parece pacífico que no es procedente la "queja de la queja" ni la "apelación de la queja".

Capítulo XVII

Procedimientos especiales

PROCEDIMIENTOS ESPECIALES

1. Aspectos generales

El actual sistema de persecución penal chileno fue concebido a partir de una contradicción interna, que desde sus orígenes no ha sido subsanada.

Por un lado, se ha colocado en el centro de las garantías del imputado su derecho a un juicio oral y público ante un tribunal imparcial, diferente al que controló la investigación. Pero, al mismo tiempo, todos los delitos que caben dentro de la categoría de "criminalidad de bagatela" o "delitos de mediana gravedad" —estadísticamente la enorme mayoría— serán enjuiciados a través de mecanismos procesales que rebajan, en forma más o menos sustancial, esta garantía de un juicio oral y público ante un tribunal imparcial.

Las razones de este diseño son, evidentemente, presupuestarias. No resulta eficiente que los recursos escasos del Estado se destinen a juicios orales, mecanismo dotado de las máximas garantías para el imputado, los casos que no son complejos y que admiten una solución rápida y sencilla. Es por esta razón que se han creado una serie de procedimientos especiales que permitirán resolver aquellos casos de escasa o de mediana gravedad.

Los procedimientos especiales que estudiaremos a continuación tienen, a simple vista, problemas que no es posible obviar.

El procedimiento simplificado se sustancia ante el mismo Tribunal de Garantía que controló previamente la investigación, con los consabidos problemas que conocemos del anterior sistema de persecución criminal en que la imparcialidad del juzgador podía resultar severamente comprometida.

El juicio abreviado, por otra parte, no solo es juzgado por el mismo tribunal de garantía, sino que, además, ni siquiera es un juicio, sino que es un reconocimiento de hechos del imputado que conlleva, en la práctica, una condena automática, sin pruebas.

Y, por último, el procedimiento monitorio tiene la particularidad que inicia con un imputado condenado por una sentencia, pronunciada por un juez que jamás recibió prueba alguna, sino solo una solicitud de un fiscal.

Todas estas soluciones procesales, sumamente innovadoras al momento de la entrada en vigencia del CPP, han sido adoptadas por la judicatura chilena sin mayores cuestionamientos, y que sepamos, sin que el Tribunal Constitucional los haya estimado como contrarios a la Carta Fundamental. Han sido sin duda razones prácticas las que han llevado a que imputados, fiscales y jueces prefieran soluciones rápidas para poner fin masivamente a gran cantidad de casos, que de otra forma serían inabarcables. Pero no puede olvidarse que la supuesta eficiencia y rapidez de estos procedimientos implica, en mayor o menor medida, un sacrificio de ciertas garantías del imputado, la más importante, el contar con un juicio oral.

A continuación, estudiaremos en particular el procedimiento abreviado, el procedimiento simplificado, el procedimiento monitorio y el procedimiento por delitos de acción penal privada. Finalmente, nos avocaremos al estudio de los procesos de desafuero, querella de capítulos y de extradición.

2. Procedimiento abreviado

2.1 Concepto

El procedimiento abreviado está definido en el inciso segundo del artículo 406 del CPP y consiste en que "el imputado, en conocimiento de los hechos materia de la acusación y de los antecedentes de la investigación en que se fundaren, los acepte expresamente y manifieste su conformidad con la aplicación de este procedimiento". Es a partir de este reconocimiento que el juez de garantía dicta sentencia definitiva, la que generalmente será de condena.

Aunque la regla dispone que el imputado, en rigor, "acepta los hechos materia de la acusación y los antecedentes de la investigación", en la práctica esta situación asemeja mucho a una admisión de responsabilidad. Así, la confesión del imputado cobra el valor de una prueba incontrarrestable, al punto de servir como único antecedente para fundar su condena.

Esta situación resulta paradójica si se tiene que el artículo 340 del CPP justamente dispone que "no se podrá condenar a una persona con el solo mérito de su declaración".

El procedimiento abreviado de los artículos 407 y siguientes del CPP es un "no-juicio" que concluye con una sentencia, que —salvo contadísimas excepciones— es siempre condenatoria. En este proceso no existe una confrontación de dos posiciones adversariales entre los intervinientes; tampoco el juez pondera prueba alguna para llegar a su convencimiento de condenar al imputado.

Nuestro procedimiento abreviado no es una creación original, sino que existe en muchos otros sistemas comparados. Entre los más conocidos está el *plea bargaining* de Estados Unidos, que permite la conclusión anticipada y sin juicio de más del 90% de las causas criminales. En Italia, existe también el *pattegiamiento*, y en España la conformidad; asimismo en varios códigos procesales penales de Argentina existe el procedimiento abreviado bajo el mismo nombre.

En los sistemas del *Common Law* este tipo de acuerdos son consistentes con una cultura jurídica, cuyos orígenes están en la concepción de la persecución penal como la resolución de un conflicto entre la víctima y el imputado, el que sería sometido al juicio de iguales, el jurado. Siendo un conflicto entre particulares, en que el Estado estuvo ausente en sus orígenes, no resultó extraño que el imputado pudiera someterse voluntariamente a un castigo penal.

En todos estos sistemas este tipo de procedimientos cumple varios propósitos a la vez: por un lado, resulta sumamente conveniente para los fiscales terminar anticipadamente un gran número de causas, ahorrando valiosos recursos al Ministerio Público y a la judicatura al no tener que celebrarse un juicio oral, y para mejor, obteniendo una condena para el imputado. Por su parte, el imputado obtiene una importante ganancia, ya que la condena que se solicite por el fiscal y que finalmente imponga el juez, será muy inferior a la que posiblemente se le hubiera impuesto de ser condenado en un juicio oral.

En los Estados Unidos de América a partir de la sentencia del caso *Santobello v. Nueva York* del año 1971, el sistema judicial de ese país asumió como uno de sus aspectos fundamentales, que resultará imposible procesar bajo la forma de juicio la totalidad de los casos criminales, los que deberán ser absorbidos a través de otros mecanismos, como son estas salidas negociadas de los que el procedimiento abreviado es su máximo exponente.

2.2 Delitos elegibles para un procedimiento abreviado y críticas de la doctrina

Originalmente este procedimiento estaba diseñado para terminar anticipadamente —sin juicio— todas causas cuyo objeto fueran hechos constitutivos de delito cuya pena requerida por el fiscal no fuera superior a los *cinco años* de privación de libertad o presidio o reclusión menor en su grado en su grado máximo (artículo 406 inciso primero del CPP).

Esta norma fue modificada en 2016, y luego nuevamente reformada en 2024 por la Ley 21.694 que estableció la nueva regla, que es la actualmente vigente, que dispone que son elegibles para un procedimiento abreviado todos los delitos cuya pena requerida no superior a los diez años de presidio mayor en su grado mínimo.

La regla se refiere a la pena requerida por el fiscal, y no a la pena en abstracto asignada el delito.

La reforma que hizo elegibles a estos delitos con penas de hasta diez años ha sido criticada por alguna doctrina, ya que, al aplicarse el procedimiento abreviado, la rebaja en un grado de la pena (en el evento de reconocerse la circunstancia atenuante del artículo 11.9 CP de colaboración sustancial con el esclarecimiento de los hechos, según dispone el artículo 406 CPP) significará una disminución de hasta cinco años de presidio. Esta situación *exacerba la diferencia entre la pena asignada en la ley y la pena efectivamente aplicable*, y genera el problema de que se produce una presión adicional sobre el imputado, para quien será difícil o imposible resistirse a este "generoso ofertón", lo que minará su consentimiento libre.

Asimismo, la gravedad de las penas de estos delitos hace muy probable que al formalizarse la investigación se decrete la prisión preventiva del imputado. Entonces, quien deberá negociar un procedimiento abreviado será un imputado privado de libertad, lo que obviamente hará que su consentimiento esté fuertemente coaccionado por recuperar su libertad lo más pronto posible.

Sobre esto último, un asunto que tampoco ha sido muy estudiado en la literatura chilena es la existencia de "acusaciones de venganza" por parte del Ministerio Público en contra de los imputados que no aceptan un procedimiento abreviado, en represalia por provocar la actividad estatal de persecución penal y el derroche de recursos fiscales. En concreto, una solicitud de pena desmesuradamente alta en comparación con la pena negociada en el abreviado. El tema ha sido objeto de algunas sentencias por la Corte Suprema de los Estados Unidos (*North Carolina v. Pearce* de 1969, entre otras), que estableció que debían existir parámetros objetivos que motivaran una solicitud de pena mayor a la del *plea bargaining* fracasado.

La doctrina mayoritariamente se ha manifestado contraria a que el juicio abreviado sea procedente para los casos de responsabilidad penal adolescente de la Ley 20.084, aunque el asunto es discutible por la remisión que hace el artículo 27 de dicha norma a las reglas generales del CPP, incluidas por cierto, las del procedimiento abreviado. Se ha sostenido que las capacidades cognitivas y decisorias del menor de edad no son las mismas que las del adulto, lo que desaconsejaría la aplicación de este instituto para estas personas, como una forma de protegerlos.

Los estudios empíricos que se han hecho sobre el procedimiento abreviado, muestran que los fiscales del ministerio público efectúan una serie de "acomodos" para que el caso sea elegible para un procedimiento abreviado, de acuerdo a los límites de penas antes señalados.

Así, no son inusuales las modificaciones de las circunstancias fácticas del hecho punible, la invocación o reconocimiento de circunstancias atenuantes de responsabilidad criminal, y también la alegación de circunstancias agravantes que solo se harán valer si el imputado rechaza el ofrecimiento de abreviado, y que se omitirán si el imputado acepta. También suele modificarse el *iter criminis* del delito, en orden a que el delito se considere frustrado o tentado, lo que conlleva una rebaja en la pena aplicable. Así, por ejemplo, un caso por homicidio frustrado podría recalificarse por el fiscal como un simple caso de lesiones leves, para ajustarlo al rango de pena exigible por la ley.

2.3 Oportunidades procesales para solicitar el procedimiento abreviado y críticas de la doctrina

El procedimiento abreviado debe solicitarlo el fiscal de la causa al tribunal de garantía, y puede hacerlo respecto de uno, varios o todos los imputados de una misma causa (artículo 406 inciso tercero del CPP), con los problemas que ya expusimos en otra parte de esta obra. Esto es, que perfectamente el fiscal puede pactar procedimientos abreviados respecto de algunos imputados a cambio de su colaboración para incriminar a otros imputados en la misma causa y llevarlos a juicio oral, a quienes no ofrecerá el procedimiento abreviado.

El abreviado puede solicitarse en cualquier etapa del procedimiento en la medida que la investigación esté formalizada.

También se puede hacer un ofrecimiento y pactarse un juicio abreviado en la audiencia preparatoria de juicio, como ya vimos (artículo 407 inciso primero del CPP, reformado por la Ley 20.074).

Una reforma de 2016 permite que se solicite el abreviado en la denominada audiencia intermedia del artículo 280 bis del CPP, que es posterior a la audiencia de preparación de juicio oral. Como ya vimos, esta audiencia intermedia permite al fiscal no llevar el caso a juicio oral —y pactar, entre otros, un abreviado— cuando en la audiencia de preparación de juicio se excluyó prueba de cargo relevante para sustentar su pretensión de condena en el juicio oral. Esto está recogido en el inciso segundo del artículo 407.

Autores como Guillermo Oliver han criticado que se pueda poner término al proceso mediante un procedimiento abreviado en investigaciones que apenas están formalizadas, y en las que perfectamente podrían haber muy pocos indicios de la existencia del delito y participación del imputado; por lo mismo, se ha dicho que sería más recomendable el diseño original que solo permitía acogerse a él en la audiencia preparatoria de juicio, con la investigación ya afinada.

En sistemas comparados puede optarse a rebajas de pena mayores en la medida que se acepte el acuerdo de la fiscalía en etapas más tempranas del proceso (Colombia); pero no es ese el caso de Chile.

Como decíamos más arriba, el procedimiento abreviado implica que el imputado acepte los hechos que son objeto de la acusación. Y por lo mismo, la regla presupone que la acusación ya fue presentada. Pero la misma norma dispone que el abreviado procede "en cualquier etapa del procedimiento" siempre que esté formalizada la investigación. Por lo mismo, es perfectamente posible que aún no se haya presentado acusación por el fiscal. La regla del inciso tercero del artículo 407 CPP se pone en esta hipótesis, y dispone que en aquellos casos en que se solicite un abreviado en una causa en que aún no se hubiere acusado, el fiscal podrá acusar verbalmente en la misma audiencia convocada por el juez de garantía para efectos de resolver sobre el abreviado.

Otro problema que se puede presentar es que la acusación escrita ya presentada por el fiscal proponga una pena que exceda el máximo que permite la ley, que hoy es de diez años. La regla del inciso cuarto del artículo 407 del CPP soluciona este problema, permitiendo que tanto el fiscal como el querellante modifiquen sus acusaciones —rebajando sus pretensiones de pena, se entiende— e incluso permitiendo que la sola aceptación del imputado al abreviado se considere como la circunstancia atenuante del artículo 11 9 CP, esto es, colaboración sustancial con el esclarecimiento de los hechos, permitiendo así rebajar la pretensión de pena. La Ley 21.694 agregó un nuevo inciso al artículo 406 del siguiente tenor: "sin perjuicio de lo establecido en los artículos anteriores, si el imputado acepta expresamente los hechos y los antecedentes de la investigación en que se fundare un procedimiento abreviado, el fiscal o el querellante, según sea el caso, podrá solicitar una pena inferior en un grado al mínimo de los señalados por la ley".

El inciso segundo del artículo 410 del CPP se pone en la hipótesis de que el fiscal y el querellante presenten acusaciones verbales o modifiquen sus acusaciones escritas previas para solicitar un abreviado, y este finalmente no sea aceptado por el tribunal de garantía. En ese caso, dice la norma, "se tendrán por no formuladas las acusaciones verbales" y las modificaciones a las acusaciones escritas que hubieren presentado.

2.4 Tramitación del procedimiento abreviado

Para que prospere el procedimiento abreviado, es necesario que el Tribunal de Garantía dicte dos resoluciones: una primera aprobando la procedencia de este procedimiento (artículo 410 del CPP) y una segunda resolución de absolución o condena (artículo 412).

O sea, primero el tribunal controla la admisibilidad de la solicitud del fiscal, y luego dicta sentencia definitiva. Desde ya diremos que esta sentencia generalmente será de condena, y produce el mismo efecto que la sentencia de condena dictada en juicio oral.

Tal como sucede con el procedimiento simplificado, la comparecencia del imputado a la audiencia en que se discutirá acerca de la procedencia del procedimiento abreviado es facultativa para el imputado, y en consecuencia, no sería procedente que el juez de garantía apercibiera y menos aplicara una medida de arresto en su contra en caso de incomparecencia injustificada (artículo 127 inciso cuarto). Esto, porque los dos primeros incisos del artículo 407 establecen inequívocamente que se trata de un acuerdo entre imputado y fiscalía (y así, el legislador utiliza la forma verbal "podrá"), y por lo mismo, su incomparecencia generará una sola consecuencia, que es que el acuerdo se frustrará. Así lo ha resuelto, por ejemplo, la Corte de Apelaciones de Santiago al acoger un amparo intentado por la defensa recientemente (rol 293-2023).

a) Examen de admisibilidad

Respecto de la admisibilidad del abreviado, el Tribunal de Garantía debe revisar tres aspectos, que veremos a continuación.

Primero, si el querellante se opone al procedimiento (artículo 408 del CPP), deberá resolverse dicha oposición. Esta oposición solo será procedente en la medida que hubiere previamente presentado acusación particular y en ella hubiere hecho una calificación jurídica de los hechos, atribuido una participación al imputado o señalado circunstancias modificatorias de responsabilidad penal distintas a las señaladas por el fiscal, y como consecuencia de esto, la pena aplicable excedería el límite legal de diez años. Si el querellante, por ejemplo, solo había adherido a la acusación fiscal, su oposición no será admisible.

En segundo lugar, el tribunal debe verificar si el imputado prestó su consentimiento libre y voluntariamente, asegurándose que sabe que tiene derecho a exigir un juicio oral, que entiende los términos del acuerdo y sus consecuencias, y que no ha sido objeto de coacciones o presiones indebidas por parte del fiscal o de terceros (artículo 409 del CPP). Lamentablemente, las cifras levantadas por algunos estudios empíricos muestran que en apenas un 17% de los casos los jueces efectivamente hacen este control en audiencia, y en más de la mitad de los casos el juez no efectúa explicación ninguna al imputado acerca de los alcances de la admisión de responsabilidad.

Aunque no es un asunto frecuente, ha habido casos en que el imputado ha cuestionado la validez del consentimiento al acceder a un procedimiento abreviado. Uno de los casos más conocidos fue el del exsenador Jorge Lavandero Illanes, quien reconoció los hechos en un procedimiento abreviado por una serie de delitos contra la indemnidad sexual de menores de edad luego de que se revelara una investigación periodística que causó gran revuelo comunicacional (rit 4150-2004 del Juzgado de

Garantía de Temuco). Ante el tribunal de garantía, el imputado, en compañía de su abogado defensor manifestó que "lamentablemente tengo que aceptar" el procedimiento abreviado, lo que usó para fundamentar una apelación posterior aduciendo presiones por parte de su defensor, las que fueron desechadas por la Corte de Apelaciones de Temuco. En el derecho comparado, resulta interesante alguna jurisprudencia de Colombia, que ha establecido el principio de "irretractabilidad" de la aceptación de cargos del imputado.

Finalmente, y en tercer lugar, el tribunal ponderará si se cumple con los requisitos formales del artículo 406 del CPP, en cuanto a la oportunidad procesal y sobre todo, que la pena aplicable al delito y solicitada por el fiscal corresponda al límite de diez años que estipula la norma (artículo 410 del CPP). Es llamativo que este control de admisibilidad no exista en el procedimiento simplificado previa admisión de responsabilidad del imputado, como veremos más adelante.

¿Puede el tribunal estimar que la solicitud de procedimiento abreviado es improcedente, por no corresponder —a su juicio— la solicitud de pena con la *calificación jurídica* que debieran tener los hechos de la acusación? ¿O el juez no tiene nada que decir al respecto? O dicho de otra forma: ¿puede el juez recalificar los hechos que son objeto de la acusación para rechazar un procedimiento abreviado? Sobre este asunto, no resuelto en la ley, valga lo ya dicho a propósito de las prerrogativas del juez en la suspensión condicional del procedimiento: no puede el juez alterar los *hechos* de la acusación (ni de la formalización), a riesgo de asumir una función acusadora que le está explícitamente vedada. Lo mismo ocurre, a nuestro juicio, con la calificación jurídica propuesta por el fiscal, pero solo para ser considerada en la admisibilidad del procedimiento abreviado. Esto, en el entendido que se trata, evidentemente, de una calificación más benigna para el imputado; por lo mismo, una recalificación por parte del juez para vetar el abreviado iría en su perjuicio. Esta prohibición de recalificación no corre, como veremos, respecto de la *sentencia definitiva*, en que el juez es soberano para absolver, si estima que los hechos de la acusación no son constitutivos de delito, o bien, que corresponden a un delito menos grave que el propuesto por la fiscalía.

Si el Tribunal de Garantía estima que no es admisible el procedimiento abreviado en el caso sometido a su conocimiento, se tendrá por no formulada acusación verbal ni modificada la acusación escrita efectuadas por el fiscal o querellante, según sea el caso. Tampoco se tendrán por aceptados los hechos de la acusación ni los antecedentes de la indagatoria por parte del imputado, y se eliminará del registro del tribunal todos los antecedentes referidos a este abreviado fracasado (artículo 410 inciso segundo).

b) La sentencia definitiva en el juicio abreviado

Una vez resuelta la admisibilidad del juicio abreviado, el juez, usualmente en la misma audiencia, dará la palabra al fiscal para que haga una exposición resumida de la acusación y de los antecedentes de la investigación, luego dará la palabra a los restantes intervinientes, y en último lugar al imputado (artículo 411 del CPP). Puede suceder que en la misma audiencia se haya formalizado previamente investigación y formulada acusación verbal, justamente para hacer procedente el abreviado. La Ley 21.577 del año 2023 agregó un nuevo inciso al artículo 411, que dispone que "si el fiscal solicita la aplicación del comiso de ganancias o el comiso por valor equivalente de bienes e instrumentos, deberá indicar su monto aproximado y expresar con claridad y precisión los fundamentos de su solicitud".

Pudo haber sucedido que el querellante se haya opuesto previamente respecto de la admisibilidad del abreviado, en los términos del artículo 408 del CPP, y que dicha oposición haya sido rechazada. ¿Puede el querellante reiterar su oposición en esta etapa, previo a dictarse sentencia definitiva? En nuestra opinión, no debiera ser permitido por el tribunal, ya que el asunto fue previamente zanjado, gozando de firmeza de cosa juzgada, debiendo centrarse las alegaciones del querellante respecto de la forma de cumplimiento de la pena, únicamente.

Concluidas estas exposiciones, el tribunal de garantía debe dictar sentencia definitiva (artículo 412 del CPP), la que podría ser absolutoria o condenatoria. Sin embargo, cifras de 2017 y 2018 muestran que en el 99% de los casos este procedimiento termina en condena. Sin perjuicio de ello, de la redacción de esta regla queda claro que el proceso está pensado únicamente para condena, ordenándole la ley al juez no aplicar una pena superior a la solicitada por el fiscal o por el querellante particular. La misma norma dice que esta condena no puede basarse "exclusivamente" en la admisión de los hechos de las acusaciones, dando a entender que el juez debe necesariamente revisar los antecedentes de la investigación antes de condenar. Y, si los antecedentes no son convincentes, podría absolver. Pero, como decimos, ello no ocurre casi nunca.

2.5 Estándar de convicción en el procedimiento abreviado

Se ha dicho por el profesor Guillermo Oliver que el estándar de convicción para la condena en el procedimiento abreviado, lo mismo en el simplificado en que el imputado admite responsabilidad, corresponde al de "alta probabilidad o de prueba clara o convincente", que, en proporción, se dice que correspondería a una convicción del 75%.

Este estándar estaría a medio camino entre "la convicción de condena más allá de toda duda razonable" que se exige en el juicio oral y oral simplificado (90% de convicción), y el de la "probabilidad prevaleciente" que se exige, por ejemplo, para decretar una medida cautelar (50% de convicción).

Ahora, como ya se dijo a propósito de otras decisiones *prima facie*, en el juicio abreviado no existe propiamente una ponderación de pruebas, ya que no se celebra juicio oral alguno. El juez de garantía resuelve sobre la base de las alegaciones de las partes y de los antecedentes de la investigación. Pero el juez no revisa dichos antecedentes, sino que toma conocimiento de ellos a partir de las alegaciones de las partes.

Por lo tanto, sería también impropio hablar de estándares de convicción, en el sentido procesal del concepto. En todo caso, las estadísticas muestras una prevalencia de la condena en el 99% de los juicios abreviados, que si se la compara con la de los juicios ordinarios (apenas superior al 70%) lleva a concluir que el estándar de condena aplicado por los jueces de garantía necesariamente es inferior al de "convicción más allá de toda duda razonable" del artículo 340 del CPP.

La fundamentación de las sentencias pronunciadas en los procedimientos abreviados suele ser sumamente escueta e insuficiente. Generalmente se utilizan fórmulas del tipo "con el mérito de los antecedentes se tiene por acreditado el hecho referido en acusación verbal, constitutivo del delito de robo con intimidación", pero lo cierto es que el juez suele no hacer revisión alguna de los antecedentes de la indagatoria, sino que solamente "dar por buenos" los que la fiscalía le presente, como ya dijimos.

Aunque es altamente infrecuente, ha habido algunos casos de sentencias absolutorias previo reconocimiento de los hechos por parte del imputado. En fallo dividido de 5 de marzo de 2024 (rol 203-2024), la Corte de Apelaciones de Santiago absolvió al exdirector nacional de Junaeb, José Miguel Serrano, imputado por el delito de fraude al fisco, quien se había acogido a un procedimiento abreviado, reconociendo los hechos, pero cuestionando su carácter delictivo. En ese fallo, se dijo que "el procedimiento abreviado en materia procesal penal, por tratarse de un proceso jurisdiccional, no suprime totalmente la función jurisdiccional de los tribunales de justicia, lo que faculta al juez para absolver no obstante el acusado haya reconocido los hechos de la acusación fiscal y los antecedentes anexos en que se fundamenta".

En la doctrina comparada, se le denomina el "control material fuerte" a la facultad que tendrían los tribunales de cuestionar la existencia de los elementos propios de la teoría del delito en las conductas previamente reconocidas por el imputado en el procedimiento abreviado. Como dijimos más arriba: el juez de garantía no goza —a juicio nuestro— de la prerrogativa de recalificar los hechos admitidos por el imputado para denegar el abreviado; por ejemplo, porque la pena que correspondería, según el juez, sería superior a los diez años. Pero sí puede, perfectamente, absolver si se convence que los hechos admitidos no son constitutivos de delito. Este último control nos parece esencial, desde que tampoco la formalización de cargos está sometida a control jurisdiccional alguno, y es justamente los hechos de la formalización los que serán más tarde admitidos por el imputado.

2.6 Menciones de la sentencia definitiva

El juez de garantía debe dictar sentencia definitiva, la que debe contener las menciones del artículo 413 del CPP:

- Individualización del tribunal, fecha de la sentencia e identificación de los intervinientes.
- Enunciación de los hechos de la acusación, la aceptación del acusado y su defensa.
- Exposición "clara, lógica y completa" de los hechos que se dieren por acreditados sobre la base de la aceptación del imputado de los antecedentes de la investigación, y el mérito de estos últimos, valorados según el estándar de la sana crítica.
- Razones de derecho para la calificación jurídica de los hechos.
- Decisión de absolución o condena.
- Pronunciamiento sobre las costas de la causa.
- Desde qué día se comenzará a cumplir la condena, en caso de condenarse, y los abonos de tiempo por el lapso que el condenado estuvo sometido a prisión preventiva, detenido o sometido a otra medida cautelar intensa.
- Comiso de los instrumentos o efectos del delito, si procediere.
- Firma del juez.

Como ya vimos, en el procedimiento abreviado no es admisible la decisión sobre la demanda civil, la que podrá ser deducida en un juicio ante el tribunal civil competente (artículo 412 inciso final del CPP).

La regla del artículo 412, reformada por la Ley 20.603 del 2012, es de suma importancia ya que dispone que "en ningún caso el procedimiento abreviado obstará a la concesión de alguna de las penas sustitutivas consideradas en la ley, cuando correspondiere". Esta norma dispone, en buenas cuentas, que el juez puede perfectamente aplicar algunas de las penas sustitutivas de la Ley 18.216, es decir, un cumplimiento de la condena en libertad. Este es, posiblemente, el aspecto más relevante de la negociación de un procedimiento abreviado, y a juicio nuestro, está muy mal resuelto en la ley procesal. Como resulta evidente, una cosa que es que el juez pueda aplicar una pena sustitutiva, y otra cosa muy distinta es que deba hacerlo.

La ley solo obliga al juez aplicar una pena que sea igual o inferior a la solicitada por el fiscal o querellante (artículo 412 inciso primero), pero respecto de su forma de cumplimiento, queda a su arbitrio, dentro de lo que la ley le ordena. Y podría perfectamente suceder —y ha sucedido— que todos los intervinientes estuvieran de acuerdo en solicitar un abreviado con una pena sustitutiva no privativa de liberta, y finalmente el juez resuelva algo diferente, o sea, que el imputado debe cumplir una pena efectiva, por aplicación de las reglas de la Ley 18.216. A nuestro juicio, ello es totalmente improcedente, ya que implica una asunción de funciones acusadoras por parte del juez de garantía, quien oficiosamente estaría aplicando una sanción que no ha sido solicitada por el acusador.

2.7 Apelación de la sentencia definitiva

Tanto la resolución del juez sobre la admisibilidad del abreviado, como la sentencia definitiva de absolución o condena son apelables, con efectos suspensivos (artículo 414 del CPP).

Es decir, la respectiva Corte de Apelaciones podrá hacer una revisión completa de los hechos del caso y el derecho aplicable, asimismo, acerca de la forma de cumplimiento de la condena, lo que constituye una notable excepción en el sistema de recursos del CPP, que solo contempla la nulidad respecto de sentencias definitivas pronunciadas en juicio oral y oral simplificado.

Se ha resuelto por la Corte Suprema, vía recurso de queja (rol 34016-2016) que la aceptación de los hechos por parte del imputado en un procedimiento abreviado cercena sus posibilidades de alegar que la evidencia recogida durante la indagatoria lo fue con infracción de sus garantías fundamentales. No compartimos este criterio: una aceptación de los hechos de la acusación no puede implicar una convalidación automática de la evidencia obtenida ilícitamente. Se trata, evidentemente, de asuntos completamente diversos.

¿Podría apelar aquel querellante cuya pretensión de pena no haya sido superior a la del fiscal, o que no se haya opuesto a la admisibilidad del abreviado en la audiencia respectiva? La norma del artículo 414 del CPP nada dice, y por lo mismo, debería entenderse como plenamente legitimado, sin perjuicio de lo que la Corte de Apelaciones pueda resolver sobre el fondo, teniendo en cuenta la teoría de los actos propios; por lo mismo debiera rechazar esa apelación.

2.8 Procedimiento abreviado acordado con parte de los coimputados

Como ya expusimos en otra parte de este trabajo, uno de los asuntos problemáticos del procedimiento abreviado puede ser la situación que se genere cuando, en una causa en que existen múltiples imputados, solo algunos de ellos accedan a reconocer los hechos, y otros no; y los beneficiados con el acuerdo con el fiscal se conviertan en testigos de cargo respecto de quienes no accedieron a esta negociación.

La norma chilena nada dice sobre esto, aunque en Argentina es posible encontrar en su regulación procesal penal una prohibición de arribar a acuerdos parciales cuando existe multiplicidad de imputados. La doctrina española ha señalado —con razón— que en los casos de coimputados en una misma causa, el arribar a acuerdos parciales generará un doble problema. Primero, en el juicio oral que se celebre contra quienes no se arribó a un acuerdo podría dictarse sentencia absolutoria, ocasionando que unos mismos hechos den lugar a sentencias eventualmente contradictorias. Y el otro problema, ya no epistémico, es que el derecho de defensa del coimputado llevado a juicio oral podría verse desmedrado, al existir sentencias previas condenatorias sobre los mismos hechos, generadas a partir de acuerdos de los otros imputados con la fiscalía.

En Chile, la Corte Suprema (rol 3003-2010) autorizó en un caso que un fiscal incorporara como documento a un juicio oral las sentencias pronunciadas en otros procedimientos abreviados contra otros imputados por el mismo hecho que se estaba juzgando. A juicio del máximo tribunal, la prohibición del artículo 335 del CPP solo aplica respecto del propio imputado, y no se hace extensiva a terceros.

2.9 Las críticas de la doctrina al procedimiento abreviado

En la doctrina nacional y comparada son muchas las críticas que se han levantado en contra de este tipo de procedimientos, y aquí revisaremos solo algunas de ellas.

Como se advierte de la definición que da el artículo 406 del CPP, el procedimiento abreviado implica una aceptación voluntaria por parte del imputado de los hechos de la acusación y de los antecedentes de la investigación. Pero como vimos, esta aceptación es siempre "a cambio" de un ofrecimiento de pena inferior al que —previsiblemente— se hubiere impuesto en el caso de condena.

Es decir, el imputado, al momento de aceptar este procedimiento, asume dos cosas: por un lado, que resultará efectivamente condenado, y lo segundo, es que esa eventual condena será más severa que el ofrecimiento que le hace el fiscal. Por lo mismo, varios autores se han preguntado qué tan voluntaria es esta aceptación por parte del imputado.

Incluso hay opiniones que han equiparado estos ofrecimientos a una suerte de tortura.

La controversia que siempre ha acompañado al procedimiento abreviado, en todo caso, es transversal a la *confesión* como medio de comprobación de los hechos en el proceso penal; o si se quiere: la confesión como método para arribar a la verdad en el proceso. En nuestro Código de Procedimiento Civil de 1903 la confesión tiene el valor de "plena prueba" respecto de un hecho, mientras que en el Código Procesal Penal su valor de ha devaluado, al punto que —como vimos— existe la prohibición legal de condenar únicamente sobre la base de la declaración del acusado. En todo caso, nos parece importante hacer un importante matiz en este punto: parece no ser lo mismo la "declaración del acusado" en el contexto de la indagatoria y del juicio oral, que la admisión de los hechos en el procedimiento abreviado. En este último caso, el "acto del habla" del imputado tiene una trascendencia totalmente distinta, que podría estar en la línea de lo que el filósofo Michel Foucault explicaba en su obra *Obrar mal, decir la verdad. La función de la confesión en la justicia*. Decía Foucault que

> "la confesión no es simplemente una comprobación acerca de uno mismo. Es una especie de compromiso, pero un compromiso muy particular: no obliga a hacer tal o cual cosa; implica que quien habla se compromete a ser lo que afirma ser, y precisamente porque lo es [...] Quien confiesa un crimen se compromete en cierto modo a ser su autor; quiero decir que no solo acepta la responsabilidad por el crimen, sino que funda esa aceptación en que efectivamente lo ha cometido [...] si el criminal que confiesa no es juzgado de la misma manera que aquel cuyo crimen se ha establecido a través de pruebas y testimonios, es porque se atribuye a la confesión la capacidad de modificar la relación que tiene con el crimen".

En el mismo sentido, la aceptación del imputado podría estar condicionada a la natural aversión no solo al riesgo de condena, sino también, a soportar la incertidumbre sobre el resultado del juicio oral, que en muchos casos, puede durar varios meses. Si bien existirán imputados dispuestos a asumir ese riesgo y esa espera, existirán otros cuya baja o nula tolerancia al riesgo harán inviable soportar el juicio mismo. Por lo tanto, es posible pensar en casos en que el imputado, siendo absolutamente inocente de las acusaciones del fiscal, termine aceptado los hechos solo en atención a estos factores recién mencionados.

También aquí operan, en contra del imputado, la asimetría en la información. Uno puede pensar en un imputado de alto nivel cultural que afronta la investigación en libertad, asesorado por un defensor privado que está siempre a su disposición; en este caso, la decisión sobre el procedimiento abreviado podría ser perfectamente meditada y sopesada. Pero en muchos otros casos, el imputado será un sujeto joven, de bajo nivel cultural, privado de libertad, con escaso acceso a su abogado defensor. En este último caso, los "generosos" ofrecimientos del fiscal pueden parecer como la única salida del caso.

Los estudios de campo que se han hecho sobre el funcionamiento de los procedimientos abreviados y simplificados en que se admite responsabilidad muestran datos preocupantes. Así, en el 40% de los juicios abreviados y en el 28% de los simplificados se detectó que no hubo conversación alguna entre imputado y su defensa, y en los casos en que dicha conversación sí existió —en audiencia— duraron entre treinta segundos y cuatro minutos, lo que evidentemente muestra que los imputados no recibieron información necesaria para adoptar una decisión tan trascendente que redundará en su condena penal. La dinámica de las audiencias "en bloque" ante los juzgados de garantía, las metas institucionales por cerrar los casos, la complacencia de los defensores con los otros actores institucionales del sistema —jueces y fiscales— y el apuro propio de un imputado muchas veces privado de libertad, cansado y confundido, complotan contra la idea de que pueda prestar un consentimiento libre e informado.

Asimismo, estudios empíricos muestran que solo en un 2,5% de las audiencias se ha detectado una interacción activa de la defensa, en el sentido de cuestionar los planteamientos del fiscal, o al menos, figurar como un negociador con cierta habilidad. En muchas audiencias no es infrecuente detectar situaciones de insistencia por parte de los jueces para que el imputado acepte el acuerdo propuesto por la fiscalía, frente a un defensor, como decimos, complaciente.

Pero más allá de estos reparos respecto de la voluntariedad de la aceptación del imputado, resulta sumamente problemático que nuestro sistema de persecución penal genere —en forma masiva muchas veces— sentencias condenatorias en que se ha renunciado de forma anticipada y total a determinar la verdad de los hechos.

Como decíamos más arriba, aquí no hay confrontación de versiones sobre los hechos o el derecho, sino un acuerdo entre imputado y fiscal. Pero ese acuerdo puede perfectamente ser respecto de hechos que nunca ocurrieron. Y los antecedentes de la indagatoria, que el imputado también acepta, jamás serán incorporados a juicio oral alguno para ser controlados y ponderados por el juez, luego de percibirlos por sus propios sentidos.

El juicio abreviado se parece demasiado al antiguo sistema de procedimiento penal inquisitivo, en que el juez del crimen terminaba condenando sobre la base de la evidencia recogida en el sumario. Como ha anotado el profesor Francisco Hermosilla Iriarte: "Pareciera que en este procedimiento especial hay una especie de acto mágico, donde las fuentes de prueba (antecedentes de la fase de investigación) se convierten, con la aceptación de ir al procedimiento abreviado por parte del acusado y en la conformidad que él mismo hace de ellas y a los hechos que se le imputan, en "medios de prueba" en la sentencia, sin controversia alguna de su mérito".

Aunque parece no ser una situación frecuente, sí se han conocido casos de condenas erróneas de inocentes en procedimientos abreviados (Corte Suprema, rol 6720-2013).

Un problema adicional al anterior es que los fallos firmes producen una serie de efectos fuera del proceso en que fueron dictados. Así, una sentencia condenatorio penal puede producir una suerte de cosa juzgada refleja en los procesos civiles posteriores para reclamar una indemnización de perjuicios ocasionados con motivo del delito (artículos 178 a 180 del CPC), aunque esto ha sido controvertido por alguna doctrina.

Estudios empíricos sobre la práctica del procedimiento abreviado en las audiencias de los tribunales de garantía han mostrado rebajas de pena de hasta dieciocho veces en algunos casos: por ejemplo, desde tres años y un día de presidio en el caso de llevar el caso a juicio oral, en comparación con la propuesta del fiscal de llevarlo a abreviado pidiendo una pena de apenas 61 días de presidio. También es usual que una pena privativa de libertad, que solicitaría el fiscal en el caso de ir a juicio oral, sea sustituida por una pena de multa que adicionalmente, se dé por cumplida. En todos estos casos, parecen existir incentivos demasiado poderosos para que finalmente el imputado acepte los hechos, con el consiguiente riesgo de que se esté condenando a un inocente.

Un ejemplo del fenómeno recién descrito lo podemos encontrar en un conocido caso. En 2012 se inició una investigación por el Ministerio Público, a partir de más de noventa querellas criminales presentadas por apoderados del jardín infantil Hijitus de la Aurora de la comuna de Vitacura. En esa causa se investigaron los supuestos abusos sexuales y violaciones perpetrados por la propietaria del establecimiento y su hijo Juan Manuel Romeo, este último profesor del lugar, en contra de los niños que asistían al jardín. La fiscalía formalizó investigación en contra del señor Romeo y solicitó su prisión preventiva, la que fue concedida y se mantuvo durante toda la indagatoria y el juicio oral, en que finalmente fue absuelto de todos los cargos (causa rit 6-2014 del Tercer Tribunal Oral en lo Penal de Santiago).

En 2016 se publicó una entrevista ("Crónica Roja" del periodista Rodrigo Fluxá) en que Juan Manuel Romeo señaló lo siguiente:

> La fiscalía le ofreció juicio abreviado a mi abogada. De los sesenta y cinco años que pedían inicialmente para mí, me ofrecieron, si me echaba la culpa, salir con libertad vigilada al día siguiente, solo firmando. Mi familia tuvo discusiones de si tomarlo o no, pero yo siempre me negué. Prefería sesenta y cinco años preso que admitir que había hecho cosas así. Les dije: o salgo con la frente en alto o me sacan en un cajón.

2.10 Un asunto no resuelto: La colaboración del imputado en el proceso penal

A propósito del procedimiento abreviado, nos parece pertinente tratar en esta parte un asunto más general, como es el siguiente: ¿existe alguna obligación legal de colaborar en la investigación? ¿Existe algún beneficio estratégico en reconocer los hechos de la imputación, o en declararse culpable?

Hemos visto en otra parte de este libro que no existe obligación alguna del imputado en colaborar en la indagatoria, esto es, de aportar antecedentes o evidencia —incluida su propia declaración— para contribuir al esclarecimiento de los hechos. Así, el imputado puede ejercer su derecho de guardar silencio tanto durante la indagatoria como en el juicio oral, y ninguna consecuencia negativa puede extraerse de ese silencio. Y, asimismo, no podrá ser condenado con el solo mérito de su declaración. Aunque no es un asunto claro en la doctrina, parece existir una frontera, por un lado, entre la actitud pasiva del imputado que no desea colaborar (lo que sería perfectamente lícito), y por otro lado, la generación y aportación positiva de evidencia deliberadamente falsa (lo que sería un delito de obstrucción a la investigación del artículo 269 bis del Código Penal).

Ahora, pueden existir poderosos motivos para que el imputado colabore en la indagatoria, "confiese", e incluso reconozca los hechos de la imputación o su responsabilidad. Ya vimos que el reconocimiento de los hechos puede dar lugar a que el fiscal acceda a que el caso termine mediante un juicio abreviado, o eventualmente un procedimiento simplificado. En estas hipótesis el imputado podrá ser elegible para un cumplimiento en libertad, por aplicación de las penas sustitutivas de la Ley 18.216. Es usual que la forma de cumplimiento de la pena sea parte de las negociaciones de estos procedimientos.

Asimismo, pueden existir inventivos poderosos para que el imputado colabore, si cree que con ello podrá persuadir al tribunal —y eventualmente al fiscal del caso— para que se le reconozca la circunstancia atenuante del artículo 11 número 9 del Código Penal de colaboración sustancial al esclarecimiento de los hechos, en cuyo caso la pena podría ser rebajada.

Para algunos autores, la colaboración sustancial solo existirá en la medida que el imputado preste declaración durante la indagatoria, además del juicio oral, y siempre que esta haya sido veraz y haya permitido efectivamente esclarecer los hechos. *Contrario sensu*: una declaración tardía, solo en el juicio oral, en circunstancias que guardó silencio en la investigación, no haría procedente esta circunstancia atenuante de la pena. La razón de esto sería que cuando el caso ya llega a juicio oral, la fiscalía cuenta con todas las pruebas para sustentar su acusación, y nada nuevo aportará la declaración del imputado. Sobre esto ya hemos hablado en otra parte de este trabajo, a propósito de la declaración del acusado en el juicio oral, y nuestra posición es que el asunto debe analizarse caso a caso. Perfectamente puede suceder que la supuesta colaboración del imputado en etapas tempranas de la indagatoria no haya sido relevante; en cambio, una declaración en juicio en que se aporte información valiosa sí podría provocar un vuelco en el caso que permita aclarar los hechos.

Los problemas de estas formas de colaboración son, a nuestro juicio, los siguientes.

Primero, que no existe forma de que los acuerdos a que se arribe entre defensa y fiscal sean vinculantes para este último al momento de concretarse la solicitud de un juicio abreviado, simplificado o de reconocer una circunstancia atenuante. O, dicho de otro modo: "las promesas hechas por el fiscal durante la investigación se las lleva el viento", es decir, no son respetadas más adelante en el proceso. Misma cosa respecto de los querellantes: no existe mecanismo legal en el CPP para vincular al querellante *ex ante* con un acuerdo de este tipo.

Y, relacionado con lo anterior: los acuerdos a que se arribe con la Fiscalía no son vinculantes para los querellantes, y los acuerdos con los querellantes no lo son para la Fiscalía; y los que se suscriban con algunos querellantes no lo son respecto de todos.

Finalmente, y como si lo anterior no fuera suficiente: estos acuerdos tampoco son vinculantes para el juez, quien de hecho —como vimos a propósito del juicio abreviado— podría incluso aplicar una pena efectivamente privativa de libertad, aun cuando el compromiso de la Fiscalía era solicitar solo una pena sustitutiva.

Todos estos problemas complotan en muchos casos contra la posibilidad de que se arriben a esta clase de acuerdos, sobre todo en criminalidad compleja, o en que las penas posibles a aplicar sean altas. Las razones de esta situación pueden atribuirse a un simple "caos legislativo", o a que el legislador mira con profunda desconfianza el tratamiento benévolo para el delincuente que, por añadidura, se convierte en "soplón". El problema es que en muchos casos de criminalidad organizada no existe otra forma de descubrimiento de estos delitos si no es mediante mecanismos de colaboración.

Parte de estos problemas fueron solucionados —no de la mejor forma— con la entrada en vigencia de la Ley 21.595 sobre Delitos Económicos, de agosto de 2023, y anteriormente con la Ley 21.000 que creó la Comisión para el Mercado Financiero.

Los artículos 63 y 64 de la Ley 21.595 sobre Delitos Económicos regularon la "cooperación eficaz" que el juez tratará como "una circunstancia que determina la culpabilidad muy disminuida", pero con dos novedades: autoriza al Ministerio Público a suscribir "acuerdos vinculantes" con la defensa, y obliga al juez a aplicarla, si es que el fiscal se lo solicita.

Incluso autores como los profesores Bascuñán y Wilenmann han señalado que el juez podría aplicarla aun en contra de la opinión del fiscal, en el caso que exista una negativa abusiva de este último a considerarla. Esta cooperación puede tener un triple propósito: no solamente como una verdadera confesión que alivia el trabajo de la fiscalía de acreditar los hechos; sino además, la de prevenir nuevos ilícitos; y la posibilidad de encontrar y recuperar activos donde ejercer la acción civil de comiso. Lamentablemente, como anotan los mismos autores, no quedaron regulados en la ley algunos aspectos sensibles, como es la utilización de la información respecto de negociaciones que finalmente fracasen, y los deberes de confidencialidad de las partes respecto de ellas.

El artículo 58 de la Ley 21.000 que crea la Comisión para el Mercado Financiero regula la "cooperación del presunto infractor", a la que se aplican también las reglas del "cooperador eficaz", y permite incluso eximir de responsabilidad al imputado, y rebajarle la totalidad la multa o sanción impuesta, en ciertos casos calificados en que la cooperación permitió descubrir el ilícito.

Misma figura del "cooperador eficaz" está contemplada en el artículo 22 de la Ley 20.000 sobre Tráfico Ilícito de Estupefacientes. Estos cooperadores incluso pueden declarar anticipadamente ante el juez de garantía (artículo 32) por razones de seguridad personal, según las reglas del artículo 191 del CPP.

De momento el ámbito de aplicación de estas normas está acotado a los delitos económicos y a los referidos en la Ley 21.000, urgiendo una solución global. La Ley 21.694 vino a ampliar el espectro de aplicación de esta figura del cooperador eficaz, pero no con alcances universales en nuestro sistema.

2.11 La introducción de la cooperación eficaz y eficaz calificada por la Ley 21.694

Los problemas antes apuntados motivaron una importante reforma al CPP por la Ley 21.694, que introdujo los nuevos artículos 228 bis A al 228 septies del CPP, referidos a la cooperación eficaz y la cooperación eficaz calificada, que vinieron a solucionarlo parcialmente, en el nuevo párrafo 4 bis del título I del libro II. En los sistemas del *Common Law* se les denomina también los "testigos de la corona".

Decimos "parcialmente" porque estas nuevas instituciones solo aplican para las investigaciones de ciertos delitos señalados taxativamente en el artículo 228 bis A del CPP que son los siguientes:

- Asociaciones delictivas y criminales.
- Tráfico Ilícito de Estupefacientes y Sustancias Psicotrópicas.
- Ley de Control de Armas.
- Ley que sanciona Conductas Terroristas.
- Delitos económicos.
- Homicidio.
- Secuestro.
- Sustracción de menores.
- Lavado y blanqueo de activos.
- Delitos de los párrafos 5, 6, 9 y 9 bis del título V del libro II del Código Penal (malversación de caudales públicos, fraudes y exacciones ilegales, cohecho y cohecho a funcionarios públicos extranjeros, respectivamente).
- Delitos de la Ley 21.459 (delitos informáticos).

Esta nómina de delitos elegibles es bastante llamativa y generará, sin duda, muchos problemas. Como el lector advertirá, el CPP ha creado un régimen paralelo de cooperación eficaz al ya vigente en la reciente Ley 21.595 sobre Delitos Económicos, y con el de la Ley 20.000 sobre Tráfico Ilícito de Estupefacientes y Sustancias Psicotrópicas; estatutos estos últimos que no han sido derogados. Será un importante esfuerzo para los operadores jurídicos interpretar cuál de estos regímenes se aplicará a futuro, siempre teniendo presente el principio pro reo que inspira toda la legislación penal y procesal-penal.

Además de esto, este nuevo subsistema de cooperación eficaz genera diferencias arbitrarias respecto de los delitos no comprendidos en esta lista cerrada, cuyos imputados a futuro se sentirán legítimamente perjudicados. También resulta llamativo que el inciso séptimo del nuevo artículo 228 bis A del CPP excluya a ciertas personas de estos acuerdos de cooperación eficaz, como es el caso de "los empleados públicos que desempeñen cargos de elección popular o de exclusiva confianza de estos, o de alta dirección pública del primer nivel jerárquico; a los fiscales del Ministerio Público; ni a los que, perteneciendo o no al orden judicial, ejerzan jurisdicción".

En todo caso, la misma Ley 21.695 se encargó de reformar el artículo 11 número 9 del Código Penal, el que quedó con la siguiente redacción: "si se ha colaborado sustancialmente al esclarecimiento de los hechos, sin que la colaboración sea constitutiva de cooperación eficaz de conformidad con la ley". Es decir, se diferencian claramente la circunstancia atenuante de esta nueva institución. La "colaboración sustancial" de la atenuante del artículo 11 número 9 sería así una colaboración "menor" comparada con esta "cooperación eficaz" y con la "cooperación eficaz calificada" que veremos a continuación.

Los acuerdos de cooperación eficaz consisten en "el suministro de datos o informaciones precisas, verídicas y comprobables que contribuyan al esclarecimiento de los hechos investigados o permitan la identificación de sus responsables, o sirvan para prevenir o impedir la perpetración, la continuidad o la reiteración de otros delitos, o faciliten la práctica de cualquier clase de comiso". La norma precisa que "si el autor estuvo involucrado en los hechos que colabora a esclarecer, su cooperación eficaz debe extenderse más allá de su propia contribución al delito". En otras palabras: debe delatar a otras personas.

Es muy interesante notar que la norma del artículo 228 bis A inciso tercero del CPP hace vinculante y obligatorio para el juez estos acuerdos, y solo le permite rechazarlo si, a su juicio, se trata de algún delito expresamente excluido por el legislador, de acuerdo con la lista que recién vimos.

El artículo 228 ter del CPP dispone los términos del acuerdo de cooperación eficaz entre el fiscal y el cooperador, que como decimos, deberá ser aprobado por el juez, y puede consistir en la rebaja de la pena en uno o dos grados, y tratándose de delitos económicos, podría aplicarse la atenuante muy calificada con una rebaja adicional de un grado (o sea, tres grados en total para delitos económicos). Como se ve, hay un poderoso aliciente para el cooperador de arribar a este tipo de acuerdos. Adicional a esto, se podrá pactar a favor del cooperador medidas de protección, y la prohibición de que se use como medio de prueba la información proveída en un procedimiento penal futuro en su contra. Finalmente, se permite que se ejerciten las "facultades procesales o formas de término anticipado que procedan de conformidad con la ley"; esto es, que respecto del cooperador pueda pactarse, por ejemplo, una suspensión condicional del procedimiento, existiendo otros coimputados en la misma causa. En otra parte de este trabajo abordamos los problemas que esto puede traer para la obtención de la verdad en el proceso.

La misma norma se encarga de aclarar que, si el cooperador se obliga a declarar en juicio, respecto de él no aplicará la prerrogativa del artículo 305 del CPP que lo exime de contestar preguntas que lo autoincriminen, justamente porque estos acuerdos previenen expresamente que se le persiga criminalmente. Quizás esta referencia era innecesaria, en cualquier caso.

El artículo 228 quáter del CPP instituye los "acuerdos de cooperación eficaz calificada", los que requieren de autorización del fiscal regional, y que obligan al juez a sobreseer definitivamente la causa o a aplicar una rebaja de pena de hasta tres grados, "según la entidad y relevancia de la información entregada y si esta cumple con los fines de uno o más de los literales del inciso anterior". También permite que se decreten medidas de protección a favor del cooperador. La norma se encarga de precisar que procede respecto de los imputados investigados en una determinada causa o investigados en causa diversa; en este último caso serán testigos en dicha causa.

Al igual que sucede con la cooperación eficaz no calificada, en esta se exige que, si el cooperador participó en los hechos, "su cooperación eficaz debe extenderse más allá de su propia contribución al delito"; o sea, debe delatar a otros.

¿En qué consiste esta cooperación eficaz calificada? La norma del artículo 228 ter del CPP se encarga de precisarlo en los siguientes términos: "entrega de información o datos precisas, comprobados o verídicos, que permitan satisfacer uno o más de los siguientes fines" (identificación de líderes, jefes, financistas o fundadores de asociaciones delictivas o criminales que permita presumir fundadamente su intervención en el delito investigado); de bienes, flujos de dinero y fuentes de financiación de operaciones delictivas o criminales, que faciliten su incautación o comiso; y la identificación del lugar en que se encuentre la víctima de un delito de secuestro, sustracción de menores, trata de personas, o víctima de homicidio.

Paradójicamente, el delito de trata de personas no sería elegible para los acuerdos de cooperación eficaz, según dispone el inciso segundo del artículo 228 bis A del CPP, pero por lo que esta norma del artículo 228 quáter dispone, sí lo sería para los acuerdos de cooperación eficaz calificada.

También se permite que un condenado arribe a acuerdos de cooperación calificada, lo que podrá redundar en una rebaja de hasta un tercio del tiempo de la pena impuesta originalmente, previo acuerdo del Fiscal Regional, pudiendo decretarse una medida de protección al condenado. A diferencia de los otros casos, aquí el juez sí goza de la prerrogativa de rechazar esta solicitud si esta "no está suficientemente fundada o no concurren los requisitos establecidos en este artículo" (artículo 228 quiquies). Esta "revisión" de la sentencia (según la nomenclatura de esta norma) es competencia del juez de garantía.

Es muy interesante que la norma del artículo 228 sexies permite al imputado ejecutar el cumplimiento de los acuerdos de cooperación arribados con la fiscalía (calificados y no calificados), ante el juez de garantía competente, en caso de que el fiscal desconozca lo acordado. Para ello será relevante que la defensa haya sostenido la negociación y suscrito el acuerdo por escrito con el fiscal del caso, como forma de acreditar su existencia ante el juez. Esta norma dispone que el juez deberá otorgar un plazo de diez días al fiscal para dé cumplimiento al acuerdo; en caso contrario, deberá sobreseer definitivamente la causa, informando al fiscal regional para la aplicación de las sanciones disciplinarias que correspondan. La única razón por la que el juez debiera denegar la petición de la defensa sería que el imputado hubiera incumplido su parte del acuerdo. Esto debe resolverlo el juez de garantía citando a una audiencia al fiscal, al cooperador y su defensor, si correspondiere. El inciso final de esta norma obliga a todos quienes tengan conocimiento de estos acuerdos a guardar reserva de él, bajo pena de delito.

Finalmente, el artículo 228 septies permite al juez apreciar de oficio una colaboración eficaz del acusado en la sentencia de condena, aun cuando ello no haya sido invocado por el fiscal, "si durante el juicio queda acreditado que el acusado cooperó con la investigación en los términos definidos en el artículo 228 bis A". En este caso, el juez solo podrá de oficio reducir la pena en un grado, y si se trata de delitos económicos, le podrá dar el efecto de la circunstancia atenuante del artículo 13 de la Ley 21.595.

3. Procedimiento simplificado

3.1 Concepto

El procedimiento simplificado corresponde a aquel aplicable solo para faltas y delitos cuya pena no sea superior a los 540 días de presidio, y que será conocido por el juez de garantía que controló la investigación.

El artículo 389 del CPP se encarga de aclarar que a este procedimiento se aplican supletoriamente las reglas del libro II del CPP sobre juicio oral. De ahí que en ciertos ambientes se le denomine coloquialmente "oralito".

Según cifras de la DPP de 2015, del universo de 132.952 sentencias definitivas dictadas ese año, 95.048 corresponden a sentencias dictadas en juicios simplificados, de las cuales el 90% fueron condenatorias. Lo anterior contrasta con las 16.056 sentencias dictadas en juicio ordinario, de las cuales solo el 67% fueron condenatorias.

3.2 Delitos elegibles

Este tipo de procedimiento es aplicable para las faltas penales y para los delitos respecto de los cuales el ministerio público solicitare una pena que no exceda de la de presidio o reclusión menores en su grado mínimo, o sea, de 540 días.

Al igual que para el procedimiento abreviado, para su procedencia se considera *la pena en concreto* que el fiscal solicita, no la que en abstracto está asignada al delito, que puede ser superior.

3.3 Formas de inicio del procedimiento simplificado

El procedimiento simplificado puede iniciar de alguna de estas tres formas: por el requerimiento del fiscal; en un procedimiento ordinario que luego se convierte en simplificado; y en casos de flagrancia.

Revisaremos estas tres hipótesis a continuación.

En primer lugar, la regla del artículo 390 inciso primero del CPP ordena al fiscal que recibe una denuncia por una falta o un simple delito cuya pena a solicitar no excede de 540 días, formular un requerimiento al Tribunal de Garantía, con lo que dará inicio al procedimiento simplificado. Esto, salvo que se trate de un hecho respecto del cual esté extinguida la responsabilidad penal, o si en el caso concreto aplica el principio de oportunidad del artículo 170 del CPP. En estos casos no existe formalización de investigación, sino que se inicia directamente con el requerimiento del fiscal al juez de garantía.

En segundo lugar, pudo suceder que el fiscal ya hubiere formalizado investigación y acusado en un procedimiento ordinario. Si el fiscal advierte que el hecho acusado corresponde a una falta o un delito cuya pena a solicitar no excede de 540 días de presidio, puede optar por solicitar al juez de garantía que se siga adelante según las reglas del juicio simplificado, en cuyo caso su acusación hará las veces de requerimiento, y quedará sin efecto la formalización de investigación (artículo 390 inciso segundo).

Se ha discutido por la vía del amparo constitucional, si es procedente que se decreten medidas cautelares personales en contra del imputado, teniendo en cuenta esta norma que deja sin efecto la formalización, y que en el procedimiento simplificado ésta no es necesaria. Al respecto, existe jurisprudencia vacilante, en el sentido de admitir la posibilidad de que se decreten medidas cautelares personales aun sin formalización, como también fallos que descartan esa posibilidad.

Esta conversión de la acusación en requerimiento, y el que se deje sin efecto la formalización puede ocasionar, sin embargo, ciertos problemas de congruencia. ¿Puede el fiscal formular su requerimiento respecto de hechos o imputados no abordados por la formalización previa, que ahora ha quedado sin efecto? La norma nada dice, pero por aplicación de los principios ya vistos —y sobre todo porque la sentencia definitiva es anulable en virtud de la causal del artículo 374 f) referida a la congruencia que exige el artículo 341— creemos que lo razonable es que el juez finalmente absuelva al imputado que es sorprendido por un requerimiento sustancialmente diferente a los hechos que fueron objeto de la formalización.

En la tercera hipótesis, si se trata de un imputado detenido por delito o falta flagrante, el fiscal puede poner a imputado a disposición del juez de garantía para que, en la misma audiencia de control de detención —a celebrarse en el plazo máximo de veinticuatro horas luego de la detención— se le comunique verbalmente el requerimiento por el fiscal.

Las menciones del requerimiento del fiscal están en el artículo 391 del CPP:

- Individualización del imputado.
- Relación sucinta del hecho que se le atribuye al imputado, indicando tiempo y lugar de comisión y demás circunstancias relevantes.
- Cita de la disposición legal infringida.
- Exposición de los antecedentes de la investigación o elementos que fundamenten.
- Pena solicitada.
- Individualización y firma del fiscal que formula el requerimiento.
- Monto aproximado del comiso de ganancias del delito y su fundamento, en el evento que solicite el comiso.

3.4 Tramitación del procedimiento simplificado

a) Notificación del requerimiento y citación a primera audiencia de salida anticipada

Recibido que sea el requerimiento por el juez de garantía, debe citar a los intervinientes a la primera audiencia del artículo 394 del CPP, en que el juez invitará a los intervinientes a explorar la posibilidad de terminar anticipadamente al proceso mediante un acuerdo reparatorio o una suspensión condicional del procedimiento.

Es interesante notar que la suspensión condicional del procedimiento aplica a delitos cuya pena en concreto es inferior a los tres años, como ya vimos; y el procedimiento simplificado es aplicable a delitos cuya pena en concreto sea inferior a los 540 días de presidio. Por lo mismo, podría pensarse que *todos los delitos elegibles para un procedimiento simplificado son también elegibles para una suspensión condicional*; y naturalmente los intervinientes debieran preferir siempre esta salida alternativa en lugar de los costos, la demora y la incertidumbre de una condena en un procedimiento simplificado. Sin embargo, como ya vimos, la suspensión condicional del procedimiento aplica solo para imputados primerizos y que no se encuentren cumpliendo otra suspensión condiciona, lo que en la práctica se traduce en que el simplificado sea la vía idónea para el enjuiciamiento de imputados por criminalidad de bagatela que ya registran antecedentes penales, o bien, que ya se encuentran cumpliendo una suspensión condicional.

La citación debe fijar esta audiencia en un día no inferior a veinte ni superior a cuarenta contados desde la fecha de la resolución. Asimismo, el imputado debe recibir la citación con una antelación mínima de diez días a la fecha de la audiencia. Al imputado se le cita bajo apercibimiento del artículo 33 del CPP, esto es, arresto o prisión preventiva en caso de inasistencia injustificada, y con la citación se le debe comunicar el contenido del requerimiento y la querella, si la hubiera (artículo 393 del CPP).

La norma del artículo 393 CPP da a entender que el juez de garantía carece de mayores atribuciones para rechazar un requerimiento de procedimiento simplificado. En otras palabras: le estaría vedado recalificar los hechos e inadmitir una solicitud de procedimiento simplificado, por estimar que el delito aplicable —a su juicio— sería uno con una pena superior, que no haría aplicable dicho procedimiento. Como ya hemos dicho a propósito de la suspensión condicional del procedimiento y del procedimiento abreviado, sostener lo contrario significaría reconocerle al juez facultades acusatorias que naturalmente no tiene.

Los Tribunales de Garantía no han admitido que el querellante adhiera al requerimiento del fiscal, ni tampoco que presente una acusación particular. Ello, por no existir norma que expresamente lo autorice, dadas las características de celeridad y simpleza de este procedimiento. El querellante sí podrá participar en el procedimiento, ciertamente presentando su querella, en la audiencia preparatoria y en el juicio oral también, lo mismo que recurrir de la sentencia definitiva.

Como dijimos más arriba, hay tribunales que estiman que la querella solo puede presentarse hasta la presentación del requerimiento del fiscal, y aquella que se presenta después sería extemporánea, homologando al cierre de la investigación —que no existe en el simplificado— con el requerimiento. Lo cierto es que la ley nada dice al respecto, y por lo mismo, esa interpretación sería ilegal.

Aunque la norma ordena que en esta citación debe indicarse a los intervinientes que comparezcan con todos sus medios de prueba, lo usual es que el proceso se desarrolle en audiencias sucesivas, en que la audiencia de juicio tendrá lugar en forma diferida. Por lo mismo, lo probable es que la prueba no se rinda en esa primera audiencia.

Al igual que veíamos a propósito de la acusación, surge la pregunta acerca de las facultades del tribunal y de los restantes intervinientes para controlar un requerimiento incompleto o gravemente defectuoso presentado por el fiscal. Si se refiere a vicios meramente formales, podrá pedirse su subsanación en la respectiva audiencia preparatoria, por expresa remisión a las reglas del procedimiento ordinario.

Pero si el requerimiento es incompleto, porque, por ejemplo, no contiene pretensión de pena, el tribunal no debiera darle curso de plano; lo mismo si la pena solicitada es manifiestamente improcedente respecto del delito que se imputa, y por lo mismo, de haberse solicitado la pena correspondiente a la ley, hubiera sido aplicable el procedimiento ordinario, y no simplificado.

En caso de que el juez le dé curso al requerimiento formulado en términos improcedentes, entendemos que quedará siempre el recurso de reposición a salvo para impugnar dicha resolución, lo mismo que la nulidad procesal, y el recurso de nulidad en contra la sentencia definitiva.

b) Segunda audiencia de admisión de responsabilidad

Fracasada que sea una salida anticipada, generalmente se celebrará la audiencia del artículo 395 del CPP, en que se le preguntará al imputado, por el juez de garantía, "si admite responsabilidad en los hechos contenidos en el requerimiento", lo que convierte al simplificado, en la práctica, en un símil del juicio abreviado que ya vimos. La diferencia es que en este caso el imputado no "acepta los hechos de la acusación y los antecedentes reunidos en la investigación", como sucede en el abreviado; sino que aquí derechamente "admite responsabilidad".

Si ya en el abreviado era sumamente discutible que el juez finalmente pudiere absolver —y en la práctica es muy inusual que ocurra— en el simplificado con admisión de responsabilidad parece aún más remoto que ello ocurra. De hecho, cifras de 2019 muestran que en más del 90% ello no ocurre.

En cualquier caso, aquí aplica la misma regla de que el juez no puede aplicar una pena superior a la pedida por el fiscal en el requerimiento "permitiéndose la incorporación de antecedentes que sirvieran para la determinación de la pena" (artículo 395 inciso final del CPP). Es decir, el juez puede —pero no debe— establecer una forma de cumplimiento tal y como lo solicitó el fiscal. En otras palabras, aun cuando el fiscal solicite una pena sustitutiva de la Ley 18.216, el juez es soberano para imponer una pena efectivamente privativa de libertad.

El tribunal de garantía debiera dictar condena sobre la base de la petición del fiscal y la admisión de responsabilidad del imputado; salvo si a su juicio el rango de pena, aplicadas las circunstancias atenuantes, no corresponde a lo que la norma permite, en cuyo caso no debiera dar lugar a este simplificado previa admisión de responsabilidad.

Podría también el juez absolver —aunque es muy infrecuente que ello ocurra— si los hechos del requerimiento, a su juicio, no son constitutivos de delito. Como el imputado admitió su responsabilidad, el juez no podría absolver por estimar que le asisten "dudas razonables", ya que aquí no hay apreciación alguna de pruebas. También podría el juez recalificar los hechos, pero siempre *in bonam partem*, como ya vimos a propósito del juicio oral.

Respecto de esta audiencia del artículo 395 valga todo lo ya dicho sobre las críticas al procedimiento abreviado. En cualquier caso, esta audiencia de admisión de responsabilidad parece aún más criticable que la del juicio abreviado, desde que la norma no estable control jurisdiccional alguno sobre la procedencia del simplificado ni sobre la voluntariedad del imputado al aceptar su responsabilidad. Sin perjuicio de esta grave omisión legal, la doctrina de los profesores Horvitz y López, y también la del exfiscal nacional Sabás Chahuán, entre otros, estiman que sí es aplicable el mismo control jurisdiccional que se exige respecto del juicio abreviado, que ya vimos.

Las reglas del artículo 395 le permite al fiscal hacer un "ofertón de última hora" al imputado, y modificar —a la baja, se entiende— la pretensión de pena contenida en el requerimiento, a cambio de que el imputado admita responsabilidad y el caso no llegue a juicio. Pero esta oferta tiene un límite: en el caso de delitos, puede ofrecer rebajarla solo en un grado, y si es una falta, "podrá solicitar una inferior al mínimo legal".

Asimismo, la admisión de responsabilidad podrá configurar la circunstancia atenuante del artículo 11 número 9 del CP, esto es, colaboración sustancial con el esclarecimiento de los hechos, con lo que en la práctica podría rebajarse la pena en otro grado más.

Estas posibilidades de rebaja, en todo caso, solo aplican respecto del imputado que comparezca a la audiencia, o cuya incomparecencia ha sido previamente justificada. En el caso de los delitos de la Ley 18.290 del Tránsito, el artículo 197 inciso tercero obliga al tribunal a informar al imputado acerca de todas las penas copulativas y accesorias aplicables; quizás la más relevante es la suspensión de la licencia de conducir por un tiempo determinado.

c) Audiencia preparatoria de juicio oral

En el evento que el imputado no admitiere responsabilidad, el juez deberá ordenar preparar juicio oral, según las reglas ya vistas para el procedimiento ordinario.

Generalmente esto tiene lugar en una audiencia separada, a celebrarse a más tardar "dentro de quinto día"; aunque podría tener lugar en la misma audiencia del artículo 395 que estudiamos recién. En la práctica este plazo de cinco días rara vez se cumple, y no hay sanción procesal alguna por ello (artículo 395 bis), fijándose para una fecha posterior a ese plazo.

d) Audiencia de juicio oral

Concluida la preparación de juicio, el tribunal debe citar a los intervinientes a la audiencia de juicio oral, a más tardar dentro de trigésimo día (artículo 396 del

CPP), aunque en la práctica este plazo no siempre se cumple, no existiendo sanción procesal asociada a ello. En un fallo reciente, sin embargo, la Corte de Apelaciones de Rancagua (rol 44-2025) acogió un recurso de amparo en un caso en que el tribunal de garantía de Pichilemu había agendado la audiencia de juicio en un plazo de setenta días (en procedimiento simplificado), ordenando la Corte que se fijara para un plazo de quince días.

Este juicio oral tiene la particularidad de que se celebra ante el mismo juez de garantía, no ante el Tribunal de Juicio Oral en lo Penal. Salvo esta importante diferencia, en lo restante se aplican las mismas reglas que las aplicables al juicio oral en el procedimiento ordinario.

El juicio oral comienza con la lectura que hace el juez de garantía del requerimiento del fiscal y las querellas, si las hubiera. Luego "se oirá a los comparecientes", esto es, sus alegatos de apertura, y se rinde la prueba, según las mismas reglas del juicio oral, para dar la palabra final al imputado.

Concluido el juicio, el juez debe comunicar su veredicto de absolución o condena, difiriendo la entrega del texto íntegro de la sentencia para quinto día, prorrogable para el día siguiente hábil si el último de estos cinco días del plazo vence en domingo o festivo. Surge la duda de si el incumplimiento de este plazo acarrea la misma sanción de nulidad del juicio que dispone el artículo 344 inciso segundo del CPP para el caso del juicio oral en el procedimiento ordinario.

El artículo 396 del CPP dispone que el juicio oral simplificado "no puede suspenderse, ni aun por falta de comparecencia de alguna de las partes o por no haberse rendido prueba en la misma", lo que constituye una notable excepción a las reglas generales sobre el juicio oral en el procedimiento ordinario, en que la ausencia de los intervinientes hace imposible su celebración o derechamente acarrea su nulidad. Según esta norma, podría celebrarse un juicio oral simplificado en ausencia del imputado, sin que rinda prueba alguna, y aun así la condena sería perfectamente válida.

Esta regla excepcional, sin embargo, tiene algunas notables excepciones. Así, si no comparece un testigo o perito previamente citado y cuya declaración resultare "indispensable para la adecuada resolución de la causa", el tribunal puede suspender la audiencia de juicio hasta por cinco días para asegurar su comparecencia. Si al vencimiento de dicho plazo no han comparecido, el juicio debe seguir su curso sin contar con dicha prueba.

El inciso quinto del artículo 396 del CPP permite "recibir como prueba anticipada" las declaraciones de testigos y peritos del juicio, cuando el imputado no comparece a la audiencia de juicio, "sin que sea necesaria su comparecencia posterior al juicio". En otras palabras, si el imputado no asiste injustificadamente al juicio oral, el tribunal puede igualmente celebrarlo, en su ausencia.

Surge la duda de si una suspensión por un lapso superior a los diez días afectaría la validez del juicio simplificado, por aplicación analógica del artículo 283 inciso tercero del CPP, referida al juicio oral en procedimiento ordinario.

De la lectura de las reglas del juicio simplificado pudiera inferirse que todas las actuaciones pudieren efectuarse en una sola audiencia, aunque lo frecuente es que ello no ocurra así. Y, en la práctica, *este juicio se ha vuelto cada vez menos simplificado*, dando lugar a sucesivas audiencias, a veces separadas por semanas o meses. A la audiencia del artículo 394 del CPP (posibilidad de terminar el proceso por un acuerdo reparatorio o suspensión condicional), suele sucederse otra audiencia, la del artículo 395 (admisión de responsabilidad), y una vez fracasada esta última, tendrá lugar la audiencia preparatoria de juicio, y luego, la audiencia de juicio (artículos 395 bis y 396 del CPP, respectivamente). Por razones de agenda de los juzgados de garantía, entre cada una de estas audiencias pueden haber transcurrido varias semanas, o incluso meses.

3.5 Recursos contra la sentencia definitiva

Contra la sentencia definitiva pronunciada en el juicio simplificado procede el *recurso de nulidad*, con las mismas formalidades y plazos que aplican para el procedimiento ordinario, pero con una limitante: solo estarán legitimados para recurrir el fiscal y querellantes que "hubieren concurrido al juicio" (artículo 399 del CPP). Por lo tanto, también es plausible recurrir vía apelación de la forma de cumplimiento en aplicación de alguna de las penas sustitutivas que ya estudiamos (artículo 37 de la Ley 18.216).

Surge la misma duda sobre la legitimación para recurrir de aquel querellante cuya pretensión de pena no había sido superior a la del fiscal, que ya vimos a propósito del procedimiento abreviado. A nuestro juicio, dicho querellante está legitimado para recurrir, en la medida que haya concurrido al juicio, sin perjuicio del mérito que la respectiva Corte superior asigne a sus argumentos, teniendo en cuenta la evidente inconsistencia procesal con su conducta procesal anterior.

El profesor Guillermo Oliver ha sostenido que la sentencia que se pronuncia en el juicio simplificado cuando el imputado ha admitido responsabilidad (artículo 395 del CPP) no sería susceptible del recurso de nulidad, sino del de apelación, como sucede con la sentencia del juicio abreviado. Esto, porque solo la apelación permitiría una revisión exhaustiva —hechos de la investigación y derecho aplicable— que sería lo idóneo en casos de condenas sobre la base de la confesión del imputado. Además, a juicio de este autor, aquí desaparece la razón que justifica la restricción de la apelación como medio de impugnación de la sentencia definitiva del juicio oral u oral simplificado. Esto es, no existe el problema de tener que "repetir un juicio oral ante la Corte", si en rigor, nunca hubo juicio ni prueba alguna.

Como ya dijimos, la demanda civil, salvo la que se refiera a la restitución de la cosa, no es admisible en el procedimiento simplificado.

3.6 Procedimiento simplificado aplicable a las faltas

El CPP tiene dos reglas que benefician notablemente al imputado cuando el objeto del proceso son solamente faltas penales.

El artículo 397 del CPP hace aplicable la regla del artículo 351 a las faltas reiteradas, o sea, se consideran como una sola falta, pero con la pena aumentada en uno o dos grados, en la medida que se trate de faltas de la misma especie. Si son faltas de distinta especie, se aplicaría la regla del inciso segundo artículo 351, que ya vimos, y se aplicará la pena de la falta más grave, aumentada en uno o dos grados.

El artículo 398 del CPP, por su parte, dispone que cuando "concurrieren antecedentes favorables que no hicieren aconsejable la imposición de la pena al imputado", el juez de garantía puede suspender la pena por seis meses, y al término de ese plazo, dejar sin efecto la sentencia, en la medida que no haya sido objeto de otro requerimiento o formalización. Esto no corre para las penas de suspensión, cancelación o inhabilitación perpetua de la licencia de conducir en los delitos de la Ley 18.290 del Tránsito, por disposición del artículo 197 inciso final de dicha norma.

4. Procedimiento monitorio

4.1 Concepto

El monitorio consiste en aquel procedimiento respecto de faltas solo sancionables con multa, en que el solo requerimiento del fiscal en contra del imputado hará las veces de una condena penal por disposición del juez garantía; conservando siempre el imputado el derecho de reclamarla dentro de un plazo de quince días, dando origen a un procedimiento simplificado.

En el monitorio el proceso inicia con el imputado condenado a solo requerimiento del fiscal. Pero, puede el impugnado reclamar de la sentencia, en cuyo caso será la fiscalía la que deberá demostrar su culpabilidad según las reglas generales en un procedimiento simplificado.

4.2 Faltas elegibles para este procedimiento

El procedimiento monitorio solo aplica para "faltas respecto de las cuales el fiscal pidiere solo pena de multa" (artículo 392 inciso primero del CPP), es decir, es para casos cuya cuantía es insignificante.

La excepción a esta regla la encontramos en el artículo 197 inciso segundo de la Ley 18.290 del Tránsito, que permite que se siga el procedimiento monitorio respecto de las faltas de esa ley, aun cuando no estén penadas con multa.

4.3 Tramitación del procedimiento monitorio

El monitorio es realmente muy sencillo, y así lo refleja su escueta regulación en un solo artículo del CPP (392): el fiscal presenta su requerimiento al tribunal de garantía, quien, si lo estima "suficientemente fundado" lo acogerá desde luego, o sea, condenará automáticamente al imputado.

En la misma sentencia el juez debe informarle al imputado que tiene un plazo de quince días contados desde su notificación para reclamar del requerimiento y de la imposición de la multa. También debe informarle cuáles son los efectos de aceptar el requerimiento y la multa. Se debe indicar el monto de la multa, su forma de pago y el descuento de un 25% en el monto de la misma, para el evento de que la pague dentro de los quince días siguientes a su notificación.

En el evento que el imputado pague la multa, o si deja transcurrir quince días desde su notificación sin reclamar del requerimiento, la sentencia de condena quedará firme.

Por el contrario, si reclama de ella dentro de plazo legal —debe hacerse por escrito al tribunal de garantía— el juez ordenará que el proceso continúe según las reglas del juicio simplificado, ya vistas.

Mismo destino tendrá el requerimiento si el juez lo rechaza por no estar "suficientemente fundado", esto es, que los hechos descritos corresponden a delitos de mayor gravedad que debieran ser conocidos a través de un juicio simplificado.

De continuarse como juicio simplificado, queda sin efecto la condena ya dictada, y el imputado nuevamente se presumirá inocente, debiendo el fiscal acreditar su responsabilidad criminal más allá de toda duda razonable.

La expresión empleada por el legislador referida al requerimiento "suficientemente fundado" del inciso final del artículo 392 del CPP ha llevado a algunos Tribunales de Garantía a entender que en esta etapa procesal también podrían hacer una ponderación respecto del mérito del requerimiento en cuanto a que los hechos ni siquiera debieran ser requeridos en un procedimiento monitorio, por no ser constitutivos de delito. Sin embargo, en un reciente fallo la Corte de Apelaciones de Santiago ha estimado que ello es improcedente (rol 1862-2024).

4.4 El procedimiento monitorio y el procedimiento simplificado por faltas

Hemos estudiado en la parte final del capítulo dedicado al procedimiento simplificado, que este aplica a las faltas, lo mismo que el monitorio. Y hemos revisado recién que si el imputado —en rigor: condenado— por un monitorio reclama dentro de quince días, tendrá derecho a un juicio simplificado por faltas.

Esta superposición de normas nos lleva a preguntarnos, ¿qué le conviene más al imputado? ¿Reclamar dentro de quince días de la condena del monitorio y someterse a un juicio simplificado por faltas? ¿O simplemente conformarse con la condena del monitorio?

Del estudio de estas normas, parece claro que no existe incentivo alguno para que el imputado deje de reclamar respecto del requerimiento del monitorio, desde que la regla del artículo 398 del CPP dispone que, en el juicio simplificado la condena por faltas quedará suspendida por seis meses, y al vencimiento de ese plazo quedará eliminada si el imputado no es objeto de nuevas formalizaciones de investigación o requerimientos, como ya vimos.

Esta solución —a juicio de una parte de la doctrina y jurisprudencia— no sería procedente respecto del procedimiento monitorio.

4.5 El procedimiento monitorio y la presunción de inocencia

Los procedimientos monitorios no son una creación nacional, sino que existen desde hace algún tiempo en varios sistemas comparados; quizás el ejemplo más conocido es la Ley de Enjuiciamiento Civil española, que lo aplica para el cobro de pequeñas cantidades de dinero. Con posterioridad a la entrada en vigencia del CPP, el monitorio se ha incorporado en Chile en el Código del Trabajo, y recientemente a la Ley 18.101 sobre Arrendamiento de Predios Urbanos (Ley 21.461 de 2022).

Los procedimientos monitorios existen también en otros ordenamientos comparados, como en Países Bajos (*penal order*, impuesta no por el juez, sino por el fiscal), en Alemania (*Strafbefehlsverfahren* o "proceso por mandato"), en Portugal (proceso sumarísimo) y en Italia *(procedimento per decreto)*.

En el monitorio se subvierte el orden del sistema: si en cualquier proceso —sobre todo el penal— hay que esperar la conclusión del juicio para que se dice sentencia, recayendo el peso de la prueba en el sujeto activo, en el monitorio es justo al revés. Así, el monitorio penal comienza con una sentencia de condena, la que eventualmente puede ser dejada sin efecto si el imputado reclama de ella. Criterios de eficiencia y ahorro de tiempo y de recursos explican esta notable inversión de los papeles, en que al imputado se le presume culpable desde el inicio del proceso.

El procedimiento monitorio implica, como puede verse a simple vista, un particular sacrificio de la presunción de inocencia, porque el imputado comienza el proceso ya declarado culpable, y debe impugnar dicha culpabilidad para alterar el *statu quo*.

La justificación de esta herramienta procesal desde la dogmática procesal es que sería lícito sacrificar la presunción de inocencia en aquellos casos en que las consecuencias para el imputado no sean significativas. Como vimos, en el procedimiento monitorio solo se trata de multas, y jamás de penas privativas de libertad. Por lo tanto, el riesgo evidente de una condena injusta se tolera porque esa condena será en cualquier caso extremadamente leve.

5. Procedimiento por delito de acción penal privada

5.1 Aspectos generales

En otra parte de este trabajo hemos hablado acerca de los delitos de acción penal privada, que son enteramente excepcionales en el sistema procesal penal chileno. Es decir, la regla general es que todos los delitos serán de acción penal pública, y por lo mismo, perseguibles de oficio por el Ministerio Público; salvo que el legislador expresamente disponga que una determinada conducta se considerará como un delito de acción penal privada.

En los delitos de acción penal privada existe un interés eminentemente particular en el bien jurídico protegido que ha sido vulnerado.

El procedimiento por delito de acción privado está escuetamente regulado en apenas seis artículos (400 al 405 del CPP), en el último de ellos con una remisión expresa de supletoriedad a las reglas del juicio simplificado que ya estudiamos, salvo la del artículo 398 del CPP (suspensión de la imposición de condena por falta).

Hay dos rasgos característicos de este proceso, que lo diferencian de todas las reglas que hemos visto hasta ahora: el primero, es que el Ministerio Público naturalmente no interviene, al no ser legitimado activo en esta clase de delitos. La acción la sostiene únicamente el querellante particular; y el segundo, es que el juez de garantía tiene ciertas facultades investigativas, a la usanza del antiguo juez del crimen, ya que el querellante particular carece de dichas facultades, que son privativas de la fiscalía.

5.2 Forma de inicio: La querella particular y sus requisitos especiales

La única forma de iniciar este proceso es con una querella criminal (artículo 400 del CPP). En estos delitos el querellante siempre será "particular", y nunca institucional, por las razones ya estudiadas.

Esta querella debe cumplir no solo con los requisitos generales del artículo 113 del CPP, sino también los de la acusación (artículo 261 del CPP).

Por lo mismo, no puede tratarse de una querella "contra quien resulte responsable" sino que debe individualizar debidamente al o los imputados.

Asimismo, debe contener una pretensión de pena concreta, y no una solicitud genérica de que "se aplique la pena que en derecho corresponda".

También ordena el artículo 400 que el querellante señale los medios de prueba de los que se valdrá en el juicio oral, y podrá solicitar al juez de garantía que practiquen "determinadas diligencias destinadas a precisar los hechos que configuran el delito de acción privada". El profesor Jaime Salas Astrain ha señalado que no procede la solicitud de diligencias de investigación para efectos de determinar la identidad del querellado.

Este autor sugiere que no sea el mismo juez quien se pronunció sobre las diligencias de investigación quien finalmente conozca del juicio oral y dicte sentencia, al afectarse su imparcialidad y quedar implicado según dispone el artículo 195.8 del COT.

En todo caso, y dada la naturaleza comisiva de los delitos de acción penal privada, estas diligencias de investigación estarán referidas, a lo sumo, a oficios que se le solicitarán al tribunal destinados a ciertas autoridades o entidades públicas o privadas. No corresponde a la práctica habitual que se solicite al tribunal la toma de declaraciones de testigos o de peritajes, por ejemplo.

La querella debe cumplir adicionalmente con los requisitos de la acusación, en que deben ofrecerse todos los medios de prueba que se rendirán en juicio oral. Por lo mismo, las diligencias que se soliciten al tribunal no abrirán, en ningún caso, nuevas "aristas" de hechos que no hayan sido abarcadas en la querella. Surge la duda de si puede rendirse como prueba en juicio oral los resultados de las diligencias de investigación encomendadas al tribunal, y la práctica indica que ello sí está permitido, aunque no se haya ofrecido formalmente como medio de prueba en la querella.

5.3 Tramitación

Presentada que sea la querella ante el Tribunal de Garantía competente según las reglas generales, el Tribunal de Garantía podrá declararla admisible o no hacerlo, según ya vimos.

Declarada que sea admisible la querella, *esta* no se remitirá al Ministerio Público para que instruya la investigación, ya que el persecutor público no interviene en este proceso.

La declaración de admisibilidad de la querella criminal conlleva que el tribunal deberá pronunciarse acerca de las diligencias de investigación solicitadas por el querellante, acogiéndolas o denegándolas, y asimismo, deberá citar a las partes a la audiencia conciliatoria del artículo 403 del CPP.

Esta audiencia se fijará para un día determinado, en un plazo prudente para que puedan efectuarse las diligencias de prueba. Generalmente la querella se notificará personalmente al querellado, a costa del querellante (artículo 40 del CPC). En esto existe una notable diferencia con el procedimiento ordinario, en que la querella nunca le es notificada legalmente al imputado.

En la audiencia conciliatoria del artículo 403 del CPP el tribunal de garantía invitará a las partes a "buscar un acuerdo que ponga término a la causa", cuestión que naturalmente sería impensable en un procedimiento por delito de acción penal pública. No es claro que esta norma se refiera expresamente a un acuerdo reparatorio, aunque hay tribunales que así lo han interpretado. Cuando se trate de los delitos de injuria y calumnia, el tribunal invitará al querellado a dar "explicaciones satisfactorias de su conducta". No queda claro de la norma quién califica que las explicaciones que eventualmente dé el querellado son efectivamente "satisfactorias": si el tribunal o el querellante, existiendo jurisprudencia en ambos sentidos. Lo que sí es claro que en los procesos por calumnia e injuria existe este llamado a conciliación, y además esta invitación a dar explicaciones satisfactorias. Es frecuente que los tribunales de garantía cumplan con ambos trámites en audiencias diferentes, separadas en el tiempo.

De fracasar esta conciliación y en caso de no darse explicaciones satisfactorias, o habiéndose dado, estas no fueron calificadas de tal, el proceso seguirá bajo las reglas del juicio simplificado (artículo 405 del CPP), o sea, audiencia del artículo 395 del CPP, preparatoria de juicio, y de juicio oral, que ya vimos.

El artículo 403 del CPP dispone expresamente que tanto querellante como querellado pueden comparecer personalmente o representados por mandatario judicial con facultades suficientes para transigir. A pesar de lo claro de esta disposición, en la práctica los tribunales de garantía exigen la comparecencia personal del querellado, en especial, porque entienden que la admisión de responsabilidad del artículo 395 del CPP es una actuación procesal personalísima y no delegable; lo mismo que las "explicaciones satisfactorias" para los casos de los delitos de injuria y calumnia.

La sentencia definitiva es recurrible de nulidad, al igual que sucede en el procedimiento simplificado y el ordinario, aplicando las mismas reglas generales y plazos que ya vimos. Por lo tanto, también es plausible recurrir vía apelación de la forma de cumplimiento en aplicación de alguna de las penas sustitutivas que ya estudiamos (artículo 37 de la Ley 18.216).

5.4 Desistimiento y abandono de la querella por delito de acción penal privada

Como el Ministerio Público no interviene, la acción la sostiene totalmente el querellante, quien puede libremente desistirse de la querella en cualquier momento. En este caso, la causa se sobresee definitivamente, quedando el querellante obligado al pago de las costas, salvo que haya habido acuerdo con el querellado respecto del desistimiento (artículo 401 del CPP).

Asimismo, la regla del artículo 402 dispone que la acción puede declararse abandonada si el querellante no asiste a la audiencia de juicio o si se constata una "inactividad en el procedimiento por más de treinta días, entendiendo por tal la falta de realización de diligencias útiles para dar curso al proceso que fueren de cargo del querellante".

Si se declara abandonada la querella, el tribunal debe sobreseer definitivamente la causa. Misma sanción se aplica si el querellante muere o cae en incapacidad, y sus herederos o representante legal no se apersona en el proceso a sostener la acción en el término de noventa días.

5.5 Opinión de que aplica el procedimiento ordinario en ciertas hipótesis de delitos de acción penal privada

Ha existido una jurisprudencia vacilante de algunos tribunales de garantía que han resuelto que, en caso de fracasar la conciliación del artículo 403 del CPP, el proceso deberá sustanciarse en lo sucesivo según las reglas del procedimiento ordinario, si la pretensión de pena del querellante excede el límite de 540 días que dispone la norma aplicable al simplificado.

Creemos que esta interpretación es equivocada, y así también lo estiman autores como los profesores López y Horvitz.

Aquí existe remisión expresa en el artículo 405 del CPP a las reglas del procedimiento simplificado, y no procede aplicar las reglas generales del juicio ordinario en atención a la cuantía de la pena solicitada, por el criterio de preferencia de una regla especial sobre una general (artículo 13 del Código Civil).

6. Desafuero y querella de capítulos

Como hemos dicho más arriba, el sometimiento de una persona al proceso penal es un sufrimiento en sí mismo, y corresponde a una situación que en el mejor de los casos es incómoda, y en el peor, resultará en una grave alteración de la vida normal de cualquier ciudadano; no solo por el descrédito, la pérdida de tiempo y los gastos en que deba incurrir, sino por el deterioro psicológico y físico que significa la sola amenaza de ver restringida o conculcada su libertad ambulatoria; en el evento de ser sometido a una medida cautelar personal intensa o de ser condenado a una pena privativa de libertad.

Los ciudadanos comunes no tienen protección alguna para evitar verse envueltos en un proceso penal como imputados; como vimos, cualquier persona puede denunciar a otro, incluso anónimamente, y las querellas criminales tienen un muy débil filtro de admisibilidad. Asimismo, la prisión preventiva parece haberse transformado en la cautelar por defecto en muchos casos de connotación pública. Tampoco puede perderse de vista que el proceso penal puede ser utilizado —y se utiliza— como forma de presión en contra del imputado. Este asunto es especialmente sensible tratándose de ciertas autoridades de elección popular, como los diputados y senadores, y respecto de jueces, fiscales judiciales y fiscales del Ministerio Público.

Para todos ellos la ley procesal contempla verdaderos "ante-juicios", es decir, exámenes de admisibilidad respecto de las acciones penales que se intenten en su contra, a cargo de la judicatura.

En el caso de los diputados y senadores, y de los gobernadores regionales, delegados presidenciales regionales o delegados presidenciales provinciales, se le denomina *desafuero*.

En el caso de jueces, fiscales judiciales y fiscales del Ministerio Público, se denomina *querella de capítulos*, reglados en los títulos IV y V del libro cuarto del CPP, respectivamente.

6.1 Desafuero

El desafuero corresponde al examen de mérito que debe efectuar la Corte de Apelaciones competente respecto de una determinada acción penal deducida por el Ministerio Público, ya sea porque desea formular acusación, o bien, porque desea solicitar alguna medida cautelar personal respecto de diputados y senadores, y de los gobernadores regionales, delegados presidenciales regionales o delegados presidenciales provinciales.

El desafuero aplica también como trámite previo a la resolución que admita a trámite la querella por delito de acción penal privada (artículo 416 del CPP).

La concesión del desafuero acarrea dos consecuencias importantes.

La primera y más obvia, es que el procedimiento penal seguirá delante de acuerdo con las reglas generales (artículo 420 inciso primero del CPP); y si el fiscal decidió acusar directamente, el juez de garantía debe fijar audiencia preparatoria de juicio oral dentro de quince días, y luego de celebrada esta, debe fijarse el juicio oral también para dentro de quince días, reduciendo el rango de plazos que dispone la ley para los casos comunes.

La otra consecuencia es que si el desafuero ha sido concedido respecto de un diputado o senador, este quedará suspendido del cargo desde que se comunique la decisión judicial al Congreso Nacional (artículo 419 del CPP). En todo caso, la decisión adoptada por la Corte de Apelaciones es apelable para ante la Corte Suprema (artículo 418).

La resolución que deseche la solicitud de desafuero, por su parte, dará lugar al sobreseimiento definitivo de la causa, si se trata de una acción penal pública (artículo 421 inciso primero del CPP); por lo tanto, se producirá un efecto de cosa juzgada a favor de la autoridad imputada que impedirá que se le vuelva a perseguir criminalmente.

Si se trata de una acción penal privada, en cambio, el efecto de que se rechace el desafuero es que será inadmitida a trámite (artículo 421 inciso segundo del CPP). Por lo tanto, eventualmente podría volver a deducirse una querella por delito de acción penal privada por los mismos hechos en contra de la misma persona. Y si el querellado sigue en posesión del cargo cuando se presente la nueva querella, deberá tramitarse nuevamente el desafuero, naturalmente.

6.2 Querella de capítulos

La querella de capítulos consiste en el examen de mérito que debe efectuar la Corte de Apelaciones competente respecto de una determinada acción penal deducida por el Ministerio Público, ya sea porque desea formular acusación, o bien, porque desea solicitar alguna medida cautelar personal respecto de jueces, fiscales judiciales y fiscales del Ministerio Público. De acuerdo con la interpretación que ha hecho la Corte Suprema, la querella de capítulos es un trámite previo no solo al enjuiciamiento penal de jueces, fiscales judiciales en ejercicio, sino de cualquier persona que, aun no detentando actualmente el cargo, se le impute la comisión de un delito habiendo estado en posesión de él en el pasado. Así sucedió, por ejemplo, con el caso de la exministra de la Corte Suprema Ángela Vivanco Martínez.

También es competencia de la Corte de Apelaciones respectiva, y procede cuando el fiscal del Ministerio Público quiere acusar o cuando quiere solicitar una medida cautelar personal en contra de alguna de estas autoridades. La querella de capítulos es también paso previo obligado para que se admita a trámite la querella por delito de acción penal privada (artículos 424 y 425 del CPP).

La decisión acerca de la querella de capítulos es apelable para ante la Corte Suprema (artículo 427 del CPP). Si se acoge por sentencia firme, la autoridad quedará suspendida de sus funciones y se procederá penalmente en su contra según las reglas generales (artículo 428 inciso primero).

Si lo que originó el procedimiento fue la solicitud del fiscal para acusar, de acogerse la querella de capítulos, el juez de garantía deberá fijar audiencia preparatoria de juicio en quince días, y luego de celebrada esta, audiencia de juicio oral también en quince días, reduciéndose así los plazos fijados según las reglas generales (artículo 428 inciso segundo).

Al igual que en el desafuero, la resolución que lo deniega acarrea el sobreseimiento definitivo de la causa con efecto de cosa juzgada, si se trató de una acción penal pública. En todo caso, en un reciente fallo de la Corte de Apelaciones de Santiago (rol 1182-2024) se rechazó un amparo deducido por un imputado que es fiscal del Ministerio Púbico, debido a no haberse sobreseído definitivamente la causa luego de la declaración de inadmisibilidad de la querella de capítulos. En otras palabras: se desconoció que el rechazo de la querella de capítulos acarreara el efecto de que se sobresea definitivamente la causa.

Si se trata de una acción penal privada, solo tendrá como consecuencia la inadmisión de la querella (artículo 429 del CPP). Por lo tanto, eventualmente podría volver a deducirse una querella por delito de acción penal privada por los mismos hechos en contra de la misma persona. Y si el querellado sigue en posesión del cargo cuando se presente la nueva querella, deberá tramitarse nuevamente la querella de capítulos, naturalmente.

7. Extradición

7.1 Concepto y objeto de la extradición

La extradición consiste en el procedimiento de colaboración internacional, a través del cual los distintos Estados efectúan las gestiones de aprehensión y entrega de personas investigadas o condenadas en otro Estado, para que este se encargue de su enjuiciamiento o de la ejecución de su condena, según sea el caso.

La extradición puede ser activa, si es el Estado de Chile quien requiere a un Estado extranjero la aprehensión y entrega de un imputado o condenado que se encuentra en otro país; o pasiva, si es un Estado extranjero quien efectúa una solicitud de ese tenor al Estado de Chile.

Es importante tener claro que la extradición no es el único mecanismo por el cual se puede cumplir con el objetivo de aprehender y entregar a un imputado o condenado requerido por una nación extranjera. La ley interna de la gran mayoría de los países —y Chile no es la excepción— contemplan reglas que permiten la expulsión administrativa de personas que se hallen en situación migratoria irregular, como puede ser el caso de la persona que se pretende extraditar (artículo 126 y siguientes de la Ley 21.325 de Migración y Extranjería). El procedimiento de extradición, en cambio, corresponde a uno de carácter jurisdiccional, y no administrativo.

La extradición solamente se explica, como vimos al comienzo de este trabajo, por el efecto territorial de la ley penal; esto es, que cada nación ejerce su poder de persecución y enjuiciamiento de los hechos constitutivos de delito exclusivamente dentro de las fronteras de su territorio, correspondiendo este justamente a una de las principales manifestaciones de su soberanía.

Así, correspondería a una grave afrenta a la independencia y soberanía de una nación que la policía, jueces o fiscales de una nación extranjera comenzaran a perseguir delitos o ejecutar condenas fuera del territorio de la nación a la que pertenecen. Como ya vimos, la ley penal aplica respecto de todos los hechos constitutivos de delito cometidos en el territorio nacional, independiente de la nacionalidad del sujeto. Por lo tanto, los pedidos de extradición —activa o pasiva— pueden serlo respecto de ciudadanos chilenos y también extranjeros.

La extradición le permite a las distintas naciones el poder hacer cumplir las leyes penales y los procedimientos para la persecución de los delitos y ejecución de las penas, aun fuera de su territorio; y también le reporta una utilidad a la nación que debe colaborar en un procedimiento de extradición pasiva, al poder finalmente expulsar a un individuo que puede eventualmente estar eludiendo la acción de la justicia de otra nación y con riesgo de reincidencia. En sus orígenes, los procedimientos de extradición se utilizaban para la persecución trasnacional de delitos exclusivamente políticos, pero hoy justamente se han excluido dichos delitos como extraditables, empleándose para la criminalidad común de delitos graves, como veremos.

La extradición también le reporta una importante garantía al sujeto perseguido por una nación extranjera, desde que contará con un procedimiento jurisdiccional a través del cual podrá defenderse y eventualmente cuestionar los cargos que se le imputan, o la condena que intenta ejecutarse. El hecho de que haya sido necesario solicitar la extradición de un sujeto, puede ser indicativo de que está eludiendo la acción de la justicia; pero también puede tratarse de una legítima estrategia para mejorar su situación procesal en una nación cuyas leyes penales o procesales le sean más favorables, según sea el hecho enjuiciado.

7.2 Principios y normas aplicables a la extradición

El análisis sustantivo de las solicitudes de extradición se efectuará, en el caso de Chile, siguiendo un orden de prelación, aplicándose en primer lugar, los tratados bilaterales sobre extradición suscritos por Chile; luego, los tratados multilaterales sobre extradición; y finalmente, los tratados multilaterales que tratan de diversas materias, entre ellas la extradición.

Entre los principales instrumentos que regulan estos aspectos está el Código de Derecho Internacional Privado de 1928 (artículos 354 y siguientes), la Convención Interamericana de Extradición de Montevideo de 1933, y el Acuerdo de Extradición entre los Estados Partes de Mercosur y la República de Bolivia y la República de Chile, suscrito en Río de Janeiro en 1998.

Los principios establecidos en estas normas son los siguientes:

- *Doble incriminación*: los hechos constitutivos de delito por los que se persigue o se condenó al sujeto deben corresponder también a un delito en el Estado requerido de extradición, independiente de la denominación o calificación diferente que se le dé en un Estado u otro.
- *Gravedad del delito*: el proceso de extradición solo aplica para delitos cuya pena señalada en la ley exceda de un año de privación de libertad, y no aplica en los casos en que el delito tenga asignada la pena de muerte.
- *El delito debe ser actualmente perseguible*: o sea, no debe tratarse de un delito que fue absuelto, indultado, en que la acción penal o la pena estén prescritas, o la pena ya haya sido cumplida.
- *Especificación y especificidad*: el Estado requirente debe singularizar adecuadamente cuál es el delito por el cual se requiere al sujeto, a fin de que se evite un enjuiciamiento por otros delitos diferentes.
- *Delito común*: esto es, se excluyen los delitos políticos. En todo caso, el Acuerdo sobre Extradición del Mercosur se encarga de aclarar que no corresponden a delitos políticos, entre otros, los atentados contra la vida de jefes de Estado, el genocidio, los actos terroristas, la piratería y captura de aeronaves.
- *Territorialidad del delito*: el delito por el que se pide la extradición debió haber sido cometido en el territorio del Estado requirente; en el caso de Chile, aplica el criterio extensivo del artículo 6 del COT que incluye, por ejemplo, delitos cometidos en buques de guerra y las embajadas de Chile en el extranjero.
- *Non bis in idem*: no procederá la extradición si el hecho ya fue previamente sentenciado, haya sido condenado o absuelto.

7.3 Extradición activa

El procedimiento de extradición activa regula la solicitud del Ministerio Público o del querellante para que el Estado de Chile requiera a una nación extranjera la aprehensión y la entrega de una persona a quien se le imputa un delito, o que fue penalmente condenada, y que se encuentra en un país extranjero.

Esta solicitud es jurisdiccional, y está sometida a un doble control: primero, por el juez de garantía, y luego por la Corte de Apelaciones competente. En el Código de Procedimiento Penal de 1906 este procedimiento era de competencia de la Corte Suprema.

La extradición activa procede, como vimos, respecto de personas contra quien ya se formalizó investigación, y contra quien ya se dictó una condena penal; en ambos casos, debe tratarse de delitos que merezcan una pena privativa de libertad "señalada en la ley" superior a un año; o sea, una pena en abstracto.

Se ha dado la discusión acerca de si la pena de presidio menor en su grado mínimo (entre 61 a 541 días) es una pena que en abstracto supere el año de privación de libertad. La doctrina mayoritaria se inclina por estimar que en esos casos sería improcedente la extradición, postura que parece atendible desde que la tendencia mayoritaria de los tribunales es aplicar, salvo excepciones, el mínimo de la pena asignada, como ya vimos en este trabajo, de acuerdo con los estudios empíricos que se han hecho en los últimos años.

Asimismo, solo procede el pedido de extradición en la medida que conste en los antecedentes del proceso "el país y lugar en que el imputado se encontrare en la actualidad". En otras palabras, sería improcedente un pedido de extradición respecto de quien se ignora su paradero.

Ahora, puede suceder que no se haya formalizado investigación en contra del imputado, justamente por encontrarse fuera del territorio de Chile. En estos casos, el artículo 432 del CPP permite que se formalice investigación en ausencia del imputado, para poder cumplir con el pedido de extradición. En la audiencia de formalización podrá participar el abogado defensor de confianza del imputado, o en su defecto, se le asignará un defensor penal público.

En un caso reciente (rol 15046-2024), la Corte Suprema acogió un recurso de amparo presentado por un imputado que no se había presentado a la audiencia de formalización de investigación, alegando que se encontraba en Perú con un cuadro de Covid-19, habiendo presentado un certificado médico al tribunal de garantía por intermedio de su abogado defensor. El tribunal de garantía había despachado una orden de arresto por incomparecencia, al tenor del artículo 127 del CPP. La defensa recurrió de amparo, y la Corte Suprema dejó sin efecto dicha orden de arresto, sosteniendo que lo que debió haberse hecho por el tribunal es formalizar investigación en ausencia, para luego solicitar la extradición del imputado. Señaló la Corte que en este caso aplican con preferencia las reglas sobre extradición del artículo 431 y siguientes del CPP, y no las reglas generales como la del artículo 127 del CPP que regula el arresto por incomparecencia.

El pedido de extradición activa se efectúa por la Fiscalía o el querellante —o ambos— ante el juez de garantía, para que este lo remita a la Corte de Apelaciones respectiva, y esta finalmente lo conceda o deniegue.

El Tribunal de Garantía debe convocar a una audiencia con los intervinientes y ponderar si en el caso concreto se cumple con los requisitos del artículo 140 del CPP, exigidos para conceder la prisión preventiva; esto es: que haya antecedentes que permitan sostener la existencia del delito, la participación del imputado, y el *periculum in libertatis*. En la misma audiencia el juez de garantía puede ponderar —a petición de los intervinientes— si procede solicitar al país extranjero que se decrete la prisión preventiva del sujeto requerido. Este requisito resulta llamativo, si se tiene en cuenta que el artículo 140 CPP, como vimos, establece un estándar en que solo se exigen indicios o mera evidencia de la ocurrencia del delito, de la participación del imputado, y de la llamada necesidad de cautela (peligro para el éxito de diligencias precisas de investigación; peligro de fuga; peligro para la seguridad de la sociedad o del ofendido). Si lo que se solicita es la extradición activa de un sujeto que solo es objeto de una investigación, que se encuentra fuera del territorio nacional, parece evidente que la *necesidad de cautela de la letra c) del artículo 140 CPP* será, en muchos casos, un requisito sumamente difícil de satisfacer, al menos en lo referido a la seguridad del ofendido y al peligro para diligencias precisas de la investigación.

Concedida que sea la solicitud de extradición, el juez de garantía debe remitir los antecedentes a la Corte de Apelaciones competente, para que convoque a los intervinientes a una audiencia en que se les oirá nuevamente.

Del artículo 433 del CPP no queda muy claro cuál es el objeto de esta audiencia ante la Corte de Apelaciones: si es revisar lo ya resuelto por el juez de garantía, o si el propósito es otro. Hay autores que dicen que no se trata de una revisión recursiva, ya que la resolución del Tribunal de Garantía no es, en rigor, recurrible, al no estar en ninguna de las hipótesis de apelación del artículo 307 b) del CPP. Tampoco el artículo 63 del COT le da a las Cortes de Apelaciones la competencia para revisar vía apelación esta clase de decisiones. En cualquier caso, la ley ordena a la Corte respectiva abrir esta vista (artículo 433 CPP) y luego resolver el pedido de extradición mediante un auto fundado (artículo 435 CPP), decisión esta última que no es susceptible de recurso alguno. Esta vista se celebrará con los intervinientes que asistan, y no es susceptible de ser suspendida.

Durante la tramitación del pedido de extradición activa, pueden los intervinientes solicitar a la Corte de Apelaciones que esta a su vez solicite al Ministerio de Relaciones Exteriores que requiera al país donde se encuentra el sujeto que es objeto de la persecución penal, para que se le detenga o se decrete otra medida cautelar personal para evitar su fuga (artículo 434 del CPP).

El fallo que concede la extradición se remitirá por la Corte de Apelaciones competente al Ministerio de Relaciones Exteriores "pidiendo que se practiquen las gestiones diplomáticas que fueren necesarias para obtener la extradición" (artículo 436 del CPP). En este pedido la Corte debe acompañar una serie de antecedentes detallados en el inciso segundo de dicha norma, los que —de ser necesario— deberán ser debidamente traducidos por dicho ministerio (artículo 437).

Como vimos más arriba, una de las causales de rebeldía se refiere al imputado contra quien se formalizó investigación y estuviere en un país extranjero sin posibilidad de obtener su extradición (artículo 99 inciso segundo del CPP). Esto ocurrirá en el evento que el Ministerio Público formalice investigación, pero el Tribunal de Garantía o la Corte de Apelaciones denieguen la extradición activa; o bien, que concediéndola, las autoridades del país destinatario del requerimiento finalmente la rechace de acuerdo a su propio procedimiento de extradición pasiva. Como vimos, esta rebeldía servirá de sustento para el sobreseimiento temporal de la causa, y un eventual sobreseimiento definitivo; aunque no debe olvidarse que los plazos de prescripción de la acción penal se duplican automáticamente en los casos en que el imputado se encuentre fuera del país (artículo 100 del CP).

7.4 Extradición pasiva

La extradición pasiva, como vimos, es el procedimiento que aplica cuando un Estado extranjero requiere al Estado de Chile la entrega de una persona que se encuentra en el territorio de Chile, chileno o extranjero, para ser enjuiciado o eventualmente para cumplir una condena respecto de un delito cometido en un país extranjero. Aquí aplica el mismo límite mínimo que ya vimos, de que la pena asignada al delito en abstracto debe ser superior a un año de privación de libertad (artículo 440 del CPP).

Los pedidos de extradición pasiva son un asunto muchísimo más sensible que los de extradición activa, desde que se trata de la injerencia de un Estado extranjero respecto de un nacional chileno, o al menos, de una persona que se encuentra dentro del territorio nacional. Por lo mismo, las reglas que dispone el CPP son más garantistas para el sujeto requerido, y esto se manifiesta en dos aspectos: por un lado, la intervención de la Corte Suprema, y por otro, la procedencia de recursos procesales, es decir, la doble instancia.

Quien actúa como tribunal de primera instancia es un ministro de la Corte Suprema, a quien se remitirá —muy posiblemente por parte de la Cancillería— el pedido de extradición proveniente de la nación extranjera.

Este ministro debe poner el pedido de extradición en conocimiento del representante del Estado requirente y del imputado (artículo 441 del CPP), pudiendo ordenarse su detención en forma previa incluso a la recepción formal del pedido de extradición, en la medida que así lo permitan los tratados internacionales aplicables, o lo hubiere pedido el Estado extranjero, debiendo cumplir dicha solicitud con una serie de menciones formales que se detallan en el artículo 442. Es llamativo que esta detención previa procede no solo a solicitud del Estado requirente, sino también *de oficio* por el ministro de la Corte Suprema que conoce de este procedimiento; cuestión esta última que podría comprometer su imparcialidad.

Esta detención se extenderá por el plazo permitido en el respectivo tratado, o por un plazo máximo de dos meses (inciso final artículo 442). También el Estado requirente puede solicitar la prisión preventiva u otras medidas cautelares, pero en forma posterior a la solicitud de extradición pasiva (artículo 446), las que en todo caso podrán ser sustituidas según las reglas generales, debiendo adoptarse las medidas necesarias para evitar la fuga del imputado (artículo 447). El ministro de la Corte Suprema no puede decretar de oficio la prisión preventiva u otras medidas cautelares.

El ministro de la Corte Suprema debe convocar a una audiencia pública, regulada en el artículo 448, en la que se puede rendir prueba testimonial, documental y pericial (artículo 444) y asimismo, en la que el imputado puede prestar declaración (artículo 445). En estas gestiones los intereses del Estado requirente son representados por defecto por el Ministerio Público, pudiendo en todo caso dicha nación designar un representante distinto (artículo 443). Aunque la norma no lo dice, dicho representante deberá ser un abogado habilitado en Chile, por aplicación de las normas sobre comparecencia en juicio de la Ley 18.120 sobre Comparecencia en Juicio.

El artículo 449 establece cuál es el estándar que debe satisfacerse para acoger el pedido de extradición pasiva, debiendo estimarse comprobados los siguientes asuntos: la identidad de la persona cuya extradición se ha solicitado; que el delito que se imputare o por el que fue condenado es de aquellos que autorizan la extradición según los tratados vigentes, o en su defecto, según los principios de derecho internacional; y que de los antecedentes del proceso se pueda presumir que en Chile se deduciría acusación en contra del imputado por los hechos que se le atribuyen. Este estándar parece bastante más razonable que el que se exige para los pedidos de extradición activa, como vimos más arriba, a propósito de la referencia que hace el artículo 432 CPP del artículo 140 c) CPP.

La sentencia que se pronuncia sobre el pedido de extradición pasiva debe dictarse dentro de quinto día desde celebrada la audiencia pública del artículo 448, según dispone el inciso final del artículo 449.

Tanto la sentencia que acoge como la que rechaza el pedido de extradición son recurribles a través de los recursos de apelación y de nulidad fundados en las causales de los artículos 373 a) y 374 del CPP, los que serán conocidos por la Corte Suprema como tribunal de segunda instancia. Si se ejercen ambos recursos, deberá hacerse conjuntamente, uno en subsidio del otro; entendemos que la apelación en subsidio del de nulidad, según dispone el artículo 450. En este caso, ambos recursos deben deducirse en el plazo de la apelación, esto es, dentro de quinto día. Si solo se recurre de nulidad, corre el plazo de este recurso, que será de quince días según la regulación vigente.

En caso de acogerse la extradición pasiva por *sentencia firme*, el ministro de la Corte Suprema deberá poner a disposición del Ministerio de Relaciones Exteriores al imputado para su entrega al país que lo hubiere requerido (artículo 451 del CPP). En caso de denegarse la extradición pasiva por sentencia firme, se pondrá término a las medidas cautelares decretadas (artículo 452). También puede el Estado requirente desistirse del pedido de extradición en cualquier momento, en cuyo caso se sobreseerá definitivamente la causa (artículo 453), lo que significa que el caso terminará por sentencia con mérito de cosa juzgada, lo que impedirá un nuevo pedido de extradición respecto de la misma persona por el mismo delito.

También se contempla la posibilidad de que la persona requerida se allane al pedido de extradición pasiva, en cuyo caso el ministro de la Corte Suprema deberá acceder a ella sin más trámite, entregándolo al Ministerio de Relaciones Exteriores de Chile, para que coordine su entrega al país requirente (artículo 454 del CPP).

7.5 La actual relevancia del proceso de extradición

El proceso de extradición ha cobrado especial relevancia en los últimos años a partir de una serie de casos que han atraído la atención de la opinión pública. Paradójicamente es un asunto que ha tenido un escasísimo tratamiento en la doctrina, a pesar de su importancia.

Según las estadísticas disponibles, entre 2016 y 2020 se sustanciaron 139 solicitudes de extradición activa por parte de Chile.

Las facilidades de las comunicaciones, el bajo costo de los viajes en avión, las escasas barreras burocráticas para trasladarse de un país a otro, y las redes internacionales de la criminalidad organizada son factores que explican el auge de esta herramienta procesal en la actualidad.

En los últimos años han alcanzado revuelo mediático los casos de Karen Rojo, exalcaldesa de Antofagasta, prófuga en los Países Bajos luego de una condena penal en Chile; o de Alberto Chang, radicado en Malta, cuya extradición no ha sido posible hasta ahora, a pesar de haberse formalizado cargos por una estafa por más de cien mil millones de pesos.

En el pasado también ha habido casos que han convocado incluso la atención mundial, como fue el pedido de extradición que hiciera en 1963 el gobierno de la entonces Alemania Occidental a Chile respecto de Walter Rauff, *Standartenführer* de las SS del gobierno nacional socialista alemán durante la Segunda Guerra Mundial, imputado por la muerte de 500 mil personas en el campo de concentración de Auschwitz-Birkenau; pedido que fue denegado por la Corte Suprema de entonces.

BIBLIOGRAFÍA

Abbott Matus, Felipe, "Personas con discapacidad intelectual, cognitiva y/o psicosocial y privación o restricción de libertad", en Espejo Yaksic, Nicolás y Lathrop Gómez, Fabiola (coordinadores), *Discapacidad intelectual y Derecho*, Thomson Reuters, 2019.

Adaros Rojas, Silvana, "Ineficacia probatoria del precedente disconforme leído al amparo del artículo 332 del Código Procesal Penal chileno y propuestas de *lege ferenda*", en Rivero Hurtado, Renee y Marín González, Juan Carlos (directores), *Reformas necesarias a la justicia chilena. VI Jornadas Nacionales de Derecho Procesal*, Librotecnia, 2016.

Aguilera Morales, Marien, *Unos mismos hechos. Un ensayo sobre las contradicciones fácticas en los procesos*, Marcial Pons (Madrid), 2021.

Aguirrezábal Grünstein, Maite, "Sobre los requisitos de procedencia de la decisión de no perseverar adoptada por el Ministerio Público", en *Revista de Ciencias Penales*, sexta época, vol. XLVIII, N° 2, 2023.

Alexy, Robert, *Teoría de los derechos fundamentales*, Centro de estudios políticos y constitucionales (Madrid), 2012.

Amunátegui Perelló, Carlos, *Arcana Technicae - El derecho y la inteligencia artificial*, (Valencia) Tirant Lo Blanch, 2021.

Ananías Zaror, Ignacio, "El comiso de ganancias", en *Revista de Estudios de la Justicia*, N° 21, 2014.

Anderson, Terence, Schum, David y Twining, William, *Análisis de la prueba*, Marcial Pons (Madrid), 2016.

Araya Ávila, Luis Miguel, *Régimen de penas sustitutivas. Revisión a la ley No 18.216, Ley No 20.587 y Decreto Ley No 321*, Der Ediciones, 2017.

Araya Novoa, Marcela Paz, *Recurso de nulidad penal y control racional de la prueba*, Librotecnia, 2018.

___. "Género y verdad. Valoración racional de la prueba en ellos delitos de violencia patriarcal", en *Revista de Estudios de la Justicia* N° 32, 2020, pp. 35-69

Armenta Deu, Teresa, *Sistemas procesales penales. La justicia penal en Europa y América*, Marcial Pons (Madrid), 2012.

Balmaceda Hoyos, Gustavo, "Prescripción extintiva. Estudios sobre su procedencia y funcionamiento en el Derecho Público y Privado", en Corral Talciani, Hernán (editor), *Cuadernos de extensión jurídica N° 21*, Universidad de los Andes, 2011.

Balmaceda, Cox & Piña Abogados, *Nuevo estatuto de los delitos económicos en Chile*, BCP Ediciones, 2023.

Barrientos Pardo, Ignacio, *La tergiversación probatoria. El necesario control de la fidelidad probatoria en materia penal*, Tirant Lo Blanch, 2025.

Bascuñán, Antonio y Willenmann, Javier, *Derecho penal económico. Tomo I La Ley de Delitos Económicos*, DER Ediciones, 2023.

Baytelman, Andrés y Duce, Mauricio, *Litigación penal. Juicio oral y prueba*, Fondo de Cultura Económica (México), 2005.

Beltrán Román, Víctor, "Declaraciones espontáneas del imputado durante entrevistas informales. Comentario a la sentencia rol N° 29.950-19 de 10 de febrero de 2020 de la Corte Suprema", en *Revista de Política Criminal*, vol. 17, N° 34, 2020.

Beccaria, Cesare, *De los delitos y las penas. Con el comentario de Voltaire*, Alianza Editorial (Madrid), 2011.

Blanco, Rafael; Decap, Mauricio; Moreno, Leonardo; y Rojas, Hugo, *Litigación penal estratégica en juicios orales*, Tirant Lo Blanch, 2021.

Bordachar, Rodrigo y Rodríguez, Manuel, *Debido proceso. Garantías fundamentales para una buena justicia*, DER Ediciones, 2024.

Borras Andrés, Núria, *La instrucción sin prejuicios. La necesaria limitación a la recogida de vestigios*, Marcial Pons, 2023.

Burchard, Christoph, "¿Decomiso como derecho penal o qué? Sobre cómo el mal enfocado debate acerca de la "naturaleza" jurídica del decomiso confunde lo que realmente debe discutirse", en *Latin American Studies*, vol. 4, 2019, pp. 41-74.

Bustos Ramírez, Juan, *Derecho penal del niño-adolescente (estudio de la Ley de responsabilidad penal del adolescente)*, Ediciones Jurídicas de Santiago, 2007.

Cabezas Cabezas, Carlos, *Prescripción de la acción penal. Herencia y desafíos político-criminales*, Der Ediciones, 2021.

____. "Los acuerdos reparatorios como causas de extinción de la responsabilidad penal", en *Revista de Política Criminal*, vol. 19 N°38, 2024.

Carofiglio, Gianrico, *El arte de la duda*, Marcial Pons (Madrid), 2007.

Carrasco Jiménez, Edison, *Manual sobre las penas*, Der Ediciones, 2024.

Carvacho Traverso, Pablo, Valdés Riesco, Amalia y Mateo Piñones, Mariel, "El derecho a la defensa penitenciaria en Chile: cuando no hay derecho", en *Revista de Política Criminal*, vol. 16, N° 31, 2021.

Castillo Val, Ignacio, "Enjuiciando al proceso penal chileno desde el inocentrismo (algunos apuntes sobre la necesidad de tomarse en serio a los inocentes)", en *Política Criminal* vol. 8, N° 15, 2013.

Castro Jofré, Javier, *Introducción al Derecho procesal penal chileno*, Editorial Lexis Nexis, 2006.

____. *Manual de derecho procesal penal*, segunda edición actualizada, Editorial Libromar, 2021.

____. *Crimen organizado y Código Procesal Penal: non plus utltra*, Tirant Lo Blanch, 2025.

____. *El juez lego, un fantasma en la reforma procesal penal chilena*, Editorial Libromar, 2022.

Cerda San Martín, Rodrigo, *Manual del sistema de justicia penal, Tomo I*, Editorial Librotecnia, 2010.

____. *Valoración de la prueba. Sana crítica*, Librotecnia, 2023.

Cerda San Martín, Rodrigo y Hermosilla Iriarte, Francisco, *El Código Procesal Penal, Comentarios, concordancias, jurisprudencia*, Librotecnia, 2003.

Chahuán Sarrás, Sabas, *Manual del nuevo procedimiento penal*, séptima edición, Editorial Legal Publishing, 2012.

Cociña Cholaky, Martina, *La verdad como finalidad del proceso penal*, Thomson Reuters, 2012.

Contesse Singh, Javier y Contreras Chaimovich, Lautaro (coordinadores), *La insostenible situación de las cárceles en Chile: debate sobre la prisión y los Derechos Humanos*, Editorial Jurídica de Chile, 2019.

Contreras Rojas, Cristián, *La valoración de la prueba de interrogatorio*, Marcia Pons (Madrid), 2015.

____. "El testimonio judicial de niños, niñas y adolescentes a examen. Un análisis de derecho comparado", en *Revista Jurídica de Curitiba*, vol. 5, N° 72, 2022, pp. 49-74.

____. (director), *Las declaraciones de niños, niñas y adolescentes en el proceso penal. Análisis de la Ley N° 21.057 sobre entrevistas videograbadas*, Editorial Tirant Lo Blanch, 2023.

Corvalán Helbig, Alejandra, *Juzgar con perspectiva de género. Una aproximación desde la justificación racional de las sentencias judiciales*, Rubicón Editores, 2024.

Correa Robles, Carlos y Pino Emhart, Alberto, "El costo de la justicia: las costas en el Derecho procesal civil chileno y los modelos para su regulación", en *Revista Ius et Praxis*, año 26 N°3, 2020.

____. *La prueba ilícita en el proceso penal. Un estudio comparado*, DER Ediciones, 2024.

Couso Salas, Jaime, "Los adolescentes ante el derecho penal en Chile: estándares de juzgamiento diferenciado en materia penal sustantiva", en *Revista de Derecho* (Universidad Austral de Chile), vol. XXV, N° 1, 2012.

Couso Salas, Jaime y Duce Julio, Mauricio, *Juzgamiento penal de adolescentes*, LOM Ediciones, 2013.

Couso Salas, Jaime y Mera, Jorge, *Precedente y justicia penal*, Ediciones Universidad Diego Portales, 2011.

Cruz Carrasco, Andrés, *Curso de derecho procesal penal*, Thomson Reuters, 2023.

Cury Urzúa, Enrique, *Derecho penal parte general, Tomo I*, Ediciones UC, 2020.

Decap Fernández, Mauricio, *La prueba de los hechos en el proceso penal*, Der Ediciones, 2019.

Dei Vecchi, Diego y Cumiz, Juan, *Estándares de suficiencia probatoria y ponderación de derechos: una aproximación a partir de la jurisprudencia de la Corte penal Internacional*, Marcial Pons, 2019.

Del Río Ferretti, Carlos, *Los poderes de decisión del juez penal. Principio acusatorio y determinadas garantías procesales (el deber de correlación)*, Jurídica de Chile, 2009.

___. *El derecho al recurso y recurso de nulidad penal*, Legal Publishing, 2014.

___. "El recurso de nulidad penal y la tipología de sus motivos", en *Revista de Política Criminal* vol. 17, N° 33, 2022.

Delgado Castro, Jordi y Carnevali Rodríguez, Raúl, "El rol del juez en los acuerdos reparatorios: soluciones alternativas efectivas", en *Revista de Política Criminal*, vol. 15, N° 29, 2020.

Diges, Margarita; García, Carmen; Miranda Estrampes, Manuel; Nieva Fenoll, Jordi; Obach, Jorge; y Pérez-Mata, Nieves, *Identificaciones fotográficas y en rueda de reconocimiento*, Marcial Pons (Madrid), 2014.

Duce, Mauricio y Riego, Cristián, *La prisión preventiva en Chile: análisis de los cambios legales y su impacto*, Ediciones Universidad Diego Portales, 2011.

___. *Proceso Penal*, Jurídica de Chile, 2023.

Duce, Mauricio y Villarroel, Romina, "Indemnización por error judicial: una aproximación empírica a la jurisprudencia de la Corte Suprema de los años 2006-2017", en *Revista de Política Criminal*, vol. 14, N° 28, 2019.

Duce, Mauricio, "Algunas propuestas de reforma al Código Procesal Penal en materia probatoria: intentando mejorar la calidad de la información para evitar decisiones erradas", en Rivero Hurtado, Renee y Marín González, Juan Carlos (directores), *Reformas necesarias a la justicia chilena. VI Jornadas Nacionales de Derecho Procesal*, Librotecnia, 2016.

___. "Los reconocimientos oculares: una aproximación empírica a su funcionamiento y algunas recomendaciones para su mejora", en *Revista de Política Criminal*, vol. 12, N° 23, 2017.

Duce, Mauricio, Riego, Cristián y Vargas, Juan Enrique, *Reformas procesales penales en América latina: discusiones locales*, Centro de Estudios de Justicia de las Américas, 2005.

Durrieu Figueroa, Roberto, *La ganancia económica del delito. Lavado de dinero, decomiso y financiamiento del crimen organizado y del terrorismo*, Marcial Pons (Buenos Aires), 2017.

Escobar Veas, Javier, "Derecho al recurso e inconstitucionalidad del inciso segundo del artículo 387 del Código Procesal Penal", en *Revista de Política Criminal*, vol. 18, N° 36, 2023.

Falcone Salas, Diego, "Una mirada crítica a la regulación de las medidas de seguridad en Chile", en *Revista de Derecho* (Pontificia Universidad Católica de Valparaíso), XXIX, segundo semestre de 2007.

Fernández Ruiz, José Manuel, "Examinando de nuevo la acción de revisión", en *Revista de Política Criminal*, vol. 13, N° 26, 2018.

Ferrajoli, Luigi, *Derecho y razón. Teoría del garantismo penal*, Editorial Trotta, Madrid, 2009.

Ferrer, Jordi, *Prueba y verdad en el derecho*, Marcia Pons (Madrid), 2005.

___. *La valoración racional de la prueba*, Marcial Pons (Madrid), 2007.

Forza, Antonio, Menegon, Giulia y Rumiati, Rino, *El juez emotivo. La decisión, entre razón y emoción*, Marcial Pons (Madrid), 2024.

Foucault, Michel, *La sociedad punitiva*, Fondo de Cultura Económica, 2013.

___. *Obrar mal, decir la verdad. La función de la confesión en la justicia*, Siglo Veintiuno Editores (Buenos Aires), 2014.

___. *La verdad y las formas jurídicas*, Gedisa, 2017.

___. *Vigilar y castigar. Nacimiento de la prisión*, Siglo XXI Editores México, 2014.

Fuentes, Claudio (coordinador), *Diez años de la Reforma Procesal Penal en Chile*, Ediciones Universidad Diego Portales, 2011.

Gajardo Orellana, Tania y Hermosilla Iriarte, Francisco, *Manual de Procesal Penal*, Der Ediciones, 2021.

Gimeno Sendra, Vicente, *Manual de Derecho Procesal Penal, segunda edición 2010*, Editorial Colex, Madrid, 2010.

Goldschmidt, James, *Derecho, Derecho penal y proceso III. El proceso como situación jurídica. Una crítica al pensamiento procesal*, Editorial Marcial Pons, Barcelona, 2015.

___. *Problemas jurídicos y políticos del proceso penal*, Editorial B de F, Madrid, 2016.

González Coulon, María de los Ángeles (coord.), *Testimonios: ecos sobre los hechos en el proceso*, Tirant Lo Blanch, 2024.

Hadwa Issa, Marcelo, *La prisión preventiva y otras medidas cautelares personales, Tercera edición actualizada*, Der Ediciones, 2020.

Hasbún, Cristóbal, "El comiso penal en la legislación estadounidense como horizonte comparativo frente al proyecto de Nuevo Código Penal", en *Revista Ius et Praxis*, año 24, N° 3, 2018, pp. 421-452.

Hassemer, Winfried, *Fundamentos del Derecho Penal*, Barcelona, Editorial Bosch, 1984.

___. *La verdad y la búsqueda de la verdad en el proceso penal. La medida de la Constitución*, México, Editorial Ubijus, 2009.

Hermosilla Iriarte, Francisco, *Valoración de las declaraciones de acusados y coimputados*, Librotecnia, 2019.

Hernández Basualto, Héctor, "La exclusión de la prueba ilícita en el nuevo proceso penal chileno", en Colección de Investigaciones Jurídicas, Escuela de Derecho de la Universidad Alberto Hurtado, N° 2, 2005.

Hertler, Facundo Emmanuel, *El agente encubierto y su validez en el proceso penal*, Editorial B de F (Buenos Aires), 2023.

Horvitz Lennon, María Inés y López Masle, Julián, *Derecho procesal penal chileno, Tomo I y Tomo II*, Jurídica de Chile, 2005.

Horvitz Lennon, María Inés, "La insostenible situación de la ejecución de las penas privativas de libertad: ¿Vigencia del estado de derecho o estado de naturaleza?", en *Revista de Política Criminal*, vol. 13, N° 26, 2018.

Hoyl Moreno, Gonzalo, *La audiencia de control de detención y sus repercusiones a través del proceso penal*, Tirant Lo Blanch, 2021.

Künsemüller Loebenfelder, Carlos, *El Derecho Penal liberal. Los principios cardinales*, Tirant Lo Blanch, 2018.

Laudan, Larry, *Verdad, error y proceso penal. Un ensayo sobre epistemología jurídica*, Marcial Pons, Madrid, 2013.

Leturia Infante, Francisco, "Fundamentos jurídicos del derecho al olvido. ¿Un nuevo derecho de origen europeo o una respuesta típica ante colisiones entre ciertos derechos fundamentales?, en *Revista Chilena de Derecho*, vol. 43, N° 1, 2016.

Leyton Jiménez, Francisco, *Víctima y querellante en el proceso penal. Problemas en el proceso chileno a la luz de sus fundamentos*, Ediciones Jurídicas de Santiago, 2015.

Maier, Julio y Bovino, Alberto, *El procedimiento abreviado*, Editores del Puerto (Buenos Aires), 2005.

Maier, Julio, *Antología: Eel proceso penal contemporáneo*, Palestra Editores, Lima, Perú, 2008.

____. *Derecho procesal penal*, AD-HOC (Buenos Aires), 2015.

Maier, Julio; Ambos, Kai; Woischnik, Jan, *Las reformas procesales penales en América latina*, AD-HOC (Buenos Aires), 2013.

Mañalich, Juan Pablo, "El principio ne bis in idem en el Derecho penal chileno", *Revista de Estudios Judiciales* N°15, 2011.

____. "El principio *ne bis in idem* frente a la superposición del derecho penal y el derecho administrativo sancionatorio", *Revista Política Criminal*, vol. 9, N° 18, 2014.

Maturana Miquel, Cristián (coordindor), *Reforma procesal penal. Génesis, historia sistematizada y concordancias Tomo II*, Jurídica de Chile, 2003.

Maturana Miquel, Cristián y Montero López, Raúl, *Derecho procesal penal, segunda edición, Tomo I*, Editorial Legal Publishing, 2012.

Maturana Baeza, Javier, *Sana crítica. Un sistema de valoración racional de la prueba*, Thomson Reuters, 2014.

Matus Acuña, Jean Pierre, *La ley penal y su interpretación*, Editorial Metropolitana, 2012.

Miranda Estrampes, Manuel, *Prueba ilícita y regla de exclusión en el sistema estadounidense. Crónica de una muerte anunciada*, Marcial Pons (Madrid), 2019.

Mora Jano, Carlos, *El control de las medidas intrusivas en el proceso penal chileno*, Ius Civile Editorial, 2018.

Morgenstern, Federico, *Cosa juzgada fraudulenta. Ensayos sobre la llamada cosa juzgada írrita*, Editorial B de D (Buenos Aires), 2015.

Muñoz Neira, Orlando, *Sistema penal acusatorio de Estados Unidos*, Legis Editores, 2008.

Navarro Albiña, *Bases para una sana crítica. Lógica, interpretación, argumentación, conocimiento científico* (un ensayo), RIL Editores, 2014.

Navarro Dolmetsch, Roberto, *Derecho procesal penal chileno I*, Ediciones Jurídicas de Santiago, 2018.

Nieva Fenoll, Jordi, *El hecho y el derecho en la casación penal*, J. M. Bosch (Barcelona), 2000.

___. *Enjuiciamiento prima facie*, Atelier Libros Jurídicos (Barcelona), 2007.

___. *La valoración de la prueba*, Marcial Pons (Madrid), 2010.

___. *Fundamentos de Derecho procesal penal*, Editorial Edisofer, (Buenos Aires), 2012.

___. *La duda en el proceso penal*, Marcial Pons, (Madrid) 2013.

___. *Inteligencia artificial y proceso judicial*, Marcial Pons, (Madrid) 2018.

Núñez Ojeda, Raúl y Correa Zacarías, Claudio, "La prueba ilícita en las diligencias limitativas de derechos fundamentales en el proceso penal chileno. Algunos problemas", en *Revista Ius et Praxis*, año 23, N° 1, 2017.

___. "La acción penal regulada en el artículo 162 del Código Tributario", en *Revista de Derecho de la Pontificia Universidad Católica de Valparaíso*, N°51, segundo semestre de 2018, pp. 145-172

Núñez, Raúl; Beltrán, Ramón; y Santander, Nicolás, "Los hallazgos casuales en las diligencias de incautación e intervención de las comunicaciones digitales en Chile. Algunos problemas", en *Revista de Política Criminal* vol. 14 N°28, 2019.

Oliver Calderón, Guillermo, "Estándar probatorio en los mecanismos chilenos de justicia penal negociada", en Santibáñez Torres, María Elena (directora) y Marcazzolo Awad, Ximena (coordinadora), *La prueba en los procedimientos. VII Jornadas Nacionales de Derecho Procesal*, Thomson Reuters, 2019.

___. *Proceso penal chileno: algunos aspectos problemáticos*, Tirant Lo Blanch, 2021.

Orellana Solari, Nicolás, *Lecciones prácticas de litigación en contraexamen - técnicas y consejos explicados a partir de experiencias en juicios*, Thomson Reuters, 2024.

Palma Ayala, Rosario y Sandrini Carreño, Renata, "Mujer mapuche y retos de la justicia intercultural: aplicación del derecho propio indígena en delitos de violencia intrafamiliar", en *Anuario de Derechos Humanos* N°19, 2014.

Pavez, Carolina; Pietrasanta, Nicolás; Capella, Claudia; Pinto, Cristián; y Portilla, Diego, "Estimación del crecimiento de denuncias de delitos sexuales contra niños, niñas y adolescentes: desarrollo de un modelo predictivo", en *Revista de Política Criminal*, vol. 19 N°38, 2024.

Platt Astorga, Sebastián Alonso, *Estudio sobre la regulación de la extradición activa en Chile. Elementos de doctrina y jurisprudencia. Memoria para optar al grado de licenciado en Ciencias Jurídicas y Sociales*, Facultad de Derecho de la Universidad de Chile, 2020.

Quintero Jiménez, Camilo Alberto, *Fase intermedia y control de los actos acusatorios en el proceso penal*, Marcia Pons (Madrid), 2021.

Ragués i Vallés, Ramon, *La prisión provisional como última ratio*, Marcial Pons (Madrid), 2023.

Ramírez Tagle, Cristián, *Curso de derecho procesal penal. Segunda edición actualizada*, El Jurista, 2022.

Rey, Pilar, Benlloch, Guillermo y Agustina, José, "La escasa persecución del delito de falso testimonio: una constatación paradójica", en *Revista de Política Criminal*, vol. 14, N° 27, 2019.

Ried Undurraga, Ignacio, "Revisión de la Corte Suprema de las sentencias de la causa rol 1-73 "Fuerza Aérea de Chile contra Bachelet y otros" en cumplimiento a lo ordenado por la CIDH", en *Sentencias Destacadas 2016*, Instituto Libertad y Desarrollo.

___. "La formalización de la investigación como ejercicio de una carga procesal estratégica del Ministerio Público en el proceso penal", *Revista de la Justicia Penal*, N° 11, pp. 87-114, 2017.

___. "Aspectos procesales del sobreseimiento definitivo por inexistencia del delito y falta de participación del imputado: revisión crítica de las facultades del tribunal y del estándar jurisprudencial para apreciarlo", en *Pro Jure Revista de Derecho* vol. 64, 2025, pp. 391-426.

Ríos Álvarez, Rodrigo, "Alcances de la acción de amparo ante el juez de garantía", en *Revista de Derecho de la Universidad Católica del Norte*, año 25, N°1, 2018.

___. *El recurso de apelación en materia penal*, Der Ediciones, 2020.

___. *Cuestiones de derecho penal y proceso penal chileno*, Tirant Lo Blanch, 2023.

___. *La acción de amparo en el proceso penal chileno. Análisis normativo y jurisprudencial*, DER Ediciones, 2025.

Rodríguez Vega, Manuel, *La prueba ilícita en la jurisprudencia de la Corte Suprema*, Rubicón Editores, 2022.

___. "El delirante procedimiento de medidas de seguridad contra el enajenado mental", en Poblete Iturrate, Orlando y Cliveti Medina, Flavia (coordinadores), *Las partes en el proceso. IX Jornadas nacionales de Derecho Procesal*, Tirant Lo Blanch, 2024.

Rodríguez-García, Nicolás y Orsi, Omar Gabriel, "La protección reforzada en España de los terceros afectados por el decomiso de bienes ilícitos", en *Revista Brasileira de Direito Processual Penal*, vol. 6, N° 2, pp. 539-576.

Romero Coloma, Aurelia María, *El interrogatorio del imputado y la prueba de confesión*, Colección Scientia Iuridica, Madrid 2009.

Rosati Jerez, Nora y Fuentes Rebolledo, Alicia, *Intermediación en la ley de entrevistas videograbadas. Fundamentos psicojurídicos y metodología*, Der Ediciones, 2022.

Roxin, Claus, *Derecho procesal penal*, Editores del Puerto (Buenos Aires), 2001.

Rua, Gonzalo, *Contraexamen de testigos*, Ediciones Didot (Buenos Aires), 2018.

Salas Astrain, Jaime, *Problemas del proceso penal. Investigación, etapa intermedia y procedimientos especiales. Segunda edición aumentada*, Librotecnia, 2015.

___. *Abono de la prisión preventiva en causa diversa. Deconstrucción de una teoría dominante*, Librotecnia, 2017.

Sánchez Egaña, Alberto, "El trasvase probatorio entre el proceso penal y el procedimiento administrativo sancionador: análisis del caso chileno desde el ordenamiento español", en *Revista de Derecho Administrativo Económico de la P. Universidad Católica de Chile* N°35, 2022.

Sánchez Esparza, Marta y Ordóñez Pérez, Ana Belén, *Juicios mediáticos y presunción de inocencia, Editorial Ley 57* (Madrid), 2016.

Sánchez Rodríguez, Sergio, *Para entender la Agenda Corta Antidelincuencia Ley 20.931*, Editorial Metropolitana, 2016.

Serra, Diva y Marcazzolo, Ximena, "El comiso sin condena previa en la Ley N° 21.577 que fortalece la persecución de los delitos de delincuencia organizada y su compatibilidad con el debido proceso", en *Revista de Derecho de la Universidad de Concepción*, N° 254, 2023.

Silva Sánchez, Jesús-María, *Malum passionis: Mitigar el dolor del Derecho penal*, Atelier libros jurídicos (Barcelona), 2018.

Soto Martínez, Víctor y Cavada, Juan Pablo, "La extinción del dominio y el comiso para enfrentar el crimen organizado en la legislación internacional, latinoamericana y chilena", en Departamento de Estudios, Extensión y Publicaciones de la Biblioteca del Congreso Nacional de Chile.

Stumer, Andrew, *La presunción de inocencia. Perspectiva desde el Derecho probatorio y los derechos humanos*, Marcial Pons (Madrid), 2019.

Taruffo, Michele, *Simplemente la verdad. El juez y la construcción de los hechos*, Marcial Pons (Madrid), 2010.

___. *Contribución al estudio de las máximas de la experiencia*, Marcial Pons (Madrid), 2023.

Tavolari Oliveros, Raúl, *Instituciones del Nuevo Proceso Penal. Cuestiones y casos*, Jurídica de Chile, 2007.

Tedesco, Ignacio, *El acusado en el ritual judicial*, Ediciones Didot (Buenos Aires), 2015.

Torres Hermosilla, Javiera, *Delitos sexuales en el sistema procesal*. Editorial Hammurabi, 2019.

Ugarte Vial, Fernando, *El recurso de revisión*, Thomson Reuters, 2022.

Valenzuela Saldías, Jonatan, *Hechos, pena y proceso. Ensayo sobre racionalidad y prueba en el derecho procesal penal chileno*, Rubicón Editores, 2017.

Vargas, Nicolás Omar, *Ne bis in idem y juicio de reenvío*, Ediciones Didot (Buenos Aires), 2023.

Vera Sánchez, Juan Sebastián, "Sobre la relación del derecho penal con el derecho procesal penal", en *Revista Chilena de Derecho*, vol. 44, N° 3, 2017.

___. *Ne bis in ídem procesal. Identidad de hechos*, Tirant Lo Blanch, 2021.

Vera Vega, Jaime, "Reflexiones sobre el control judicial de la suspensión condicional del procedimiento de cara a una futura reforma", en Rivero Hurtado, Renee y Marín González, Juan Carlos (directores), *Reformas necesarias a la justicia chilena. VI Jornadas Nacionales de Derecho Procesal*, Librotecnia, 2016.

Vial Campos, Pelayo, *Técnicas y fundamentos del contraexamen en el proceso penal chileno*, Librotecnia, 2011.

Vial Reynal, Paula, "Estereotipos de género y máximas de la experiencia en la valoración de la prueba", en Santibáñez Torres, María Elena (directora) y Marcazzolo Awad, Ximena (coordinadora), *La prueba en los procedimientos. VII Jornadas Nacionales de Derecho Procesal*, Thomson Reuters, 2019.

Wilenmann von Bernath, Javier, "Discapacidades severas, inimputabilidad y licitud de intervenciones coactivas", en Espejo Yaksic, Nicolás y Lathrop Gómez, Fabiola (coordinadores), *Discapacidad intelectual y Derecho*, Thomson Reuters, 2019.

Wilenmann, Javier; Medina, Francisco; Olivares, Esteban y Del Fierro, Nicolás, "La determinación de la pena en la práctica judicial chilena", en *Política Criminal*, vol. 14, N° 27, 2019.

Yuseff Sotomayor, Gonzalo, *La prescripción penal. Tercera edición actualizada*, Jurídica de Chile, 2018.

Zaffaroni, Eugenio Raúl, *La cuestión criminal*, Editorial Planeta (Buenos Aires), 2015.

Zagmutt Venegas, Valentina, *Procedimiento abreviado y simplificado en la práctica de las audiencias chilenas ¿alguna vinculación con la condena de inocentes?* Ediciones Jurídicas de Santiago, 2019.

www.ingramcontent.com/pod-product-compliance
Lightning Source LLC
LaVergne TN
LVHW082235051026
849532LV00012B/3992
* 9 7 8 9 5 6 1 4 3 5 5 4 4 *